BERNARDO BUONTALENTI

Architekt und Festungsbauer

Amelio Fara

BERNARDO BUONTALENTI

Architekt und Festungsbauer

Wiese Verlag

Der Dank des Autors geht an die Direktorin der Biblioteca Nazionale di Firenze, Dr. Carla Guiducci Bonanni, und an ihre Vorgängerin, Dr. Anna Lenzuni, an das Personal des Saals der Manuskripte und des Informationsbüros, an Dr. Giuseppe Ferrini, der an der Erarbeitung des bibliographischen Teils A mithalf. Letzterer besteht zu einem guten Teil aus dem Quellenmaterial *Magliabechiano e Palatino*.

Ich danke weiter dem Direktor des Archivio di Stato di Firenze, Dr. Giuseppe Pansini, sowie Dr. Anna Bellinazzi und Frau Paola Peruzzi, der Direktion und dem Personal des Gabinetto Disegni e Stampe degli Uffizi, des Istituto Geografico Militare Italiano, der Casa Buonarroti, Dr. Pina Ragionieri und Dr. Giovanni Agosti.

Ein spezieller Dank geht an Ennio Concina, Don Giampiero Gamucci, Giuliano Mugnai.

Hochbergerstrasse 15, CH-4002 Basel
Übersetzung: Ute Pastorelli
Satz: Basler Zeitung, Basel
Druck: Sagep, Genua
ISBN 3-909158-42-0

Bildnachweis: Foto Alinari: 11, 20, 28, 94, 109, 120, 155, 156, 158, 163, 174, 178, 180, 181, 190, 215, 217, 220, 222, 245; Foto Bertelli: 2, 29/32, 52, 53, 87, 129/131, 139; Foto Istituto Geografico Militare Italiano: 16, 194; Foto Nannoni: IX/XI, XIV/XVII, XXVI/XXXII; 6, 12/15, 17/19, 54, 102, 133, 185, 186, 208/214; Foto Pineider: 7, 26, 45, 46, 48, 68, 69, 79, 86, 89; Foto Quattrone: XII, XIII, XVIII/XXIV, XXXIII/XL; 44, 85, 88, 91, 201, 203; Foto Sansoni: XXV; 97, 170, 171, 179, 239, 241/243, 246; Foto Silvestri: I/VIII; 55, 56, 60/62, 64/66; Foto Soprintendenza per i Beni Artistici e Storici di Firenze: 1, 3, 5, 9, 10, 63, 67, 70/73, 78, 80/84, 95, 96, 98/101, 103, 104, 106, 107, 113, 116/118, 124/126, 132, 134, 136/138, 140/147, 150/152, 157, 161, 162, 165/169, 172, 173, 187, 188, 192, 204/207, 216, 221, 224, 226/238, 240, 247/249.

Wo nicht anders vermerkt, stammen die Bilder vom Autor oder aus privaten Sammlungen.

Città difese e architettura
Eine Serie in italienisch von
Ennio Poleggi

Der Band *Bernardo Buontalenti, Architekt und Festungsbauer,* erschien mit dem Untertitel Architektur, Befestigungswerke und Geometrie (Untertitel übersetzt) in der Reihe *Città difese e Architettura.* Herausgegeben von Ennio Poleggi. Der Wiese Verlag publiziert den Band *Buontalenti* und wird vielleicht den einen oder anderen Band der Reihe folgen lassen. Die italienischen Originalausgaben, die ganze Reihe, erscheint bei Sagep Editrice in Genua.

Vorwort

Bei der Untersuchung einer der vielschichtigsten künstlerischen Persönlichkeiten im Florenz der Medici, Bernardo Buontalenti, lässt sich der tiefgreifende Zusammenhang erkennen, der zwischen der sogenannten Militär- und Zivilbautechnik besteht, und es lässt sich die Dichotomie überwinden, auf der die Geschichtsschreibung der Architektur begründet ist. Dieser Zusammenhang zeigt sich nicht nur in der Figur Buontalentis, der das sechzehnte Jahrhundert abschliesst, und in den befestigten Städten, Festungen, Villen, Palästen, Kirchen und perspektivischen apparati *(Gestaltung des Bühnendekors und Vorbereitung von Feierlichkeiten), sondern auch in den Zeichnungen und Realisierungen, in den kulturellen Veränderungen durch die Geometrie, in der Entstehung und Entwicklung der Befestigungsbautechnik* alla moderna *des sechzehnten Jahrhunderts.*
Die prägnantesten Einflüsse empfängt Buontalenti von Filippo Brunelleschi, der durch seine entscheidenden Erfahrungen in der Perspektive die gesamte moderne Militärarchitektur untermauert, aber auch von Michelangelo, in dessen Zeichnungen von Befestigungsanlagen das neue Raumempfinden zu erkennen ist. Ein roter Faden, der von der Perspektive bis zur Artillerie verläuft, verbindet Filarete mit Giuliano da Sangallo, Francesco di Giorgio, Leonardo, Michelangelo, Antonio dem Jüngeren, Francesco Maria I. della Rovere, Sanmicheli und er führt über Giovanni Battista Bellucci, Baldassarre Lanci, Alghisi da Carpi und anderen zu Buontalenti.
In den verschiedenen Interpretationen über Buontalenti hat man nie recht gewusst, ob man Buontalenti als manieristischen oder vor-barocken Künstler einstufen sollte, aber nun ist es an der Zeit, dem mit Perspektive, Mechanik und Befestigungsbau vertrauten Ingenieur einen gebührenden Platz zuzuweisen. Seine anfängliche Tätigkeitsphase, die sich durch die Neubestimmung seines Geburtsdatums erweitert, bleibt ungewiss und episodenhaft, aber seine Ausbildung in militärischen Dingen, die durch seine direkten Erfahrungen beim Bau von Befestigungsanlagen bestätigt und durch die Fähigkeit, Geräte und Maschinen zu bauen, ergänzt wird, scheint keinem Zweifel zu unterliegen. Sie läuft parallel zu seiner anfänglichen Betätigung als Zeichner und Maler und unterscheidet ihn letztlich auch von seinen Zeitgenossen Giorgio Vasari und Bartolomeo Ammannati. In seiner Reifephase plant Buontalenti eine grosse, modern befestigte Stadt und zahlreiche Festungen, die einen zentralen Platz unter den Villen, Palästen, Kirchen und apparati *einnehmen. Um Buontalenti richtig zu verstehen, ist es unvermeidlich, den bei ihm endenden Weg der Militärkultur (und der entsprechenden Architektur) noch einmal zurückzugehen.*
In der Absicht, den weiten Weg, den Buontalenti zurückgelegt hat, zu rekonstruieren, habe ich veröffentlichte und unveröffentlichte Archivunterlagen, Zeichnungen und fertiggestellte Werke analysiert. Wenn man die Zeichnungen durchsieht, wird man sich bewusst, wie sehr die Perspektive das Werk Buontalentis geprägt hat. In den Jahren zwischen 1574 und 1579 weisen die Zeichnungen eine Struktur mit doppelter perspektivischer Gliederung auf, die ihre Entsprechung in den Bauwerken findet und als dominierendes Motiv wiederkehrt. Wenn man sich Buontalenti durch die Analyse seiner Zeichnungen global nähert, lassen sich Daten genau bestimmen, Blätter, die bisher unbeachtet blieben, identifizieren, lässt sich das Wesen seiner Raumvorstellung erfassen und seine künstlerische Entwicklung nachvollziehen. Buontalentis Reifejahre, zwischen 1567 und 1608, sind gekennzeichnet durch den Tod von Cosimo I. und Giorgio Vasari (1574), durch den Ruhm, den er in Europa aufgrund seines Vorrechts *auf bestimmte hydraulische Instrumente erwirbt (1579), durch den Tod von Francesco I. und die Machtübernahme von Ferdinando I. (1587).*

Die Literatur über Buontalenti ist reich an Beiträgen, die Quellencharakter erworben haben, und das begünstigt die Rekonstruktion und die Analyse, die ich mir vorgenommen habe.
Giorgio Vasari erwähnt Buontalenti in der ersten Herausgabe seiner Vite *nicht, und in der Ausgabe von 1568 bezeichnet er ihn ganz allgemein als Theaterdekorateur, als Maler, Miniaturenmaler, Hersteller von Sekretären und Schreibtischen, als Befestigungsbauer, aber als Architekt beachtet er ihn nicht, und das wahrscheinlich nicht nur weil er Ressentiments gegenüber einem jüngeren hochbegabten und beschützten Konkurrenten hegt, sondern auch weil Vasari 1574 stirbt, als ein abschliessendes Urteil gewiss noch nicht möglich war. Ein Zeitgenosse von Buontalenti, Raffaello Borghini, der 1588 stirbt, liefert wertvolle Informationen über Buontalentis anfängliche Tätigkeit als Maler, Bildhauer und Miniaturenmaler, auch wenn dabei zu berücksichtigen ist, dass Borghini von 1572–75 und von 1579–80 nicht in Florenz weilt, und dass er in seinem 1584 erschienenen Buch* Il Riposo *die Architektur weitgehend vernachlässigt. Über die Schauspiele und die* apparati *von Buontalenti und über die Villa Pratolino werden im sechzehnten Jahrhundert zahlreiche minuziöse, manchmal ziemlich weitschweifige Beschreibungen veröffentlicht.*
Eine Vita, *eine Lebensbeschreibung Buontalentis, die bis auf den heutigen Tag nur handschriftlich vorliegt, ist von seinem Schüler und Mitarbeiter Gherardo Silvani verfasst worden. Sie stellt eine kurz umrissene, doch weitgehend zuverlässige Zusammenfassung der Werke Buontalentis dar.*
Die Angaben von Borghini und Silvani, die Buontalentis Schwiegersohn, Giuliano Salvetti, weiter ergänzte, gehen in das Werk des Historikers des siebzehnten Jahrhunderts, Filippo Baldinucci, ein. Sein Werk Notizie dei Professori del Disegno da Cimabue in qua *stellt für Julius Schlosser die «erste universale Geschichte der figurativen Kunst in Europa» dar. Von den kurz umrissenen Angaben Borghinis und Silvanis liefert Baldinucci – wie Paola Barocchi feststellt – «eine eloquentere Version in einer weitreichenderen und verständlicheren Ausdrucksweise, die sogar eine einleitende Hymne über das Mysterium der göttlichen Vorsehung enthält, welche sich auf Buontalentis mirakulöse Rettung aus den Trümmern von Poggio de' Magnoli und auf den providentiellen Schutz der Medici bezieht». Baldinucci ergänzt die Angaben, die Silvani über Bernardo Buontalenti als Inszenator von Theaterstücken macht, wobei er – wiederum laut Paola Barocchi – «das Verhältnis zwischen dem Künstler und den Dichtern» nicht vernachlässigt und «weitläufigere und genauere Beschreibungen der phantasievollen* apparati*» liefert, während er «die Daten über die Schüler (was Silvani in mediis rebus erwähnt) ans Ende der Biographie stellt, um die erzieherischen Qualitäten ebenfalls herauszustellen und dann gewandt zum Porträt des grossen Virtuosen überzugehen». Baldinucci scheint aber auch das Wesen dieser Inszenierungen zu erfassen, d.h. den perspektivischen Aufbau, der ihnen zugrunde liegt und der sowohl für seine Architektur wie für die Zeichnungen äusserst wichtig ist.*
Die nicht immer gleichermassen zuverlässigen Berichte über Buontalenti wurden zwischen dem endenden sechzehnten und dem beginnenden zwanzigsten Jahrhundert von Autoren wie Francesco Bocchi, Giovanni Cinelli, Ferdinando Leopoldo Del Migliore, Giuseppe Richa, Domenico Moreni, Giovanni Gaye, Guido Carocci und anderen überliefert und gelegentlich durch künstlerische Illustrationen und verschiedene Briefsammlungen ergänzt.

Erstes Kapitel

Ausbildung und erste berufliche Erfahrungen

Abkürzungen

AAF = Archivio Arcivescovile, Florenz
AODF = Archivio dell'Opera del Duomo, Florenz
ASF = Archivio di Stato, Florenz
ASV = Archivio di Stato, Venedig
BAM = Biblioteca Ambrosiana, Mailand
BAV = Biblioteca Apostolica Vaticana, Rom
BCS = Biblioteca Comunale, Siena
BL = British Library, London
BMF = Biblioteca Marucelliana, Florenz
BMV = Biblioteca Marciana, Venedig
BNCF = Biblioteca Nazionale Centrale, Florenz
BNM = Biblioteca Nazionale, Madrid
BNP = Bibliothèque Nationale, Paris
BRF = Biblioteca Riccardiana, Florenz
BRT = Biblioteca Reale, Turin
CB = Casa Buonarroti, Florenz
CDL = Cabinet des Dessins du Louvre, Paris
GDSU = Gabinetto Disegni e Stampe degli Uffizi, Florenz
IF = Institut de France, Paris
ISCAG = Istituto Storico e di Cultura dell'Arma del Genio, Rom
MM = Metropolitan Museum, New York
MNF = Museo Nazionale, Florenz
MODF = Museo dell'Opera del Duomo, Florenz
RB = Raccolta Bertarelli, Mailand
RL = Royal Library, Windsor Castle
KB = Kupferstichkabinett, Berlin
VAM = Victoria and Albert Museum, London

Die Masse der Zeichnungen (viele davon unpubliziert) werden, Höhe vor Breite, in Millimeter angegeben.

Geburt, Begräbnis und Familienwappen

Die europäische Militärkultur des fünfzehnten und sechzehnten Jahrhunderts mündet und endet in der Figur Bernardo Buontalentis, und sein Werk ermöglicht es, die tiefen Gründe und kulturellen Spannungen freizulegen, die den Ursprung der Befestigungsarchitektur des modernen Zeitalters darstellten.

Das Urteil, welches Vasari in der zweiten Ausgabe der *Vite* (1568) über Buontalenti abgibt, ist bezeichnend, wenn man einmal davon absieht, dass die Ansicht eines Zeitgenossen stets ein wenig verzerrt ist: «(...) wenn sich dieser in seinem Knabenalter (...) dem Studium der Kunst gewidmet hätte, wie er dem Erlernen des Befestigungsbaus nachgegangen ist, worauf er viel Zeit verwendet hat, wäre er heute mühelos zu einem so hohen Grad der Vollkommenheit gelangt, dass er andere in Erstaunen versetzen würde (...)»[1]. Der Befestigungsbau scheint in der Entwicklung Buontalentis in der Tat ausschlaggebend gewesen zu sein. Er stirbt im Jahre 1608 und wird wesentlich früher geboren, als man gemeinhin angenommen hatte.

Das Geburtsdatum unterliegt einem Fehler, der sich erstaunlicherweise von der zweiten Hälfte des sechzehnten Jahrhunderts bis auf den heutighen Tag erhalten hat. Es wurde behauptet, Buontalenti sei 1536 geboren, und diese Angabe wurde dadurch bekräftigt, dass Raffaello Borghini in einem im Jahre 1584 herausgegebenen Buch schrieb[2], Bernardo sei achtundvierzig Jahre alt, und die nachfolgenden Historiker haben dieses Datum übernommen. Erst 1961 heisst es, er sei 1531 geboren[3]. Diese mutmassliche Festsetzung des Geburtsdatums beruht aber auf einer von Gaetano Milanesi[4] verbreiteten Fehlangabe, doch wird diese 1968 in den Katalog der in den Uffizien befindlichen buontalentischen Zeichnungen aufgenommen[5]. Anschliessend gewinnt das Jahr 1536 wieder mehr Glaubhaftigkeit[6].

Im Jahre 1979 setzte ich das Jahr 1523 als wahrscheinliches Geburtsjahr an, und zwar aufgrund folgender weitgehend unbeachtet gebliebener Aussage Gherardo Silvanis: «Die Geburt besagten Mannes fiel in die Zeit fünf Jahre vor der Republik, und das berichtete mir der selige Herr Bernardo, und es wurde mir von meinem seligen Vater bestätigt, der im Jahre 1529, dem Jahr der Belagerung, zur Welt kam und äusserte, dass der besagte fünf oder mehr Jahre älter sei als er (...)»[7]. Aber die neue Datierung, die den Zeitraum, den Buontalenti seiner Ausbildung und seinem anfänglichen beruflichen Wirken widmet, wesentlich erweitert, wird von nur wenigen beachtet, und sogar in einem wichtigen Katalog des Jahres 1985[8] kommt Bernardo Buontalenti weiterhin 1536 zur Welt. Da aber die wahrscheinlich Buontalenti zuzuschreibende Freske von San Miniato al Monte «Christus auf der Reise nach Emmanus» (Abb. 1) auf das Jahr 1547[9] festgelegt wurde, hätte das Jahr 1536 als Geburtsjahr unhaltbar erscheinen müssen. Er hätte das Fresko dann nämlich im zarten Alter von elf Jahren malen müssen, wobei nicht einmal berücksichtigt wird, dass Buontalenti – der erst spät eine kulturelle Bildung erworben hat und dem die Malerei nicht als «sein hauptsächliches Ziel»[10] galt – als Maler nicht eben zu frühzeitiger Reife gelangte. Auf jeden Fall stimmt die Eintragung seines Todes, der sich am 6. Juni 1608 ereignete, mit seiner Geburt im Jahre 1523 überein. «Der im Alter von ungefähr 85 Jahren verstorbene Bernardo di Francesco Buontalenti, der von der Bevölkerung von San Felice in unserer Kirche (San Niccolò Oltrano) beigesetzt wurde, war Ingenieur Seiner Durchlaucht (...)»[11].

Nach der Überlieferung soll Bernardo Buontalenti aus den Trümmern des väterlichen Hauses gerettet worden sein. Diesbezüglich berichtet Silvani: «Er lag unter den Trümmern seines väterlichen Hauses, und nachdem der Berg mehrmals heruntergekommen war und soviel Unheil angerichtet hatte, wurde er unter den Trümmern geborgen. Er war damals ein Knabe, und es war ein Wunder, ihn lebend vorzufinden; er wurde Seiner Durchlaucht, dem Grossherzog Cosimo I. vorgeführt, der ihn in der Galerie die Malerei erlernen liess (...)»[12].

Diese Nachricht, die im übrigen die Vertretung des Vaters durch eine fürstliche Figur andeutet – was der Legende anderer Künstler entspricht –, wird dann von Filippo Baldinucci übernommen, der angibt, dass der Einsturz im Jahre 1547 geschehen sei,

1. Bernardo Buontalenti, Christus auf dem Wege nach Emmaus, Florenz, Freske in San Miniato.

der Nähe der ersten Kapelle links bestätigt. Cirri wiederum berichtet, dass es während einer Restauration der Kirche in den Seitengang des Pfarrhauses verlegt worden sei und dass alle Begräbnisgedenkplatten vom Fussboden entfernt worden seien[18].
Bei einer übereilten Restaurierung nach der

1

wobei Bernardos Vater, Leonardo Buontalenti, den Tod gefunden habe[13]. Aber es ist unglaubwürdig, dass das Haus 1547 eingestürzt sein soll, und im übrigen ist Bernardo Buontalenti in diesem Jahr kein Knabe mehr; allerdings muss sein Grossvater wirklich Leonardo geheissen haben, wobei zu bedenken ist, dass sich der Stammbaum der Familie Buontalenti, die sich in mehrere Zweige unterteilt, nicht ganz ohne Bedenken rekonstruieren lässt[14].
Im Jahre 1608 wird Bernardo Buontalenti in der Kirche San Niccolò Oltrano[15] beigesetzt. Heute gibt es dort keine offensichtlichen Spuren des Begräbnisses mehr, aber in Stefano Rossellis Gräberverzeichnis aus dem siebzehnten Jahrhundert steht, dass «wenn man sich der anderen, zum Hauptportal der Kirche hin gelegenen Seite zuwendet, fast in der Ecke, etwa vier Ellen über dem Boden ein Steinwappen der Familie Buontalenti mit der Inschrift ‹Francisci et Leonardi de Bontalentis et suorum› zu finden ist[16]. In einem Gräberverzeichnis aus dem achtzehnten Jahrhundert[17] wird dieses beschriftete Wappen in

Überschwemmung des Arno im Jahre 1966 wurde das Wappen unbedachterweise aus dem Gang entfernt und mit anderen in einem Kellergeschoss aufeinandergehäuft. Im November 1986 finde ich es wieder. Das harte Gestein des Wappens kommt aus den Steinbrüchen von Boboli[19] (Abb. 2); es ist viergeteilt und trägt im linken und rechten Viertel jeweils einen Stern. Der Stein ist geglättet und eindeutig intarsiert.
Im Familiengrab in der Kirche San Niccolò werden am 28. August 1591 Bernardos Sohn Francesco und am 24. Juli 1592[20] seine Frau Caterina beigesetzt. In der Kirche befinden sich zwei Weihwasserbekken, die laut W. und E. Paatz[21] aus der Schule Buontalentis stammen.

Malerei, Bildhauerei und Miniaturenmalerei
Die Hütte mit dem Feuerrad

Raffaello Borghini berichtet, dass Buontalenti das Zeichnen von Francesco Salviati, von Bronzino und Giorgio Vasari und die Miniaturenmalerei von Giulio Clovio[22] gelernt habe, und er zählt einige Werke

2. Wappen der Familie Buontalenti aus Hartgestein, Florenz, San Niccolò Oltrarno.

2

der Malerei, der Bildhauerkunst und der Miniaturenmalerei auf: «Im Alter von 15 Jahren fertigte er ein lebensgrosses hölzernes Kruzifix an, das sich heute in Borgosanfrediano in der Nonnenkirche zu den Engeln befindet, und zur gleichen Zeit schnitzte er aus Holz den Kopf der heiligen Monika, der über dem auf die Via del Monastero gehenden Tor steht. Sein erstes Malereiwerk war eine Pietà auf einem für Bischof Marzi bestimmten Gemälde, das dieser dem Kaiser schickte; anschliessend malte er eine lebensgrosse Madonna für Herrn Mondragone Spagnuolo; und für den Grossherzog Francesco malte er Abraham, der im Begriff ist, seinen Sohn zu opfern, in derselben Grösse. Für Marcantonio da Tolentino malte er in dessen Haus in der Via de' Ginori viele schöne Motive in Öl. Für den Abt von Montuliveto, D. Mimato Pitti, verfertigte er ein Bild der Heiligen Jungfrau mit dem Porträt des Grossherzogs Francesco. Ein von seiner Hand angefertigtes Porträt desselben Fürsten in Lebensgrösse wurde dem Vater der Königin Johanna von Österreich geschickt und ein weiteres kleineres erhielt Filippo Spina. Mit grosser Sorgfalt malte er den geteilten, in einem Becken liegenden Kopf von Johannes dem Täufer, der sich heute bei Iacopo Mannucci befindet. Für das Schreibzimmer unseres Grossherzogs hat er ein Bild angefertigt, auf dem natürliches und in Bahnen gelenktes Wasser dargestellt ist, wo man Flüsse, Fontänen, Wassermühlen und andere interessante schöne Erfindungen sehen kann, und unter den verschiedenen Gestalten befindet sich ein sehr anmutiges unbekleidetes Mädchen (...), und er hat aus Bleioxyd für den Grossherzog ein Oval hergestellt, das Venus mit den Gaben der Liebe zeigt. Ausserdem hat er einen Christus geschaffen, der das Kreuz trägt, und eine Madonna mit dem heiligen Johannes, der auf einer Hirtenflöte spielt, während sie das Jesuskind im Arm trägt und von einem Engel begleitet ist»[23].

Buontalentis Begabung für die Architektur zeigt sich besonders in der architektonischen Ausschmückung. Von seinen Gemälden wissen wir heute recht wenig. Das Selbstporträt in den Uffizien[24] (Abb. 3) wird von Borghini nicht erwähnt, aber er ignorierte auch das Fresko von San Miniato al Monte. Nach jenem Selbstporträt ist eine Gravierung entstanden, auf der zu lesen ist, dass Bernardo in Sansepolcro geboren wurde (Abb. 4).

Was die Miniatur in den Uffizien *«Madonna mit Kind und der heilige Johannes, der auf der Hirtenflöte spielt»* (Abb. 5) betrifft, ist das Entstehungsdatum unbekannt. Nach Aussagen von Vasari hat Buontalenti Miniaturen für den Fürsten Francesco «in der Art des Don Giulio Clovio»[25] geschaffen, aber er bezieht sich nicht speziell auf jene Miniatur. Borghini hingegen behauptet, die Miniatur sei eigens für den Grossherzog Francesco[26] angefertigt worden, und wenn er bei der Verwendung des Titels Grossherzog genau gewesen sein sollte, dann wäre das Jahr 1574, das Jahr, in dem Francesco das Grossherzogtum übernahm, ein Datum *post quem* für die Datierung der zur Diskussion stehenden

3. Bernardo Buontalenti, Selbstporträt, Florenz, Galerie der Uffizien.

4. Porträt von Bernardo Buontalenti in einer Gravierung, die nach einem Selbstporträt entstanden ist, San Sepolcro, Stadtbücherei. Das Geburtsdatum der Bildbeschriftung ist falsch.

3

Miniatur. Da die Berichte von Borghini und Silvani übereinstimmen[28], ist die Miniatur zweifelsohne eigenhändig von Buontalenti erstellt worden. Man erkennt daran, dass Buontalenti bis zu einem gewissen Grad von Clovio herkommt, dass er die Malerei Michelangelos studiert hat und dass er in der Nähe von Bronzino und den Malern, die sich um Vasari gruppieren, anzusiedeln ist.

Die verschiedenen Porträts, die Buontalenti von Francesco I. angefertigt hat, sind noch nicht identifiziert. Bei einem von ihnen bezieht man sich in den Sachverzeichnissen ausdrücklich auf den Grossherzog, aber es könnte auch vor dem Tod Cosimos entstanden sein, d.h. vor dem 21. April 1574[29]. Auch von einem anderen, das mit Sicherheit vor 1569 entstanden ist, haben wir die Spuren verloren[30].

Die Ausbildung Buontalentis zum Zeichner, Maler und Miniaturenmaler findet mit einer gewissen Verspätung statt, doch zur Unterstützung der Legende, die den Künstler als *enfant prodige* erscheinen lässt, wird überliefert, dass er sofort eine hohe Begabung an den Tag gelegt haben soll. Im Jahre

4

1547 führt er das Freskogemälde in San Miniato als Monte aus, wo die Landschaft eine verstärkte Breitenwirkung gewinnt, die für Buontalentis Architektur ausschlaggebend sein wird, während er den noch vorhandenen Vertikalismus der klassischen toskanischen Landschaftsmalerei weiter abschwächt. In demselben Jahr tritt er auch offiziell in den Dienst der Medici ein. Anfangs zeigt sich eine grössere Begabung zum Zeichnen als zum Schreiben, und man beschäftigt ihn hauptsächlich im Befestigungs- und Maschinenbau. Gherardo Silvani bestätigt, dass er den Fürsten Francesco viele Dinge lehrt und für ihn in einer

5. Bernardo Buontalenti: Madonna mit dem Kind und dem heiligen Johannes, der auf einer Hirtenflöte spielt, Miniatur Florenz, Galerie der Uffizien.

ungefähr dreissig Jahre alt ist, befasst er sich nachweislich intensiv mit Befestigungsanlagen, wodurch er dem politischen Programm seines Herzogs, des Herrn Cosimo, Nachdruck verleiht. Dieses Programm ist darauf ausgerichtet, durch die Befestigung verschiedener toskanischer

Krippe eine kleine Hütte mit einem Feuerrad anfertigt, was ihm den Namen *Bernardo von den Feuerrädern* einbringt[31].
«Er unterwies seine Durchlaucht, den Fürsten, im Zeichnen, Kolorieren, in der Perspektive, in der Baukunst, im Befestigungsbau und in der Mechanik. Er war der Erfinder des Feuerwerks, und als das Volk ein Feuer so ganz anderer Art sah, war es sehr erstaunt darüber und besonders über das sogenannte Feuerrad, dass es ganz ausser sich war. Nachdem er dem Fürsten eine kleine Hütte gebaut hatte, wo die Figuren sich bewegten, wo sich der Himmel öffnete und Engel herunterkamen und die Figuren wechselten, je nachdem wie sie in der Krippe von Mal zu Mal gebraucht wurden, und insbesonders als eines dieser Feuerräder in dieser Krippe aufgestellt wurde, das sich durch die Kraft von Lichtern bewegte, und da sie so etwas noch nie gesehen hatten, fragten sich die Leute, wer das wohl gemacht habe, und da antwortete man ihnen, Bernardo Buontalenti sei der Mann, und um sich besser verständlich zu machen, fügte man hinzu ‹der von den Feuerrädern, der von der Hütte mit den Feuern›, und dieser Name blieb zu seinem Ruhm»[33].
Filippo Baldinucci erklärt, das Feuerrad bestehe aus «einigen im Kreis stehenden Figuren, die sich in einer grossen Papierlaterne durch den Rauch irgendeines Lichtes in Bewegung setzen und ihren Schatten auf das Blatt werfen, das sich zwischen ihnen und unserem Blick befindet»[32]. Dieses berühmte Feuerrad wird von *Bernardo, dem Maler des Fürsten Francesco* von Februar bis März 1550 angefertigt, und aus der Registrierung einer Rechnung geht hervor, dass es von sechzehn Kandelabern, von kunstvollen Beschlägen und Weingirlanden geschmückt ist[33].

Erste Befestigungen

In den fünfziger Jahren, als Buontalenti

5

Städte die Macht der Familie Medici gegenüber ihren äusseren Feinden, jedoch auch gegenüber den eigenen Untertanen zu festigen[34], und er übernimmt eine wichtige Rolle in der toskanischen Romagna, in Sansepolcro und auch ausserhalb der Toskana. Wäre er im Jahre 1536 geboren, so wäre er für eine so wichtige Aufgabe effektiv zu jung gewesen.
Eine Zeichnung der Stadtmauern von Florenz[35], die Giovanni Battista Bellucci angefertigt hat, zeigt das Projekt der Bastionärfronten D'Oltrearno, welches traditionsgemäss Bellucci zugeschrieben wird. Während des Krieges gegen Siena wird im Auftrag von Cosimo I. im Jahre 1544 von Boboli her mit dem Bau begonnen; 1545 wird in der Nähe der Porta Romana gearbeitet und 1549 auf dem Gelände des Klosters von Camaldoli[36]. Es handelt sich um zwei interne Fronten des alten Mauerrings.

6. Giovan Battista Bellucci, Zeichnung der zweiten Bastionärfront D'Oltrarno in Florenz, Florenz, Staatsarchiv.

gna an Herzog Cosimo, er sei nach Gatteo gegangen, «um es zu befestigen»[41]. Am gleichen Tag schreibt er auch dem Grafen von Bagno in Castrocaro und versichert ihm, er habe dem Bauleiter Anweisungen hinterlassen, nach denen die Bauarbeiten während seiner Abwesenheit in Gatteo

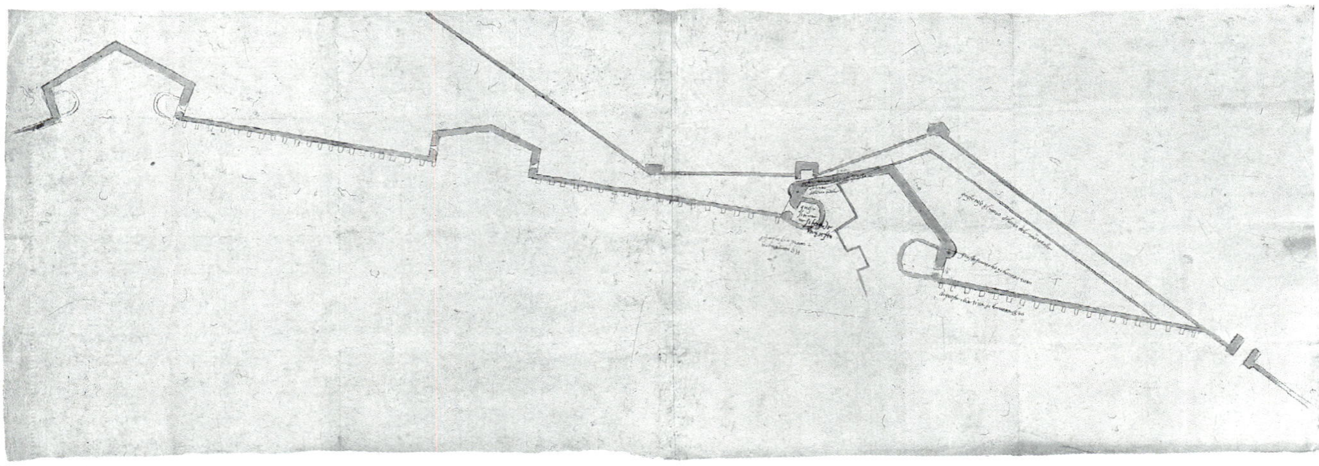
6

Das erste Frontstück reicht von Boboli bis zur Bastion an der Porta Romana und das zweite geht von der genannten Bastion bis zur Porta di San Frediano. Die erste Front mit eingezogenen Kurtinen hat einen ähnlichen Verlauf wie die zur gleichen Zeit entstandene Mailänder Stadtmauer, die zweite hat an ihren äussersten Punkten zwei stumpfwinklige Bastionen und in der Mitte eine Plattform; ausserdem ist sie später entstanden und nach einer anderen Befestigungstechnik konzipiert.

Silvani schreibt Buontalenti «viele schöne Bastionen» in Florenz zu[37]. Baldinucci sagt ihm ebenfalls nach, dass er «einige Bastionen um die Stadtmauer von Florenz und einige innerhalb derselben gebaut hat»[38]. Eine Zeichnung, die ich Bellucci (Abb. 6) zuschreibe, und die auf das Jahr 1550 zu datieren ist, dokumentiert die Bauarbeiten an der zweiten D'Oltrearno-Front[39]. Auch wenn das ursprüngliche Projekt der Oltrearno-Fronten auf Bellucci zurückweist, ist anzunehmen, dass Buontalenti an der zweiten Front beteiligt war, was Baldinucci teilweise bestätigt. Diese Front stellt ein Muster und eine Vergleichsmöglichkeit für die folgenden Entwürfe Buontalentis für Sansepolcro und Pistoia dar.

Am 7. Januar 1556[40] schreibt Buontalenti von Giaggiolo in der toskanischen Romagna an Herzog Cosimo, er sei nach Gatteo gegangen, «um es zu befestigen»[41].

vonstatten gehen sollten[42]. Ein Jahr später, am 29. Januar 1557, befindet er sich in Marradi[43]. Am 7. Februar unterrichtet er seinen Herzog von diesem Ort wie folgt: «(...) die Befestigung wird in acht Tagen fertig sein; wir haben auch zehn Arkebusen erhalten, die alle ausprobiert worden sind und in vier Tagen gebrauchsfertig sein werden; das Tor ist ganz fertiggestellt, und ich habe keine Steinplatte einmauern lassen, damit jeder in kleineren und grösseren Körben und in Säcken Erde hereintragen konnte, so dass ich die Spitze an dem Felsen, die von allergrösster Bedeutung ist, ganz fertiggestellt habe, wie aus der Zeichnung hervorgeht; und es ist ein überdachter Eingang geschaffen worden, der zu dieser Stelle führt, und jetzt sind nur noch das Tor zuzumauern und der Kavalier hochzuziehen; und wenn viel Erde hereingetragen wird, wird die Arbeit früher beendet sein, und um die Rocca (von Castiglionchio) ist die Eskarpe fertiggestellt worden, und man kann sich nicht vorstellen, wie unbezwingbar die Festung ist (...)»; ausserdem teilt er mit: «Hauptmann Marcantonio und der Verwalter von Castrocaro haben mir geschrieben, dass sie die Arbeiten stillgelegt haben, und lassen mich wissen, dass sie sie erst dann wieder aufnehmen können, wenn ich ihnen den Auftrag erteile, den Eingang der

7. Giovan Battista Bellucci, Zeichnung der Verteidigungsmauern von Castrocaro, Florenz, Biblioteca Nazionale Centrale.

8. Bernardo Buontalenti, ein Tor in der Nähe des Welfenturms von Castrocaro.

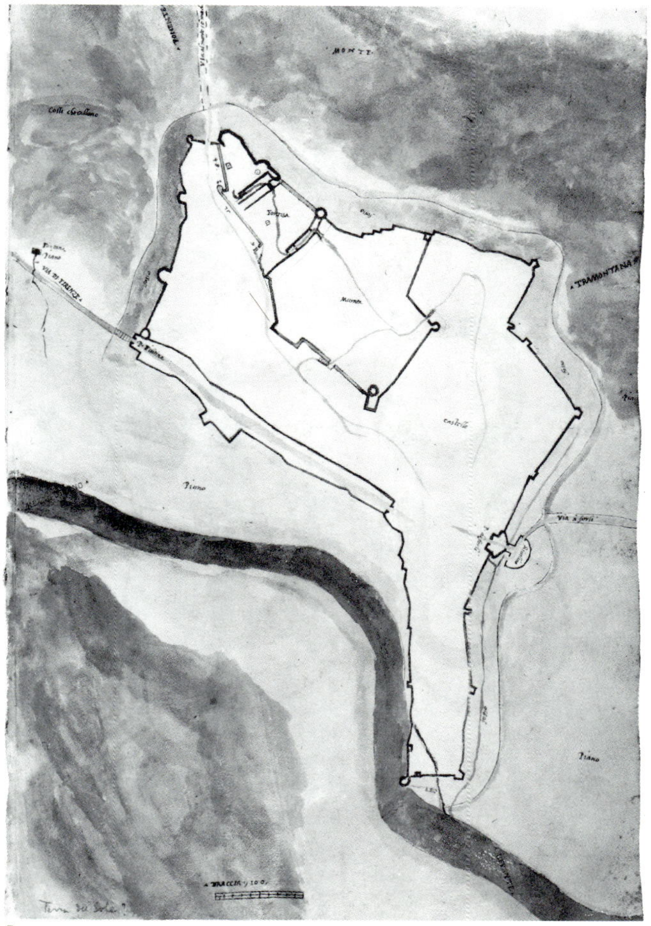

7

8

Festung zu bauen, und so werde ich morgen früh hingehen und einen Tag dort verweilen und dann sofort nach Maradi zurückkehren (...)»[44].

Und am 9. Februar 1557 berichtet er Herzog Cosimo erneut von Castrocaro:

«(...) Inspektor Girollamo hat Unmögliches vollbracht; die an der Befestigungsanlage entstandene Bastion ist 14 Ellen hoch oder höher und sieht sehr schön aus, auch das Bollwerk neben dem Welfenturm ist weit gedungen, aber es wäre noch weiter vorangeschritten, wenn ich hätte hingehen können, um den Auftrag für das Tor zu erteilen, und ich glaube, dass die Bastion des Welfenturms in zehn Tagen fertig sein wird; der Graben ist ebenfalls weit fortgeschritten, und die Häuser, die am Ulmentor standen, sind abgerissen worden, und jetzt sieht das Ganze wie eine richtige Festung aus; ausserdem sind das Lager, das von Antonio da Sangallo geplant wurde, ebenso wie der Graben, der um die Rocca führt, jetzt ganz ausgehoben (...)»[45].

Der gesamte ummauerte Verteidigungskomplex von Castrocaro, wie er sich im sechzehnten Jahrhundert herausgebildet hat, ist das Werk von Militäringenieuren wie Antonio da Sangallo dem Älteren, Giovan Battista Bellucci, Gabrio Serbelloni, Chiappino Vitelli, Giovan Battista Camerini und Bernardo Buontalenti. Carlo Promis erwähnt dies nicht, aber es existieren Archivunterlagen, die bezeugen, dass Bellucci in Castrocaro tätig war[46]. Und Giovan Battista Adriani berichtet, dass Cosimo I. im Jahre 1555 «Gabrio Serbelloni von Mailand abberuft und nach Castrocaro und Cortona schickt, um diese beiden Orte mit starken Bastionen, Bollwerken und Mauern zu versehen»[47].

Buontalentis Mitarbeit in Castrocaro in den Jahren 1556/57 erweist sich als Fortset-

9. Zeichnung von Port'Ercole, Florenz, Gabinetto Disegni e Stampe der Uffizien.

zung eines Projekts von Bellucci. Eine Planimetrie von Bellucci gibt Aufschluss über den Umbau von Castrocaro[48] (Abb. 7). Andere Zeichnungen von Bellucci beziehen sich auf die Planung der Südseite der Festung bzw. der Zitadelle, d.h. der Seite mit den Geschützpforten für den Frontalbeschuss. Die Räume, in denen sie sich befanden, waren mit beeindruckenden Tonnengewölben und einer äusseren Ziegelsteinwand versehen, die im Ohr der zurückgebogenen Flanke ausläuft, und mit deren Erbauung Bellucci begann[49].

Die Arbeiten an der Südseite der Mauer, die den zweiten Abschnitt des Verteidigungsrings von Castrocaro darstellt, werden von Buontalenti fortgesetzt. Er leitet den Bau der Bastion am Welfenturm sowie des nahen Tores, er zieht den Graben und räumt das Schuss- und Blickfeld am Ulmentor frei. Das Tor, das in der Nähe des Welfenturms noch existiert, könnte von Buontalenti stammen (Abb. 8). Es würde sich dann um eine erste Version der von ihm entworfenen Portale handeln.

In den vierziger und fünfziger Jahren war Giovanni Battista Bellucci der bedeutendste Militäringenieur im Dienste Cosimos. Er erwarb sich berufliche Erfahrungen bei einem anderen Militäringenieur, seinem Schwager Girolamo Genga, aber vor allem hatte er sich mit den militärischen Kenntnissen von Francesco Maria I. della Rovere in Urbino vertraut gemacht. Cosimo setzte ihn im Rahmen seines territorialen Befestigungsprogramms ein. Bellucci war in allen praktischen Fragen, die am Bauplatz auftauchten, sehr bewandert, doch besass er auch hervorragende Kenntnisse in der Perspektive und in der Artillerie. Die namhaftesten Vertreter dieser Wissensbereiche in den dreissiger Jahren waren Francesco Maria I. della Rovere und Antonio da Sangallo der Jüngere. Bellucci unterschied sich von Nicolò Tartaglia, einem von Bauplatzproblemen weit entfernten mathematischen Denker, durch seine praktischen Fähigkeiten. Dennoch war seine Baukunst durchdrungen von jener geometrisch-euklidischen Kultur, die der militärischen Architektur *alla moderna* Pate gestanden hatte. Es wäre vielleicht noch zu sagen, dass Belluccis Achitektur mehr den militärischen Bedürfnissen seiner Zeit nachging, ohne dem ornamentalen Charakter der sogenannten zivilen Baukunst entgegenzukommen. Nicht ohne Grund hatte er eine Abhandlung über provisorische Erdbefestigungen geschrieben, worin er sich auf die wesentlichen Baumerkmale der Militärarchitektur beschränkte. Anfangs entwikkelt sich Buontalenti, ähnlich wie Bellucci, vorwiegend diesem militärischen Charakter entsprechend, auch wenn er – und darin unterscheidet er sich von Bellucci – mehr dem Künstlerischen zugetan ist. Bellucci war jedenfalls ein Praktiker, jedoch nicht ohne *scientia,* wie etwa jener Antonio Melloni, der – laut Promis – mit Gewalt in die posthume Veröffentlichung des Traktats von Bellucci eingefügt wurde.

Raffaello Borghini erinnert daran, dass Buontalenti im Jahre 1556 von Cosimo I. als Militäringenieur zum Herzog von Alba nach Neapel geschickt wird und dass er in Ostia eine Schiffsbrücke über den Tiber und ein Fort baut. In Civitella del Tronto schafft er «jene Befestigung, die er – trotz massiven Widerspruchs – mit dem Grafen Santa Fiore gegen die Streitkräfte von Monsignor di Ghisa zu halten vermag, was der Grund dafür war, dass Italien kein grosser Schaden zugefügt wurde»[50]. Diese Auskunft wird von Filippo Baldinucci wieder aufgegriffen[51]. Wenn man der allgemeinen und nicht der florentinischen Datenbestimmung folgt, muss Buontalenti die Reise nach Ostia und Civitella im Jahre 1557 unternommen haben.

In Civitella lebt auch Giacomo Lanteri, und so hat Buontalenti Gelegenheit, mit diesem Meister der Militär- und Festungsbaukultur in Berührung zu kommen. Lanteri ist nämlich die Hauptfigur bei der Belagerung von Civitella. Es ist allerdings bekannt, dass Civitella von April bis Mai 1557 belagert ist, und wenn Buontalenti sich am 9. Februar in Castrocaro aufhält und im Begriff ist, nach Marradi zurückzukehren, was dokumentarisch erwiesen ist, hat er sicherlich nicht viel Zeit, an jenem

OSTRO
mullino
ROCHA
Leuante
Murato
Porto
Ponete
fonte
Tramontana

9

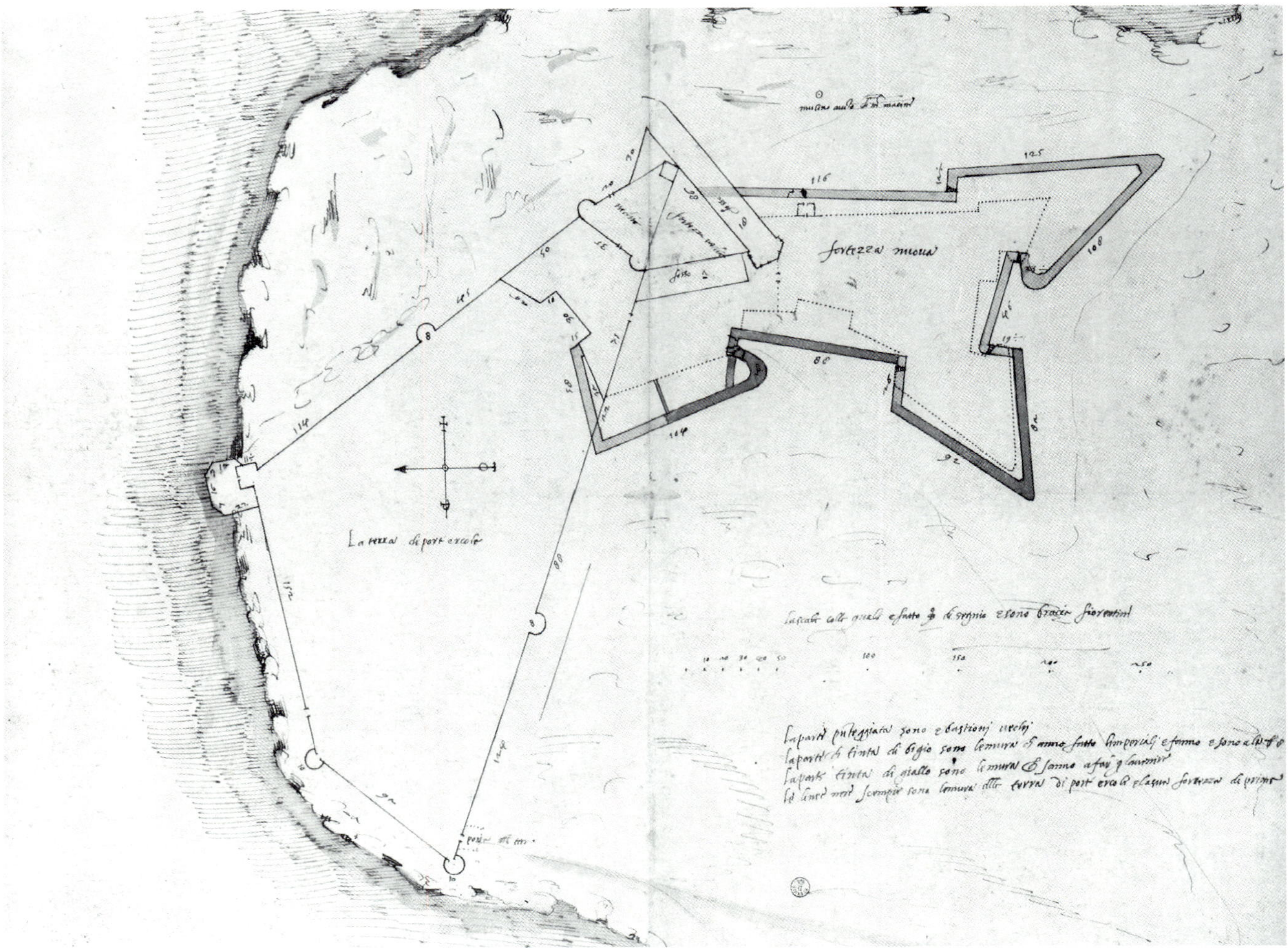

10

10. Giovanni Camerini, Zeichnung von Port'Ercole, Florenz, Gabinetto Disegni e Stampe der Uffizien.

Befestigungswerk mitzuwirken. Es ist abgesichert, dass er beim Herzog von Alba am Bau provisorischer Befestigungsanlagen beteiligt ist und seine Erfahrungen im Umbau bereits bestehender Festungsmauern erweitert, um sie den neuen Verteidigungsbedürfnissen anzupassen. Eine Darstellung des Befestigungssystems von Civitella zur Zeit der Belagerung des Jahres 1557 wird 1569 von Giulio Ballino geliefert[52]; und Buontalentis Schiffsbrücke von Ostia ist auf einer Kartenskizze von Carlo Theti zu sehen[53].

Buontalentis Aufenthalt in Ostia im Jahre 1557 lässt die Vermutung zu, dass er auch nach Rom gereist ist[54] und folglich die ardeatinische Bastion von Antonio da Sangallo dem Jüngeren gesehen hat. Die Reise nach Rom und in die Umgebung könnte ihm auch für seine Tätigkeit als Zivilbaumeister lehrreich gewesen sein, da eine gewisse Beeinflussung durch Vignola zu erkennen ist, von der noch die Rede sein wird.

Im Jahre 1558 befasst sich Bernardo Buontalenti in der Toskana mit perspektivischen *apparati* und Befestigungsfragen, worüber er Herzog Cosimo weiterhin prompt unterrichtet. Aus einem seiner Briefe vom 10. Januar ist zu entnehmen, dass er in Lucca unter der Leitung eines Ingenieurs, der im Dienste des französischen Königs steht, an der Gestaltung von *«apparati o prospettive»* beteiligt ist. Dieser Ingenieur ist vermutlich Baldassarre Lanci, dessen Zeichnung von Montalcino er kopiert und dessen Entwürfe zu den Befestigungsanlagen von Grosseto er kennenlernt[55]. Nach

11. Port'Ercole in den ersten Jahren des zwanzigsten Jahrhunderts.

tig mit der Zeichnung von Port'Ercole entstanden zwei weitere Zeichnungen von Buontalenti: eine von Capalbio in der Maremma (Abb. 12) und das Projekt einer viereckigen Bastionäranlage[59] (Abb. 13, Tafel IX).

11

Bellucci ist Lanci der Militäringenieur, der Buontalenti am stärksten beeinflusst.
Eine Zeichnung Buontalentis von Port'Ercole lässt sich auf das Jahr 1558 festlegen[56] (Abb. 9). Die hierin dargestellte neue Festung wurde von Giovanni Camerini entworfen[57] (Abb. 10); er ist der dritte Militäringenieur, in dessen Umkreis Buontalenti sich in den fünfziger Jahren heranbildet. Im Jahre 1556 haben sich die Sienesen im Bund mit den Franzosen gegen die Spanier verteidigt, und 1557 ist Port'Ercole dem *«Stato dei Presidi»* beigetreten. Ein neues Bastionssystem schliesst das vorhergehende französische ein und bewahrt den viereckigen Grundriss[58] (Abb. 9 und 11). Gleichzeitig mit der Zeichnung von Port'Ercole entstanden zwei weitere Zeichnungen von Buontalenti: eine von Capalbio in der Maremma (Abb. 12) und das Projekt einer viereckigen Bastionäranlage[59] (Abb. 13, Tafel IX).

Sansepolcro und ein Blatt der Abhandlung über Befestigungen

Als Bernardo Buontalenti um das Jahr 1559 den Umbau der Festung von Sansepolcro angeht, zeigt sich, dass er über spezifischere Kenntnisse im Festungsbau verfügt. Die Beschäftigung mit einer Stadtummauerung, bei der das sangallische Festungsviereck dominiert, ist im übrigen ein sehr erfreuliches Thema für einen Militäringenieur. Die Basteien von Santa Lucia, Riccio und San Nicola, die Cosimo 1547 hatte erbauen lassen, sind auf einer Skizze dargestellt, die Bellucci zugeschrieben wird[60]. Es sind Basteien, die sich ohne Zweifel auf die Militärarchitektur Belluccis zurückführen lassen[61], aber sie könnten auch unter Buontalentis Beteiligung entstanden sein, der zu jener Zeit das Fresko von San Miniato al Monte malte und ungefähr vierundzwanzig Jahre alt war (und nicht elf, wie es der Fall gewesen wäre, wäre er 1536 geboren). Der Umbau, den Buontalenti 1559 für Sansepolcro konzipiert, ist durch seine Zeichnungen nachweisbar.

Auf einem ersten Blatt[62] (Abb. 15, Tafel X) legt er den Umkreis fest, in dem die Festung von Giuliano da Sangallo und die drei bereits erwähnten Bastionen aus dem Jahre 1547 durch zwei mittlere Plattformen erweitert werden sollten, um dadurch die übergrosse Entfernung, auf die der Flankenbeschuss abgestimmt war, zu reduzieren. Die Stadt hat vier Zugänge – die beiden von der sangallischen Festung nicht mitgerechnet – und ist nach aussen durch einen eckigen Schutzwall abgegrenzt. Es handelt sich hierbei um die erste provisorische und schematisierte Version eines Themas, das Bellucci später an der Festung Santa Barbara in Pistoia vollständig löst. Einige Teile der

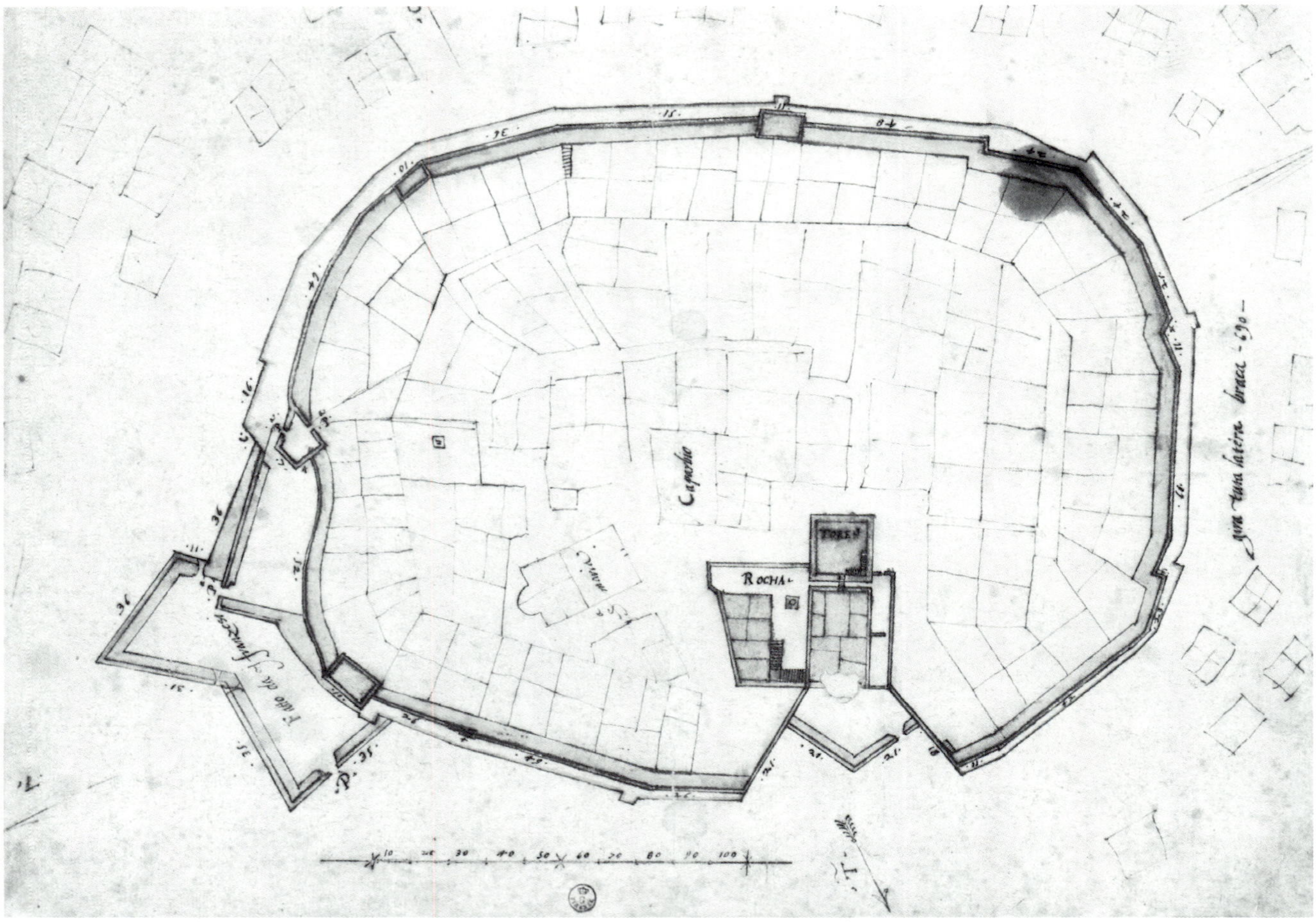
12

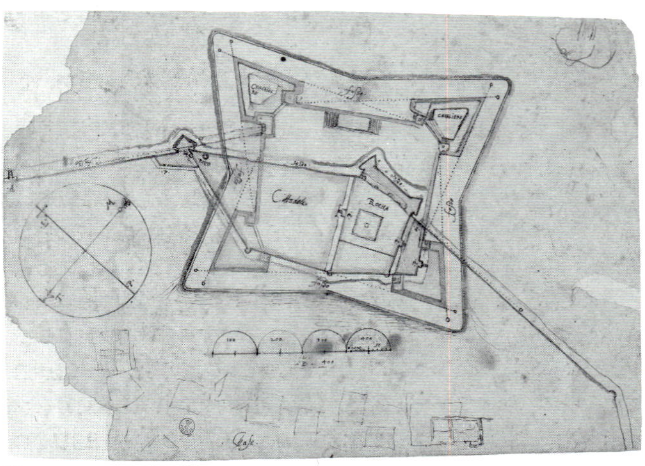
13

12. Bernardo Buontalenti, Zeichnung von Capalbio in der Maremma, Florenz, Gabinetto Disegni e Stampe der Uffizien.

13. Bernardo Buontalenti, Zeichnung einer viereckigen Bastionär-Festung, Florenz, Gabinetto Disegni e Stampe der Uffizien.

14. Zeichnung (nach Buontalenti) eines Teils der Stadtmauer von San Sepolcro, Florenz, Gabinetto Disegni e Stampe der Uffizien.

15. Bernardo Buontalenti; Zeichnung der Stadtmauer von Sansepolcro, Florenz, Gabinetto Disegni e Stampe der Uffizien.

Kurtinen, die Bastionen und die Plattformen haben Strebemauern auf der Innenseite. Das Wasser läuft in den Graben, und vier Mühlen sind in der Nähe der Festung angelegt. Eine Flanke der grossen Plattform, die an der Südkurtine angelegt ist, steht in direkter flankierender Beziehung zu

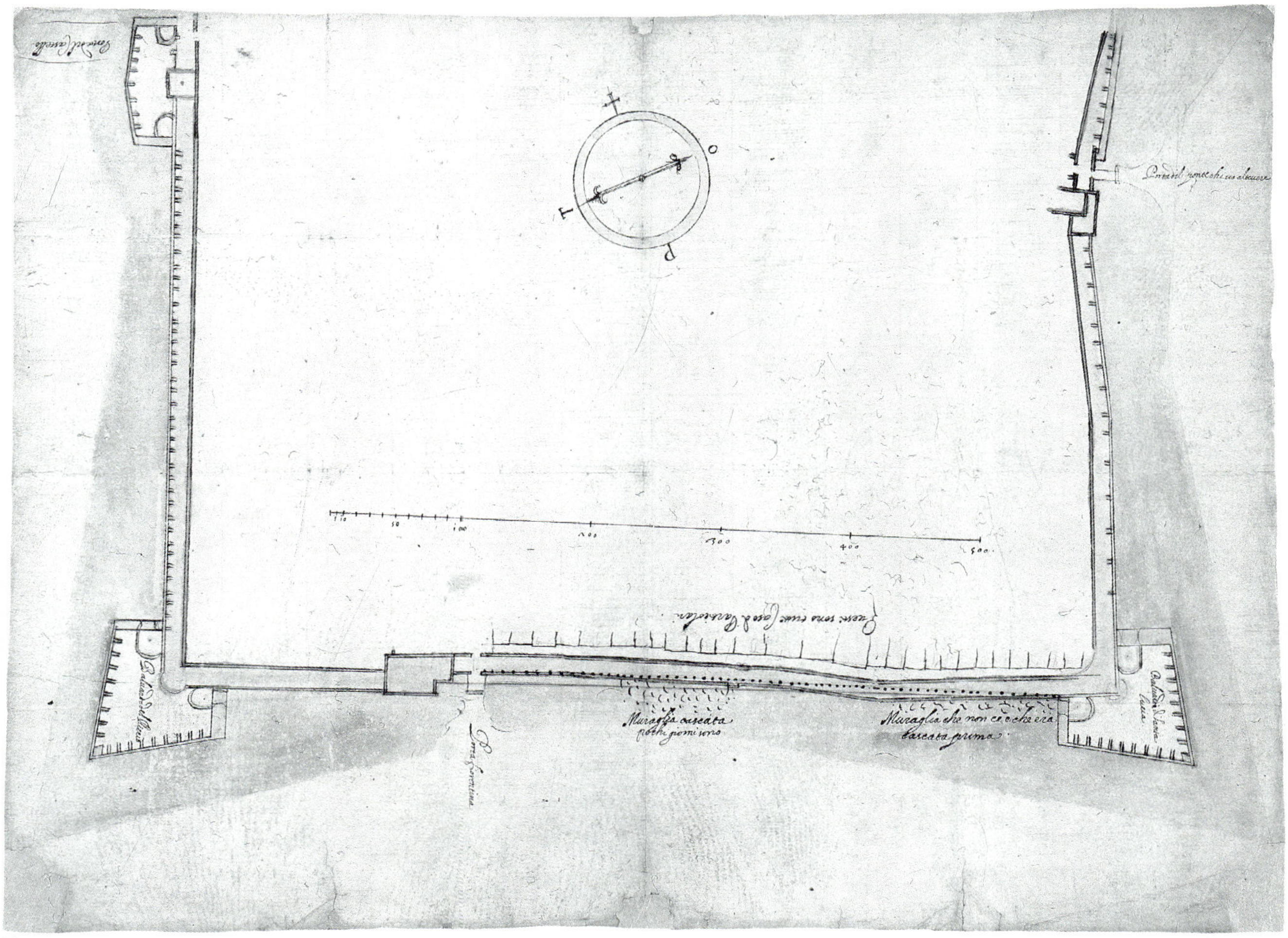

14

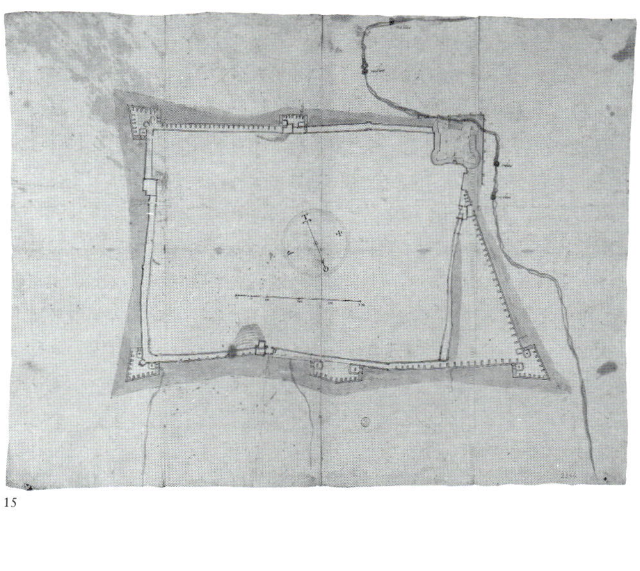

15

der gegenüberliegenden Flanke der süd-östlichen Bastion San Nicola; dasselbe trifft aber nicht für das Verhältnis der anderen Flanke der Plattform zu der westlich gerichteten Flanke der Bastion Santa Lucia zu. Auch an den anderen Seiten des Mauerrings von San Sepolcro entstehen Kurtinenflanken. Die Entfernung, auf der die Flachschüsse der Verteidigung zwischen der genannten Plattform und dem ausspringenden Winkel der San Nicola-Bastion basiert, beträgt mehr als sechshundert Ellen. Zwei Zeichnungen von Buontalenti (Abb. 14 bis 16, Tafel X) verweisen auf die zukünftige Gestalt des Mauerrings von Sansepolcro[63], was bei der Bellucci zuge-

16. Luftaufnahme von Sansepolcro.

16

schriebenen Skizze nicht der Fall ist. Auf dem Entwurf von Bellucci ist der generelle Verlauf der neuen Stadtmauer allerdings klar umrissen, was auf Buontalentis Zeichnung nicht zutrifft, jedoch fehlen die dazwischenliegenden Plattformen.
Die Form der grossen Plattform der Südkurtine wird von Buontalenti in einer bisher unveröffentlichten Zeichnung dargestellt, auf deren Vorderseite der Grundriss und auf deren Rückseite der Aufriss der Strebemauern zu sehen ist[64] (Abb. 17 und 18, Tafel XI).

Die innen mit Erde angefüllte Mauer der Plattform ist abschüssig, $13\frac{1}{2}$ Ellen hoch, am oberen Rand $3\frac{1}{3}$ Ellen dick, und die Strebemauer ist mehr als 6 Ellen lang.
Das zentrale Thema des europäischen Festungsbaus in den fünfziger Jahren des sechzehnten Jahrhunderts ist die Eingliederung der mittleren Plattform in die Kurtine, um die übermässige Länge derselben zu vermeiden. Bernardo Buontalenti macht sich hierzu Gedanken auf einem in den Uffizien aufbewahrten Blatt[65] (Abb. 19, Tafel XIV), das zu jenem von ihm geschriebenen Traktat gehörte, das dann zerfiel und verlorenging, und wo er, laut Raffaello Borghini, alle jene Dinge «durch die Zeichnung zeigt und schriftlich lehrt, die einen guten Soldaten ausmachen, damit ihm jedes Unternehmen gelingt, sowie jene Fähigkeiten, die ein Festungsbauer allerorts hervorragend beherrschen muss, und dieses Buch wird er bald als Kleinod ans Tageslicht bringen»[66]. Das Blatt scheint beschnitten zu sein und zu einem Heft zu gehören, das ungefähr 29 cm breit und

17–18. Bernardo Buontalenti, Zeichnungen der grossen Plattform von Sansepolcro, Florenz, Staatsarchiv.

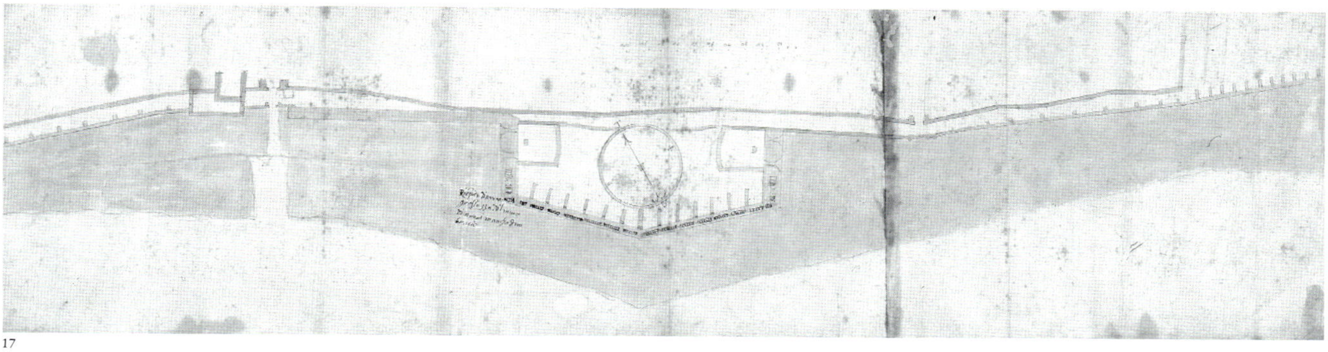

17

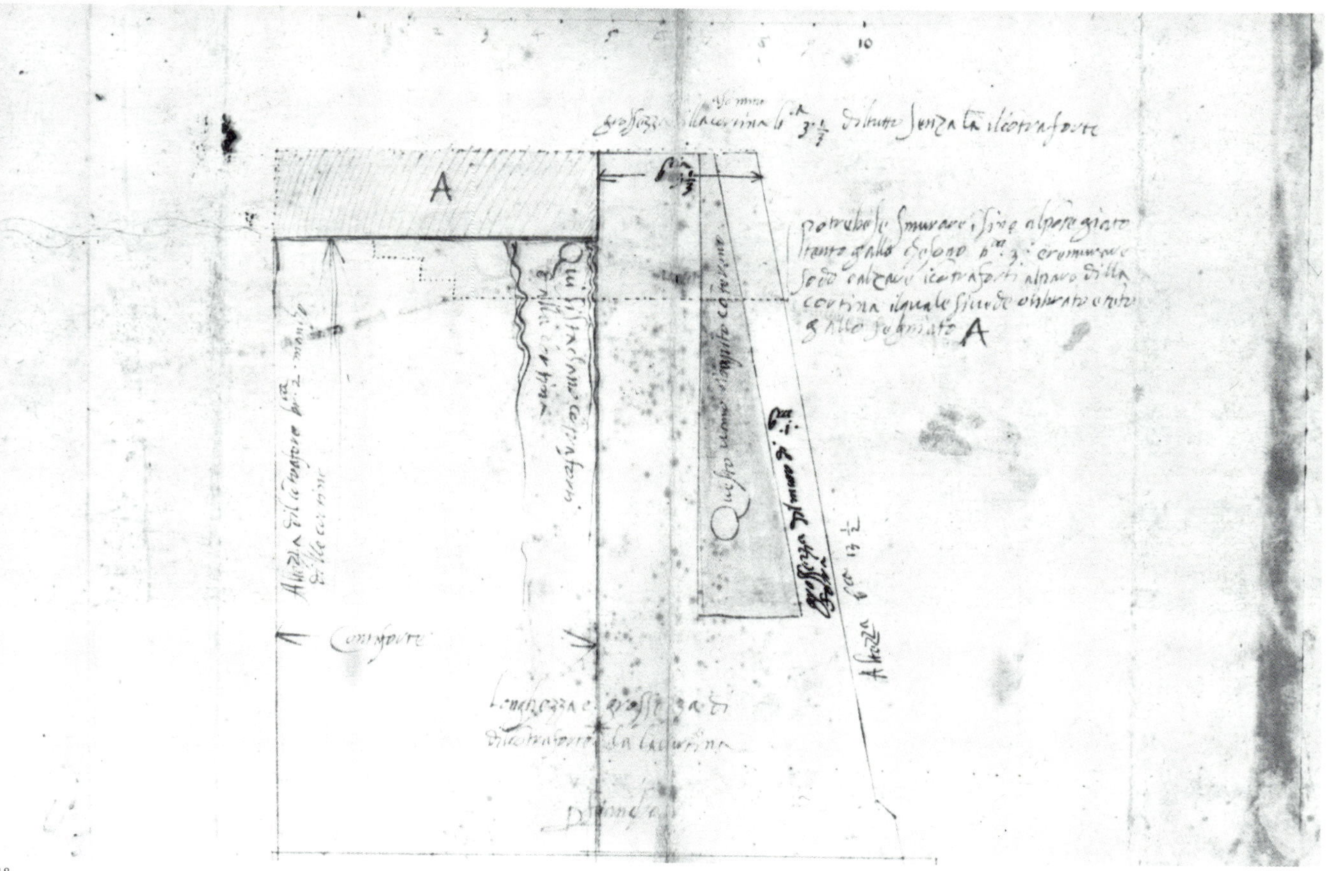

18

43,5 cm hoch gewesen sein muss und an vier zentralen Punkten zusammengenäht war.

Die linke Seite (welche den Entwurf von vier Bastionärfronten mit dazwischenliegender Plattform in polychromem Aquarell und tintenschriftlichem Text zeigt) ist besser ausgearbeitet als die rechte, wo zwei Bastionen mit dazwischenliegender Kurtine in Bleistift dargestellt sind. Auf der rechten Seite ist eine Studie für die östlich gelegene Front von Livorno, die zwischen den beiden Bastionen Santa Giulia und Dell'Ascensione liegt, zu erkennen und die auf den Anfang des Jahres 1576 zu datieren ist. An dem Verlauf der Fronten auf der linken Seite lässt sich eine frühere Befestigungskultur ablesen. Buontalenti hat «drei Zeichnungen übereinander skizziert, nur um zu sehen, welche die beste ist»; und er analysiert sie folgendermassen:

«Durch diese drei Zeichnungen soll nur gezeigt werden, welche Plattform für die grosse Entfernung zwischen den Bastionen am geeignetsten ist, A, B oder C. Bei

19. Bernardo Buontalenti, ein erhalten gebliebenes Blatt aus dem Traktat über die Befestigungen, Florenz, Gabinetto Disegni e Stampe der Uffizien.

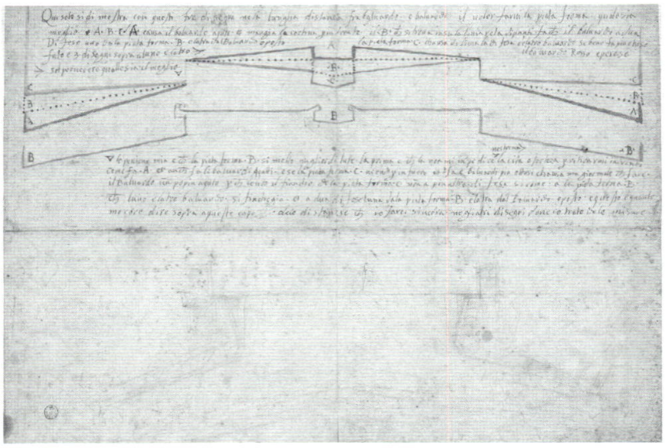

19

Lösung A ist die Bastion zugespitzt und schluckt die innere Kurtine, Lösung B, die sich auf der punktierten rechten Linie befindet, ermöglicht eine doppelte Verteidigung, einmal von Plattform B aus und zweitens von der gegenüberliegenden Bastion; Plattform C erleichtert die Verteidigung der anderen Bastion, auch wenn die rote Bastion stumpfwinkliger wird. Meiner Meinung nach ist Plattform B die beste Lösung von allen, aber ich werde auf anderen Zeichnungen, wo ich mich mit den Massen befasse, noch einmal darauf zurückkommen.»

Da er die Lösung B für die Flankierung bevorzugt, zeichnet er sie nochmals unter die anderen, diesmal durch Geschützpforten ergänzt.

Das Blatt mit der Befestigungsmauer von Sansepolcro ist doppelt gefaltet, als wäre es seinerzeit in das Heft der buontalentischen Abhandlung gelegt worden; und aus dem Traktat entnimmt man den langsamen Entwicklungsprozess innerhalb eines Zeitraumes, der vom Ende der fünfziger bis ans Ende der siebziger Jahre geht. Die gesamte buontalentische Befestigungsplanung bis hin zur Befestigung des neuen Livorno geht auf dieses Traktat zurück. Borghini, dessen Buch *Il Riposo* im Jahre 1584 veröffentlicht wird, erlebt die Vollendung dieser Abhandlung, aber sie ist wohl nie druckreif geworden, da Buontalenti grosse Schwierigkeiten mit dem Schreiben hatte. Die Blätter aus der Abhandlung müssen wohl ein Hilfsmittel und eine Vergleichsmöglichkeit für die weitere Entwicklung seiner Projekte gewesen sein. Auch die Fronten auf der linken Seite des in den Uffizien aufbewahrten Blattes – das einzige bisher identifizierte des Traktats – tragen Bleistiftverbesserungen.

Im Sachverzeichnis des buontalentischen Besitzes, welches kurz vor seinem Tode zusammengestellt wurde, erscheint «ein Büchlein mit Ausführungen über Befestigungsanlagen»[67] sowie «vier Grundpläne über Stadtummauerungen», die sich möglicherweise auf die besprochene Abhandlung beziehen. Ein weiterer Hinweis auf den Inhalt der buontalentischen Abhandlung ist in einer Handschrift von Giulio Parigi zu finden, in der ein Dokument den Querschnitt einer Festung mit einem Konterminengang ausserhalb der Mauer zeigt, und dessen Konzipierung Parigi Buontalenti zuschreibt[68].

Die Spanienreise

Was die sogenannte Zivilarchitektur Buontalentis betrifft, muss man zuerst die Villa von Seravezza betrachten, die traditionsgemäss Bartolomeo Ammannati zugeschrieben wurde, jetzt aber von einigen Experten als Bernardo Buontalentis Werk angesehen wird[69]. Diese neue Zuschreibung basiert auf den stilistischen Ähnlichkeiten mit der Villa Artimino, aber die vorliegenden Schriftstücke betreffen lediglich die Festlegung der Ausführungszeit von 1561 bis 1565. Wenn man aber von der Gegenüberstellung einzelner Elemente absieht, die in die Atmosphäre der gemeinsamen Kultur passen, besteht doch ein grundlegender Unterschied zwischen Artimino und Seravezza. Doch selbst wenn Seravezza nicht von Buontalenti sein sollte, ist es doch typisch für jene Art von Villen, mit deren Umbau Buontalenti sich immer wieder befasst. Letztlich ist auch nicht zu vergessen, dass Buontalenti in den für den Bau von Seravezza ausschlaggebenden Jahren, d.h. von 1562 bis 1564, im Gefolge des Fürsten Francesco in Spanien war.

Im Jahre 1562 ist Buontalenti etwa vierzig Jahre alt und befindet sich noch in seiner Entwicklungsphase. In dieser Zeit unter-

nimmt er jene entscheidende Reise nach Spanien, über die Adriani folgendes berichtet:
«Der Fürst von Florenz begab sich Anfang Juni 1562 mit vier Galeeren nach Spanien, um den Katholischen König aufzusuchen. Er erreichte den Hafen von Marseille (...), dann lief er mit vier Galeeren den katalonischen Hafen Rosas an und auf dem Landwege erreichte er Perpignan, wo ihm von Barcelona sein Oheim D. Garzia von Toledo (der dort Vizekönig war) entgegenkam. Dieser nahm ihn mit in jene Stadt, die vom spanischen Hof weit entfernt war, denn der König und die Königin und ihre ganze Familie hielten sich im Wald von Segovia auf (...). Es war schon September 1563, als der Fürst von Florenz - nachdem er viele Monate am spanischen Hof verbracht hatte, um den König zu ehren und sich ihm gewogen zu zeigen - seine Abreise plante, und nachdem er den wichtigsten Herren jenes Hofes seinen Besuch abgestattet hatte und sich ihnen als höflicher und umsichtiger Fürst ins Gedächtnis eingeprägt hatte, kam er in Barcelona an, wo seine drei Galeeren und als Ergänzung einige andere bereitstanden, die sich nach der Verteidigung von Oran auf dem Rückweg nach Italien befanden. Von hier fuhr er so schnell wie möglich, ohne sich aufzuhalten, nach Genua, dann nach Pisa und dann nach Florenz (...)»[70].
Francesco hat eine Schar von Hofmeistern, Kellnern, Kammerdienern, Kleiderverwahrern, Sekretären, Knappen, Furieren, Seelsorgern, Pagen, Reitknechten, Köchen, Kellermeistern, Vorratsverwaltern, Truchsessen, Mundschenken, Rittmeistern, Waffenschmieden, Barbieren, Ärzten und Edelmännern verschiedener Art im Gefolge. Unter den Pferden, die er mitführte, befanden sich zwei gesprenkelte Füchse, ein brauner Fuchs, ein gesprenkelter Grauschimmel, ein Rappe und ein Springer, Oberstallmeister ist Graf Sigismondo di Sansecondo. Es werden auch vergoldetes und verziertes Silber, Kerzenhalter, Teller, Schalen, Pokale, Tassen, Salzgefässe, Löffel, Wandbehänge, Bezüge, Betten und eine vollständige Kücheneinrichtung mitgeführt[71].
Die aufwendige und abenteuerliche Reise durch Spanien nimmt mehr als ein Jahr in Anspruch. Die Gesellschaft befindet sich im März 1562 in Livorno, dann im Mai in Genua, Nizza, Toulon, im Juni in Rosas und dann in Perpignan. Die Reise geht über Barcelona, Valencia, Saragossa, Segovia, Madrid, Toledo, Valladolid, Palamos und andere Orte in Spanien, unterstützt von Galeeren, die zwischen Marseille und Cartagena vor Anker gehen. Aus den Briefen, die Francesco I. seinem Vater Cosimo schreibt, ersieht man sein Interesse für die spanischen Städte. Am 18. April 1563 berichtet er seinem Vater aus Madrid: «(...) am dritten Ostertag ging ich unerkannt, um mir nur diese Stadt anzusehen (...)»[72].
Aus der *Spesenrechnung des Fürsten von Florenz über seine Spanienreise*[73] geht hervor, dass Bernardo Buontalenti an der Reise teilgenommen hat, was auch von Raffaello Borghini, Gherardo Silvani und Filippo Baldinucci bestätigt wird[74]. Ihm wird am 4. Juli 1562 in Perpignan eine Geldsumme ausgehändigt, «um sie einem Goldschmied und einem Schmied zu übergeben, die Schmelztiegel herstellten»[75], am 8. Juli «um sechs Malpinsel zu bezahlen»[76], am 1. August in Barcelona, «um Kreide, Papier, Tinte und anderes zu kaufen»[77], am 28. Oktober, «um eine Uhr zu reparieren (wahrscheinlich die, welche Buontalenti für die spanische Königsfamilie angefertigt hatte, und von der Silvani und Baldinucci[79] berichten) sowie «für ein Ornament und andere Dinge»; dann wieder, am 11. Dezember in Madrid, um eine Zahlung an Jacopo da Trezza zu leisten «für die Bearbeitung eines Rubins und anderer Dinge»[80], und am 6. Februar und am 30. März 1563, «um Blumen aus Silber zu giessen»[81]. In Francescos Gefolge befindet sich auch der Goldschmied Paulo di Polo, der in Barcelona und Madrid Silberbecher, Goldketten und Halsbänder macht, um sie verschiedenen Personen zu schenken.
Die Spanienreise bietet Buontalenti die Möglichkeit, sich neue Gedanken über den Befestigungsbau zu machen. Er kann die Werke von italienischen Ingenieuren wie Gabriele Tadino und Giovanni Battista Calvi sehen. Als er im Juli 1562 in Perpignan eintrifft, hat Calvi gerade mit dem Bau seiner sechseckigen Zitadelle begonnen, und es ist sehr wahrscheinlich, dass er Buontalenti sein Projekt gezeigt hat. Für

Tafeln I–IV – Michelangelo, Zeichnungen von befestigten Toren, Florenz, Casa Buonarroti.

Rosas hatte Calvi eine fünfeckige Befestigungsanlage geplant, die die alte Stadtmauer ersetzten sollte[83]. Die Zitadelle von Perpignan und die Stadtmauer von Rosas, die den Zitadellen von Turin und Antwerpen vorausgehen, stellen ein bedeutendes Modell für die neue Stadt Livorno dar. In Barcelona kann Buontalenti eine weitere grosse Bastion von Calvi studieren, mit deren Bau 1552 begonnen worden war[84].

In Spanien ist Bernardo kein unbekannter Mann. Gegen Ende der fünfziger Jahre hatte Philipp II. den Herzog von Alba damit beauftragt, in Italien einen Ingenieur zu suchen, der den erschöpften und kranken Calvi ersetzen könnte[85]. Und der Herzog hat sicherlich auch Bernardo Buontalenti genannt, weil er ihn gut kannte und ihn in Ostia und Civitella del Tronto auf die Probe gestellt hatte. Das spanische Königspaar wollte ihn unbedingt in seine Dienste stellen[86], was wohl mehr darauf zurückzuführen war, dass es sich einen tüchtigen Militäringenieur sichern wollte, als dass er eine grossartige ornamentale Uhr geschaffen hatte. Abgesehen davon war Francesco I. aber auch nicht bereit, sich von seinem Architekten zu trennen.

Es untersteht darüber hinaus keinem Zweifel, dass Buontalenti in Spanien die Porzelansammlung Philipps II. zu Gesicht bekommen und daraus gelernt hat und dass er von der katalonischen Spätgotik beeinflusst wurde. Die Entfaltung dieser Kunst an den Gebäudemauern scheint auch den Funken dargestellt zu haben, der ab 1567 (allerdings in Verbindung mit den bedeutenden Einflüssen, die ihm Michelangelo und die Toskana vermitteln) die buontalentische architektonische Ornamentik hervorbringt.

Maler, Militäringenieur und/oder Zivilarchitekt

Nachdem Buontalenti aus Spanien zurückgekehrt ist, macht er in Florenz Untersuchungen an Kristallen und nähert sich erstmals der Architektur von Zivilbauten. Im September 1566 schreibt er an den Fürsten Francesco: «(...) was das weisse Kristall betrifft, das Ihr letztens bestelltet, so ist es sehr schön geworden, wie Ihr an dem Muster erkennen könnt; und den Schmelztiegel habe ich grün gefärbt, aber er weist Unreinheiten auf, und so habe ich ihn in Wasser getaucht, und jetzt muss ich ihm Glanz verleihen, und ich habe solch ein schönes Grün herausgeholt, dass Euer Durchlaucht damit zufrieden sein wird. Morgen werden wir ihn wieder ins Feuer tun (...)»[87].

Auf Anordnung «von Cosimo I. bestand Buontalentis Tätigkeit als Militäringenieur anfangs darin, das Werk von Bellucci fortzusetzen. Nun hat er die Möglichkeit, sein Handwerk auf den wichtigsten florentinischen Bauplätzen und im Kontakt mit zwei bedeutenden Architekten seiner Zeit zu vervollkommnen: beim Bau des Palazzo Pitti und dessen Garten unter Bartolomeo Ammannati und an einem Korridor zwischen dem Palazzo Pitti und Pitti unter Giorgio Vasari. Dies ist eine wichtige Entwicklungsstufe für Buontalenti, weil er sich nun nicht nur der Planung des äusseren Befestigungswerks, sondern auch der Architektur innerhalb der Befestigungsanlage widmen kann, also auch der Residenz des Grossherzogs. Die von Cosimo I. gewollte räumliche Umgestaltung der Stadt wie auch die territoriale Veränderung der Befestigungsanlagen verfolgten das politische Ziel, die Macht der Medici und die Herrschaft über die Stadt zu festigen. Der von Vasari gebaute Korridor, der den alten Hof mit dem neuen verbindet, und mit dessen Bau 1565 begonnen wird, verändert die bestehende Stadtanlage grundlegend. Nun behauptet sich die Idee von der Architektur als etwas Fliessendem, was für Buontalenti einen neuen Anfang und neue Entwicklungsmöglichkeiten darstellt. Der Korridor hat so typisch buontalentische Eigenschaften, dass man geneigt ist, der falschen Auskunft von Silvani (und von Baldinucci) beizupflichten, nach der der Korridor von Buontalenti[88]. Die Erstellung des Korridors, an der Buontalenti möglicherweise beteiligt ist (den Trakt der Uffizien oberhalb der 13 Richter baut ganz gewiss er

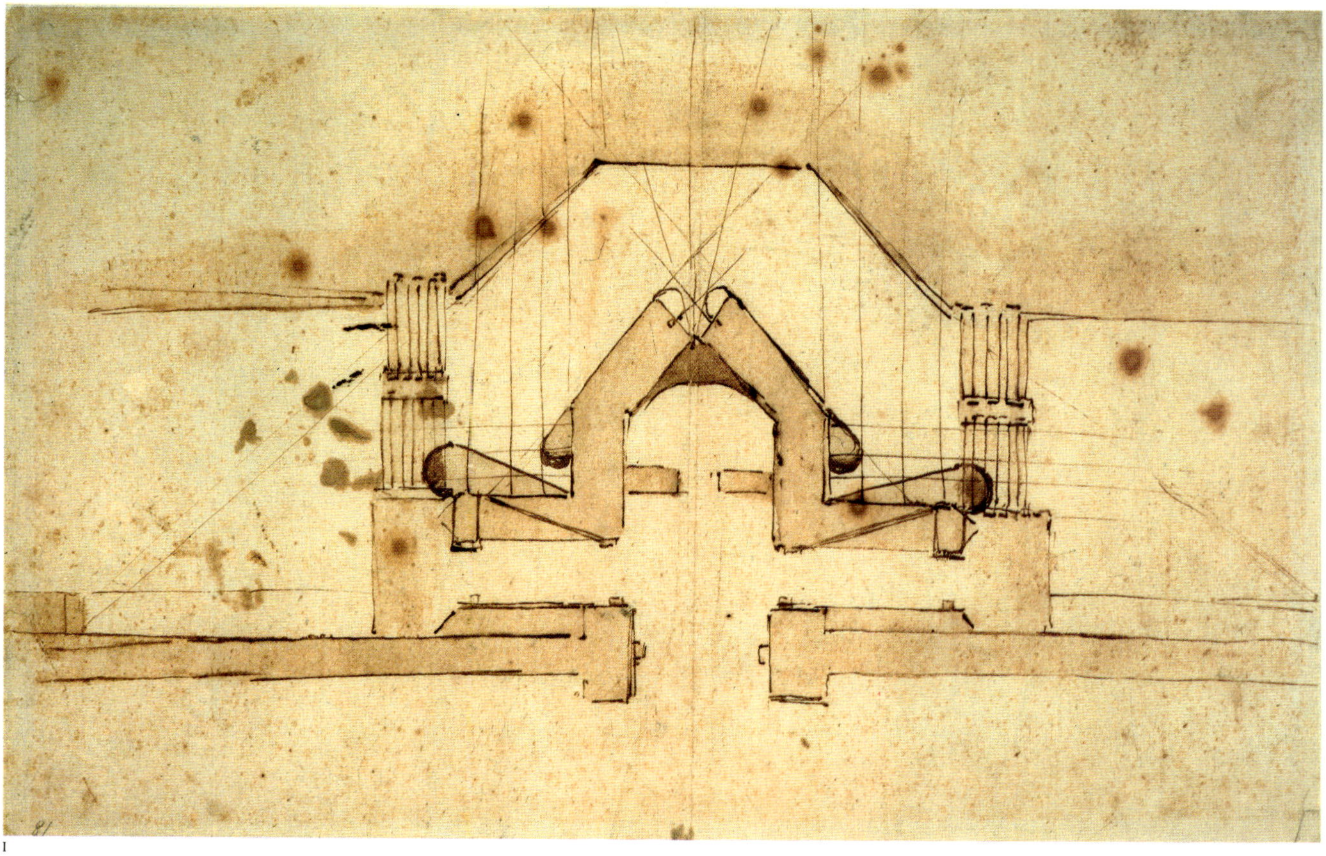
I

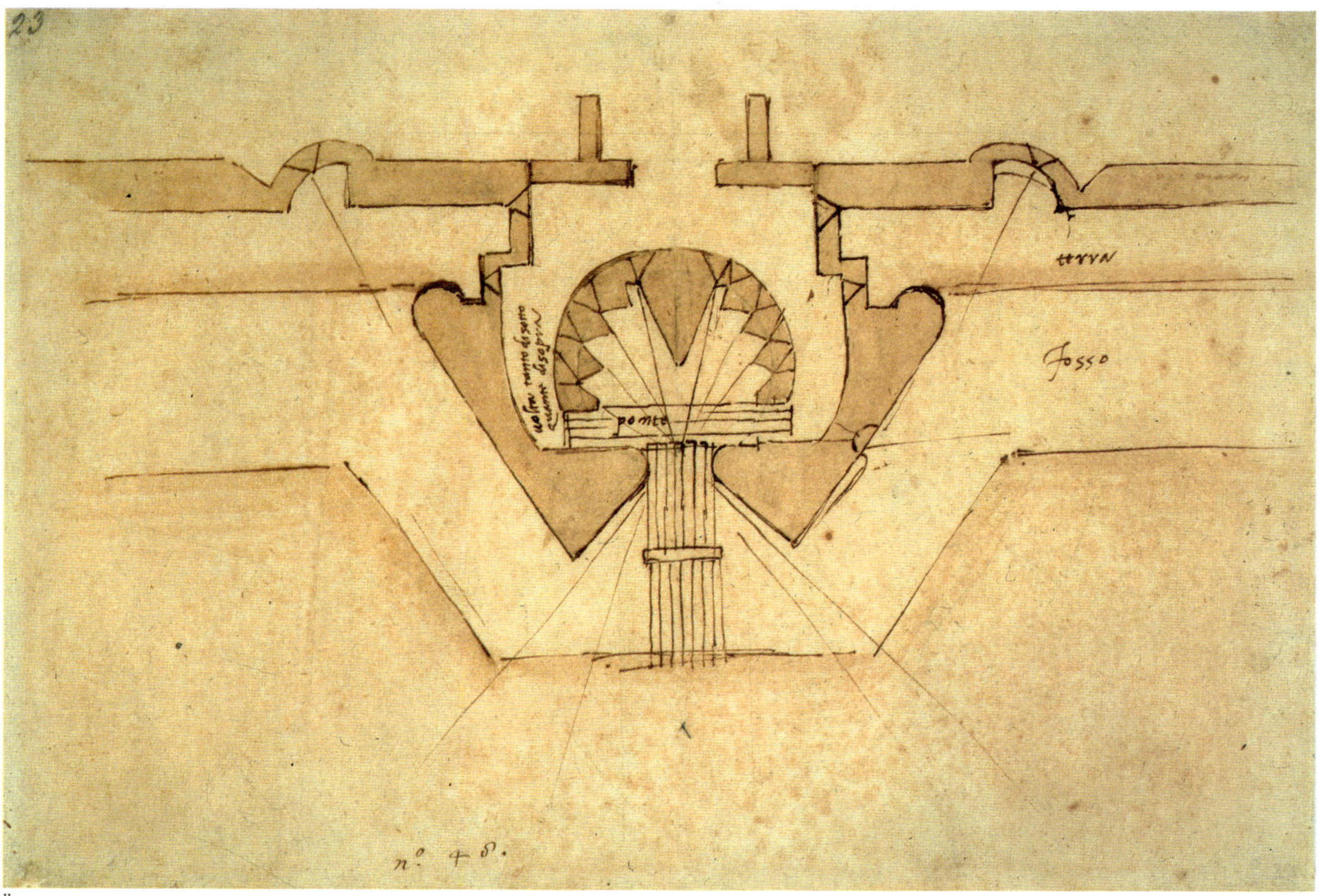

II

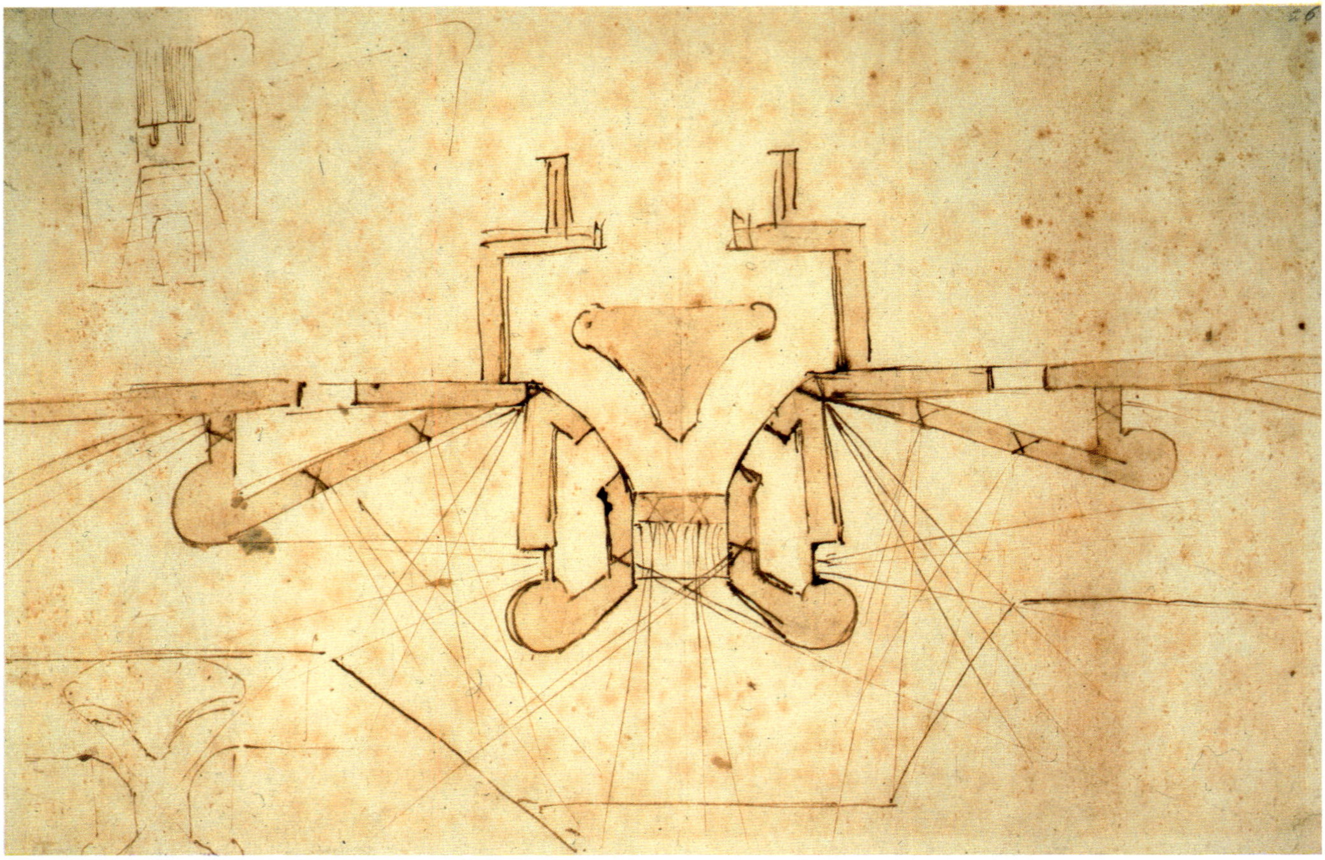

III

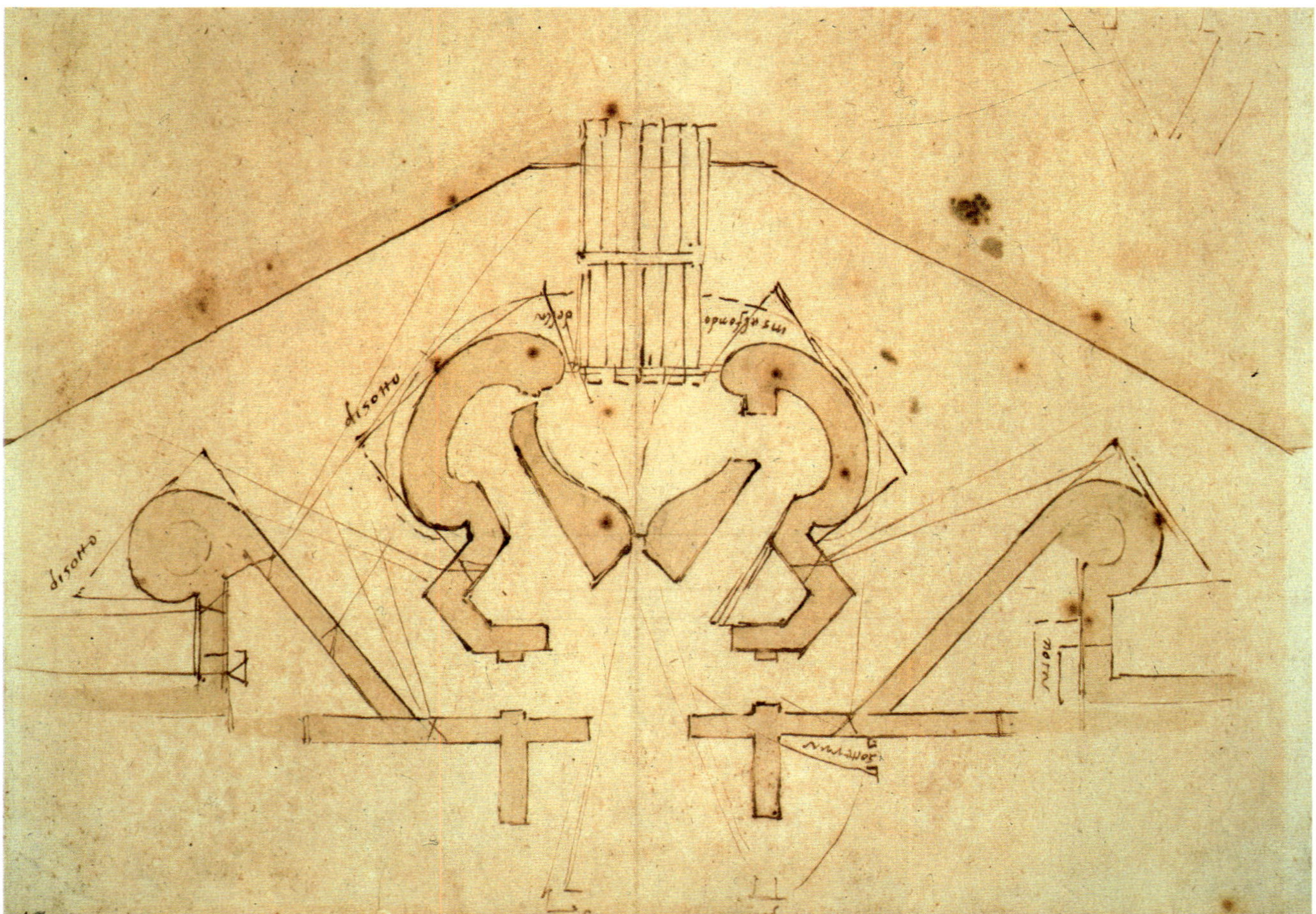

IV

Tafel V - Michelangelo, Zeichnung für die Porta alla Giustizia in Florenz, Florenz, Casa Buonarroti.

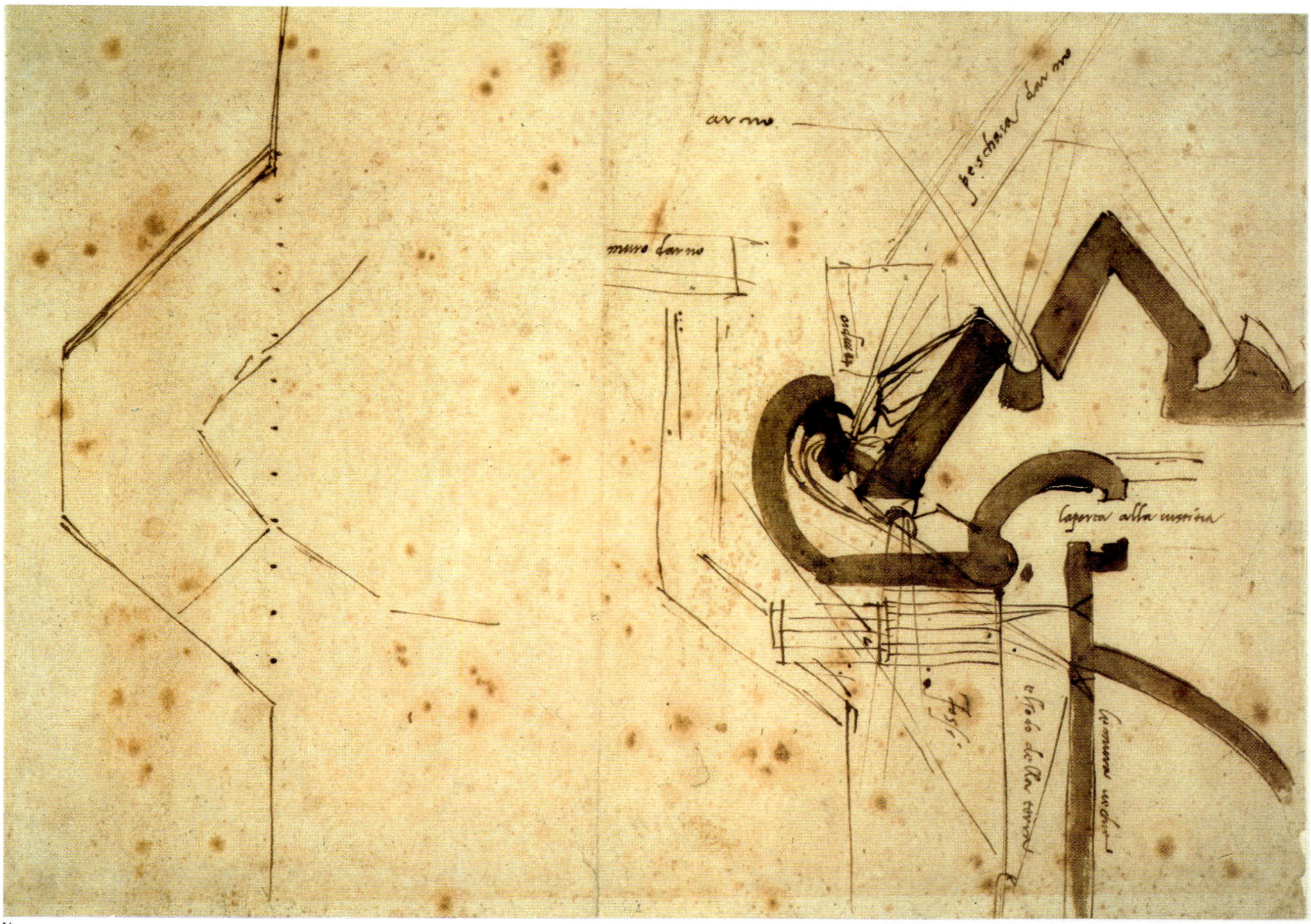

V

Tafel VI - Michelangelo, erste Studie für die Befestigung der Porta al Prato d'Ognissanti in Florenz, Florenz, Casa Buonarroti.

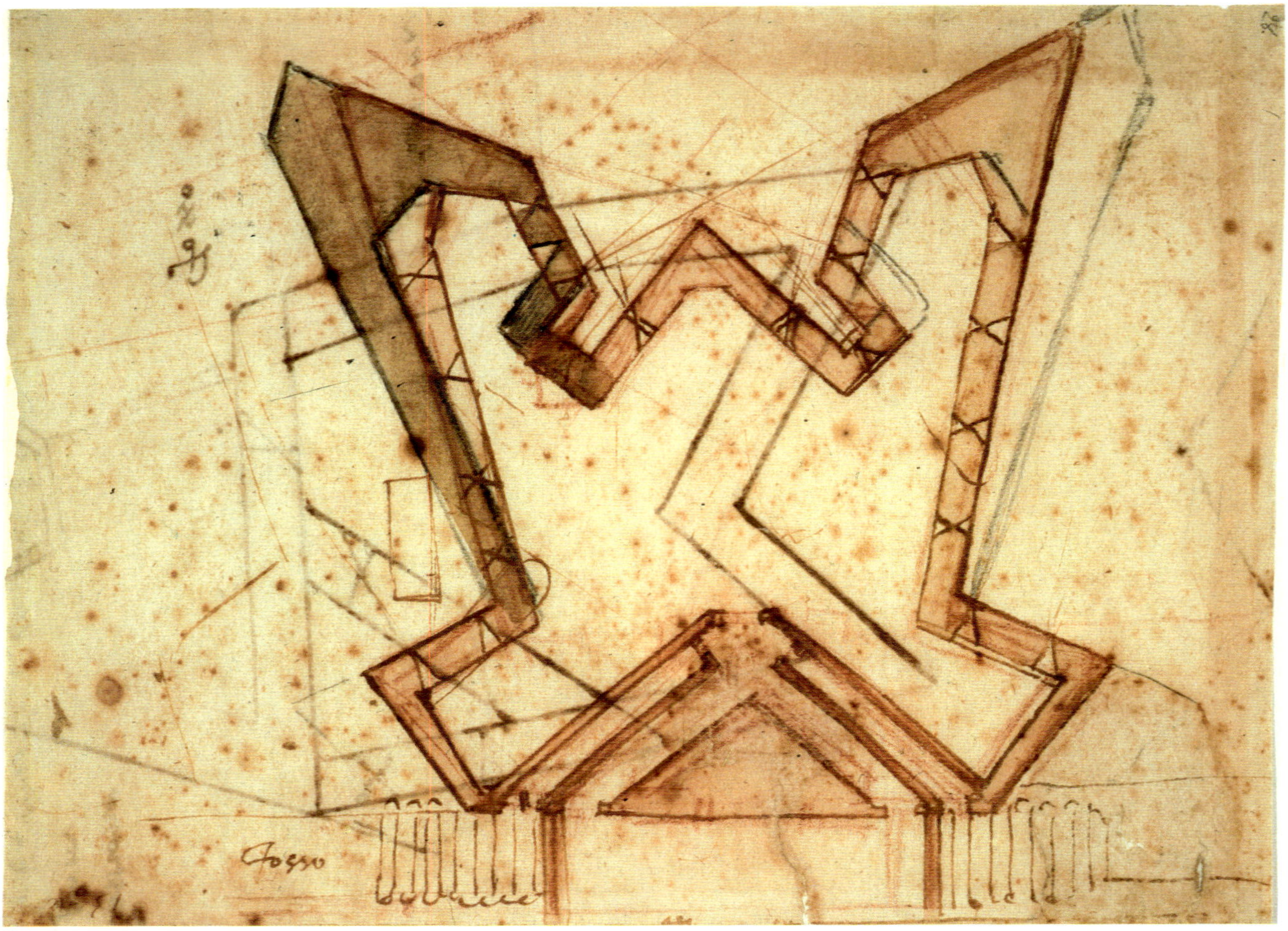

VI

Tafel VII – Michelangelo, letzte Studie für die Eckmauer des Prato d'Ognissanti in Florenz, Florenz Casa Buonarroti.

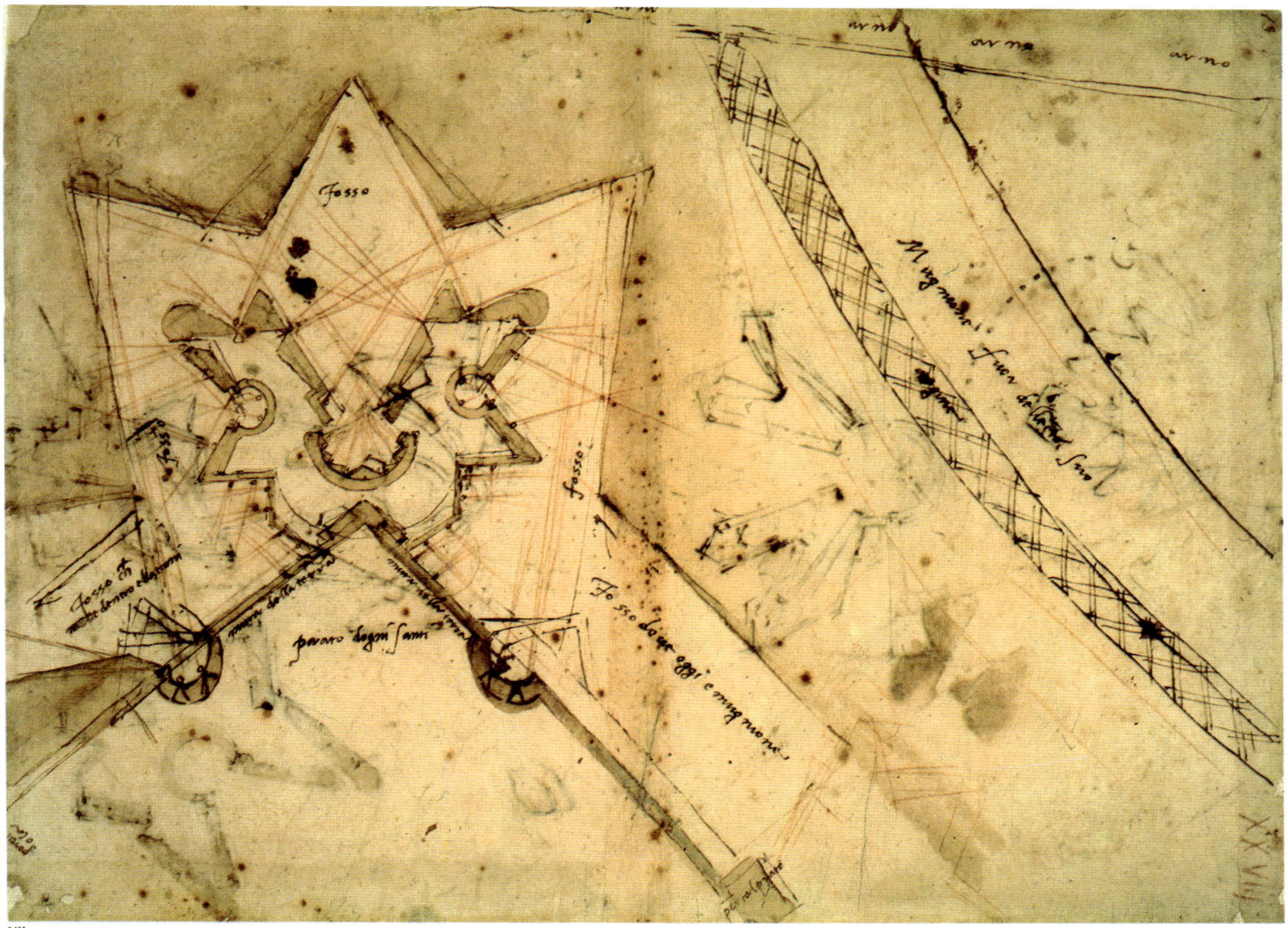

VII

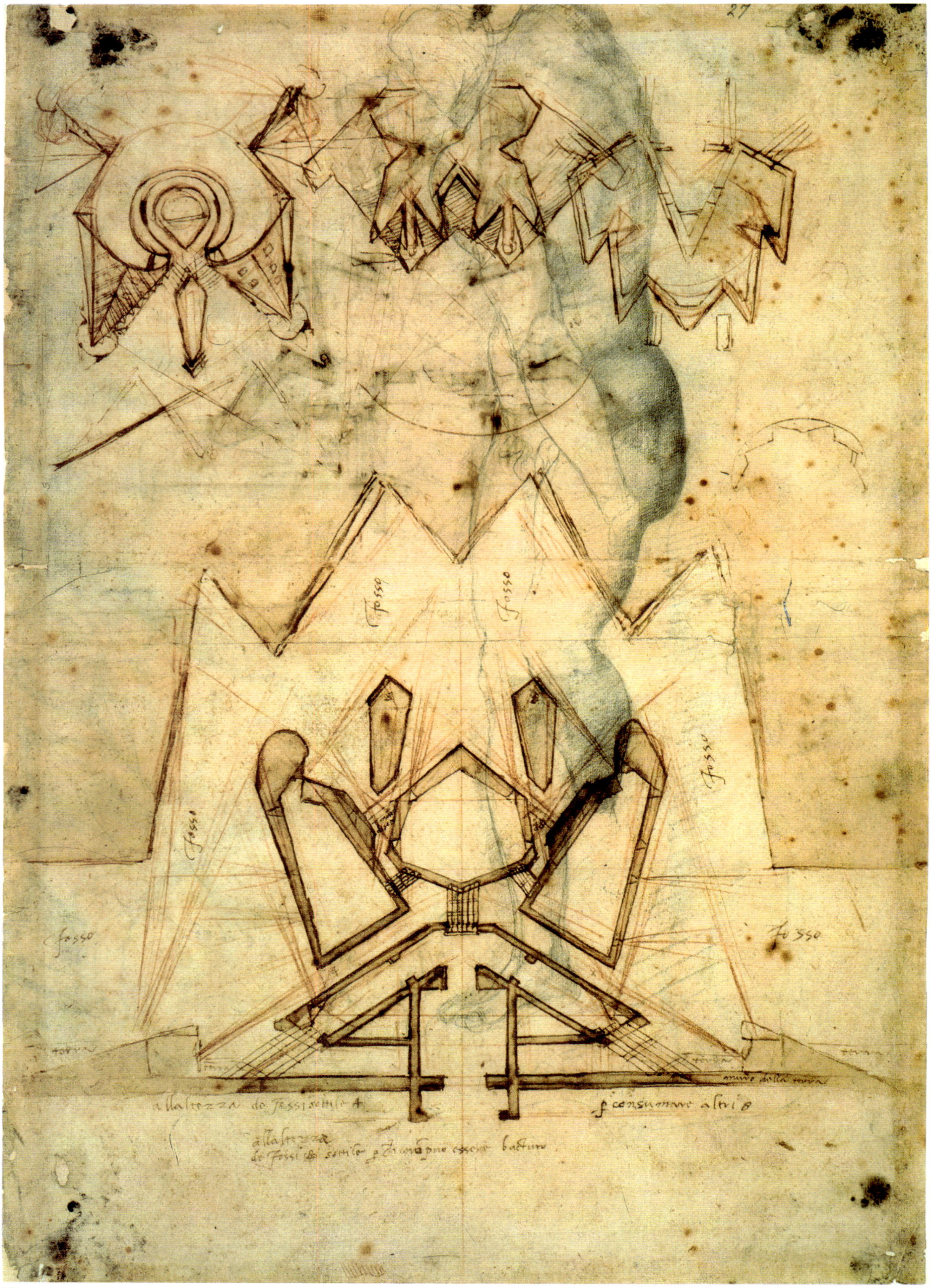
27
fosso
fosso
fosso
fosso
fosso
fosso
muro della terra
p consumare altri 8

VIII

Tafel VIII - Michelangelo, letzte Studie (auf der grossen Zeichnung) für die Porta al Prato d'Ognissanti in Florenz, Florenz, Casa Buonarroti.

Tafel IX - Bernardo Buontalenti, Zeichnung einer viereckigen Bastionär-Festung, Florenz, Gabinetto Disegni e Stampe der Uffizien.

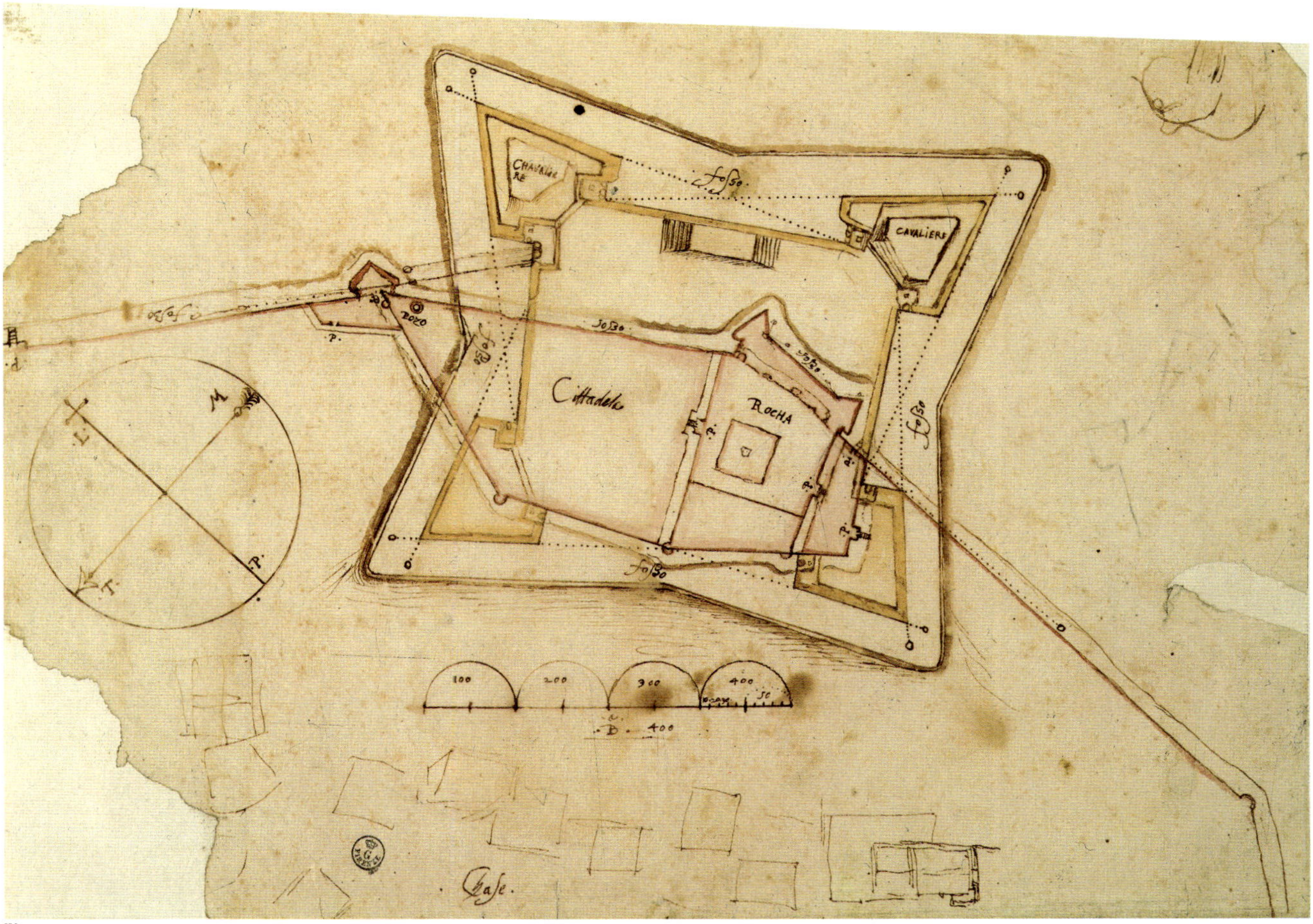

IX

Tafel X - Bernardo Buontalenti, Zeichnung der Stadtmauer von Sansepolcro, Florenz, Gabinetto Disegni e Stampe der Uffizien.

Tafel XI - Bernardo Buontalenti, Zeichnung der grossen Plattform von Sansepolcro, Florenz, Staatsarchiv.

Tafeln XII-XIII - Bernardo Buontalenti, die grosse Plattform von Sansepolcro.

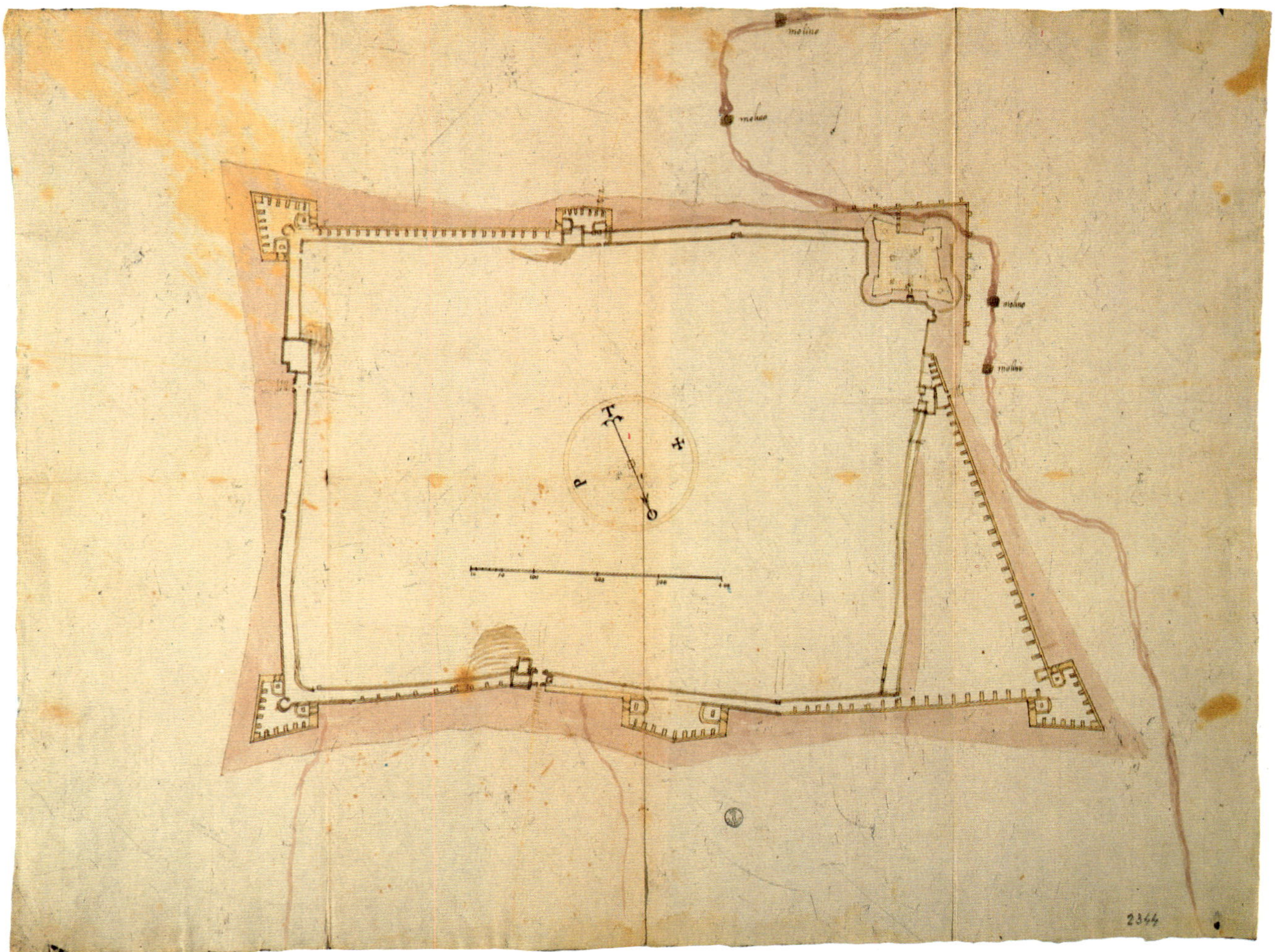

X

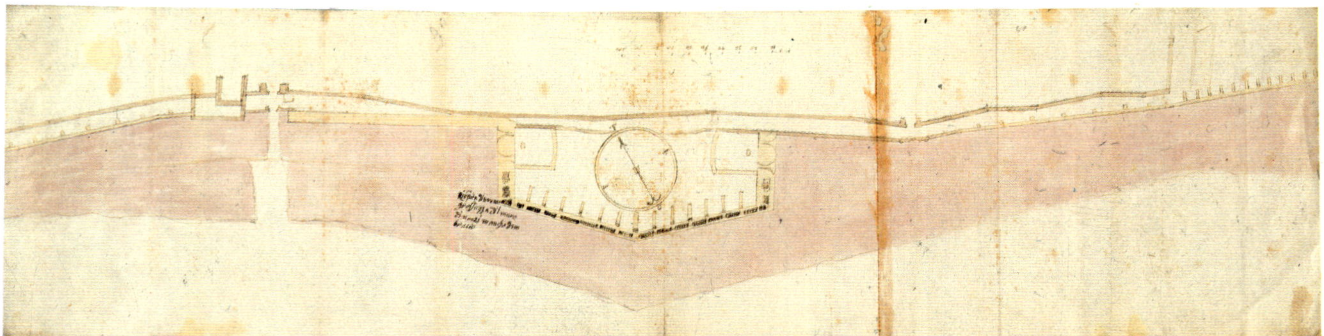

XI

XII

XIII

Tafel XIV – Bernardo Buontalenti, ein erhalten gebliebenes Blatt aus dem Traktat über die Befestigungen, Florenz, Gabinetto Disegni e Stampe der Uffizien.

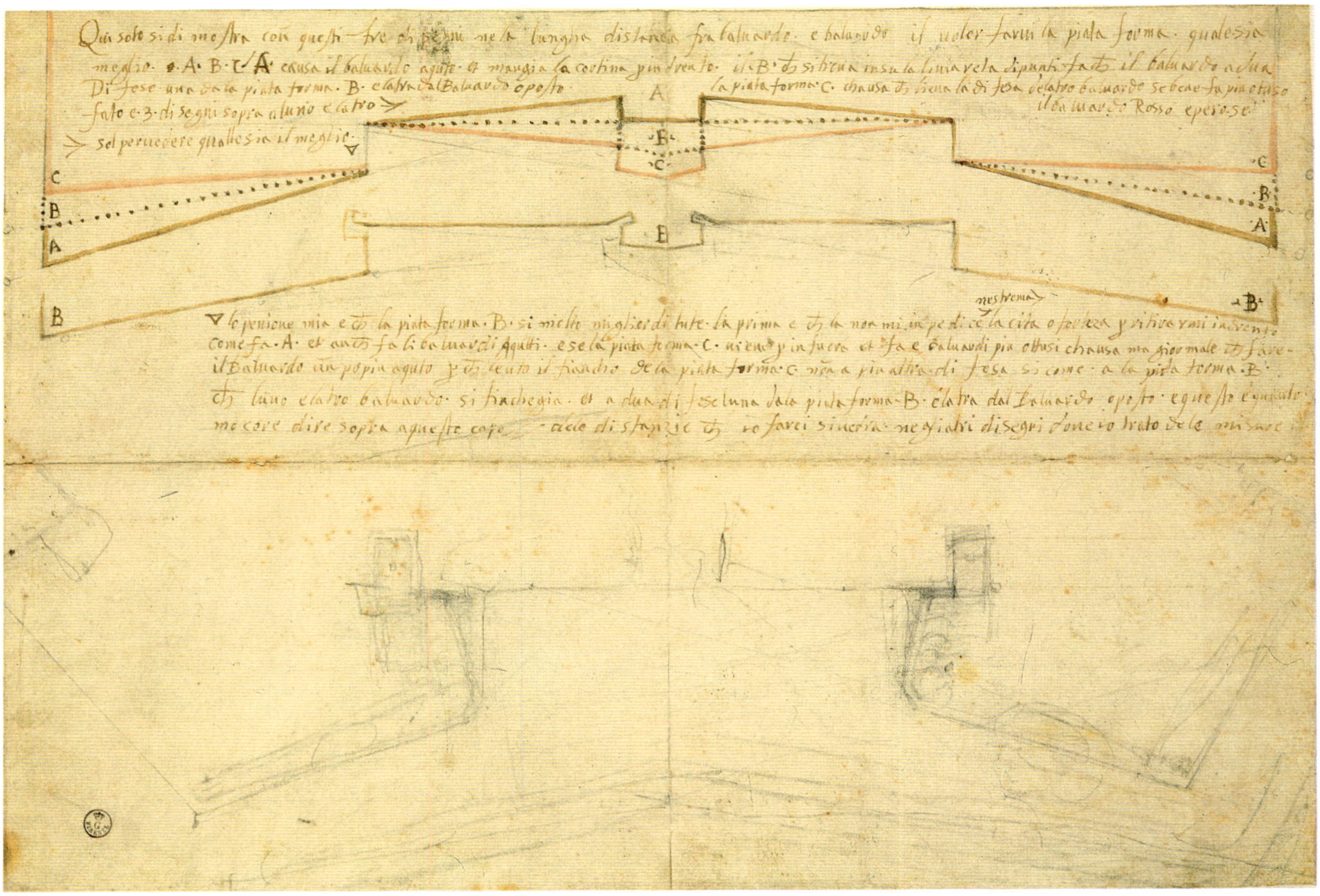

XIV

Tafel XV - Bernardo Buontalenti, Zeichnung der landeinwärts gelegenen Front von Portoferraio, Florenz, Gabinetto Disegni e Stampe der Uffizien.

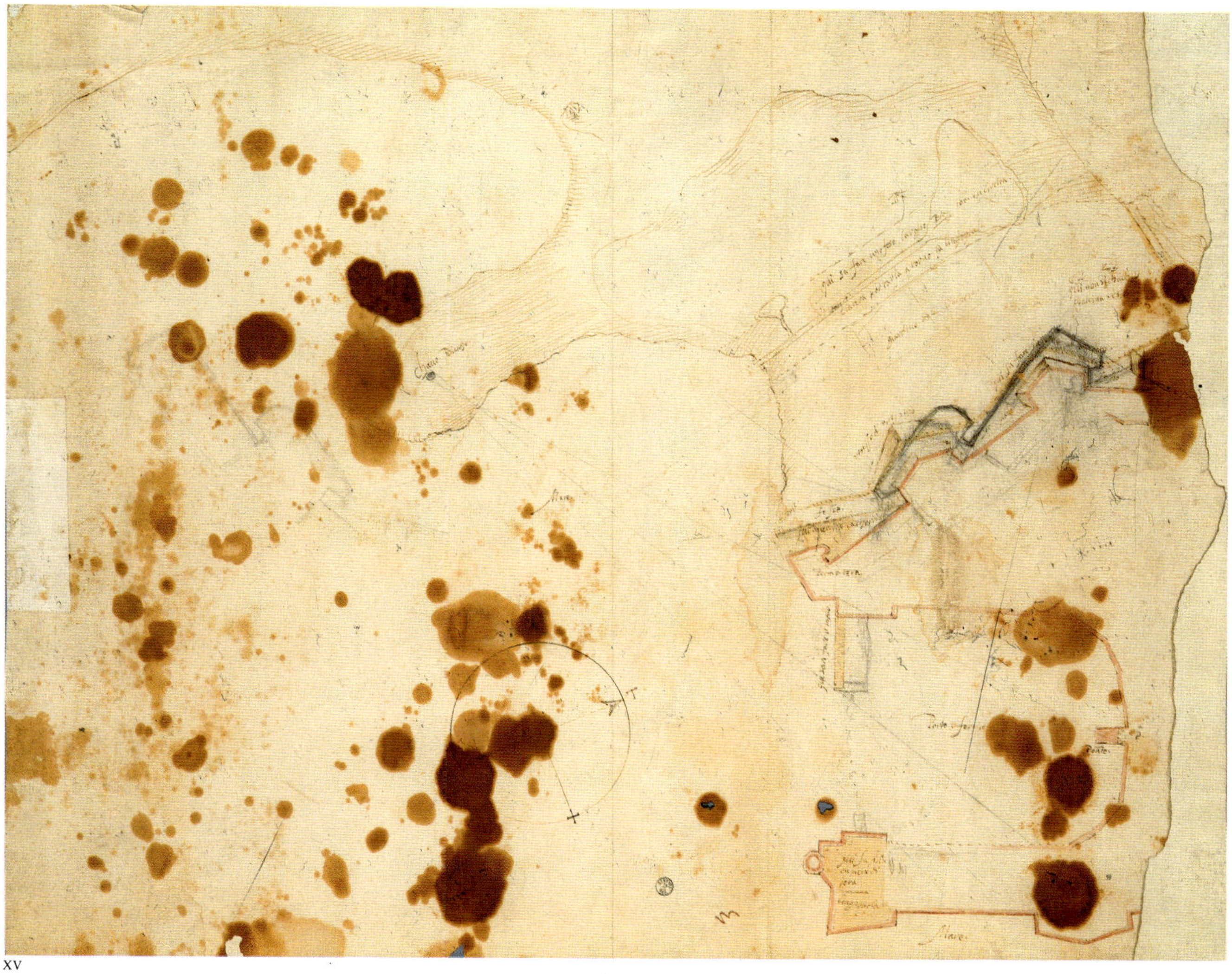

XV

Tafel XVI - Bernardo Buontalenti, Zeichnung der Befestigung von Pistoia, Florenz, Gabinetto Disegni e Stampe der Uffizien.

Tafel XVII - Bernardo Buontalenti, Ausführungszeichnung der Front mit den beiden Bastionen Santa Giulia und Ascensione in Livorno, Florenz, Gabinetto Disegni e Stampe der Uffizien.

Tafel XVIII - Bernardo Buontalenti, die Bastion zum Schutz der Festung Santa Barbara in Pistoia, Schulter.

Tafel XIX - Bernardo Buontalenti, die Bastion zum Schutz der Festung Santa Barbara in Pistoia, Face.

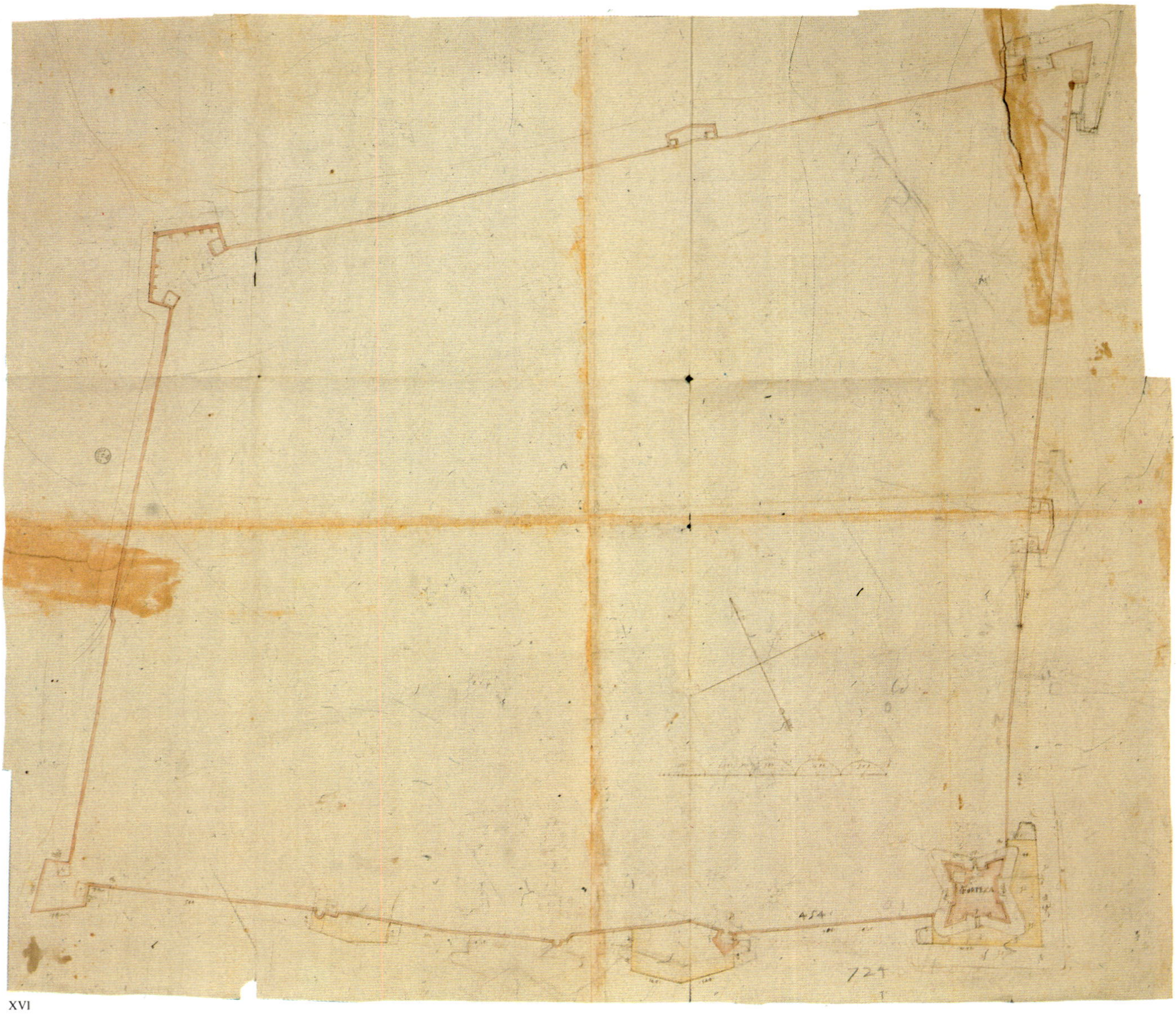

XVI

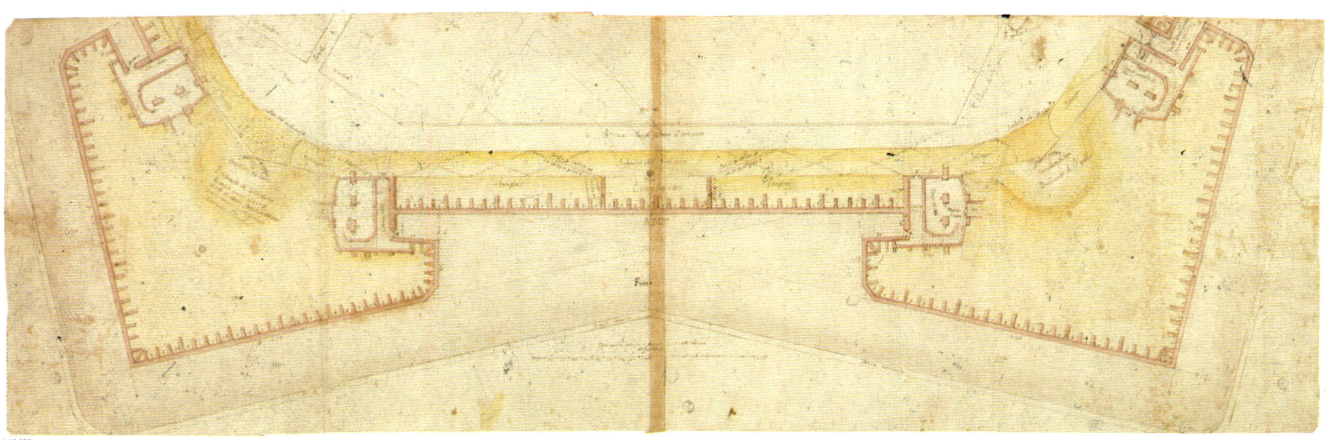

XVII

XVIII

XIX

Tafel XX – Bernardo Buontalenti (unter Mitarbeit von Don Giovanni dei Medici und Alessandro Pieroni), die Festung Belvedere in Florenz, Wehrgang.

Tafel XXI – Bernardo Buontalenti (unter Mitarbeit von Don Giovanni dei Medici und Alessandro Pieroni), die Festung Belvedere in Florenz, Blick in Richtung San Miniato.

XX

Tafel XXII – Bernardo Buontalenti, (unter Mitarbeit von Don Giovanni dei Medici und Alessandro Pieroni), die Festung Belvedere in Florenz, Flankenschusslinie.

XXII

Tafeln XXIII–XXIV - Bernardo Buontalenti, (unter Mitarbeit von Don Giovanni dei Medici und Alessandro Pieroni), die Festung Belvedere in Florenz, Geschützpforte der zurückspringenden Flanke und Schulter.

XXIII

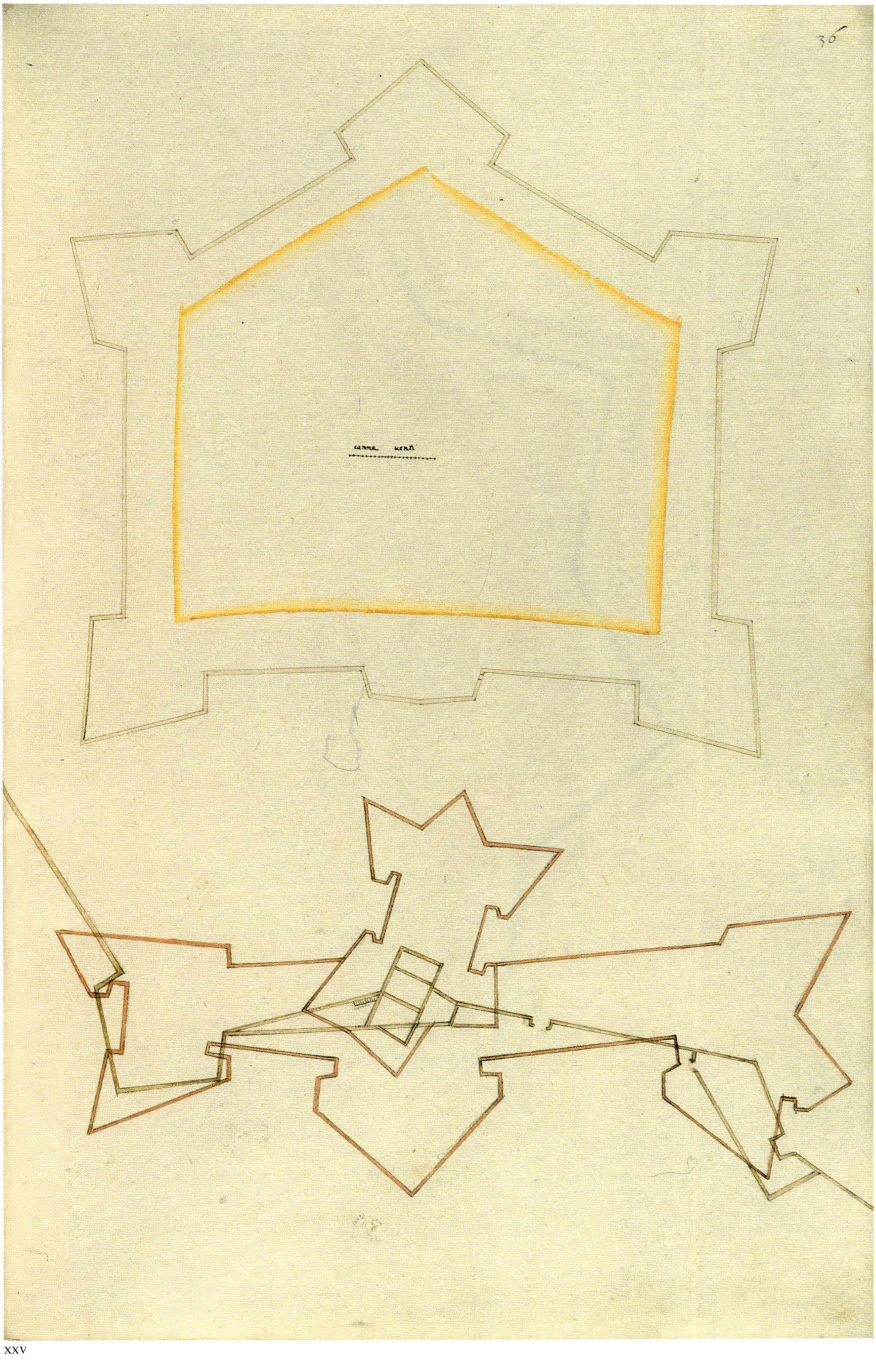

XXV

Tafel XXV (auf der vorausgehenden Seite) – Giorgio Vasari der Jüngere, Grundrisse der Festungen Da Basso und Belvedere in Florenz (die Belvedere-Festung ist als komplettes Projekt dargestellt), Florenz, Biblioteca Nazionale Centrale.

Tafeln XXVI–XXVII – Bernardo Buontalenti, Zeichnung der zu einer selbständigen Festung umgebauten Sant'Andrea-Bastion in Livorno, Florenz, Gabinetto Disegni e Stampe der Uffizien.

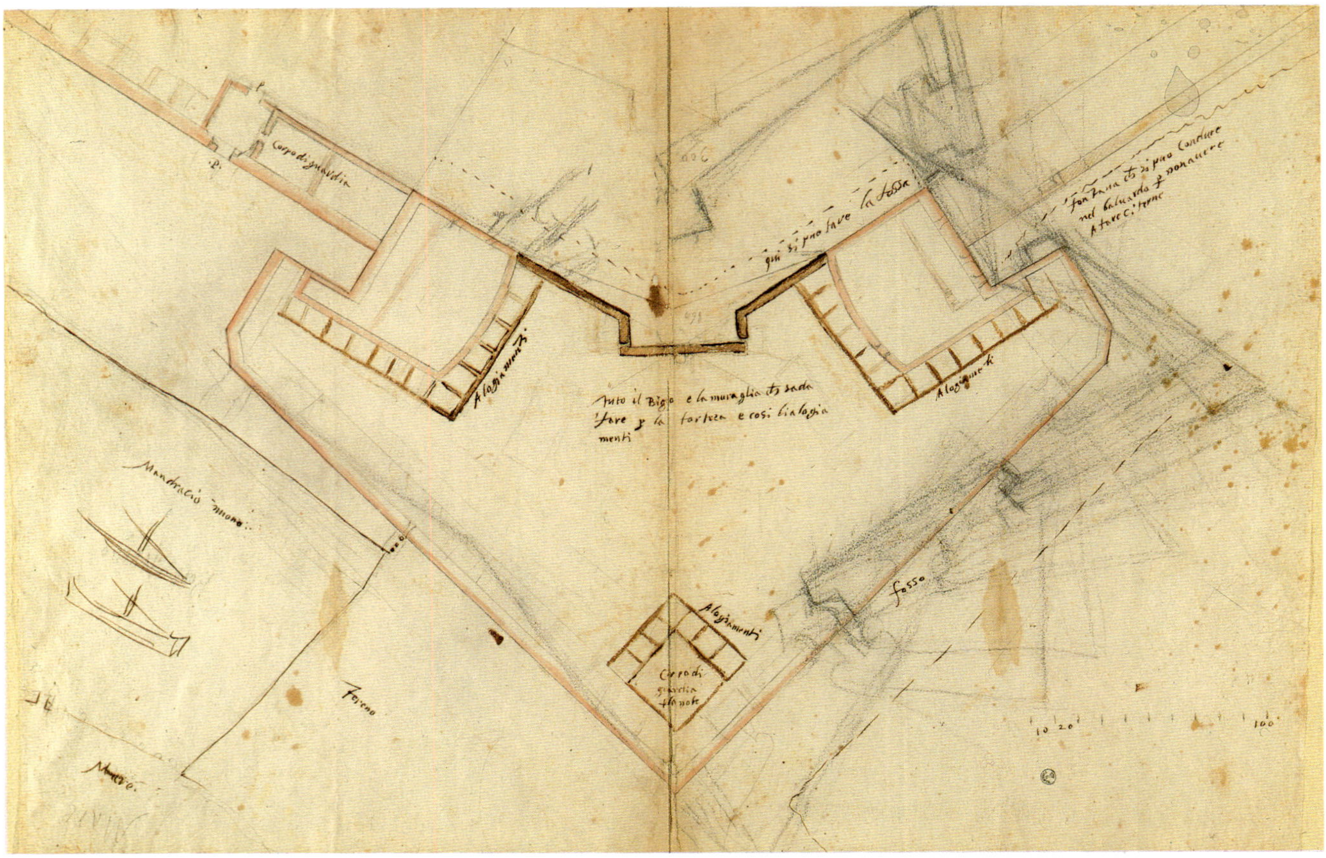

XXVI

Tafel XXIX – Bernardo Buontalenti, vorgestaltende Zeichnung der Fortezza Nuova in Livorno, Florenz, Gabinetto Disegni e Stampe der Uffizien.

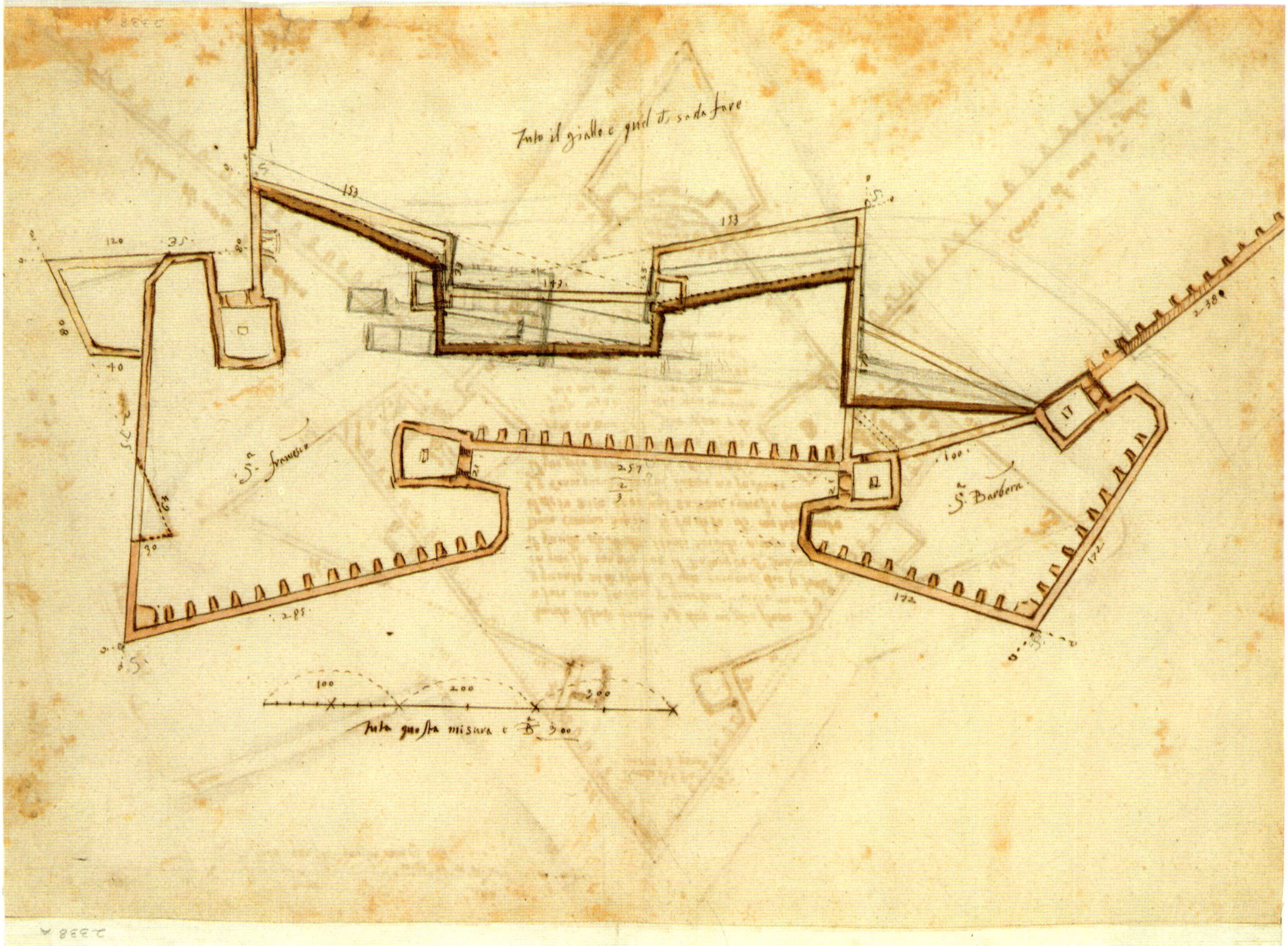

XXIX

Tafel XXX – Bernardo Buontalenti, vorgestaltende Zeichnung der Fortezza Nuova in Livorno, Florenz, Gabinetto Disegni e Stampe der Uffizien.

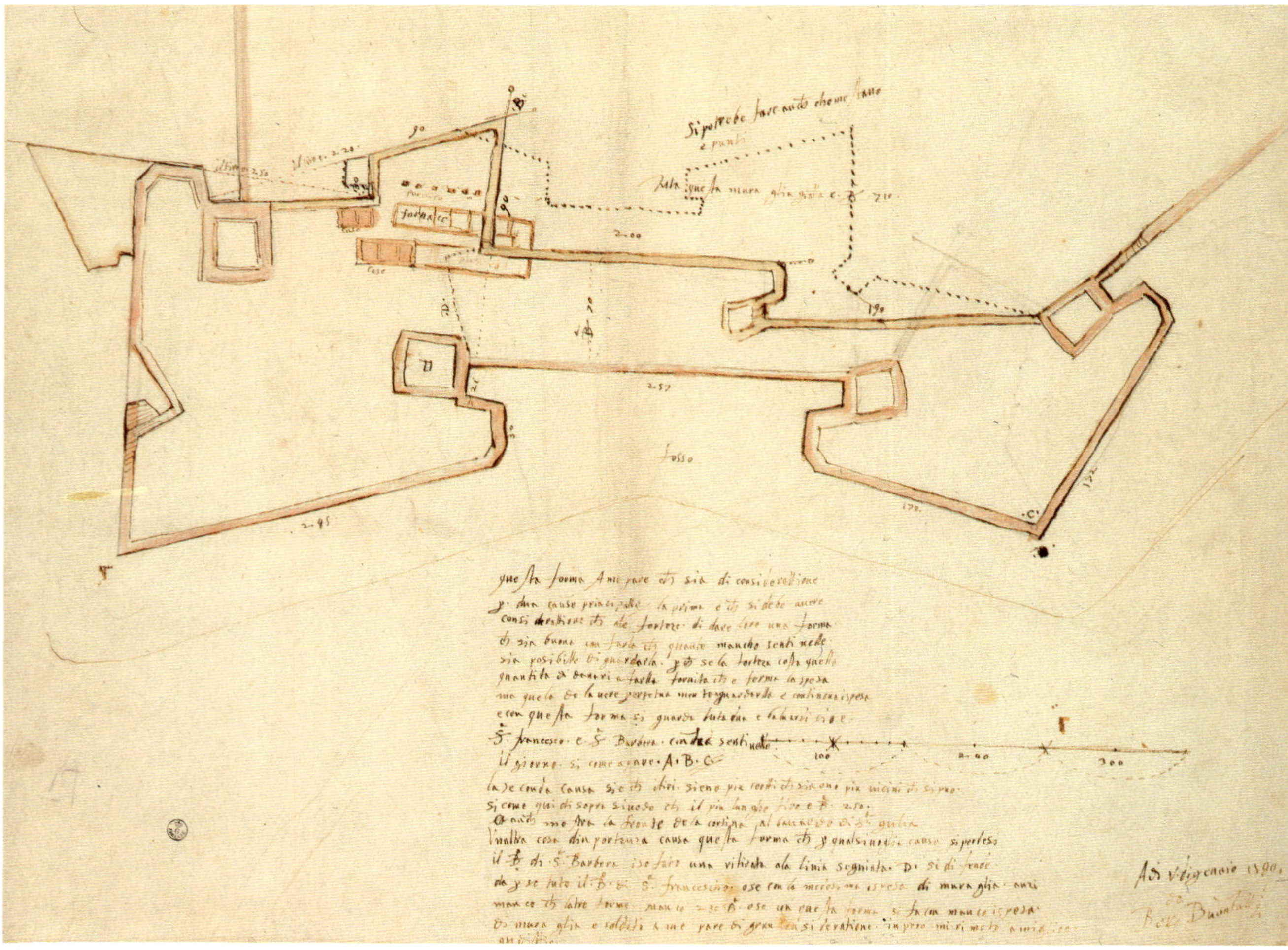

XXX

Tafel XXXI – Bernardo Buontalenti, vorgestaltende Zeichnung der Fortezza Nuova in Livorno, Florenz, Gabinetto Disegni e Stampe der Uffizien.

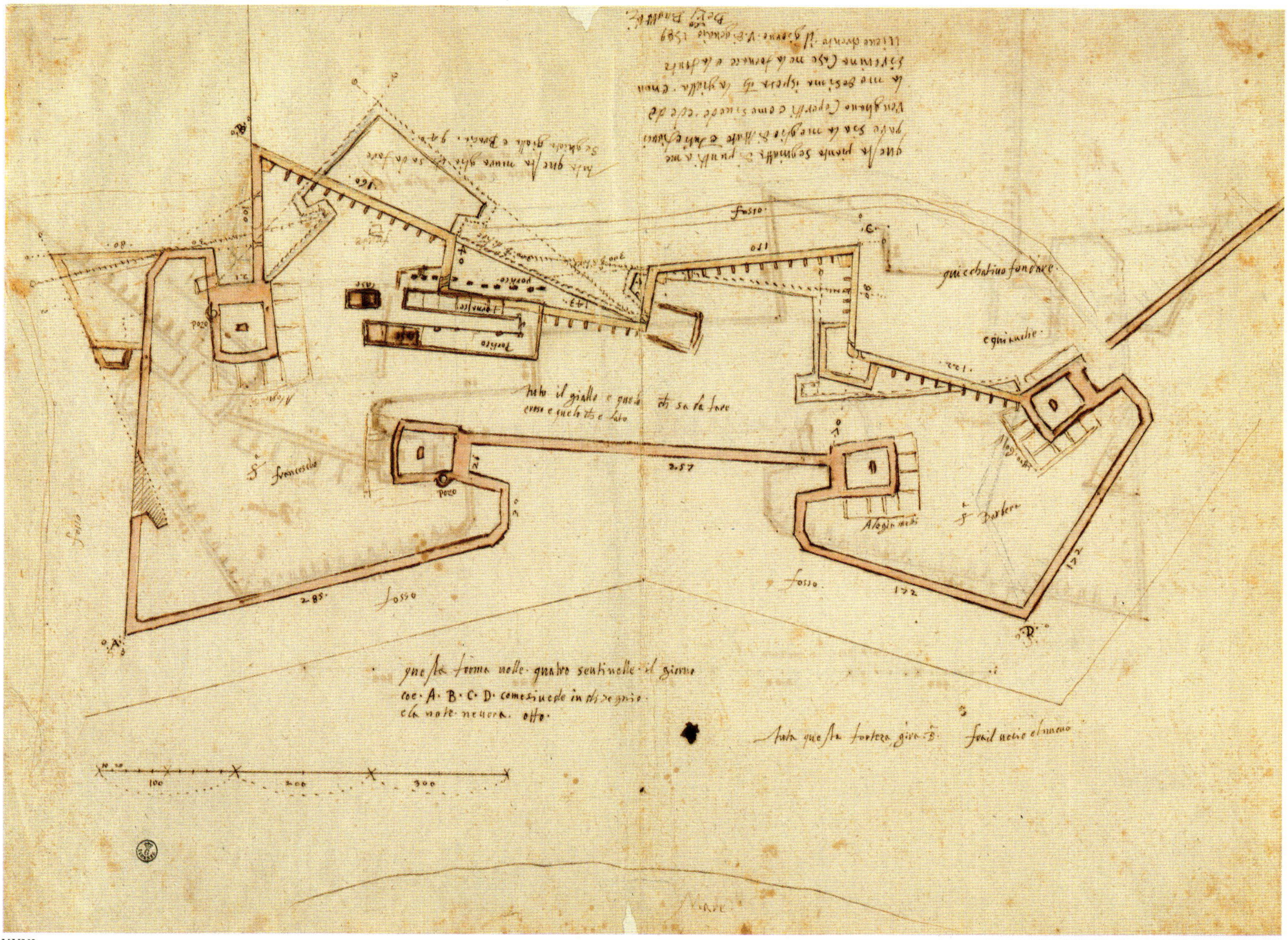

XXXI

Tafel XXXII – Bernardo Buontalenti, vorgestaltende Zeichnung der Fortezza Nuova in Livorno, Florenz, Gabinetto Disegni e Stampe der Uffizien.

Tafel XXXIII – Bernardo Buontalenti, Villa Artimino, Blick vom Ortskern auf die Villa.

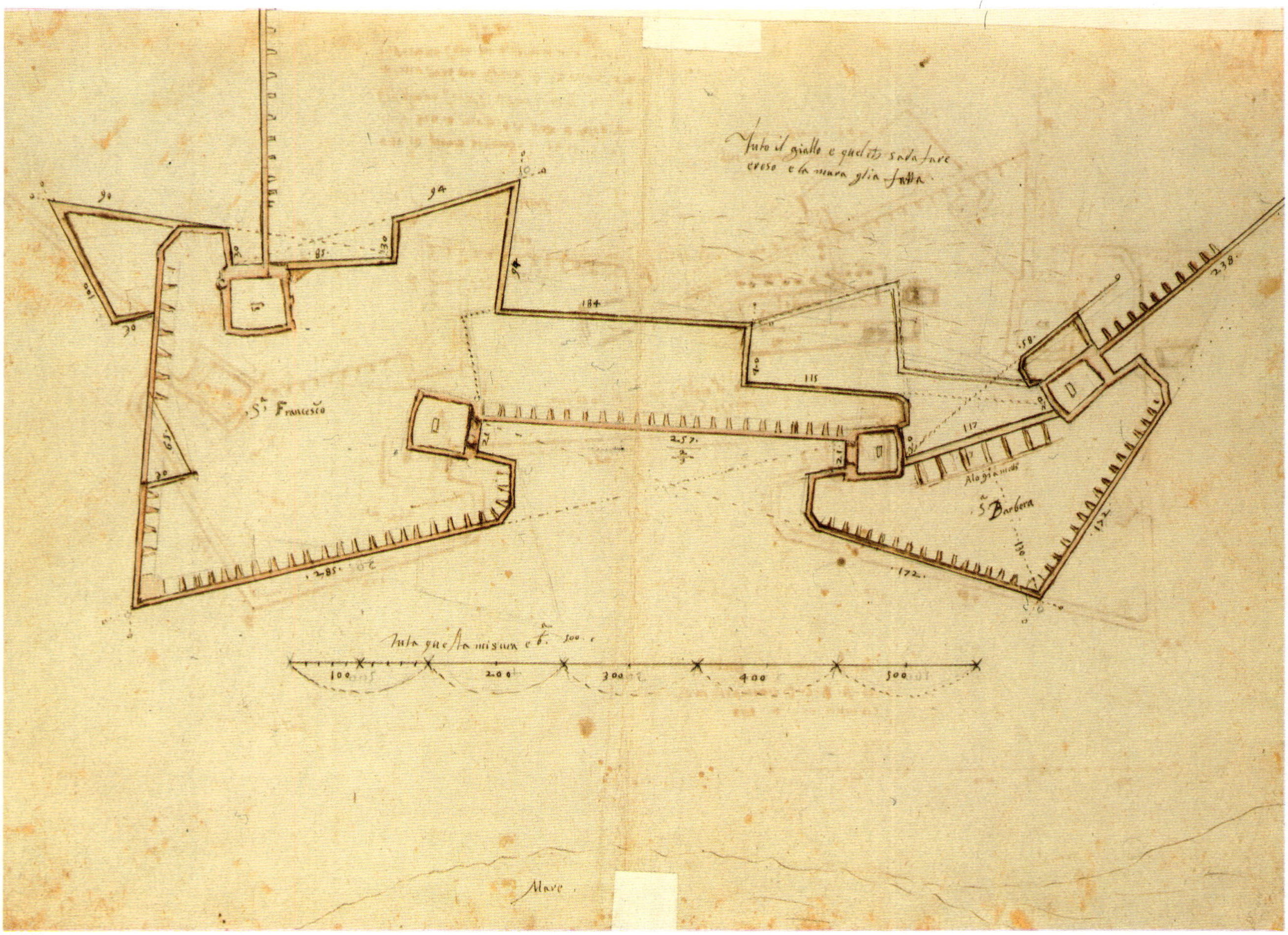

XXXII

XXXIV

XXXV

Tafeln XXXIV–XXXVI – Bernardo Buontalenti, Villa Artimino, die Fassaden und die äussere Treppe.

XXXVI

Tafel XXXVII – Bernardo Buontalenti, Villa Artimino, die äussere Treppe.

Tafel XXXVIII – Bernardo Buontalenti, Villa Artimino, der Blick von der Villa auf den Ortskern.

auf der folgenden Seite:

Tafel XXXIX – Bernardo Buontalenti, Villa Artimino, Gebäudekörper für die Dienerschaft.

Tafel XL – Bernardo Buontalenti, Villa Artimino, das Haus des Herrn Biagio.

XXXVII

XXXIX

XL

nach dem Tod Vasaris), bezeugt in der Tat, dass er als Architekt aus der Schule Vasaris hervorgeht.
1565 inszeniert Buontalenti an der Seite von Vasari die Aufführung des Theaterstücks *La Cofanaria*. Sie findet anlässlich der Hochzeit von Francesco I. und Johanna von Österreich im Saal der Fünfhundert im Palazzo Vecchio statt. Diese im wesentlichen technische Zusammenarbeit wird bis 1569 fortgesetzt.
Im Jahre 1567 bittet er offiziell darum, Pasqualino D'Ancona als Flussingenieur bei der Magistratura dei Capitani di Parte[89] abzulösen. In seiner Bittschrift, in der er den Fürsten von Florenz an «seine zwanzigjährige oder längere Dienstbarkeit» (offiziell ab 1547, aber in Wirklichkeit seit Cosimo ihn in die Galerie schickte, um zeichnen zu lernen) erinnert, definiert er sich als Maler, während Leonardo sich als Experte in der Ausführung von militärbautechnischen Werken vorstellte, als er Ludovico il Moro seine Dienste anbot[90]. Die Stellung des Künstlers zwischen Wissenschaft und Macht ist in der Zeit Buontalentis eine andere als zur Zeit Michelangelos. Ende des fünfzehnten und Anfang des sechzehnten Jahrhunderts waren der Künstler-Ingenieur und der Wissenschaftler identisch, doch diese Identität geht Mitte des sechzehnten Jahrhunderts langsam verloren. Wissenschaftler wie Galileo interessieren sich weiterhin für den Befestigungsbau, aber diese Tätigkeit wird mehr und mehr zum Hauptaufgabengebiet der Ingenieure oder Architekten. Die Unterscheidung zwischen Ingenieuren und Architekten entspricht etwa der zwischen Praktikern und Theoretikern bzw. zwischen Vertretern der praktischen Perspektive (wie Vignola und Barbaro) und der wissenschaftlichen Perspektive (wie Commandino).
In dem Moment, in dem sich die Befestigungslehre im Laufe des sechzehnten Jahrhunderts innerhalb und ausserhalb Europas verbreitet, wird sie weniger exklusiv; aber, wie bekannt ist, «wächst der Wert des Wissens mit seiner Exklusivität». Die Zeichnungen von Befestigungsanlagen sind in der Mitte des sechzehnten Jahrhunderts bei weitem nicht so geheim, wie man annehmen könnte. Sie werden mit grosser Ungezwungenheit kopiert und von einem Ingenieur an den anderen weitergegeben. Dies entspricht dem Prinzip des freien Austauschs von Wissen in der europäischen und westlichen Kultur vom sechzehnten bis zum neunzehnten Jahrhundert[91]. Das Problem des freien Kulturaustausches besteht nämlich nicht in der Gefahr der unrechtmässigen Nachahmung, sondern in der Schwierigkeit, die Urheberschaft zu klären.
Auf jeden Fall beginnt Buontalenti als Maler, aber seine Zeichnungen lassen mehr und mehr den Befestigungsbauer und Zivilbaumeister erkennen.
Buontalentis Zeichnungen sind anfangs sehr kartographisch, und diese Darstellungsart ist das Erbe einer gefestigten Tradition, die für ihn als Militäringenieur sehr wichtig ist. Auf dem Blatt von Port'Ercole (Abb. 9) ist die planimetrische Zeichnung durch Elemente ergänzt, die auf geneigte Ebenen projiziert sind, und zwar nach einer Technik, die als *Halbperspektive* bezeichnet wird. Er arbeitet mit Feder und Tusche, und es tauchen Schraffierungen (auch Kreuzschraffierungen) und Einfärbungen auf, um den Übergang von verschiedenen perspektivischen Ebenen an der Küste und auf felsigem Gelände zu verdeutlichen. Die Einfärbung auf diesem Blatt – einem der zuerst bekanntgewordenen – ist auf die Tatsache zurückzuführen, dass die Schraffierung zur Gliederung der Zeichnung der allmählich sich verändernden Ebenen und in Kurven verlaufenden Oberflächen unzureichend ist. Die *Halbperspektive* wird von Buontalenti während des ganzen Zeitraumes angewendet, in dem er als Flussingenieur tätig ist. Auf einem planimetrischen Grundriss – meist durch Wasserläufe begrenzt – zeichnet er Bodenerhebungen, kleine architektonische Aufrisse, niedriges Pflanzenwerk und Bäume in Perspektive ein. Die durch Einfärbung ergänzte Schraffierung erscheint auf einem anonymen Blatt, welches auf die Mitte des sechzehnten Jahrhunderts zu datieren ist und die im Bau befindliche Kuppel von Sankt Peter zeigt, wie Buontalenti sie anlässlich seines Aufenthaltes in Ostia sehen konnte[93].
Von der Struktur her betrachtet, gibt es keine Trennung zwischen militärischer und ziviler Baukunst. Pietro Cattaneo resümiert im Jahre 1554 die erforderlichen Eigenschaften eines guten Architekten wie folgt:

«Die Architektur ist eine aus vielen Lehren und Theorien zusammengesetzte Wissenschaft, nach deren Urteil alle Werke zu beurteilen sind, die aus anderen Gebieten in dieser Wissenschaft zusammenfliessen. Ein guter Architekt muss deshalb eben auch Wissenschaftler und von Natur begabt sein; wenn er aber nur Talent besitzt und kein Wissenschaftler ist oder aber Wissenschaftler ist und kein Talent besitzt, kann er kein guter Architekt werden. Bevor er sich aber in dieser Kunst oder Wissenschaft richtig ausbilden lässt, muss er ein guter Zeichner, ein hervorragender Geometer, ein ausgezeichneter Kenner der Perspektive, ein sehr guter Arithmetiker, ein gelehrter Geschichtsschreiber sein. Er muss für seinen Beruf auch ausreichende Kenntnisse in der Medizin besitzen und mit dem Kompass umgehen können, weil er damit jeden Ort genau festlegen kann und sowohl drinnen wie draussen die äussersten Punkte der Winkel sehen und so die Himmelsrichtungen und die Herkunft der Winde bestimmen kann. Wenn der Ort festgelegt ist, wo gebaut werden soll - wozu nicht immer der Kompass notwendig ist - muss man sich an die Regeln der Geometrie erinnern, die man für die Handhabung des Kompasses benötigt, und so erhält man eine korrekte und gut proportionierte Aufteilung, um unter Berücksichtigung des Geländes einen Plan für das zu erstellende Gebäude anzufertigen, und wenn der Plan fertig ist, benötigt man eine gute Zeichnung für den Aufriss oder ein Modell aus Holz oder Wachs oder Erde, je nach Grösse und Bedeutung des Gebäudes, aber eine gute Zeichnung ist immer sehr wichtig und ebenso eine gute Perspektive. Und von dem Grundriss ausgehend, fertigt man einen Aufriss an, und so zeigt sich die Wirkung des Gebäudes, und das ist nicht viel leichter, als wenn man ein Modell angefertigt hätte; aber die Perspektive ermöglicht, die Dinge von drei Seiten zu betrachten: von vorn, von der Seite und in die Tiefe schauend. So lernen wir, was Licht, was Schatten und was Zwischenraum ist und lernen die Gründe aller sichtbaren Dinge durch die falschen Leerräume kennen, und daher kann man auf einer gut ausgearbeiteten Zeichnung jedes Detail erkennen, und es lassen sich die Kosten eines Modells umgehen, die zuweilen alles andere als gering sind. Aber wenn der Architekt die Perspektive nicht gut beherrscht, wird er nie zu Ruhm gelangen und es wird ihm nie gelingen, seine Vorstellungen durch eine Zeichnung zu verdeutlichen, wäre er auch ein noch so guter Zeichner, und er wird selbst erkennen, wie wichtig es ist, sich in der Perspektive gut auszukennen. Und da er ein hervorragender Arithmetiker ist, wird es ihm nicht schwerfallen, festzulegen, welche Auslagen für das bereits errichtete oder zu errichtende Gebäude angefallen sind bzw. anfallen werden und die verschiedenen Masse vom grössten bis zum kleinsten Teil des Gebäudes genau zu berechnen. Geschichtliche Ereignisse sollen die Werke des Architekten schmücken und ihm grosses Ansehen verleihen. So sollte er weit zurückliegende oder gegenwärtige Ereignisse eines Kaisers oder eines Feldherrn an Triumphbögen darstellen, oder zu ihrem Ruhm und nach ihrem Bild eine Riesenskulptur errichten, oder wenn er neue Gebäude für die Stadt baut, sollte er verschiedene Geschichten in Form von Gemälden oder Bildwerken vorsehen. Und auch wenn es unendlich viele Geschichten und vielerlei Variationen davon gibt, wird er jedem, der ihn darum bittet, Rechenschaft darüber ablegen können. Und dem Maler oder Bildhauer wird er den Weg ebnen, damit jede Geschichte bzw. jedes Unternehmen zu Ruhm gelangt. Aus der Medizin wird er den grössten Nutzen ziehen, wenn er über die Witterungsverhältnisse gut Bescheid weiss und wenn der Platz, wo eine Stadt gebaut wurde bzw. gebaut wird, und der Ort, wo ein Fort steht oder ein Feldlager aufgeschlagen wird, ein gesundes Klima hat und wenn er weiss, ob das Wasser gut oder nicht gut ist, und es ist wichtig, dass er neben diesen die anderen Vor- und Nachteile dieser Plätze kennt. In diesen Disziplinen muss der Architekt sich ganz besonders gut ausbilden, und laut Vitruv muss er auch noch Kenntnisse in der Philosophie, Astronomie, Musik und im Rechtswesen besitzen. Wir können diesem angesehenen Autor nur zustimmen und hinzufügen, dass es noch viel mehr zu lernen gäbe, aber wenn wir berücksichtigen, wie kurz das Menschenleben ist, erscheint es uns sehr schwierig, so viele Wissenschaften zu studieren. Daraus schliessen wir, dass, wer die obenerwähnten Wissenschaften kennt und diese korrekt anwendet, zu den guten Architekten zählt und durch seine Werke zu hohen Ehren gelangen kann»[94].

Und für Filippo Baldinucci, der sich Leon Battista Alberti anschliesst, bedeutet Ingenieur «dasselbe wie Architekt», es ist derjenige, «der mit ausserordentlicher Vernunft und Disziplin, durch Geist und Willen die Dinge teilen und mit seinem Werk all das vollenden kann, was durch Verteilung der Gewichte, Zusammenfügen und Ansammeln von Körpern dem Menschen zu grosser Würde dienen kann»[95].

Bernardo Buontalenti erhält jedoch in erster Linie eine technische und militärische Ausbildung, und darin scheint er sich von seinem hochgebildeten Vorgänger Vasari zu unterscheiden.

Ein Kodex

Lorenzo della Volpaia und seine Söhne Frosino und Benvenuto haben Zeichnungen einiger von ihnen erfundener Geräte in einen Kodex zusammengefasst, der nach Frosinos Tod in Buontalentis Hände gelangte und der erheblichen Einfluss auf ihn ausgeübt hat[96].

Benvenuto Cellini berichtet darüber: «Lorenzo della Volpaia war Goldschmied und bediente sich stets dieser Kunst. Dieser grossartige Mann war ein Naturwunder, denn er widmete sich ganz und gar der Uhrmacherkunst, für die er hochbegabt war. In dieser Kunst zeigte er die Geheimnisse des Himmels und der Gestirne in einer Weise, dass man glauben konnte, er habe lange Zeit im Himmel gelebt; und seine grosse Könnerschaft zeigte sich u.a. in einer Uhr, die er für Lorenzo il Magnifico de' Medici anfertigte. Auf dieser Uhr waren die sieben Planeten in Form des Familienwappens der Medici dargestellt; diese sieben Planeten bewegten und drehten sich genauso, wie sie es im Himmel tun. Die genannte Uhr ist eine Standuhr, aber sie ist nicht mehr in gutem Zustand, weil sie vernachlässigt worden ist»[97].

Der Kodex umschliesst auch Zeichnungen, die zeigen, wie die Uhr funktioniert. Er enthält ausserdem die Zeichnung eines Werkzeugs aus Metall, mit dem man Entfernungen messen kann, und das laut Jacopo Morelli von Frosino stammt. Benvenuto hingegen hat einige Zeichnungen von Werkzeugen zum Sägen, Mahlen, Mangeln und Gewichteheben angefertigt. Auf Befehl von Papst Clemente VII., was durch Varchi dokumentiert ist, stellte er neben dem *Tribolo* im Jahre 1529 einen Stadtplan von Florenz her und schuf danach ein Modell aus Holz. In dem Kodex sind ausserdem folgende Erfindungen dargestellt:

«Von Jacopo Sansovino stammt der Stuck, der für Holzarbeiten geeignet ist, sowie ein Werkzeug, das er mit Maestro Guglielmo degli Oriuoli in Monte Cavallo im Garten des Kardinals von Spanien hergestellt hat, um Wasser aus einem Brunnen hochzuziehen; Domenico Buoninsegni erfand ein Gerät, um Erdflächen zu messen, die nicht rechtwinklig sind, sowie einen Bogen, um Drosseln nachzustellen; Leonardo liefert eine Methode, um Linien nach festliegenden Werten zu teilen und die Zeichnung eines Zirkels mit vier Schraubgewinden, von Raffaello di Primerano Tedesco stammt eine Uhr und drei andere sind von Bastiano Parigi, Lorenzo Serristori und Lorenzo Ardinghelli; Andrea Contucci aus Monte San Savino erfand eine auf dem Wasser liegende Säge, die er in Portugal herstellte, um eine Disasporplatte zu sägen, jedoch ohne viel Erfolg; von Maestro Cristoforo Fornajo ist der Schleifstein für Papst Leo, den er in Rom bei der Compagnia de' Fiorentini herstellte. Der Kodex enthält weitere Werkzeuge von unbekannten Erfindern; u.a. eines von einem Bauern zum Aufwärtsbefördern von Wasser, das Leonardo da Vinci Bernardo Rucellai schickte; dann die Mühlsteine von Pisa und anderes mehr»[98].

Bernardo Buontalenti besass eine ausgesprochen technisch und militärisch orientierte Bildung. Er wendete sich anfangs ganz der Festungsbautechnik zu, die auf einer neuen Wissenschaft, der Ballistik, begründet ist und mit der Perspektive und der Geometrie in engem Zusammenhang steht. Buontalenti stellt Uhren, verschiedene Werkzeuge und zahlreiche Geschütze her, darunter den berühmten *Scacciadiavoli*, der laut Gherardo Silvani «eine sehr grosse Kugel abfeuerte, die innen leer war und Feuer mit sich trug, und wo sie einschlug, zersprang sie mit grosser Gefahr für die Umstehenden und zu ihrem grossen Schrecken und daraus entwickelten sich die Granaten»[99].

Wir müssen aber zum Ursprung zurückkehren und die kulturelle und militärbautechnische Entwicklung des fünfzehnten und sechzehnten Jahrhunderts nochmals durchlaufen, denn sie haben Buontalentis florentinischen Geist, der besonders durch die Perspektive geprägt ist, weitgehend bestimmt.

1. G. Vasari, *Le vite de' più eccellenti pittori scultori ed architettori scritte da Giorgio Vasari pittore aretino*, besorgt von G. Milanesi, VII, Florenz 1906, S. 616.

2. R. Borghini, *Il Riposo*, Florenz 1584, S. 613.

3. E. Sanchez (cit. in G. Pampaloni, *Lo spedale di S. Maria Nuova*, Florenz 1961, S. 80, Anm. 2) basierend auf folgendem Eintrag im Taufregister: «Venerdi 15 Dicembre 1531. Bernardo et Romolo di Francesco di Domenico Rosselli scultore, popolo di S. Giorgio a dì 15 ore 18» (AODF, *Battesimi maschi 1522–1532*, c. 167*r*).

4. «Bernardo di Francesco di Domenico di Lionardo Buontalenti detti anche Rosselli da San Giorgio. Fu figlio di Francesco di Domenico pittore morto il 3 di Novembre 1543 [...]» (G. Vasari, *op. cit.* in Anm. 1, S. 614, Anm. 3).

5. I.M. Botto, *Mostra di disegni di Bernardo Buontalenti*, Florenz 1968 (GDSU, XXVIII).

6. Auch wenn irrtümlicherweise geschrieben wurde, Buontalenti sei vielleicht 1536 geboren *(La data di nascita di Bernardo Buontalenti*, «Bollettino degli Ingegneri», a. XXVI, Nr. 7, 1978, S. 3).

7. G. Silvani, *Vita del Signor Bernardo Buontalenti scritta da me Gherardo Silvani, per parte, senza suo pregiudizio, in* F. Baldinucci, *Notizie dei Professori del Disegno da Cimabue in qua*, Anhang besorgt von P. Barocchi, VII, Florenz 1975, S. 11; A. Fara, *Buontalenti: architettura e tearto*, Florenz 1979, S. 2 Anm. 5.

8. A. Morrogh, *Disegni di architetti fiorentini 1540–1640, catalogo mostra*, Florenz 1985 (GDSU, LXIII).

9. L. Berti hat das vorzeitige Datum hervorgehoben *(Il principe dello Studiolo*, Florenz 1967, S. 224, Anm. 19).

10. R. Borghini, *op. cit.* in Anm. 2, S. 609.

11. AAF, *San Nicolò Oltrarno, Feste Ufizzi e Mortori dal 1607 al 1615, c. 19 rev*. Dokument erstmals publiziert in A. Fara, *op. cit.* in Anm. 7, S. 22, Anm. 5.

12. G. Silvani, *op. cit.* in Anm. 7, S. 11.

13. F. Baldinucci, *Notizie dei Professori del Disegno da Cimabue in qua*, II, Florenz 1846, S. 491–492.

14. ASF, *Archivio Ceramelli Papiani*, 879 F. Meine früher aufgestellte Hypothese, Bernardo sei ohne Geschlechtsname geboren worden, muss korrigiert werden.

15. G. Richa, *Notizie istoriche delle chiese fiorentine*, X, Florenz 1762, S. 272; Baldinucci, *op. cit.* in Anm. 13, S. 532.

16. BNCF, II. IV. 534–536, *Sepoltuario fiorentino ovvero Descrizione delle Chiese, Cappelle, e Sepolture Loro Armi et Inscrizioni della Città di Firenze e suoi Contorni fatta da Stefano Rosseli L'anno 1657*, c. 196*r;* ASF, Ms. 624, I, c. 622, Nr. 12.

17. BMF, Ms. C. 44, c. 234*v*.

18. BNCF, *Sepoltuario Cirri*, X, cc. 5015–5016.

19. 38 cm Basislänge, 46 cm Höhe und eine mittlere Dicke von 5 cm.

20. ASF, *Medici e Speziali*, serie morti, cc. 118*r* u. 65*v;* ASF, *Morti della Grascia*, 8; BNCF, *Necrologio Cirri*, IV, c. 202.

21. W. e. E. Paatz, *Die Kirchen von Florenz*, IV, Frankfurt am Main 1952, S. 368.

22. R. Borghini, *op. cit.* in Anm. 2, S. 609. Francesco Salviati nahm unter anderem Ende der dreissiger Jahre an den Dekorationsarbeiten im Palazzo Grimani in Venedig teil (M. Tafuri, *Venezia e il Rinascimento*, Turin 1985, S. 15).

23. R. Borghini, *op. cit.* in Anm. 2, S. 609–611.

24. Olio su tela, 720 × 575.

25. G. Vasari, *op. cit.* in Anm. 1, S. 615.

26. R. Borghini, *op. cit.* in Anm. 2, S. 610.

27. A. Fara, *op. cit.* in Anm. 7, S. 24, Anm. 27.

28. G. Silvani, *op. cit.* in Anm. 7, S. 12: «[...] lasciò di bellissimi quadri di pittura die sua mano, qual'è un Abramo nel salone de'Pitti e una Madonna in camera, che vi è uno Santo Giovannino che suona lo zufolo, e molti altri per Firenze sì di miniatura, come di pittura e scultura». Andere Buontalenti zugeschriebene Miniaturen sind eine *Sacra Famiglia* in einer Privatsammlung und der *Ratto di Ganimede (*I.M. Botto, *Buontalenti, in Dizionario biografico degli italiani*, XV, Rom 1972).

29. ASF, *Guardaroba medicea*, 87, c. 28*r* (Inventar vom 6. Juni 1574); ASF, *Guardaroba medicea*, 126, c. 21*v* (Inventar vom November 1587). Ein Bildnis von Bernardo Buontalenti, aufgelistet von Filippo Baldinucci in einer «nota di tutti ritratti di pittori che sono nel Museo di Sua Altezza Serenissima» am 12. Februar 1680 (F. Baldinucci, *op. cit.* in Anm. 13, VI, appendice con nota critica e supplementi per cura di P. Barocchi, Florenz 1975, S. 433).

30. G. Guasti schrieb Buontalenti ein Bildnis von Francesco im Rathaus von Prato zu (*I quadri della Galleria del Comune di Prato*, Prato 1880, S. 93); R. Nuti zeigte den Bezug eines Dokuments im Archiv von 1569 zu diesem Bild auf (*Un ritratto di Francesco de'Medici dipinto da Bernardo Buontalenti*, «Rivista d'Arte», a. XXII, 1940, S. 124); aber P. Cannon Brookes entdeckte in diesem Bildnis das Monogramm von Maso da San Friano (*Three Notes on Maso da San Friano*, «The Burlington Magazine», vol. CVII, Nr. 745, 1965, S. 192–197).

31. G. Silvani, *op. cit.* in Anm. 7, S. 11–12.

32. F. Baldinucci, *op. cit.* in Anm. 13, S. 493.

33. ASF, *Guadaroba medicea*, 19, cc. 9–10 (Libro di debitori e creditori).

34. G. Fanelli, *Firenze*, Rom-Bari 1980, S. 94–99.

35. BNCF, II. I. 280, c. 2. Die Zuschreibung des Grossteils der Handschrift an Bellucci stammt von D. Lamberini, *Funzione di disegni e rilievi delle fortificazioni nel Cinquecento*, atti del convegno *L'architettura militare veneta del Cinquecento*, Vicenza 1984, nächstens erscheinend. In dieser Studie wird von neuem die Zuschreibung einer anderen bekannten Handschrift diskutiert (BNCF, II. I. 281) an Matteo Neroni.

36. R. Manetti, *Michelangiolo: le fortificazioni per l'assedio di Firenze*, Florenz 1980, S. 90.

37. G. Silvani, *op. cit.* in Anm. 7, S. 14.

38. F. Baldinucci, *op. cit.* in Anm. 13, S. 507. C. Promis, der fast alles entziffert hat, meint: «Nè chiaramente intendo cosa fossero que' bastioni che il Baldinucci dice da lui [Buontalenti] fatti dentro la città di Firenzi, distinguendoli da quelli di fuori [...]» (*Biografie di ingegneri militari italiani dal secolo XIV alla metà del XVIII*, «Miscellanea di Storia Italiana», XIV, 1874, S. 576).

39. ASF, *Miscellanea medicea*, 93, c. 275 (292 × 855; Feder, Stilo und Aquarell auf weissem Papier; Texte: «120», «braccia 120», «45», «questo roso el muro del'ortto dele monache», «questo fiancho è chavatto tutto», «di questa chortina è chavatta braccia 70», «qu[e]sto è chavatto fino al muro de l'ortto delle monache», «questa sizione no si fonda in e' resto», «el fiancho sa n giatto + ne ha chavatto braccia 33»). Eine andere Zeichnung einer Bastion findet sich in ASF, *Miscellanea medicea, 93,* c. 280 (216×284; Feder und Stilo auf weissem Papier).

40. In jener Zeit der übliche Stil, wie er in Zukunft angewendet wird.

41. ASF, *Mediceo del Principato,* 451, c. 64 (handschriftlicher Brief): «[...] Questa sarà per avisare Quela chome io mi sono ritrovato drento di Gatteo a fortificharlo. Ora è chonparso atorno 4 insegne e s'è fato una grossa iscaramuc[ci]a e il chapitano che è drento voleva avisare il Chonte, e io mi sono meso a u[s]cire fuora tra i nimici aciò Quela siapia [sappia] il tuto. E ora che io iscrivevo è ven[u]to q[u]i uno a Giuollo [Giaggiolo], che dice che è venuto uno chanone e una cholobrina da Ravena per volerla batere, ma pure non credo che la pig[l]ino, ma per none avere a[v]uto tanto tenpo per [p]otere finire i baluardi non sarebe gran fato che la pigl[i]asino [...]».

42. ASF, *Mediceo del Principato,* 451, c. 60*r* e *v* (handschriftlicher Brief): [...] Questa sarà per avisare Quela chome io sono partito da Gatteo e ò la[s]ciato il chapomaestro per tu[tt]i e'bisogni che potesino ochore[re], esendo venuto quasù per potere parlare a Quela e chontarli tuto quelo che fa di bisogno la tera e i'modo che la si p[u]ó guardare se quela gente che è drento vole chombatere [...] Non ò manchato di avisare il Duca del'asiedio [assedio] e og[n]i chosa [...] Disi al chapomaestro che non facesi se none quelo che io li avevo chomeso [...]».

43. ASF, *Mediceo del Principato,* 457, c. 500 (Brief an den Herzog Cosimo, handschriftlich und unterschrieben «Bernardo Timante pitore»): «[...] Arivando ala rocha di Maradi a venttoto di genaio vi trovai il capitano e mastro Davitte che aveva in opera cinquanta guastatori che faceva rovinare tre case le quale erano apreso ala muraglia e le dete case erano vote infino ai fondamenti delle mura dela rocha e da quelo ilato potteva esere ofesa e così s'atende a rienpere di tera e fa[s]cine in fino a il pari de le mura ma non abiamo corbeli per portare tera [...]».

44. ASF, *Mediceo del Principato,* 458, c. 240 (handgeschriebener Brief, unterzeichnet «Bernardo Timante»).

45. ASF, *Mediceo del Principato,* 458, c. 284*r* u. *v* (handgeschriebener Brief, unterzeichnet «Bernardo Timante»).

46. E. Donatini, *La città ideale,* Ravenna 1979, S. 135 und Anm. 42; G.B. Belluzzi, *Il trattato delle fortificazioni di terra,* besorgt von D. Lamberini, regesto, in AA. VV., *Il disegno interrotto. Trattati medicei d'architettura,* Florenz 1980, S. 391.

47. G. Adriani, *Istoria de' suoi tempi,* Florenz 1583, XIII, c. 515 B. Serbelloni leitete im August 1556 die Arbeiten an einem Bollwerk von Castrocaro (ASF, *Mediceo del Principato,* 454, c. 626).

48. BNCF, II. I. 280, c. 34.

49. ASF, *Miscellanea medicea,* 93, cc. 91, 92. G.M. Battaglini bezog diese Zeichnungen irrtümlicherweise auf Portoferraio (*Cosmopolis, Portoferraio medicea. Storia urbana 1548–1737,* Roma 1978, Abb. 5, 7).

50. R. Borghini, *op. cit.* in Anm. 2, S. 612; und siehe auch C. Promis, *op. cit.* in Anm. 38. S. 572.

51. F. Baldinucci, *op. cit.* in Anm. 13, S. 507.

52. G. Ballino, *De' disegni Delle piu illustri città, e forteze del mondo,* Vinegia 1569, Abb. auf S. 12.

53. C. Theti, *Discorsi delle Fortificationi, Espugnationi, e Difese delle Città, e d'altri Luoghi,* Venedig 1589, Abb. von S. 81.

54. I.M. Botto, *Alcuni aspetti dell'architettura fiorentina della seconda metà del '500,* «Proporzioni», IV, 1963, S. 27. Die Hypothese eines Aufenthalts in Rom von Buontalenti wurde durchleuchtet von V. Giovannozzi, *Ricerche su Bernardo Buontalenti,* «Rivista d'Arte», 1933, S. 320.

55. G. Gaye, *Carteggio inedito d'artisti dei secoli XIV, XV, XVI,* III, Florenz 1840, S. 574–575 (entspricht ASF, *Carteggio d'artisti,* I, inserto 12). Pläne von Grosseto und Montalcino figurieren im kurz vor dessen Tod aufgestellten Inventar von Buontalentis Besitz (P. Sanpaolesi, *Notizie documentarie sul Buontalenti,* «Palladio», I, 1951, S. 45, 46).

56. GDSU, 2342 A (462×342; Stilo, Feder und Aquarell auf weissem Papier).

57. GDSU, 2343 A (444×588, Feder und Wasserfarben auf weissem Papier). Es ist die Zeichnung, die Giovanni Camerini dem Herzog sandte. In einem Brief vom 11. Juni 1558 an Cosimo schreibt er: «[...] per l'altra mia le mandai el disegnio di queste dua fortezze e quanto era fatto e quanto si faceva e quanto speravamo di fare [...] e come el monte Filippo resterebbe Fortezza di bastioni e muro [...] Alla fortezza della terra non si farà quel tanto che fu disegnato [...]» (ASF, *Mediceo del Principato,* 471, c. 370).

58. Die neue Anlage wurde zum Teil gebaut. Die Bastionen mit spitzen Ecken ins Land hinaus, wie der quadratische Plan zeigt. Auf der Zeichung sind der Zwischenwall und die Fassaden der Bastionen durch Stützen verstärkt. Die Verteidigungslinien gehen von den zurückgesetzten Seiten aus. Zwei Bastionen haben zurückgesetzte Flanken, geschützt durch *orechioni.*

59. GDSU, 2329A (285×405, Feder und Wasserfarben auf weissem Papier); GDSU, 2345A (241×346 Maximalmassse, Feder und Wasserfarben auf weissem Papier; die quadratische Anlage notwendigerweise spitz, mit einer alten Festung und befestigtem Umgang; Länge des Zwischenwalls über 350 Ellen und die seitliche Verteidigungslinie über 400 Ellen. Die Aussenfront hat zurückgesetzte Flanken).

60. BNCF, II. I. 280, c. 10.

61. Bellucci wurde von Cosimo mit verschiedenen Aufgaben für Befestigungen in der Toskana betraut. Siehe auch: G. Vasari, *op. cit.* in Anm. 1 , VI, S. 332; D. Lamberini (a cura di), *op. cit.* in Anm. 46, S. 387, 388.

62. GDSU, 2344A (435×579; Stilo, Feder, Aquarell und Spuren von schwarzem Stift auf weissem Papier; Massstab 400 Ellen = 11,6 cm; auf der Rückseite Handschrift *Borgo s^{to} : s^{cro}*). Eine andere Zeichnung des Obengenannten, mit Schriften von fremder Hand und nur ein Teil des Umgangs zeigend, findet sich in ASF, *Miscellanea medicea,* 93, c. 291 (336×469; Feder und Aquarell auf weissem Papier).

63. Im Gegensatz steht die Zeichnung Buontalentis GDSU, 2344A zum Plan des Ramponi del 1699 (C. Conforti, A. Fara, L. Zangheri, *Città, ville e fortezze della Toscana nel XVIII secolo,* Florenz 1978, Abb. XXXIV). Eine Dokumentation zu den Befestigungsarbeiten von Sansepolcro findet sich in ASF, *Magistrato dei Nove Conservatori, 3676, Quaderno d'opere della muraglia di S. Sepolcro* (von Oktober 1559 bis Dezember 1560) und ASF, *Magistrato dei Nove Conservatori, 3677, Quaderno d'opere della muraglia di S. Sepolcro* (von Dezember 1560 bis 1565). Sovrintende ai lavori di Sansepolcro Alberto Alberti; I. Ricci, *Storia di (Borgo) Sansepolcro,* Sansepolcro 1956, S. 55–65.

64. ASF, *Miscellanea Medicea,* 93, c. 253*r* und v (212 × 838; Feder und Aquarell auf weissem Papier; geographischer Massstab Vorderseite: 100 Ellen = 10,65 cm; Massstab der Rückseite: 10 Ellen = 11,8; von eigener Hand auf die Vorderseite geschrieben: «Riempita di nuovo / grossezza dil muro / dinanzi mancho d'un / bracio»; scritte autografe sul *verso:* «Con[r]aforte», «Altezza dil contrafor[t]e braccia 2 mancho / dille cortine», «A», «Qui si stachano contraforti / dalla cortina», «Longhezza / dil contraforte / e grossezza di / la la cortina / per fiancho», «grossezza dilla cortina assomma braccia 3⅓ dil tutto senza il contraforte», «braccia 3⅓», «grossezza dil muro di / fora», «braccia 1», «Altezza braccia 13½», «Questo muro rienpito con tereno», «potrebese smurare infino al pontegiato / tinto g[i]allo che sono braccia 3 e romurare / sodo e alzare i contraforti al paro dilla / cortina il quale si vede onbrato e fato / g[i]allo sugniato A». Risulta che la lunghezza della faccia della piattaforma è di braccia 85½ circa, e del fianco braccia 45 circa; lo spessore del parapetto del fianco è di braccia 10⅓ circa; la lunghezza del contrafforte braccia 6⅓ circa).
Eine schematische Zeichnung der neuen Befestigung von Sansepolcro befand sich in der Zeichnungssammlung von Francesco Laparelli, kurz vor 1565 datiert (P. Marconi, *Visita e progetti di miglior difesa in varie fortezze ed altri luoghi dello Stato Pontificio,* Cortona 1970, Abb. 11).

65. GDSU, 2331 A*r;* G. Severini, *Le fortificazioni,* in AA. VV., *Livorno: progetto e storia di una città tra il 1500 e il 1600,* Ausstellungskatalog Juni–Oktober 1980, Nr. IV. 2.

66. R. Borghini, *op. cit.* in Anm. 2, S. 612–613.

67. P. Sanpaolesi, *op. cit.* in Anm. 55, S. 45, 46.

68. BNP, *Ms. It.* 1292, c. 27. Die Zuschreibung der Handschrift an Parigi geht zurück auf V. Giovannozzi, *op. cit.* Anm. 54, S. 327. G. Busca behauptet die contramine «fatte di fuora» seien die Besten (*Della Architettura militare. Primo Libro,* Mailand 1601, S. 216).

69. F. Buselli, *Il palazzo mediceo a Seravezza,* Empoli 1965, S. 23–54. Buselli übernimmt eine alte Zuschreibung von A. Mori in der *Seravezza* della Enciclopedia Treccani und wird unterstützt von M. Fossi (*Bartolomeo Ammannati architetto*, Cava dei Tirreni 1967, S. 195). Für die Datierung stützt sich Buselli auf die Baukostenrechnung (ASF, *Magistrato dei Nove Conservatori*, 3898).

70. G. Adriani, *op. cit.* in Anm. 47, XVII, cc. 679 C, 679 D, 709 C.

71. ASF, *Mediceo del Principato*, 6377, Nr. 2, cc. 9-20, 27, 28, 30, 32-34, 42.

72. ASF, *Mediceo del Principato*, 5093, Nr. 2, c. 11*r*. Für die Ankunft in Genova, Nizza, Tolone, Rosas, Perpignano siehe: ASF, *Mediceo del Principato*, 493-A, cc. 570, 590, 615, 696, 746, 750, 930. Für den Aufenthalt in Madrid im April und Mai 1563 und Januar, Februar, März 1564: ASF, Mediceo del Principato, 499, cc. 125-127, 407, 550, 608; 499-A, cc. 640, 891, 1216, 1286, 497, c. 613; 497-A, cc. 1127, 1664.

73. ASF, *Mediceo del Principato*, 5093, Nr. 1.

74. R. Borghini, *op. cit.* in Anm. 2, S. 611; G. Silvani, *op. cit.* in Anmerkung 7, S. 19; F. Baldinucci, *op. cit.* in Anm. 13, S. 495.

75. ASF, *Mediceo del Principato*, 5093, Nr. 1, c. 12*r*.

76. ASF, *Mediceo del Principato*, 5093, Nr. 1, c. 13*r*.

77. ASF, *Mediceo del Principato*, 5093, Nr. 4, c. 6*r*.

78. ASF, *Mediceo del Principato*, 5093, Nr. 4, c. 21*r*.

79. Um genau zu sein: Silvani spricht von einem Geschenk an den König, Baldinucci dagegen an die Königin.

80. ASF, *Mediceo del Principato*, 5093, Nr. 4, c. 32*v*.

81. ASF, *Mediceo del Principato*, 5093, Nr. 4, cc. 45*r*, 50*v*.

82. ASF, *Mediceo del Principato*, 5093, Nr. 4, cc. 41*v*, 42*r*.

83. L.A. Maggiorotti, *Architetti e architetture militari*, III, Rom 1939 («L'opera del genio italiano all'estero», serie quarta), S. 98-100 (Perpignano), S. 66, 72-74 (Rosas).

84. *Ibid.*, S. 75-76. Der antike Stadtgürtel hatte eine Seite am Meer und in der süd-östlichen Ecke das Arsenal, wo die spanischen Galeeren gebaut und repariert wurden. Um die Verteidigung zu verbessern, hatte Calvi eine gewaltige Bastion seitlich des Zwischenwalls gebaut, den Zugang zum Eingangskanal sowie die Schiffsausfahrt bewachend und den Wasserspiegel dahinter überblickend.

85. *Ibid.*, S. 97.

86. G. Silvani, *op. cit.* in Anm. 7, S. 19; F. Baldinucci, *op. cit.* in Anm. 13, S. 495.

87. G. Gaye, *op. cit.* in Anm. 55, S. 224-225. Zwei Zeichnungen Buontalentis, datiert gegen die achtziger Jahre, sind publiziert in D. Heikamps, *Studien zur mediceischen Glaskunst. Archivalien, Entwurfszeichnungen, Gläser und Scherben*, Florenz 1986, Abb. 32, 33 (GDSU, 97243, 97244).

88. G. Silvani, *op. cit.* in Anm. 7, S. 12; F. Baldinucci, *op. cit.* in Anm. 13, S. 498; siehe auch F. Bocchi, *Le bellezze della città di Firenze*, Florenz 1591.

89. ASF, *Capitani di Parte*, schwarze Zahlen, Bittschriften, 721, Nr. 199 (handschriftliche).

90. BAM, *Codice Atlantico*, 1082*r*; P.C. Marani, *L'architettura fortificata negli studi di Leonardo da Vinci*, Florenz 1984, S. 12, 13

91. E. Jünger-C. Schmitt, *Il nodo di Gordio. Dialogo su Oriente e Occidente nella storia del mondo*, Bologna 1987, S. 112.

92. Secondo F. Baldinucci, pittore è colui «che dipinge ogni sorta di cosa, come storie, ritratti, paesi, marine, animali, frutte, fiori, prospettive, e simili» (*Vocabolario toscano dell'Arte del Disegno*, Florenz 1681, *ad vocem*).

93. R. Wittkower, *La cupola di San Pietro di Michelangelo*, Florenz 1964, Abb. 32.

94. P. Cataneo, *I quattro primi libri di architettura*, Vinegia 1554, S. 1-2.

95. F. Baldinucci, *op. cit.* in Anm. 92, *ad vocem*.

96. BMV, *Mss. It.*, Classe IV, codice 41 = 5363; J. Morelli, *I codici manoscritti Volgari della libreria Naniana*, Venedig 1776, S. 14-16. Die Handschrift stammt aus Florenz. Im 18. Jh. fügte Marco Settimane, Prior der Innocenti in Florenz, Zeichnungen hinzu; später, nach dessen Tod am 1. Januar 1758, kauften sie die Nani von Antonio Cocchi. Siehe auch C. Maccagni, *Notizie sugli artigiani della famiglia Della Volpaia*, «Rassegna periodica di informazioni del Comune di Pisa», III, 1967, S. 1-13; AA.VV., *La corte il mare i mercanti. La rinascita della Scienza. Editoria e Società Astrologia, magia e alchimia*, catalogo mostra, Florenz 1980, S. 164.

97. *Ibid.*, S. 14-15.

98. *Ibid.*, S. 15. Wegen der Uhr Lorenzo Volpaias siehe auch G. Vasari, *op. cit.* in Anm. 1, S. 634.

99. G. Silvani, *op. cit.* in Anm. 7, S. 18.

Zweites Kapitel

Ein kulturelles Erbe. Die Befestigungstechnik *alla moderna* von ihren Anfängen bis zu den sechziger Jahren des sechzehnten Jahrhunderts

Filippo Brunelleschi, die Frage der ersten Bastion und die evolutionistische Kritik

Die Befestigungsarchitektur hat mit der Brunelleschischen Zivilarchitektur eine perspektivische Grundstrukturierung gemein, jedoch entsteht sie später. Filippo Brunelleschi als Befestigungsbauer verwendet durchaus keine umwälzende Bautechnik (Abb. 20), denn sie begründet sich auf hohen Mauerkurtinen ohne Erdanschüttungen, in die sich Türme mit viereckigem Grundriss einfügen, und auf der *difesa piombante**. Um sich diese Verspätung zu erklären, muss man auf die evolutionistische Kritik zurückgreifen, die die Entstehung der Bastionärbautechnik mit der Entwicklung der Feuerwaffen in Zusammenhang bringt. Dies geschah zu einem Zeitpunkt, da durch den Einsatz der Artillerie den alten, türmereichen und zinnengekrönten Verteidigungsmauern ihre Wehrfähigkeit genommen wurde, da eine Abflachung und Verstärkung der Mauern (durch grösseren Durchmesser und Erdanschüttungen) und überhaupt eine angemessenere Verteidigung der Stadtgrenzen erforderlich wurden. Um den Beitrag dieser Kritik in ihren negativen wie positiven Ergebnissen richtig einzuschätzen, muss man sie in dem geschichtlichen Zusammenhang, in dem sie sich manifestiert, in grossen Zügen noch einmal durchlaufen. Eine evolutionistische Kritik, die die Überlegenheit einer Verteidigungsorganisation anerkennt, aus der sich die Rasantfeuertechnik entwickelt, bestätigt auch die Überlegenheit der fünfeckigen Bastion als Endpunkt einer Entwicklung, die von der Rundmauer zur *modernen* Mauerform führt. Infolgedessen richten sich die Untersuchungen auf die Identifizierung des ersten fünfeckigen Verteidigungswerkes.

Im sechzehnten Jahrhundert sieht man in den Bastionen die ersten modernen Verteidigungswerke, die während der türkischen Besetzung von Otranto im Jahre 1480 von Achmet Pascià[1] errichtet wurden, aber für Giorgio Vasari geht die Erfindung der modernen Befestigungsanlage auf San Micheli zurück («viereckige Bastionen zu bauen, war eine Erfindung von San Michele, denn vorher wurden sie rund gebaut»[2]), für Bonaiuto Lorini hingegen waren die Franzosen die ersten modernen Befestigungsbauer[3]. Im achtzehnten Jahrhundert schliesst sich Scipione Maffei Vasari an[4]; nach Ansicht von Folard wurden die ersten Bastionen von einem gewissen Zyska in Form der Befestigung von Tabor errichtet[5], Ozanam und Deidier schreiben sie den Venezianern zu[6], und Papacino d'Antoni beruft sich auf die *Bastion Verde* bzw. *Garittone de' Fiori* in Turin und datiert sie auf das Jahr 1461[7]. Nachdem es sich als unmöglich erwiesen hat, die ersten Bastionen mit Sicherheit zu identifizieren, schreibt Luigi Marini 1801 in seinem Werk *Saggio istorico e algebraico sui bastioni* deren Erfindung, nach dem Erscheinen der ersten Feuerwaffen, generell den Italienern zu[8].

Im Laufe des neunzehnten Jahrhunderts nimmt die evolutionistische Kritik sehr komplexe Strukturen an, wobei sich stark unterschiedliche Ausgangspunkte herausschälen. Diese werden bei den verschiedenen europäischen Befestigungsbauschulen durch eine nationalistische Komponente betont, wobei die französische, die österreichisch-preussische und die sardisch-piemontesische als die wichtigsten zu betrachten sind.

Die historische Interpretation gewinnt sozusagen eine utilitaristische Funktion in bezug auf die spezifischen Bedürfnisse des Militäringenieurs des neunzehnten Jahrhunderts. Die ursprünglichen Theorien über die Bastionärfronten werden im Rahmen der Schanzlager des neunzehnten Jahrhunderts noch einmal überdacht. Das bastionäre Befestigungswerk überlebt in den Werken von Verfassern wie Bousmard, Chasseloup, Haxo und Choumara[9], und auch bei den Verfechtern des polygonalen Grundrisses gibt die Bastionärfront Anlass zu immer neuen Überlegungen über Befestigungsprobleme. Das polygonale Grundmuster wird mitten im achtzehnten Jahrhundert von dem französischen Kavallerieoffzier, Marc-René de Montalembert[10], zum erstenmal grundsätzlich zur Diskussion gestellt. Während er im eigenen Vaterland kaum Beachtung findet, gewinnt er bei den österreichisch-ungarischen Theoreti-

* Im Gegensatz zur *difesa radente* (Rasantfeuerverteidigung) die ältere Senkscharten-Verteidigung

kern immer mehr Glaubwürdigkeit. Einige entlegene Forts – wie die des Schanzlagers der italienischen Hauptstadt Rom – wurden Ende des neunzehnten Jahrhunderts immer noch nach dem Bastionärsystem geplant[11].
Die Befestigungsbauer des neunzehnten Jahrhunderts durchlaufen die Geschichte der Befestigungsbautechnik mit allen ihren Tendenzschwankungen im Grunde noch einmal und sie kehren sogar zur kreisförmigen Verteidigungsmauer zurück. Tripier kommt zu folgender Schlussfolgerung: «nous sommes arrivés à une époque, ou l'étude de la fortification peut être regardée comme presque toute entière dans celle de son histoire; on possède assez de faits, de théories et de systèmes qui ne sont que des cas particuliers de la question, pour la constituer dans son ensemble; il ne s'agit plus que de les ramener à l'unité»[12].
Die quälende Frage nach der Erfindung des fünfeckigen Befestigungswerks, wie sie zwischen dem sechzehnten und dem neunzehnten Jahrhundert von Giorgio Vasari bis Luigi Marini gestellt wurde, gibt zu erkennen, dass man die Militärarchitektur nicht dadurch angeht, dass man die Elemente der modernen Befestigungsanlage in der geschichtlichen Reihenfolge, in der sie aufgetreten sind, sondern in der rationalen Ordnung, in der sie hätten auftreten müssen, behandelt[13]. Auf diese Weise «erfasst die evolutionistische Kritik von den Militärbautechniken und den neuen Bauformen nur diejenigen, die innerhalb der darauffolgenden kompositorischen Gestaltung zum Gesetz wurden»[14].
Um 1850 lokalisiert der Evolutionist Carlo Promis im Rahmen seines historischen Experimentalismus den Ursprung der modernen Befestigung in Francesco di Giorgio Martini, dessen Erbe die Militäringenieure gegen Ende des neunzehnten Jahrhunderts zu erkennen begannen. Promis, der den Festigungsbau studiert und selbst Befestigungsanlagen baut[15], arbeitet gemeinsam mit einer Gruppe sardisch-piemontesischer Militärsachverständiger, zu denen u.a. Luigi Federico Menabrea, Celestino Sachero und Giovanni Castellazzi gehören[16]. Er begründet seine historischen Untersuchungen auf Dokumenten des vierzehnten und fünfzehnten Jahrhunderts sowie auf veröffentlichten und unveröffentlichten Traktaten des fünfzehnten und sechzehnten Jahrhunderts, während Marini nie weiter als bis De Marchi zurückgegangen ist. Die Untersuchungen von Carlo Promis nehmen im Jahre 1841 in den fünf *memorie storiche* und in der von Cesare Saluzzo[17] besorgten Ausgabe des Traktats von Francesco di Giorgio festere Formen an. Fünfzig Jahre lang bleibt sein umfangreiches und grundlegendes Werk in Europa weitgehend unbekannt, abgesehen von einigen wenigen Rezensionen, einer freien Übersetzung ins Französische von Augoyat im Jahre 1846, einer spanischen Übersetzung im Jahre 1847 sowie einer Zitierung des Traktats durch Celestino Sachero[18].
Erst gegen Ende des Jahrhunderts wird das Werk von Jähns und Schröder in Deutschland und von Rocchi[19] in Italien aufgewertet. Eine weitere Interpretation über den Ursprung der Bastionärbautechnik wird von Alberto Guglielmotti[20] geliefert, der sich auf eine Handschrift von Mariano di Jacopo, genannt Taccola, stützt, doch wird diese schliesslich in Frage gestellt und endgültig abgelehnt[21].
Nach Ansicht von Promis, dem sich Enrico Rocchi anschliesst, stellt der fünfeckige Turm mit einem ausspringenden Teil zum Land hin die alte Form der Militärbautechnik dar. Diese fünfeckigen Türme sind in den Stadtmauern von Civitavecchia, Ancona, Bologna, Pesaro, Pisa, Prato, Modena, Parma und Mirandola anzutreffen. Diese alte Bauform hat das moderne fünfeckige Befestigungswerk beeinflusst, aber der Weg zu der neuen Form führt über den Rundturm, der aufgrund seiner Gestalt mehr Widerstand leistet. Doch entgegen allen geschichtlichen Beweisen behauptet Guglielmotti, der fünfeckige Turm von Asturia stehe in direkter Beziehung zu der neuen Militärarchitektur, die in den Zeichnungen von Mariano di Jacopo zum Durchschein kommt.
Dass aber der Übergang vom runden Wachtturm zur fünfeckigen Bastion keinen linearen historischen Verlauf aufweist, wird sonnenklar, wenn man – nach Anerkennung von Francesco di Giorgio Martini als deren Begründer – die erste Periode dieser neuen Festungsbautechnik analysiert, in der sich eine Tendenzschwankung zwischen der fünfeckigen und der runden

Jahrhundert verlegt[23]. Doch vernachlässigt die evolutionistische Kritik auch Michelangelo, wenn er Befestigungswerke mit eher kreisförmigem Grundriss erfindet, und rückt ihn in die Sphäre der Künstler, nicht der Befestigungsbauer.

20

20. Die brunelleschische Stadtmauer von Lastra a Signa.

Form erkennen lässt. Betrachtet man aber das fünfeckige Befestigungswerk als Endpunkt einer Entwicklung, was auch Promis tut, so schmälert man damit über alle Massen den Beitrag Albrecht Dürers. Sogar der Preusse Zastrow plaziert die Dürerische Festung in eine Übergangsphase zwischen der alten und der neuen Bauweise[22]. Ganz zu schweigen von Tripier, der, von übermässigem Nationalstolz durchdrungen, die gesamte italienische Bastionsbautechnik des sechzehnten Jahrhunderts *en bloc* in die Übergangsphase rückt und den Ursprung des modernen Befestigungsbaus in unzulässiger Weise in das französische siebzehnte

Befestigungsbau, Ballistik und Perspektive

Um das höchst bedeutende Werk von Carlo Promis in die richtigen Bahnen zu leiten, ist grundsätzlich zu sagen, dass eine militärarchitektonische Zeichnung moderner Zeit eine strukturelle Gesamtheit darstellt, wo die Veränderung eines Elements sich auf das gesamte System auswirkt, wie beim geometrischen *continuum* der Perspektive. Und die kulturelle Spannung, die bei der Geburt der neuen Architektur (sowie bei der Absicht, sie unter den freien Künstlern anzusiedeln) vorherrscht, geht von der Geometrie aus, die seit Filippo Brunelles-

21–22. Graphische Darstellung von Geschossbahnen (von Johannis Teyler, Architectura militaris).

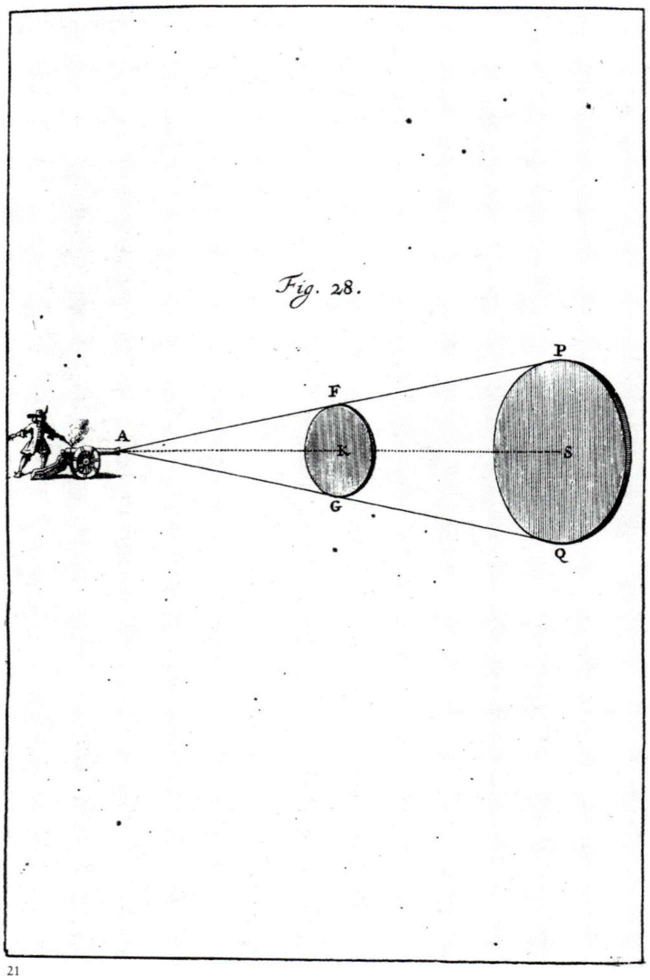

21

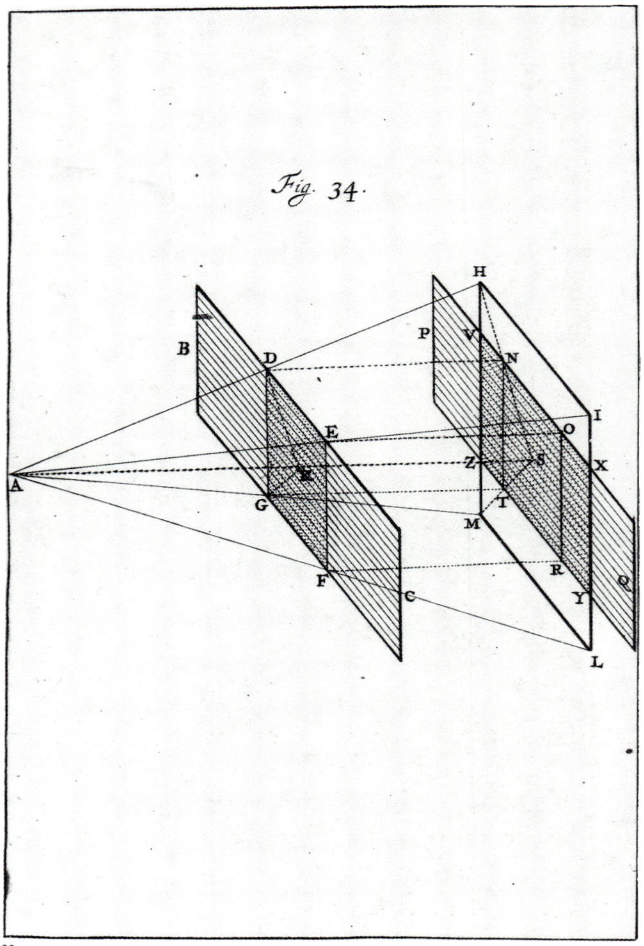

22

chis Zeiten viele bedeutende Erfahrungen ermöglicht hat.

Der bastionäre Befestigungsbau übernimmt keine beispielhaften Elemente aus dem römischen Altertum, noch aus dem romanischen Stil der Toskana, aus denen sich aber, wenn auch in abgewandelter Form, der Kodex der Brunelleschischen Architektur zusammensetzt[24]; er liegt nicht in einem Kodex begründet, sondern in einer Struktur, die von der Perspektive und den Impulsen einer neuen, als Ballistik bezeichneten Wissenschaft bestimmt wird.

Im Verlauf der sogenannten Renaissance gewinnt die Bastionär-Architektur grosse Bedeutung, und Ende des sechzehnten Jahrhunderts liefert sie der Architektur von Bernardo Buontalenti Elemente, die zum Gesetz geworden sind. Was aber einen vermeintlich *internationalen Stil* betrifft, der aus ihr hervorgegangen sein soll[25], so mag das in bezug auf die Zeichenentwürfe seine Richtigkeit haben, aber die Architektur in ihrer strukturellen Vielschichtigkeit weist von einem Architekten zum anderen grosse Unterschiede auf.

Wie die Brunelleschische Architektur, so verwandelt auch die Bastionär-Architektur – um es mit den Worten Cesare Brandis zu sagen – den äusseren Raum in einen inneren Raum. Jede architektonische Frontansicht hat ihre Sehstrahlenpyramide bzw. ihren Sehstrahlenkegel, und jede Bastionär-Festung eignet sich den Raum an, in dem sich die Sehstrahlen schneiden. Folgen wir Brunelleschi (laut Aussage seines Biographen), Alberti, Piero della Francesca und Michelangelo, so ist jede parallel zur betrachteten Oberfläche verlaufende

23–24. Die befestigte Stadt Sforzinda (von Antonio Averlino, Filarete genannt, Trattato di architettura, Milano 1972).

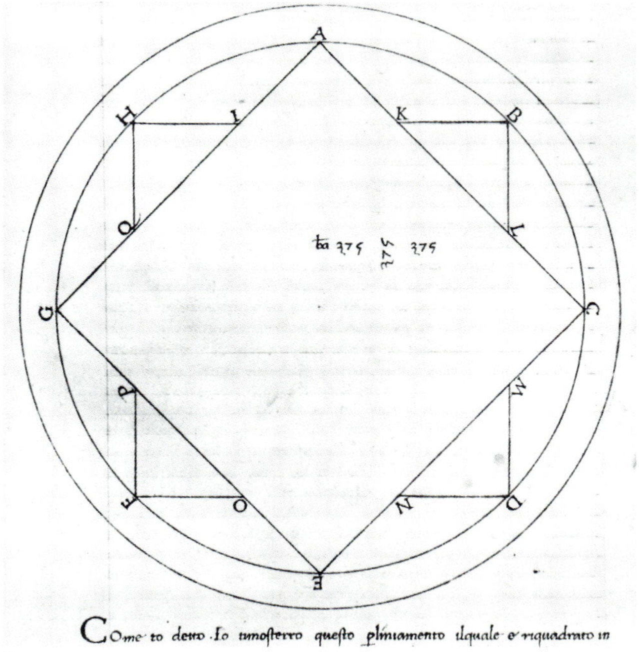

23

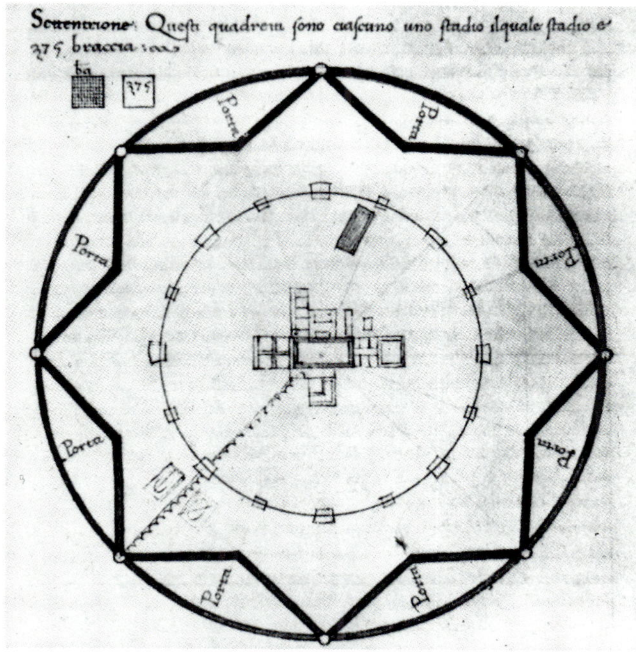

24

Schnittfläche des Sehstrahlenkegels ihr proportional. Wenn man von der von Euklid aufgestellten These der Proportionalität ähnlicher Dreiecke ausgeht, stellt die Perspektive die Gegenstände ausserdem *con ragione* in den Raum, da sie Verkleinerungen und Vergrösserungen von fernen und nahen Gegenständen bewirkt, indem sie die betrachteten Dinge proportional zur Entfernung zeigt, aus der man sie sieht.

Die euklidische Geometrie bildet auch die Basis für die ersten ballistischen Formulierungen, weshalb sich eine strukturelle Affinität zwischen den Sehstrahlenkegeln der Ballistik und der Perspektive kundtut. Es existiert eine Proportionalität zwischen der Entfernung und jenen Oberflächen, die der zu treffenden Oberfläche parallel verlaufen und die den Sehstrahlenkegel der Geschossbahnen schneiden. Wenn A das Kanonenrohr bzw. das Zielfernrohr darstellt, PQ die Kollimationsebene, AS die Entfernung vom Kanonenrohr zum Kollimationsfeld ist, dann schliessen die Geschosslinien, die nicht von der Geraden abweichen, das Kollimationsfeld PQ ein, indem sie einen Sehstrahlenkegel bilden. Wenn FG eine Ebene ist, die den Kegel schneidet, so ist die Wahrscheinlichkeit, die Ebene PQ in der Entfernung AS zu treffen genauso gross, wie die Ebene FG in der Entfernung AK zu treffen, solange die Geschossbahn nicht von der Geraden abweicht (Abb. 21, 22). Darüber hinaus verhält sich die Wahrscheinlichkeit, die näherliegende Ebene zu treffen, zu der Wahrscheinlichkeit, die entferntere Ebene zu treffen, wie die Entfernung des Kanonenrohrs von der entfernteren Ebene sich zu der Entfernung von der näheren Ebene verhält[28].

Filarete, Francesco di Giorgio Martini und Giuliano da Sangallo

Eines der ersten Befestigungssysteme, das in einer Abhandlung vorgestellt wird, ist das von Antonio Averlino, genannt Filarete[29] (Abb. 23, 24). Promis sieht in Filarete mehr den Künstler als den Ingenieur[30], aber auf einen «Künstler-Ingenieur» wie Leonardo hat dieser einen beachtlichen Einfluss. Filaretes System basiert auf zwei gleichen Quadraten mit einem gemeinsamen Mittelpunkt und sich bei 45° schneidenden Diagonalen[31]. Acht runde Türme stehen an den Eckpunkten der beiden Quadrate, und die Aussenmauern verlaufen in ein- und

25. Giuliano da Sangallo, Befestigungssystem, Siena, Biblioteca Comunale.

26. Francesco di Giorgio Martini, Befestigungssystem, Florenz, Biblioteca Nazionale Centrale, Magliabechi-Kodex, 11.1.141.

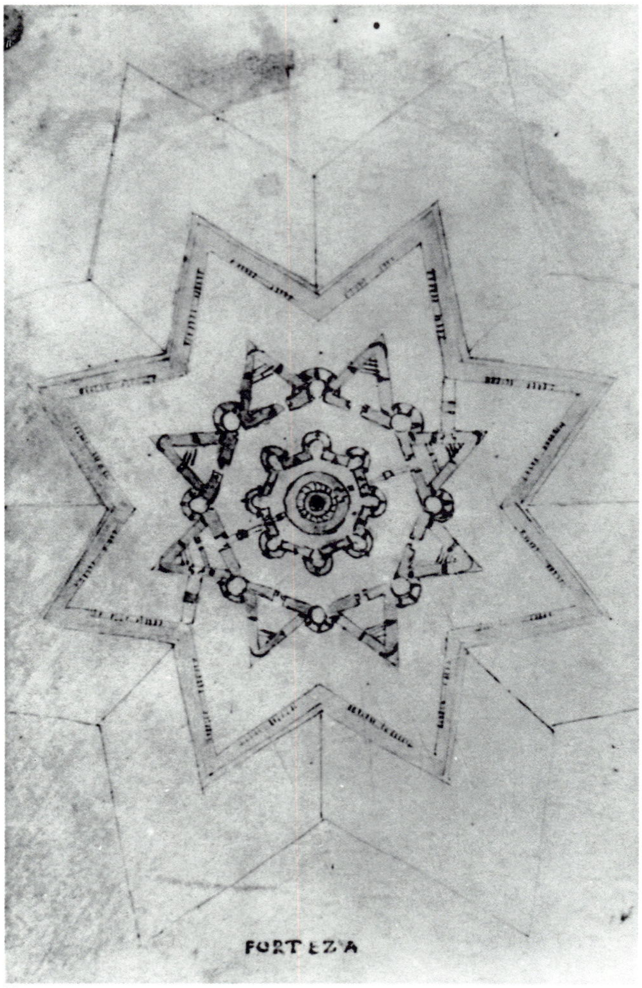

25

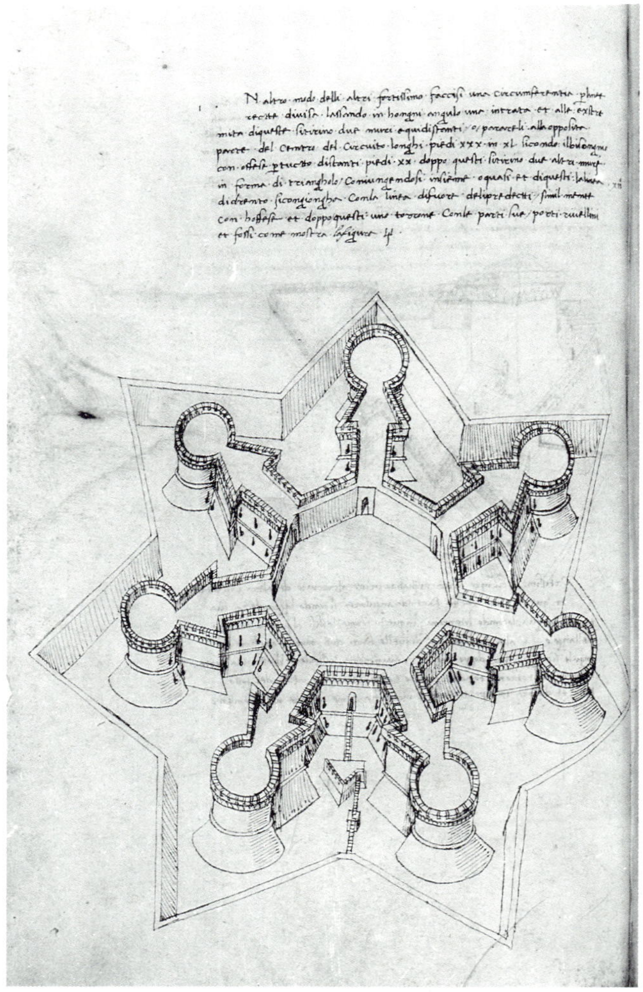

26

ausspringenden Winkeln. Die ausspringenden Winkel umschliessen die Türme, durch deren Verbindung ein achteckiger Grundriss entsteht, welcher die Stadtumgrenzung festlegt. Filarete sieht im allgemeinen viereckige und runde Türme sowie Aussenwerke zum Schutz der Tore vor. Die Rundtürme an den ausspringenden Winkeln haben eine Eskarpe, die unter dem *Gesims* einen kegelförmigen Stumpf bildet, «dessen Achse mit dem zylindrischen Teil nicht übereinstimmt, sondern nach innen geneigt ist, so dass sich der äusserste Vorsprung der Eskarpe auf der Verlängerung der Hauptlinie befindet»[32].

Während Filarete Kurtinen mit zurückgebogenen Winkeln entwirft, verwendet Giuliano da Sangallo an einem sternförmigen Befestigungssystem ein völlig anderes System an[33] (Abb. 25), wo er die runden Wachtürme in den zurückspringenden Winkeln unterbringt und die Flankierungen verbessert. Auch bei Giuliano da Sangallo und Francesco di Giorgio ist der *puntone*, ein mehreckiges Verteidigungswerk, Teil einer Kurtine mit ausspringendem Winkel. Und Promis, der dieses Verteidigungswerk als dreieckiges Aussenwerk vor der Kurtine betrachtet, hält es für wahrscheinlich, dass sein Ursprung in den Zeichnungen der ersten sternförmigen Festungsanlagen zu sehen ist. Eine Weiterentwicklung der abgewinkelten Kurtine ist zweifelsohne im Vorschieben jenes mehreckigen Verteidigungswerks mit oder ohne Rundturm zu sehen, das durch zwei parallel zur Hauptlinie verlaufende Mauern mit der Kurtine verbunden ist, welche den Hals des Verteidigungswerks darstellen, und dessen

27. Die Rocca von Ostia.

Brustwehr zu Schiessscharten mit doppeltem Trichter geht aus den Kriegserfahrungen hervor. Niccolò Machiavelli vertritt die Meinung, dass die Festungen 1494, als die Franzosen in Italien einfielen, der Artillerie Karls VIII. deshalb nicht standhielten, weil sie nicht dick genug waren und weil die

27

Ergänzung auf 360° ein sternförmiges System ergibt (Abb. 26). Das mehreckige Verteidigungswerk gewinnt durch die Definition des Begriffs *fronte rovescio* in den späteren Befestigungsanlagen eine besondere historische Bedeutung.

Die fortifikatorischen Konzepte von Francesco di Giorgio und Giuliano da Sangallo erschöpfen sich nicht in der Geometrie, sondern sind auf Kampfhandlungen gerichtet, die in jenen Zeiten allerdings nicht besonders blutig verliefen. Die beiden stehen sich im Jahre 1479 in Colle Valdelsa und vielleicht 1478 in Castellina[34] an feindlichen Fronten gegenüber.

Die Entwicklung von der zinnengekrönten Schiessscharten «eine geringe Öffnung nach aussen und eine weite Öffnung nach innen hatten»; und es stellte sich heraus, dass «die Schiessscharten, die in dieser Weise gebaut waren, sich leicht erweitern liessen.» Die neue Bauart, d.h. nach innen weit geöffnet, zur Mitte der Mauer hin sich verengend und zur Aussenseite der Mauer sich wieder erweiternd», schreibt Machiavelli den Franzosen zu[35]; aber eine ähnliche Bauweise ist an der Rocca von Ostia zu sehen (Abb. 27).

Die Schwankungen zwischen der runden Bauform, die schon von Vitruv angewandt wurde, und der mehreckigen Befestigungsanlage pendeln sich in den Traktaten und

28. Der Wachturm von Gallipoli.

29. Leonardo da Vinci, Zeichnung, Paris, Istitut de France, Ms. B.

dreieckiges Befestigungswerk die geradlinige Kurtine und ermöglicht dadurch den *Rückwärtsbeschuss*. In Gallipoli befindet sich an der Spitze des ausspringenden Winkels ein runder Wachturm (Abb. 28). Ähnliche Türme sind im ersten Teil eines Kodexes von Magliabecchi II. I. 141 dargestellt.

28

auch in den Befestigungsbauten von Francesco di Giorgio aus. Der Rundturm ist oft der Mittelpunkt seiner Systeme. Die runden Wachtürme von San Leo, die 1479 von Francesco di Giorgio gebaut wurden, sind in eine Anlage mit Winkelkurtinen eingegliedert. Dasselbe Grundmuster ist auf einigen Blättern des Ashburhamschen Kodex 361 der Biblioteca Laurenziana zu sehen, welcher bekanntlich Leonardo gehörte[36]. Durch die Winkelbildung der Kurtine ist die Flankierung bei Francesco di Giorgio wirksamer als bei anderen Anlagen, bei denen der Flachschuss an der geradlinigen Kurtine zwischen zwei Verteidigungselementen erfolgt. In Tarent ergänzt ein

Leonardo

Die von Filarete, Francesco di Giorgio und Giuliano da Sangallo entworfenen Befestigungsbauten führen zu Leonardo. Er soll nach seiner Ankunft in Mailand damit begonnen haben, sich aktiv für die Militärarchitektur zu interessieren[37]. Von der Zivilarchitektur zur Militärarchitektur überzugehen bedeutet jedoch nicht, sich für etwas ganz anderes zu interessieren, denn beiden liegt die Geometrie zugrunde. Luca Pacioli kann behaupten, dass «Burgfesten, Türme, Aussenwerke, Festungsmauern, Vormauern, Gräben, Brücken, Wachtürme, Zinnen und andere Befestigungen von

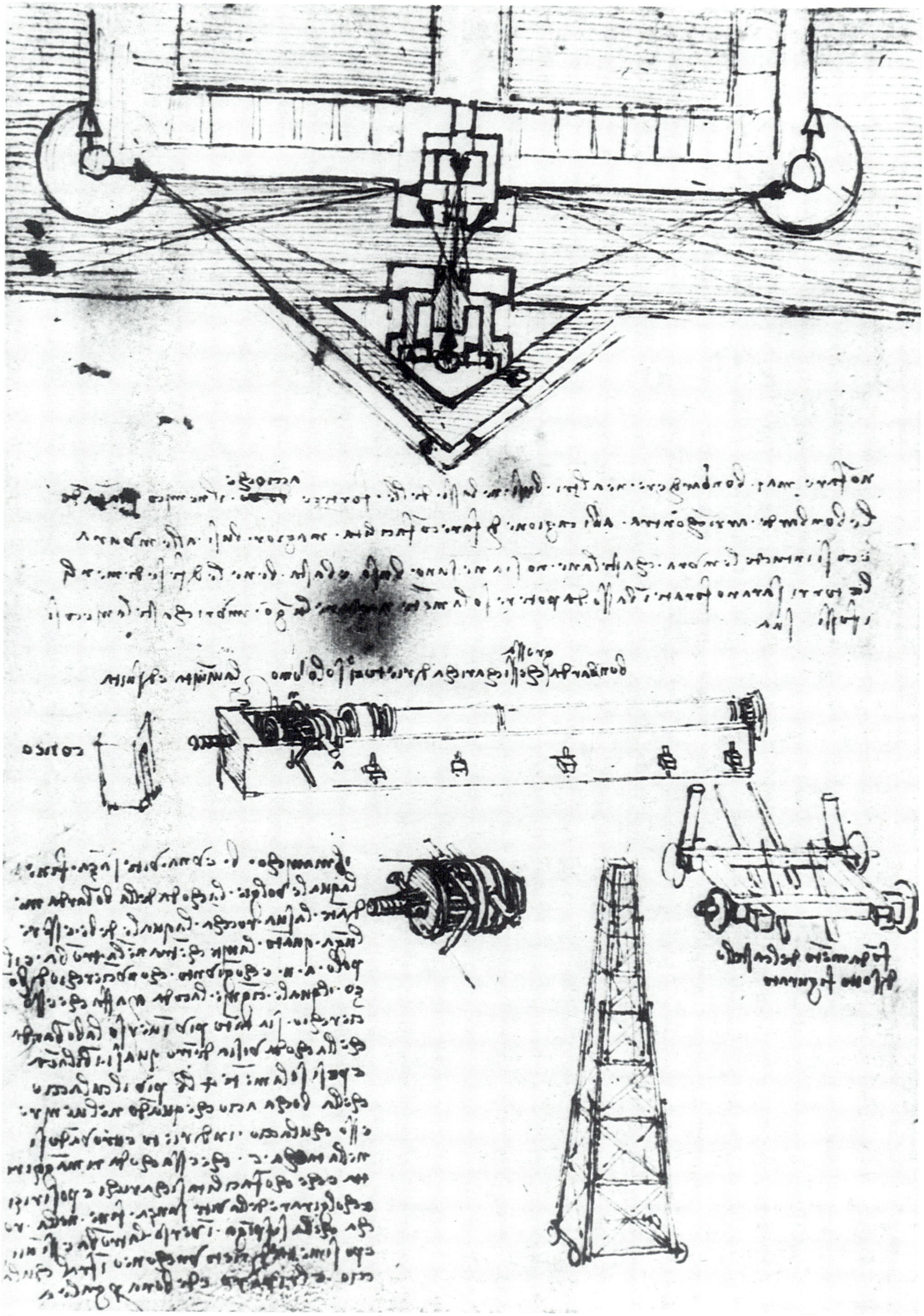

29

30. Leonardo da Vinci, Zeichnung, Mailand, Biblioteca Ambrosiana, Codice Atlantico.

31. Leonardo, Zeichnung, Paris, Institut de France, Ms. L.

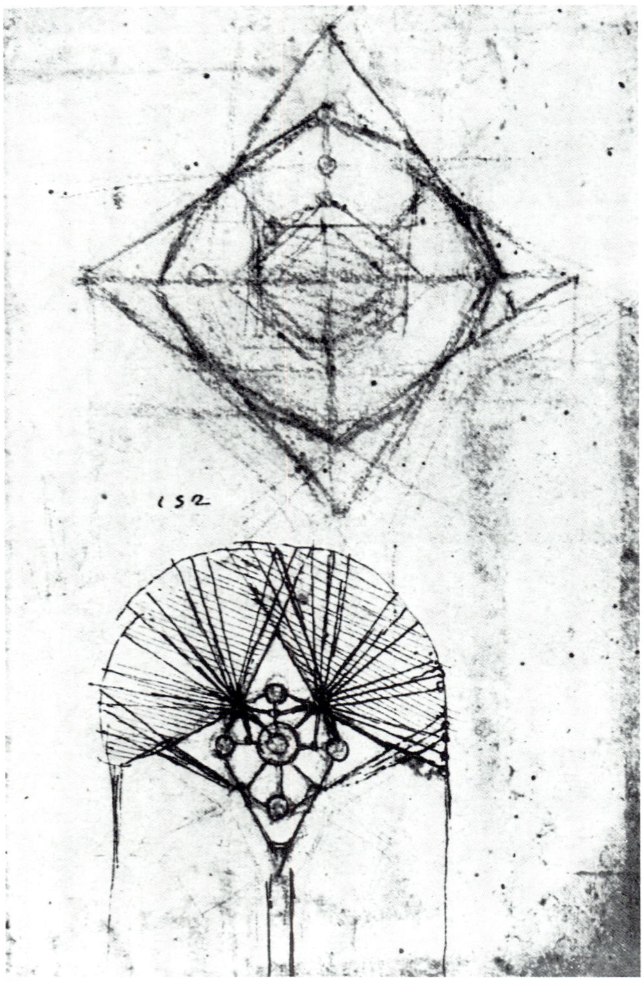

30

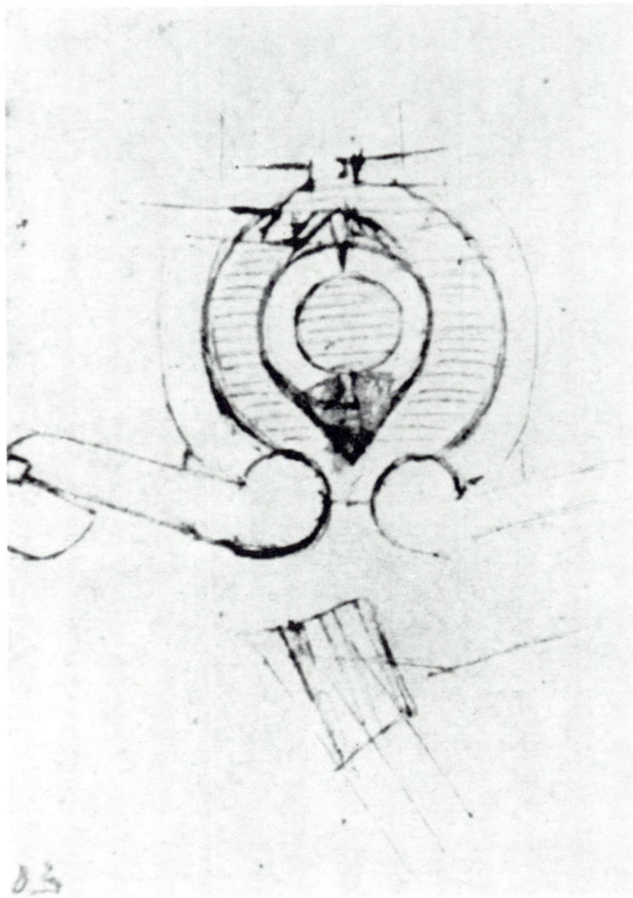

31

1485 im Umlauf, jedoch übernimmt er die Methode, die Mauern mit Erde und Streu bzw. mit Bimsstein und Tuffstein zu verkleiden und vor allem die Konzeption der Geometrie als führende Wissenschaft innerhalb der Kultur des ausgehenden fünfzehnten Jahrhunderts. Um eine neue

Landgebieten, Städten und Burgen» nichts anderes bedeuten als «Geometrie und Proportion, denn sie sind durch geeignete Nivellierinstrumente und durch Bleilote ins Gleichgewicht und in die richtige Lage gebracht worden»[38].

Luca Pacioli hat Archimedes, Frontino, Livius, Cäsar, Vitruv und Valturius gelesen[39]. Für Leonardo sind Leon Battista Alberti, Francesco di Giorgio und Filarete hinzuzufügen[40]. Leonardo übernimmt die neue Befestigungskultur nicht aus dem Traktat von Alberti (Alberti befasst sich erneut mit Vitruv, Vegezius und anderen Autoren des Altertums), denn jenes Traktat war schon vor der Herausgabe des Jahres

Militärarchitektur zu entwickeln, richtet Leonardo seine Studien hauptsächlich auf Filarete und Francesco di Giorgio. Zwischen den achtziger Jahren des fünfzehnten und den allerersten Jahren des sechzehnten Jahrhunderts gelangt Leonardo zur Formulierung einer einheitlichen Befestigungsbaukunst, die eine einschneidende erste Vorwegnahme des modernen Befestigungsbaus darstellt. Anfangs gilt sein Interesse – was aus den Blättern des Manuskripts B des *Institut de France* zu ersehen ist – dem Schutz der Zugänge zu den Städten sowie den Flankierungen. Die Zugänge werden durch dreieckige Befestigungswerke oder Ravelins geschützt, welche die Rundtürme an den Ecken des Walls und den Kavalier auf der Mittellinie der Kurtine flankierend

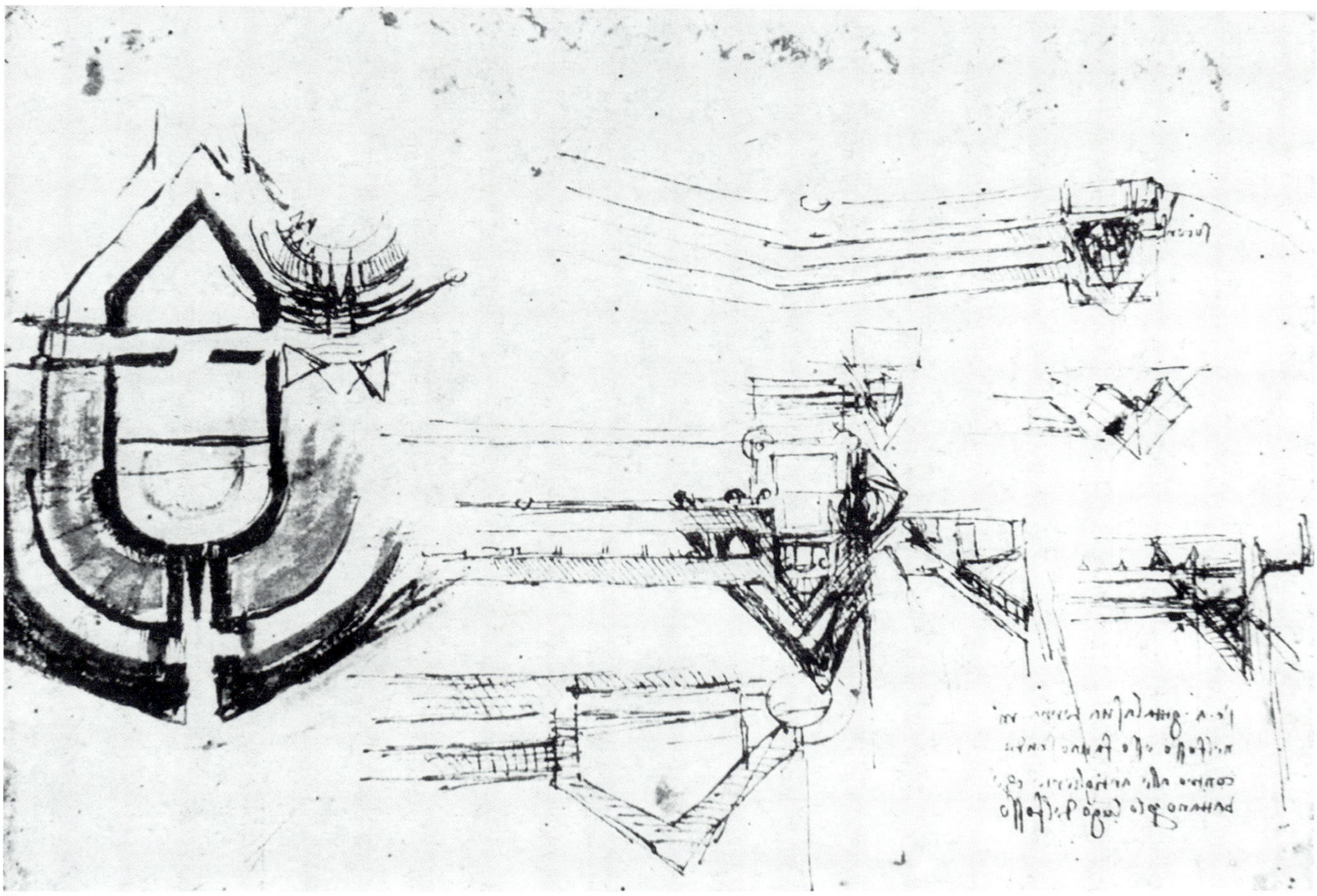

32. Leonardo, Zeichnung, Mailand, Biblioteca Ambrosiana, codice Atlantico.

32

miteinbeziehen[41], wobei der Ravelin einer abgewinkelten Kurtine gleichen kann[42], so als bestimme die Einführung eines neuen Elements die strukturelle Veränderung des Ganzen (Abb. 29).
Durch die Einführung des Ravelins stellt Leonardos Befestigungsanlage, gegenüber der von Piero della Francesca entworfenen, eine Weiterentwicklung dar. Das von Piero della Francesca in der *Taufe Christi* malerisch dargestellte System, welches dem Tor von Sansepolcro entspricht, und wo Buontalenti eine grosse Plattform anlegt, stellt den Vorläufer dar, von dem Leonardo in einigen Zeichnungen des Manuskripts B ausgeht.
Die Winkelung der Kurtine, die Filarete und Giuliano da Sangallo bei ihren vier- bzw. achteckigen Systemen zum Gegenstand haben, leitet Leonardo im *Codice Atlantico* und auch im *Codice di Madrid* – was Francesco di Giorgio bereits empfohlen hatte – in einen rautenförmigen Grundriss über, der sich schliesslich erweitert und einen vier- bzw. achteckigen Grundriss bildet[43] (Abb. 30). Bei Leonardo geht der kreative Prozess vom Detail zum Ganzen über, wobei man, allerdings mit unterschiedlichen Resultaten, an Michelangelo denken könnte.
Die Türme mit quadratischem und kreisförmigem Grundriss sind in Leonardos Zeichnungen wichtige Verteidigungselemente und haben Ähnlichkeit mit denen, die zur gleichen Zeit im Moskauer Kreml gebaut werden. Die zylindrischen Türme stellen bei Leonardos Befestigungswerken stark betonte architektonische Verbindungspunkte dar. Eine Turmzeichnung, in der Luca Beltrami einen Entwurf für das Castello Sforzesco sieht[44], hebt sich nicht sonderlich ab von den Türmen, die italienische Baumeister wie Aristotile Fieravanti,

33-35. Die Festung Civita Castellana.

des rautenförmigen Festungsbaus[46]. Rundtürme werden in viereckige Anlagen mit doppeltem Wall nach einem Modell von di Giorgio eingefügt[47]; strahlenförmig angelegte kasemattierte Rundtürme[48] werden von Antonio da Sangallo dem Jüngeren nochmals überdacht[49], und auch Napo-

33

Antonio Friasin, Pietro Antonio Solari, Marco Ruffo und Aloisio da Carcano in Moskau bauen. Diese Architekten wurden von den Botschaftern Iwans III. in Italien angeworben, und einer von ihnen, Pietro Antonio Solari, geht im Jahre 1490 von Mailand nach Moskau[45].
Andere zylindrische Türme werden von ihrem traditionellen architektonischen Schmuck befreit und auf die für die Militärarchitektur essentiellen Elemente reduziert. Diese nach unten abgeböschten, tiefer in den Boden gebauten und mit der Kontereskarpe durch eine Brücke in Verbindung stehenden Türme werden zu Mittelpunkten

leons Militäringenieure beschäftigen sich Anfang des neunzehnten Jahrhunderts in Italien mit diesem Thema.
Diese Türme von Leonardo, deren Grundmuster aus strahlenförmigen Spornen besteht, sind mit Studien über die Quadratur von krummlinigen Oberflächen in Verbindung zu bringen[50], und die von diesen dreieckigen Spornen ausgehenden Schusslinien werden von Leonardo im Zusammenhang mit den optischen Lichtstrahlen untersucht[51]. Strukturen mit kreisförmigem Grundriss, krummlinige, sägezahnähnliche Entwürfe, konkave, von Seitenelementen begrenzte Strukturen sowie Dreisporn-

34

35

36-38. Die Neptuns-Feste.

häufig *Bastionsohren*, in denen laut Carlo Promis ein Überbleibsel des runden Wachturms zu sehen ist.
Die Flanke wird u.a. dadurch geschützt, dass sie zurückgebogen ist, und die Bastion entwickelt sich, indem sie sich senkrecht an die Innenseite des zu befestigenden Viel-

36

ecks anlehnt. Ausserdem wird sie durch die Schusslinie der Flankenverteidigung begrenzt. Und da vor allem die Kurtinen angegriffen werden, die als die schwächsten Stellen der Befestigungsfront gelten, werden die Bastionen weiter vorgelagert und die Verteidigung von Punkten innerhalb der Kurtinen gestartet. Es werden ausserdem Kurtinenflanken geschaffen, die auch in der zweiten Hälfte des sechzehnten Jahrhunderts noch nützlich sind, weil die Angriffe auf die vorspringenden Winkel verlagert werden, wodurch ein Kreuzfeuer möglich wird[54].

Anlagen werden später Michelangelo beeinflussen (Abb. 31, 32).
Bei Leonardo wird auch die Weiterentwicklung der Schiessscharten zusammenfassend und eindeutig zeichnerisch dargestellt, angefangen bei den älteren Formen, wo der Trichter nach aussen hin schmaler wird, über solche, bei denen er sich nach aussen stark erweitert zu Formen mit doppelten Trichtern[53].

Fünfeckige und kreisförmige Elemente und Kurtinenflanken

Nicht nur in den anfänglichen Zeichnungen, sondern auch in den fertiggestellten Befestigungswerken der ersten Epoche der Bastionärsysteme wechseln fünfeckige und kreisförmige Bastionen einander ab. Die ersten fünfeckigen Festungswerke haben

Die fünfeckige Bastion setzt sich in Civita Castellana, Poggio Imperiale (Poggibonsi), Nettuno, Sansepolcro, Pisa und Arezzo durch. Der Festung von Civita Castellana (Abb. 33-35), die auf die neunziger Jahre des fünfzehnten Jahrhunderts zurückgeht,

37

38

39–41. Die Neptuns-Feste.

39

40

42. Die Neptuns-Feste.
43. Der Barco-Wachturm in Ferrara.

42

43

44. Unbekannter Baumeister, Zeichnung der Stadtmauer von Padua, Rom, Istituto Storico e di Cultura dell'arma del Genio.

45. Giovan Battista Bellucci, Zeichnung der Stadtmauer von Treviso, Florenz, Biblioteca Nazionale Centrale.

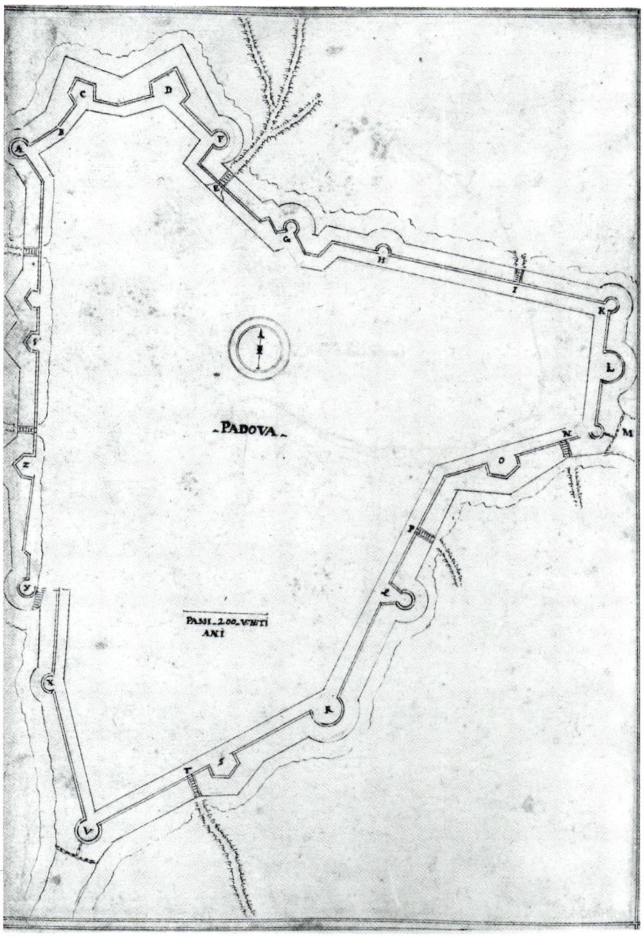

44

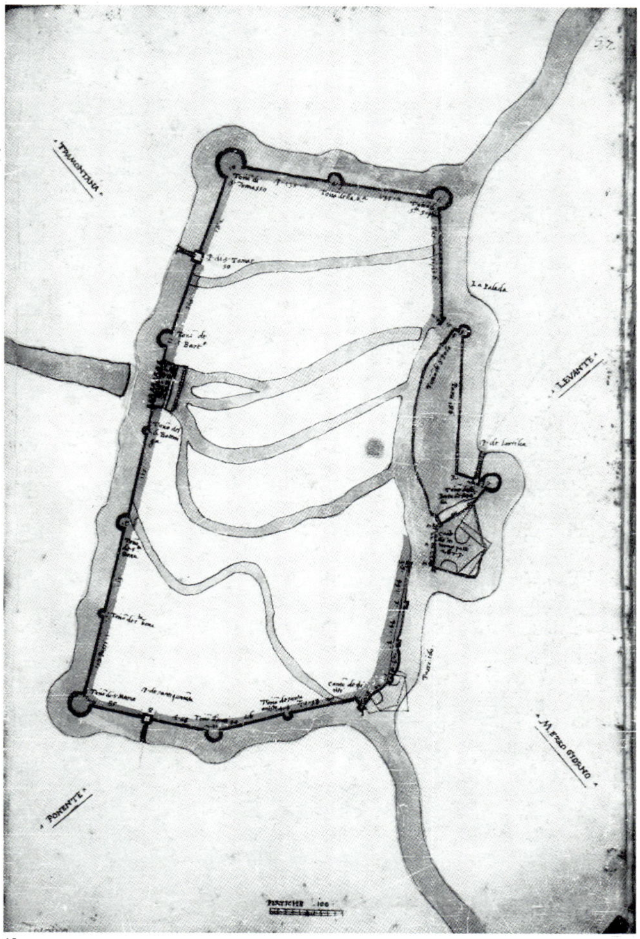

45

liegt ein ungleichmässiger fünfeckiger Grundriss mit fünfeckigen Bastionen mit verteidigten und unverteidigten Winkeln und einer runden Bastion zugrunde. Die Länge der Kurtinen beträgt ungefähr vierzig Meter.

Die Festung von Poggio Imperiale fusst auf einem verlängerten fünfeckigen Grundriss, sie ist symmetrisch und hat fünfeckige Bastionen ohne Ohren. Ihr Entwurf geht auf Giuliano da Sangallo zurück und stammt aus der Zeit, als dieser in Mailand mit Bramante, Leonardo, Luca Pacioli und Francesco di Giorgio zusammentraf, aber 1495 löst Antonio il Vecchio ihn ab, und 1511 werden die Arbeiten beendet. Die beiden Verteidigungslinien, die jeder Kurtine entsprechen, gehen jeweils von dem Winkel zwischen der Flanke und der Kurtine und von der Kurtine selbst aus. Nur bei der Front, die der spitzwinkligen Bastion gegenüberliegt und die von zwei polygonalen Bastionen eingeschlossen ist, beginnen die Verteidigungslinien in der Kurtine selbst, wodurch *Kurtinenflanken* entstehen.

Bei der quadratischen Festung Nettuno (Abb. 36–42), wo Antonio il Vecchio von 1501 bis 1503 tätig ist, gehen fast alle Verteidigungslinien von dem Winkel aus, den die Kurtine mit der Flanke bildet, und die Bastionen haben zurückgebogene Flanken und Ohren.

Giuliano da Sangallo hat viereckige Bastionärsysteme entwickelt, und die von Giovanni Gaye herausgegebenen Dokumente belegen, dass Sangallo die Zeichnung der neuen Festung von Sansepolcro in den Jahren 1500 und 1502 fertigstellt. Bei dieser Festung hat nur eine Bastion Ohren und sie ist von Verteidigungslinien flankiert, die vom Inneren der Kurtinen ausgehen. Auch

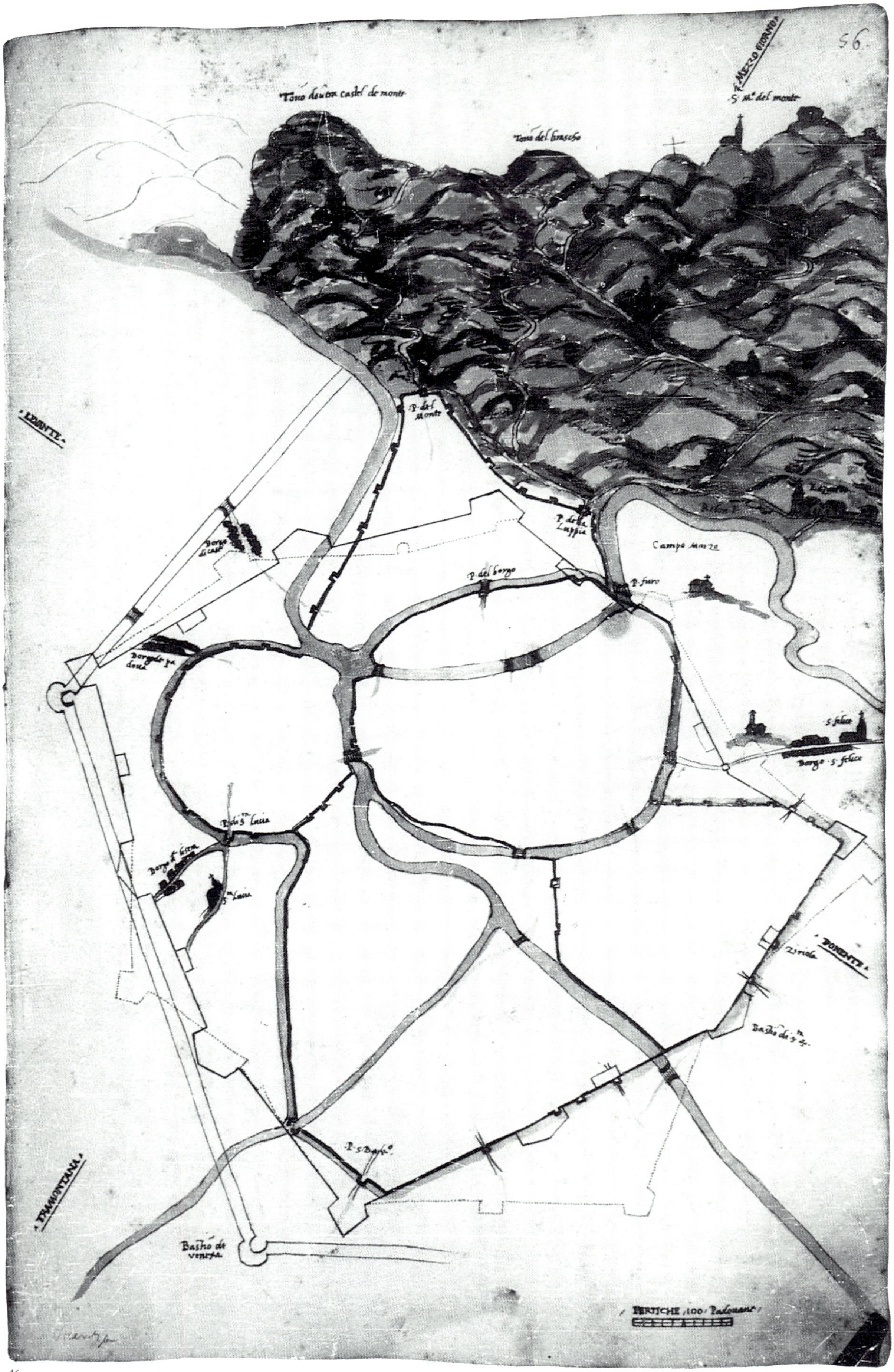
56.
MEZZO GIORNO
LEVANTE
PONENTE
TRAMONTANA
P. del Monte
Campo marze
P. del borgo
Borgo s. felice
PERTICHE 100 Padouane

46

46. Giovan Battista Bellucci, Zeichnung der Stadtmauer von Vicenza, Florenz, Biblioteca Nazionale Centrale.

47. Die Stadtmauern von Rhodos.

47

bei der Zitadelle von Pisa (1509), von der eine sangallische Zeichnung auf uns überkommen ist, haben die Bastionen mit Ohren und verteidigten Ecken Verteidigungslinien, die vom Inneren der Kurtinen ausgehen. 1502 entwirft Giuliano da Sangallo die Festung von Arezzo; 1505 erscheint Antonio il Vecchio dort; die ausgeführten Arbeiten betreffen die beiden äusseren Bollwerke der Stadtmauer (Fünfecke mit Ohren). Die viereckige Anlage, die auf den Kurtinenflanken basierenden Verteidigungslinien, die Bollwerke mit Ohren und gelösten Winkeln sind charakteristisch für die Militärarchitektur von Giuliano da Sangallo und grenzen seine Formulierungen gegenüber dem Wirken von Antonio il Vecchio ab.

Vor und im Verlauf des Jahres 1509, auf das die Festung von Pisa datierbar ist, konzentriert sich die Bautätigkeit auf Verteidigungselemente mit halbkreisförmigem Grundriss. In Ferrara führen Biagio Rossetti und Alessandro Biondo zwischen 1492 und 1506 im Auftrag von Herzog Ercole I. den Ringgraben vom Canton San Marco bis zum Canton Follo aus und zwischen der Porta Po und der Porta Mare bauen sie von halbkreisförmigen Bollwerken unterbrochene Ringmauern, von denen ein Teil noch erhalten ist. Die Rotonda del Duca und der Barco-Wachturm (Abb. 43) sind die wichtigsten halbkreisförmigen Elemente.

Der Wachturm hat eine komplexe Gliederung: ein rechteckiger seitlicher Teil, der parallel zur Mauer verläuft, fügt sich in ihn ein und gewährt den Zugang zu den Kasematten[55]. Den Grundriss des Bollwerks der sogenannten Rotonda del Duca ist aus einem Dokument des achtzehnten Jahrhunderts zu ersehen, das die Fundamente unterhalb der sogenannten Punta Montagnola zeigt[56]. Man muss die Auswirkungen der ferraresischen Militärarchitektur auf Dürer und Michelangelo unbedingt in Betracht ziehen. Michelangelo geht 1529

48. Matteo Neroni, Zeichnung der Stadtmauern von Loreto, Florenz, Biblioteca Nazionale Centrale.

49. Der Wachturm von Loreto.

während der Verteidigung von Florenz nach Ferrara. Ihn ziehen nicht nur die von Herzog Ercole I. in Auftrag gegebenen und von Rossetti und Biondo geleiteten Werke dorthin, sondern auch die mit einem Erdwall versehehe Front sowie die von Alfonso I. d'Este vor den Toren geplanten Werke.

Auf Albrecht Dürer und Michelangelo üben auch Fra Giocondo, Bartolomeo d'Alviano und Basilio della Scola eine starke Wirkung aus. Der Festungsbauer und Kenner der Perspektive Fra Giocondo hat mit Francesco di Giorgio zusammengearbeitet, ist durch Italien und Frankreich gereist und war Anhänger des Künstlerkreises von Amboise, der die Möglichkeit einer Rückkehr zum Altertum studierte. Im Jahre 1509 befasste sich Fra Giocondo wahrscheinlich mit dem Umbau der Befestigungen von Padua und Treviso, wobei er halbkreisförmige Bastionen verwendete[57] (Abb. 44, 45).

Im selben Jahr konzipieren Basilio della Scola und Bartolomeo d'Alviano die Befestigung von Vicenza mit ähnlichen Kriterien, wobei sie den Monte Berico als Mittelpunkt wählen und ihn in die geplante Stadtmauer mit einbeziehen[58] (Abb. 46).

Bartolomeo d'Alviano ist auch die ursprüngliche, vor 1515 entstandene dreieckige Anlage von Legnago zuzuschreiben[59].

In der Zeit zwischen 1517 und 1521, als Fabrizio del Caretto Gran Maestro des Ordens der Cerosolimitani ist, vollendet Basilio den Umbau der Schutzmauern von Rhodos (Abb. 47), wobei er die bestehenden Rundtürme reduziert, die Kurtine verstärkt und an deren unterem Teil eine Eskarpe hinzufügt. Darüber hinaus ergänzt er die Anlage durch ein Aussenwerk, durch fünfeckige Türme, Ravelins und eine Kontereskarpe und er setzt kreisförmige Bastionen auf die bereits bestehenden Türme. In der Zwischenzeit ist in Loreto im Jahre 1519 schon der grosse Hauptturm fertiggestellt worden[61] (Abb. 48, 49). Bei einer ersten Unterteilung in verschiedene Militärarchitekturschulen stellt Alberto Guglielmotti Basilio della Scola und Leonardo an die Spitze der sogenannten *gemischten* Schule, im Unterschied zu den Schulen von Sangallo und von Urbino, deren Gründer Giuliano da Sangallo bzw. Francesco di Giorgio Martini waren. Die Zeichnungen der *gemischten* Schule zeigen laut Guglielmotti «fünfeckige Bastionen und Flanken, Dreiecktürme mit Zinnen sowie vier- und mehreckige, runde und sonstige Befestigungsanlagen», und die klassische Periode dieser Schule lässt Guglielmotti mit Michelangelo enden[62]. Abgesehen von der Begrenztheit jeder Klassifizierung erkennt Alberto Guglielmotti als erster den Einfluss Leonardos auf Basilio della Scola und Michelangelo.

Die Zerstörung und das Wasser

Die Militärarchitektur der Neuzeit entsteht, wenn man einmal von den bereits existierenden alten Wällen absieht, in Abhängigkeit von einem geometrischen System, in dem sich wie in einem magnetischen Feld jede Variation auf das System niederschlägt; und dieses System beruht auf der Perspektive.

Aus der inneren Sicht des Befestigungsbauers, der auf dem *pezzo traditore* steht und für die Bastionen runde oder fünfeckige Formen gewählt hat, stellen die Schuss- oder Ziellinien bzw. -strahlen die Befestigungsanlage *alla moderna* perspektivisch dar. Die Fronten der fünfeckigen Bastionen sind gänzlich von den flankierenden Schusslinien unterspannt und haben keine toten Winkel. Das sind die Gründe, weshalb diese Bastionen schliesslich am besten mit der perspektivischen Schematisierung übereinstimmen.

Auch bei einer altimetrischen Darstellung bestimmt ein Sehstrahl zwecks Wahrung der gedeckten Stellung den Aufriss der Festung, wobei das Gesims die ideale horizontale Bezugsebene darstellt. Die Flankierung verhält sich zur planimetrischen Darstellung wie die Sichtdeckung zur Gliederung des Aufrisses. Die gesamte, von der Perspektive bestimmte Bastionärbautech-

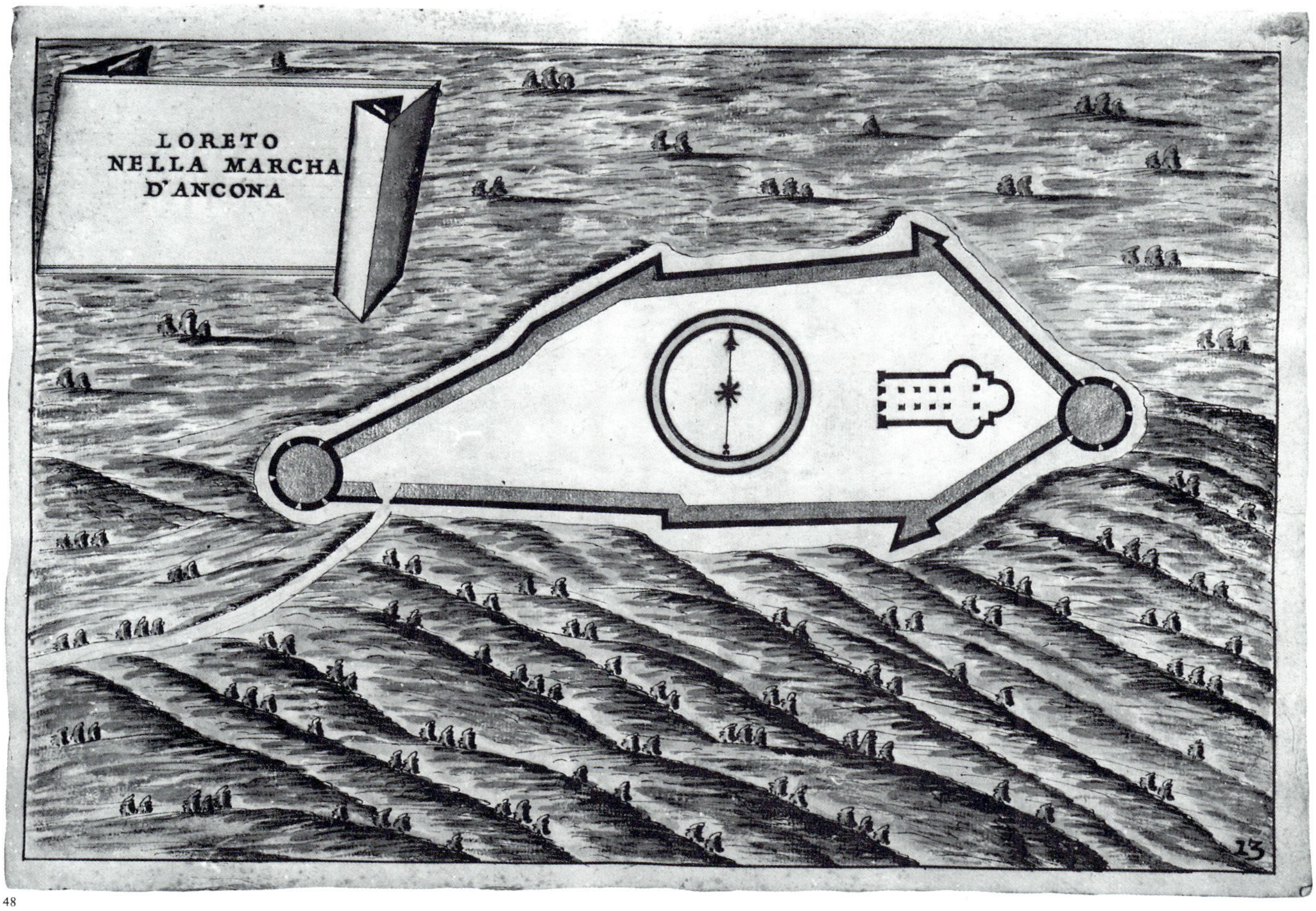

48

49

50–51. Höhenmessung (Johann Stoeffler, De geometricis mensurationibus rerum altitudinum, aus Elucidatio fabricae ususque astrolabii, Oppenheim, 1524).

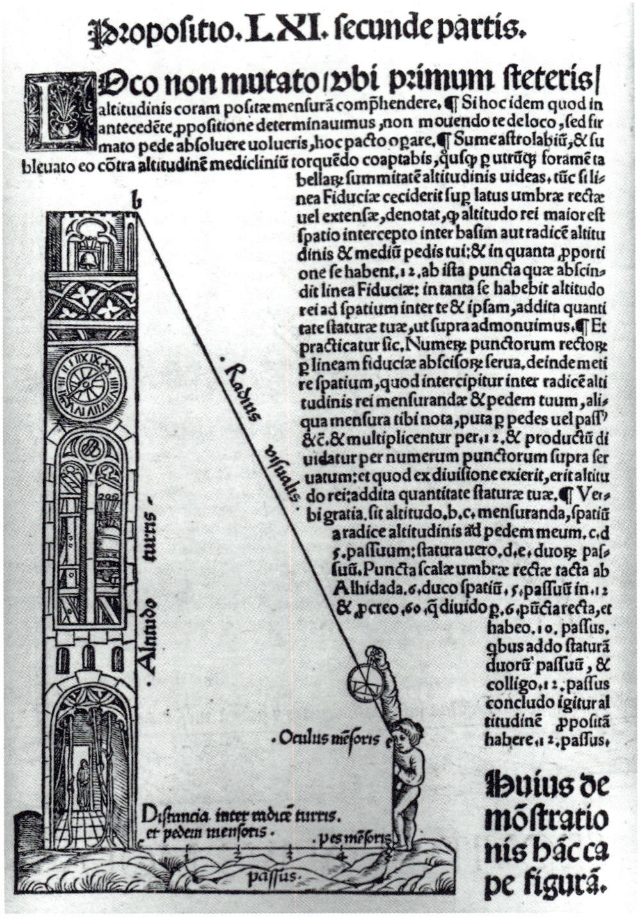

50

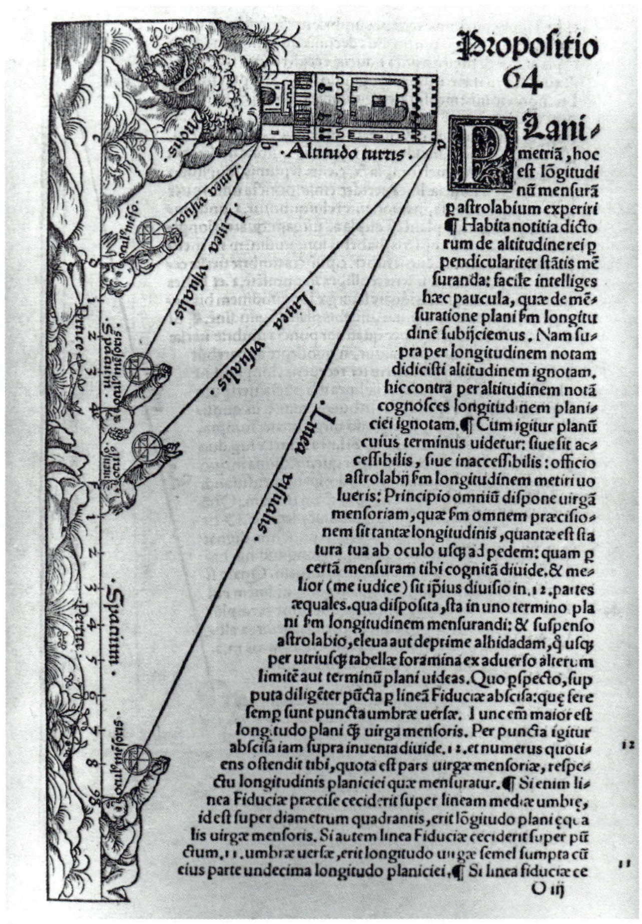

51

nik zeigt von Anfang an eine kolossale Gleichgültigkeit gegenüber allem Bestehenden, wenn auch die alten Mauern oft den Ausgangspunkt für die Anpassung an die neuen Kriterien darstellen.

Eine Folge dieser Gleichgültigkeit gegenüber alten Strukturen, die die Bastionärbautechnik mit der Zivilarchitektur des sechzehnten Jahrhunderts gemein hat, ist die Zerstörung, die sie innerhalb und ausserhalb des Systems anrichtet. Die Häuser, die unmittelbar ausserhalb der Befestigungsgrenzen stehen, werden abgerissen, weil eine erhöhte Notwendigkeit der Flankierung besteht; es werden auch weit entfernt liegende Häuser abgerissen, weil dadurch das Land unbehindert unter Beschuss genommen werden kann und den Belagerern die Möglichkeit genommen wird, dort Unterschlupf zu finden[63]; es werden sogar innerhalb der Stadtmauer Häuser zerstört – wenngleich in begrenzterem Masse – damit die Verteidigungsmanöver nicht behindert werden. Die Zerstörung Paduas im Jahre 1509 ist ein bedeutsames Beispiel dafür[64]. In seinem Befestigungsprogramm für das Gebiet von Venedig beharrt Andrea Gritti auf der Notwendigkeit, das Land ausserhalb der Mauern einzuebnen[65]. Zu Verteidigungszwecken werden in Florenz 1529 Häuser und Villen zerstört, weil die Befestigungsanlagen in diesem Moment funktionsfähig sein müssen[66]. Bedürfnisse dieser Art wurden bei den alten Festungswerken üblicherweise nicht in die Praxis umgesetzt. Doch ist die Zerstörungspraxis charakteristisch für die Geschichte der europäischen Bastionärbautechnik vom sechzehnten bis zum neunzehnten Jahrhundert[67].

Aufgrund der Bastionärsysteme wird die Wasserorganisation des ganzen Gebietes neu geregelt. Der Befestiger ist zumindest aus zwei guten Gründen ein Experte in der Hydraulik; einmal, weil er den Festungsgraben mit Wasser füllen muss - obgleich Machiavelli auch trockene Gräben theoretisiert - und zum anderen, weil er die Mühlen in Gang bringen muss, die während der Belagerung für die Lebensmittelversorgung höchst wichtig sind, und von denen die Verteidigungsfähigkeit abhängt, wenn die Festung belagert ist. Die ausserhalb der Stadtmauern gelegenen Mühlen können deshalb auch der unbeugsamen Logik der Zerstörungen nicht zum Opfer fallen. Es ist erwiesen, dass Fra Giocondo als Hydrauliker in Padua tätig gewesen ist[68], und diese Tätigkeit ist so untrennbar mit den Verteidigungsproblemen verknüpft, dass kaum zu vermuten ist, er habe an dem Bau der halbrunden Befestigungswerke nicht teilgenommen. (Abb. 44)

Euklidische Geometrie und die Impetus-Theorie

Die neue Architektur entwickelt sich in einer von der Geometrie bestimmten Kultur. Die Zeichnungen von Filarete, von Francesco di Giorgio, Giuliano da Sangallo und Leonardo da Vinci sind von dieser geometrisch-euklidischen Kultur unterspannt. Sie geht aus von der Messung der Höhen und Entfernungen, ohne die die Parameter des Artilleriebeschusses nicht festgelegt werden konnten, und reicht bis zu den Anfängen der Ballistik und den spezifisch fortifikatorischen Belangen.

Der euklidische Text hat zu Anfang des sechzehnten Jahrhunderts bereits weite Verbreitung gefunden. Anlässlich einer zweiten Italienreise zwischen 1505 und 1507 ist Dürers Wunsch, sich neue theoretische Kenntnisse perspektivisch-fortifikatorischer Art anzueignen so gross, dass es ihn bis nach Bologna treibt[69], wo er den 1505 herausgegebenen Text erwirbt, der auch die *Elementa* und die *Optica* enthält. Im Jahre 1524 veröffentlicht Johann Stöffler[70] ein Werk, dessen zweiter Teil *De geometricis mensurationibus rerum altitudinum* (Abb. 50-51) jene antike Kultur zusammenfasst, die auch bei Villard de Honnecourt anzutreffen ist[71] und die durch Alberti in *Ludi rerum mathematicarum*[72] neue Impulse empfängt und auch in den Kodex von di Giorgio Eingang findet. Wissenschaftliche Kenntnisse, zu denen auch die Methoden der Höhenmessung gehören, ergänzen die Traktate über die perspektivische Sicht, angefangen bei *De pictura* und *Elementa* bis zu *De re aedificatoria* von Alberti[74] und zu *De prospectiva pingendi* von Piero della Francesca[75]. Der Text von Piero della Francesca besitzt jene logisch-deduktive Struktur, von der die Traktate über die Befestigungsbautechnik des sechzehnten Jahrhunderts gekennzeichnet sind.

Die Wiedergeburt des wissenschaftlichen Interesses und Schaffens im fünfzehnten Jahrhundert wird ausgelöst durch eine aussergewöhnliche Verbindung von mittelalterlichen Beiträgen und Folgen der Wiederentdeckung des Altertums. Die ersten Studien über die Bewegung der Flugkörper fussen auf der euklidischen Geometrie, weshalb die Flugbahnen von Leonardo durch Geraden und Kreisbögen[76] sowie durch die Theorie über die Dynamik des *Impetus* festgelegt wurden. Diese Theorie wurde im Ansatz von zwei Professoren der Universität Paris, Giovanni Buridano und Nicola Oresme[77], behandelt. Das Prinzip, das ihr zugrunde liegt, sieht in der Ruhe den Normalzustand der Materie und in der Bewegung einen möglichen, wenngleich unbeständigen Zustand. Ein in Bewegung befindlicher Körper gewinnt *Impetus*, wie ein erhitzter Körper Wärme empfängt, und sowohl der *Impetus* wie auch die Wärme werden nicht sofort verbraucht. Also folgt die überschüssige Bewegung dem empfangenen *Impetus*, und der Körper gelangt erst wieder zur Ruhe, wenn der *Impetus* sich erschöpft hat. Diese Theorie, die der Materie eine potentielle Bewegung zuerkennt, ist Leonardo bekannt. Sie bestätigt sich im Widerspruch zu der von Aristoteles begründeten Tradition, nach der die überschüssige Kraft eines Pfeils in dem Medium, in dem die Bewegung stattfindet, also in der Luft, zurückbleibt.

Im kulturellen Klima der Theorie des *Impetus* und der Geometrie, in dem alle Perspektiveexperten auch Sachverständige im Befestigungsbau sind, stehen Ingenieure, Architekten, Feldherren und Künstler, die zu jener Zeit ein Höchstmass an Wissen erreichen, in enger Beziehung zur politischen Macht. Die ersten Formulierungen von

52. Giuliano da Sangallo, Befestigungssysteme, Siena, Biblioteca Comunale.

53. Leonardo da Vinci, Befestigungswerk, Mailand, Biblioteca Ambrosiana, Codice Atlantico.

54. Unbekannter Baumeister, Zeichnung der Festung San Miniato in Florenz und umgebendes Gelände, Florenz, Staatsarchiv.

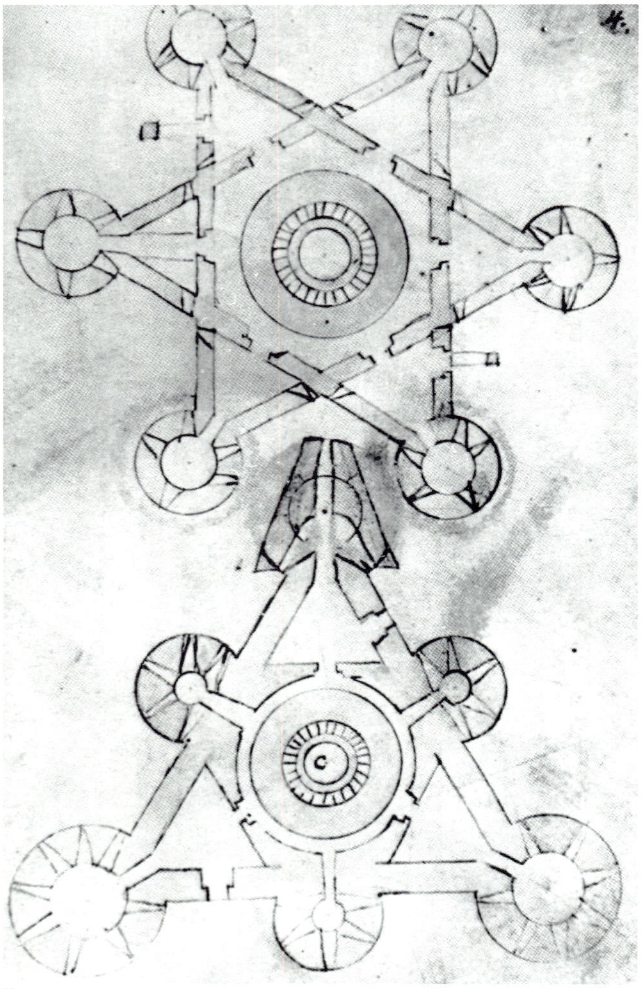

52

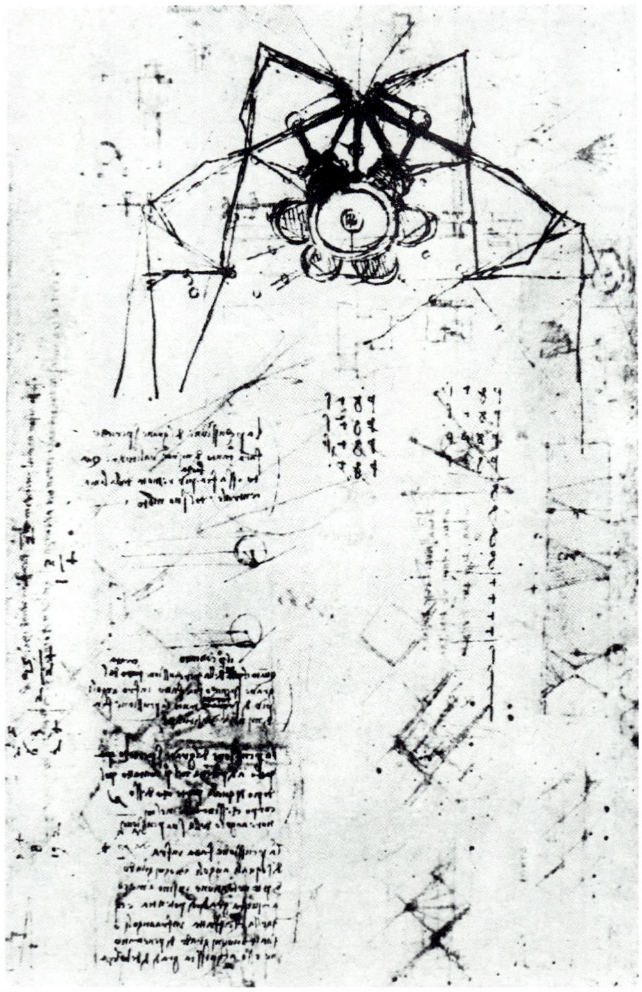

53

Antonio da Sangallo dem Jüngeren um das Jahr 1515, in denen auch das Bollwerk mit doppelter Flanke auftaucht, sind aufs engste mit der Geometrie verbunden[78].

Pietro Navarra, Niccolò Machiavelli und Giuliano Leno in Florenz

Im April des Jahres 1526 bringt Niccolò Machiavelli dem Papst in Rom die Zeichnung des Befestigungsprojekts, welches der Feldherr Pietro Navarra und der Ingenieur Vitelli für die Stadt Florenz ausgearbeitet haben. Er verfasst einen Bericht, der die Beschlüsse Navarras enthält, nachdem beide gemeinsam eine Besichtigung an Ort und Stelle vorgenommen haben[79]. Was die Befestigung am Hügel von San Miniato betrifft, sind sich Navarra und Machiavelli darüber einig, dass diese weiter nach innen verlegt werden muss, was aber die Zerstörung der Verteidigungsanlagen an der Porta San Niccolò und des dahinter liegenden Ortsteils sowie die Schaffung einer neuen Verteidigungslinie von der Porta San Miniato in Richtung Arno voraussetzt. Es müssen deshalb neue, grösstenteils runde Bastionen zwischen den Toren von San Miniato und San Giorgio, um die Porta San Giorgio, an den Eckmauern des Prato, am Turm der Tre Canti, an der Porta alla Giustizia und überhaupt an den Haupttoren gebaut werden. Es müssen ausserdem eine vorgeschobene Front auf dem Hügelkamm und zwischen der Porta San Giorgio und der Porta Romana sowie eine weitere Front, die im Verhältnis zu den alten Mauern zurückliegt, zwischen der Porta Romana und der Porta Camaldoli errichtet

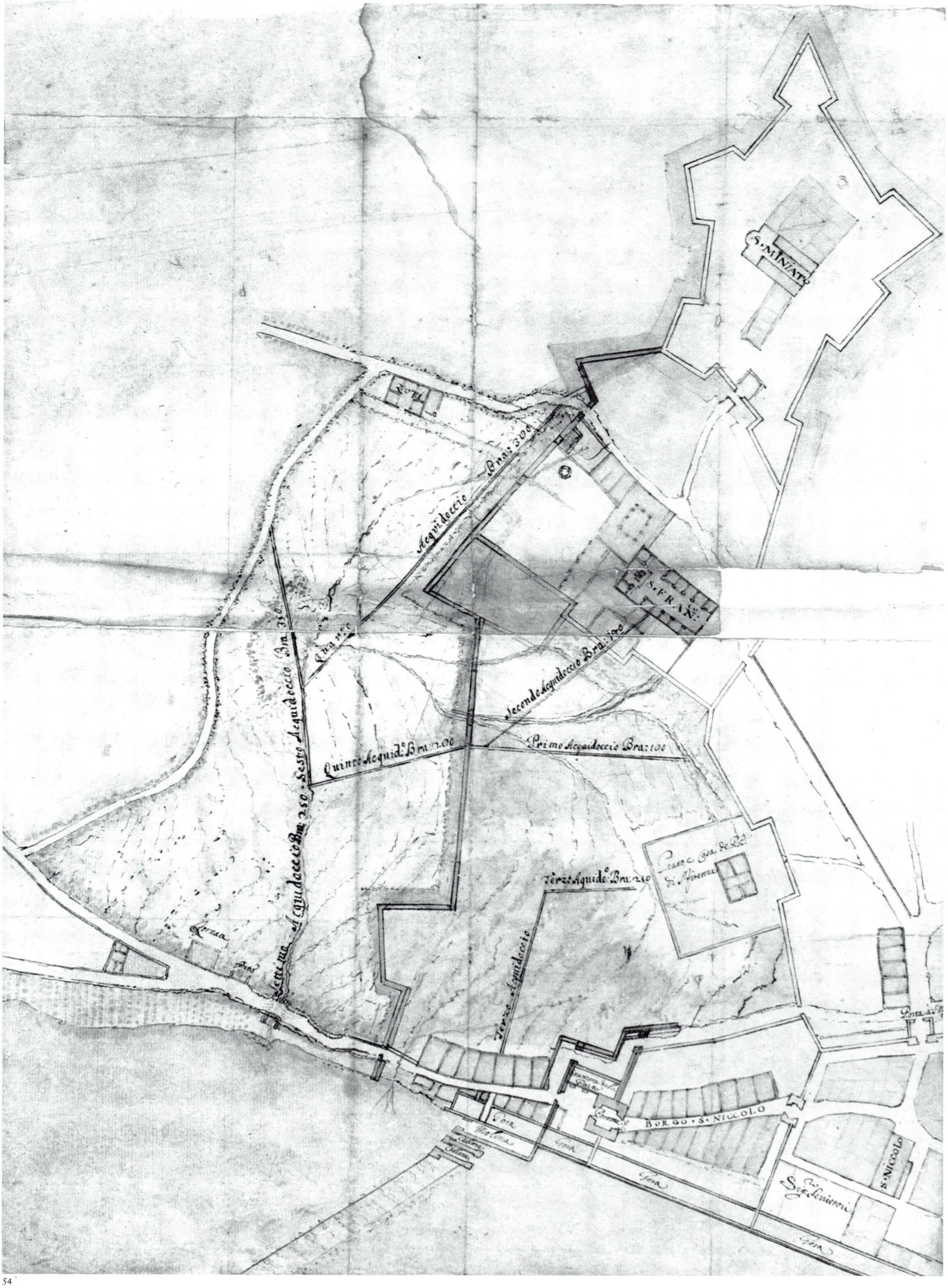
S. MINIATO
S. FRAN.
Acquidoccio Bra: 300
Primo Acquidoccio Bra: 100
Quinto Acquid.o Bra: 200
Terzo Acquidoccio
BORGO S. NICCOLO
S. NICCOLO

54

werden[80]. Die durch ziemlich lange Kurtinen charakterisierte Flankenführung ist typisch für die erste Periode des Bastionärbaus. Die Bastionen, die nicht besonders umfangreich sind, werden an besonderen Stellen eingefügt, fast immer da, wo die Kurtine einen Richtungswechsel vornimmt. Aber einige Mauerabschnitte sind schon damals schräg verlaufend vorgesehen, um die Flankierung zu potenzieren. Pietro Navarra greift auf runde Bastionen zurück (so wie sie Fra Giocondo, Bartolomeo d'Alviano und Basilio della Scola bereits verwendeten), bei denen, wie bei den fünfeckigen - und das kommt in dem Bericht von Machiavelli deutlich zum Ausdruck -, die Abwehr von der Flanke ausgeht.
Als Machiavelli im April 1526 von Rom nach Florenz zurückkehrt, erscheinen Antonio da Sangallo der Jüngere und Giuliano Leno in Florenz. Letzterer ist über den Bau einer internen Befestigungslinie in der Nähe von San Miniato mit Navarra nicht einverstanden. Er beabsichtigt, «die Befestigungsmauern so weit vorzuziehen, wie es die begrenzte Fläche an der Porta San Giorgio zulässt und dort eine kräftige Bastion zu bauen (...)»[81], und gleichzeitig schlägt er eine Rückverlegung der Mauern von der Porta San Piero Gattolini bis nach San Frediano vor. Im Gegensatz zu Navarra präsentiert Leno eine neue Bastionsform: wahrscheinlich handelt es sich dabei um die Aufgabe der runden zugunsten der fünfeckigen Form, und darin stimmt er mit Antonio da Sangallo überein.

Michelangelos Entwurf für die Front von San Miniato

Michelangelos Konzept für die Verteidigung von Florenz fusst auf der Befestigung des Hügels von San Miniato. Die Beschreibungen der Chronisten und die veröffentlichten Dokumente bestätigen, dass die Erdwälle eine elastische Verkleidung aus rohen mit Werg und Tierexkrementen verklebten Ziegelsteinen hatten, so dass sie den Aufprall der Geschosse abfangen konnten, doch verrät diese Bauweise die Bereitschaft, sich nur für kurze Zeit und provisorisch zu verteidigen. Wenn man Michelangelos Spuren an der Front von San Miniato verfolgt[82], muss man sagen, dass er im Vergleich zu dem Bastionärsystem keine Neuerungen bringt. Er geht von der Überschneidung zweier Dreiecke aus, wie es Giuliano da Sangallo auf einem seiner Blätter bereits getan hatte[83], vor allem aber Leonardo Anfang des sechzehnten Jahrhunderts[84] (Abb. 52, 53).
Durch die Überschneidung von Dreiecken und Vierecken kodifizierte Antonio da Sangallo der Jüngere die fünfeckige Befestigungsanlage[85]. Michelangelos Anlage in San Miniato stellt keine teraillierte Front dar, wie vielfach behauptet wurde, sondern eine Bastionärfront. Varchi spricht von zwei *puntoni*, fünfeckigen Türmen, aber Promis, dem diese Dinge nicht entgehen, schreibt: «Fast wirken sie wie *puntoni bastionati*, doch hat die Flanke nur eine Face, und das habe ich hervorheben wollen, weil man die Bastionen in der Toskana ursprünglich *puntoni*, fünfeckige Türme, nannte, und die Gewohnheit, die Oberfläche der Bastionen zwischen den beiden Facen so zu benennen, hielt sich lange Zeit in dieser Provinz»[86].
Der ursprüngliche Entwurf Michelangelos von San Miniato ist abgeändert worden, und es existiert ein durch eine Zeichnung dokumentiertes Projekt (Abb. 54), das auf Bernardo Buontalenti zurückgeführt worden ist, aber die Datierung ist unglaubwürdig[87]. Abschliessend kann man allerdings sagen, dass ohne die florentinischen Zeichnungen aus dem Hause Buonarroti von Michelangelo als Militärarchitekt herzlich wenig zu sagen wäre.
In Michelangelos Zeichnungen leben in einer ungewöhnlichen formalen Vielfalt - um es mit Alberto Guglielmotti zu sagen - «eckige, runde und sonstige Befestigungsanlagen» Seite an Seite. Seine Betrachtungen über Befestigungsanlagen konzentrieren sich auf den Schutz der Zugänge zur Stadt und auf besondere Punkte des florentinischen Mauerrings. Er behandelt das Thema der Befestigungswerke vor den Stadttoren, bei deren Formgebung die Erfahrungen der ersten Epoche der Bastionärsysteme und die letzten Formulierungen von Gabriele Tadino und Baldassare Peruzzi berücksichtigt werden.

55-56. Michelangelo, Zeichnungen von Stadttorbefestigungen, Florenz, Casa Buonarroti.

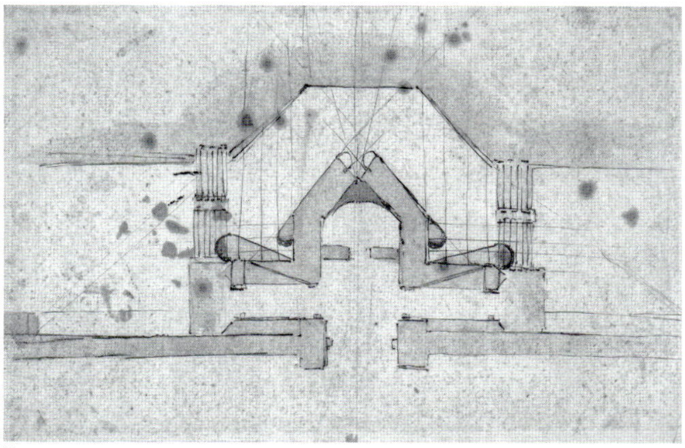

55

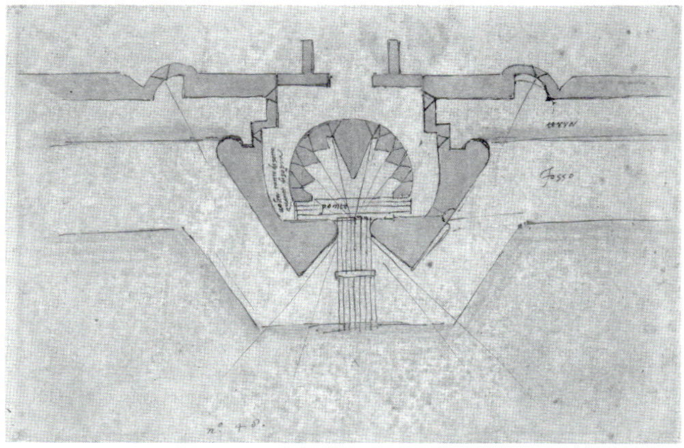

56

Gabriele Tadino

Es heisst, Gabriele Tadino sei in der Jugend ein Mensch von scharfem Verstand, kräftig und schön gewesen und er habe sich in der Kriegskunst, im modernen Befestigungsbau und in der Mathematik gut ausgekannt[88]. Im Jahre 1508 wurde er zum Hauptmann der Infanterie ernannt und erhielt das Gehalt eines Ingenieurs im venezianischen Heer. Er nahm an der Verteidigung von Padua teil[89], und das war sehr wichtig für seine Entwicklung, weil er die Gelegenheit hatte, Fra Giocondos Befestigungswerk zu studieren. 1512 beteiligte er sich an der Verteidigung von Brescia und 1516, wiederum auf venezianischer Seite, an der Belagerung von Verona[90]. Im Jahre 1518 hielt er sich vermutlich in Ferrara auf, wo es viel für ihn zu sehen gab. 1522 führte er die Oberaufsicht über die Befestigungsanlagen in Candia und war Artillerist der Festungen Candia, Canea, Retimo, Suda, Sinalunga und Carombusa. In demselben Jahr bot sich ihm die Chance seines Lebens. Die Insel Rhodos, Sitz des Ritterordens der Gerosolimitani und Vorposten des Christentums, war von den Türken belagert. Tadino versagte dem neutralen Venedig seinen Gehorsam, floh von Candia und eilte nach Rhodos. Er bat den Grossmeister, in den Orden eintreten zu dürfen und übernahm die Verteidigung. Am 1. August fand in der Kirche Santa Maria della Vittoria die Einsetzungszeremonie statt[91]. Mit viel Stil war Gabriele Tadino zur Stunde der Gefahr in den angesehenen Orden eingetreten.

Bei der Verteidigung von Rhodos waren Tadinos Konterminen von entscheidender Bedeutung. Da es in der Verteidigungsmauer keine Konterminen gab, wie dies jedoch in Padua der Fall war, probierte er eine Methode aus, die darin bestand, senkrecht zum Graben einen unterirdischen Tunnel zu bauen, von dem aus man das Ausheben der sich nähernden feindlichen Mine akustisch wahrnehmen konnte, die dann gestoppt und durch Sprengung neutralisiert wurde.

Am 27. August 1522 beschrieb Gabriele Tadino in einem Brief von Rhodos die Suche und Neutralisierung einer Mine folgendermassen: «(...) ich war fortwährend in einer Mine, die im Namen des türkischen Gebieters gegen uns gebaut worden war, und heute um 20 Uhr habe ich sie aufgedeckt und ich habe die Minenbauer und ihre Truppe verbrannt und ertränkt (...)»[92]. Am 6. Oktober heisst es abschliessend in einem anderen Brief: «(...) auf Treu und Glauben, wir haben heute mehr als zehntausend in den Minen verbrannt, und wenn wir nicht vorgesorgt hätten, hätten sie Rhodos zerstört (...)»[93]. Und als er sich bewusst wurde, dass er den Bau einer feindlichen Mine an der Bastion von Santo Anastasio nicht rechtzeitig aufhalten konnte, liess er eine Erdtraverse bauen, um beim Explodieren der Mine die Kontinuität des Verteidigungsrings wiederherzustellen: «(...) ich beeilte mich, eine Traverse aus Erde zu bauen, um sicherzugehen, dass sie mich mit

57–58. Wehrgang früher Bauart von Dürer (Aus: «Etliche underricht zu befestigung der Stett, Schloss und Flecken» von Albrecht Dürer, Nürnberg 1527).

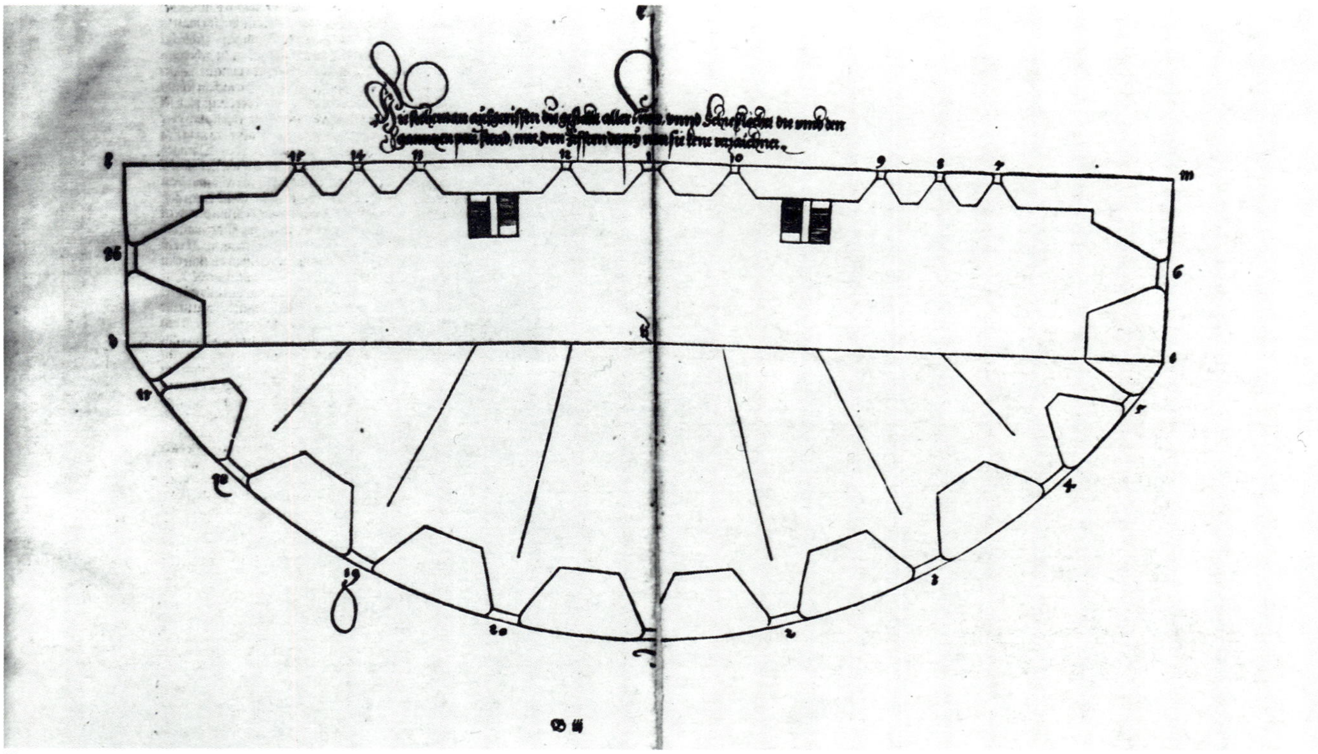

57

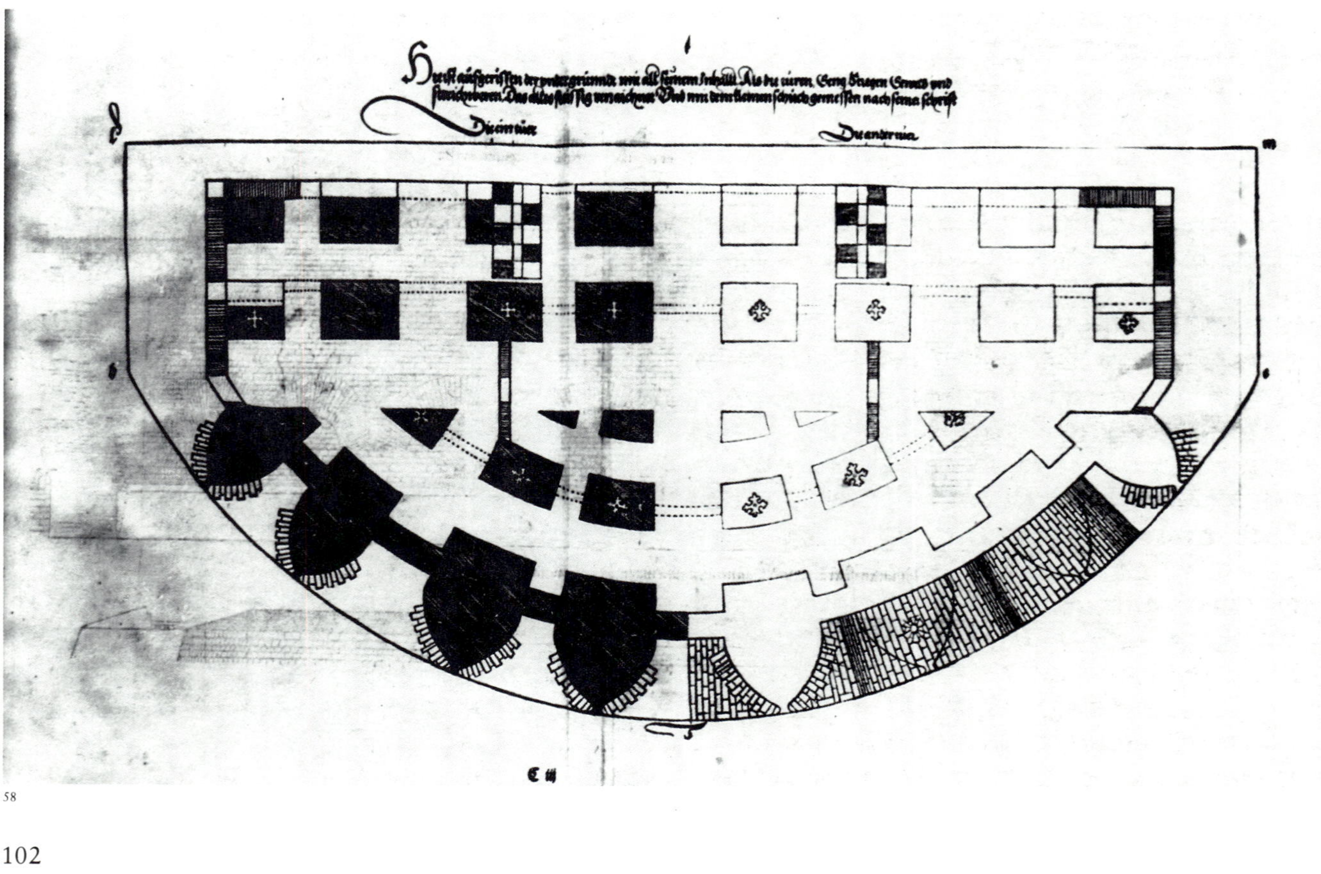

58

59. La Tour Bleu von Antwerpen (H. Wauwermans: «Albrecht Dürer, Son œuvre militaire, son influence sur la fortification normande», Revue Militaire Belge, 1880).

60–61. Michelangelo, Zeichnungen von Stadttorbefestigungen, Florenz, Casa Buonarroti.

62. Michelangelo, Zeichnung zur Befestigung der Porta alla Giustizia in Florenz, Florenz, Casa Buonarroti.

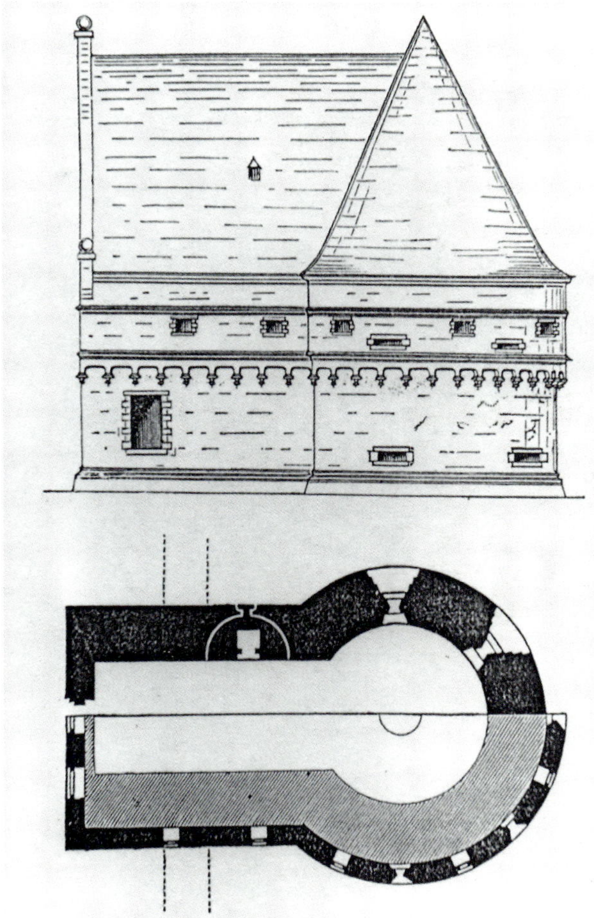

59

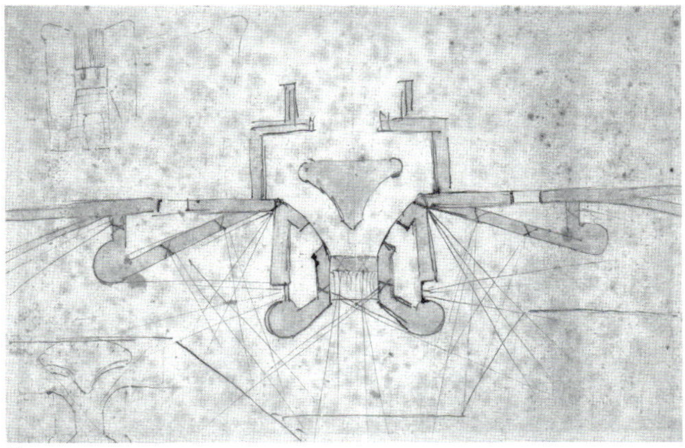

60

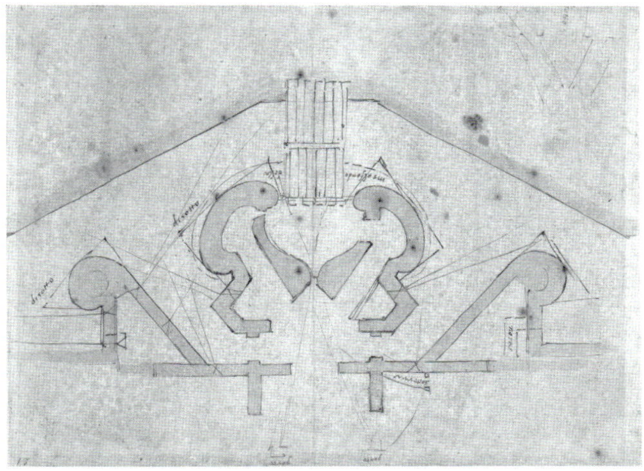

61

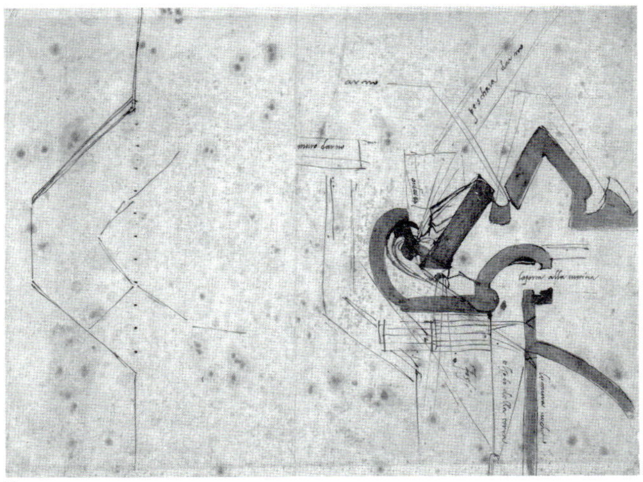

62

ihren Minen nicht vernichten konnten; ausserdem baute ich sie nachts. Und am Morgen legten die Türken (...) Feuer in der Mine und nahmen mir nur jenen Teil, den ich vor der Bastion durch meine Traverse abgesperrt hatte; und diese Traverse war der Grund unserer Rettung (...)»[94].

Andere Male liess er, bevor die feindliche Mine entdeckt wurde, seine eigene Mine scharf machen, wobei er einkalkulierte, dass er einen minimalen, aber leicht wiederherstellbaren Teil des Festungsrings verlieren würde, indem er die türkischen Minen zerstören liess. Abschliessend kann man sagen, dass Tadinos erfolgreich geführte Verteidigung von Rhodos darin bestand, dass er Konterminen und Traversen baute und ausserdem die Artillerie in guter Dosierung anwandte. Die Verteidigung von Rhodos dauerte sechs Monate, und es heisst, bei der Belagerung seien 94000 Türken gefallen[95].

Im Jahre 1523 wurde ein Gesandtenkorps, zu dem auch Tadino gehörte, zu Kaiser

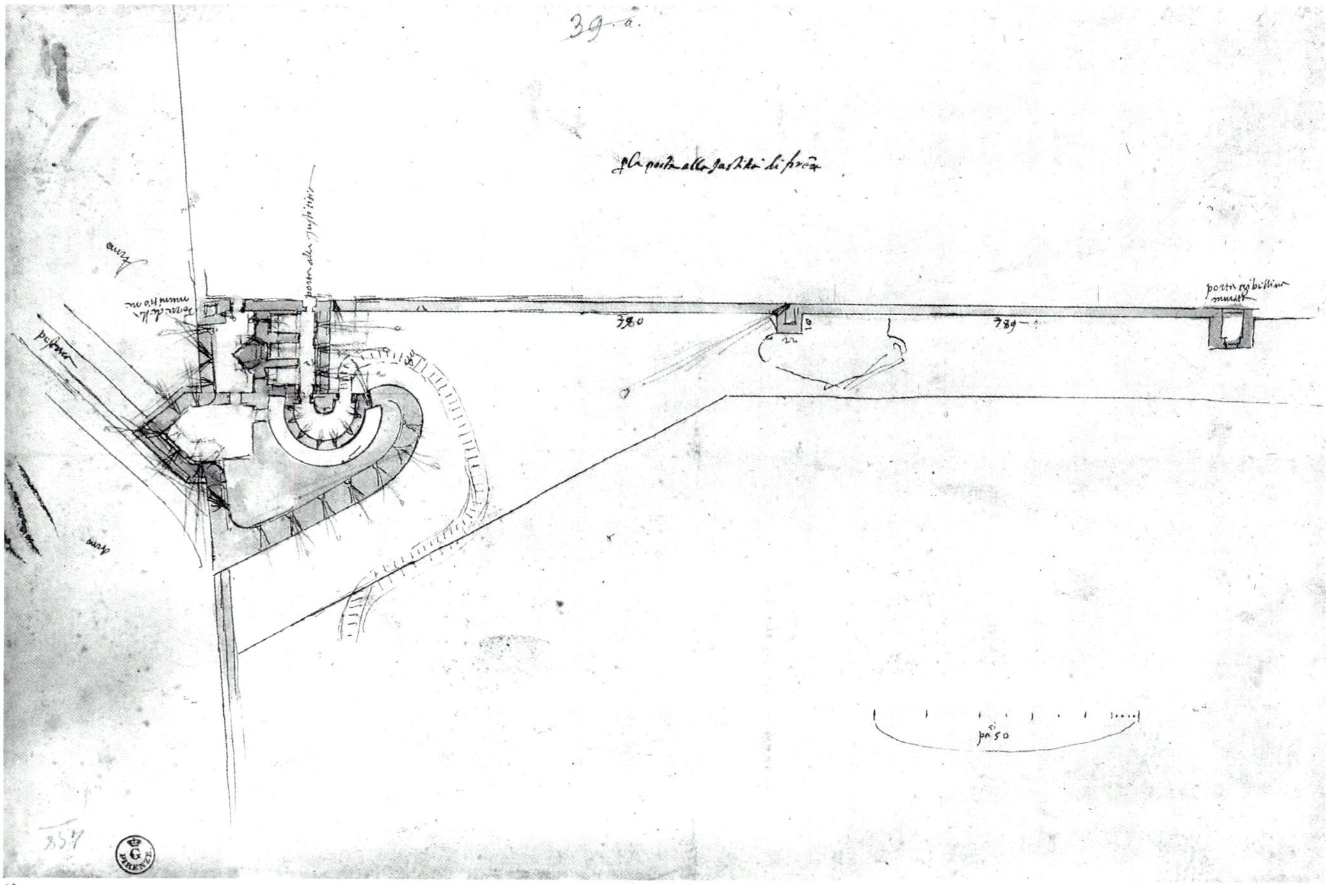

63. Antonio da Sangallo der Jüngere, die Bastion der Porta alla Giustizia in Florenz, Florenz, Gabinetto Disegni e Stampe der Uffizien.

Karl V. nach Spanien geschickt, um ihn darum zu bitten, die Inseln Malta und Gozo zum neuen Sitz des Ordens der Gerosolimitaner zu machen. Bei dieser Gelegenheit zeigte der Kaiser grosses Interesse für den Artilleristen und Festungsbauer Tadino, der die Festungsanlagen von Padua, Candia und Rhodos kannte, und er war bereit, Tadino zum kommandierenden Hauptmann der spanischen Artillerie zu machen. Die Ernennung erfolgte am 3. Juli 1524[96].

Zwischen 1524 und 1526 entwarf Tadino im Dienst von Karl V. Befestigungsanlagen für San Sebastian, Pamplona, Fuenterrabia und für das afrikanische Melilla. 1526 wurde mit der Ausführung begonnen, die sich über lange Zeit hinzog und oftmals unterbrochen wurde, aber die Bauarbeiten wurden nicht von ihm geleitet[97]. Der *Kubus* von San Sebastian, der 1863 zerstört wurde, hatte 35 Meter lange Facen und 12 Meter lange zurückgebogene und durch «Ohren» geschützte Flanken. Die Mauerstärke betrug etwa 8 Meter, und es gab eine Kontermine. Die Anlage bestand aus zwei von Gewölben überdachten Geschossen sowie einem Obergeschoss unter freiem Himmel, welches mit Brustwehr und Geschützpforten versehen war.

Die Zeichnungen von Michelangelo

Michelangelos Konzept von Festungsanlagen scheint von Elementen auszugehen, die das Werk Tadinis charakterisieren, wie z. B. der *Kubus* von San Sebastian, doch auch von Elementen, die Peruzzi 1527 in den Mauerring von Chiusi eingliedert[98]. Ein Blatt aus der Casa Buonarrotti[99] (Abb. 55, Tafel I) stellt ein wahres Incipit Michelangelos über die Befestigungen dar, doch wird hier die strukturelle Klarheit der Bastion von Peruzzi am San-Viene-Tor in Siena nicht erreicht. Ich ziehe es vor, das Blatt

64. Michelangelo, erste Studie für die Befestigung der Porta al Prato d'Ognissanti in Florenz, Florenz, Casa Buonarroti.

65. Michelangelo, abschliessende Studie (auf der grossen Zeichnung) für die Ecklösung des Prato d'Ognissanti in Florenz, Florenz, Casa Buonarroti.

66. Michelangelo, abschliessende Studie für die Befestigung der Porta al Prato d'Ognissanti in Florenz, Florenz, Casa Buonarroti.

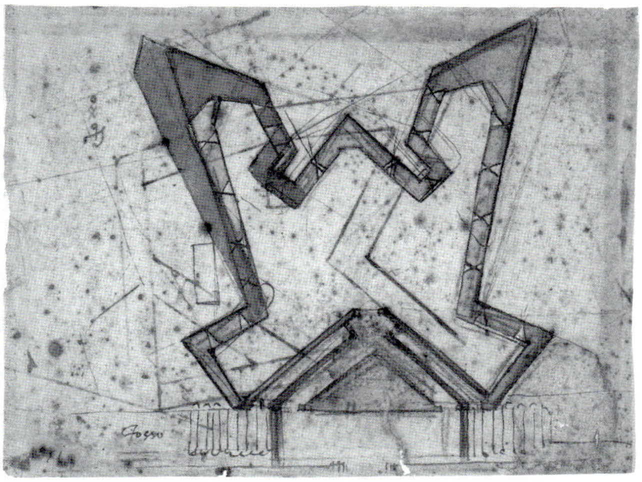

64

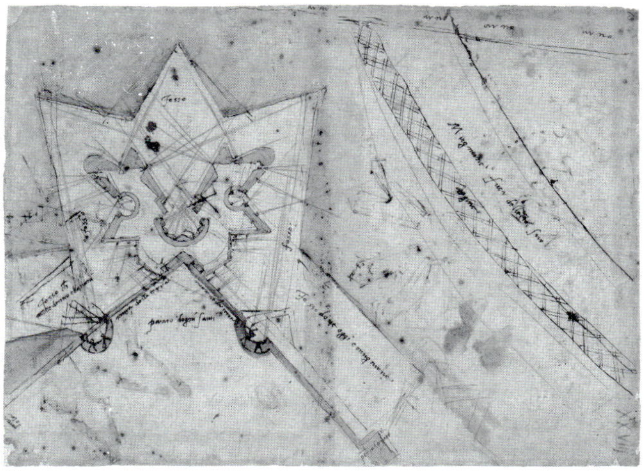

65

von Michelangelo nach der inneren Sicht des Festungsbauers zu betrachten, trotz einiger gegenteiliger Aspekte[100]. Michelangelo führt als Neuerung Flügel ein, die er später weiter abschrägt. Aber all das hat wenig mit einem vermeintlich von Sangallo stammenden Blatt gemein[101]. Eine ähnliche Bastion wird wenige Jahre später in Spanien erbaut, was ein Blatt aus dem Kodex von Francisco de Hollanda dokumentiert[102].

Auf einem weiteren Blatt[103] (Abb. 56, Tafel II) überdenkt Michelangelo nochmals die von Dürer angewendete runde Bastion neben der fünfeckigen aus der Schule von Sangallo. In diesem Zeichenentwurf sind aber keine Einflüsse von di Giorgio zu erkennen, jedoch zeigt sich eine ganz deutliche Beeinflussung durch Leonardo in der grossen Sägezahn-Muschel, die in einer Bastion als Traverse enthalten ist.

Das Dürersche Werk über Befestigungsanlagen wird 1527 (Abb. 57, 58) herausgege-

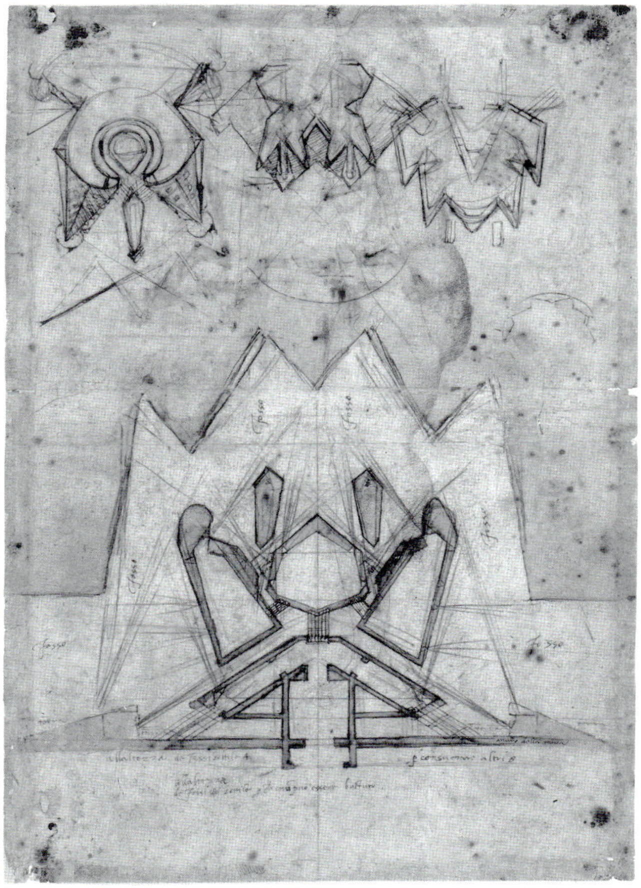

66

ben, und in Antwerpen wird zwischen 1520 und 1529[104] die *Tour Bleue* (Abb. 59) errichtet, die Wauwermans Dürer zuschreibt, obgleich deren Gestalt noch in direkter Beziehung zu jenen Türmen steht, die in einigen europäischen Städten im fünfzehnten Jahrhundert aus der Verdopplung der bereits bestehenden Stadtmauern, wie z.B. in München, hervorgehen. Michelangelo ist Albrecht Dürers Werk bekannt; das bestätigt Condivi, wenn er von einer kritischen Haltung Michelangelos gegenüber dem 1528 veröffentlichten Traktat von Dürer über die Proportionen des menschlichen Körpers spricht[105].

Die Tatsache, dass einige Zeichnungen Michelangelos aufgrund der Beschriftung einiger Aufrisse vom Standpunkt des Belagerers zu betrachten sind, darf nicht von

67. Michelangelo, Zeichnung von Pferd und Reiter mit konkavem Befestigungselement, Florenz, Florenz, Gabinetto Disegni e Stampe der Uffizien.

Festung stets etwas Unverständliches und Geheimnisvolles. Bei einem Blatt (Abb. 60, Tafel III) handelt es sich eindeutig um eine Aussenansicht[106], aber bei einem anderen (Abb. 61, Tafel IV) lässt die Beschriftung verschiedene Orientierungen zu, je nachdem, ob man den unteren bzw. den oberen

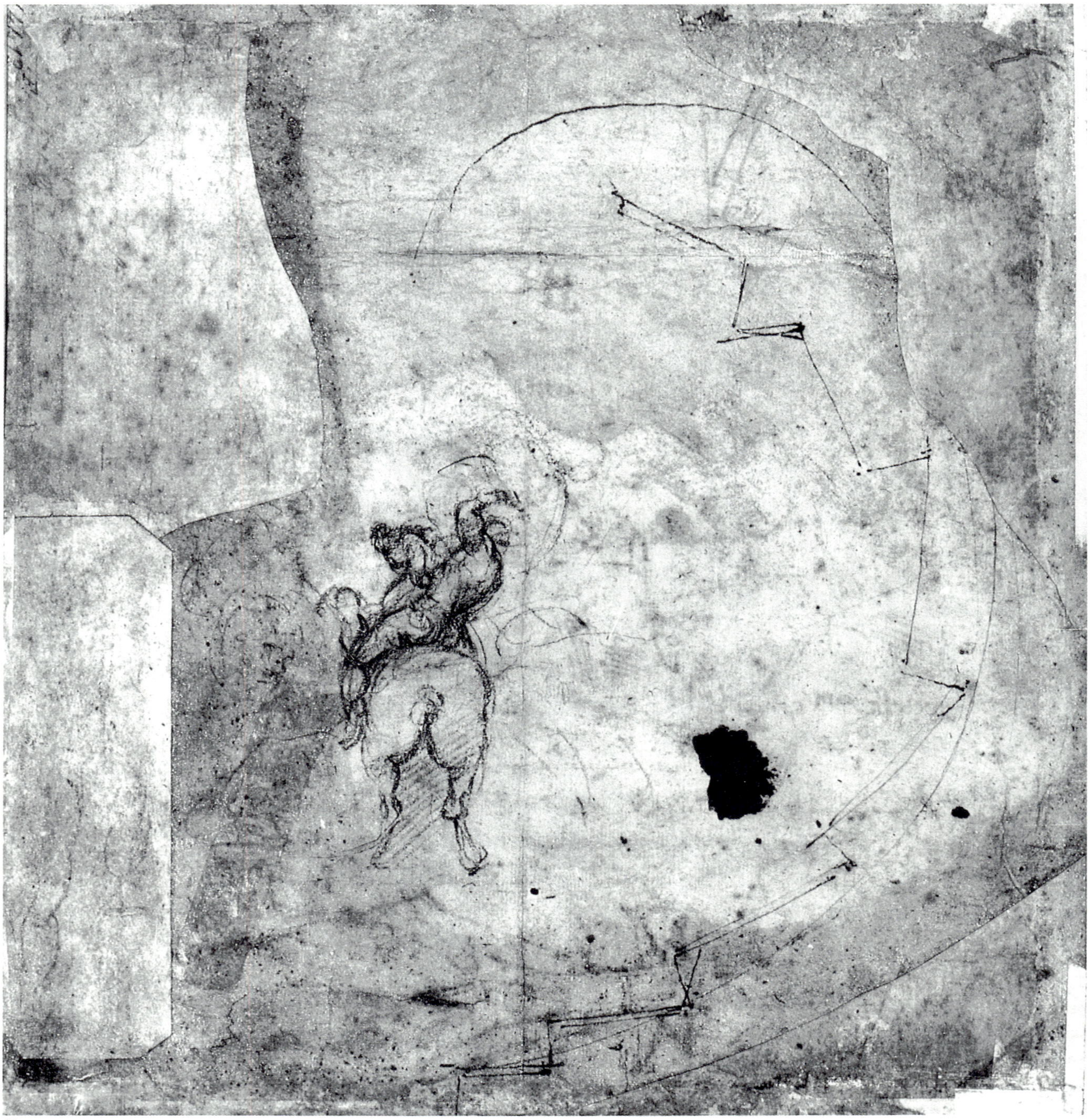

67

der Tatsache ablenken, dass die allgemeine planimetrische Entwicklung in der Perspektive vom Standpunkt des Verteidigers ausgeht. Doch besitzt die von aussen, d.h. aus der Feindesumgebung betrachtete

Teil betrachtet[107]. In den obenerwähnten Zeichnungen, die von Schuss- und Ziellinien unterspannt sind, wird auf jeden Fall eine Irradiation deutlich, die von einer zentralen vertikalen Achse ausgeht und ihr

Grundmuster in der Räumlichkeit der Laterne von Santa Maria del Fiore hat.
Das Jahr 1528 bringt eine formale Neuerung, bei der sich fünfeckige und halbkreisförmige Elemente vermischen, und die sich in der topographischen Situation der florentinischen Porta alla Giustizia zeigt[108] (Abb. 62, Tafel V). 1531 übernimmt Antonio da Sangallo der Jüngere diese Neuerung, aber er zeichnet einen Plan, der, auch wenn die Aufteilung neu ist, auf eine traditionelle Bastion mit grossem Ohr hinausläuft[109] (Abb. 63).
Mehr als von den vagen früheren Entwürfen, auf die Antonio da Sangallo später stösst, geht Michelangelo im Jahre 1528 mit grösserer formaler Vielfalt von der Zeichnung der Porta alla Giustizia zu den ersten Studien für den Prato d'Ognissanti über, wobei der Einfluss von Francesco di Giorgio nicht mitbestimmend ist.
Um mit der Chronologie von Michelangelos Zeichnungen weiterzukommen, muss an dieser Stelle darauf hingewiesen werden, dass ein Blatt (Abb. 64, Tafel VI), das lange Zeit als Endpunkt seines Konzepts vom Festungsbau[112] betrachtet wurde, in Wirklichkeit eine der ersten Studien zur Befestigung des Prato d'Ognissanti darstellt. Die Kurtine der dargestellten Hauptfront hat eine Winkelbildung, die darauf hindeutet, dass sie später entstanden ist als die Front des Halses, aber der gesamte Komplex weist auf Befestigungssysteme zurück, die aus der Überschneidung zweier Dreiecke hervorgegangen sind, und deren Entwicklung von Giuliano da Sangallo bis Leonardo fortgesetzt worden ist (Abb. 52, 53). In den wesentlichen Zügen entfernt sich die Zeichnung nicht von dem erwähnten Blatt der Porta alla Giustizia und stellt die Basis dar, auf der sich – unter Berücksichtigung rossettianischer Einflüsse – die später von Michelangelo entwickelten tenaillierten Fronten entwickeln[113] (Abb. 65, 66, Tafeln VII und VIII).
Zusammenfassend ist festzuhalten, dass von den beiden Sequenzen, in denen sich Michelangelos Vorstellungen vom Befestigungsbau ausdrücken, die erste von dem Blatt 18 Ar der Casa Buonarroti (Abb. 55, Tafel I) und die zweite von Blatt 28 Ar (Abb. 64, Tafel VI) ausgeht. In der zweiten Folge taucht die Befestigungsbautechnik der ersten Bastionärsysteme wieder auf, wobei zu berücksichtigen ist, dass hierin auch die Impulse für die geplante Porta alla Giustizia Gestalt annehmen.
Der kreative Prozess geht bei Michelangelo von einer traditionellen Position aus und führt dann zu komplexeren Formen. Das erschüttert den Entwicklungsprozess seiner Zeichnungen, der zuvor anders dargestellt worden war[114]. Auf jeden Fall habe ich mich bei meiner Analyse auf jene Befestigungstendenzen gestützt, die in ihm zusammenfliessen. Es ist aber zu beachten, dass auf Blatt 28 Ar nacheinander erfolgte Verbesserungen zu erkennen sind und dass die Benutzung von Feder, Aquarell, Rötelstift und schwarzem Bleistift nicht gleichzeitig stattgefunden hat wie bei den anderen Zeichnungen. Ein sehr viel späteres Blatt (Abb. 67), das sich vermutlich auf die Befestigung des Borgo di Roma bezieht[115], lässt wiederum ein kreisförmiges Element mit innerem Sägezahnablauf erkennen, wodurch es sich mit dem Prato d'Ognissanti in Verbindung bringen lässt und seine prägnanteste Verwandtschaft in Leonardo findet.
Die Befestigungsarchitektur von Michelangelo ist von einer grossen formalen Vielfalt und von einer strahlenförmigen perspektivischen Einheit gekennzeichnet. Letztere weist auf Brunelleschis Laterne der Kuppel von Santa Maria del Fiore zurück, wo das Zusammenfliessen der Fluchtlinien in einem fokalen Punkt durch Strahlen und Ebenen, die durch die Rotation einer vertikalen Zentralachse entstehen, multipliziert wird.
In seinen Zeichnungen sind diese Strahlen und Ebenen von dem Geflecht der Ziel- und Schusslinien unterspannt, die sich vom Blickpunkt des Verteidigers aus auf das umliegende Land verzweigen. Bei den üblichen Verteidigungsanlagen hingegen – wie sie unter dem Einfluss von Sangallo dem Jüngeren klar umrissen und kodifiziert wurden – konzentrieren sich die Verteidigungslinien vornehmlich auf den flankierten Umriss, obgleich die formale Struktur des Ganzen weiterhin in einer Typologie mit zentralem Grundriss erscheint.
Die Einzigartigkeit Michelangelos in der

68–69. Giovan Battista Bellucci, Zeichnungen von den Stadtmauern von Pesaro und Orzinuovi, Florenz, Biblioteca Nazionale Centrale.

70. Antonio da Sangallo der Jüngere, geometrische Entstehung eines fünfeckigen Grundrisses, Florenz, Gabinetto Disegni e Stampe der Uffizien.

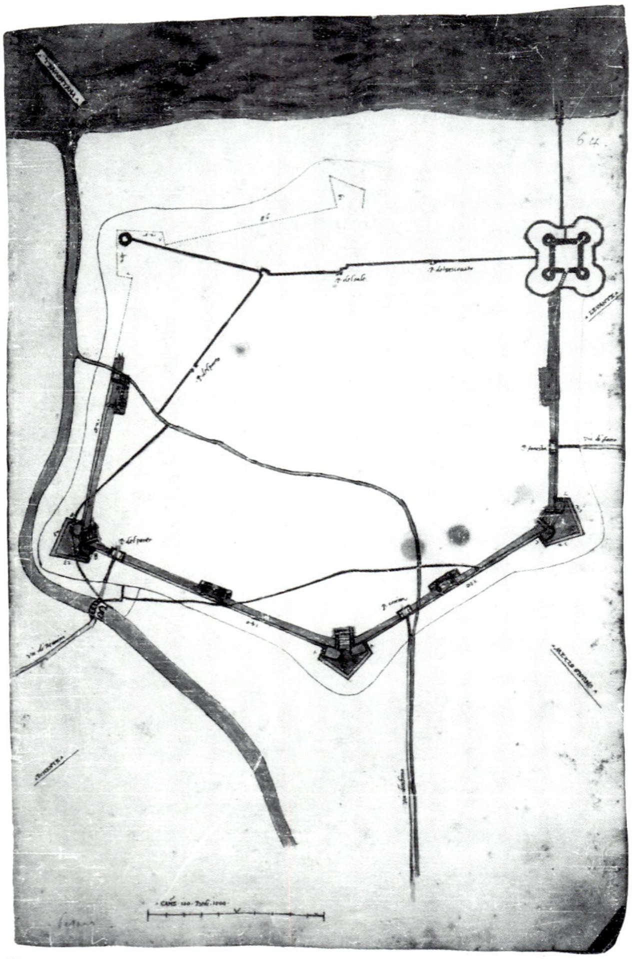
68

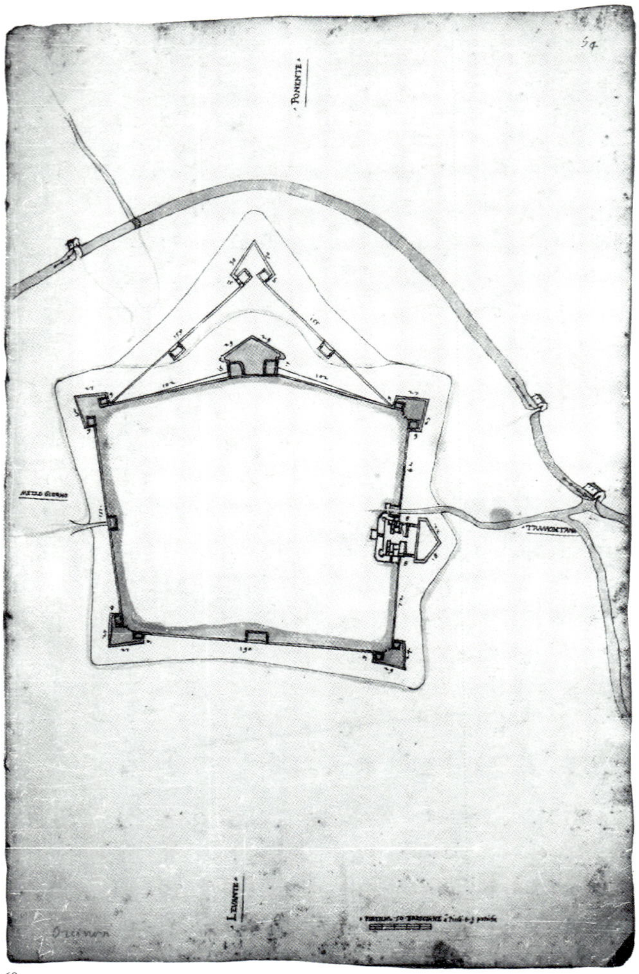
69

Geschichte der Militärarchitektur des sechzehnten Jahrhunderts liegt daher in einer Konzeption, die eine dynamische und offene Struktur erzeugt. Auf diese Weise erklärt sich, warum er mehr vom einzelnen Element als vom befestigten Gesamtwerk ausgeht. Vielleicht kündigt sich in der knappen Synthese Dürers ein ähnlicher Aufbruch an, jedoch ohne die formale Wertigkeit von Michelangelo.

Michelangelos Befestigungskonzept entwickelt sich – entgegen allen Behauptungen[117] – über einen Schaffensprozess, der von der Einfachheit zur Vielfalt führt. Die strukturelle Logik der ersten Bastionärsysteme hingegen wird aufgrund einer von Brunelleschi stammenden perspektivischen Gliederung vom Ganzen auf das Einzelne übertragen, um eine neue Einheit zu schaffen, die eine unbegrenzte räumliche Ausstrahlung ermöglicht. Seine Zeichnungen entwickeln anfangs eine Art Grundkonzept und gehen dann mit dem lockeren Strich der planenden Intuition zu den Schusslinien über. Sie sind meistens auf eine spezifische topographische Situation zugeschnitten, wodurch die Gestalt der Einzelelemente und schliesslich auch das Ausgangsschema umgestossen werden.

Michelangelos Zeichnungen von tenaillierten Fronten, die lange Zeit unveröffentlicht geblieben sind, haben sicherlich mehr als die Entwürfe von Vauban – wie stets behauptet wurde, weil man vielleicht der Nachricht über einen Besuch des französischen Marschalls in Florenz zuviel Beachtung geschenkt hat – die tenaillierte Front von Landsberg aus dem achtzehnten Jahrhundert und in noch höherem Masse die tenaillierten polygonalen und kreisförmigen Fronten von Marc-René de Montalembert vorweggenommen.

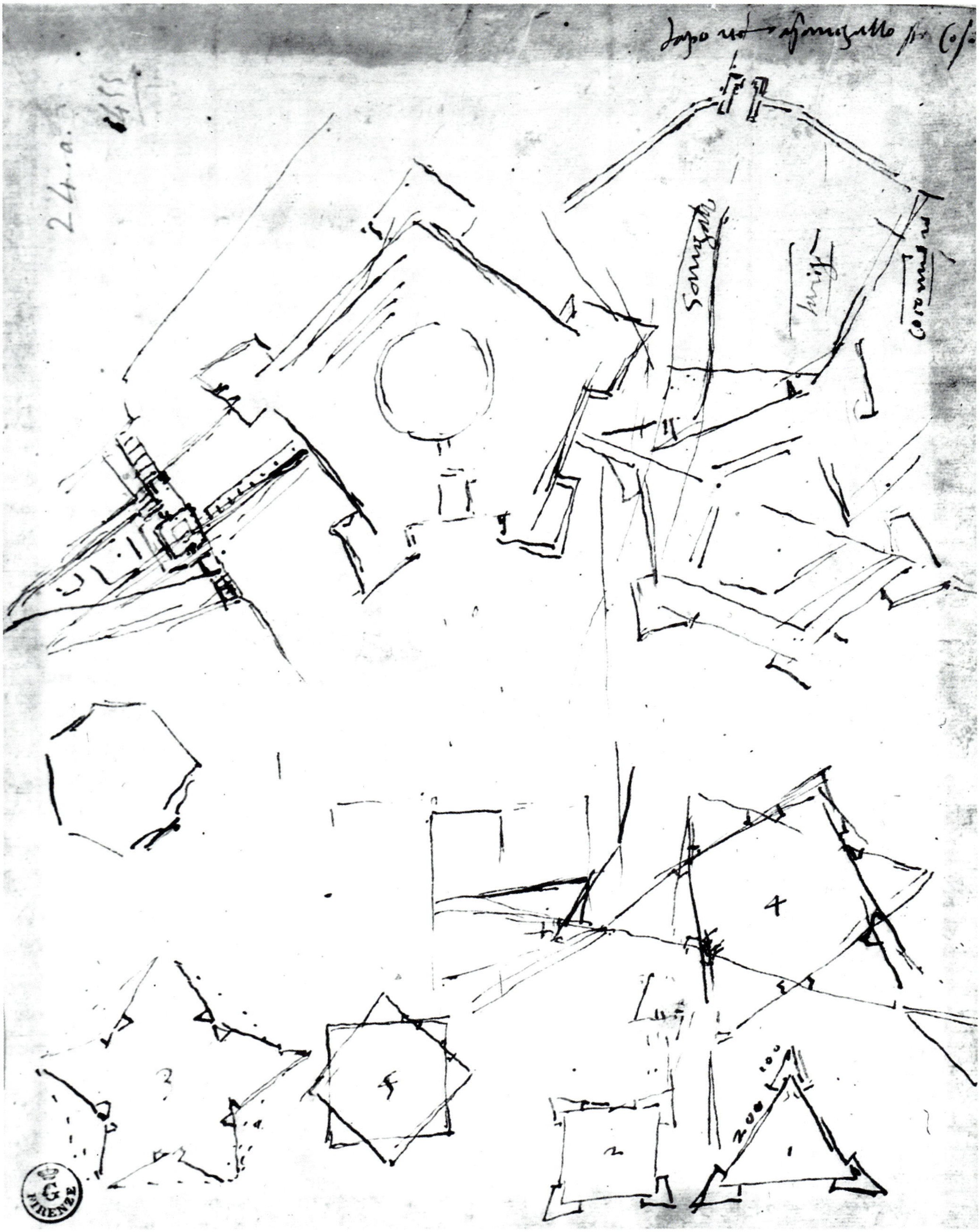

70

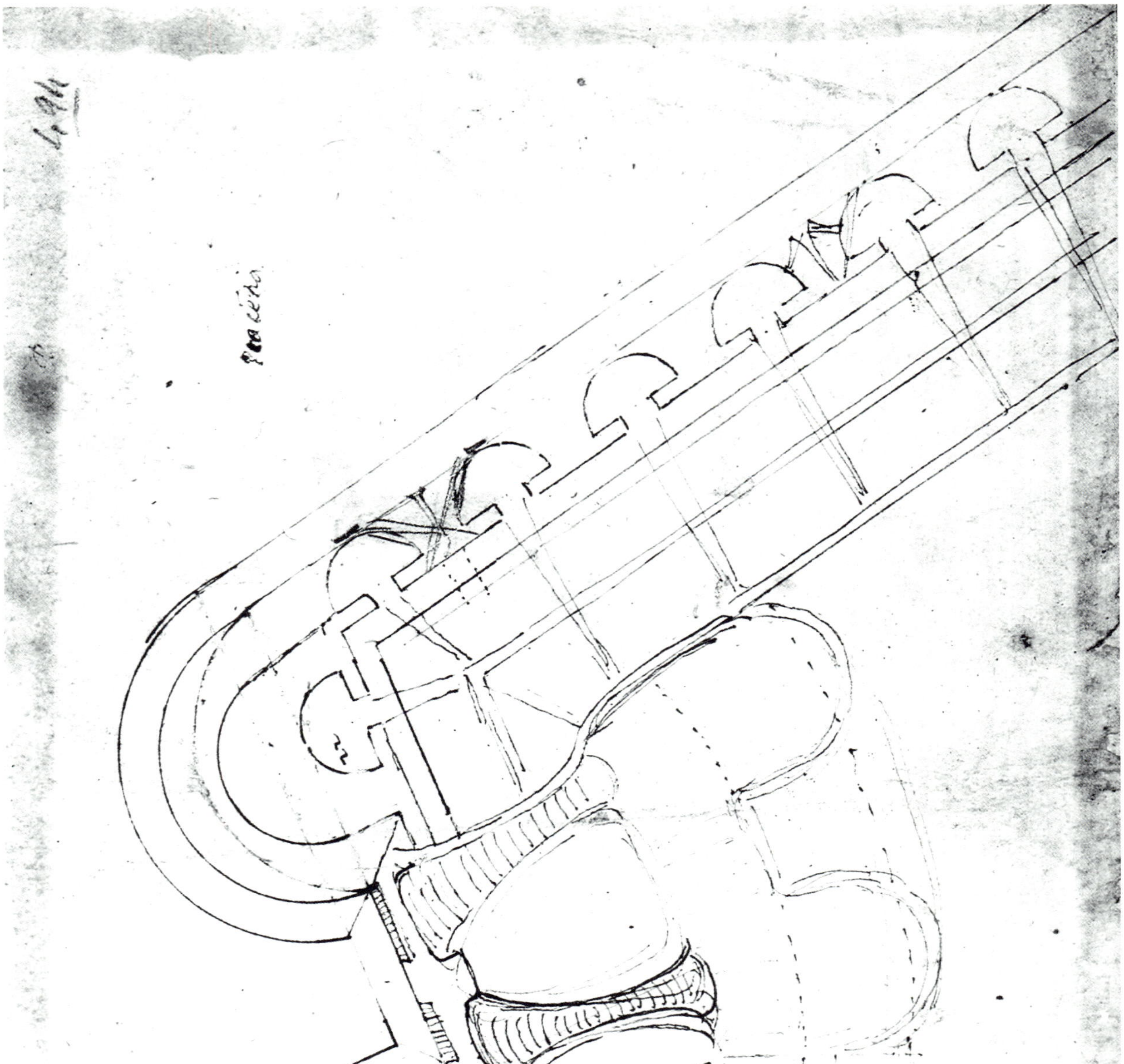

71

71-73. Antonio da Sangallo der Jüngere, Zeichnungen von Bastionen, Brustwehren und Geschützpforten für die Zitadelle von Piacenza, Florenz, Gabinetto Disegni e Stampe der Uffizien.

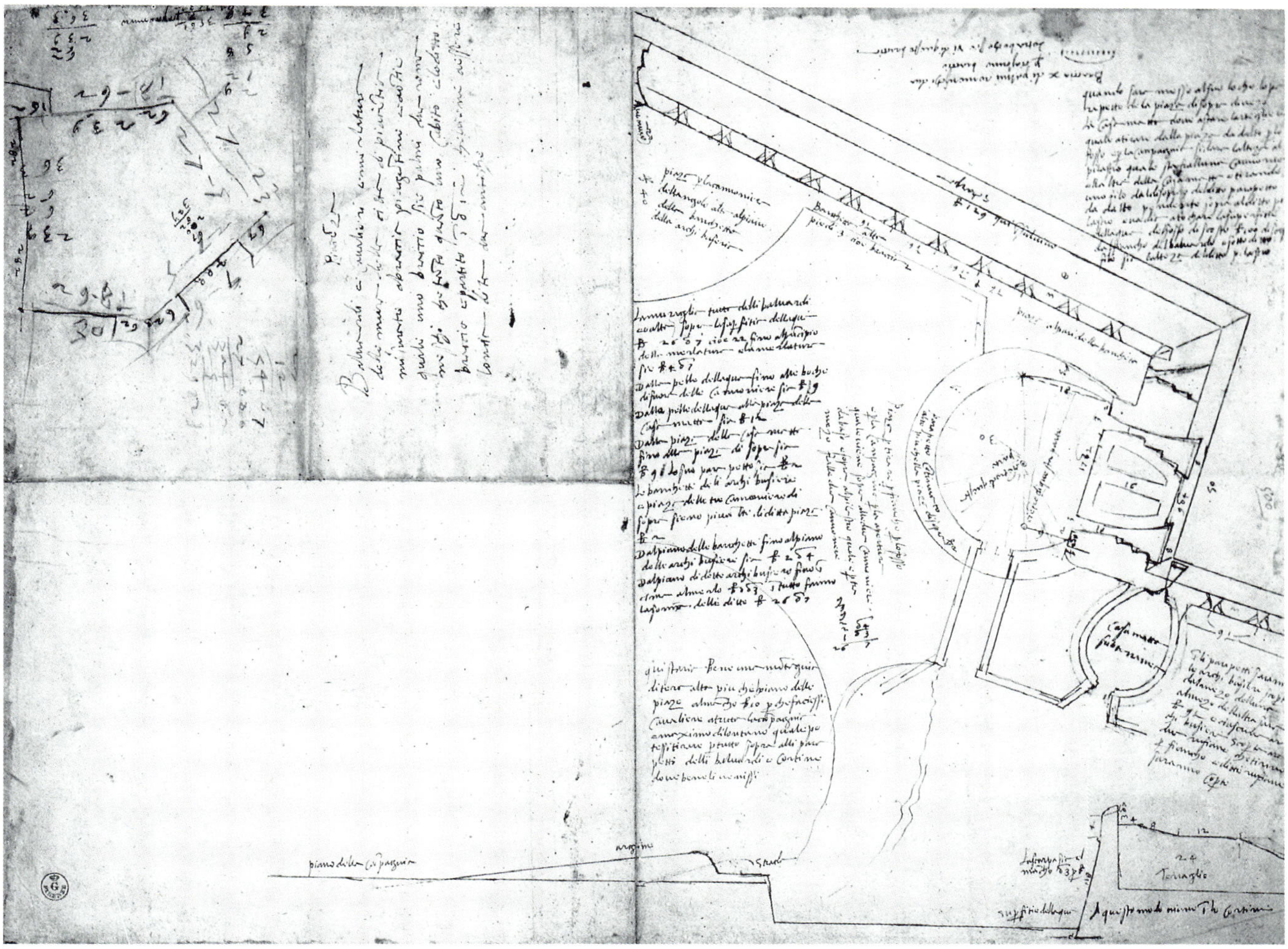

72

Francesco Maria I. della Rovere, Antonio da Sangallo der Jüngere u.a.

Mit Francesco Maria I. della Rovere beginnt die zweite Periode der modernen Militärarchitektur, und die Untersuchungen richten sich, im Gegensatz zu Michelangelos Formulierungen, mehr auf die Gesamtheit und auf den allgemeinen Plan der Befestigungsanlagen. Um 1530, als die Kurtine noch der Hauptangriffspunkt des Belagerers war, entwarf della Rovere für Pesaro eine fünfeckige Ummauerung (Abb. 68) und verwendete dabei einen auf dem Mittelstreifen der Kurtine gelegenen Kavalier, was Leonardo schon vorher getan hatte. Dieser Kavalier ist u.a. deshalb von besonderer Wichtigkeit, weil es damals noch nicht möglich war, von den Geschützen aus wirksame Flachschüsse abzugeben. Im Jahre 1528 hatte Pier Gentili da Camerino einen Grundriss für Pesaro erstellt[118]. Aber die Absicht, Pesaro zu befestigen, ging von della Rovere aus, und er leitete auch den Bau, wobei ihm ruhmreiche italienische Militäringenieure zur Seite standen: «Er hatte schon seit einigen Jahren an jene Mauern gedacht und sich zweifelsohne mit den besten italienischen Ingenieuren beraten, obgleich in der Geschichte nur zwei erwähnt wurden: Girolamo Genga und Pier Francesco da Viterbo (...); ihnen ist jedoch meiner Meinung nach Gian Tomaso Scala hinzuzufügen, der in jenen Jahren dem Herzog diente und eine Bastion des Stadtrings baute, sowie G.G. Leonardi, der Mönch von Modena, Castrioto und andere jener berühmten Schule. Ich habe nicht herausfinden können, zu welcher Zeit die Fundamente jener Mauern gelegt wurden, aber

74. Die Italienische Bastion in Budapest (aus: L.A. Magiorotti: Architetti e architetture militari, Rom 1939).

75-76. Rocca Sinibalda.

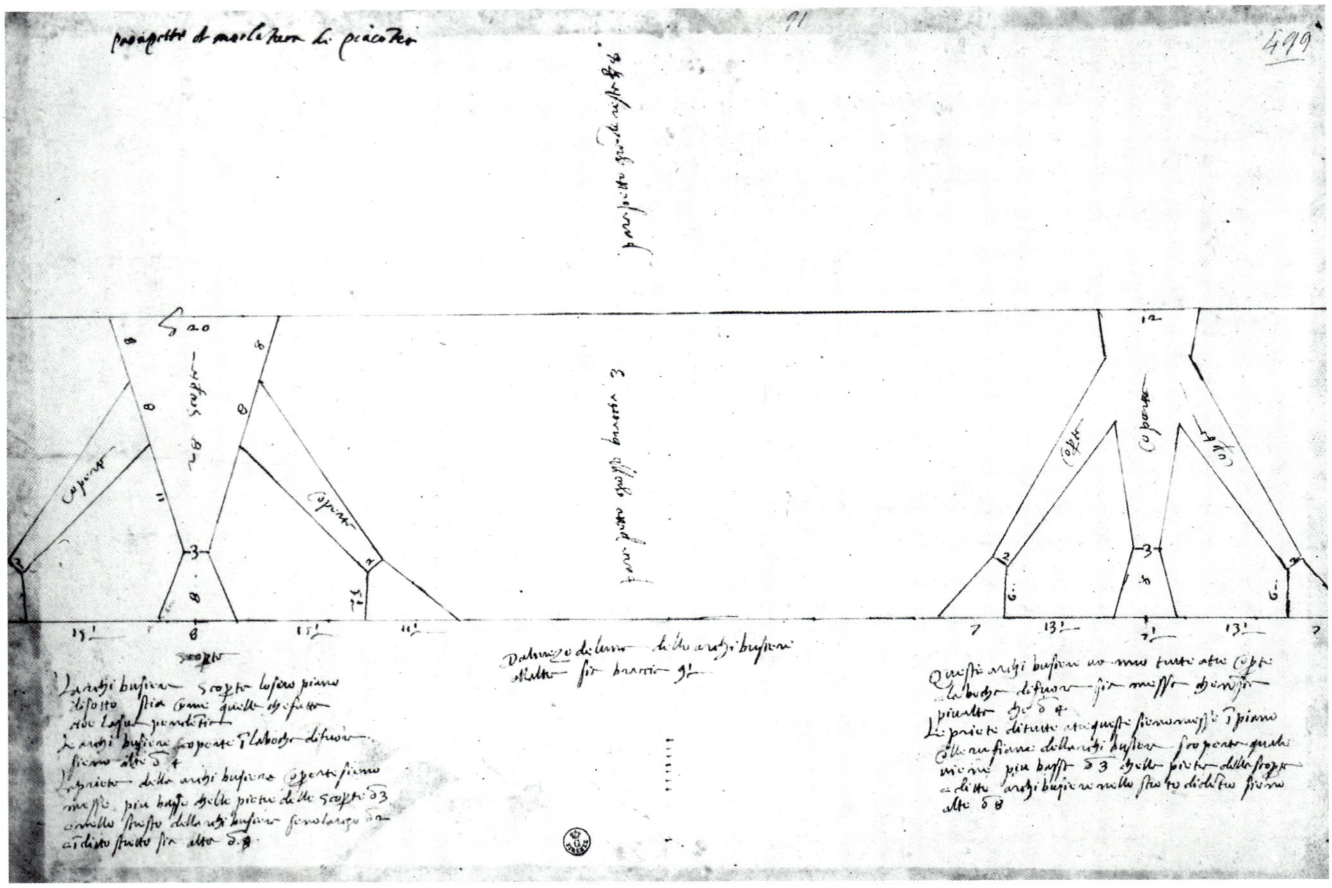

73

es steht fest, dass seit dem Sommer 1530 grosse Vorräte an Mörtel und Backsteinen dafür herbeigeschafft worden waren, was ein unbezweifelbares Indiz dafür ist, dass die Zeichnung der Befestigung festlag, die Ausführung aber noch nicht begonnen hatte: der Herzog wollte, dass das alte Brunelleschische Fort, das innerhalb eines Befestigungswerks fast wie ein Kavalier wirkte, und die Rocca von G. Sforza, deren Flanken und Wachtürme mit den angrenzenden Kurtinen eine Bastion ersetzten, erhalten blieben, wobei mehr die Sparsamkeit als die Nützlichkeit zu loben war. Über diese Befestigungsanlage, die unter seinen Augen entstanden war und die man wohl als sein Werk bezeichnen kann, freute er sich so sehr, dass er sie auf einem raren Goldscudo, der um das Jahr 1530 geprägt wurde, mit dem Motto PISAURUM REEDIFICAVIT dargestellt haben wollte»[119].

1532 befindet sich Pesaro bereits im Verteidigungszustand. Der fünfeckige Mauerring, einer der ersten von städtischem Ausmass, wird in den fünfziger Jahren zu Ende geführt. Ein Plan von Giovanni Battista Bellucci dokumentiert den Stand der Bauarbeiten[120]. In der Zeit zwischen 1532 und 1533 macht Francesco Maria della Rovere für Orzinuovi einen ähnlichen Vorschlag[121] (Abb. 69).

In den knappen Ausmassen der Grundrisszeichnung einer Zitadelle wird die fünfeckige Befestigungsanlage von Antonio da Sangallo dem Jüngeren exakt festgelegt. Er übernimmt das geometrische Grundmuster der Befestigungssysteme, wie es Filarete, Francesco della Rovere, Giuliano da Sangallo und Leonardo entwickelt haben.

Die Entwürfe der Städte und Zitadellen der sechziger Jahre erhalten ihre Impulse von Antonio da Sangallo, und die Kodifizierung der Formen, zu der er den massgeblichen Anstoss liefert, ist wiederum eine Folge der kulturellen Abhängigkeit der

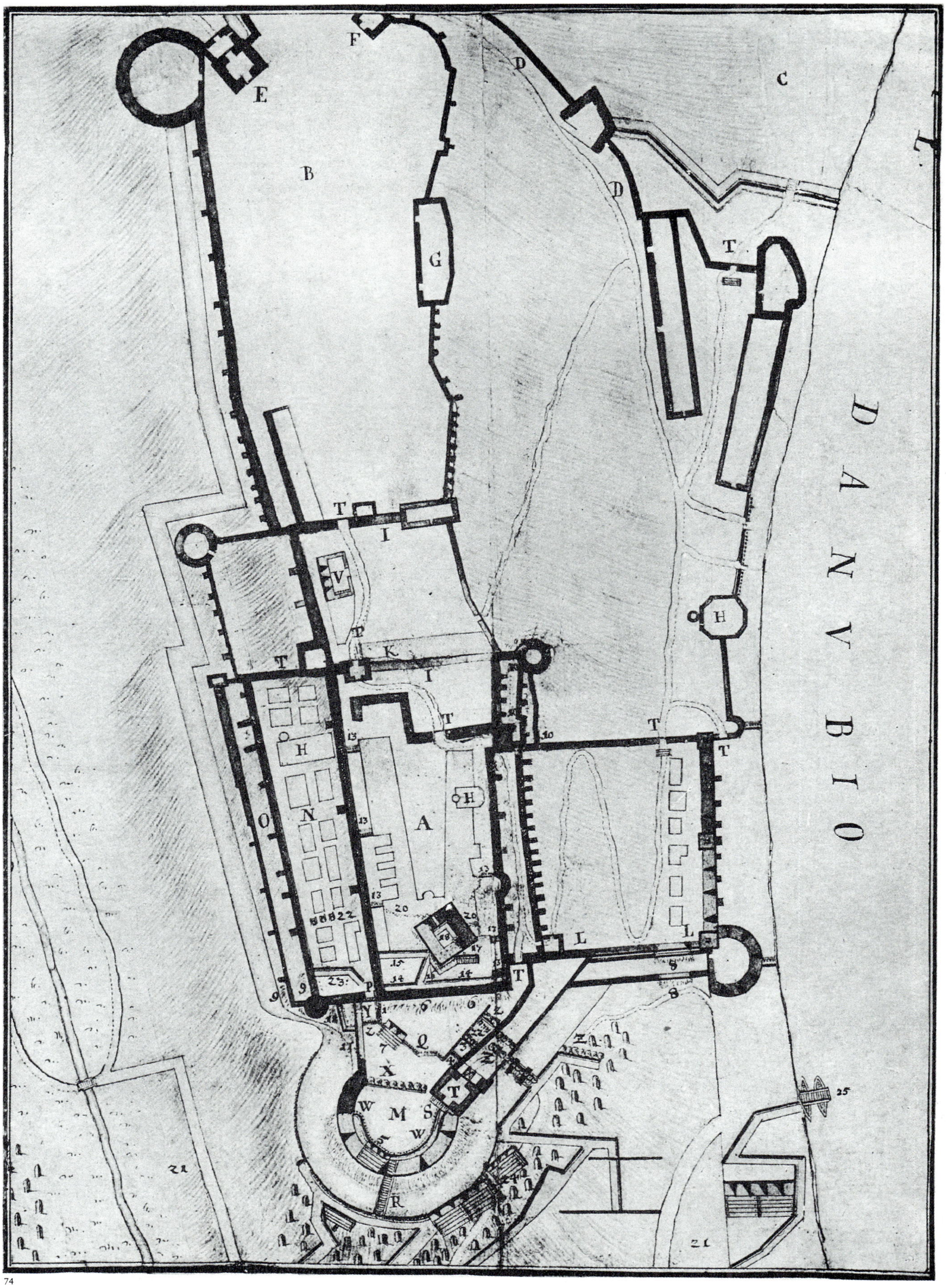

74

77. Rocca Sinibalda.

78. Baldassarre Peruzzi, Zeichnung, Florenz, Gabinetto Disegni e Stampe der Uffizien.

77

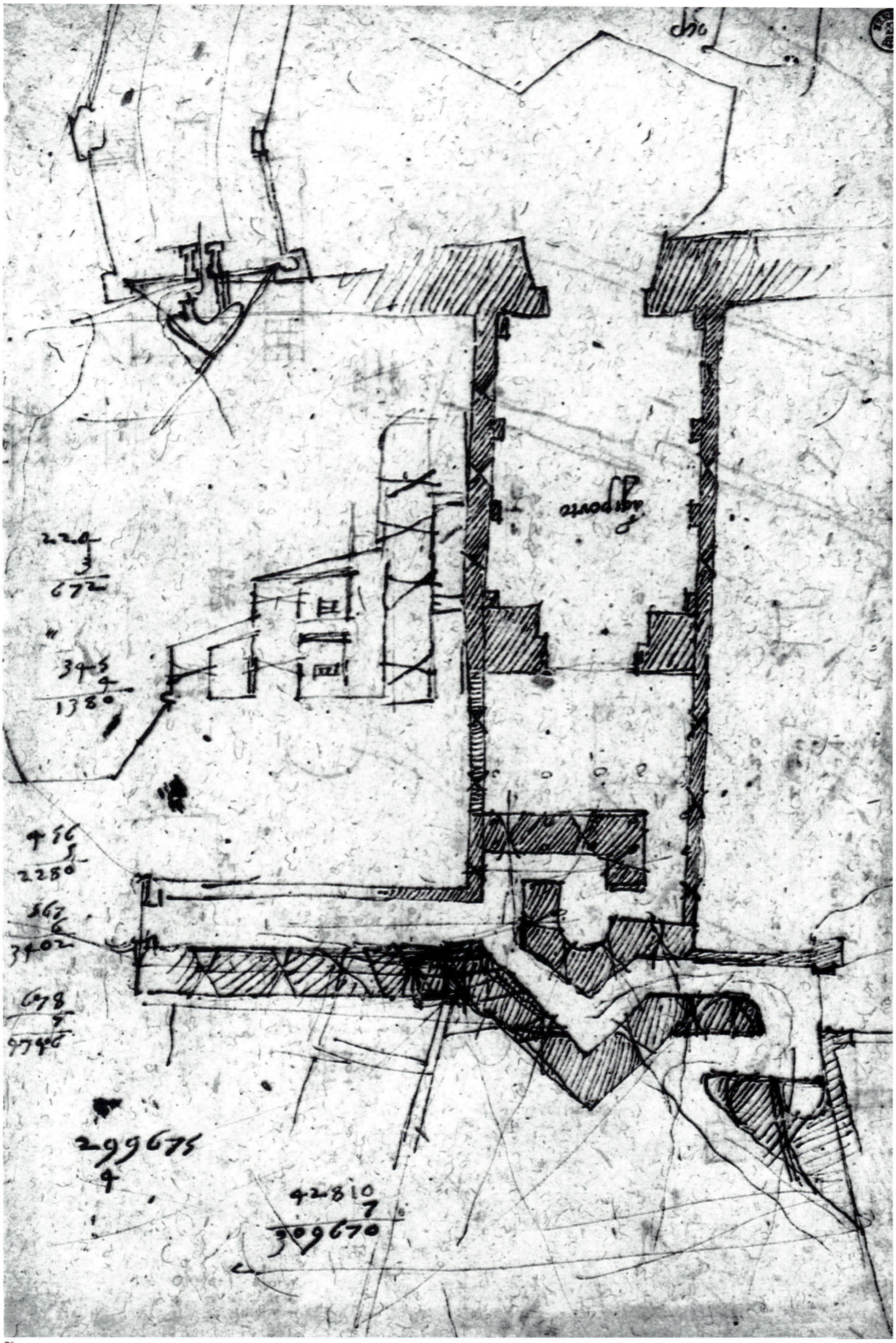

78

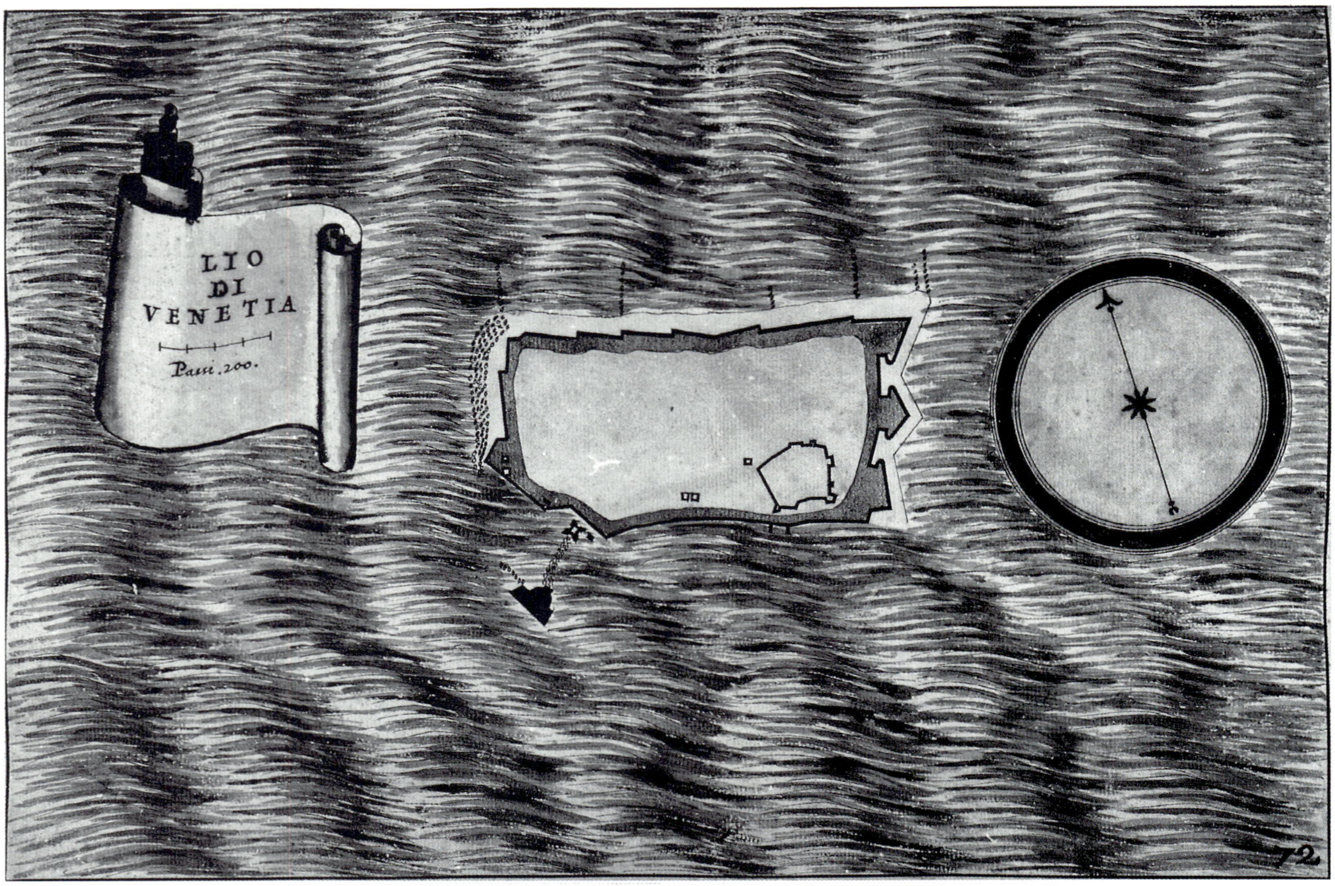

79

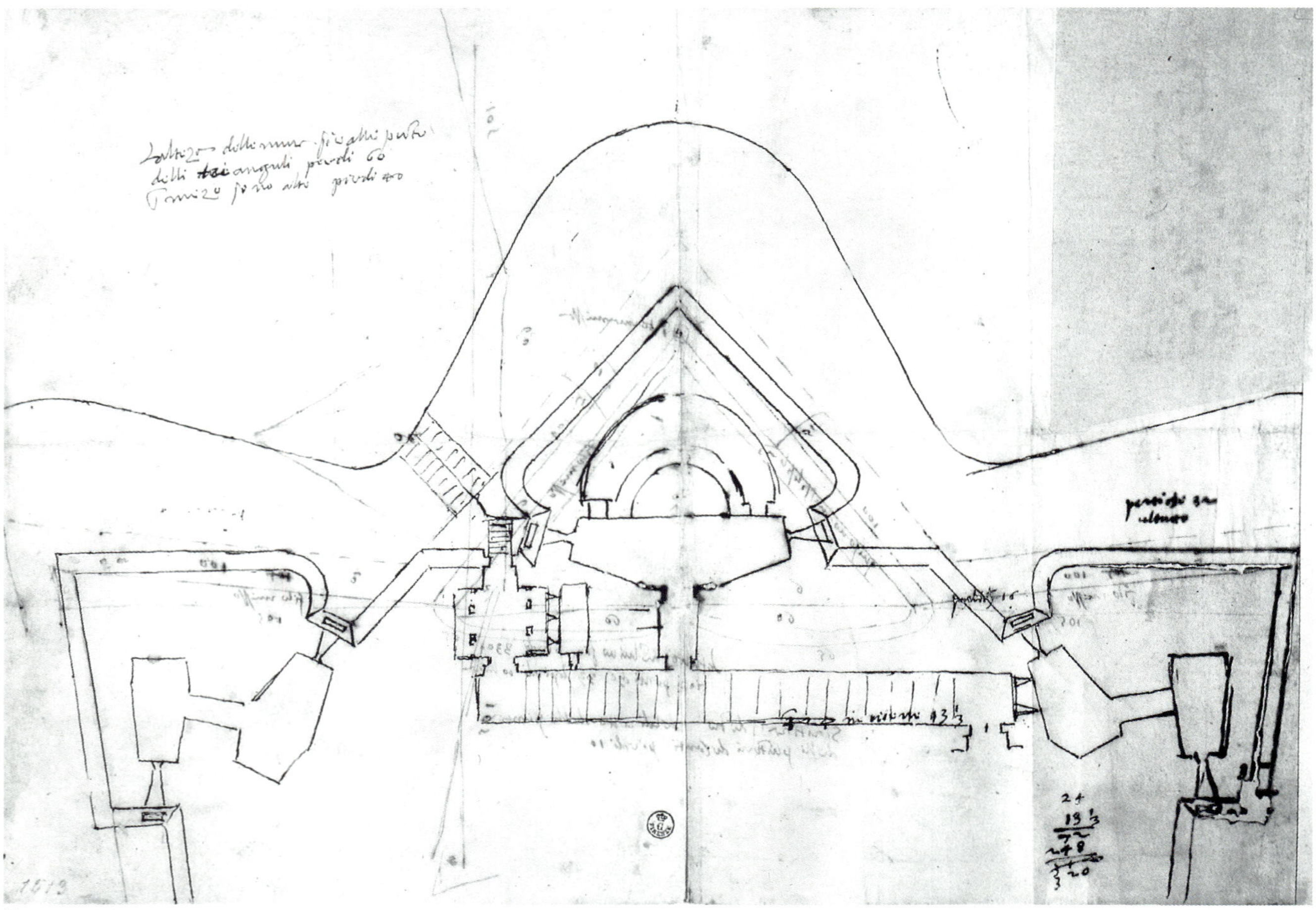

80

79. Matteo Neroni, Zeichnung der venezianischen Festungen San Nicolò di Lido und Sant'Andrea, Biblioteca Nazionale Centrale.

80–81 Antonio da Sangallo der Jüngere, Zeichnungen für Castro, Florenz, Gabinetto Disegni e Stampe der Uffizien.

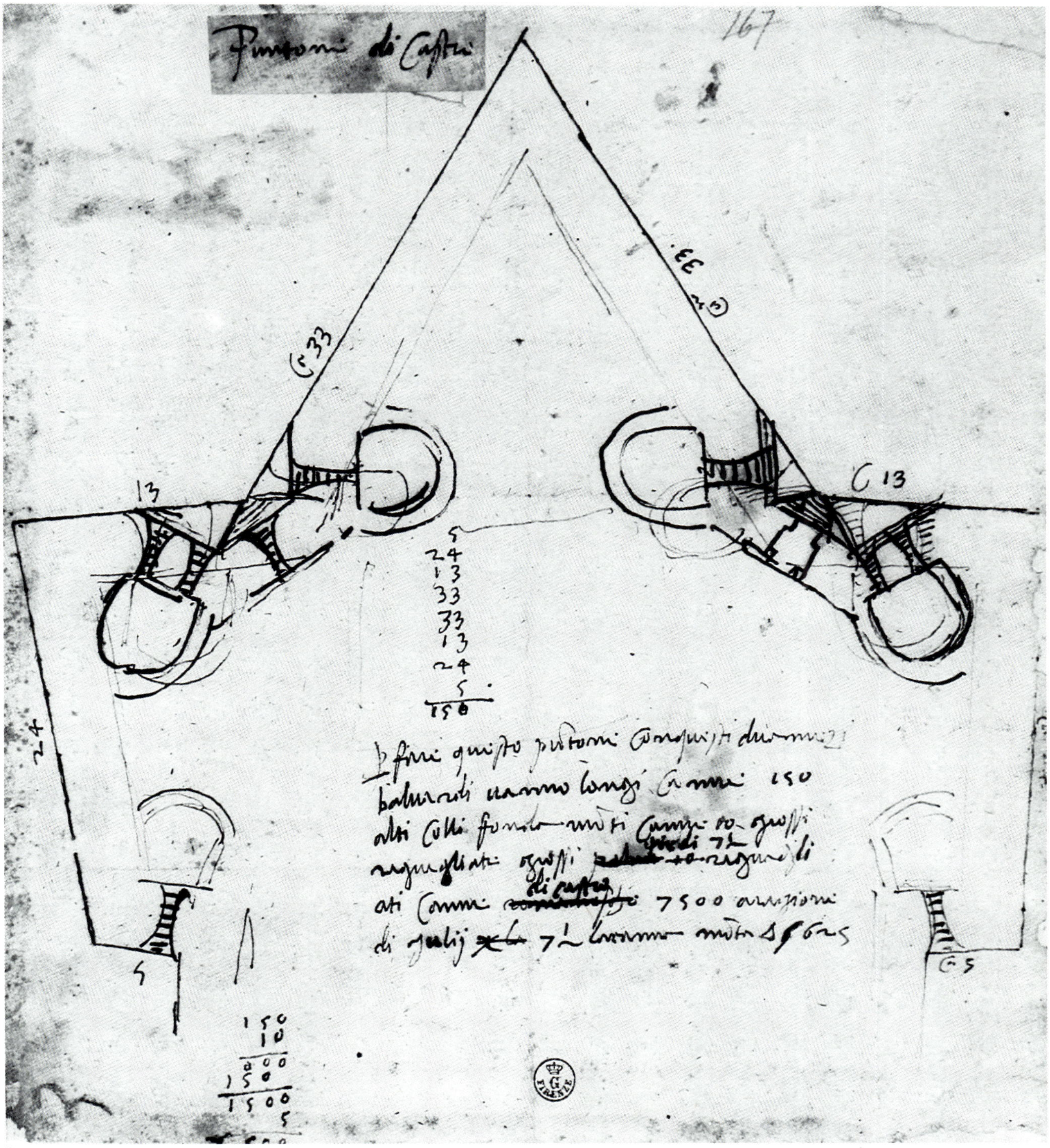

81

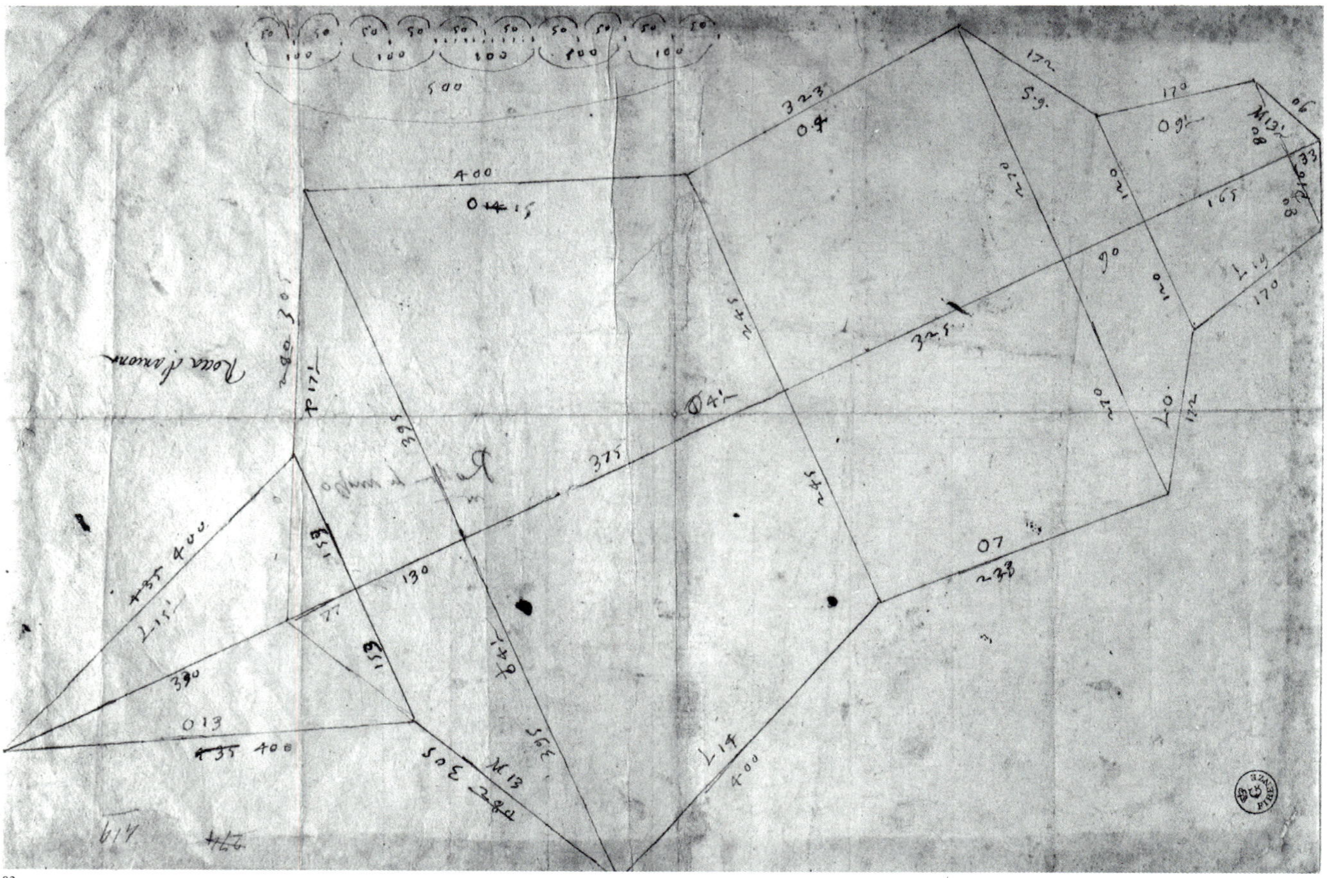

82

82. A. Labacco, Entwurf der Rocca von Sangallo in Ancona, Florenz, Gabinetto Disegni e Stampe der Uffizien.

Befestigungen von der Geometrie. Das sternförmige Befestigungswerk mit zurückgebogenen Kurtinen und die eigentliche fünfeckige Bastionäranlage haben ihren Ursprung im Drei- und Viereck und in deren Überschneidung bei 45°[122] (Abb. 70). Seine fünfeckigen Entwürfe sind vorbereitend für den Bau der Festung San Giovanni (oder da Basso) in Florenz. Auch bei der Zitadelle von Piacenza geht Antonio da Sangallo vom Fünfeck aus und liefert detaillierte Zeichnungen von Bastionen, Brustwehren und Geschützpforten[123] (Abb. 71–73).

Zwei Themen, die in der ersten Periode der europäischen Militärarchitektur immer wieder auftauchen, sind die kreisförmige Bastion und die aus der Winkelung der Kurtine entstehende mehreckige Bastion. 1534 befassen sich ein Bologneser Ingenieur und Baldassarre Peruzzi eingehend damit. Ersterer schlägt für Budapest ein auf Leonardo und Dürer zurückweisendes Element erneut vor – den sogenannten Baluardo d'Italia (Abb. 74) – der von Giovio als «sehr breiter steinerner Wachturm von mittlerer Höhe»[124] bezeichnet wird; zweiterer plant die Rocca Sinibalda, deren Erbauung um das Jahr 1537 (Abb. 75–77) erfolgt. Eine Zeichnung von Peruzzi wird als erster Entwurf für die Rocca[125] (Abb. 78) anerkannt. Die Skizze unten rechts stellt eine mehreckige Bastion vor dem Tor dar, welches zu den Seitenelementen in flankierender Position steht. Peruzzi scheint es als Vergleichsmöglichkeit heranzuziehen, um von da aus den doppelten dreieckigen Sporn vor dem Engpass zu entwickeln. Diese Skizze zeigt deutlich, dass die Idee Peruzzis ihren Ursprung bei Leonardo hat. Wenn das Blatt sich auf die Rocca bezieht, so wird dadurch Ebhardts symbolische Interpretation in Frage gestellt, die den Turm und die seitlichen herzförmigen Bastionen der fertiggestellten Burg mit dem

83–84. Antonio da Sangallo der Jüngere, vorgestaltende Zeichnungen der zurückgebogenen Kurtine und der mittleren Plattform.

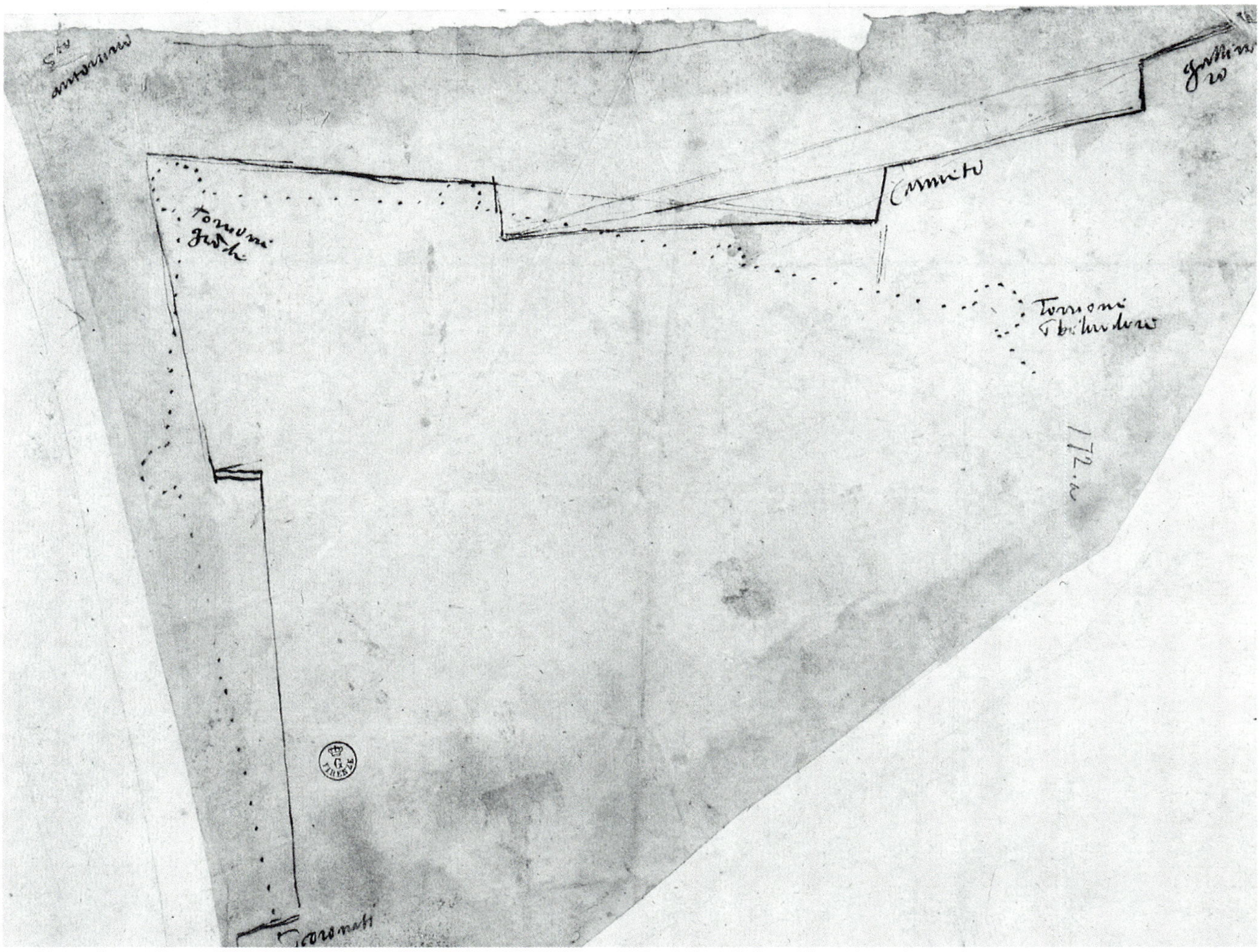

83

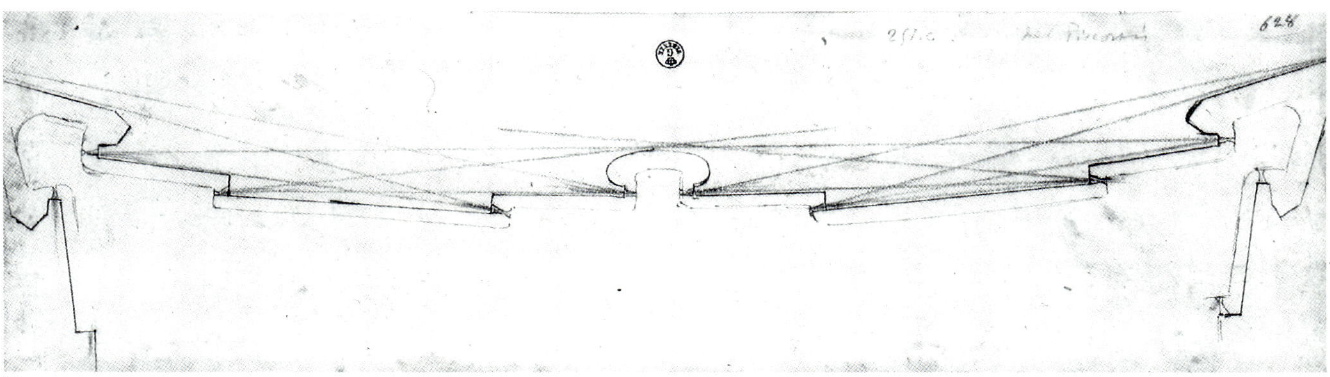

84

85. Unbekannter Baumeister, Zeichnung der Festung von Korfu mit abgewinkelter Kurtine, Rom, Istituto Storico e di Cultura dell'Arma del Genio.

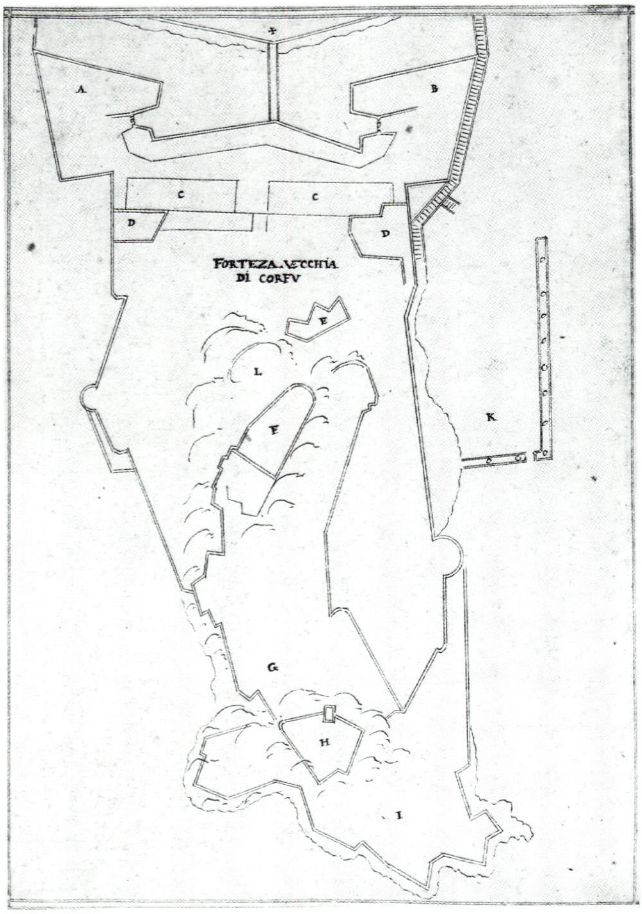

85

Adler des Cesarini-Wappens in Verbindung bringt.
Ein Neuerungsvorschlag des Jahres 1536, der sich auf die venezianischen Festungen San Nicolò di Lido und Sant'Andrea bezieht (Abb. 79), nimmt sich im weiten Raum der Lagune wie ein Schanzlager des neunzehnten Jahrhunderts aus. Es ist zu vermuten, dass Francesco Maria della Rovere bei der Planung entscheidend mitgewirkt hat[127]. Das erste Projekt (Zeichnung und Modell) wurde 1535 von Michele Sanmicheli entworfen und schlägt eine moderne Umgestaltung der mittelalterlichen Überreste vor. Dabei kehren sich die umstrukturierten Festungen – wie die Festung von Sangallo in Florenz – gegen die äusseren Feinde und gegen die Stadt. Sanmichelis Plan sieht einen konstanten Verteidigungsapparat an allen Seiten vor und spielt auf die Stärke einer Macht an, die in der Lage ist, auch eventuelle interne Unruhen niederzuschlagen. Im Jahre 1536 gestaltet Francesco Maria della Rovere Sanmichelis Plan der beiden Festungsanlagen so um, dass diese der Hafeneinfahrt Schutz bieten und, falls der Feind sie in Besitz zu nehmen droht, von den Verteidigern zerstört werden können. Deshalb muss einer starken Aussenfront eine zur Stadt hin gelegene schwächere Innenfront entsprechen, deren Mauer so dünn ist, dass sie im Notfall durch Schüsse der eigenen Artillerie zerstört werden kann, wenngleich sie so beschaffen sein muss, dass «sie nicht gleich niedergerissen und vom Feind in Besitz genommen werden kann»[128]. Das Baukonzept von Francesco Maria della Rovere geht von der realistischen Überlegung aus, dass es, um interne Unruhen in den Griff zu bekommen, keiner so starken Befestigung bedarf, wie wenn es gilt, dem feindlichen Artilleriefeuer standzuhalten, und diese Idee inspiriert das endgültige, von Sanmicheli bearbeitete Projekt[129], welches wir in den stadtfernen Befestigungswerken der Schanzlager des neunzehnten Jahrhunderts wiederfinden.
Aber in den dreissiger Jahren studiert Antonio da Sangallo der Jüngere neue Entwürfe. Seine Figur überragt die zweite Periode der modernen Militärarchitektur und stellt das Bindeglied zwischen Vergangenheit und Zukunft dar. Es ist erstaunlich zu sehen, wie sehr Antonio da Sangallo bei der Planung von Castro[130] (Abb. 80, 81) das klassische System von Giuliano da Sangallo und Leonardo, welches in der Überschneidung zweier Dreiecke besteht, aktualisiert. Von diesem System geht auch Michelangelo beim Prato d'Ognissanti in Florenz aus und er verwendet es schliesslich als Basis für die Begrenzung des Festungsgrabens bei dem endgültigen Entwurf der Eckbastion des Prato d'Ognissanti. Antonio da Sangallo bringt die Schiessscharten an den Ecken an, um anschliessend die bautechnische Gestaltung zwischen den Bastionen weiterzuentwickeln[131] (bei der internen Gliederung der Bastion tauchen erneut Einflüsse von Michelangelo auf). Dasselbe Grundmuster

86. Matteo Neroni, Zeichnung der Befestigungen von Neapel, Florenz, Biblioteca Nazionale Centrale.

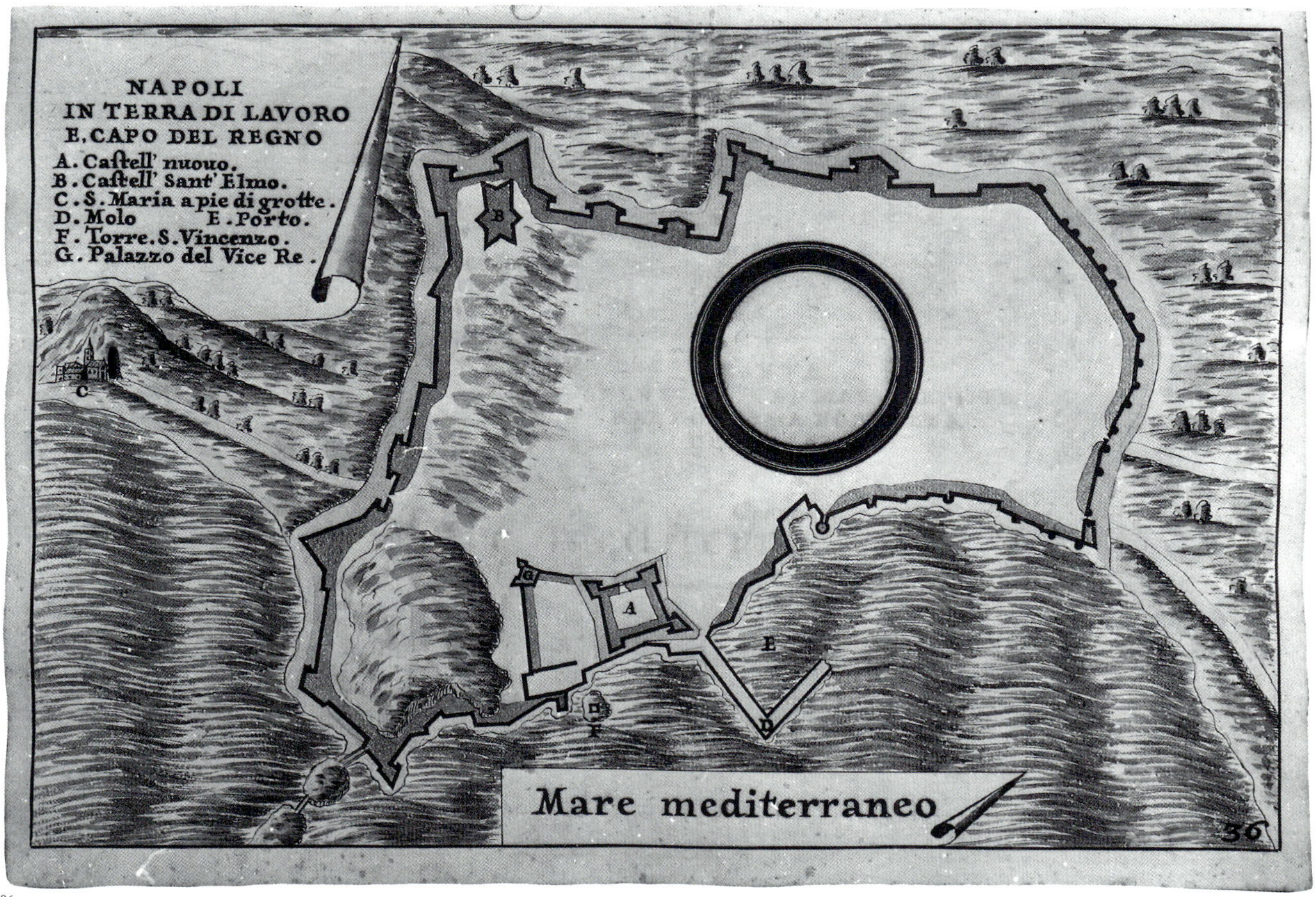

86

ist in einer Studie für die Rocca von Ancona zu erkennen[132] (Abb. 82).
Das System, flankierende Schiessscharten zwischen den Bastionen so anzubringen, dass Facen und Kurtinenabschnitte hinreichend verteidigt werden können, findet eine glorreiche Anwendung an der zum Land gelegenen Front, die Bernardo Buontalenti in Portoferraio baut. 1579 greift Aurelio da Pasino die ursprüngliche Zeichnung von Antonio da Sangallo wieder auf und fügt sie in vereinfachter Form in seinen *Discours Sur plusieurs poincts de l'Architecture de Guerre* ein[133].
Durch Antonio da Sangallo gelangt das Grundmuster der Bastionärfront mit zurückgebogenen Kurtinen und einer mittleren Plattform auch nach Rom[134] (Abb. 83, 84). Angesichts der fortschreitenden Entwicklung der Artillerie wirken diese Neuerungen der übermässigen Länge der Kurtine entgegen. Und bei der ardeatinischen Bastion sind die aurelischen Mauern, denen sich die Bastion anpasst, «auf die Funktion einer Zwischenkurtine reduziert»[135]. Die Kurtine mit ausspringendem Winkel – die seit Giulianos Zeiten dazu diente, der Ungenauigkeit des Rasantfeuers abzuhelfen – kommt in einem Projekt für Korfu in vollendeter Form zur Verwirklichung (Abb. 85). Allerdings stellt sie im Vergleich zu den Erläuterungen von Antonio dem Jüngeren über die zurückgebogene Kurtine und die mittlere Plattform, worauf sich die Militärarchitektur der fünfziger Jahre weiterentwickelt, einen Rückschritt dar.
Korfu hat aus verschiedenen Gründen für Venedig eine lebenswichtige Bedeutung, einmal weil sich hier Schiffsrouten kreuzen und es ein wichtiger Verschiffungshafen und Umschlagplatz für kleinere und grössere Tonnellagen[136] ist, und zum anderen weil hier Salz gewonnen wird und seine Befestigungen der Verteidigung gegen das

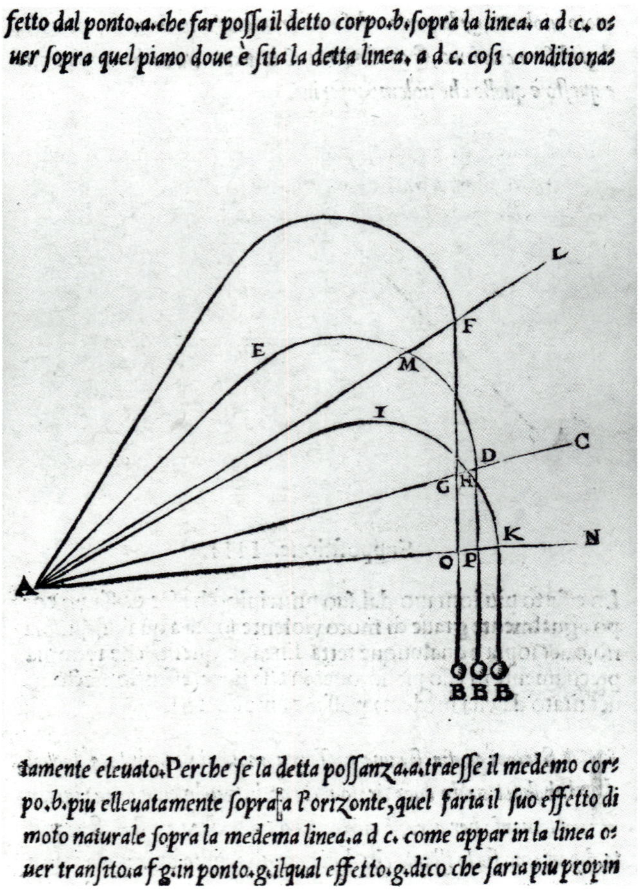

87

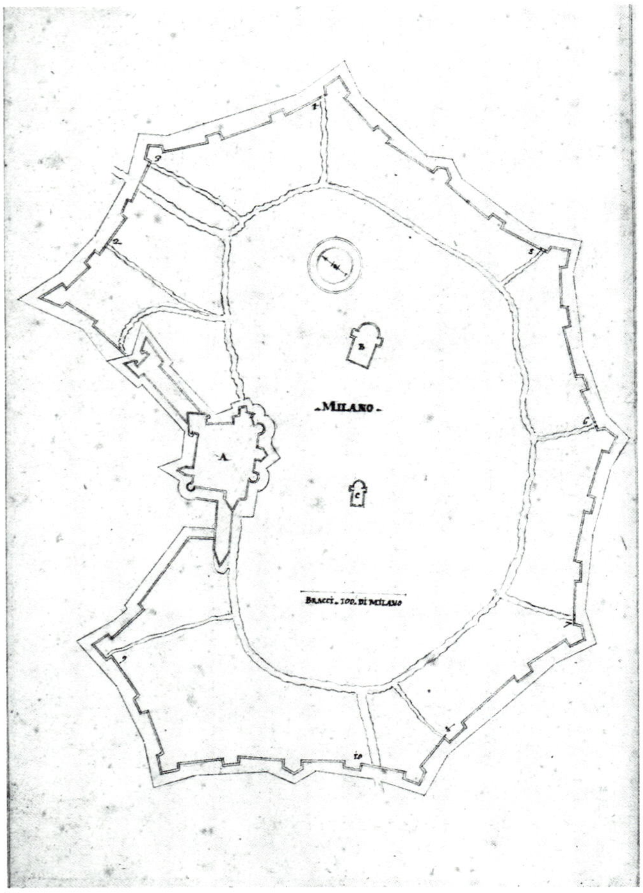

88

87. Nicolò Tartaglia, «(...) alle Schüsse, unabhängig davon, ob sie von einem kleinen oder grossen Geschütz abgefeuert werden, vorausgesetzt dass sie gleich hoch bzw. gleich flach über dem Horizont verlaufen, sind einander ähnlich und folglich proportional» (aus: Nova scientia..., Venedig 1537).

88. Unbekannter Baumeister, Zeichnung der Befestigung von Mailand, Rom, Istituto Storico e di Cultura dell'Arma del Genio.

Ottomanische Reich und die Überfälle der Piraten dienen.

Zwischen 1537 und 1539 hält sich Sanmicheli in Candia, Canea, Retimo und Korfu auf, und in dieser Periode beginnen die Arbeiten an der landeinwärts gelegenen Front der alten Festung von Korfu[137]. Die abgewinkelte Kurtine ist uns durch ein entsprechendes ikonographisches Dokument bekannt[138] und stellt einen Präzedenzfall für eine ähnliche Kurtine an der Festung von San Marino in Mugello dar, an deren Bau auch Buontalenti beteiligt sein wird.

Pedro Luis Scribà greift 1537 beim Fort Sant'Elmo in Neapel (Abb. 86) die Thematik der Winkelkurtine in einer veralteten Vereinfachung wieder auf, aber die Kritik lässt nicht auf sich warten, und der Autor ist gezwungen, eine *Apologia en excusación y favor de las fábricas del Reino de Nápoles* zu verfassen[139].

Die neue Wissenschaft

Das Jahr 1537 ist für die Militärarchitektur des sechzehnten Jahrhunderts von grosser Bedeutung. Nicolò Tartaglia gibt die *Neue Wissenschaft* heraus, die eine Überprüfung und Anwendung der traditionellen geometrisch-euklidischen Kultur bedeutet und eine erste wissenschaftliche Behandlung der Technik des Bombenwerfens darstellt. Die Bewegung der Geschosse wird weiterhin durch die Impetus-Theorie erklärt, aber die Geometrie dient Tartaglia dazu, die ersten ballistischen Thesen aufzustellen, auch wenn er gleichzeitig deren Grenzen festlegt, weil nämlich die Geschossbahnen auf Geraden und Kreisbögen beschränkt bleiben. Tartaglia beobachtet, dass «alle Schüsse, unabhängig davon, ob sie von einem kleinen oder grossen Geschütz abgefeuert werden und vorausgesetzt, dass sie gleich hoch bzw. gleich niedrig über dem Horizont ihre Bahn ziehen, einander ähn-

89. Matteo Neroni, Zeichnung der Befestigung von Giavarino in Ungarn, Florenz, Biblioteca Nazionale Centrale.

ganz neu ist, denn im Grunde hat Euklid dies in seiner Perspektive theoretisch zum Teil schon gelehrt. In ähnlicher Weise haben Giovanni Stoflerino, Orontio, Pietro Lombardo und viele andere diese Dinge auf eine Norm gebracht; der eine über die Sonne, der andere mit einem Spiegel, der

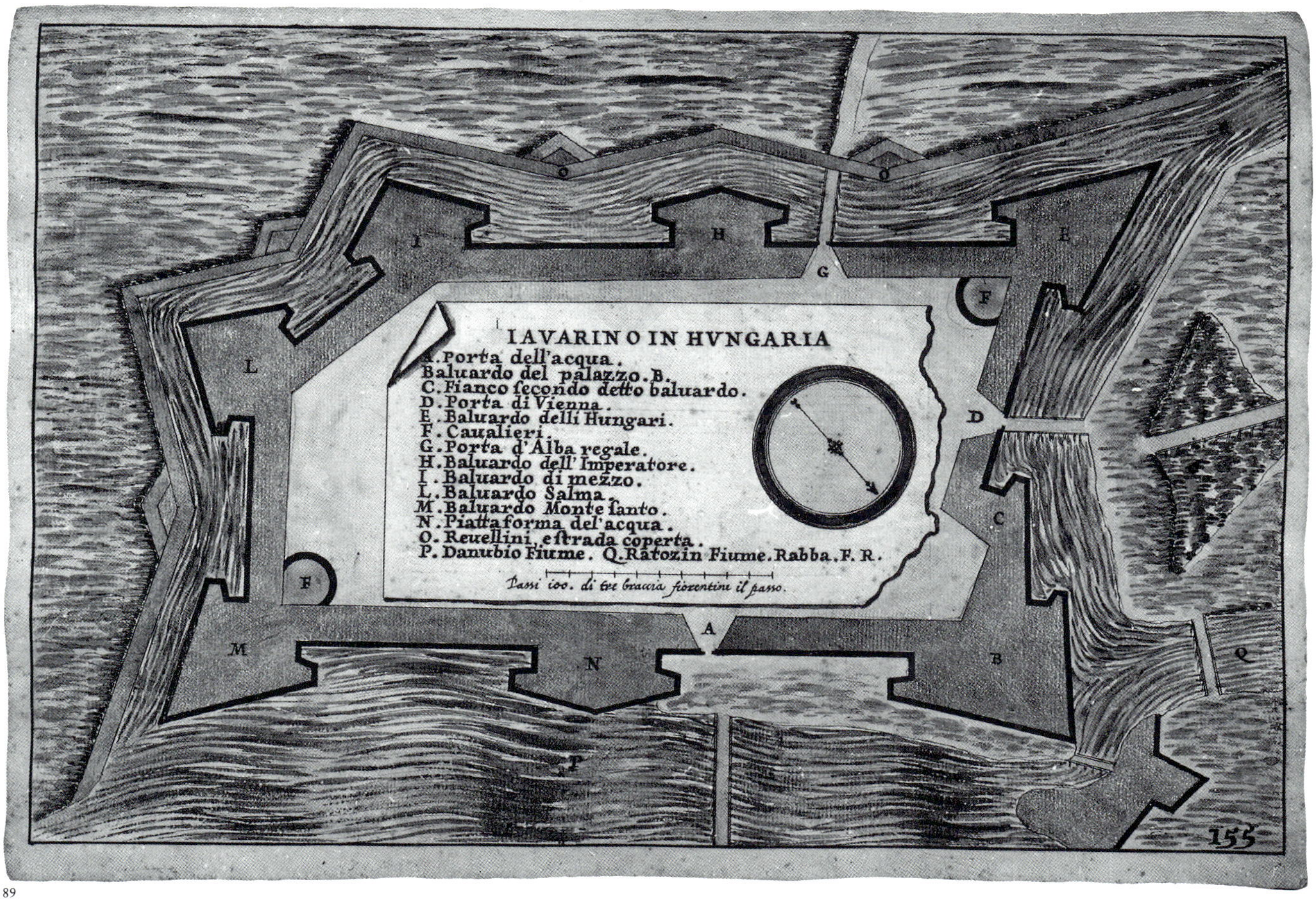

89

lich und folglich proportional sind, und ähnlich verhält es sich mit den Entfernungen». Ausserdem stellt er fest, dass «je nachdem, ob man das Artilleriegeschütz höher bzw. niedriger in bezug auf den Horizont richtet, seine Schüsse proportional zunehmen bzw. abnehmen»[141] (Abb. 87). Ein gleiches Gesetz über die geometrische Ähnlichkeit verbindet Tartaglias Ballistik mit der Perspektive von Piero della Francesca.

Neben der Artillerie und der Perspektive ist die Höhen- und Entfernungsmessung als vordringliche Notwendigkeit für die Kartographie zu betrachten. Und Tartaglia stellt erneut ein Mittel vor, um «in Kürze die Höhe, die Entfernung der Hypotenuse, den Durchmesser und die Horizontale der sichtbaren Dinge zu untersuchen, was nicht dritte mit einem Quadranten oder einem Astrolabium, weider andere mit zwei Stäben oder mit einem Stab (auch Jakobsstab genannt) und auf viele andere Weisen»[142].

Auch Tartaglia entwirft ein Instrument, das «eine Fläche ebnen, doch auch durch blosses Anschauen die Höhe, Breite und Tiefe, aber auch die Entfernung der Hypotenuse und der Horizontalen festlegen kann» und «es kann die unterschiedlichen Schüsse eines jeden Artilleriegeschützes und jeden Mörsers genau bestimmen»[143]. Die gnomonische Figur des Instruments oder Winkeldreiecks ist in zwölf Teile unterteilt wie die altimetrische Skala von Stoflerino und die Astrolabien; da gibt es die *ombra recta*; die *ombra versa* und die *ombra media*; zwei perforierte Klingen materialisieren den visuellen Strahl, und an der Ecke des Win-

90

90. Die Bastion der Burg von Giavarino in den dreissiger Jahren dieses Jahrhunderts.

kelmessers ist ein Faden mit einem Bleigewicht befestigt. In der 1558 herausgegebenen Version der *Neuen Wissenschaft* fügt Tartaglia dem dritten Buch einen Teil hinzu, in dem die Höhe und die Entfernung eines unerreichbaren Gegenstandes durch ein anderes Hilfsmittel untersucht werden, das jedoch ebenfalls auf den euklidischen Prinzipien beruht[144]. Im Jahre 1543 besorgt er eine Ausgabe von Euklid, die er Gabriele Tadino widmet, dessen Wappen auf der Titelseite hervorsticht[145].

Der europäische Befestigungsbau zwischen den vierziger und sechziger Jahren des sechzehnten Jahrhunderts

Zwischen den vierziger und sechziger Jahren des sechzehnten Jahrhunderts folgt die europäische Befestigungsbautechnik ziemlich genau den von Antonio da Sangallo dem Jüngeren gesetzten Richtlinien; und das sowohl bei regelmässigen Festungen, die sich am besten für geometrische Lösungen eignen, als auch bei komplizierten Anlagen, die durch ihre Lage bestimmt sind und kulturelle Gemeinsamkeiten aufweisen, wie die Festungen von Malta, Portoferraio und San Martino in Mugello. Der von Sangallo hergeleitete Festungsbau wird in der ganzen westlichen, von Europa vertretenen Welt übernommen – im Gegensatz zu dem, was im Osten geschieht – und die Verbreitung dieser Bauweise wird anfangs durch italienische Ingenieure gewährleistet. Im Jahre 1547 kommt Giovanbattista Pelori nach Mailand und Anfang des Jahres 1548 legt er einige Zeichnungen für die Stadtmauer vor. Laut Promis «hält er sich an ein von ihm konzipiertes System, nach dem der Wert einer Festung bzw. einer Bastion in der grossen Anzahl und Entwicklung der Flanken besteht, weshalb er die aus drei parallelen und einspringenden Flächen bestehende Kurtine in fünf Teile teilt, aus denen vier neue Flanken entstehen»[146]. Ohne zu vergessen, dass Antonio als erster die Idee gehabt hat, die Kurtinen zurückzubiegen, kann man annehmen, dass die Stadtmauer von Mailand (Abb. 88) von Giovanni Maria Olgiati unter Berücksichtigung der Zeichnungen von Pelori neu definiert worden ist[147]. Auch die Tenaille der Mailänder Burg geht auf Antonio da Sangallo und seine letzte durch die Zitadelle von Ancona gekennzeichnete Schaffensphase als Militärarchitekt zurück[148].

Die Kurtine «mit einer Faltung nach innen» gefiel Girolamo Maggi, dem Nicolò Giusti[149] die Zeichnungen von Pelori für die Stadtmauer von Mailand zeigte, und Bellucci hielt sie im Auge, als er die erste Oltrarno-Front in Florenz entwarf. Die Einfügung einer mittleren Plattform in das Bastionärsystem stammt von Antonio da Sangallo (Abb. 84); und im dritten Teil eines Kodex von Magliabechi, wo diese mittlere Plattform angedeutet wird, geht es um fortifikatorische Inhalte, die in der Folge zur Diskussion gestellt werden[150]. Das Konzept der Plattform entsteht bei ihm gleichzeitig mit der zurückgebogenen Kurtine, aber in der von Sangallo ausgehenden architektonischen Kultur entsteht die Plattform nach der zurückgebogenen Kurtine und ist etwa auf das Jahr 1550 datierbar[151].

Durch die Einfügung der mittleren Plattform, die bei der sangallischen Zitadelle aus der Zusammenstellung geometrischer Grundmuster hervorgeht und in Florenz u.a. eine symbolische Bedeutung als Machtverkörperung erlangt, wird die Städteplanung der fünfziger Jahre verbessert.

Die Plattform wie auch die zurückgebogenen Kurtinen schaffen neue Flanken und sind mit der optimalen Reichweite der Artillerie in Verbindung zu bringen, und es kommen bei der Berechnung der Kurtinenlänge ökonomische und funktionelle Wertmassstäbe zur Anwendung.

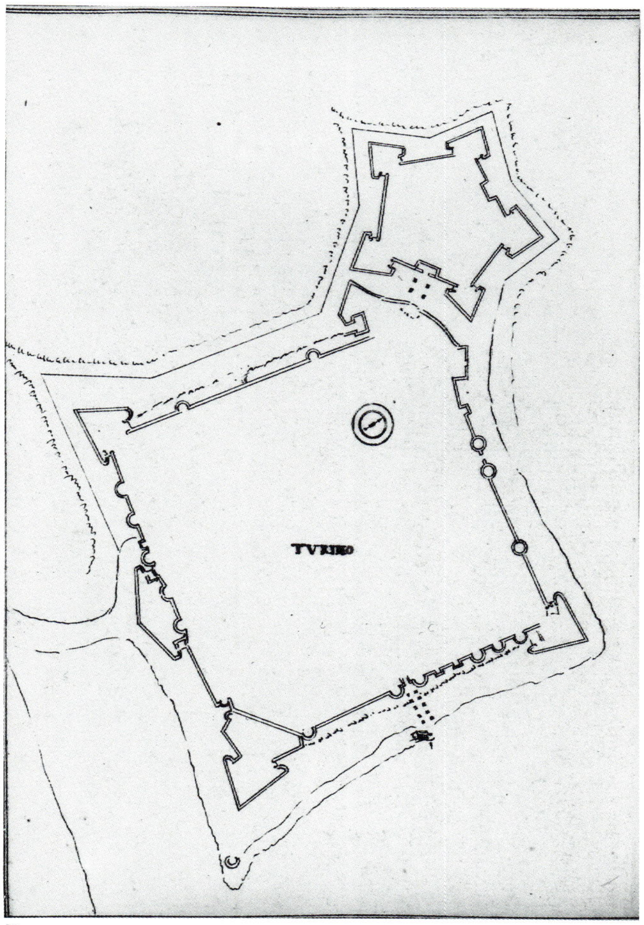

91

91. Unbekannter Baumeister, Zeichnung der Stadtmauer und Zitadelle von Turin, Rom, Istituto Storico e di Cultura dell'Arma del Genio.

Ausserdem werden die Bastionen vergrössert. Die auf zirka 20 Meter reduzierten Hälse der ersten kleinen und spitzwinkligen Bastionen behindern die Artillerie, gestatten keine wirksame Verteidigung der Bresche und erschweren den Bau einer internen Verschanzung[152]. Was wirklich die Flankierung verbessert sind die Verkürzung der Kurtine und die Vergrösserung der Bastionen.

Eine Bastionsanlage wie die von Sabioneta, die Girolamo Cataneo zugeschrieben und zwischen 1554 und 1567 erbaut wurde[153], weist im Vergleich zu der Mailänder Anlage eine Evolution im Sinne einer globalen geometrischen Regelmässigkeit und einen Fortschritt in bezug auf den Verlauf der Fronten auf. Bei einer Analyse des buonta-

92-93. Daniel Specklin, die Stadtmauern von Antwerpen und die Zitadelle von Paciotto (aus: Architectura von Vestungen, Strassburg 1589).

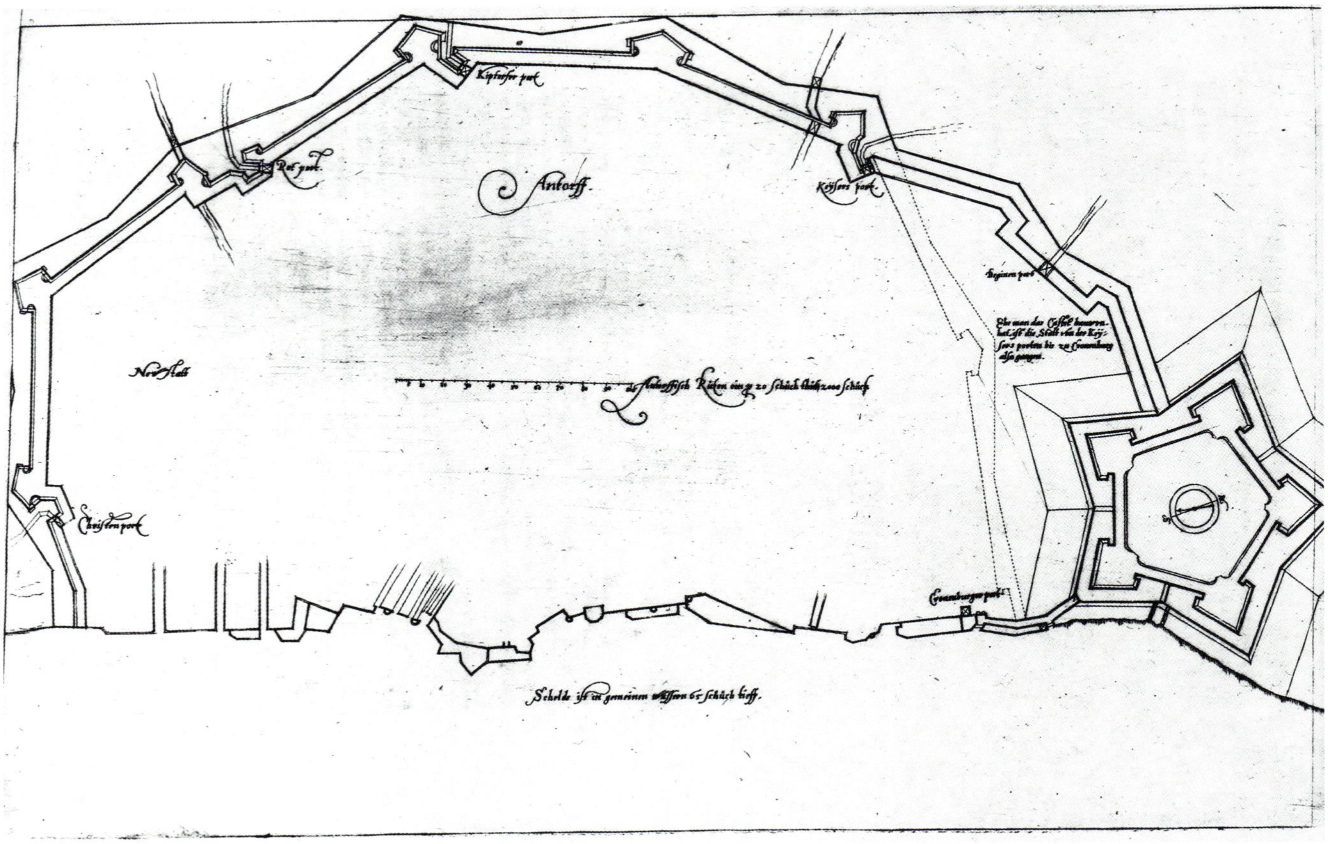

92

lentischen Projekts für das neue Livorno ist diese Anlage nicht aus den Augen zu verlieren, aber bei einem Vergleich mit den Stadtmauern europäischen Formats scheint die von Giavarino in Ungarn zu den bedeutendsten zu gehören (Abb. 89, 90). Eine Grundrisszeichnung von Giavarino erscheint im Inventar der buontalentischen Dokumente, das wenige Tage vor seinem Tod zusammengestellt wurde.

Der Mauerring von Giavarino wurde 1555 von Pietro Ferabosco geplant[154]. Die Erdanschüttungen sind 1557 ziemlich weit fortgeschritten, und im selben Jahr wird mit der Mauerverkleidung begonnen[144]. Doch 1561 ergibt sich ein Problem, das der gesamten europäischen Militärarchitektur bekannt ist und darin besteht, der übergrossen Länge der Kurtine Herr zu werden. Der Ingenieur Francesco Benigno, der die Bauarbeiten leitet, stellt einige Mängel an dem Projekt Feraboscos fest, und zwar insbesondere die Länge der Kurtinen zwischen den Bastionen «Imperatore» und «Mezzo», sowie zwischen den Bastionen «Ungheria» und «Castello», und er schlägt König Ferdinand vor, die westliche Kurtine durch eine Halbbastion in Anlehnung an die «Castello»-Bastion (die sogenannte Sforza-Plattform) zu unterteilen und die Südfront durch Einfügung einer neuen Bastion zu korrigieren. Die Bastionäranlage erhält im Jahre 1564 aufgrund obengenannter Veränderungen ihre endgültige Gestalt[156]. Nach der anfänglich von Sangallo genau definierten fünfeckigen Zitadelle verbreiten sich in den sechziger Jahren überall in Europa regelmässige Anlagen von Stadtumwallungen und Zitadellen. Sie stellen die kulturelle Basis für Buontalentis Planung des zukünftigen Livorno dar. Nach einem ersten Vorschlag von Francesco Orologgi entwickelt Francesco Paciotto in Turin den endgültigen Plan der fünfeckigen Zitadelle[157] (Abb. 91). Derselbe Paciotto definiert auch für Antwerpen die berühmte fünfeckige Zitadelle[158] (Abb. 92,

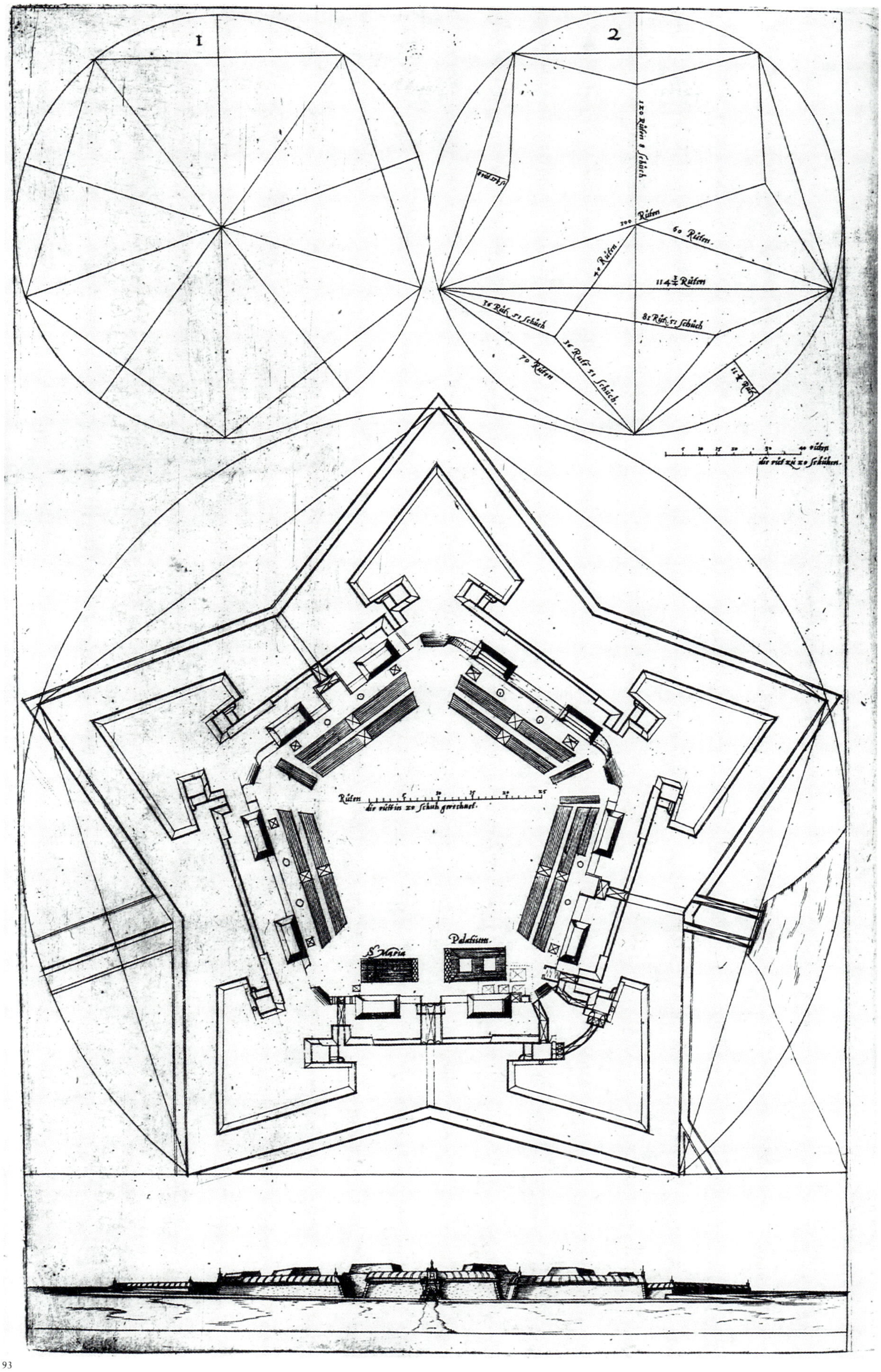
1
2
120 Rüten 8 schüch
100 Rüten
60 Rüten
40 Rüten
114 3/4 Rüten
36 Rüt. 51 schüch
81 Rüt. 51 schüch
36 Rüt. 51 schüch
70 Rüten
die rüt zü 20 schühen
Rüten
die rüt ist 20 schuh gerechnet
S. Maria
Palatium

93

93), die für andere ähnliche Bauten in Europa Modell steht. Giorgio Paleаro Fratino plant, das Kastell von Mailand in eine sechseckige Bastionäranlage einzuschliessen[159], Pietro Ferabosco entwirft eine fünfeckige Befestigung für Canisia in Ungarn[160], Giulio und Ottavio Baldigara bauen in Ungarn die fünfeckige Zitadelle von Szatmar und die sechseckige Anlage von Ersekujvar (oder Neuhäusel)[161].

Traktate

Die den europäischen Befestigungsanlagen zwischen den vierziger und sechziger Jahren des sechzehnten Jahrhunderts zugrunde liegende Befestigungskultur lässt sich unter Berücksichtigung einer gewissen Phasenverschiebung aus den Traktaten erkennen. Giovanni Battista della Valle sprach zuvor in seinem Traktat nie speziell von einer Militärarchitektur[162], während Albrecht Dürer eine ausführliche Darstellung jener Architektur liefert, sich dabei jedoch auf das kreisförmige Bollwerk beschränkt. Die mittlere Plattform wird 1544 im *Traktat über die Erdbefestigungen* von Bellucci behandelt[163], und dieses Traktat findet über handschriftliche Kopien Verbreitung. In dem umfangreicheren Werk *Von den Befestigungen* geht Bellucci von dem gleichen theoretischen Standpunkt aus[164]. In den fünfziger Jahren findet schliesslich das Manuskript des Traktats von Francesco De Marchi Verbreitung[165], in dem er auch die Plattform berücksichtigt. Es ist erwiesen, dass sich einige Teile des ersten Buches in Buontalentis Besitz befunden haben[166].
Giovan Giacomo Leonardi lässt in seinem *Buch über die Befestigungen unserer Zeit*[167] wichtige Fragen wie die zurückgebogene Kurtine und die mittlere Plattform völlig unbeachtet. Er schrieb das Traktat um das Jahr 1553, doch wurde es nicht veröffentlicht, auch wenn es angesichts der Bedeutung des Autors eine beachtliche Verbreitung gefunden haben muss. Das Traktat von Leonardi verleiht einer Kultur Ausdruck, die um das Jahr 1530 die Bastionäranlage von Pesaro hevorgebracht hatte und zwar mit Fronten, die auf dem Mittelstück der Kurtine interne Kavaliere hatten[168].
Pietro Cataneo hat ein auf den neuesten Stand gebrachtes Traktat über Befestigungsprobleme geschrieben, das ausserdem gedruckt wurde[169]. Er befasst sich darin mit poligonalen Städteanlagen, die vier, fünf, sechs, sieben, acht, zehn, elf Seiten haben sowie mit fünfeckigen und vierseitigen Zitadellen; daneben behandelt er zehnekkige Anlagen in der Ebene und neuneckige am Meer[170]. Er stellt ausserdem erneut ein von Sangallo stammendes tenailliertes System in einer Hügellandschaft vor[171], welches Buontalenti beim Bau der Belvedere-Festung von Florenz im Auge hält. In einer sechseckigen Anlage präsentiert und diskutiert Cataneo eine Front mit Elementen zwischen den beiden Bastionen. Es handelt sich um «Bastionen auf der Hälfte der Kurtine, die auf ebenem Boden stehen»[172]. Sie sind von Verteidigungslinien unterspannt, die von den Flanken der seitlichen Bastionen oder von der Innenseite der Kurtine ausgehen, um neue *Kurtinenflanken* zu bilden («und wenn man grössere mittlere Bastionen und spitzere Fronten schaffen will, so baue man Kurtinenstreben»).
Tartaglia zeigt in seinem Werk *La gionta del sesto libro di quesiti, et inventioni diverse* in Dialogform – wobei der Prior von Barletta Gabriele Tadino sein Hauptgesprächspartner ist – «eine erste Möglichkeit, eine unbezwingbare Stadt, die weder durch die feindliche Artillerie, noch durch sonstige Spitzfindigkeiten beschädigt oder zerstört werden kann, dennoch zu bezwingen». Er wendet die Kavaliere von Francesco Maria della Rovere und Giovan Giacomo Leonardi an und, was teils neu und kühn ist, Kurtinen mit ein- und ausspringenden Winkeln, die an den ausspringenden Winkeln von Kavalieren besetzt sind[173].
In einem zeitgenössischen Traktat behauptet Giovan Battista de Zanchi aus Pesaro: «der Perfektion, die den Formen der Befestigung zukommt, muss zwangsläufig die Vielzahl der Winkel folgen, jedoch mit der richtigen Kurtinenlänge. Die Bastionen müssen über reichlich Platz verfügen, und je mehr sich die Anlage unter diesen Bedingungen der Rundung nähert, um so perfekter wird sie» und so kommt er, auch ohne die mittlere Plattform zu berücksichtigen, zu einer achteckigen Anlage mit zurückgebogenen Kurtinen: «da sie einem kreisför-

migen Muster so nahe kommt, wie es ihr die gebührende Länge der Kurtinen erlaubt, wird sie sich von den anderen, gerade verlaufenden unterscheiden, denn sie biegt sich über eine angemessene Länge so weit zurück, dass sie zwischen den beiden schräg verlaufenden Kurtinenseiten einen kleinen Freiraum lässt (...).

Der Kommentar, den der gewählte Patriarch von Aquileja, Daniele Barbaro[175], über Vitruv verfasst und der eine zusammenfassende Darstellung des derzeitigen technisch-wissenschaftlichen Wissens vermittelt, scheint rückdatiert zu sein wie auch das Traktat von Leonardi, aus dem er im übrigen schöpft und dessen Veröffentlichung er ankündet, wenngleich die Länge seiner Kurtine, verglichen mit der von Leonardi[177], den neuesten Entwicklungen entspricht.

Das Problem der übermässigen Kurtinenlänge wird 1557 von Giacomo Lanteri hinreichend erläutert. Bei einer Kurtinenlänge von weniger als 50 Schritt ist, laut Lanteri, eine zu grosse Anzahl von Bastionen erforderlich, und es entstehen folglich zu hohe Kosten. Bei einer Kurtinenlänge von mehr als 140 Schritt sind Geschütze von erheblichem Kaliber notwendig, die mehr kosten und weniger handlich sind und beim Laden und Richten mehr Zeit erfordern (die Gefechtpause geht zu Gunsten des Belagerers). Die Verwendung von Geschützen geringeren Kalibers entspricht daher der vordringlichsten Funktion der Bastion, die nämlich darin besteht, «die gesamte Zone zwischen der Kurtine und der Konterescarpe zu überwachen». Zusammenfassend ergeben sich, laut Lanteri, bei einer Kurtinenlänge von weniger als 140 Schritt geringere Kosten für das Schiesspulver, eine geringere Anzahl von Schiessscharten, ein grösserer Schaden für die Belagerer, eine bequemere Verteidigung[178]. Das Problem der in die Kurtine eingefügten Plattform, durch die eine zu grosse Kurtinenlänge vermieden werden soll, findet eine vollendete graphische Synthese in dem zuvor untersuchten Blatt des Traktats von Buontalenti (Abb. 21, Tafel VI). Dieses Blatt gelangt innerhalb der militärischen Traktatliteratur zu besonderer historischer Bedeutung. Die darin enthaltenen Kenntnisse sind aus den Trakten von Maggi und Castriotto und aus den *Discorsi* von Carlo Theti hervorgegangen[179].

Bei Girolamo Cataneo[180] kommen die Plattformen nochmals zur Sprache, aber bei den neueren Anlagen werden sie dann vergessen. 1569 sagt Domenico Mora abschliessend, dass «sie nur noch repariert werden sollen, wo die Notwendigkeit uns zwingt, dies zu tun»[181]. Zuvor hatte Mora in einem Werk, das er Cosimo I. dei Medici gewidmet hatte, die von Sangallo stammende abgewinkelte Kurtine in Fortsetzung der Facen der Bastionen[182] erneut präsentiert; sie wurde dann von Buontalenti in Portoferraio verwirklicht.

Befestigungsbau und Perspektive

1557 kommt Bernardo Buontalenti in Civitella mit Giacomo Lanteri in Berührung, und diese Begegnung ist sehr lehrreich für ihn, weil Lanteri eine hervorragende Ausbildung in der Perspektive besitzt und in diesem Jahr seine Abhandlung über die Art, Festungsanlagen nach Euklid zu zeichnen, veröffentlicht. Er proklamiert darin den zwischen Festungsbau und Perspektive bestehenden Zusammenhang. Die Perspektive kennen «ist Sache derer, die sich im Festungsbau üben wollen, denn «wie die Augen unserer Phantasie die Beschaffenheit der Dinge erkennen, so vermittelt die Perspektive denen, die sie kennen, die wahre und vollkommene Einsicht des Befestigungsbauers (...), wo diese aber fehlt, gleicht der Ingenieur oder Architekt einem, dessen Augen verbunden sind»[183].

Der Grundriss einer Bastion gehorcht dem Gesetz der Geometrie und der perspektivischen Sicht. Wenn man sie an zwei gleichen Innenseiten eines Mauerrings bauen will, sind die Facen (die durch die Visierlinien materialisiert sind) und die Flanken untereinander gleich wie es die Innenseiten sind. Aber wenn eine Seite des Mauerrings grösser als die andere ist, ist auch die entsprechende Flanke grösser und ebenso die Face[184].

Über Euklid kommt Giacomo Lanteri schliesslich zu dem Schluss (und das ist der tiefere Grund für die endgültige Formgebung), dass die fünfeckigen bzw. geradlinigen Bastionen, wie er sie nennt, besser sind als die runden, weil letztere zur Folge haben, dass «ein Teil nicht verteidigt werden kann, wo sich derjenige, der in den Umkreis einer Festung mit solchen Bastionen gelangt, immer einen Platz findet, wo er sich an die Mauer anlehnen und versuchen kann, seine feindliche Absicht zu verwirklichen (...), während die Aufgabe des Befestigungsbauers in erster Linie darin besteht (und zwar bei jeder Art von Bastion), nirgends einen Freiraum zu lassen, der nicht bestens von den Flanken aus verteidigt werden könnte. Wo aber die Bastionen bzw. die Mauerringe anders als geradlinig verlaufen, ist es möglich, dass es unverteidigte Teile gibt (...)»[185].

Euklid liefert eine rationale Grundlage für die moderne Militärarchitektur. Es geht darum, «die Seiten wie auch die Ecken zeichnerisch so aufs Papier zu bringen, wie es dem euklidischen Gesetz entspricht»[186]. «Den Praktikern ist Euklid von keinerlei Nutzen, wenn es darum geht, die Richtigkeit ihrer Meinung zu beweisen (...); der grösste Teil der Architekten unserer Zeit (ich will nicht sagen, alle) klammert sich an einen Schatten und verliert das wahre Ziel aus den Augen. Und so gehen sie tastend und schwankend voran, wie es die Blinden tun, von denen es viele gibt (wie man weiss), die, weil sie darin geübt sind, sich an jedem Ort zurechtfinden, an dem sie schon mehrmals gewesen sind. Dasselbe passiert den meisten Architekten unserer Zeit, die genau das Gegenteil von dem tun, was man im Altertum tat; sie lernen nur Pläne zeichnen, ohne Berechnungen anzustellen und Modelle anzufertigen und folgen dabei ihrer gewohnten Praxis, die Mathematik zu ignorieren»[187].

Diese Gegenüberstellung von Kennern der Perspektive und Praktikern hat ihren Ursprung in dem Gegensatz, der sich im sechzehnten Jahrhundert zwischen Wissenschaftlern und Ingenieuren auftat. Zu denen, die die Architektur durch die geometrische Wissenschaft der Perspektive zu sehen verstanden, gehörten Nicolò Tartaglia, Giovan Giacomo Leonardi, Pietro Cataneo, Daniele Barbaro, Giacomo Lanteri, während Pirro Colonna und Otto di Montaguto zu den Praktikern zu rechnen sind, die 1548 in Portoferraio mit Bellucci in Widerspruch gerieten, weil dieser der «Ordnung der Architektur» (d.h. der euklidischen) folgte[188]. Bellucci rückt in der geometrisch-euklidischen Kultur nicht von Lanteri ab; er kann sich allenfalls gegenüber Lanteri einer grösseren Erfahrung als Ingenieur rühmen.

Bernardo Buontalenti, der das sechzehnte Jahrhundert zum Abschluss bringt, ist nicht nur durch die Wissenschaft sondern auch durch die Erfahrung geprägt, doch ist er in der Lage - wie Brunelleschi und Michelangelo - die euklidische Wissenschaft, seine Erfahrungen als Ingenieur und auch als Künstler auf einen Nenner zu bringen.

1. Unter den verschiedenen Historikern, die sich darauf beziehen: L. Marini, *Saggio istorico ed algebraico sui bastioni,* Rom 1801, S. 9; C. Promis, *Della origine dei moderni baluardi. Memoria storica IV, in* F. di Giorgio Martini, *Trattato di architettura civile e militare di Francesco di Giorgio Martini architetto senese del secolo XV ora per la prima volta pubblicato per cura del cavalier Cesare Saluzzo con dissertazioni e note per servire alla storia militare italiana,* Turin 1841, S. 294–299; A. de Zastrow, *Histoire de la fortification permanente ou manuel des meilleurs systèmes et manières de fortification,* a cura di E. de la Barre Duparcq, I, Paris 1856, S. 70; A. Guglielmotti, *Storia delle fortificazioni nella spiaggia romana risarcite ed accresciute dal 1500 al 1570,* Rom 1880, S. 13.

2. G. Vasari, *Le vite de' più eccelenti pittori scultori ed architettori scritte da Giorgio Vasari pittore aretino,* a cura di G. Milanesi, VI, Florenz 1906, S. 352.

3. B. Lorini, *Le fortificationi,* Venedig 1609, Buch III, Kapitel V, S. 156.

4. S. Maffei, *Verona illustrata,* 1732, Teil III, Kapitel 5, S. 121.

5. Tesi confutata in C. Promis, *op. cit.* in Anm. 1, S. 286–290.

6. Deidier *Le parfait ingenieur français ou la fortification offensive et defensive,* Paris 1742; cit. in L. Marini, *op. cit.* in Anm. 1, S. 13.

7. A.V. Papacino d'Antoni, *Dell'Architettura Militare per le Regie Scuole Teoriche d'Artiglieria, e Fortificazione,* I, Turin 1778; cit. in L. Marini, *op. cit.* in Anm. 1, S. 11; widerlegt in C. Promis, *op. cit.* in Anm. 1, S. 290–294.

8. L. Marini, *op. cit.* in Anm. 1, S. 13.

9. De Bousmard, *Essai général de fortification et d'attaque et defense des places,* Berlin 1797–1799 (2ª ed. Paris 1814; 3ª ed. Paris 1837 a cura di Augoyat); F. Chasseloup-Laubat, *Essais sur quelques parties de l'artillerie et des fortifications,* 2ª ed., Mailand 1811; P.-M.-T. Choumara, *Mémoires sur la fortification, ou examen raisonné des propriétés et des défauts des fortifications existantes, indiquant de nouveaux moyens très simples pour améliorer, a peu de frais, les places actuelles, et augmenter considérablement la durée des siéges,* 2ª ed., Paris 1847; für die Befestigungen von Haxo siehe auch Maurice de Sellon, *Mémorial de l'Ingenieur militaire,* Paris 1849.

10. M.-R. de Montalembert, *La fortification perpendiculaire, ou Essai sur plusiers manières de fortifier la ligne droite, le triangle, le carré, et tous les polygones, de quelque étendue qu'en soient les côtés, en donnant à leur défense une direction perpendiculaire,* Paris 1776–1778; Id., *Supplément au tome cinquième de la fortification perpendiculaire, contenant de nouvelles preuves de la grande supériorité du système angulaire sur le système bastionné,* Paris

1786; Id., *Réponse au mémoire sur la fortification perpendiculaire, par plusieur officiers du corps royal du génie, présenté à l'Académie royale des sciences*, Paris 1787; Id., *L'art défensif, supérieur à l'offensif, par une nouvelle manière d'employer l'Artillerie, et par la suppression totale des bastions, comme étant la principale cause du peu de résistance des Places de guerre; ou la fortification perpendiculaire*, Paris 1793; Id., *L'Ami de l'Art défensif...*, «Journal polytechnique de l'École centrale des travaux publics», 1796-1798.

11. A. FARA, *La metropoli difesa*, Rom 1985, S. 57-64.

12. TRIPIER, *La Fortification déduite de son histoire*, Paris 1866, S. 1.

13. E. ROCCHI, *Le origini della fortificazione moderna. Studi storico-critici*, Rom 1894, S. 2.

14. F.P. FIORE, *Città e macchine del'400 nei disegni di Francesco di Giorgio Martini*, Florenz 1978, S. 18.

15. 1850 entstand der Verteidigungsplan für die Hauptstadt Turin. Siehe auch A. FARA, *op. cit.* in Anm. 11, S. 13, 207-218.

16. *Ibid.*, S. 9-28.

17. *Op. cit.* in der Fussnote 1.

18. *Mémoires historiques sur l'art de l'ingénieur et de l'artilleur en Italie, considéré depuis son origine jusqu'au commencement du XVI siècle, traduction libre et abrégée de l'italien par M. le Colonel Augoyat*, extrait du «Spectateur Militaire», Paris 1846; die spanische Ausgabe erschien 1882, betreut durch J.M. Aparici y Budma; C. SACHERO, *Corso di fortificazione permanente d'attacco e difesa delle piazzeforti*, 2ª ed., Turin 1861, S. 37.

19. M. JAEHNS, *Geschichte der Kriegswissenschaften vornehmlich in Deutschland*, München 1889-1891; der Artikel von SCHRÖDER erschien in der Zeitschrift «Archiv für die Artillerie und Ingenieur Offiziere des deutschen Reichsheeres», August-September 1891; E. ROCCHI, *Di alcuni documenti relativi alle origini della fortificazione bastionata. Risposta allo studio critico: «Taccola e la fronte bastionata» del gen. Schröder*, «Rivista d'Artiglieria e Genio», 1891, Band II. S. 275-294; Id., *op. cit.* in Anm. 13.

20. A. GUGLIELMOTTI, *op. cit.* in Anm. 1, S. 21-26, 41-42.

21. E. ROCCHI, *op. cit.* in Anm. 13, S. 17-45.

22. A. DE ZASTROW, *op. cit.* in Anm. 1, S. 39-68.

23. TRIPIER, *op. cit.* in Anm. 12, S. 3.

24. *C. Brandi, Disegno dell'architettura italiana*, Turin 1985, S. 56.

25. J.R. HALE, *The Early development of the bastion: an italian chronology, c. 1450-c. 1534*, in AA. VV., *Europe in the Late Middle Age*. London 1965.

26. R. WITTKOWER, *Brunelleschi and "proportion in perspective"*, «Journal of the Warburg and Courtauld Institute», XVI, 1953, S. 275-291.

27. J. TEYLER, *Architectura militaris*, S. 17-18.

28. *Ibid*, S. 25-26.

29. Filarete begann wahrscheinlich 1458 mit dem Aufsetzen seines Traktates, dass zum grössten Teil zwischen 1460-61 und 1464 entstand; A. AVERLINO gen. il FILARETE, *Trattato di architettura*, a cura di A.M. Finoli e L. Grassi, Einführung und Anmerkungen von L. Grassi, I, Mailand 1972, S. XIII.

30. C. PROMIS, *Della vita e delle opere degl'italiani scrittori di artiglieria, architettura e meccanica militare da Egidio Colonna a Francesco Marchi 1285-1560. Memoria storica I*, in F. DI GIORGIO MARTINI, *op. cit.* in Anm. 1, S. 38.

31. A. AVERLINO gen. il FILARETE, *op. cit.* in Anm. 29, Abb. 7 und 23.

32. C. PROMIS, *op. cit.* in Anm. 30, S. 37-38.

33. BCS, Codice S. IV. 8, 27*v; P.C.* MARANI, *Disegni di fortificazioni da Leonardo a Michelangelo*, Ausstellungskatalog, Florenz 1984, Nr. 5.

34. C. RAVIOLI, *Notizie sui lavori di architettura militare dei nove da Sangallo*, Rom 1863; A. GUGLIELMOTTI, *op. cit.* in Anm. 1, S. 34; E. ROCCHI, *op. cit.* in Anm. 13, S. 85, Anm. 15-16.

35. N. MACHIAVELLI, *Libro della arte della guerra*, Florenz 1521.

36. P.C. MARANI, *op. cit.* in Anm. 33, S. 20.

37. P.C. MARANI, *L'architettura fortificata negli studi di Leonardo da Vinci*, Florenz 1984, S. 12, 20. Für die Architektur des Leonardo siehe auch C. PEDRETTI, *Leonardo architetto*, Mailand 1978.

38. L. PACIOLI, *Divina proportione*, Venedig 1509, S. 2.

39. P.C. MARANI, *op. cit.* in Anm. 37, S. 23.

40. *Ibid*, S. 25. Auch Cornazzano war Leonardo bekannt.

41. IF, Ms. B, 49*v*: Dieses Blatt wurde mit der stadtseitigen Front des Castello Sforzesco in Mailand in Verbindung gebracht; die Zeichnung enthält die seitlichen Schusslinien, ausgehend von zwei kleinen runden Seitentürmen; IF, Ms. B, 24*v*: miteinbezogen sind seitlich zwei runde Ecktürme, ein Überblick über den Zwischenwall und die Kontrolle des Hauptzugangs.

42. IF, Ms. B, 5*r*.

43. BAM, *Codice Atlantico*, 763*v*, 135*r*, 121*r e v*. Per Francesco di Giorgio si veda: BRT, *Saluzziano* 148, 4*r e v*, 5*r*; ma di deve in lui considerara la derivazione dell'impianto romboidale da quello circolare: BL, Ms 197 b. 21, 20*r*, 21*r e v*, 69*r e v*, 73*r e v*.

44. IF, Ms. B, 23*v*; ML, *Cabinet des Dessins*, Sammlung Vallardi, 2282.

45. E. LO GATTO, *Gli artisti italiani in Russia*, I, Rom 1934 («L'opera del genio italiano all'estero», serie prima), S. 21.

46. IF, Ms. B, 12*r*.

47. BNM, Ms. 8936, 79*r*.

48. BNM, Ms. 8936, 37*r*.

49. GDSU, 813 A*v*.

50. BNM, Ms. 8936, 62*r;* P.C. MARANI, *op. cit.* in Anm. 37, Abb. 141a.

51. BAM, *Codice Atlantico*, 767*r*, 420*r*; P.C. MARANI, *op. cit.* in Anm. 37, Nr. 122 und Abb. 122a.

52. BAM, *Codice Atlantico*, 132*r*, 133*r*, 125*v*, 942*r*, 982*v*; IF, Ms. B, 50*r*; BNM, Ms 8936, 85*v*.

53. BAM, *Codice Atlantico*, 982*r*.

54. E. ROCCHI, *op. cit.* in Anm. 13, S. 114.

55. S. MASINI e G. ROTASSO, *L'arte della fortificazione n Italia e la realtà della cinta ferrarese*, in AA.VV., *Le mura di Ferrara. Immagini e storia*, Modena 1985, S. 38.

56. *Ibid.*, Abb. 103.

57. C. PROMIS, *op. cit.* in Anm. 1, S. 308-310.

58. L. PUPPI, *Le fortificazioni della città agli inizi del '500*, in AA.VV., *Vicenza illustrata*, Vicenza 1976, S. 174. In einem Plan, zugeschrieben an G.B. Bellucci (BCNF, II. I. 280, c. 56) wird der Gürtel mit runden Türmen gezeigt. Man sollte auch die Erinnerung einsehen in der Biblioteca Bentoliana (MS. Gonz. 25.8.57 = 448). 1529-30 projektierte Francesco Maria della Rovere unter Mithilfe von Antonio de Castello einen neuen Umgang, der den Monte Berico ausschloss (E. CONCINA, *La macchina territoriale. La progettazione della difesa nel Cinquecento veneto*, Rom-Bari 1983, S. 28). Ein zweiter Vorschlag von Francesco Maria, der einen Teil des Monte Berico in die Mauer einschloss, stammt von 1533 (*Ibid.*, S. 28, 29).

59. *Ibid.*, S. 19, 20.

60. G. BOTTARELLI, *Dalle origini alla caduta di Rosi*, in G. BOTTARELLI e M. MONTERISI, *Storia politica e militare del Sovrano Ordine di S. Giovanni di Gerusalemme detto di Malta*, I, Mailand 1940, S. 298; A. GUGLIELMOTTI, *La guerra dei pirati e la marina pontefícia*, Florenz 1876, S. 210; G. TADINI, *Vita di Gabriele Tadino da Martinengo priore di Barletta*, Bergamo 1973, S. 63-64. Basilio war Experte für Artillerie und Befestigung im Dienste der Venezianer zwischen 1508 und 1509; anzunehmen ist ein Kontakt mit Fra Giocondo, der zwischen 1506 und 1509 eine bedeutende Rolle in Venedig spielte; M. TAFURI, *Venezia e il Rinascimento*, Turin 1985, S. 60.

61. In Loreto hatte Bramante das frühere Projekt von Francesco di Giorgio gebilligt. Der Entschluss zur Befestigung fiel 1518, und die Arbeiten waren 1521 beendet. (AA.VV., *I castelli. Architettura e defesa del territorio tra Medioevo e Rinascimento*, Novara 1978, S. 362).

62. A. GUGLIELMOTTI, *op. cit.* in Anm. 60.

63. Für Nicolò Machiavelli war wichtig, mindestens eine abgetrennte Meile mit Häusern, Gärten und verschiedenen Hindernissen innerhalb der Mauer zu haben.

64. L. PUPPI e M. UNIVERSO, *Padova*, Rom-Bari 1982, S. 105-109; A. LENCI, *L'assedio di Padova del 1509: questioni militari e implicazioni urbanistiche nella strategia defensiva veneziana all'indomani di Agnadello*, «Bollettino del Museo Civico di Padova», a. LXIII (1974), 1981, S. 123-155.

65. E. CONCINA, *op. cit.* in Anm. 58, S. 6.

66. G. FANELLI, *Firenze*, Rom-Bari 1980, S. 93.

67. Auch ein Meisterwerk der Militärarchitektur wie die Zitadelle von Antwerpen von Francesco Paciotto wurde im 19. Jahrhundert aus militärischen Gründen abgetragen; A. FARA, *op. cit.* in Anm. 11, S. 28.

68. A. LENCI, *Note e considerazioni sul ruolo di Fra' Giocondo nella difesa di Padova del 1509*, «Atti dell'Istituto di Scienze, Lettere ed Arti», t. CXXXIX, 1980-81, S. 97-108.

69. E. PANOFSKY, *La vita e le poere di Albrecht Dürer*, 2ª ed. ital., Mailand 1979, S. 155.

70. G. STOFLERINO, *Elucidatio fabricae ususque astrolabii*, Oppenheim 1524, S. 66*v*-77*v*.

71. H.R. HAHNLOSER, *Villard de Honnecourt*, Wien 1935, Abb. 40.

72. L.B. ALBERTI, *Opere volgari*, betreut von C. Grayson, III, Bari 1973, S. 133-173.

73. BNCF, II. I. 141, Blatt 28*r* bis 31*v*; F. DIE GIORGIO MARTINI, *Trattati di architettura ingegneria e arte militare*, betreut von C. Maltese, I, Mailand 1967, Abb. 51-58.

74. L.B. ALBERTI, *op. cit.* in Anm. 72, S. 7-107, 111-129; Id., *L'architettura*, betreut von P. Portoghesi, Mailand 1966.

75. P. DELLA FRANCESCA, *De prospectiva pingendi*, betreut von G. Libri, Paris 1841; Id., *De prospectiva pingendi*, betreut von G. Nicco Fasola, Florenz 1942 u. 1984.

76. RL, 12.337*r*, 12.275*r*; BAM, *Codice Atlantico*, 72*r*.

77. A. RUPERT HALL, *La rivoluzione scientifica 1500-1800. La formazione dell'atteggiamento scientifico moderno*, 2ª ed. ital., Mailand 1981, S. 31-32.

78. F.P. FIORE, *Episodi salienti e fasi dell'architettura militare di Antonio da Sangallo il Giovane*, estratto da *Atti del XXII Congresso di Storia dell'Architettura «Antonio da Sangallo il Giovane - La vita e l'opera»*, Rom, Februar 1986, S. 334-335.

79. G. GAYE, *Carteggio inedito d'artisti dei secoli XIV, XV, XVI*, II, Florenz 1840, S. 173; N. MACHIAVELLI, *Relazione di una visita fatta per fortificare Firenze*, in *Arte della Guerra e scritti politici minori*, betreut von S. Bertelli, Mailand 1961, S. 29.

80. R. MANETTI, *Michelangiolo: le fortificazioni per l'assedio di Firenze*, Florenz 1980, S. 21-22.

81. *Ibid.*, S. 25. Brief von Luigi Guicciardini an seinen Bruder.

82. *Ibid.*, S. 103-137.

83. BCS, Codice S. IV. 8, 4*r*.

84. BAM, *Codice Atlantico*, 982*v*.

85. GDSU, 758A (260 × 208, Feder auf weissem Papier).

86. C. PROMIS, *Dello stato dell'architettura militare circa l'anno millecinquecento e dell'origine delle singole parti della fortificazione conosciute a quell'epoca. Memoria storica III*, in F. DI GIORGIO MARTINI, *op. cit.* in Anm. 1, S. 274.

87. ASF, *Capitani di Parte*, cartone VIII (580 × 449; Feder und Aquarell auf weissem Papier). R. MANETTI — der eine von einer Kommission, in der auch Gherardo Silvani 1652 sass, verwendete Kopie prüfte — brachte sie mit einem früheren Projekt des Buontalenti, zeitgleich mit dem der Festung Belvedere, in Zusammenhang (*op. cit.* in Anm. 80, S. 135), dabei berücksichtigend, dass sich im vor seinem Tode aufgestellten Inventar der Sachen Buontalentis ein Plan von San Miniato befand (P. SANPAOLESI, *Notizie documentarie sul Buontalenti*, «Palladio», I, 1951, S. 45). Möglicherweise arbeitete Buontalenti mit an den Abänderungen des von Michelangelo vorgezeichneten Originals, doch der Verlauf der im oben genannten Plan eingezeichneten Front der Festung von San Miniato gehört zu einer früheren Befestigungskultur als diejenige des Buontalenti im Belvedere.

88. G. TADINI, *op. cit.* in Anm. 60, S. 15.

89. G.B. GALLIZIOLI, *Memorie per servire alla storia della vita di Gabriele Tadino priore di Barletta, raccolte e dedicate a S. Alt. Emin.ma Emanuele di Rohan Gran Maestro dell Sacra Relig. e Milizia di S. Gio. di Gerusalemme*, Bergamo 1783; C. PROMIS, *Biografie di ingegneri militari italiani dal secolo XIV alla metà del XVIII*, «Miscellanea di Storia Italiana», XIV, 1874, S. 43.

90. G. TADINI, *op. cit.* in Anm. 60, S. 18, 19.

91. *Ibid.*, S. 28

92. M. SANUDO, *I diari*, Venedig 1879-1902, XXXIII, 488.

93. M. SANUDO, *op. cit.* in Anm. 92, XXXIII, 512.

94. M. SANUDO, *op. cit.* in Anm. 92, XXXIII, 512; G. TADINI, *op. cit.* in Anm. 60, S. 31, 32.

95. *Ibid.*, S. 41.

96. *Ibid.*, S. 68, 189-191.

97. J. ARÁNTEGUI Y SANZ, *Mas datos para la historia de la artillería española*, «Memorial de Artillería», s. III, t. XI, 1885; Id., *Apuntes historicos sobre la artilleria española en la primera mitad del siglo XVI*, Madrid 1891; L.A. MAGGIOROTTI, *Architetti e architetture militari*, III, Rom 1939 («L'opera del genio italiano all'estero», serie quarta), S. 45-48; L. VILLENA, *Sull'apporto italiano alla fortificazione con baluardi*, «Castellum», Nr. 4, 1966; OLIVADA, ALBARELLOS, VIGON, *Historia de las fortificaciones de San Sebastian*, San Sebastian 1963; G. TADINI, *op. cit.* in Anm. 60, S. 79-86, 194-204.

98. Betreffend Chiusi siehe: GDSU, 617A*r* u. *v* (650 × 409, Maximalmasse, Stilo, Feder, Aquarell, Rötel und Spuren von schwarzem Bleistift auf weissem Papier); 2070A (284 × 209, Feder auf weissem Papier). Betreffend Siena siehe auch die neue Studie von S. PEPPER and N. ADAMS, *Firearms and Fortifications. Military Architecture and Siege Warfare in Sixteenth-Century Siena*, Chicago und London 1986.

99. CB, 18A*r*.

100. P.C. MARANI, *op. cit.* in Anm. 33, Nr. 35.

101. GDSU, 1464A*v*; P.C. MARANI, *op. cit.* in Anm. 33, Nr. 68. Die Funktion der Kanoniere auf dem Dachstuhl und den nahen Türmen war flankierende Verteidigung - entgegen der Meinung von Marani.

102. Alla Biblioteca dell'Escurial; L. VILLENA, *op. cit.* in Anm. 97, Abb. 11. Es handelt sich um die Bastion von Fuenterrabia in Bayonne (1540).

103. CB, 23A*r*.

104. H. WAUWERMANS, *Albert Dürer. Son œuvre militaire, son influence sur la fortification flamande*, «Revue Militaire Belge», 1880, I, S. 66-68. Die erste Ausgabe des Traktats von Dürer über die Befestigung: A. DÜRER, *Etliche underricht zu befestigung der Stett, Schloss, und flecken*, Nüremberg 1527.

105. J.S. ACKERMAN, *L'architettura di Michelangelo*, 1ª ed. ital., Turin 1968, S. 13.

106. CB, 26A*r*. P. PORTOGHESI betonte die Wichtigkeit des Hochformats dieses Blattes in der Darstellung in den «Quaderni dell'Istituto di Storia dell'Architettura», Rom 1964; siehe auch B. ZEVI, *Le fortificazioni fiorentine*, in AA.VV., *Michelangelo architetto*, Turin 1964

107. CB, 21A*r*.

108. CB, 19A*r*.

109. GDSU, 761A*r*.

110. R. MANETTI, *op. cit.* in Anm. 80, S. 80.

111. CB, 24A*r* u. *v*; P.C. MARANI, *op. cit.* in Anm. 33, nn. 40, 41, 39. Die Skizze unten rechts auf Blatt 22A*v* ist keine Wendeltreppe, wie CH. DE TOLNAY meint (*Corpus dei disegni di Michelangelo*, IV, Novara 1980, S. 81, Nr. 574*v*), die Linien, die im Zentrum zusammenlaufen, sind auch keine von der konkaven Decke kommenden Schusslinien, wie Marani meint, der sich wahrscheinlich wegen Blatt 23A*r* täuschte. Wäre es so auf Blatt 22A*v*, so würden die Verteidiger sich gegenseitig neutralisieren. Es handelt sich also um Hilfslinien für die planimetrischen Entwürfe der Kanoniere in Kreisstruktur.

112. CB, 28A*r*; P.C. MARANI, *op. cit.* in Anm. 33, Nr. 62.

113. CB, 13A*r*, 27A*r* (der untere Teil) und bekannte Blätter.

114. P.C. MARANI, *op. cit.* in Anm. 33, Nr. 62.

115. GDSU, 14412F*v*.

116. C. BRANDI, *Struttura e architettura*, 2ª ed., Turin 1971, S. 231, 233.

117. CH. DE TOLNAY, *I disegni di Michelangelo nelle collezioni italiane*, Florenz 1975, S. 110, Nr. 168; Id., *op. cit.* in Anm. 111, S. 74-85.

118. AA.VV., *op. cit.* in Anm. 61, S. 348.

119. C. PROMIS, *op. cit.* in Anm. 89, S. 106-107.

120. BNCF, II. I. 280, c. 64.

121. E. CONCINA, *op. cit.* in Anm. 58. S. 21-22. Das originale Schema des Orzinuovi erkennt man in einem Plan, zugeschrieben an G.B. Bellucci (BNCF, II. I. 280, c. 54).

122. GDSU, 758A (260 × 208, Feder auf weissem Papier); GDSU, 727A*v*.

123. GDSU, 802A, 803A, 807A; AA.VV., *op. cit.* in Anm. 61, S. 152.

124. Il *baluardo d'Italia* wurde 1534–1540 von Domenico da Bologna zur Zeit des Giovanni di Zápolya konstruiert; Durchmesser ca. 40 m, verputzt bis zum Umgang, also etwa die halbe Höhe (L.A. MAGGIOROTTI, *op. cit.* in Anm. 97, II, S. 146–147). Buda wurde 1541 von den Türken erobert, die bis 1686 blieben. Ikonographische Bezüge finden sich in *Cosmografia* von Münster und in den Darstellungen des 17. Jh. von L.F. Marsili (L.A. MAGGIOROTTI, *op. cit.*, Abb. 32), G.G. de Rossi (*Ibid.*, Abb. XXIX), M. Wening sulla base degli schizzi del generale Hallart (*Ibid.*, Abb. XXX), G. De Vecchi (?) (*Ibid.*, Abb. XXXVII).

125. GDSU, 555A*r*; AA.VV., *op. cit.* in Anm. 61, S. 420; P.C. MARANI, *op. cit.* in Anm. 33, Nr. 22.

126. Verlangte Interpretationen in AA.VV., *op. cit.* in Anm. 61, S. 417 und 420.

127. E. CONCINA, *op. cit.* in Anm. 58, S. 41–45.

128. *Ibid.*, S. 44

129. Die Ausführung der Festung San Nicolò di Lido wurde 1553 beschlossen nach einem Modell, inspiriert und für gut befunden von Francesco Maria (A. BERTOLDI, *Michele Sanmicheli al servizio della Repubblica Veneta*, Verona 1874, S. 38; E. CONCINA, *op. cit.* in Anm. 58, S. 45). Die Festung von Sant'Andrea zeigt in der Ausführung, wie San Nicolò di Lido, eine defensive Konzeption. Die dünne Mauer von San Nicolò gegen die Hafenöffnung kann durch die Kanoniere von Sant'Andrea zerstört werden; und die Kanoniere rechts von Sant'Andrea sind dorthin orientiert. Für Sanmicheli siehe: *Michele Sanmicheli*, Ausstellungskatalog, betreut von P. Gazzola, Venedig 1960; L. PUPPI, *Michele Sanmicheli architetto*, Rom 1986.

130. GDSU, 295A*r*.

131. GDSU, 1513A (260 × 422, Stilo und Feder auf weissem Papier).

132. GDSU, 732A (A. Labacco; 248 × 383, Feder auf weissem Papier).

133. A. DA PASINO, *Discour Sur plusieurs points de l'architecture de guerre, Concernants les fortifications tant anciennes que modernes. Ensemble le moyen de bastir et fortifier une place de laquelle les murailles ne pourront aucunement estre endommagées de l'artillerie*, Antwerpen 1579, Abb. 11: «Autre Angle droit deffendu de deux Bouleverts».

134. GDSU, 1361A (209 × 289 Maximalmasse); 942A (115 × 414, Feder, Stilo und Rötel auf weissem Papier).

135. F.P. FIORE, *op. cit.* in Anm. 78, S. 339.

136. E. CONCINA, *Città e fortezze nelle «tre isole nostre del Levante»*, in AA.VV., *Venezia e la difesa del Levante. Da Lepanto a Candia 1570–1670*, Ausstellungskatalog, 1986, S. 184.

137. *Ibid.*, S. 185.

138. Tre piante della seconda metà del XVI secolo (ISCAG, *Biblioteca*, 36.B.51; A. MANNO, *Politica e architettura militare: le difese di Venezia (1557–1573)*, «Studi Veneziani», XI (1986), 1987, Abb. 1; E. CONCINA, *op. cit.* in Anm. 136, schede 315, 316; un modello seicentesco del Museo Navale di Venezia (*Ibid.*, scheda 303).

139. Publiziert vom spanischen Oberst E. Mariategui 1878. Scribà sieht den Winkel im Zwischenwall auch in einer Zeichnung für Capua vor (L. VILLENA, *op. cit.* in Anm. 97, Abb. 6).

140. N. TARTAGLIA, *Nova scientia inventata da Nicolo Tartalea*, Vinegia 1537. Gewidmet Francesco Maria I. della Rovere, der in jenem Jahr Generalkapitän der Christlichen Liga gegen die Türken wurde, gebildet von Karl V., Venedig und dem Papst. Auf dem Frontispiz ist Tartaglia abgebildet, umgeben von Euklid, Plato und Aristoteles zwischen der Musik, der Arithmetik und der Geometrie. 1537 in Venedig kannten sich Tartaglia und Gabriele Tadino, und sie waren sich einig über die Verwendung der Mathematik.

141. *Ibid.*, in der *Epistola*.

142. *Ibid.*

143. *Ibid.*, Libro terzo, Propositione VI.

144. N. TARTAGLIA, *op. cit.*, ed. 1558, S. 28*r*–32*v*.

145. N. TARTAGLIA, *Euclide*, Vinegia 1543. Dieses Werk erlebte weitere Auflagen im 16. Jh.

146. C. PROMIS, *op. cit.* in Anm. 89, S. 60.

147. Für die Zuschreibung des Projekts für die Stadtmauer Mailands an Giovanni Maria Olgiati siehe die neuen Studien von L. GAMBI e M.C. GOZZOLI, *Milano*, Rom-Bari 1982; A. SCOTTI TOSINI, *Cittadelle lombarde di fine Cinquecento: il castello di Milano nella prima età spagnola*; G. DE MORO, *Giovanni Maria Olgiati (1495–1557). Contributo alla riscoperta di un «inzegnero» lombardo al servizio di Spagna*, Kongressunterlagen *Architettura militare nell'Europa del XVI secolo, im Erscheinen*.

148. F.P. FIORE, *op. cit.* in Anm. 78, S. 342.

149. G. MAGGI e G. CASTRIOTTO, *Della fortificazione delle città*, Venedig 1584, S. 21 (1ª ed. 1564).

150. BNCF, *Magliabechiano* II. I. 141, 232*v*, 239*r*, 240*r*. Die Zwischenplattform erscheint auch in einer Schrift der Accademia di Belle Arti in Florenz von A. Parronchi mit Bezug auf Baldassarre Peruzzi (*Trattato di architettura militare*, Florenz 1982).

151. Eine Anwendung hat sie in der zweiten florentinischen Front jenseits des Arno. Eine befestigte, im Zwischenwall einer viereckigen Anlage angebrachte Plattform ist ebenfalls vorgesehen in einer Zeichnung des Pedro Luis Scribà (L. VILLENA, *op. cit.* in Anm. 97, Abb. 7).

152. C. SACHERO, *op. cit.* in Anm. 18, S. 32–33.

153. AA.VV., *op. cit.* in Anm. 61, S. 118.

154. L.A. MAGGIOROTTI, *op. cit.* in Anm. 97, II, S. 175, Abb. 35.

155. *Ibid.*, S. 177.

156. *Ibid.*, S. 178–180. Die Länge der Zwischenwälle ging bis zu 260 m und diejenige der Basteifronten von 35 bis 78 m; die Höhe der Mauern betrug 7–8 m (mit Ausnahme der ungarischen Bastei mit 9,50 m); die Basteien wurden nicht gleich, sondern mit verschiedenen Vorsprüngen gebaut: 77 m bei Montesanto, 66 die ungarische, 37 jene des Imperators, 34 jene der Donau; sie zeigten eine gute Entwicklung bei Fassade und Flanke. Francesco Benigno wurde in den Arbeiten von Bernardo Magno abgelöst, und 1589 trat Cristoforo della Stella an seine Stelle. Eine Zeichnung Feraboscos von 1564, publiziert von Maggiorotti, entspricht einer in der BNCF, II. I. 281, c. 155. (Il codice è attribuito a Matteo Neroni in D. LAMBERINI, *Funzione di disegni e rilievi delle fortificazioni nel Cinquecento*, Atti del convegno *L'architettura militare veneta nel Cinquecento*, Vicenza 1984, erscheint nächstens). Im August 1594 bei der Verteidigung von Giavarino gegen die Türken war auch Giovanni dei Medici dabei, begleitet von Antonio Lupicini, Gabriello Ughi, Domenico da Bologna, Giovanni Altoni, Flaminio Franciolini. 1595 wurde Giavarino durch Vincenzo Scamozzi inspiziert, der nicht nur die Schwächen (zu wenig hohe Mauern, zu kleine und nicht optimal plazierte Bastionen), sondern auch die Stärken (unter ihnen die gute Konstruktion der Sforza-Plattform) nannte.

157. BNCF, XIX. 127, c. 62, *Brevi ragioni del fortificare di Francesco Horologgi vicentino*; V. COMOLI MANDRACCI, Torino, Rom-Bari 1983, Abb. 7 (mutmassliches Projekt von Paciotto).

158. C. PROMIS, *Vita di Francesco Paciotto da Urbino architetto civile e militare del secolo XVI* «Miscellanea di Storia Italiana», IV, Turin 1863, S. 359–412; B. CAMPI, *Riformatione della Cittadella d'Anversa per il Cap. Bartolomeo Campi*, in A. ANGELUCCI, *Documenti inediti per la storia delle armi da fuoco italiane*, vol. I, parte I, Turin 1869, S. 449–454 (Reproduktion betreut von der Akademischen Druck- u. Verlagsanstalt, Graz 1972).

159. F. REGGIORI, *L'architettura militare durante il periodo dell'occupazione spagnola*, in AA.VV., *Storia di Milano*, X, Mailand 1957, S. 647–670; AA.VV., *Il progetto del disegno. Città e territori italiani nell'«Archivio General» di Simancas*, betreut von I. Principe, Reggio Calabria-Rom 1982; A. SCOTTI TOSINI, *op. cit.* in Anm. 147. Pläne von Stadt und Festung Mailand finden sich in der Liste von Buontalentis Sachen, aufgestellt kurz vor seinem Tod.

160. L.A. MAGGIOROTTI, *op. cit.* in Anm. 97, S. 238 u. Abb. L.

161. *Ibid.*, S. 363–364.

162. Seine Aufmerksamkeit konzentrierte sich auf die Verteidigung vom Gebiet mit verschiedenen Kunstgriffen: Feuerbälle, Mischung des Pulvers.

163. G.B. BELLUZZI, *Il trattato delle fortificazioni di terra*, betreut von D. Lamberini, in AA.VV. *Il disegno interrotto*, Florenz 1980, S. 375–506. Bezüglich der *reale* genannten Befestigung ist die Seitenlänge der Plattform 25 Ellen (= 40 Fuss = 20 Schritte), diejenige der Front 70 Ellen (= 116 Fuss = 58 Schritte); die Seitenlänge der Bastion ist 45–48 Ellen (= 75–80 Fuss = ca. 37 Schritte), deren Front 120 Ellen (= 100 Schritte); Länge wie Breite des unteren Platzes sind 30 Ellen (= 50 Fuss = 25 Schritte); die Brustwehr misst 10–11 Ellen (= 18–20 Fuss = ca. 9½ Schritte); die Länge des Zwischenwalls beträgt 600 Ellen. Diese Masse sind nicht auf die zweite Front jenseits des Arno übertragbar oder an jene von Sansepolcro. Das Traktat des Bellucci wurde 1558 von Bernardo Puccini zusammengefasst; 1559 ging es Giacomo Lanteri nochmals durch, einiges daraus schöpfend. Zu Bellucci siehe auch: C. Promis, *op. cit.* in Anm. 30, S. 78–81, 84–88, 110–112, 113–114; Id., op. cit. in Anm. 89, S. 197–208.

164. Viene malamente pubblicato postumo: G.B. Belici, *Nuova inventione di fabbricar fortezze, di varie forme, in qualunque sito di piano, di monte, in acqua, con diversi disegni, et un trattato del modo, che si ha da osservare in esse, con le sue misure, et ordine di levar le piante, tanto in fortezze reali, quanto non reali. Di Giovan Battista Belici. Con un discorso in fine intorno al presidiar, e guardar esse fortezze, e quanto fa bisogno per il lor mantenimento,* Venedig 1598. Siehe D. Lamberini (betreut von), *op. cit.* in Anm. 163, S. 409–412.

165. Pubblicato postumo: F. de Marchi, *Della Architettura militare,* Brescia 1599. Siehe: F. de Marchi, *Architettura militare di Francesco de' Marchi,* betreut von L. Marini, Rom 1810, S. I–XI; C. Promis, *op. cit.* in Anm. 30, S. 116–119; Id., *Gl'ingegneri e gli Scrittori militari Bolognesi del XV e XVI secolo,* «Miscellanea di storia Italiana», IV, 1863, S. 632–668; F. de Marchi, *Cento lettere del capitano Francesco Marchi bolognese conservate nell'Archivio governativo di Parma ed ora per la prima volta recate in luce,* Parma 1864; D. Lamberini (betreut von), *op. cit.* in Anm. 163, S. 406–407.

166. P. Sanpaolesi, *op. cit.* in Anm. 87, S. 45.

167. G.G. Leonardi, *Libro delle Fortificationi dei nostri tempi,* betreut von T. Scalesse, «Quaderni dell'Istituto di Storia dell'Architettura», Serie XX–XXI (a. 1973–1974), fascicoli 115–126, II semestre 1975; C. Promis, *op. cit.* in Anm. 30, S. 95–98; Id., *op. cit.* in Anm. 89, S. 140–185.

168. G.G. Leonardi, *op. cit.* in Anm. 167, S. 107.

169. P. Cataneo, *I quattro primi libri di architettura,* Vinegia 1554; C. Promis, *op. cit.* in Anm. 30, S. 106–107.

170. P. Cataneo, *op. cit.* in Anm. 169, Erstes Buch, wo «si dimostrano le buone qualità de' siti, per l'edificationi delle città e castella, sotto diversi disegni».

171. *Ibid.*, S. 17*v*–18*r*.

172. *Ibid.*, S. 13*r*.

173. N. Tartaglia, *Quesiti et inventioni diverse,* 1554, S. 70*v*–77*v*; C. Promis, *op. cit.* in Anm. 30, S. 69–71.

174. G.B. de Zanchi, *Del modo di fortificar le Città,* Venedig 1556, S. 29 (1ª ed. 1554); C. Promis, *op. cit.* in Anm. 30, S. 104–105.

175. M. Vitruvio, *I dieci libri dell'architettura di M. Vitruvio tradutti e commentati da monsignor Barbaro eletto patriarca d'Aquileggia,* Vinegia 1556; C. Promis, *op. cit.* in Anm. 30, S. 108–109.

176. M. Tafuri, *op. cit.* in Anm. 60, S. 186.

177. Von den 1500 Fuss (= 750 Schritte) des leonardesken Reiterhofs ging man über zu den 220 Schritten des Barbaro.

178. G. Lanteri, *Due dialoghi di M. Giacomo de' Lanteri da Paratico, bresciano; ne i quali s'introduce messer Girolamo Catanio Novarese, e messer Francesco Trevisi ingegnero Veronese, con un Giovene Bresciano, à ragionare del modo di disegnare le piante delle fortezze secondo Euclide; et del modo di comporre i modelli, et torre in disegno le piante delle Città,* Venedig 1557, S. 69.

179. C. Theti, *Discorsi di fortificationi,* Rom 1569. Die Ausgabe 1588 war Ferdinando I de' Medici gewidmet.

180. Das über Befestigung im Traktat festgehaltene wurde 1564 gedruckt und erweitert 1567, 1571, 1584.

181. D. Mora, *Il soldato,* Venedig 1570, S. 206. Zu Mora siehe C. Promis, *op. cit.* in Anm. 165, S. 682–689.

182. D. Mora, *Tre quesiti in Dialogo sopra il fare Batterie, fortificare una Città, et ordinar Battaglie quadrate, con una disputa di precedenza tra l'arme e le lettere,* Venedig 1567, *esempio quarto* di S. 50*v*.

183. G. Lanteri, *op. cit.* in Anm. 178, S. 54.

184. *Ibid.*, Abb. von S. 61. Als Silvio Maggieri die Meinung widerlegte, die ersten italienischen Befestigungen seien mangelhaft, bezog er sich auf Zeichnungen des Francesco de' Marchi (L. Marini, *Biblioteca istorico-critica di fortificazione permanente,* Rom 1810, S. 85), doch hätte er sich auch auf die Überlegungen des Giacomo Lanteri beziehen können.

185. G. Lanteri, *op. cit.* in Anm. 178, S. 35.

186. *Ibid.*, S. 39.

187. *Ibid.*, S. 23.

188. D. Lamberini (besorgt von), *op. cit.* in Anm. 163, S. 389.

Drittes Kapitel

Buontalenti von 1567 bis 1608

Villa Pratolino und andere Bauten

In seinen reiferen Jahren macht Buontalenti als Befestigungsbauer grosse Fortschritte, und seine Tätigkeit umfasst bedeutende Umbauprojekte und Neuplanungen von Städten wie Pistoia, Cosmopolis (Portoferraio) auf der Insel Elba - die geniale Anwendung eines Bastionärsystems, das von Antonio da Sangallo dem Jüngeren erdacht wurde - und Livorno, das den Höhepunkt seiner militärischen und urbanistischen Konzeption darstellt. Aber zu den Festungsbauten gesellt sich in entscheidendem Masse die Zivilarchitektur, und hier tritt der Einfluss der Spanienreise durch das Ineinandergreifen von Ornamentik und Mauerwerk überall zutage, während die toskanische Tradition spezifischer und bestimmter wird und an die Raumthematik gebunden ist.

In der Zeit zwischen 1567 und 1574 befasst sich Buontalenti mit Themen, die mit der Villa des Grossherzogs, mit den Befestigungsanlagen und seiner Tätigkeit als Flussingenieur im Zusammenhang stehen[1]. Ausserdem baut er wahrscheinlich das Judenghetto, gestaltet den Chor von Santa Trinità um und erhöht die Uffizien. Aufgrund der Erfahrungen, die er auf dem Baugelände des Palazzo Pitti und der Uffizien gesammelt hat, kann er das Casino Mediceo von San Marco in Florenz und die Villa Pratolino planen.

Beim Bau des Casino Mediceo werden zwei vom Grossherzog 1567 und 1576 erworbene Häuser mit eingegliedert, und so lassen sich die Bauarbeiten in zwei Abschnitte unterteilen, die der Zeit nach dem ersten und nach dem zweiten Erwerb entsprechen[2], auch wenn traditionsgemäss das Datum des Arbeitsbeginns etwa auf das Jahr 1574 festgelegt wird[3]. Eine erste Skizze von Buontalenti lässt erkennen, dass er mit dem Studium der Biblioteca Laurenziana von Michelangelo beschäftigt ist, während er gleichzeitig Vasari und Ammannati studiert[4]. Das erste Konzept des Casino Mediceo hingegen entsteht gleichzeitig mit den Entwürfen für die Villa Pratolino und für den florentinischen Stadtpalast von Bianca Cappello in der Via Maggio[5].

Das Portal und die Fenster des Palastes von Bianca Cappello (Abb. 94), der 1567 von ihrem Ehemann erworben und bis 1574 von Bernardo umgebaut wurde, «konzentrieren sich - wie Adolfo Venturi bemerkt - in der Sonorität der Fassade, die hoch oben in den herrlichen Rundfenstern unter dem Dachgesims widerhallt»[6]. Hierin ist ein Buontalenti zu erkennen, der über Michelangelo und Ammannati meditiert und bestimmte Elemente festlegt, wie z.B. das durch den Strahlenkranz des Bossenwerks hervorgehobene Portal, die durch die Fenster durchbrochene Linie der Brüstung, den Groteskenmaskaron, die Fledermaus mit ausgebreiteten Flügeln, Elemente, die in späteren Werken wiederkehren. Mit den Helldunkel-Grotesken an der Fassade beginnt auch die Zusammenarbeit mit Bernardino Poccetti.

Agostini Lapini beginnt im Mai 1568[7] mit dem Bau der Palazzina di Belvedere und das Problem, wem sie wirklich zuzuschreiben ist, wurde bisher nicht gelöst. Es taucht der Name Gianvittorio Soderini auf, der in einem seiner Traktate über Landwirtschaftsprobleme eine Villa folgender Art beschreibt:

«(...) es ist unsere Absicht, auf dem Land eine Befestigung zu schaffen und Wohnhäuser zu bauen, die gut geplant und ausgestattet sein sollen, und die für die Arbeitenden und für die Villa eine bequeme Lage haben müssen; diese darf nämlich nur so weit von der Stadt entfernt sein, dass man zu Fuss hingehen und zurückreiten kann. Und wer sich von der alten, allgemein akzeptierten Viereckform nicht trennen möchte, muss, da wir auf dem Land sind, ein Gussfundament schaffen, so dass man freistehende Bögen und umgekehrte Gewölbe errichten kann, damit die Villa auf festem Grund steht, und dieses Fundament muss ein einziges Stück aus grobem Kies und Mörtel bilden, es kann aber auch eine Grundmauer aus Stein sein, die auf Holzkanälen steht, und alles muss fest und kompakt sein (...)»[8].

Aber von dieser Beschreibung ausgehend wäre es überzeugender, Buontalenti den Belvedere zuzuschreiben und nicht Soderini. Allerdings ist der architektonische Schmuck des Belvedere von einer viel ausgeprägteren, eher archaischen Sparsamkeit, als dies bei dem Palazzo von Bianca Cappello, bei der Villa von Pratolino und dem

94

94. Bernardo Buontalenti, der Stadtpalast von Bianca Cappello in der Via Maggio in Florenz.

95. Giusto Utens, Villa Pratolino (Ausschnitt), Florenz, Museum «Firenze com'era».

und bequem sein, und wenn sie nicht standfest ist, ist das Werk nicht vollkommen. Und es ist äusserst wichtig, dass alle Gebäude der Villa seitlich von ihr gelegen sind, d.h. an einem unverdeckten Ort, so dass man die anderen sehen und von den anderen gesehen werden kann (...). Das Haus

95

Medizäer Casino der Fall ist. Es wäre auch nicht abwegig, sie Bartolomeo Ammannati zuzuschreiben, der zu jener Zeit die Arbeiten am Belvedere überwacht, wenngleich die Loggia im weitesten Sinn an Vasari erinnert. In der Abhandlung von Soderini werden die allgemeinen Eigenschaften der toskanischen und buontalentischen Villa mit ihrer spezifischen, sich dem äusseren Raum angleichenden Spazialität dargestellt: Eine Villa sollte folgendermassen gestaltet sein:

«bequem, nützlich, schön und standfest, denn ohne eine korrekte Bauweise und die richtigen Ausmasse kann sie nicht nützlich

soll nicht aussehen, als wünsche es mehr Land als es besitzt, und ebensowenig das Haupthaus, so dass das eine dem anderen entspricht. Es ist wohl wahr, dass wer ein kleines schmales Stück Land besitzt und darauf baut, nur um die frische Luft bequem zu geniessen, diese Regeln nicht beachtet, und daher Villen baut, wie in Genua, wo alle eine Villa haben möchten, und wo man sich deshalb nicht mehr richtig erholen kann; und anderswo ist es nicht besser (...)»[9].

Für Buontalentis Entwicklung ist die Villa Pratolino von grundlegender Bedeutung (Abb. 95–97). Die Ausführung beginnt im

96. Giorgio Vasari der Jüngere, Grundriss der Villa Pratolino, Florenz, Gabinetto Disegni e Stampe der Uffizien.

97. Unbekannter Baumeister, Grundriss der Villa Pratolino, 1736, Florenz, Biblioteca Nazionale Centrale.

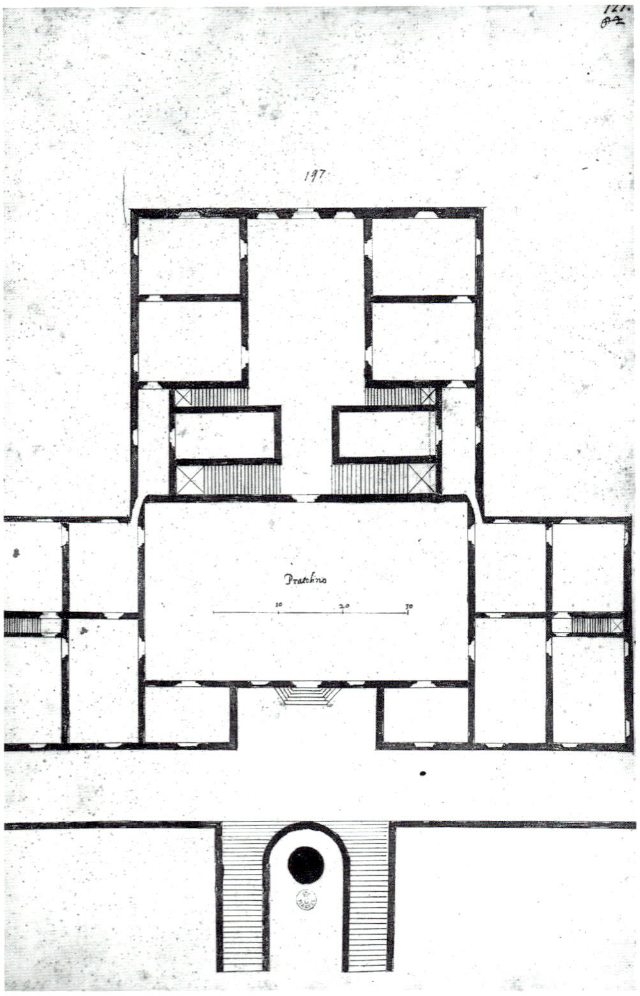

96

Jahre 1569 und reicht bis in die achtziger Jahre und darüber hinaus. Die Bauarbeiten beginnen am 28. Mai 1569, aber im September hat der Bauinspektor Benedetto Uguccioni die Zeichnungen für die Hauptportale noch nicht erhalten[10].

Meines Erachtens bedeutet das nicht, dass Buontalenti jene Portale noch nicht entworfen hat. Wahrscheinlich bezieht sich der Bauinspektor auf Zeichnungen mit genauen Massangaben, die dem Bauleiter bei der Ausführung der Bauarbeiten als Richtlinien dienen sollen.

Der Bauinspektor Uguccioni muss auf die Ausführungszeichnungen für die Portale von Pratolino warten («Bernardo Buontalenti hat mir die nötigen Steinmengen geliefert, ausgenommen die für die Hauptportale am Eingang der Villa, aber er hat den Plan nicht so fertiggestellt, wie er hätte sein müssen»), und darin lässt sich die Praxis erkennen, die Buontalenti bei seiner Planung verfolgt: zuerst liefert er eine allgemeine Zeichnung und ein Modell aus Holz, die zur Grundsteinlegung dienen, und während des Verlaufs der Bauarbeiten erarbeitet er dann eine mit allen Einzelheiten versehene Zeichnung, die eine perfekte Leitung der Bauarbeiten ermöglicht. Diese Praxis führt zur Überschneidung der zahlreichen und vielfältigen Projekte Buontalentis, der, zumindest nach Vasaris Tod, zum ersten Ingenieur des Medizäer Hofes aufrückt.

Die Festlegung zweier Zeichnungen des Südportals (Abb. 98, 99) auf ein späteres Datum als 1575 scheint allerdings übertrieben. Eine der beiden Zeichnungen scheint fast fertiggestellt, wenn man sie mit der Lünette von Utens vergleicht, wenngleich sie der Bauleiter am Bauplatz noch nicht verwenden kann. Das Südportal ist reich an Einflüssen von Michelangelo, Vignola und Vasari und es stellt eine Vergleichsmöglichkeit für die später von Buontalenti entworfenen Portale und Fenster dar. Es ist von einer Spannung durchlaufen, deren Energielinien im Wappen zusammenfliessen und sich durch die oberen Voluten auf die Widerlager entladen; es passt in sein Umfeld, weil es einen Bezug zu den horizontalen Ebenen herstellt und den Zentralkörper in der Art einer *Colombaia* hervortreten lässt. Die Gliederung des Aufrisses ist bei Buontalenti stets durch horizontale Bezugsebenen perspektivisch skandiert, genau wie in der Festungsbautechnik.

Im September 1571 wird der Bau der Villa Pratolino fortgesetzt, und es sind 9790 Skudi, 6 Lire, 17 Soldi, 9 Denari ausgegeben worden[12]. Bernardo Buontalenti ist der Architekt und David Fortini der Bauleiter[13]. Im Mai 1572 werden «die Ziegelsteine, die in den Zimmern verlegt werden sollen»[14], bestellt.

In der architektonischen Aufteilung folgt das Gebäude, das ohne Innenhof errichtet wird, dem Modell von Poggio in Caiano von Giuliano da Sangallo. Von der toskanischen Tradition, die auf Brunelleschi zu-

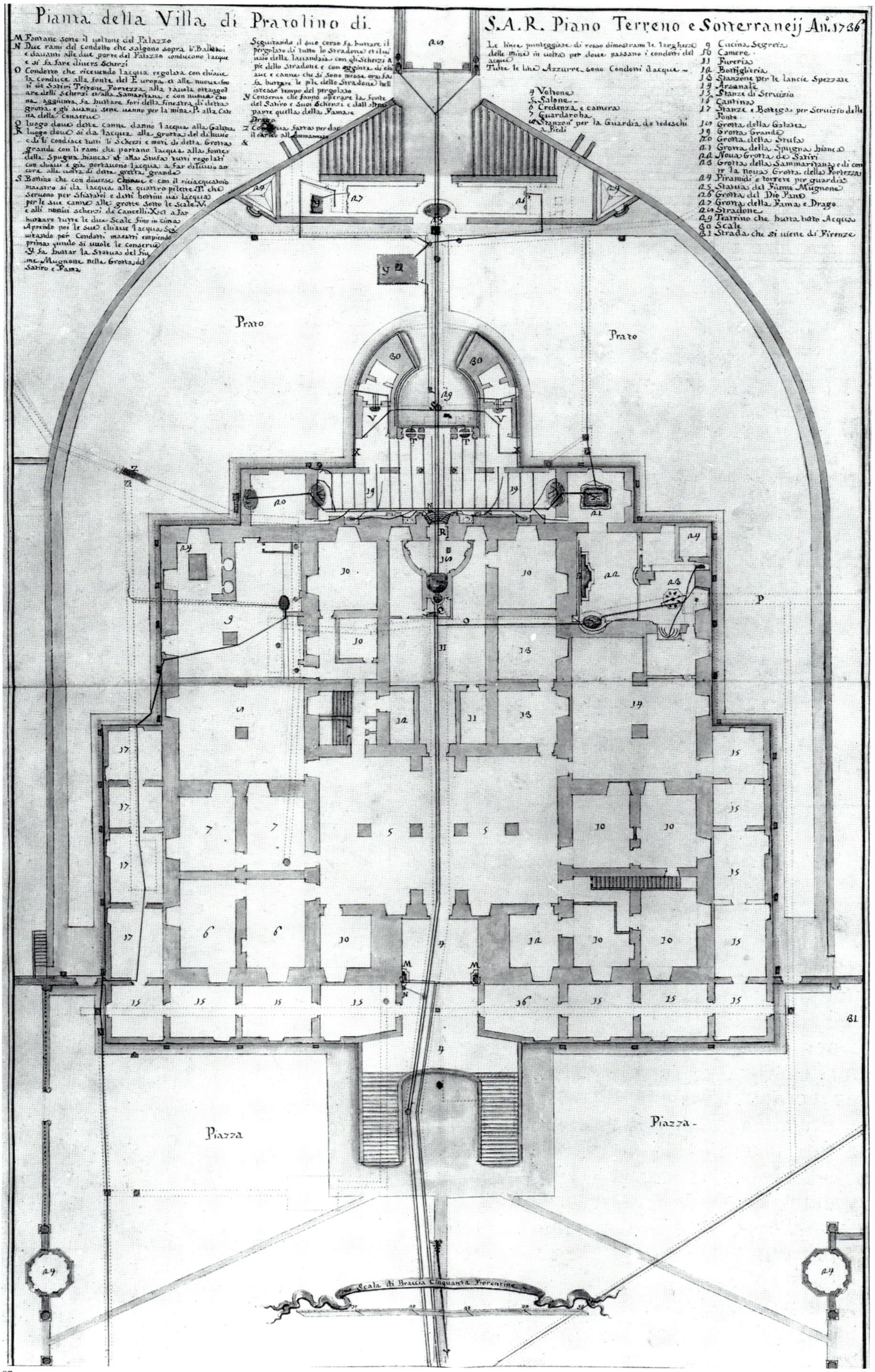
Pianta della Villa di Pratolino di S.A.R. Piano Terreno e Sotterraneij An.° 1736
Le linee punteggiate di rosso dimostrano le larghezze delle mine in volta per dove passano i condotti del acque
Tutte le line Azzurre sono Condotti d'acque
4 Voltone
5 Salone
6 Credenza e camera
7 Guardaroba
8 Stanzoni per la Guardia de tedeschi a Piedi
9 Cucina Segreta
10 Camere
11 Fureria
12 Bottiglieria
13 Stanzone per le lancie Spezzate
14 Arsanale
15 Stanze di Servizio
16 Cantina
17 Stanze e Bottega per Servizio delle Fonte
18 Grotta della Galatea
19 Grotta Grande
20 Grotta della Stufa
21 Grotta della Spugna bianca
22 Noua Grotta de Satiri
23 Grotta della Sammaritana e di contro la noua Grotta della Fortezza
24 Piramidi e torrete per guardia
25 Statua del Fiume Mugnone
26 Grotta del Dio Pano
27 Grotta della Fama e Drago
28 Stradone
29 Teatrino che butta tutto Acqua
30 Scale
31 Strada che si viene di Firenze
Prato
Prato
Piazza
Piazza
Scala di Braccia Cinquanta Fiorentine

97

98–99. Bernardo Buontalenti, Zeichnungen für das Südportal von Pratolino, Florenz, Gabinetto Disegni e Stampe der Uffizien.

98

99

rückgeht, empfängt Buontalenti den Sinn für die Kompaktheit der Mauern und für ihre Lichtfülle. Im Erdgeschoss und in den Hohlräumen, wo das Wasser hergeleitet wird, ist wohl der Einfluss der islamischen Moscheen zu sehen, die Buontalenti während seiner Spanienreise vermutlich kennengelernt hat. Die erste toskanische Renaissance-Villa, die Villa von Michelozzo, zeugt von einer so starken Isolierung und von einer so grossen inneren Harmonie, dass sie fast mönchisch wirkt, während in der Villa von Careggi eine neue Art der Beziehung zur Stadt zu erkennen ist, die über die Isolation des Kastells aus dem vierzehnten Jahrhundert hinausgeht. Bei Poggio in Caiano war das Bogenfundament eine hilfreiche Stütze für die Irradiation auf das umliegende Land, die durch die Vervielfältigung der perspektivischen Pyramiden brunelleschischen Ursprungs erreicht wurde. Das buontalentische Fundament hingegen ist in eine bestimmte Richtung orientiert, und durch die Erhöhung der Durchtrennungslinie wird der Blick auf den Horizont gerichtet und viel Ferne gewonnen. Das bedeutet auch, dass sich die Seiten des Mauerwerks, die senkrecht zur perspektivischen Ebene verlaufen, optisch verengen, was bei allen buontalentischen Villen bis Artimino nachzuvollziehen ist.

Die Grundmauern (und die Ausnutzung der Bodengestalt), welche die Erhöhung der perspektivischen Ebene und die Wiedergewinnung der Ferne für die kompositorische Gesamtheit bewirken, begünstigen die Eroberung des äusseren Raumes. Dies geschieht infolge des Räumlichkeitsdenkens von Palladio, jedoch mit dem Unterschied, dass die von Palladio eingeführte Beziehung zwischen der Grundoberfläche und den architektonischen Elementen umgekehrt wird, d.h. dass die Grundoberfläche

100–102. Bernardo Buontalenti, Zeichnungen der landeinwärts gelegenen Front von Portoferraio, Florenz, Gabinetto Disegni e Stampe der Uffizien.

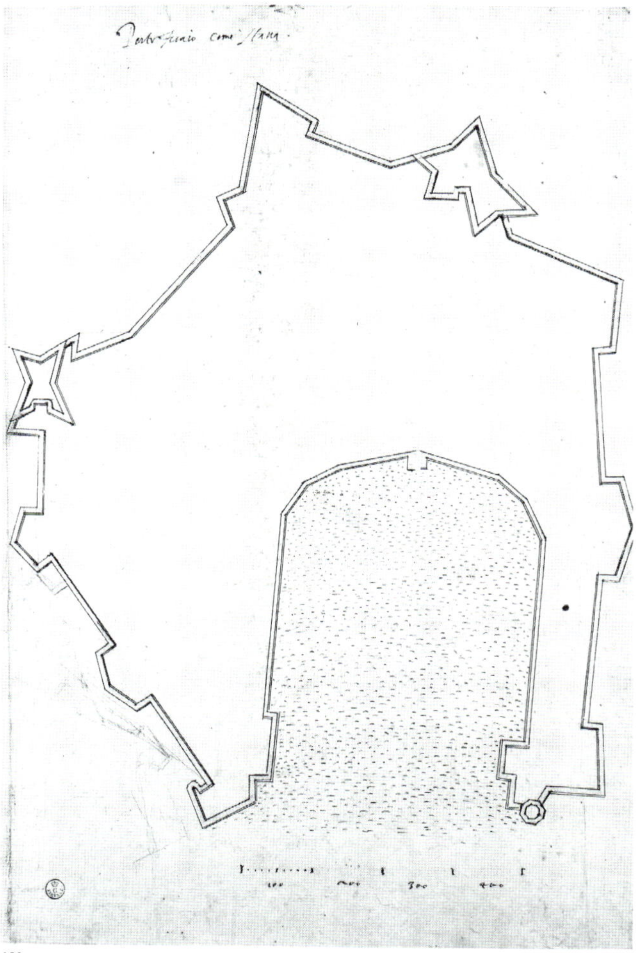

100

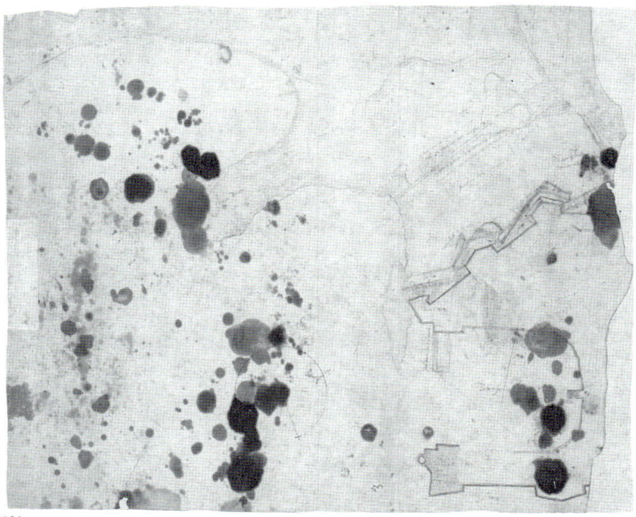

101

in den Vordergrund rückt, was der toskanischen Tradition und der Befestigungsarchitektur entspricht.

Die Grundoberfläche, die mit der Kompaktheit ihres Mauerwerks nach vorn dringt, bringt eine progressive perspektivische Verringerung der Öffnungen an der

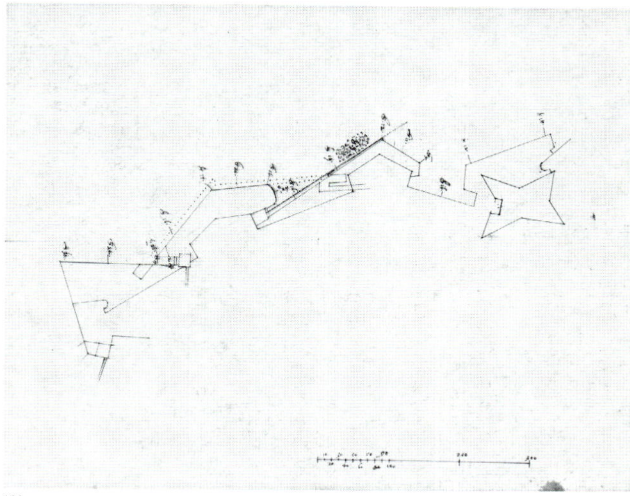

102

Vertikalen und eine potentielle Erwiderungsspannung in einem perspektivischen Aufbau mit zwei Fluchtpunkten mit sich, der letztlich auf die buontalentische Inszenierung von Festen und Schauspielen hinausläuft.

Das Fundament von Pratolino geht über die Trägerfunktion hinaus, die es bei der Villa Belvedere noch hatte, und es hat Teil an der Gestaltung der *spazialità*. Die horizontal verlaufenden Faszien des Gebäudes offenbaren dem Auge die Verbindungsebenen, aus denen heraus sich die Struktur, wie aus dem Gesims der Festungen, in aufstrebender Bewegung erneuert. Dieser Bewegung passt sich das Südportal an und sie fördert das Heraustreten des Zentralkörpers mit den kreisförmigen, über den anderen Teilen sich auftuenden Öffnungen. Die Ausnutzung der horizontalen Flächen als Ausgangsbasis für die altimetrische Gliederung bedeutet die Überwindung der blossen Trägerfunktion des Fundaments der Villa Caprarola sowie die Überwindung von Vignolas Stockwerkmarkierungen, die das architektonische Ganze umgeben und einschliessen.

Die Erfahrung, die Bernardo Buontalenti im Park des Palazzo Pitti sammelt, mündet später in den Park der Villa Pratolino ein.

103

PROSPETTIVA DI PORTO FERR CON LA DESCRIZIONE DELLE NUOVE FORTIFICAZIONI FATTE DAL A°. 1688 FINO A TUT° L°

104

103. G.M. Terreni, die landeinwärts gelegene Front von Portoferraio vor und nach den Ende des siebzehnten Jahrhunderts ausgeführten Arbeiten.

104. Lorenzo Fratellini, Portoferraio in den ersten Jahren des achtzehnten Jahrhunderts.

105. Bernardo Buontalenti, die landeinwärts gelegene Front von Portoferraio, vom Meer aus gesehen.

Baumaterial nützlich verwendet worden. Wir haben die Rechnungen für Amanato nochmals überprüft, und alles ist pflichtbewusst und zum Nutzen des Gebäudes ausgeführt worden (...)»[15].

Im September 1569 ist Buontalenti mit der Anlage eines Parks beschäftigt, welcher der

105

Und ab Ende 1568 übernimmt Bartolomeo Ammannati beim Bau des Palazzo Pitti eine etwas weniger wichtige Stellung.

Aus einem Brief, den Benedetto Uguccioni am 29. März 1575 an den Grossherzog schreibt, erfährt man folgendes: «(...) die Rechnungen sind beglichen worden, und ich überprüfe die Eingänge und Ausgänge des Bezahlers Bartolomeo Cantuci, der vom 11. August 1565 bis November 1568 die eigenen Leute ordnungsgemäss bezahlt hat. Im Auftrag von Giramonti und für Amanato, der damals dafür zuständig war, hat er 17441 Skudi 11 Soldi bezahlt und von der Zeit bis einschliesslich Februar 1574 hat er insgesamt 32073 Skudi 14 Soldi in dessen Auftrag ausgegeben, was derselbe unterschrieben hat. Das Geld ist für die Rechnungen der Handwerker und für das

Park des Palazzo Pitti zu sein scheint, denn er schreibt dem Grossherzog Francesco I. aus Florenz:

«(...) ich habe M. Bortello (Venezianischer Glasermeister) getroffen und ich habe ihm alle für den Park und die Artillerie notwendigen Ziegelsteine beschafft (...). Im Park wird fleissig gearbeitet, und die Dinge machen gute Fortschritte und alle gehen ihren Pflichten nach. Morgen früh werde ich nach Pratolino aufbrechen (...)»[16].

Während die Arbeiten in Pratolino voranschreiten, ist Buontalenti im Jahre 1571 wahrscheinlich mit dem Umbau des Judenghettos im Herzen von Florenz beschäftigt. Bereits bestehende Palazzi, Häuser und Strassen schliessen sich zu einem einzigen Baukomplex mit rechteckigem Grundriss zusammen, der nur zwei Zugänge offen-

106. Bernardo Buontalenti, Zeichnung der Befestigung von Pisa, Florenz, Gabinetto Disegni e Stampe der Uffizien.

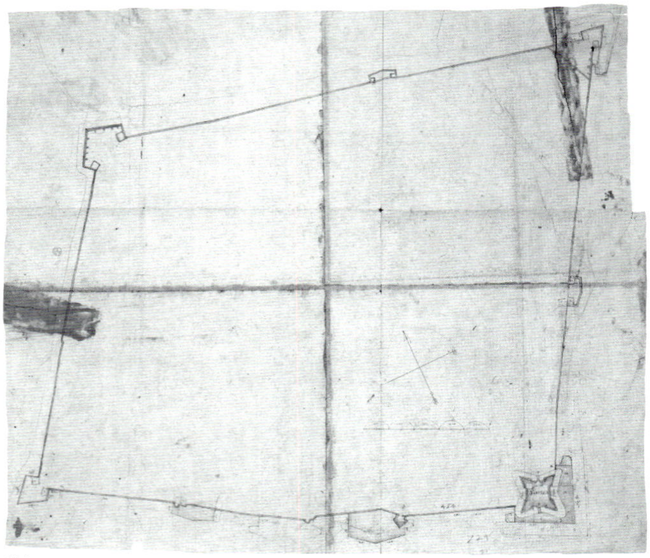

106

lässt. Die im Januar 1571 begonnenen Bauarbeiten ziehen sich bis Februar 1572 hin. Der Komplex ist einfach und einheitlich und hat eine kürzere Seite, die auf den alten Marktplatz geht. Im Osten ist er von der Via dell'Arcivescovado, im Norden von der Via de' Boni, im Westen von der Via de' Nacciaioli begrenzt. Nach oben hin schliesst ihn ein Sims ab, und die Fenster sind nur auf einer Seite regelmässig angelegt, während sie an den anderen drei Seiten ungleich in der Form und gruppenweise angelegt sind[17].

Portoferraio, Pistoia und andere Festungen

Zwischen 1570 und 1571, als Pratolino zu entstehen beginnt, arbeitet Bernardo Buontalenti auch an den Befestigungsanlagen von Portoferraio (das Medizäer Cosmopolis) und Pistoia. Nebenbei ist er am Bau anderer Befestigungen in der Toskana beteiligt. Seine Militärkultur zeitigt in diesem Zeitraum einen qualitativen Fortschritt europäischen Ausmasses, was ihm wenig später gestattet, das komplexe Projekt, eine grosse moderne Stadt zu bauen, in Angriff zu nehmen. Er entwickelt einige Formulierungen, wobei er von Antonio da Sangallo dem Jüngeren ausgeht, dessen Zeichnungen er entweder auf direktem Wege kennenlernt oder aber über Traktatverfasser wie Domenico Mora. Die neueste Entwicklung der Bastionen und Bastionärsysteme lernt er durch die Befestigungen von Baldassarre Lanci und durch das 1570 herausgegebene Traktat von Alghisi von Carpi kennen.

In diesem Jahr, in dem Giovanni Camerini stirbt, konzipiert Buontalenti die neue landeinwärts gelegene Front von Portoferraio. Seine Zeichnungen dokumentieren das, und Gherardo Silvani und Filippo Baldinucci[18] berichten darüber. Auf einer ersten Zeichnung (Abb. 100) setzt er mit leichtem Bleistiftstrich auf bereits existierende Bauelemente die neue Front[19]; auf einer zweiten (Abb. 101, Tafel XV) gibt er ihr ein endgültiges Gesicht[20], auf einer dritten Zeichnung (Abb. 102) definiert er sie geometrisch genau[21]. Auf dem vorher bestehenden Befestigungsgrundriss waren die Facen der mittleren Bastion von Verteidigungslinien unterzogen, die von der Hälfte der Kurtinen ausgingen, während am Falcone-Fort die Flankierung fortlaufend war. Buontalenti bringt Bastionsfacen und Kurtinen auf eine Linie, wodurch er erreicht, dass die Flanken und die Flachschusslinien perpendikulär zueinander stehen. Dies entspricht eine Konzeption von Antonio da Sangallo dem Jüngeren, den Domenico Mora 1569 in einem Traktat erneut vorstellt[22]. Das Projekt findet eine erste Realisierung in der Halbbastion, die die Verbindung zum Falcone-Fort herstellt[23]; anschliessend wird es nach genauen Berechnungen fertiggestellt. Die zum Land gerichtete Front wird dargestellt, wie sie sich zu Buontalentis Zeiten ausnahm, d.h. nach Ausführung des Aussenwerks und der Geschützpforten, die sich an den Facen der Bastionen befanden[24] (Abb. 103–105).

1571 legt Buontalenti den Umbau der Befestigung von Pistoia fest[25]. Der vorherige Grundriss, der an den von Sansepolcro erinnert, ist aus einer Bauzeichnung von Giovan Battista Bellucci ersichtlich[26]. Buontalenti überdenkt die Stadtmauer von neuem, was aus einer seiner Zeichnungen hervorgeht[27] (Abb. 106, Tafel XVI). Zuerst entwirft er eine Bastion zum Schutz der Festung Santa Barbara sowie zwei Plattformen; dann vergrössert er eine zu spitze Eck-

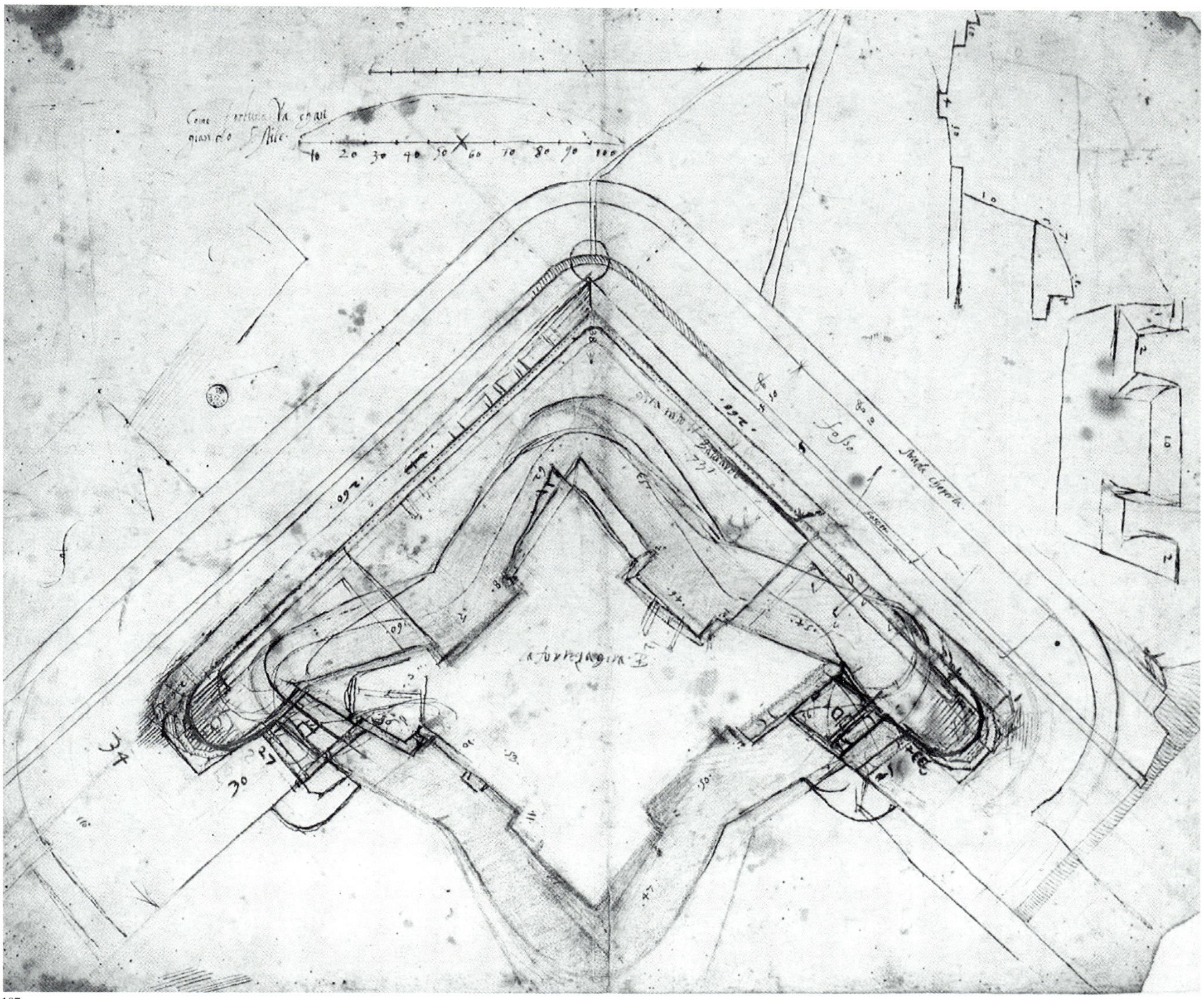

107

107. Bernardo Buontalenti, Zeichnung der Bastion zum Schutz der Festung Santa Barbara in Pistoia, Florenz, Gabinetto Disegni e Stampe der Uffizien.

bastion, aber am Ende lässt er sie aus der Ummauerung weg und entwirft nach Osten hin eine weiter zurückliegende Front und verändert auch die Vorderseite der Plattformen. Die Bastion, die zum Schutz der Festung dient, zeichnet er sehr ausführlich im Grundriss und in der allgemeinen Gliederung des Aufrisses[28] (Abb. 107), und sie wird im Laufe des Jahres 1571 gebaut. Ausserdem entsteht jene von Buontalenti als Neubearbeitung einer Plattform dargestellte Bastion an der Porta Caratica[29].

Michelangelo Salvi berichtet folgendes: «(...) und da Pistoia in der Nähe der Lombardei liegt und es leicht über die Berge zu erreichen ist, hielt man es für angebracht, es zu befestigen, und nachdem in der Nähe der Porta Carratica einige Türme, die zusammenzubrechen drohten, abgerissen worden waren, wurde dort eine sehr schöne und starke Bastion gebaut, die man noch heute sehen kann. Es wurde eine Mauer hochgezogen, in der die Festung Platz fand, die damals ihrerseits vergrössert und von einer starken Mauer wie von einem Mantel umgeben wurde. Es wurde der Befehl erteilt, eine weitere ähnliche Bastion an der Porta al Borgo zu bauen, aber inzwischen hatte sich das Kriegsgeschrei beruhigt, und so wurde nichts daraus»[30].

Bernardo Puccini assistiert Buontalenti, und am 17. Mai 1571 schreiben sie gemeinsam von Pistoia an den Grossherzog: «Um

108. Bernardo Buontalenti, der ausspringende Teil der Bastion zum Schutz der Festung Santa Barbara in Pistoia.

die Bastion der Festung führen durch Mörtelschutt und Beton gefestigte Strassen, die schwierig herzustellen sind, weshalb nur wenige davon gebaut werden»; aber sie beruhigen ihn mit den Worten «die Arbeiten schreiten gut voran»[31]. Am 23. Mai kann Buontalenti mitteilen, dass «die Bastion der Festung fertiggestellt ist wie auch die Flanken und eine Kurtine (= Face) und ein Teil der anderen, und ich hätte sie ganz hochgezogen, wenn ich die Strasse an der Festung nicht hätte bauen müssen, und das ist so schwierig, dass es fast unmöglich ist»[32]. Das verwendete Material waren Backsteine, auch für die Verzahnung der Vorderwandecken und der Ohren. Lediglich das Gesims ist weiterhin aus Stein, aber es wird etwas höher verlegt, und die Facen der Bastion bilden einen ausgedehnten eskarpierten Mauerkomplex. Die spitzen Winkel von Bellucci werden letzten Endes durch einen weiter ausspringenden Teil geschützt, und die schon vorher bestehende Festung, um es mit Buontalentis Worten zu sagen, «verändert als Festung ihren Stil» (Abb. 107, 108, Tafeln XVIII, XIX).

Bei anderen Befestigungen ist die Beteiligung Buontalentis an der Planung nicht dokumentiert. Der Bau der Festung von San Martino (San Piero in Sieve in Mugello) beginnt 1569 an einem Ort, wo es eine medizäer Festung gegeben hat, und zwar nach einer Zeichnung von Baldassare Lanci, aber sie wird auch Buontalenti zugeschrieben[33]. Die Festung hat einen komplizierten und unregelmässigen Grundriss, und nur die beiden Halbbastionen an der Südfront haben zurückgebogene Flanken und rechtwinklige Vorderwandecken. Die Kurtine zwischen den beiden Bastionen an der östlichen Front ist nach aussen abgewinkelt, und das entspricht einer Tradition, die auf den Plan von Corfu zurückgeht, jedoch ohne zurückgebogene Flanken[34]. Es ist wahrscheinlich, dass Buontalenti 1571 an den Bauarbeiten beteiligt ist. Zur gleichen Zeit interessiert er sich für die Befestigung von Grosseto[35] und vielleicht auch für Terra del Sole[36], beides Planungen von Baldassarre Lanci. In San Martino, Grosseto und Terra del Sole hat er Gelegenheit, erneut und direkt mit Lancis Militärarchitektur in Berührung zukommen.

Im Jahre 1574 ist Buontalenti mit den Befestigungsanlagen von Prato beschäftigt, er plant den neuen Chor für Santa Trinità, konzipiert die *«apparati»* für die Begräbnisfeier von Cosimi I. und beginnt mit dem Bau des *Corridore* der Uffizien. Die Bastionen von Prato sind Gegenstand von Restaurationsarbeiten, die Buontalenti ausführt. Man schafft «einen Ausgang für das Wasser (...) im Auftrage von Maestro Bernardo Buontalenti» und man entscheidet, auf Kosten der Landbesitzer, Erdanschüttungen vorzunehmen und mit den Karren der Krankenhäuser Erde zu befördern, die auf der Piazza San Francesco liegt[37]. Im August besuchen Bernardo Buontalenti und Benedetto Uguccioni jene Fortifikationen gemeinsam[38]. Er stellt fest, dass Bäume zu fällen sind und dass das nicht gut abfliessende Wasser das Mauerwerk beschädigt, dessen Sporne sich grösstenteils von den Mauern gelöst, weshalb er einen weiteren Eingriff beabsichtigt[39].

Zur gleichen Zeit leitet Buontalenti in Portoferraio den Bau einer Schiffswerft[40], und Domenico da Lucca wird mit dem Auftrag nach Elba geschickt, «den Bau der Schiffswerft für die Galeassen voranzutreiben».

Der Chor von Santa Trinità, das Begräbnis von Cosimo I. und die Aufstockung der Uffizien

Im Jahre 1574, d.h. nach Pratolino, beschäftigt sich Buontalenti im Chor einer alten Kirche nochmals mit dem perspektivischen Aufbau mit zwei Fluchtpunkten. Im neuentworfenen Chor von Santa Trinità passen sich die herrliche Freitreppe und der obere Teil des Kirchenraumes in der Umkehrung der perspektivischen Kegel einander an, und dies wird durch ein ausgeglichenes Verhältnis zwischen konkaven und konvexen Formen erreicht, was bereits auf die *apparati* des Jahres 1577 für die Taufe des Prinzen Filippo hindeutet. Der buonta-

109. Bernardo Buontalenti, der Treppenaufgang des Chores von Santa Trinità, der sich heute in Santo Stefano al Ponte in Florenz befindet.

109

lentische Chor spielt im Raum der Kirche eine vermittelnde und perspektivisch aktivierende Rolle, gleich jenem Element, das im Theater den Übergang von der Bühne zum Saal markiert.
Am 4. April trifft der Abt des Klosters mit einem Steinmetz aus Settignano eine Abmachung «über die Arbeiten in Stein und Marmor, die zum Schmuck der vergrösserten Fläche vor dem Hochaltar (...) nach dem Modell von Maestro Bernardo Buontalenti» von den Feuerrädern «auszuführen sind»[41]. Es handelt sich um eine Freitreppe (Abb. 109), die auf eine ähnliche Treppe in der Biblioteca Laurenziana zurückweist und die aufgrund der in Santa Trinità zwischen 1884 und 1903[42] ausgeführten Restaurationsarbeiten vorübergehend in Santo Stefano untergebracht wird. Das Jahr 1574 ist auch das Jahr, in dem Cosimo I. und Giorgio Vasari sterben. Für die Begräbnisfeierlichkeiten von Cosimo I. studiert Buontalenti die Ausschmückung des Saales der Fünfhundert im Palazzo Vecchio[43]. Er legt den allgemeinen Plan für die Gestaltung der Begräbnisfeier fest. Der Katafalk soll auf jener Trennungslinie stehen, die bei Theaterinszenierungen den Übergang von der Bühne zum Zuschauersaal markiert. Der Katafalk und der Nachfolger des Grossherzogs stehen im Mittelpunkt, wobei ersterer in der Nähe der Anwesenden und der zweite etwas im Hintergrund steht, während der Hof beide in Fächerform umgibt. Diese Anordnung bedeutet die Umkehrung und Verdopplung der perspektivischen Pyramiden im abschliessenden Bild,

110. Bernardo Buontalenti, die Villa Poggiofrancoli mit den davorliegenden niedrigen Baukörpern.

den Gewölben des Erdgeschosses einfügt. Der architektonische Komplex ist übrigens erheblich niedriger als die Loggia der Signoria, doch ist die Bekrönung so, dass der von San Piero Scheraggio gewünschte Theatersaal darin Platz finden kann, obwohl dieser wiederum höher als ein normales Stockwerk ist. Andererseits könnte die beträchtliche Neigung der Fussbodenfläche des Theatersaales darauf hindeuten, dass Vasari dieses Theater konzipiert hat, doch lediglich bekannt, dass im August 1570 die Herstellung der Pilaster und der Wände des Saales in Akkordarbeit vergeben werden soll und dass einige ausgewählte Arbeiter sich dazu bereiterklären, vorausgesetzt, dass sie auch die Arbeiten an den Dächern und die Backsteinfussböden ausführen können[46].

Bastiano de' Rossi vermerkt in der Beschreibung der Intermezzi des Schauspiels, das im Theater der Uffizien anlässlich der

110

dem der Transport des Katafalks – mit umgekehrtem Tympanon – durch den grossen Saal als Bewegungsphase vorausgeht[44].

Die Begräbnisfeier findet im Hof des Palazzo Vecchio statt, während im grossen Saal die Einsetzungsfeier für den neuen Grossherzog abgehalten wird.

Giorgio Vasari stirbt am 27. Juni 1574, und Buontalenti tritt beim Bau der Uffizien an seine Stelle. Eine Medaille von Domenico Poggini[45] dürfte das Projekt von Vasari darstellen, allerdings ohne die Verbindung zur Loggia der Signoria und mit einer Bekrönung über dem ersten Stockwerk, die sich fast ohne Trennung in die Fensterreihe über

111. Bernardo Buontalenti, Villa Poggiofrancoli.

tes Stockwerk mehr zu bauen[48]. Der zweite Stock der Uffizien muss demnach zu Buontalentis Zeiten gebaut worden sein. Er weist eine mangelnde vertikale Verbindung zu dem darunterliegenden Stockwerk auf, wenn auch die Einfügung einer neuen Treppe eine Lösung von zufriedenstellen-

111

Heirat von Cesare d'Este und Virginia de'Medici aufgeführt wurde, der Saal sei «von Cosimo I. für Aufführungen bestimmt und gebaut worden»; und dies ist eine wichtige Bestätigung dafür, dass die Idee und der Bau des Theaters auf die Zeit von Giorgio Vasari zurückgeht. Ausserdem ist ein Brief von Vasari an Cosimo I. aus dem Jahr 1572 in Betracht zu ziehen, indem von einer von San Piero Scheraggio geplanten Treppe als Zugang zum grossen Saal die Rede ist[47].

Die Aufstockung der Uffizien ist möglicherweise von Vasari als Abänderung des ursprünglichen Projekts vorgesehen, aber dann entscheidet man sich, kein zweiter Einfachheit darstellt. Alfonso Parigi setzt den Beginn der Arbeiten an dem «Korridor über den 13 Richtern» auf den 27. August 1574 fest[49].

Das Hospital von Santa Maria Nuova und die Villen Poggiofrancoli und Cerreto Guidi

Ab August 1574 werden die Arbeiten am zweiten Stock der Uffizien fortgesetzt, den Federico Zuccari 1576 zeichnerisch darstellt. Als Ingenieur der *Capitani di Parte* stützt Buontalenti zwischen 1575 und 1579 Brücken ab (u.a. die von Cerbaia), und alle Flussbegradigungsarbeiten werden unter seine Oberaufsicht gestellt[50]. 1575 schenkt

112. Bernardo Buontalenti, Villa Poggiofrancoli.

Am 4. März 1575 wird der Grundriss des Fundaments für die Vergrösserung des Männerhospitals von Santa Maria Novella in Anwesenheit des Projekteurs aufgezeichnet, während die Feier zur Grundsteinlegung am 25. März stattfindet[52] und das Fundament zwischen März und April ge-

112

der Grossherzog Francesco I. ihm und seinen männlichen Nachkommen im Kirchspiel Santa Margherita a Montici[51] als Dankesbezeugung ein Gut.

Von 1575 bis 1576 setzt Buontalenti seine Arbeit in Pratolino fort, vergrössert das Männerhospital von Santa Maria Nuova, beginnt mit dem Bau der Villa Poggiofrancoli und ist möglicherweise an der Villa von Cerreto Guidi tätig. Er treibt Studien für Livorno und das Portal der Suppliche, die mit den abschliessenden Studien für das Casino Mediceo parallel laufen. Das Jahr 1577 ist in erster Linie das Jahr des *apparato* für die Taufe von Prinz Filippo und die damit verbundenen Feierlichkeiten.

legt wird. Am 9. März beginnt der Bau der Mauern für das zweite Stockwerk[53], und am 16. findet die zweite Feier statt[54]. Domenico Poggini stellt die Medaillen für die beiden Feiern her. Die zweite Medaille stellt wahrscheinlich das buontalentische Projekt dar[55]. Buontalenti ist ziemlich häufig an der Baustelle anwesend[56], und im August 1576 sind die Bauarbeiten beendet[57]. Der ergänzende Trakt des planimetrischen Kreuzes des Hospitals misst 64 Ellen in der Länge[58].

Am 10. Juli 1565[59] erwirbt die Direktion des Hospitals von Santamaria Nuova ein Landgut mit Herrschaftshaus in dem Kirchspiel San Cristoforo in Perticaia an einem Ort namens Poggiofrancoli, der im

113. Bernardo Buontalenti, Zeichnung, Gabinetto Disegni e Stampe der Uffizien.

114. Bernardo Buontalenti, ein internes Fenster der Villa Poggiofrancoli.

115. Bernardo Buontalenti, die Treppenaufgänge von Cerreto Guidi.

116–117. Bernardo Buontalenti, Studien für das Casino Mediceo, Florenz, Gabinetto Disegni e Stampe der Uffizien.

113

Bezirk von Rignano sull'Arno liegt. Die Umgestaltung beginnt vermutlich 1576. Am 29. September 1578 erhält der Schmiedemeister Antonio di Domenico den Auftrag, «die Fenster mit Fensterkorb» zum Preis von fünf Scudi und vier Denari pro Fenster herzustellen[60]. Die am Dach ausgeführten Arbeiten lassen sich aufgrund eines Dokuments vom 19. Dezember 1585 auf das Jahr 1579 festlegen. Darin sind die Auslagen «für drei Stämme Kastanienholz, die an die Baustelle von Poggiofrancoli geliefert wurden und dazu dienten, Streben für das Dach bis zum Jahr 1579 herzustellen, aufgeführt (...)»[61]. Die Maurerarbeiten werden den Maurern Lorenzo di Mariotto und Benuccio da San Felice in Ema übertragen, die aufgefordert werden, «sowohl Altes zu restaurieren, als auch Neues zu bauen und die Anweisungen genau zu befolgen»[62]. Der Steinmetz Giovanni Francesco di Chimenti da Settignano liefert – wie bei der Vergrösserung des Hospitals – alle für die Kapelle von Poggiofrancoli bearbeiteten Steine[63]. Die Villa ist 1583 im Rohbau fertiggestellt. Im Juli desselben Jahres werden vierhundert Ziegelplatten für die Fussböden beschafft. Die Feinbearbeitung und die Ausschmückung werden 1585 zu Ende geführt. Es ist glaubwürdig, dass Buontalenti Poggiofrancoli (Abb. 110–112) erbaut hat, weil die Organisation der Baustelle von Poggiofrancoli mit der des Hospitals in engem Zusammenhang steht. Die Loggia nimmt die des Innenhofs der Villa Petraia vorweg, und es wird das Verhältnis des Unterbaus zum Baukörper *a Colombaia* festgelegt. Eine sich auf das Casino Mediceo bezie-

114

116

117

118. Bernardo Buontalenti, Zeichnung für das Casino Mediceo und für die Bastionärfront von Livorno, Florenz, Gabinetto Disegni e Stampe der Uffizien.

pen beziehen, die ähnliche Gesimse haben wie die erste Südrampe von Pratolino. Die Tatsache, dass zuerst die Villa und dann die Rampen fertiggestellt worden sind (es wurde vermutlich 1565 mit dem Bau begonnen[66]), erklärt, warum die Rampen mit dem Gebäude nicht recht verbunden sind und –

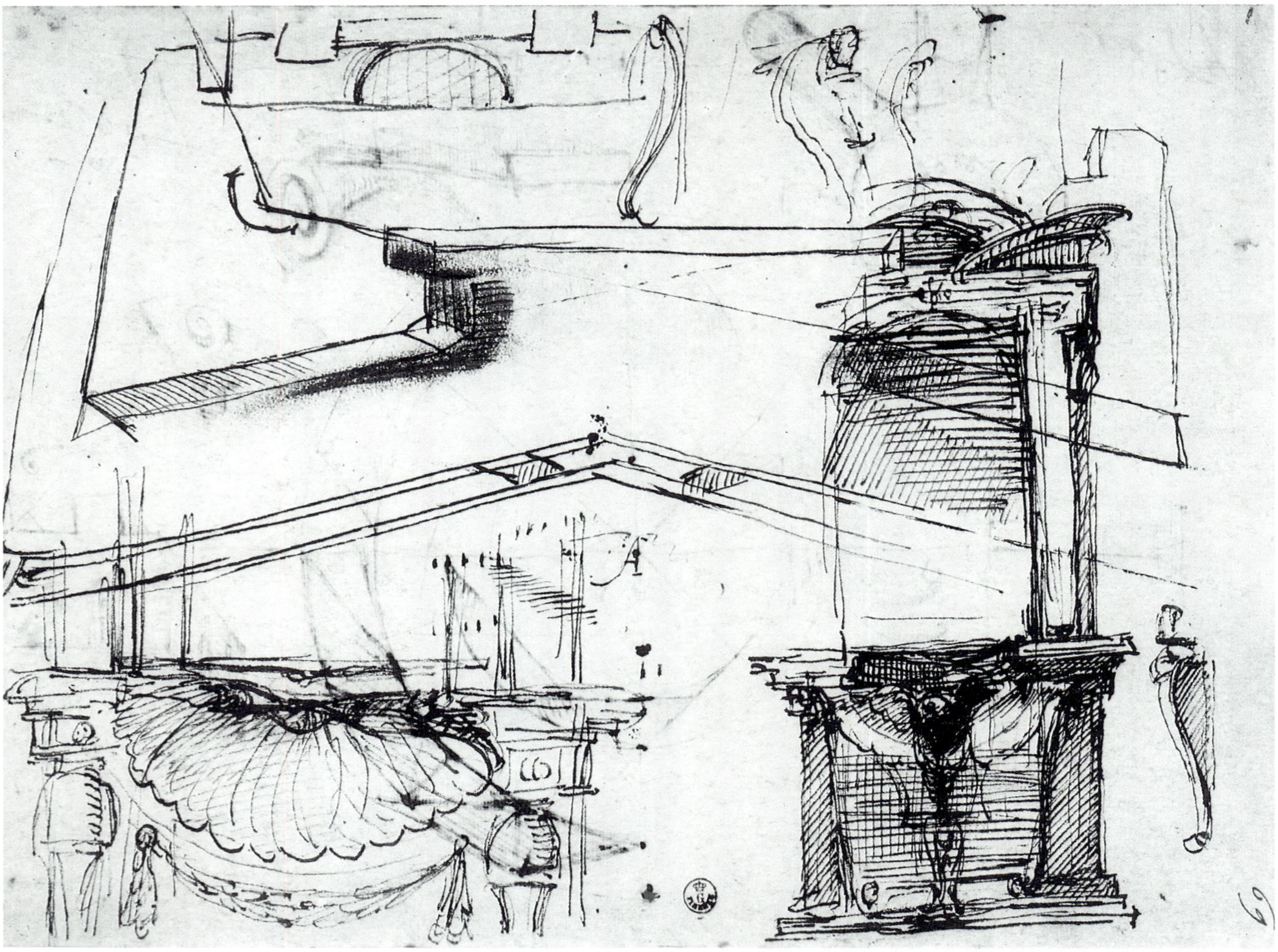

118

hende Zeichnung von Buontalenti enthält eine Fensterlösung, die auch an der Villa Poggiofrancoli (Abb. 113, 114) sichtbar ist. Die Villa von Cerreto Guidi ist als ein erwiesenermassen von Buontalenti geschaffenes Werk betrachtet worden, und zwar aufgrund der folgenden von Alfonso Parigi im Jahre 1575 gelieferten Information: «Am letzten Heilig-Geist-Fest ging ich mit Herrn Bernardo Buontalenti nach Cereto, und er übertrug mir die Arbeiten, die ich mit 10 oder 12 Maurermeistern ausführte»[65]. Das Gebäude setzt sich aus der Villa selbst und den imposanten Rampen zusammen (Abb. 115). Die Arbeiten, von denen Alfonso Parigi spricht, könnten sich auf die Rampen beziehen … wenngleich sie wahrhaft imposant sind – über ihre Funktion als Fundamentsstütze nicht hinausgehen.

Das Casino Mediceo von San Marco

Die Jahre von 1575 bis 1579 gelten dem grossen, von militärischer und urbanistischer Kultur durchdrungenen Bauprojekt Livorno, dessen Verwirklichung sich bis zu den neunziger Jahren hinzieht. 1575 ist der Bau des *Casino Mediceo* jedoch noch nicht genau festgelegt, und die beiden Projekte überschneiden sich. Einige Zeichnungen Buontalentis werden als Studien für das Portal und die Fenster des Erdgeschosses

119. Bernardo Buontalenti, das Casino Mediceo in Florenz, Frontansicht.

auf den folgenden Seiten:

120. Bernardo Buontalenti, das Casino Mediceo in Florenz, Fenster mit gebogenem Tympanon.

121. Bernardo Buontalenti, das Casino Mediceo in Florenz, Hauptportal.

119

der Hauptfassade des Casino Mediceo betrachtet[67] (Abb. 116, 117) und sind auf die Mitte der siebziger Jahre datiert. Dabei ist zu berücksichtigen, dass sie erst entstanden, als der Bau schon in fortgeschrittenem Zustand war, was der uns bekannten buontalentischen Praxis entspricht. Andererseits ist nicht zu vergessen, dass das endgültige Projekt nach dem Erwerb eines zweiten bereits bestehenden Hauses im Jahre 1576 entstand[68]. Auf einer der erwähnten Zeichnungen erscheint eine Bastionärfront, die sich meines Erachtens auf das Projekt von Livorno bezieht und daher etwa auf das Jahr 1577 datierbar ist (Abb. 118). Auf dieser Zeichnung wie auf anderen ist ausserdem das umgekehrte Tympanon zu sehen, welches Buontalenti für das Portal der *Suppliche*[69] verwendet.

Die buontalentischen Zeichnungen für das Casino Mediceo sind durch Schraffierung und Einfärbung gekennzeichnet, wie auch das zuvor untersuchte und auf das Jahr 1558 (Abb. 9) datierbare Blatt von Port' Ercole. Bei den Zeichnungen, die sich auf das Casino Mediceo beziehen, ist die Einfärbung bzw. Schwärzung verstärkt, «die man mit einem trockenen Pinsel erzielen könnte» oder mit «einem Holzstab; aber es scheint auch ein geschickt eingesetzter Finger zu genügen, um die ganze Skala der Effekte hervorzubringen»[70]. Ausführungs-

65

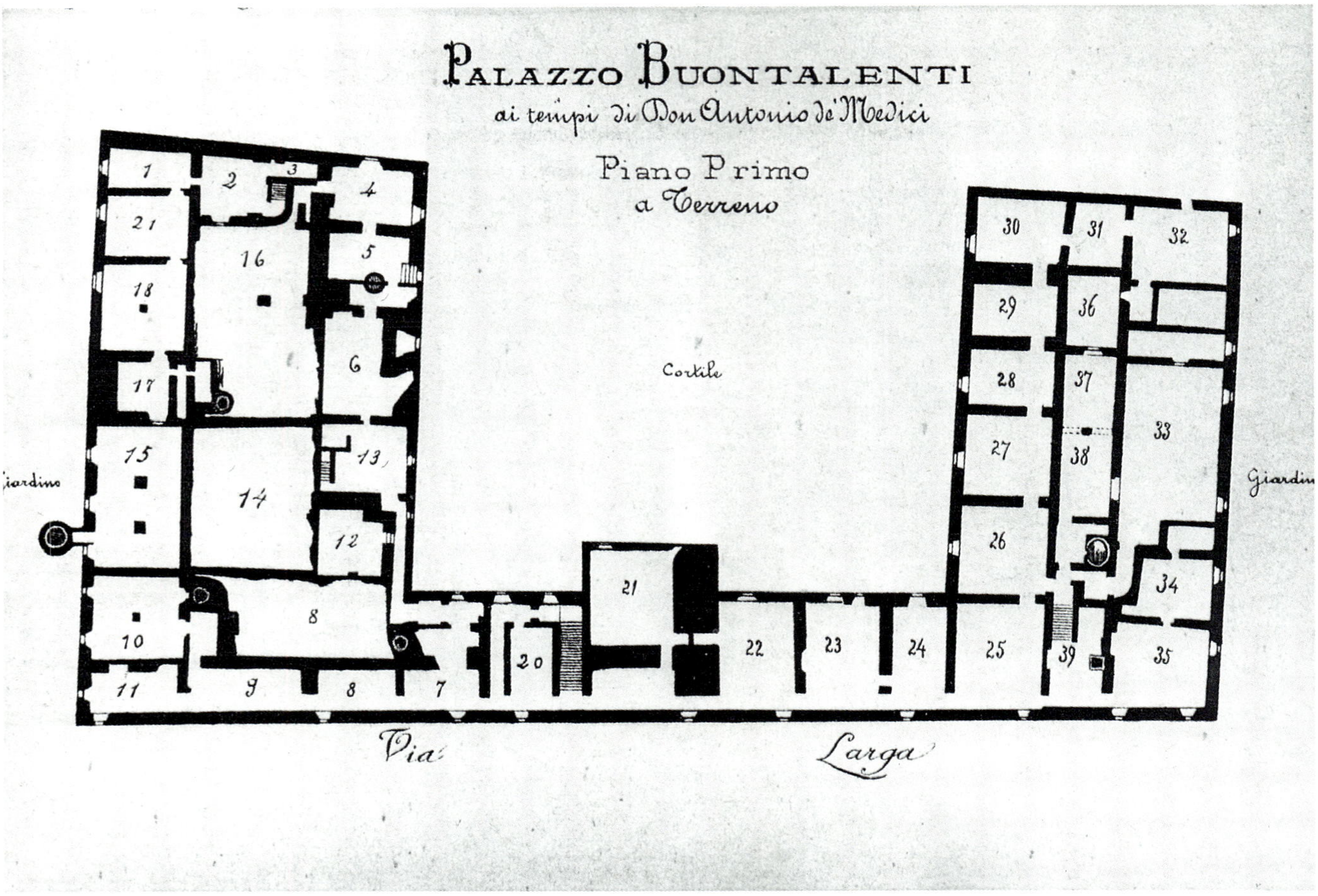
Palazzo Buontalenti
ai tempi di Don Antonio de' Medici
Piano Primo
a Terreno
Cortile
Giardino
Giardino
Via Larga
122

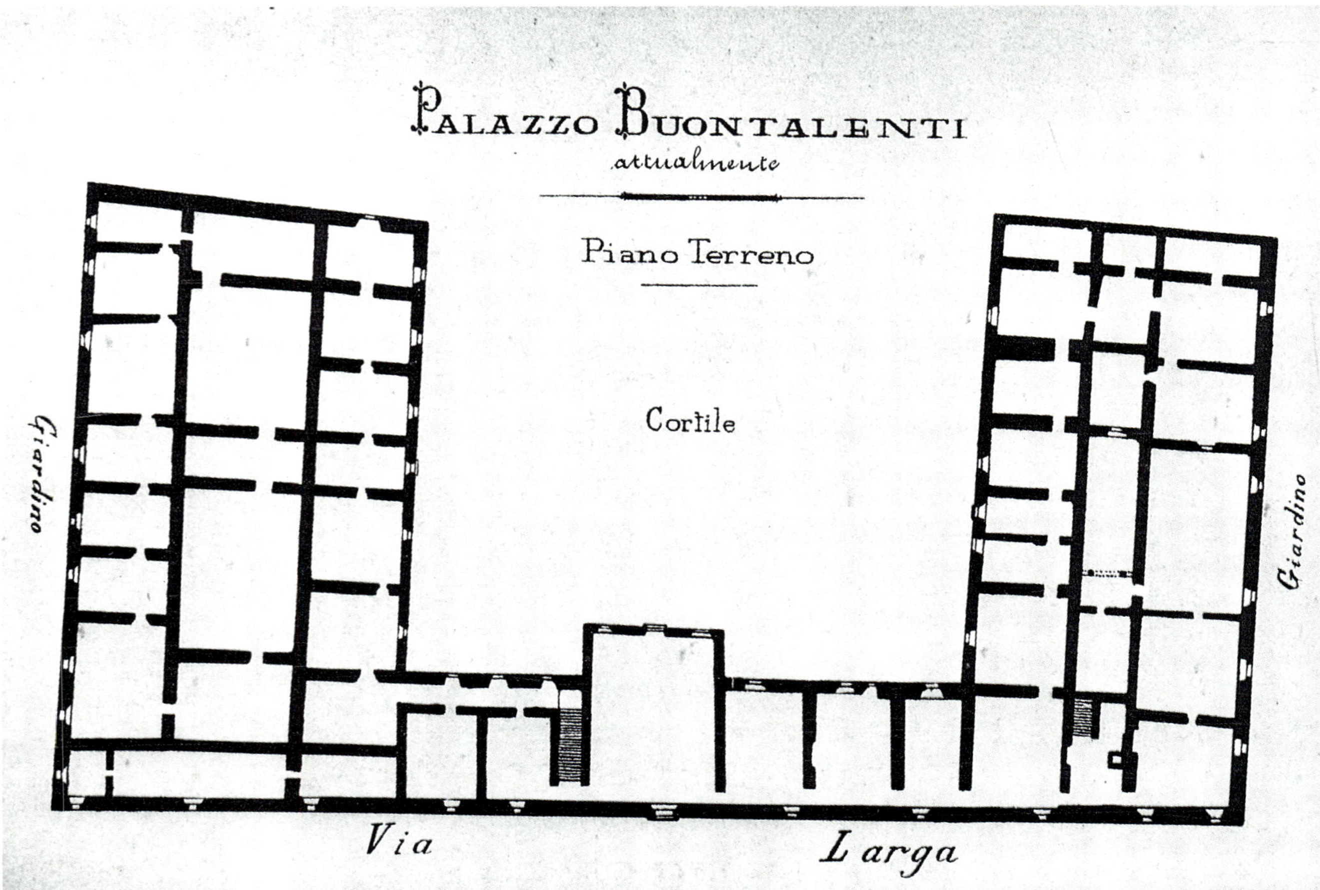
Palazzo Buontalenti
attualmente
Piano Terreno
Cortile
Giardino
Giardino
Via Larga
123

122–123. Grundriss des Casino Mediceo in Florenz (aus P.F. Covoni: Don Antonio de' Medici al Casino di San Marco, Florenz 1892).

124. Bernardo Buontalenti, Zeichnung von Bastionen und Bastionärsystemen, Florenz, Gabinetto Disegni e Stampe der Uffizien.

Ornament Effekte malerischer Bewegtheit erzielen soll und wo die Muscheln von ihrem vertieften Hintergrund ungestüm hervorstrahlen, ruhen die an der Fassade des Medizäer Kasinos auf ihrem Hintergrund, als seien sie aus einer kompakten Masse geformt; die Linien sind leicht und kunstvoll

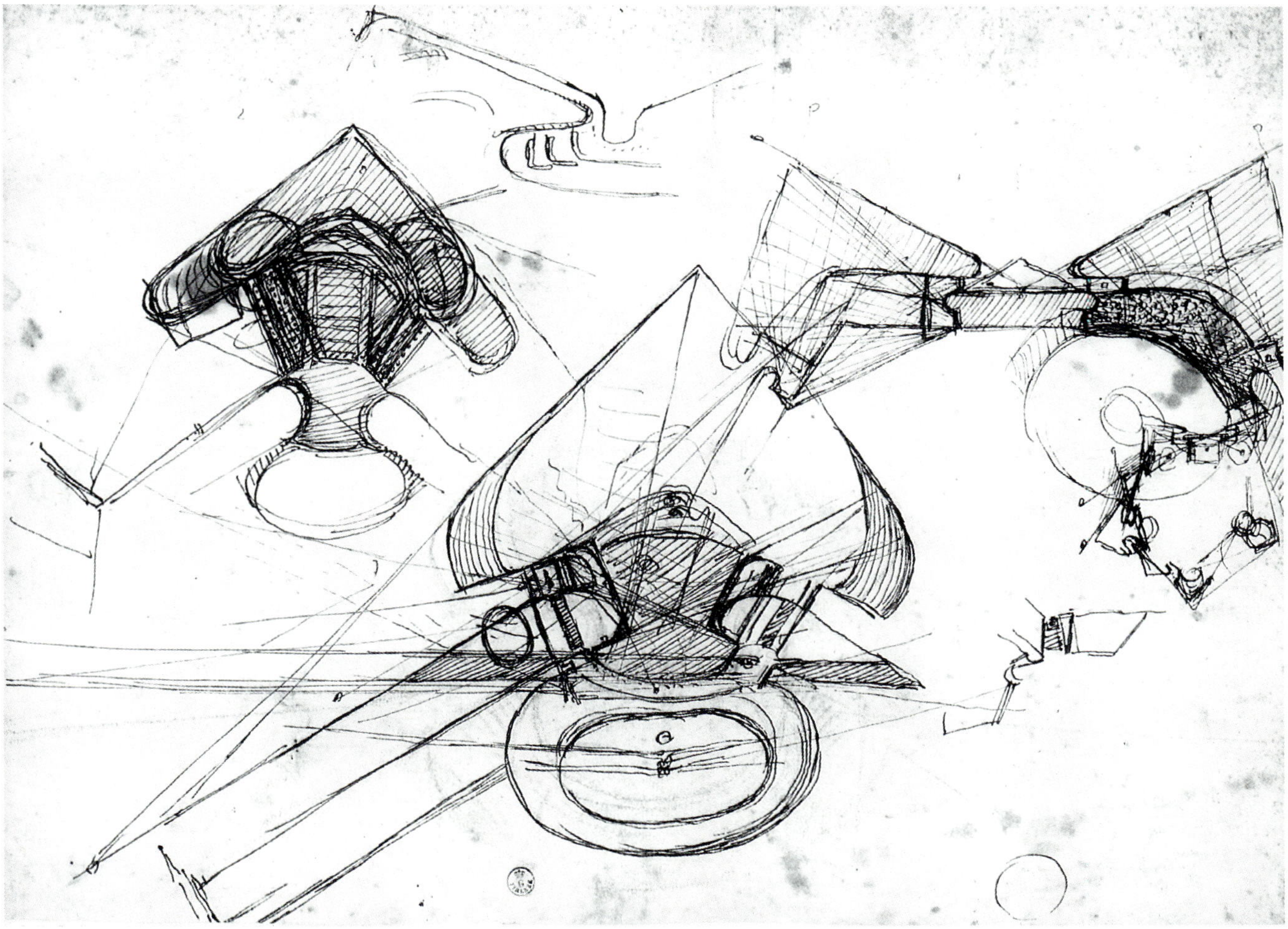

124

zeichnungen von Buontalenti für das Casino sind nicht bekannt. Eine von Giulio Parigi nach Buontalenti angefertigte Zeichnung gibt einen Eindruck davon, wie die Ausführungszeichnung für die Fenster mit bogenförmigem Tympanon der Hauptfassade hätte aussehen sollen[71].

Das Casino Mediceo (Abb. 119–121) erzielt sofort einen grossen Erfolg. Für Gherardo Silvani «hat nie ein schöneres Portal das Tageslicht erblickt als dieses, neben all dem, was es sonst noch zu sehen gibt. Es ist ein so schlichter und korrekt ausgeführter Bau»[72]. Für Adolfo Venturi: «Im Gegensatz zu den Gebäuden von Ammannati, wo das durchlöcherte, gekräuselte, ziselierte gewunden, die Girlanden werden geschlossener und flacher; alles erstreckt sich klar im Licht»[73]. Aus einem Vergleich zweier Grundrisse des Erdgeschosses – einer bezieht sich auf die Zeit von Don Antonio de'Medici und der andere auf das Ende des neunzehnten Jahrhunderts[74] (Abb. 122, 123) – ergeben sich einige Veränderungen in der Aufteilung des Innenraums.

Es handelt sich beim Casino Mediceo um ein längs verlaufendes Gebäude, das auf eine horizontale Ebene Bezug nimmt, genau wie die Militärarchitektur *alla moderna.* Die unmittelbar an der Via Larga gelegene Hauptfassade ist von einer horizontalen Ausdehnung geprägt, die sich auf das

125–126. Bernardo Buontalenti, Befestigungssysteme, Florenz, Gabinetto Disegni e Stampe der Uffizien.

127. Galasso Alghisi da Carpi, Festung mit fünf Bastionen (aus: Delle fortificationi, 1570).

125

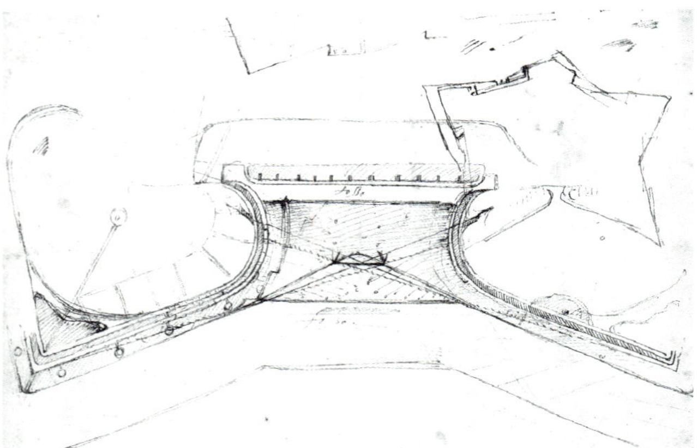

126

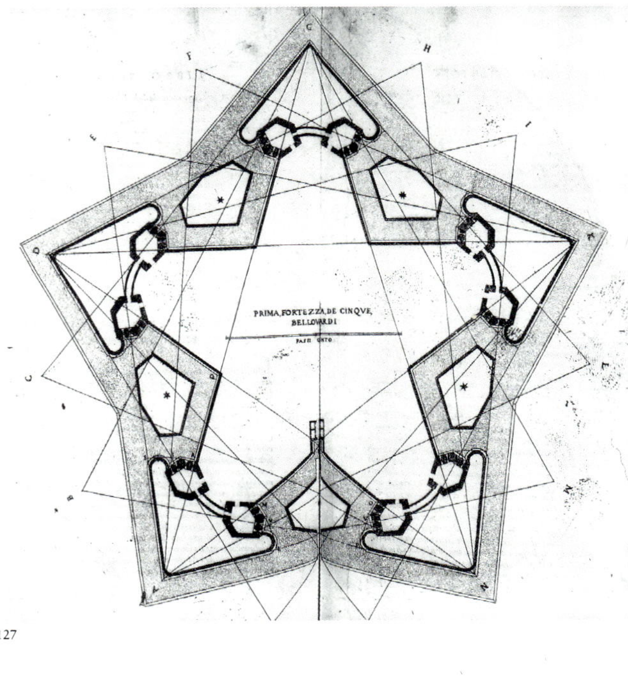

127

128. Bernardo Buontalenti, die neue Stadt Livorno (aus: Raccolta delle più belle vedute della Città e Porto di Livorno con alcune osservazioni sopra le medesime, Livorno 1796).

auf den folgenden Seiten:

129–131. Francesco di Giorgio Martini, Stadtmuster, Turin, Biblioteca Reale, Codice Torinese Saluzziano 148.

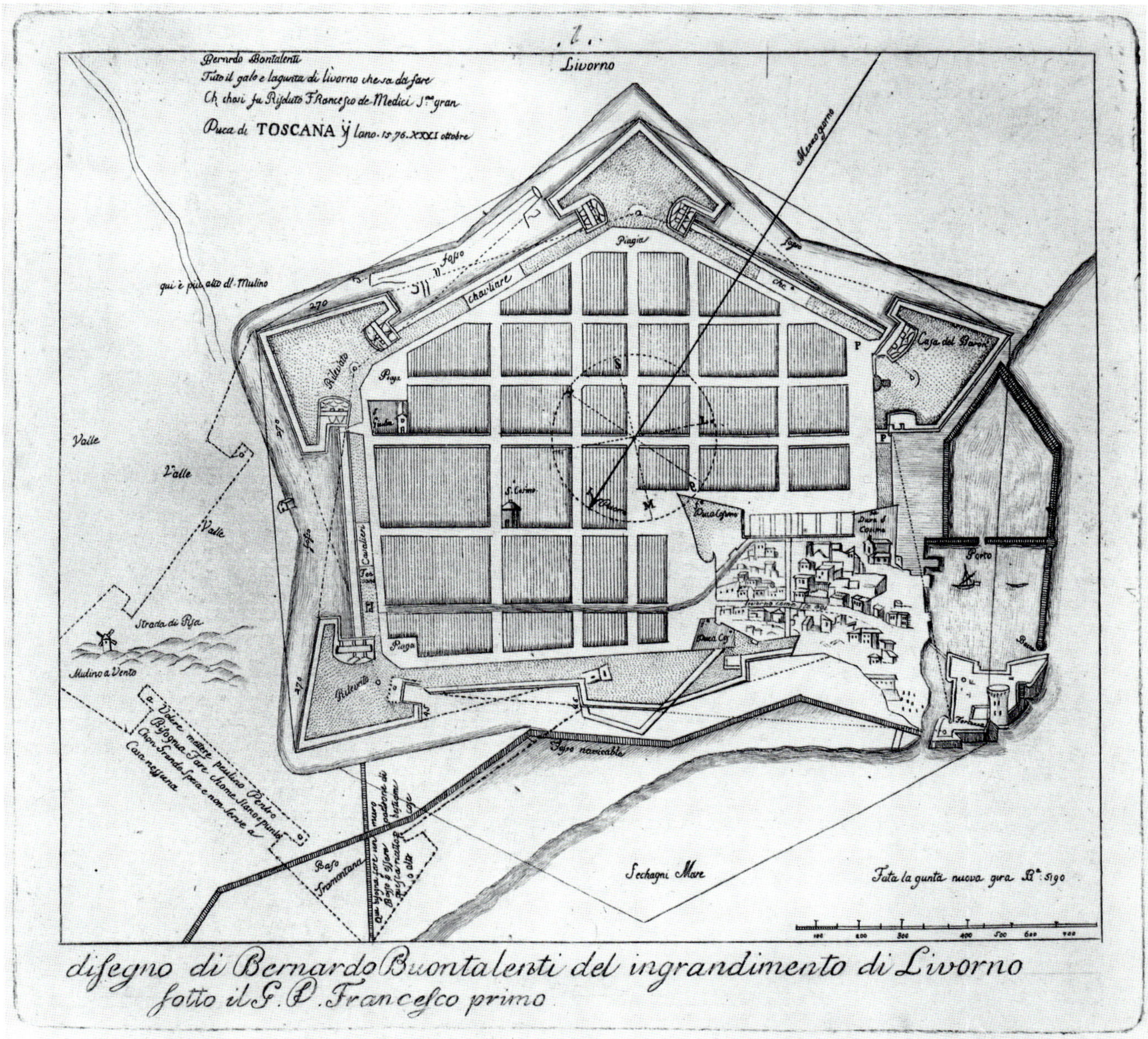

128

Portal und die Fenster auswirkt. Das Fenstersims ist leicht nach innen gewölbt, und die darunterliegende Muschel scheint die allgemeine Streckbewegung nachzuvollziehen. Die im Mauerwerk verzahnten und auf den seitlichen Vorsprüngen des Gesimses aufgesetzten Lisenen sind aufgrund der Ausdehnung des Mauerwerks nicht von dem Tympanon bedeckt, weshalb sie keine Konsolen brauchen, um das Tympanon zu stützen. Und die Fensterkörbe, die sich an der Basis erweitern, materialisieren die Bewegung des Ganzen.

Livorno

Im Jahre 1575 ist Buontalentis Interesse eindeutig auf die Vorbereitung des militärisch-urbanistischen Themas Livorno gerichtet. Zwei seiner Blätter (Abb. 124–126)

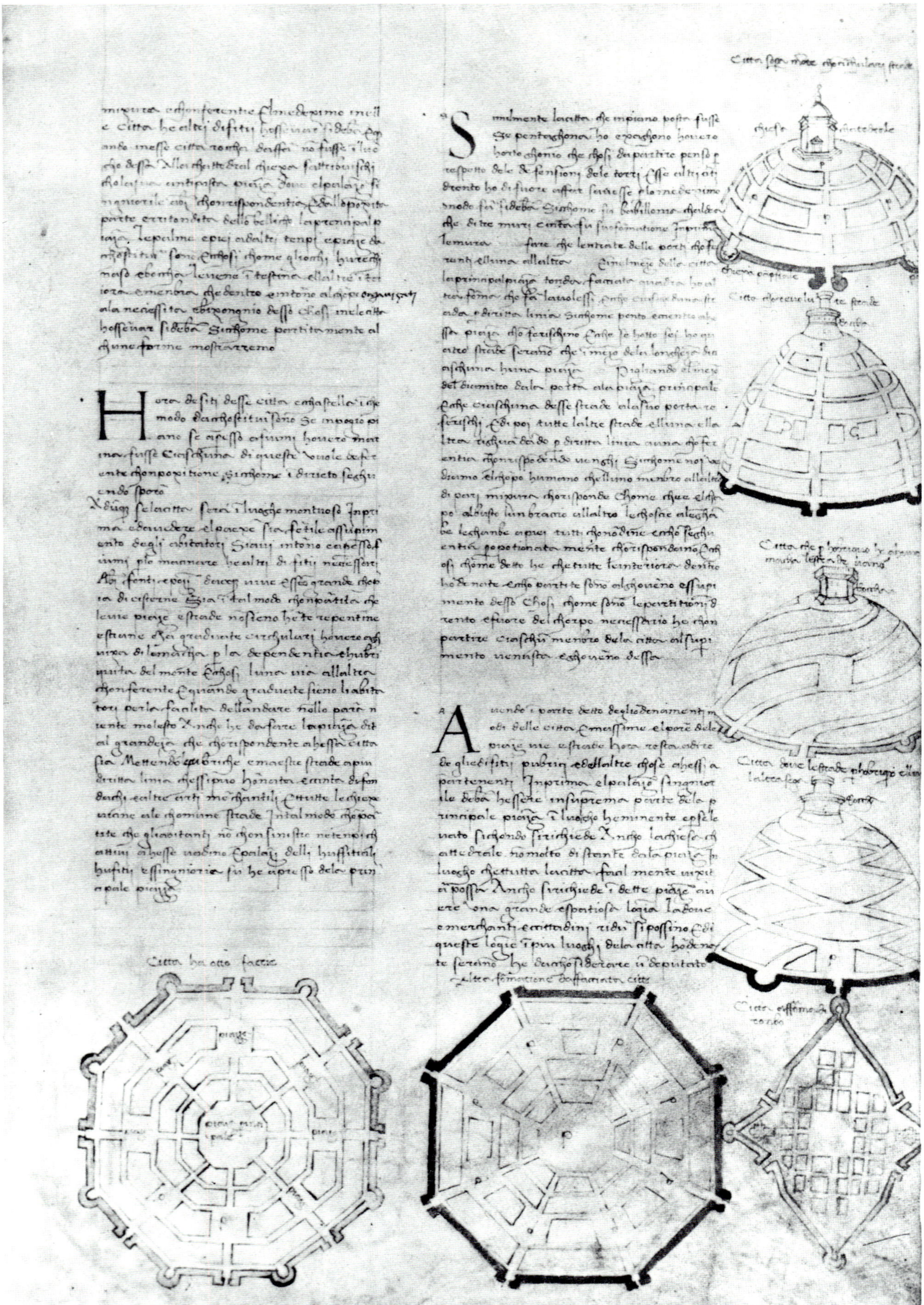

129

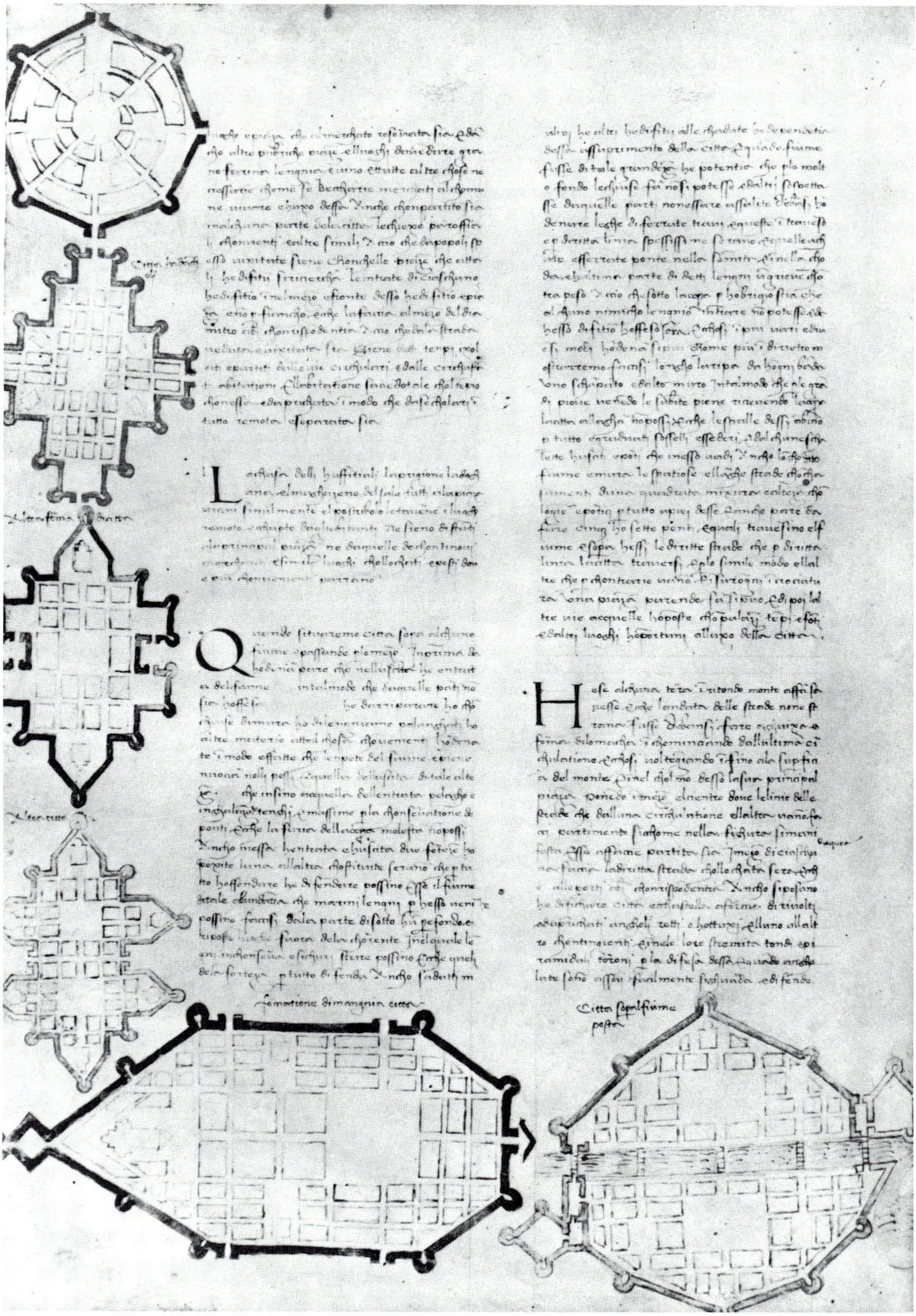

130

131

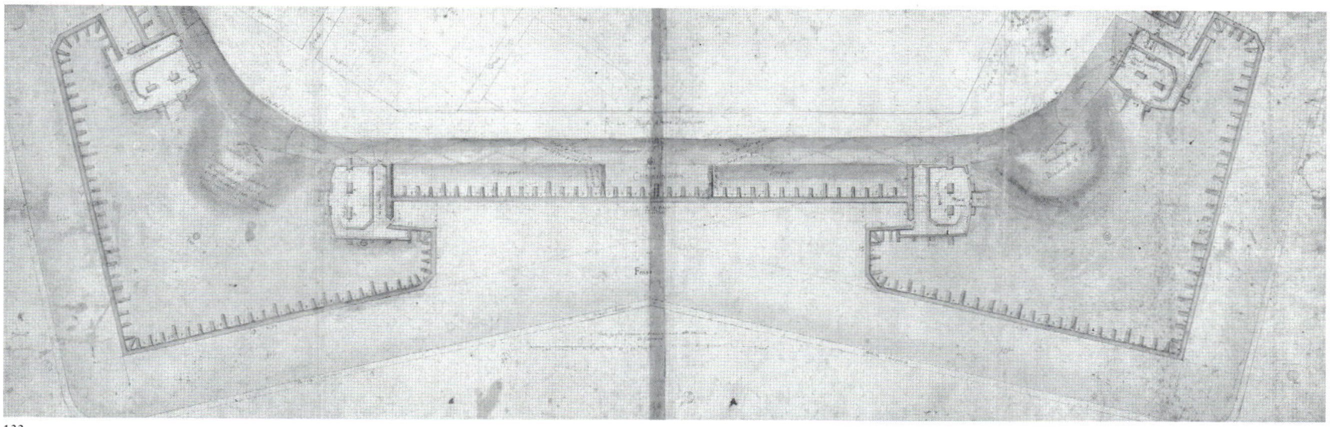

132

132. Bernardo Buontalenti, Ausführungszeichnung der Front mit den Bastionen Santa Giulia und Dell'Ascensione in Livorno, Florenz, Gabinetto Disegni e Stampe der Uffizien.

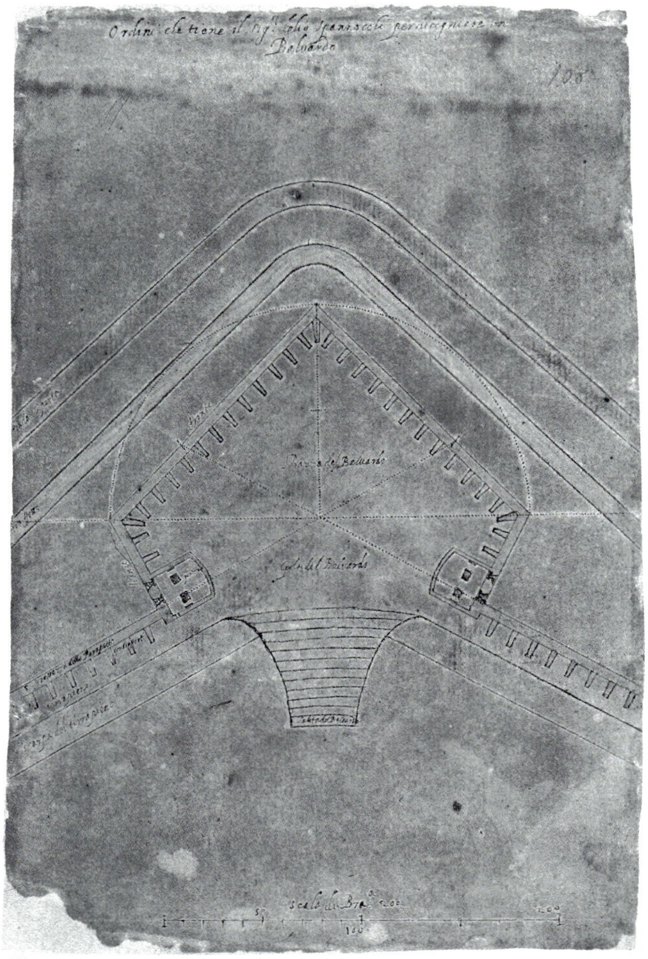

133

133. Signor Lelio Spannocchi erhält den Auftrag, eine Bastion zu zeichnen, Florenz, Staatsarchiv.

enthalten Arbeiten, die mit dem Traktat über Befestigungsanlagen in Verbindung stehen, und sie müssen gemeinsam mit jenen «vier Entwürfen, runde Befestigungen zu bauen», erwähnt werden, die aus dem Inventar seines kurz vor dem Tode zusammengestellten Besitzes stammen[75]. Er studiert die Bastionärfront einer fünfeckigen Anlage, die sich laut Alghisi da Carpi auf die «kleinste Festung, die man bauen kann», bezieht[76]. Bei den ersten nicht genau festgelegten Skizzen berücksichtigt er die fünfeckigen Anlagen von Alghisi[77] (Abb. 127), aber auch die Form der Bastionen lässt neben dem Einfluss von Lanci den von Alghisi erkennen.

Das Wesentliche des alghisischen Befestigungssystem liegt in der tenaillierten Kurtine, die aus jedem Vieleck hervorgehen kann, wodurch die Position der Flanke (vornehmlich der zurückspringende Teil) und die Form der Ravelins durch den Winkel der zurückspringenden Kurtine wie auch bei Maggi/Castriotto festgelegt wird. Alghisi behauptet, dass er viele Jahre vor der Veröffentlichung des Traktats von Maggi und Castriotto letzterem seine Erfindung gezeigt habe. Doch da Castriotto verstorben ist und Maggi auf Zypern weilt, kann keiner von beiden dazu Stellung nehmen. Dennoch ist der Einfluss, den Alghisi auf Buontalenti ausübt, in den Zeichnungen Buontalentis, die wir gerade untersuchen, klar ersichtlich. Diese Zeichnungen erinnern an die florentiner Zeichnungen von Michelangelo, wenngleich sie nicht dieselbe strukturelle Kohärenz besitzen. Die graphische Strichführung hat einen doppelten Aspekt, sie ist statisch und dyna-

134. Bernardo Buontalenti, Studie für die Porta delle Suppliche und eine Livorneser Bastion, Florenz, Gabinetto Disegni e Stampe der Uffizien.

135. Bernardo Buontalenti, Porta delle Suppliche der Uffizien.

misch zugleich. Daraus erklärt sich der Gegensatz zwischen dem grosszügig angelegten Grundplan (der den fortifikatorischen Aspekt durchscheinen lässt) und dem behenden Strich der planenden Intuition.
Schon seit Januar 1575 bittet Buontalenti darum, dass man ihm die Daten für das Livorneser Projekt übermittelt[78]. 1576 plant er die neu zu befestigende Stadt entsprechend der Bedeutung, die sie als maritimer Anlegeplatz erworben hat. Die allgemeine Planimetrie, die uns aus einer Sammlung von Veduten und Zeichnungen[79] (Abb. 128) aus dem achtzehnten Jahrhundert bekannt ist, trägt das Datum des 31. Oktobers. Hier taucht die Technik der *Halbperspektive* wieder auf; im Aufriss sind das bereits bestehende Stadtagglomerat und die alte Festung dargestellt; ein Boot im Hafen, eine Mühle, die Bodenbeschaffenheit auf dem Weg nach Pisa sowie die Kirchen San Cosimo und Santa Giulia und das Gewebe der Stadt. Die neue und die alte Stadt sind in einer fünfeckigen Anlage eingeschlossen (fünf Bastionen und eine mittlere Plattform), und das zuvor bestehende, in eine Ecke verbannte Agglomerat schafft einen unregelmässigen Verlauf zwischen der alten Festung und der Plattform der Nordostfront. Aber die Unregelmässigkeit scheint durch den 1573 begonnenen schiffbaren Graben begrenzt zu sein. Das Ganze liegt in einem regelmässigen Sechseck und Buontalenti selbst rät davon ab, nach Norden hin einen Anbau vorzunehmen, nicht zuletzt aus wirtschaftlichen Gründen.
Von Alghisi hat er gelernt, die Befestigung in einer Weise anzulegen, dass die Facen der Bastion so weit verlängert werden, dass man den Erdreiter von dem höchsten Punkt der nachbarten Bastionen sehen kann, und die Plätze und Schiessscharten nach innen zu verlegen, so als sollten dadurch die Position der Kurtinenflanken zurückgewonnen werden.
Die Verteidigungslinien erreichen im Höchstfall 750 Ellen. Die längsten Kurtinen werden durch interne Reiter ergänzt. Das regelmässige Strassennetz des neuen Livorno, das auf rechten Winkeln basiert, lässt wenig Raum für den Hauptplatz in der Nähe der alten Siedlung. Dieselbe Anordnung der Strassen fand in Sabbioneta und

134

in der fünfeckigen Stadt von Pietro Cataneo Anwendung. Das Problem, das Stadtgewebe mit der Verteidigungsmauer zu verbinden, stellt sich weniger bei den geschlossenen Blöcken der Festungen und Zitadellen als vielmehr bei Mauerringen, die die Stadtagglomerate umschliessen sollen. Schon bei Francesco di Giorgio war ein strahlenförmiges Stadtnetz in einem achteckigen Befestigungsring eingeschlossen worden, oder aber es verband sich spiralenförmig mit den Verteidigungselementen der Ummauerung. Die achteckige Mauer liess sich nämlich verlängern, wenn sie ein orthogonales Netz aufnehmen sollte, oder sie nahm Zickzackgestalt an (Abb. 129–131). Später wurde das Vieleck mit einem strah-

136. Bernardo Buontalenti, Zeichnung der Porta delle Suppliche, Florenz, Gabinetto Disegni e Stampe der Uffizien.

lenförmigen Stadtgrundriss von Baldassarre Peruzzi erneut vorgestellt[80].
Francesco Maria I. della Rovere folgte dem Prinzip der «raschen Bewegung entlang der Stadtmauer und durch die Stadt»[81]. Und es ist klar, dass ein vom Zentrum aus strahlenförmig verlaufendes Strassensystem den militärischen Erfordernissen mehr entgegenkommt als ein rechteckiges Strassennetz, welches der Stadt *Hippodamia** zugrunde lag, die dem römischen *Castrum* vorausging. Innerhalb des buontalentischen Projekts entsprechen das rechteckige Strassennetz und die Bastionsmauern sowohl zivilen als auch militärischen Erfordernissen, wenngleich die militärischen letzten Endes überwiegen. Die Plätze, die den Bastionshälsen entsprechen, und die Strassen, die zu den Bastionen und zu den Toren führen, überschneiden sich.
Vom urbanistischen Standpunkt liegt ein Widerspruch darin, dass ein rechteckiges Agglomerat in eine polygonale moderne Anlage eingefügt wird, und diesen Widerspruch empfindet Simon Stevin Ende des 16. Jahrhunderts so stark, dass er die ursprüngliche Bipolarität von di Giorgio Martini auflöst und zwei Arten von Bastionsstädten vorstellt; eine fünfeckige, die aus der modernen Militärkultur hervorgeht, und eine rechteckige, die den zivilen Bedürfnissen entspricht[82]. Palmanova wird nach einem militärischen Radialsystem konzipiert[83].
Der militärische Charakter des buontalentischen Livorno wird, wie bei De Marchi, auch in der Anordnung der Stadttore dicht an den Bastionen deutlich. Bei dem ursprünglichen Projekt Savorgnanos für Palmanova befinden sich die Tore ebenfalls dicht an den Bastionen und nicht in der Mitte der Kurtinen, wo sie schliesslich gebaut wurden[84].
Bei dem Bau des neuen Livorno werden weite Stücke Land für den Bau der Befestigungsanlagen enteignet, was für die einzelnen Besitzer alles andere als vorteilhaft, wegen der Vorrangigkeit des Krieges jedoch nötig war. Eine Ausführungszeichnung von Buontalenti[85] (Abb. 132, Tafel XVII) zeigt die östliche Front mit den beiden Bastionen Santa Giulia und Ascensione, die im Ver-

136

gleich zu der allgemeinen Planimetrie eine charakteristische Abstumpfung an der Vorderwandecke haben, was schon bei der Bastion von Pistoia vorkam. Die zurückspringenden Flanken sind mit Plätzen auf zwei Ebenen und mit recht ungewöhnlichen äusseren Konterminengalerien versehen. Die Facen der Bastionen haben eine Länge von 270 Ellen, und der Verlauf der Fronten bestätigt den Einfluss von Alghisi. Die ersten generellen Anweisungen, die Buontalenti Lelio Spannocchi erteilt, sind, auf die Bastion begrenzt, in reinem Gold ausgeführt[86] (Abb. 133).
Der erste Stein an der Bastion San Francesco wird im März 1577 gelegt. Von den Feierlichkeiten wird im achtzehnten Jahrhundert von Giovan Battista Dei berichtet: «(...) Messer Bernardo Buontalenti liess um 16⅔ Uhr in Livorno mit dem Astrolabium in der Hand in Anwesenheit vieler Perso-

* Nach Hippodamus von Milet, geb. um 510 v. Chr., benannte Stadt.

137

137. Bernardo Buontalenti, Studien für die Porta delle Suppliche und für Feuerwerke, Florenz, Gabinetto Disegni e Stampe der Uffizien.

nen und auch von Messer Lelio Spannocchi aus Siena und Messer Bernardo Vecchietti den ersten Stein für das Fundament von Livorno legen, und Messer Vecchietti und Messer Spannocchi warfen Medaillen in das Fundament, während von dem Prior unserer Religion und von den Priestern die Heiliggeistmesse gesungen wurde, und er trug dabei das Bischofsgewand (...)»[87].

Die Porta delle Suppliche

In den Jahren 1576 und 1577 überschneiden sich die Projekte Buontalentis für Livorno und für das *Casino Mediceo* mit der Planung der Porta delle Suppliche an den Uffizien und dem *apparato* für die Taufe des Prinzen Filippo.

Auf einer Studie für die Porta delle Suppliche mit umgekehrtem Tympanon (Abb. 134), die 1577 gebaut wurde, erscheint auch eine Bastion, die der von Livorno entspricht, und auf einer anderen Zeichnung werden die Einzelheiten des oberen Teils der Porta delle Suppliche zusammen mit für Feuerwerke studiert[88] (Abb. 137).

Auch jene schöne «weithin renommierte Porta delle Suppliche, wo - laut Silvani - Buontalenti voller Kühnheit das Frontispiz umkehrte, um die Büste des Herzogs Francesco I. dort aufzustellen»[89], erzielt grossen Erfolg. Die Umkehrung des Tympanons hatte Buontalenti schon bei dem Begräbnis von Cosimo I. angewandt. Die von Vasari übernommene Idee greift er in der zweiten Projektphase für das *Casino Mediceo* wieder auf, und schliesslich verwirklicht er sie an der Porta delle Suppliche[90] (Abb. 135).

138. Bernardo Buontalenti, Studie für ein Kruzifix, Florenz, Gabinetto Disegni e Stampe der Uffizien.

139. Bernardo Buontalenti, Kruzifix aus Pappmaché, Florenz, Santa Maria Maddalena dei Pazzi.

138

Für Adolfo Venturi «findet man Buontalentis abgeflachte Umrahmungen auch hier wieder, wo der Eingang von Bändern eingefasst ist, die wie dünne aufgenagelte Holzplatten wirken, so dass die nur ganz leicht hervorspringenden dorischen Lisenen fest und flach an der Wand anliegen: eine kleine Holzplatte hebt die Konstruktion des Portals leicht an, deren robuster Rahmen die umgekehrten Voluten des Tympanons trägt. Die darunterliegenden stark zusammengedrängten und vernagelten Bauglieder verstärken den Flügelschlag der auseinanderstrebenden Voluten. Zwischen diese Voluten schiebt sich der von Giovanni Bandini gemeisselte Marmorsokkel, welcher sich der strahlenförmigen Entwicklung des flachen Bossenwerks hinter dem Kopf des Herzogs Francesco anpasst (...). Wie der Treppenaufgang von S. Trinità, so zeigen die umgekehrten Stümpfe des Tympanons, die sich oberhalb der Porta delle Suppliche sozusagen mit ausgebreiteten Flügeln öffnen, Buontalentis Tendenz

139

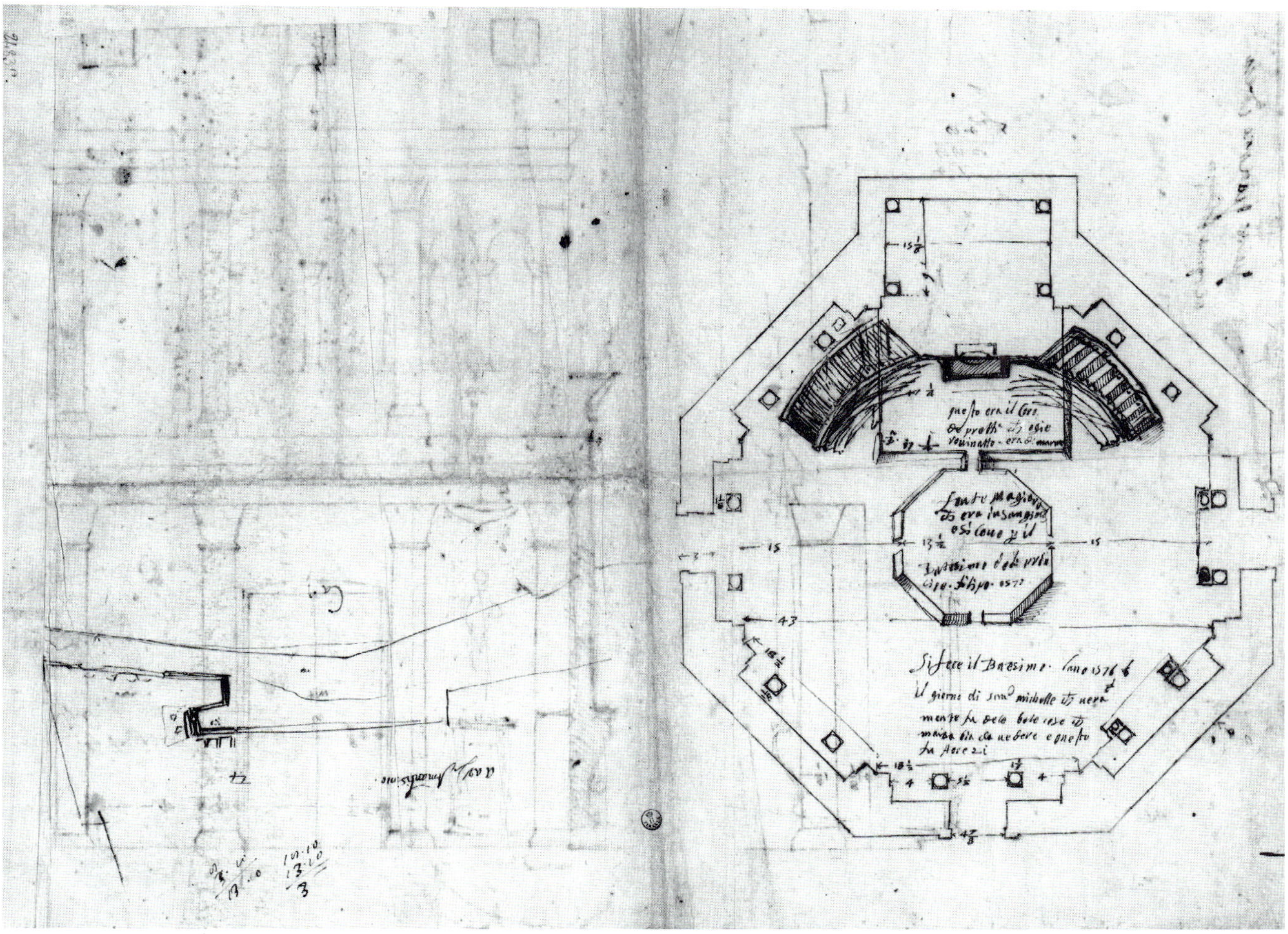

140

140. Bernardo Buontalenti, Studien für den *apparato* zur Taufe des Prinzen Filippo und Bastionärfront, Florenz, Gabinetto Disegni e Stampe der Uffizien.

zu dynamischer Expansion und zu zentrifugalen Bewegungseffekten»[91].
Auf einer Zeichnung von Buontalenti sieht man die Tür in ein grösseres Umfeld eingereiht, und eine weitere Zeichnung, die wohl zur Vorlage dienen sollte, gestattet eine perspektivisch verkürzte Sicht, wie es der Ort verlangt[92] (Abb. 136).
Das umgekehrte Tympanon bzw. das gebrochene Frontispiz gilt für Settimanni «als Zeichen des Unglücks und eines unterbrochenen Lebenslaufs», was zu der Annahme geführt hat, die Büste von Francesco sei an die Stelle einer Büste des verstorbenen Cosimo I. gesetzt worden[93]. Wenn bei der buontalentischen Konzeption des Katafalks mit umgekehrtem Tympanon für das Begräbnis von Cosimo I. die Bedeutung des Todes seine Berechtigung gehabt haben mag, muss bei der Porta delle Suppliche die Hypothese eines einfachen Austauschs der Büsten in Erwägung gezogen werden. Aber ein ähnliches Frontispiz erscheint auch bei der Planung des Casino Mediceo von San Marco, wo zweifelsohne Todesdeutungen ausser Frage stehen. Das umgekehrte Frontispiz, auf dem die Büste von Francesco I. über einem vor Witterungseinflüssen geschützten Tor Platz finden sollte, ist im Rahmen jener spezifisch buontalentischen Fähigkeit zu betrachten, die darin besteht, die Einzelelemente in die architektonische Gesamtheit einzuordnen. Das hatte er bereits beim Südportal von Pratolino und bei den Fenstern des Casino Mediceo gezeigt, und das zeigt er erneut an der Porta delle Suppliche, wo sich das Frontispiz hervorragend in den bereits bestehenden Kontext eingliedert.
Auf einem Blatt, das sich auf das Casino Mediceo nach dem zweiten Erwerb von be-

141–143. Bernardo Buontalenti, Studien für den *apparato* zur Taufe des Prinzen Filippo, Florenz, Gabinetto Disegni e Stampe der Uffizien.

141

142

Filippos Taufe, Pratolino und der perspektivische Aufbau mit zwei Fluchtpunkten

Im Jahre 1577 sollte die Taufe des Prinzen Filippo gefeiert werden, und so studiert Bernardo Buontalenti den *apparato* im Baptisterium von San Giovanni, und auf seinen Rat «wird das Taufbecken, das sich in der Mitte besagter Kirche befand, entfernt»[95]. Der erste Entwurf enthält auch die Skizze einer Befestigungsfront[96] (Abb. 140). Der *apparato* aus Holz wird von einer dem alten Chor zugehörigen Wand gestützt. Ein entsprechender Aufriss[97] (Abb. 141) zeigt, dass bei Buontalenti die zentralisierte Räumlichkeit der Umgebung auf einen bestimmten perspektivischen Bereich gerichtet ist. Danach entwickelt er eine komplexere Lösung (Abb. 142), bei der er den Aufriss für den Chor von Santa Trinità zum Vergleich herbeizieht: die Skizze links unten dürfte diesen Aufriss darstellen[98]. In anderen Zeichnungen vertieft er das Studium der planimetrisch-altimetrischen Basiselemente[99] (Abb. 143–145), wobei die Gegen-

reits bestehenden Häusern bezieht (1576), fasst Buontalenti mehrere Lösungen für Tympanons zusammen. Er stellt eine unauflösbare Verbindung zwischen Vergangenheit, Gegenwart und Zukunft her, wobei mehrere Tympanons in perspektivischer Staffelung zutage treten: das Tympanon des Südportals von Pratolino (das in abgewandelter Form beim Palazzo Nonfinito wiederkehrt), das Tympanon der Porta delle Suppliche sowie das als Krönung der Fassade von Santa Maria del Fiore dienende Tympanon. Auf der Rückseite des Blattes erscheint ein Kruzifix (Abb. 138), das m. E. im Zusammenhang mit dem Pappmaché-Kruzifix in Santa Maria Maddalena dei Pazzi (Ab. 139) zu betrachten ist. Sowohl das gezeichnete Kruzifix als auch das aus Pappmaché drücken eine gewisse Verwandtschaft mit dem silbernen Kruzifix im Bischofspalast von Loreto aus, das Giambologna zugeschrieben wird[94].

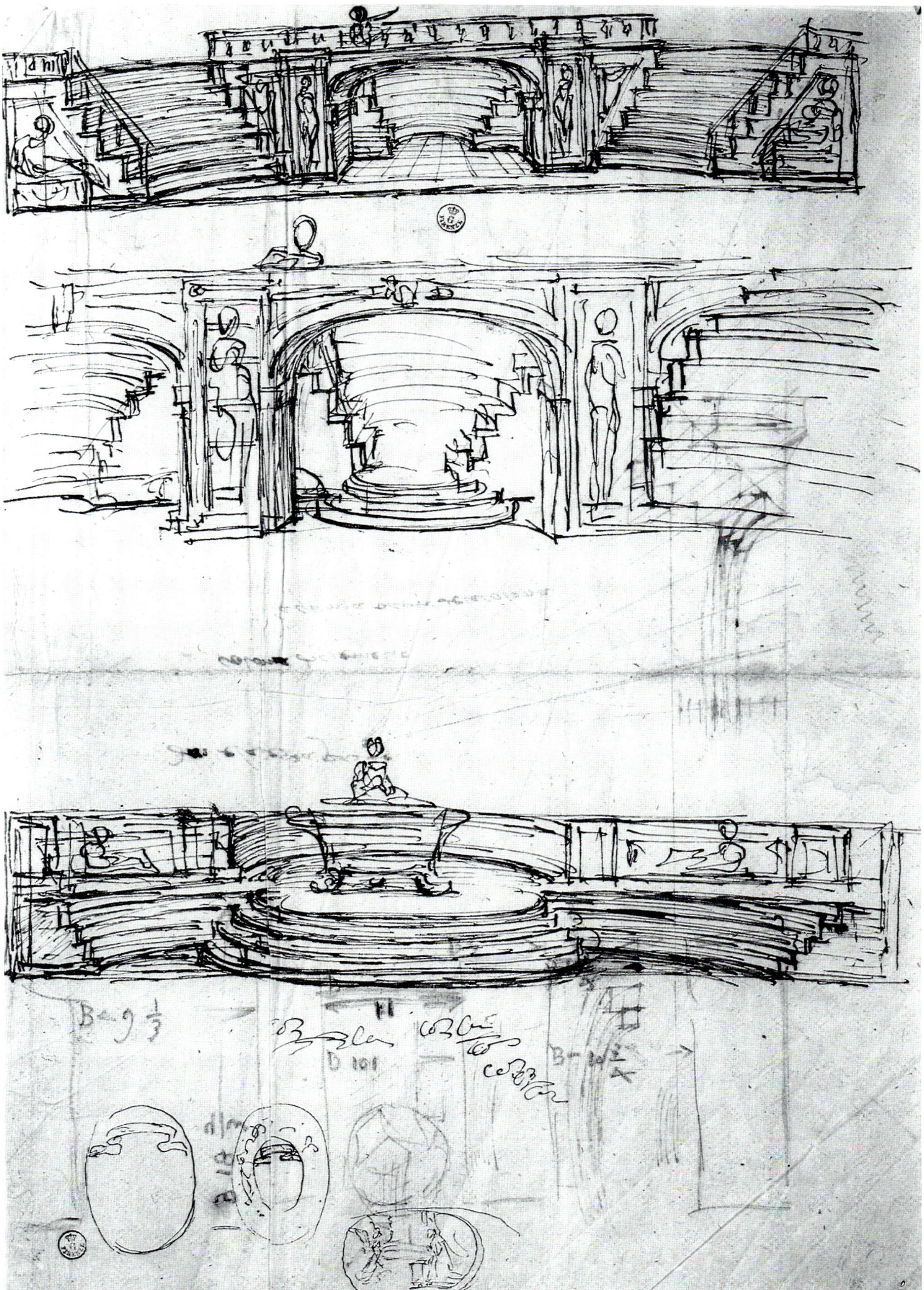

143

144–145. Bernardo Buontalenti, Studien für den *apparato* zur Taufe des Prinzen Filippo, Florenz, Gabinetto Disegni e Stampe der Uffizien.

den ganzen Marmor- und Granitschmuck zu verdecken, der doch eigentlich der reichste Schmuck ist, den man finden kann. Wir sind in einer Stadt, die gute Augen und eine böse Zunge hat (...)»[100].
Bei der endgültigen Verwirklichung fallen die Konkav/konvex-Elemente sowie der obere Teil der Komposition weg, und das Ganze folgt einem klassischeren Entwurf[101].

144

überstellung von konkav und konvex für die damalige Zeit aussergewöhnlich ist. Die buontalentische Konzeption ist von einer solchen Vorurteilslosigkeit, dass der künstlerische Berater Vincenzo Borghini ihm folgenden Rat erteilt: «(...) was die Holzarbeiten betrifft, d.h. die Treppen, die Stufen und alles, was in der Mitte steht, so könnten diese nicht besser geplant sein, und ich würde mich sofort ans Werk machen (...). Was die Säulen, die Pilaster, die Balkone und all das, was Sie gezeichnet haben, angeht, so stecken Sie um Gottes willen die Hände nicht in soviel Brei, weil dazu die Zeit nicht ausreicht, denn Sie können diese Arbeiten nicht mit der Perfektion, Sauberkeit und Feinarbeit ausführen, die Sie anstreben, um

Zur Taufe des Prinzen Filippo sollen im Palazzo Ducale ein Bankett organisiert und im Salone dei Cinquecento das Theaterstück *Il Baratto* von Giovan Battista Cimi[102] aufgeführt werden. Ein Blatt von Buontalenti könnte sich auf dessen *Perspektive* beziehen (Abb. 146), wo die komischen und tragischen Szenen von Serlio den schematischen Grundentwurf untermauern[104]. Und auch die berühmten Zeichnungen, die sich auf die Piazza Pitti beziehen (Abb. 147), können in das komplexe Taufzeremoniell einbezogen werden, das sich auf die Stadtszenerie erstreckt[105].

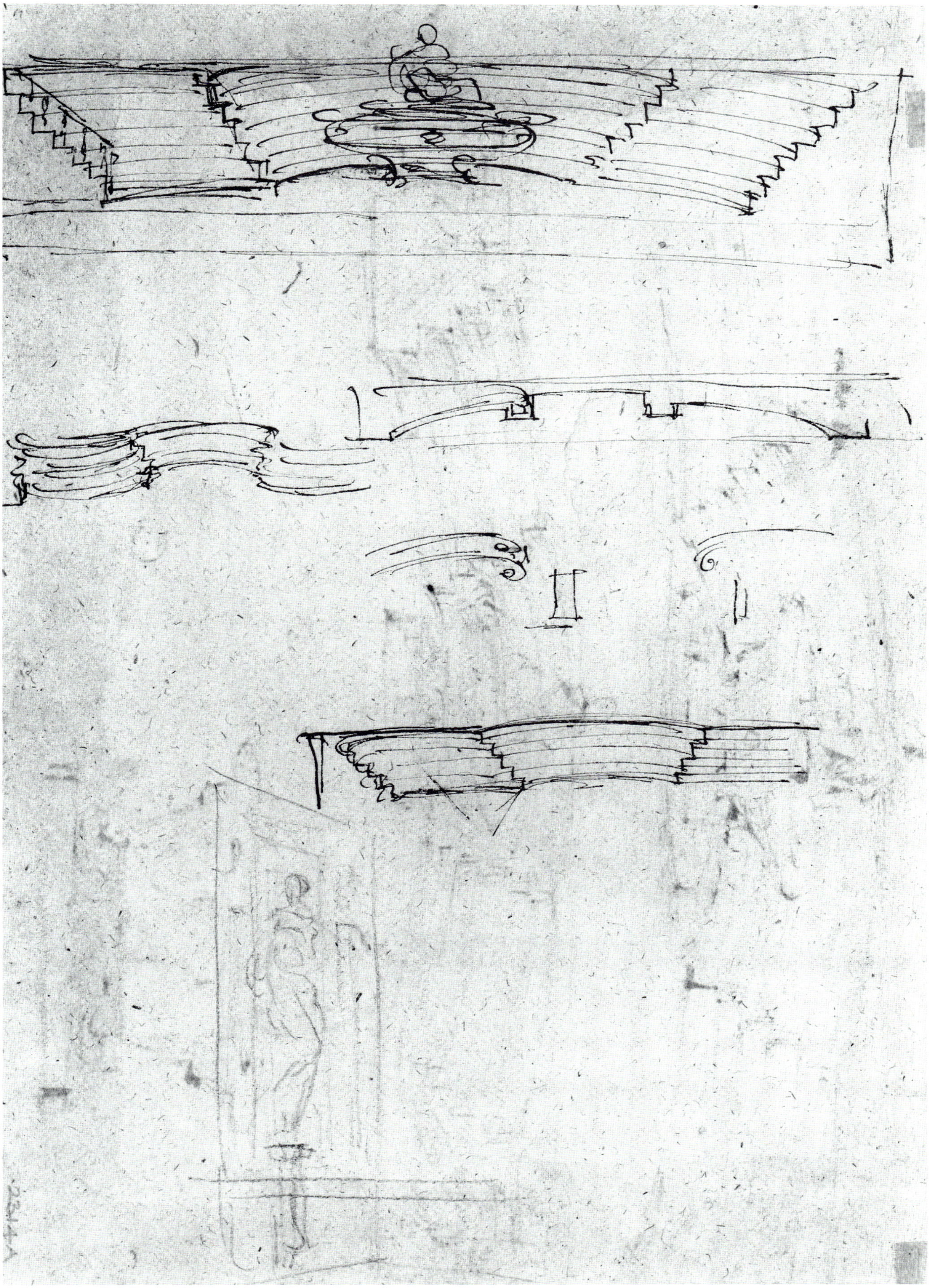

145

146. Bernardo Buontalenti, Perspektivenzeichnung für das Schauspiel *Il Baratto* (?), Florenz, Gabinetto Disegni e Stampe der Uffizien.

146

147. Bernardo Buontalenti, Zeichnung von Piazza Pitti, wie diese anlässlich der Taufe des Prinzen Filippo, die sich auch auf die Stadtszene erstrecken sollte, gestaltet wird, Florenz, Gabinetto Disegni e Stampe der Uffizien.

zieht. Auf einer Zeichnung von Leonardo konnte durch eine zweite, aus einem anderen Winkel gebildete Perspektive mehr Landschaft in das Bild einbezogen werden[106], und die Sinopie von Paolo Uccello in San Martino alla Scala in Florenz war von einem zentralisierten perspektivischen

147

Zwischen den Zeichnungen für den *apparato* des Baptisteriums und für die Piazza Pitti besteht eine stilistisch und strukturelle Affinität. Diese Zeichnungen weisen eine doppelte perspektivische Gliederung auf, die die Einfügung von konkaven und konvexen Elementen gestattet, und das Schema der optischen Pyramide ist wie umgekehrt in einer dynamischen Gegenüberstellung von Fluchtpunkten und Beobachtungspunkten. Diese Gliederung und nicht der graphische Stil unterscheidet die genannten Zeichnungen von der, die sich auf das Bühnenbild für das Schauspiel *Il Baratto* bezieht.

Schema mit gegeneinanderlaufenden projektiven Strömungen unterspannt; auch di Giorgio und Peruzzi haben diese Möglichkeiten angewandt, die besonders in dem 1554 von Pietro Cataneo abgefassten Traktat durchscheinen und am Ende mit aussergewöhnlichen Ergebnissen bei Buontalenti zum Tragen kommen.

Dieser perspektivische Grundaufbau, der die neuzeitliche Militärarchitektur von Anfang an untermauert, fliesst schliesslich in alle buontalentischen Zeichnungen ein. 1573 stellte der Peruginer Egnazio Danti – Pater von San Domenico und Kosmograph des Grossherzogs der Toskana – Euklid erneut vor, und er drückte das Lob der Perspektive und seine absolute Überzeugung von ihrer Bedeutung folgendermassen aus: «Jene Künste müssen unter allen anderen vorrangig sein, und sie verdienen es, mit voller Aufmerksamkeit der Seele erlernt zu werden, und da sie ihre eigenen Prinzipien haben, dienen sie dem Verstehen und der Kenntnis der anderen Künste, unter denen die Perspektive mit an der Spitze steht; denn ohne sie kann man keine freien Künste wirklich verstehen. Daher lässt sich mit Recht sagen, dass, wie die Sonne den Sternen Licht bringt, sie allen Wissenschaften Licht und Glanz verleiht. Da wir von der Perspektive lernen, dass der Sehstrahl, der durch viele Stoffe geht, wie durch die reine und durch die unreine Luft, durch das Wasser und durch das Feuer, wo er sich bricht und von seinem Weg abweicht, so geschieht es, dass jene Dinge, die wir durch verschiedene Stoffe hindurch sehen, uns so erscheinen, als befänden sie sich nicht an ihrem Ort. Aber sie scheinen nicht nur ihren Ort, sondern auch ihre Gestalt, ihre Grösse, ihre Farbe und die Entfernung zu verändern, wie es leicht bei Dingen zu erkennen ist, die in verschiedenen Luftarten unter Glas, unter Wasser oder in ähnlichen lichtdurchlässigen und transparenten Körpern erscheinen. Die Perspektive zeigt uns auch, dass von den Dingen, die sich bewegen, die, die am weitesten von uns entfernt sind, sich später zu bewegen scheinen als diejenigen, die in unserer Nähe sind, und es geschieht auch oft, dass die, die fest stehen oder sich nur langsam bewegen, sich in die entgegengesetzte Richtung zu bewegen scheinen. Wie aber kann der Naturphilosoph ohne die Perspektive die Bewegung, die Ruhe, den Ort, die Grösse und die Beschaffenheit der natürlichen Dinge, auf die seine ganzen Überlegungen gerichtet sind, verstehen und genau kennenlernen? Und wie soll es möglich sein, die Meteore von Aristoteles kennenzulernen und zu verstehen ohne die Hilfe der Perspektive? Sie zeigt uns, wie dort, wo die gebrochenen Sonnenstrahlen zusammentreffen, Feuer entsteht, was uns auch durch die Erfahrung wassergefüllter Glaskugeln bewiesen wird oder durch die konkaven Spiegel, auf die die Sonne scheint und die Strahlen zurückwirft, und das ist der Grund, weshalb man an den Punkt, wo besagte reflektierte oder gebrochene Strahlen zusammenlaufen, brennbares Material legen kann, das sich entzündet und brennt. Aber da sich die Sonnenstrahlen auch in der verdichteten Luft brechen, kann dort ein Feuer entstehen und die Kometen zum Brennen bringen, und so wird man sehen, dass ausser dem Feuer auch die Sonnenstrahlen die Kraft besitzen, uns neue Lichter in der Luft sehen zu lassen, wie z. B. das Licht von Santo Ermo und die Feuer von Castori, von denen man manchmal zwei und manchmal nur eines sieht, und so bewegen sie sich durch die Luft und neigen sich bisweilen bis zur Erde, von wo aus sie wieder zum Himmel steigen. Welche Wissenschaft kann uns aber die Gründe für all diese Dinge – für die Pyramiden und die brennenden Schweife, die man in der Nachtluft sieht, wie auch für alle anderen sichtbaren Meteoren – besser erklären als die Perspektive. Ausserdem ist diese neue Wisssenschaft ein Weg, um tausend Täuschungen zu entgehen, denn sie lehrt uns, dass wir nicht nur in den Spiegeln und im Wasser durch die Strahlenreflexion die Erscheinung der Dinge sehen können, sondern auch in der verdichteten, nebligen und schweren Luft und im Dunst des Morgentaus, weshalb es häufig vorkommt, dass wir nachts sonderbare Dinge sehen, die nichts anderes sind als unser Bild, das wir durch die verdichtete Luft sehen, und es erscheint uns in verschiedenen Farben, mal schwarz, mal weiss und bisweilen in der Farbe des Blutes, je nach der Eigenschaft der Stoffe, durch die wir es sehen. Und mehr als alle anderen lassen diejenigen sich täuschen und sehen Dinge, die eine behinderte Sicht haben, weshalb die alten Leute, die meistens schwache Augen haben, seltsame, abscheuliche und wunderliche Dinge sehen, aber für all das gibt uns die Perspektive eine Erklärung, und sie befreit uns von dem Betrug der listigen Zauberinnen, die oft die einfachen und unwissenden Menschen in wassergefüllte Glasvasen oder in Spiegel verschiedener Art schauen lassen und sie glauben machen, dass Gegenstände in der Luft fliegen und andere ähnliche Dinge, die alle, wie die Perspektive uns zeigt, durch die Natur und die Wissenschaft zu erklären sind. Es kann sich auch jeder mit Leichtigkeit davon überzeugen, wie sehr die Perspektive der Geographie dienlich ist, denn nur sie lehrt uns, wie wir die ganze Welt und die einzelnen Provinzen in den richtigen Proportionen auf eine Ebene, in eine Form, oval oder rund, oder in eine sonstige Gestalt bringen können, und sie lässt uns die genauen Entfernungen der Orte kennen, indem sie uns nicht nur die Ausmasse und die Beschaffenheit eines Ortes wissen lässt, durch die sich eine Region von der anderen unterscheidet, sondern sie belehrt uns sogar über das Himmelsgewölbe. Und sie leistet der Astronomie keine geringere Hilfe, denn sie ist der Grund, weshalb wir die Grösse der Sterne und den Standort der Himmel genau festlegen können, und durch sie wissen wir, dass der Mond niedriger und Saturn höher als die Sonne und niedriger als die Fixsterne stehen, die sich in der achten Sphäre befinden. Sie lässt uns auch die wahre Entfernung kennenlernen, die zwischen einem und dem anderen Himmel und zwischen einem Stern und dem anderen besteht, und sie gibt uns den Grund an, weshalb die Sterne uns an einem Ort des Himmels grösser erscheinen als an einem anderen; und das sind alles Dinge, die jeder sich zu wissen wünschen sollte. Und da den Menschen (wie der göttliche Plato richtig sagte) von dem guten und allmächtigen Gott grosse und gute Augen gegeben wurden, die ihrer Natur entsprechend zum Himmel gerichtet sind und sich an einem so erhabenen Platz befinden und Himmelslichtern gleichen, lehrt besagter Philosoph, dass sie uns zu keinem anderen Zweck gegeben wurden, als die Bewegungen des Himmels und diese herrliche, von der göttlichen Hoheit geschaffene und schön geschmückte Bühne anzuschauen und zu betrachten; und er fügt hinzu, dass diejenigen, die sich ihrer Augen nicht zu diesem Zweck bedienen, für den sie in erster Linie geschaffen wurden, einen grossen Fehler begehen. Mit wieviel mehr Ernst können wir heute sagen, dass die Mehrheit der Menschen irrt, wenn sie sich dieses noblen Sinnes nicht für das bedient, was zweifelsohne seine wichtigste Aufgabe ist, denn wo immer wir unsere Augen hinwenden, entdekken wir wunderbare Erfolge dieser Wissenschaft. Und ganz zu schweigen davon, wie hilfreich und nützlich und wie notwendig sie für viele mechanische Künste ist, insbesonders für die Architektur und für alle anderen Zeichenkünste (...)»[107].

Die euklidische Perspektive fusste auf der Annahme, dass die Sehstrahlen aus den Augen des Betrachtenden hervorkämen und auf das betrachtete Objekt gerichtet wären. Vitellione und andere vertraten später gegensätzliche Meinungen, und Galeno dachte, die Sehstrahlen seien wie dünne durchlöcherte Rohre, durch die die Sehgeister die Tugenden der Seele trugen, um die Erscheinungen zu beleuchten (und Platon behauptete, dass die aus den Augen tretenden Strahlen einen Raum mit Glanz erfüllten), obgleich die Geister in den Augen blieben. Die erleuchtete Luft war das Transportmittel, über das die Tugenden zu dem betrachteten Gegenstand gelangten. In der Bewegung, die den Sehstrahl von dem Betrachtenden zum betrachteten Gegenstand führte, liess sich die Entfernung, die Lage, die räumliche Begrenzung des Gegenstandes und seine stoffliche Zusammensetzung erkennen. Die Strahlen verliefen in einer geraden erleuchteten Linie, und sie gelangten in Intervallen zu dem betrachteten Gegenstand. Sie bildeten Winkel im Mittelpunkt des Auges, wo die geraden Linien sich gegenseitig berührten. Für Euklid formten diese Strahlen gemeinsam einen Kegel, dessen Spitze im Auge und dessen Grundfläche in dem betrachteten Gegenstand lag. Aber der Kegel als runde Pyramide, die einen Kreis als Basis hatte, kontrastierte mit dem, was Euklid selbst zu verstehen gab, wenn er von einer durch Geraden gebildeten Figur sprach, deren Seiten und Winkel von den Sehstrahlen getroffen wurden, und die eine Pyramide mit ebenso vielen Seiten bildeten, wie es Seiten an der beobachteten Figur gab. Nur wenn man einen Kreis oder irgendeine andere sphärische Figur betrachtete, bildete die Gesamtheit der Sehstrahlen einen Kegel. Im Rahmen einer nicht gerade geometrischen Interpretation des besprochenen Problems stellte sich heraus, dass Euklid unter dem Ausdruck Kegel jede Art von Pyramide verstand, denn Euklid kannte nur allzugut den Unterschied zwischen einem Kegel und einer Pyramide, und so dachte man, er meinte das, was Eliodoro Larisseo genauer erklärte, indem er sagte, dass, wenn wir ein

148–149. Eine «grossartige Erfahrung» aufgrund des ersten Theorems von Euklid über die Spiegel (aus: *La prospettiva di Euclide, wo es um Dinge geht, die man über gerade Strahlen sieht, und um solche, die über gebrochene Strahlen in den Spiegeln erscheinen* von E. Danti, Florenz 1573).

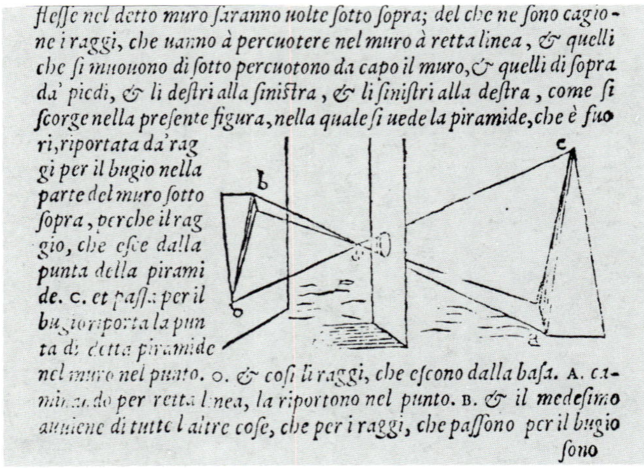
flesse nel detto muro saranno uolte sotto sopra; del che ne sono cagione i raggi, che uanno à percuotere nel muro à retta linea, & quelli che si muouono di sotto percuotono da capo il muro, & quelli di sopra da' piedi, & li destri alla sinistra, & li sinistri alla destra, come si scorge nella presente figura, nella quale si uede la piramide, che è fuori, riportata da' raggi per il bugio nella parte del muro sotto sopra, perche il raggio, che esce dalla punta della piramide. C. et passa per il bugio riporta la punta di detta piramide nel muro nel punto. O. & così li raggi, che escono dalla basa. A. caminando per retta linea, la riportono nel punto. B. & il medesimo auuiene di tutte l'altre cose, che per i raggi, che passono per il bugio sono

148

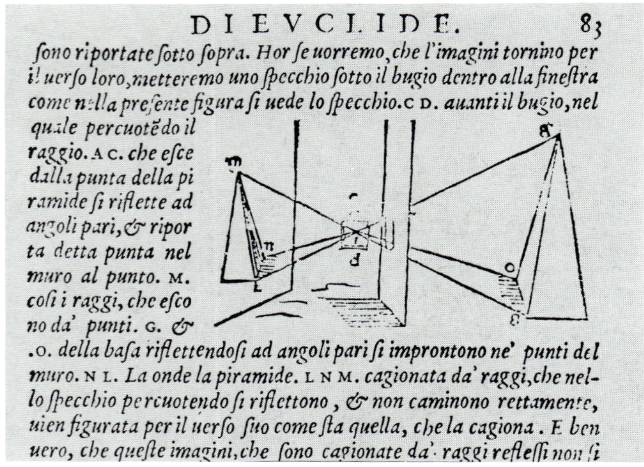
DI EVCLIDE. 83

sono riportate sotto sopra. Hor se uorremo, che l'imagini tornino per il uerso loro, metteremo uno specchio sotto il bugio dentro alla finestra come nella presente figura si uede lo specchio. C D. auanti il bugio, nel quale percuotẽdo il raggio. A C. che esce dalla punta della piramide si riflette ad angoli pari, & riporta detta punta nel muro al punto. M. così i raggi, che escono da' punti. G. & .O. della basa riflettendosi ad angoli pari si improntono ne' punti del muro. N L. La onde la piramide. L N M. cagionata da' raggi, che nello specchio percuotendo si riflettono, & non caminono rettamente, uien figurata per il uerso suo come sta quella, che la cagiona. E ben uero, che queste imagini, che sono cagionate da' raggi reflessi non si

149

Objekt betrachten, wir nicht nur dieses Objekt sehen, sondern auch eine Art Umrisslinie, eine Art Aureole, die die Grundfläche des leuchtenden und beleuchtenden Kegels abgrenzt. Man kann nur die Dinge sehen, die von den Sehstrahlen berührt werden. Je nachdem, ob sie aus einem kleineren oder grösseren Blickwinkel betrachtet werden, erscheinen sie kleiner oder grösser, und die Dinge, die aus demselben Winkel betrachtet werden, scheinen gleich gross zu sein, obgleich sie es in Wirklichkeit nicht sind. Was mit höheren bzw. niedrigeren Strahlen betrachtet wird, erscheint höher bzw. niedriger («und so passiert es», kommentiert Danti, «dass das Auge, wenn es vom Bogen einer Loggia den gegenüberliegenden Bogen betrachtet, den Eindruck hat, als senke sich der Bogen und als erhebe sich der Fussboden, je weiter sich die Loggia vom Auge entfernt, so dass die höheren Dinge niedriger und die niedrigen höher zu werden scheinen, und das geschieht aufgrund der Sehstrahlen, die die Loggia von einem höheren oder niedrigeren Standpunkt treffen.»). Die Dinge, die durch nach rechts verschobene Strahlen betrachtet werden, erscheinen mehr rechts; dementsprechend erscheinen Gegenstände, die unter nach links verschobenen Strahlen betrachtet werden, mehr links. Dadurch entsteht der perspektivische Eindruck, dass die beiden Strassenseiten in einer Stadt zusammenlaufen. Die Dinge, die man unter verschiedenen Blickwinkeln betrachtet, zeigen sich deutlicher.

Während Danti sich mit dem ersten euklidischen Theorem über die Spiegel beschäftigte, bei dem der Einfallwinkel dem Reflexionswinkel gleich ist, berichtete er von einer «grossartigen Erfahrung» und zeigte, wie man ein Instrument herstellen konnte, um in einem Zimmer all das sehen zu können, was draussen auf dem Platz geschah (Abb. 148, 149):

«Man muss ein rundes Loch in das Holz des Fensterrahmens bohren, das mehr oder weniger die Grösse einer *cratia* (alte Münze des Grossherzogtums Toskana, abgeleitet von «Kreutzer») hat, und diese Grösse muss auf der Innenseite des Fensters beibehalten werden, denn nach aussen zum Platz bzw. zur Strasse hin, muss dieses Loch sich durch das Holz pyramidenförmig erweitern, und je abgeschrägter und grösser das Loch ist, umso mehr Dinge kann man dadurch sehen. Dann verschliesse man das Fenster und alle anderen Fenster des Raumes, so dass nur durch das kleine Loch Licht in den Raum einfällt. Und sofort erscheint auf der Wand, die dem Fenster gegenüberliegt, all das, was man durch das Loch draussen sehen kann, in den eigenen Farben, und es ist herrlich zu sehen, wie die Vögel durch die Luft fliegen und die farbigen Wolken am Himmel vorüberziehen und wie auch die Personen über den Platz gehen. Man muss darauf achten, dass die Wand gegenüber dem Fenster weiss und

150

150. Bernardo Buontalenti, die Grosse Grotte von Pratolino, Florenz, Gabinetto Disegni e Stampe der Uffizien.

sauber ist, damit sich die Bilder, die durch das kleine Loch von draussen kommen, klar darauf abzeichnen können; aber wenn die Wand mit Möbeln verstellt ist, kann man ein weisses Laken davorhängen, was dieselbe Wirkung hat. Ausserdem darf die Sonne nicht direkt auf das Loch scheinen, weil sich dadurch die Sehstrahlen auflösen würden; sie muss direkt auf die Dinge scheinen, die draussen zu sehen sind, so dass die Strahlen die Farben kräftiger auf der Wand drinnen abzeichnen. Ausserdem wird man feststellen, dass all die Dinge, die auf die Wand reflektiert werden, auf dem Kopf stehen, und das liegt an den Strahlen, die in gerader Linie auf die Wand treffen, wobei die, die von unten kommen, oben auf die Wand stossen, und die von oben kommen, die Wand unten berühren, und die rechten Strahlen enden links und die linken rechts (...). Wenn wir aber wollen, dass die Bilder ihre richtige Position wiedererlangen, halten wir einen Spiegel unter das Loch im Fensterrahmen (...). allerdings sieht man diese Bilder, die durch die reflektierten Strahlen entstehen, nicht so klar umrissen und nicht so lebendig in den Farben wie die, die durch gerade Linien entstehen. Denn die reflektierten Sehstrahlen sind schwächer als die geraden. Und daraus ergibt sich, dass wir uns nicht so gut an unser eigenes Gesicht erinnern, das wir im Spiegel sehen, wie an das der anderen, denn unser eigenes sehen wir mit reflektierten Strahlen, die sich nicht so gut ins Gedächtnis einprägen, wie es die geraden Strahlen tun, mit denen wir die Gesichter der anderen sehen. Und das hat S. Jacopo begriffen, wenn er im ersten Kapitel seiner *Epistola* sagt: *Si quis auditor est verbi, et non factor: hic comparabitur viro consideranti vultum nativitatis suae in speculo; consideravit enim se, et abiit, et statim oblitus est, qualis fuerit.* Nun bleibt nur noch zu sagen, dass, je näher oder weiter die Wand von dem Loch

151. Giusto Utens, Pratolino, Florenz, Museum «Firenze com'era».

151

entfernt ist, um so grösser bzw. kleiner ist der reflektierte Gegenstand; wenn nämlich die Wand ebenso weit von dem Loch entfernt wäre, wie die Sehpyramide draussen, dann wäre der reflektierte Gegenstand dem wahren gleich, und das wird durch den 15. Satz des ersten Theorems von Euklid bewiesen, was besagt, dass die Spitzen entgegengesetzter Winkel, die im Spiegel aufeinandertreffen, gleich sind, und wenn zwei Seiten eines Dreiecks zwei Seiten eines anderen Dreiecks gleich sind, ist auch die Grundlinie, die die Höhe der Pyramide bestimmt, der anderen Grundlinie gleich, die die Höhe der anderen Pyramide bestimmt (...)»[108].
Auch bei Brunelleschis erster Erfahrung mit der Perspektive konnte man das Verhältnis zwischen der Entfernung des Beobachters vom Baptisterium und dem entsprechenden Spiegelbild nachprüfen und die Ähnlichkeit der realen Erscheinung mit der pespektivischen feststellen.
Die wichtigsten Abhandlungen des fünfzehnten und sechzehnten Jahrhunderts über die Perspektive finden wir in der perspektivischen Kultur Buontalentis wieder. In Leon Battista Albertis *De pictura* war jene neue Wissenschaft auf dem Konzept der *intersegatione* der Sehpyramide begründet, die ihren Scheitel-Punkt im Auge des Betrachters hat, und deren Basis durch die Konturen des beobachteten Gegenstandes festgelegt ist, und sie wurde als die sogenannte *costruzione abbreviata* definiert, die eine Vereinfachung der *costruzione legittima* brunelleschischen Ursprungs darstellte. Die theoretische Kodifizierung besorgte Piero della Francesca in *De prospectiva pingendi.* 1504 veröffentlichte Pomponio Gaurico ein Traktat, das eine auf der Anwendung des *punto della distanza* basierende

perspektivische Methode umriss, aber der erste bedeutende, im sechzehnten Jahrhundert gedruckte Text stammte von Jean Pélerin, auch Viator genannt (1505), wo die Perspektive mit zwei Fluchtpunkten und die Anwendung der *Entfernungspunkte* zur Sprache kamen. Wichtige Werke für die Verbreitung der Perspektiven-Theorie in Europa hatten Albrecht Dürer (1525) und Sebastiano Serlio geschrieben. (Das zweite Buch des Traktates von Serlio, das 1545 erschien, behandelte auch die Bühnenbildnerei und Bühnentechnik). 1558 führte der Mathematiker Federico Commandino die Umkehr des Bildes auf eine rechteckige Projektionsebene ein, und 1568 veröffentlichte Daniele Barbaro *La pratica della prospettiva.*

Die perspektivischen *apparati* für die Taufe des Prinzen Filippo weisen auf die Strukturierung des Baukomplexes von Pratolino zurück, wo der Hauptteil der Villa 1575 zur Vollendung kommt[109].

Eine Zeichnung von Buontalenti, die sich auf die grosse Grotte zwischen den nach Süden gebogenen Treppenläufen bezieht (Abb. 150), ist mit dem Jahr 1569[110] wohl zu früh datiert. Die Rampen wie auch die Aussenmauern des Parks und die äussere nördliche Treppe befinden sich 1577[111] im Bau.

1577 wird das Haus des Gutsverwalters, das sich auf der Lünette von Utens rechts unten befindet (Abb. 151), zu Ende gebaut; es stellt das einfache Grundmuster des toskanischen Bauernhauses *a colombaia* dar, und sein Ursprung ist in der Villa Pratolino und in dem Herrschaftshaus von Poggiofrancoli zu suchen. Die Fenster des Erdgeschosses wie auch die des letzten Stocks gleichen den Fenstern des ersten Stockwerks der Palazzina Belvedere.

1577 ist auch die um die Villa führende gekrümmte Einfriedungsmauer sowie einige *tonfani* (Fischteiche unregelmässiger Form), drei rechteckige Bassins, die Kupidusgrotte und der Parnasshügel fertiggestellt. Es wird am Bassin der *Lavandaia* gearbeitet, und die grosse Auffahrt, die die zentrale Achse des gesamten Komplexes darstellt, ist abgesteckt[112].

Die genannten Bauarbeiten sind im *Barco Vecchio,* dem südlichen, von Giusto Utens dargestellten Teil, vorgenommen worden. Der nördliche *Barco Nuovo* wird bis auf die Ställe im Oktober 1578 gebaut[113], und in demselben Jahr werden dann auch die Ställe gebaut[114], das Dach wird im November 1579 fertiggestellt[115].

Die Treppen und die Aussenmauern der Villa Pratolino stellen die Grundstruktur dar, die, wie wir schon bei den *apparati* gesehen haben, eine grundlegende Funktion bei der buontalentischen Raumgestaltung hat. Doch gehorchen sowohl die Villa wie der Garten demselben kompositorischen Kriterium. Der Jupiterbrunnen befindet sich am höchstgelegenen Punkt, und das Bassin der Lavandaia am niedrigsten, bei einem Höhenunterschied von ungefähr 100 Metern. Die Villa liegt auf einer mittleren Ebene, und eine zentrale Achse - vom Jupiterbrunnen bis zur Villa, mit dem Appenin von Giambologna dazwischenliegend, und von der Villa bis zum Lavandaia-Bekken - durchläuft den gesamten Komplex. Wenn man die Darstellung von Utens sowie einige Baupläne aus dem siebzehnten und achtzehnten Jahrhundert in Betracht zieht, kann man beobachten, dass die Wege, die die verschiedenen Elemente verbinden, wie auch die Wasserwege entgegengesetzte Projektionsströmungen abgrenzen, auf denen sich der Garten aufbaut, und sie zeigen ganz deutlich das Artifizium, d.h. den doppelten perspektivischen Aufbau, der ihn durchläuft. Die Dynamik, die der Park von Pratolino in der Lünette von Utens (Abb. 151) im Gegensatz zum Park von Boboli aufweist, erklärt sich durch den Verlauf der Wege und des Wassers. Denn «das Rohmaterial, die lebendige Kraft, die wichtigste Energie war ja damals das Wasser, das Buontalenti als Ingenieur und Künstler hervorragend einzusetzen weiss. Es ist das wichtigste Phänomen der gesamten Architekturlandschaft von Pratolino, die erzeugende Kraft der musikalischen und animatorischen Effekte, die einem organischen Plan entsprechen, und dessen technologische Grundzüge sich rekonstruieren lassen»[116].

Ein Vorrecht

Nach den Erfahrungen, die Buontalenti in Pratolino in der Hydraulik gemacht hat, er-

152. Bernardo Buontalenti, die Laterne der Kapelle von Pratolino, Florenz, Gabinetto Disegni e Stampe der Uffizien.

153. Bernardo Buontalenti, die Kapelle von Pratolino.

wirbt er sich dank Francesco I. in ganz Europa Ruhm, was ihm wirtschaftlichen Gewinn und Beziehungen zu verschiedenen Staaten einbringt. Im Juli 1578 richtet er eine Bittschrift an den Grossherzog, um ein dreissigjähriges *privilegio* (Vorrecht) für drei Instrumente zu erhalten, und zwar für Wassermühlen, für Windmühlen und für ein Instrument, «um fliessendes oder stilles Wasser aus einer Tiefe von hundert oder zweihundert Schritt an die Oberfläche zu befördern, was realistisch und einfach ist, und wozu es keiner Rohre, Pumpen und Ventile bedarf, es ist auch kein Meister nötig, der das Instrument zu allen Stunden bedient (...), es arbeitet selbsttätig und fördert ununterbrochen grosse Wassermengen nach oben; man kann dieses Gerät ganz aus Holz herstellen, ohne Eisenteile zu verwenden, und wenn man will, dass es ewig hält, kann man es aus Kupfer herstellen»[117].
Francesco I. gewährt ihm dieses *privilegio* nicht nur für die Toskana, er hilft ihm auch, es für andere europäische Staaten zu erlangen. Am 27. August 1578 erhält er es von der Republik Genua für 15 Jahre, am 1. September vom Papst für 12 Jahre, am 13. September vom König von Frankreich und vom Herzog von Parma für 30 bzw. für 15 Jahre, am 27. September von der Republik Genua für 30 Jahre, am 10. Oktober von der Republik Ragusa für 30 Jahre, am 29. November vom Kaiser für 30 Jahre, am 5. Dezember vom Herzog von Savoyen für 20 Jahre, im Jahre 1579 von der englischen Königin für 30 Jahre. Für die besagten Instrumente bahnt er auch auf privatem Wege Kontakte zu Genua und Venedig an[118].
Nach 1579 geht der Ruhm Bernardo Buontalentis über die Grenzen der Toskana hinaus, und die Aufträge für Villen und grossherzögliche Paläste und Kirchen häufen sich. Die doppelte perspektivische Gliederung findet ihre vollendete Formulierung in der Inszenierung von Theaterstücken im Teatro Mediceo in den Uffizien; und Buontalentis Fähigkeiten als Architekt erweitern sich durch seinen grossen Einsatz für die Fassade des Florentiner Doms.
Von 1579 bis 1587 werden die Bauarbeiten an seinem Livorneser Projekt und an dem Baukomplex von Pratolino fortgesetzt, aber in dieser Periode, die mit dem Tod

152

Francescos I. abschliesst, entwickelt Buontalenti Themen, die mit den Villen, den höfischen Stadtpalästen, dem Theater, der architektonischen Struktur mit zentralem Grundriss und mit der Fassade von Santa Maria del Fiore eng in Verbindung stehen. Den auf das Theater angewandten perspektivischen Aufbau hatte er in den Jahren 1576–1577 bereits brillant vorweggenommen, und beim Gebäude mit zentralem Grundriss, sowohl religiöser wie weltlicher Art, werden gewisse venezianische Einflüsse sichtbar. Er setzt seine Tätigkeit als Flussingenieur[119] fort und verfolgt die Bauarbeiten in Livorno und Pratolino aus der Ferne; nur in den wichtigsten Momenten ist er persönlich anwesend.

154. Bernardo Buontalenti, die Kapelle von Pratolino, Ausschnitt.

155. Bernardo Buontalenti, die Tribuna der Uffizien.

154

156. Bernardo Buontalenti, die Tribuna der Uffizien.

schriften geknüpft, die in Wirklichkeit ziemlich elastisch gehandhabt werden. Ein Beispiel dafür ist aus einer Antwort ersichtlich, die Benedetto Uguccioni im August 1583 von Buontalenti und Davide Fortini erhält und die eine Baulizenz ausserhalb der florentinischen Stadtmauer betrifft.

156

Die Bauplätze Livorno und Pratolino

1578 wird an der Sant'Andrea-Bastion am südwestlichen Teil des Mauerrings von Livorno gebaut[120]. Ende 1579, nachdem das Stadtgewebe orthogonal aufgeteilt worden war, bauen Privatleute aus eigenem Impuls oder durch öffentliche Einrichtungen wie Hospitäler dazu angereizt Häuser und Werkstätten[121]. Der Bau von Häusern innerhalb oder ausserhalb der Stadtmauer (von der zweiten Lösung wird meistens abgeraten) ist an gewisse militärische Vor-

«(...) wir wurden gefragt, ob man denen, die in der Nähe der Stadt Häuser bauen wollen, eine Lizenz erteilen soll, auch wenn das Gesetz sagt, dass man dort nicht bauen darf, es sei denn 500 Ellen entfernt, denn je näher die Häuser an der Stadt sind, um so leichter können sie zerstört werden. Die Häuser müssen auch Stein auf Stein gebaut sein und einen Mauerdurchmesser von mindestens einer halben Elle erreichen und bis zur Dachtraufe 7 bis 8 Ellen hoch sein (...)»[122].

157

157. Zeichnung eines kleinen Tempels, Florenz, Gabinetto Disegni e Stampe der Uffizien.

Bei dem Livorneser Projekt ist auch innerhalb der Mauern eine Schutzzone mit Manöverplätzen an den Bastionshälsen (Abb. 132) vorgesehen. 1582 wird an den Bastionen Santa Giulia und Ascensione gearbeitet, und das Tor nach Pisa wird fertiggestellt[123]. In demselben Jahr widmet Antonio Lupicini dem Grossherzog Francesco I. die *Architettura militare con altri avvertimenti appartenenti alla Guerra*. Buontalenti plant und baut und hat keine Zeit zum Schreiben. Ausserdem ist das Schreiben für ihn sehr mühsam. Im Dezember 1583 bleibt er sieben Tage in Livorno, um den Bau der Geschützpforten und der Kasematten aus der Nähe zu überwachen[124].

Gegen Ende des Jahres 1579 plant Buontalenti die Kapelle von Pratolino. Eine seiner Zeichnungen stellt die Laterne dar[125] (Abb. 152). Die Bleistiftzeichnungen sind jetzt vorherrschend: «Durch unterschiedlich starken Druck konnte er eine weitere Skala von Tonalitäten erreichen, als dies mit der Feder möglich war; eine Bleistiftzeichnung lässt sich viel häufiger verbessern, bevor sie unkenntlich wird. Ausserdem zwang ihn ein gewisser für ihn typischer Mangel an Präzision, sich auf die wesentlichen Teile zu konzentrieren»[126].

Die Kapelle (Abb. 153, 154), die im Strome der brunelleschischen Kultur entsteht, mag als manieristischer Archaismus betrachtet werden. Man beginnt mit ihrem Bau «nach dem, was Meister Bernardo gezeichnet hat»[127]. Am 26. März 1580 «werden die Ställe fertiggestellt, und von der Kapelle sind die Grundmauern bis zum Erdgeschoss gebaut; was den Rest betrifft, die Ausmauerung des Fischteiches und das Gewölbe, das für den Appenin vorgesehen ist, wartet man auf die Anweisungen von Meister Bernardo (...)»[128]. Der Appenin von Giambologna soll zusammen mit der Jupiterfontäne, der Villa, der Viale degli Zampilli und dem *Lavandaia*-Becken zur Verwirklichung der Nordsüdachse von Pratolino beitragen[129].

Am 30. September wird erwartet, dass die Ställe und die Kapelle innerhalb eines Monats «vollkommen» fertiggestellt sein werden, und wenn die Dachschindeln für die Kapelle bereitstünden, «könnte man sie jetzt bauen, um sie vor Regenfällen und später vor Eis zu schützen», und man wartet darauf, dass der Grossherzog «sich zu entscheiden geruht, ob er drinnen (...) venezianische Emailarbeit oder etwas anderes wünscht»[130]. 1580 sind das grosse Vogelhaus und die Mühle fertiggestellt[131]. Weitere Anbauten der Ställe werden gegen Ende 1584 vollendet, und Francesco trifft eine Entscheidung, durch die eine Auseinandersetzung zwischen dem Inspektor Benedetto Uguccioni und Buontalenti geschlichtet wird: Der Inspektor sieht billigere Wandpfeiler aus Mauerwerk als Stütze der Gewölbe vor, was der Grossherzog unterstützt, während Buontalenti kostspieligere Steinsäulen nach dem Vorbild der Stallungen von San Marco zu verwenden beabsichtigt[132]. Hieraus kann man erkennen,

158. Bernardo Buontalenti, die Grosse Grotte von Pitti.

stern des Tambours mit Licht versorgt wird. Man kann ihn nur vom Korridor her betreten. Auf einem Wandgestell mit Konsolen, das von Buontalenti entworfen wurde, sollten Bronzestatuen stehen, die aus dem Studierzimmer von Fancesco I. im Palazzo Vecchio stammten[136]. Abgesehen von der

158

dass das Verhältnis zwischen Buontalenti und dem Grossherzog nicht immer gerade rosig war.

Die Tribuna der Uffizien, die grosse Grotte von Boboli u.a.

Das Gebäude der Uffizien wird 1580 mit der Loggia der Signoria verbunden[133], und ab 1581 wird die Tribuna unter Buontalentis Leitung[134] (Abb. 155, 156) in den Korridor der Galerie eingefügt. Zur gleichen Zeit berichtet Buontalenti dem Grossherzog von einem Besuch der Steinbrüche und Bergwerke in der Nähe von Montecatini[135].
Die Tribuna ist ein von einer Kuppel überdachter achteckiger Bau, der von den Fen-

allegorischen Interpretation der Macht der Familie Medici, weshalb die Tribuna ihren Platz neben Francescos Studierzimmer findet[137], hebt diese die enge Beziehung zu dem Entwurf der Galerie hervor; das Studierzimmer befand sich nämlich früher an einem abgelegenen Platz und empfing kein natürliches Licht, denn es hatte nur ein hinter einem Eckpfeiler verstecktes Fenster. Am 12. Dezember 1583 begann man damit, die Steine für den Fussboden zu schneiden[138].
Eine Zeichnung von Buontalenti[139], die einen Reliquienbehälter darstellt, gewinnt nicht nur deshalb Bedeutung, weil sie zum Verständnis eines Tempelschränkchens bzw. Sekretärs für die Tribuna dient, son-

159. Unbekannter Zeichner, Grundriss des *piano nobile* des Palazzo Ducale in Pisa aus dem achtzehnten Jahrhundert, Florenz, Staatsarchiv.

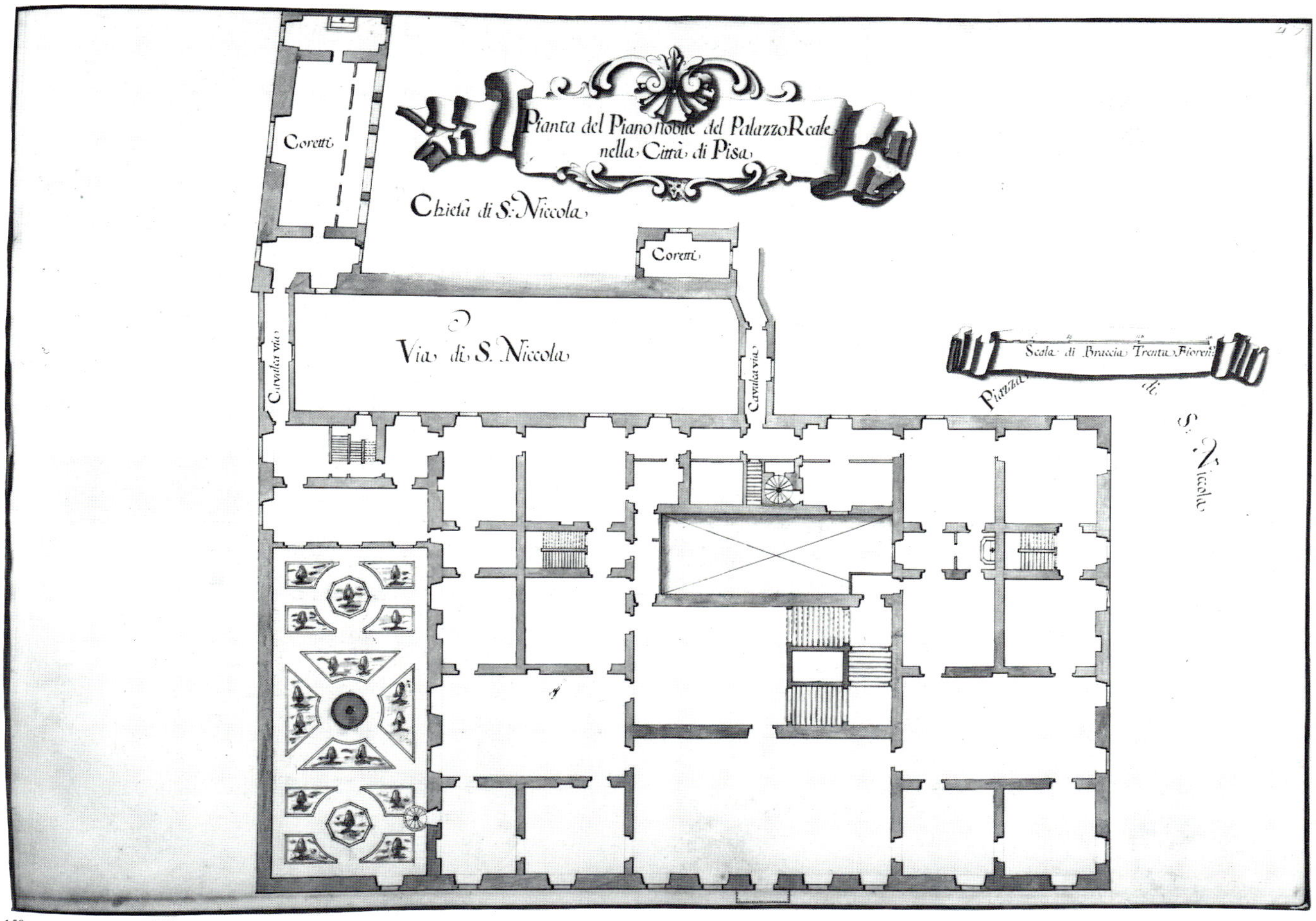

159

dern vor allem, um die Struktur der buontalentischen Zentralbau-Architektur hervorzuheben. Es ist bekannt, dass Buontalenti zwei Tempelschränkchen für die Tribuna plant, eins, auf die Jahre 1581/82 datiert, wird nach Spanien geschickt[140], und das andere, auf das Jahr 1584 datiert, wird 1586 im Mittelpunkt der Tribuna aufgestellt. Um sich eine Vorstellung von letzterem zu machen, muss man sich meiner Ansicht nach die Zeichnung eines Unbekannten ansehen, die zuvor mit der Kuppel von Santa Maria del Fiore[141] (Abb. 157) in Verbindung gebracht worden war. Darauf ist eine Struktur dargestellt, die später mit einem Entwurf von Buontalenti in Beziehung gebracht wurde und in das Modell des Jahres 1602 für die Fürstenkapelle in San Lorenzo einmündet. Es handelt sich um eine komplexere Struktur als sie die Tribuna aufweist, in der sie schliesslich zur Aufstellung kommt, und es zeigen sich in ihr venezianische und frühe brunelleschische Einflüsse.

Von der Kapelle in Pratolino zur Fürstenkapelle über die Tribuna und die Tempelschränkchen vereinigt Buontalentis Architektur mit zentralem Grundriss die von einer Zentralachse ausgehende Irradiation Brunelleschis mit der Vorstellung der Architektur als Ablauf[142].

In der Tribuna verbindet Buontalenti das Zentrum mit einer Wand der achteckigen Anlage in einer Weise, die er schon beim *apparato* für die Taufe des Prinzen Filippo studiert hat und die bei der Fürstenkapelle wiederkehrt. Die perspektivische Segmentierung wirkt sich in der Aufteilung der Kuppel und in der Verzierung des Fussbodens aus. Eine Zeichnung[143] stellt eine erste Studie für den in trapezförmige Elemente unterteilten Fussboden dar, in den sich

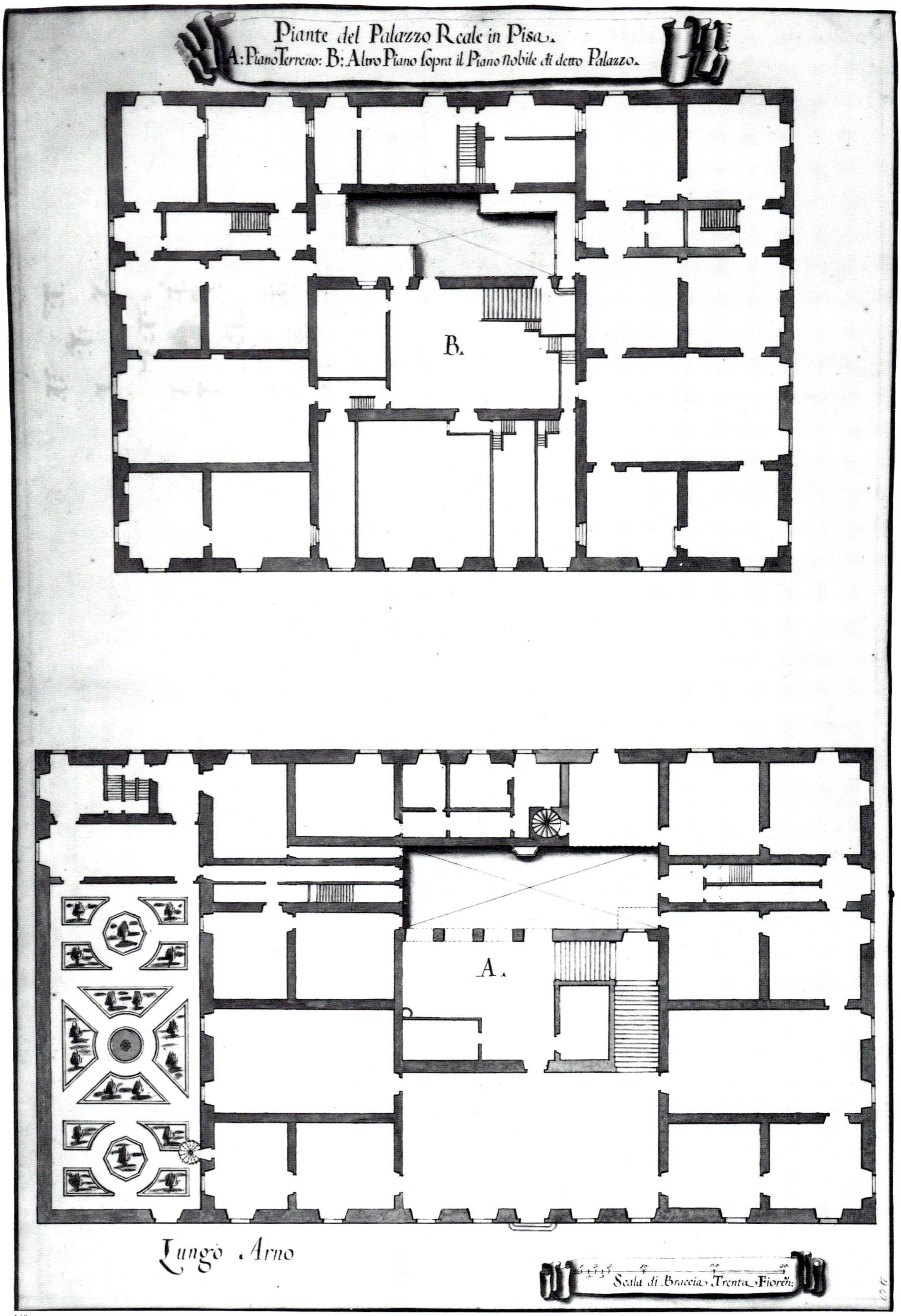
Piante del Palazzo Reale in Pisa.
A: Piano Terreno: B: Altro Piano sopra il Piano nobile di detto Palazzo.
B.
A.
Lungo Arno
Scala di Braccia Trenta Fioren:

160

160. Unbekannter Zeichner, Grundrisse des Erdgeschosses und des zweiten Stockwerks des Palazzo Ducale in Pisa aus dem achtzehnten Jahrhundert, Florenz, Staatsarchiv.

161. Giorgio Vasari der Jüngere, Grundriss der von Buontalenti umgebauten Villa Lappeggi, Florenz, Staatsarchiv.

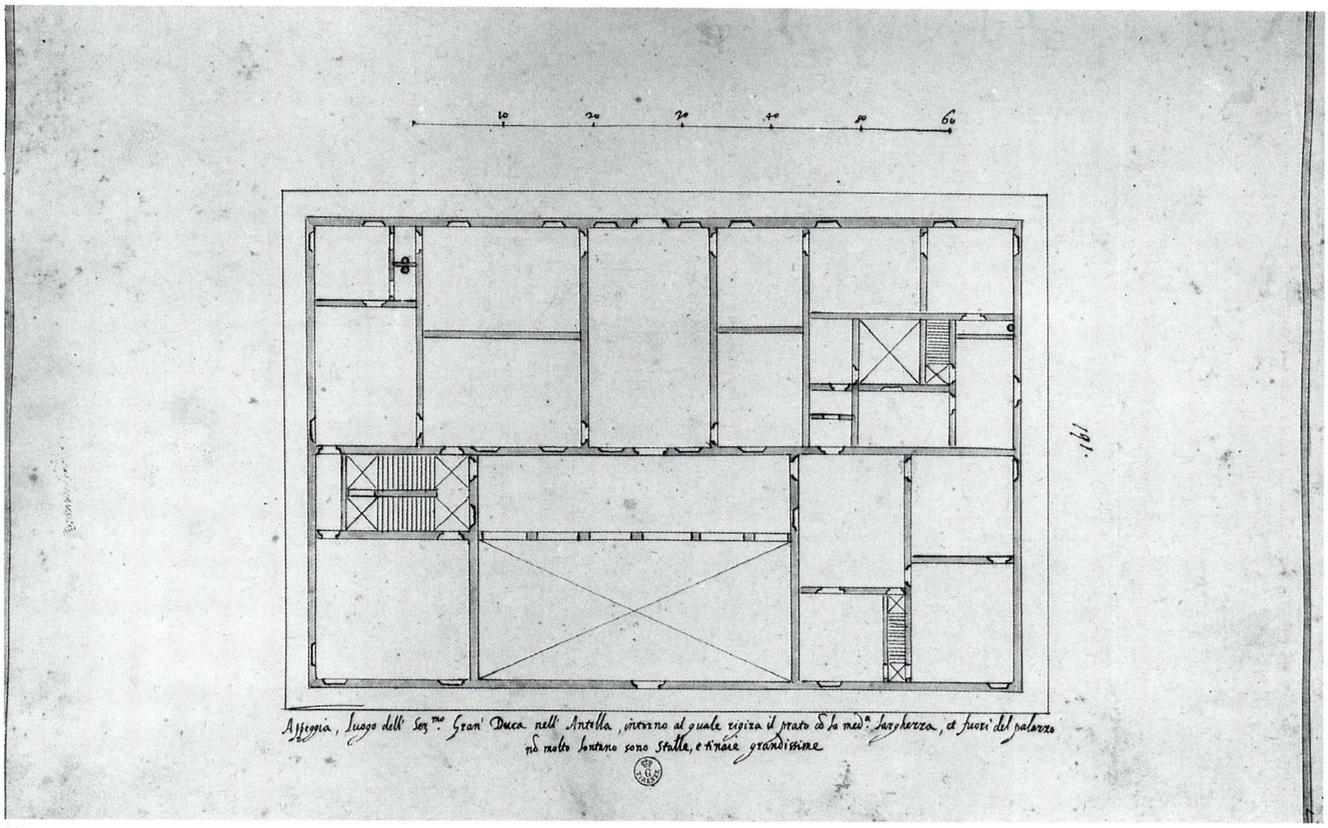

161

ovoide bzw. rautenförmige Muster einfügen, wie sie aus der Cappella Gaddi[144] bekannt sind. Im Zentrum der Komposition lässt sich eine grössere Fähigkeit zu perspektivischer und dynamischer Verbindung erkennen.
1583 entwirft Buontalenti eine Vase, die von Jacques Bilivert[145] mit Lapislazuli besetzt wird. Die ausgebuchteten Henkel, die ihre Form der Erweiterung des Vasenkörpers verdanken, weisen auf eine andere buontalentische Zeichnung sowie auf eine Zeichnung vasarischer Schule hin[146].
Nach der Verlegung der medizäer Schmelzhütte in das Casino Mediceo von San Marco wird diese erweitert, und es werden dort Kristall- und Porzellangegenstände sowie Vasen aller Art hergestellt, was eine Folge der Spanienreise ist, die Buontalenti im Gefolge von Francesco I. von 1562 bis 1564 unternommen hat. In Madrid konnte er die grosse Sammlung orientalischen Porzellans von Filippo II. bewundern. Es gibt medizäer Porzellan aus den Jahren 1581 und 1584, welches in der florentinischen Manufaktur aus einer von Buontalenti entwickelten Porzellanmasse hergestellt wurde[147], und zwar zu einer Zeit, da die Herstellungsweise des orientalischen Porzellans noch nicht bekannt war. Dies ist einer der Aspekte, auf die sich die wissenschaftlichen und experimentellen Untersuchungen von Buontalenti konzentrieren.
Zwischen 1583 und 1584 gestaltet Buontalenti den hängenden Garten auf der Loggia der Signoria[148]. In einem Heft, das Listen und Rechnungen enthält, ist am 28. Juli 1584 eine Zahlung verzeichnet, die sich auf «ein Wasserspiel (aus Weissblech) mit neun Schmetterlingen und einem Vogel aus Weissmessing (...) in natürlicher Grösse bezieht und die dem Gärtner Seiner Hoheit übergeben wurden, da sie für die Fontäne besagten Gartens bestimmt waren»[149].
Mit der grossen Grotte (Abb. 158) im Bereich des Palazzo Pitti, die als «dunkler Hohlraum» am Ende des Korridors von Vasari entsteht, präsentiert Buontalenti erneut eine Struktur mit zentralem Grundriss

162. Giusto Utens, Villa Lappeggi nach der Umgestaltung durch Buontalenti, Florenz, Museum «Firenz com'era».

162

in einer besonders naturalistischen Variante. Im August 1583 wird unter seiner Leitung mit dem Bau begonnen. Der untere Teil der Fassade wurde von 1556 bis 1560 nach einer Zeichnung von Vasari gebaut; zwischen 1583 und 1585 stellt Piero di Tommaso Matti die Figuren des ersten Raumes her; 1585 werden dort die *Prigioni* von Michelangelo untergebracht, und von 1586 bis 1587 führt Bernardino Poccetti die Fresken aus; 1587 führt Giovanni del Tadda die Ausschmückung der Fassade fort, und Vincenzo de' Rossi stellt die Gruppe Helena und Paris auf[150]. Im Archivmaterial, das sich auf die Erbauung des Palazzo Pitti bezieht, sind auch die für die grosse Grotte und andere Gartenarbeiten angefallenen Zahlungen verzeichnet[151]. Eine kleinere von Buontalenti im Garten des Pitti-Palastes gebaute Grotte wird im Jahre 1584 fertiggestellt[152].

Der Herzogspalast von Pisa

Im April 1583 hat Buontalenti bereits ein allgemeines Programm für den neuen Palazzo Ducale erarbeitet[153] (Abb. 159, 160), dessen Errichtung die Zerstörung bereits bestehender Gebäude erfordert. Während er mit einem Gichtanfall zu Bett liegt, schreibt er dem Grossherzog:
«(...) mit diesem Schreiben teile ich Euch mit, dass mein Sohn Francesco mir geschrieben hat, der Erzbischof habe die kleine Kirche an der Piazza di Santo Nicola entweiht, und deshalb kann Eure Hoheit mir Anweisungen geben, was Ihr bezüglich des zu erstellenden Gebäudes wünscht

163. Bernardo Buontalenti, Villa della Màgia, Innenhof.

auf den folgenden Seiten:

164. Bernardo Buontalenti, das Theater der Uffizien, die Türen aus farbigem Marmor des Vestibüls.

165. Bernardo Buontalenti, Zeichnung eines Instruments zum Wasserschöpfen, Florenz, Gabinetto Disegni e Stampe der Uffizien.

163

(...)»[154]. Am 28. Dezember beginnt der Abriss der «Kirche San Donato an der Piazza San Nicola in Pisa sowie der drei angrenzenden am Arno liegenden Häuser, an deren Stelle der Palazzo Ducale gebaut werden soll»[155]. Andere Gebäude werden später abgerissen. Die Buchhaltungsunterlagen – das Buch der Schuldner und Gläubiger, das Heft mit den Ein- und Ausgängen, das Journal über die Bautätigkeiten – erstrekken sich auf einen Zeitraum, der von Dezember 1853 bis Juni 1588 geht[156]. Das 1583 ausgearbeitete Projekt wird von dem in Florenz lebenden Holzschnitzer Maestro Nigi als Holzmodell ausgeführt und dann, «einer Absprache mit Buontalenti entsprechend, von dem florentinischen Tischler Cosimo d'Arrigo zerstört und wiederhergestellt (...)». Auch wenn Buontalenti sich nicht am Bauplatz aufhält, so werden seine Bauanweisungen doch genauestens befolgt. Eine vom Grossherzog gutgeheissene Variante sieht die Anhebung des Erdgeschosses von sechs auf sieben Ellen vor[157]. Die gelegentliche Anwesenheit von Simone da Gagliano und Davide Fortini auf dem Bauplatz ist belegbar, aber die gesamten Arbeiten werden von Buontalenti koordiniert. Im September 1586 folgt man u.a. den Anweisungen, die er für die kupferne Dachrinne des Innenhofs und für die Wasserleitungen in den Küchen festlegt.

165

166-167. Bernardo Buontalenti, Zeichnungen eines Instruments zum Wasserschöpfen, Florenz, Gabinetto Disegni e Stampe der Uffizien.

166

gelt von einem Scudo pro Monat, d.h. insgesamt 47 Scudi erhalten, und der Verwalter und Kämmerer, Cosimo Bossi, hat dafür, dass er die Kosten für diesen Bau bezahlt hat, aufgrund der wohlwollenden Verfügung Eurer Durchlaucht dasselbe als Bezahlung bekommen, was der oben ge-

Die Villen, das Perpetuum mobile, die Maschinen und das Theater

Die Villa Lappeggio wird zwischen 1580 und 1585 umgebaut[158]. Im März 1580 «wird der Stücklohn für das Mauerwerk von Lappeggio festgelegt»[159]. Das Projekt von Buontalenti ist meines Erachtens auf das Ende des Jahres 1579 festzulegen, und seine Mitarbeit wird durch einen Brief dokumentiert, den Uguccioni am 23. Mai 1585 an den Grossherzog richtet: «Durchlaucht, der Schriftführer Michele Bianchi hat dafür, dass er das Journal und die Bücher geführt und die Wechsel und Rechnungen für den Bau von Lappeggio ausgestellt hat, ein Ent-

nannte Bianchi erhalten hat, d.h. 47 Scudi. Es bleibt der Architekt Maestro Bernardo Buontalenti, der für seinen Auftrag nichts bekommen hat; da aber das besagte Gebäude fertiggestellt ist, fühlte ich mich verpflichtet, ihn ebenfalls für seine Arbeit zu entschädigen, so dass Ihr, wenn Ihr seine Hilfe noch einmal benötigt, erneut an seinen guten Willen appellieren könnt (...)»[160].

Der Grundriss von Giorgio Vasari dem Jüngeren und die Lünette von Giusto Utens stellen das Projekt von Buontalenti dar (Abb. 161, 162). Im achtzehnten Jahrhundert erfährt die Villa eine Umstrukturie-

167

168. Bernardo Buontalenti, Skizze für den Hintergrund des ersten Intermezzos des Schauspiels *L'Amico Fido*, Florenz, Gabinetto Disegni e Stampe der Uffizien.

168

rung durch Ferri. Im Jahre 1584 beginnt Buontalenti, die Villa della Magia und das Kloster Santa Trinita umzubauen[161] sowie das Arsenal von Pisa zu erweitern[162]. Für La Magia (Abb. 163) belaufen sich die Nettokosten im Januar 1585 auf 2057 Scudi[163]. Im Mai wird unter der Leitung von Buontalenti und dem Baumeister Fortini mit der Anlage des Sees angefangen[164]; im Juni wird daran weitergearbeitet und gleichzeitig mit den Zimmern der Villa begonnen[165]; im Dezember informiert Benedetto Uguccioni den Grossherzog, dass die Mauer des Sees ausgeführt und «der Palazzo della Magia sozusagen fertiggestellt ist (...), nur der Innenhof muss noch gepflastert und die *Colombaia* noch gebaut werden. Wegen der Witterung sind diese Arbeiten zurückgestellt worden, aber nun werden sie in kürzestmöglicher Zeit ausgeführt (...)»[166].

In den Jahren 1585 und 1586 plant Buontalenti das medizäer Theater der Uffizien, indem er die bestehenden Räumlichkeiten für die Aufführung von Theaterstücken geeignet macht. Am 16. Februar 1586 wird das Theater mit der Aufführung des Schauspiels *L'Amico Fido* und den entsprechenden Intermezzi anlässlich der Hochzeit von Virginia de'Medici und Cesare d'Este eingeweiht[167]. Ein Mitwirken Buontalentis an der Gestaltung des Theatersaales ist auf das Jahr 1585 zu datieren. Die Türen des Vestibüls aus farbigem Marmor (Abb. 164) sind übriggebliebene Elemente, und hierauf bezieht sich eine erste Studie[168]. Das Theater ist 95 Ellen lang, 35 Ellen breit, 24 Ellen hoch, und der Fussboden fällt zur Bühne hin um 2⅛ Ellen ab. Der Saal ist beiderseits mit sechs ansteigenden Sitzreihen ausgestattet.

Das Medizäer Theater ist ein modernes Gebäude, und unterscheidet sich von dem aus der gleichen Zeit stammenden *Teatro Olimpico* in Vicenza, das «in der falschen Jahreszeit blüht», doch im Gegensatz zu letzterem wird das medizäer Theater auf nicht wiedergutzumachende Weise verschandelt. Aus einer Zeichnung des achtzehnten Jahrhunderts von Giuseppe Ruggeri geht hervor[169], dass der Theaterraum als Arsenal, Feuerraum, Kohlenlager, als Werkstatt der Bronzegiesser und Schmirgelraum verwendet wurde. Die gegenwärtig auszumachende Unterteilung in einen Bühnenraum und einen Zuschauersaal existierte noch nicht. Die endgültige Verschandelung des Theaters fällt in das neunzehnte Jahrhundert. Zwischen 1830 und 1870 wird der Saal zuerst als Gerichtssaal und anschliessend als Sitz der toskanischen Abgeordnetenkammer, als Senat des Königreichs Italien und als Staatsarchiv benutzt. 1889 wird er horizontal unterteilt; der obere Teil geht an die Galerie und der untere an das Kabinett für Zeichnungen und Drucke. Der Bühnenraum geht bereits 1855 an das Kunstarchiv, und seine horizontale Unterteilung findet im Jahre 1940 statt; der obere Teil geht an die Galerie und der untere wird zum Beratungssaal und Vorraum des Staatsarchivs.

Eine Skizze von Buontalenti bezieht sich auf das erste Intermezzo des *Amico Fido*[170] (Abb. 168). Schon seit den siebziger Jahren verbessert Buontalenti seine Kenntnisse in bezug auf die Planung von Maschinen, auch für das Theater. 1582 kamen Oreste Vannocci (Enkel des berühmten Vannoccio Biringuccio) und Bernardo Davanzati dem Wunsch Buontalentis entgegen, der die *Spiritali* von Heron auf italienisch lesen wollte, und sie fertigten Übersetzungen an, die sie ihm widmeten[171]. 1589 erscheint Herons Text *Della macchina da sé operante* in italienischer Sprache bei Bernardino Baldi in Venedig.

Zu Beginn der achtziger Jahre hatte Bernardo Buontalenti grosses Ansehen als Maschinenbauingenieur erworben. Und das Instrument, für das er 1579 in verschiedenen europäischen Staaten das *privilegio* erhalten hatte und das ganz und gar aus Holz oder aus Kupfer gebaut werden konnte, diente dazu, Wasser über einen Höhenunterschied bis zu zweihundert Schritt «ohne Verwendung von Rohren, Pumpen oder Ventilen und ohne die ständige Anwesenheit eines Aufsehers zu jeder Stunde an die Oberfläche zu befördern». Es konnte «selbsttätig und ohne Unterlass grosse Wassermengen an die Oberfläche befördern» und war in der Tat das Instrument, das, wie man sagte, auf dem Prinzip des *Perpetuum mobile* basierte.

Raffaello Borghini schreibt, dass Buontalenti «etwas gefunden hat, was man bisher nicht gesehen hat, und von dem viele glauben, dass man es nicht finden kann, d.h. das *Perpetuum mobile* in einem Instrument, indem die vier Elemente sind, und das, sobald es zusammengefügt ist, sich durch sich selbst bewegt»[172]. Auch Gherardo Silvani macht Aussagen über das Instrument: «Immer suchte er das Unmögliche des *Perpetuum mobile*, und jener sagte, dass es ganz einfach sei und dass man alles mögliche mit dem Wasser machen könne, man könne es auch auf viele Arten hochziehen.» Baldinucci bezieht sich auf Borghini und stellt fest, dass sich das Instrument «von selbst bewegt, ohne je stehenzubleiben» und hebt hervor, dass Buontalenti sich der Mitarbeit des Grossherzogs Francesco I. vergewissert habe, während Domenico Maria Manni an Baldinucci schreibt, dass Pier Filippo Assirelli sich bezüglich des Instruments folgendermassen geäussert habe:

Occultas aperit res Belli dextra Talenti,
Perpetuoque iugem pondere librat aquam.
Nam velut arteria, stomaco ceu vita
foventur, Sic opus motu fistula bina fovet.
Magno parta duci laudis pars detur hetrusco,
Qui non dux operis sed velit esse comes[173].

Unter den zahlreichen Leuten, die nicht an das *Perpetuum mobile* glaubten, war Domenico Mellini, der 1583 einen *Diskurs* veröffentlichte, indem er behauptete, dass man «gegen die Meinung einiger nicht künstlich eine Bewegung wiederfinden kann oder einem Körper, der aus vergänglicher Materie besteht, eine kontinuierliche und unaufhörliche Bewegung geben kann». Ein Exemplar dieses Buches ist mit Anmerkungen von Buontalenti versehen[174]. Auf der Titelseite schreibt Buontalenti u.a.: «Gegen das, was du gesagt hast, setze ich meine Erfindung», «das Werk löscht diese Verse aus», «die Handlung spottet der Schriften», «ohne Philosophie werde ich dich eines Besseren belehren». Und auch die Anmerkungen auf den folgenden Seiten sind sehr wichtig, um die Persönlichkeit

169. Giorgio Vasari der Jüngere, Grundriss der Villa Marignolle, Florenz, Gabinetto Disegni e Stampe der Uffizien.

170–171. Giuseppe Ruggieri, Grundriss des Erdgeschosses und des *piano nobile* der Villa Ambrogiana, 1736, Florenz, Biblioteca Nazionale Centrale.

der Himmel, den Polarstern und die Magneten. Buontalenti vermerkt: «Wer ein fremdes Metier ausübt, drischt leeres Stroh», «die Praxis ist meine Philosphie», «ich habe durch mein Werk (das Instrument) gezeigt, dass dieses Reden (von Mellini) keinerlei Wert hat», «die Bewegung

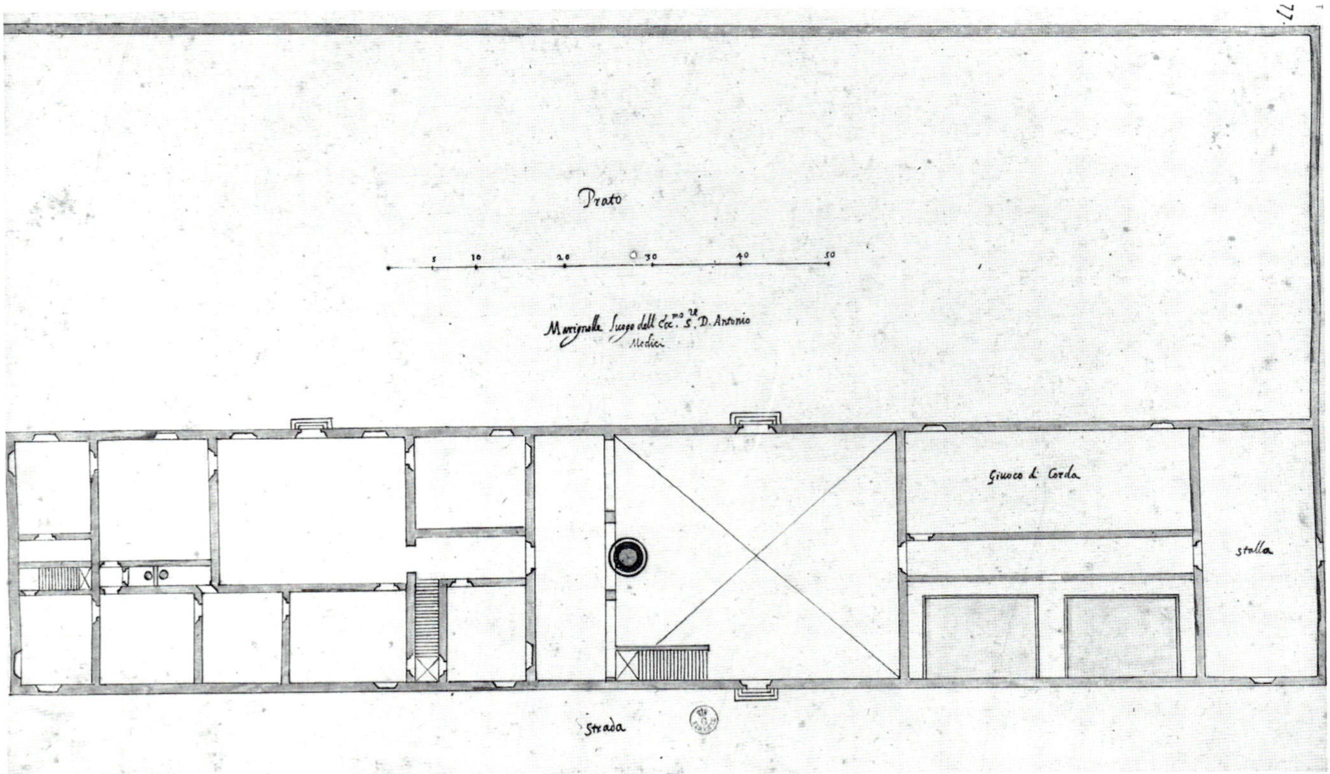

169

Buontalentis kennenzulernen, die sich von der Mellinis stark unterscheidet. Der Dualismus zwischen Praktikern und Theoretikern nimmt im sechzehnten Jahrhundert eine neue Färbung an und verkündet den Gegensatz zwischen technisch-wissenschaftlicher und humanistischer Kultur. Im Vergleich zu den Ingenieuren, die von der Praxis ausgehend bauen, ohne Euklid und die Fragen der Perspektive miteinzubeziehen, befindet sich Buontalenti auf der Seite der Theoretiker; aber im Vergleich zu denen, die sich als Philosophen aufspielen, tritt er auf die Seite der Praktiker.

Auch ohne die Entwicklung der Mechanik im siebzehnten Jahrhundert zu bemühen, kann man Mellini nur beipflichten, wenn er von der Unmöglichkeit eines *Perpetuum mobile* spricht. Aber man muss näher auf die Sache eingehen, denn um die Unmöglichkeit des *Perpetuum mobile* zu beweisen, bemüht Mellini Aristoteles, die Bewegung geht von der Materie aus, die wir hier unten haben, und sie dauert, solange die Materie dauert», «sagt mir, warum der Magnet das Eisen anzieht und nicht die anderen Metalle», «aus der Materie, die sich hier unten befindet, ist das Instrument gemacht», «wenn man von der himmlischen Materie oder Tugend hätte haben können, hätte man sie sich verschafft», «der Polarstern hat nichts mit dem Magnet zu tun». Und wenn Mellini Aristoteles zitiert und sagt, dass weder die lineare noch die kreisförmige Bewegung an sich unaufhörlich sein kann, hält Buontalenti sich nicht zurück: «Aristoteles hat Dummheiten gesagt wie alle anderen auch (...)», «allen Theorien entsprechend bewegen sich die Planeten kreisförmig und nicht gradlinig». In bezug auf das Verhältnis der Wissenschaft zur Natur stellt Mellini fest: «(...) es ist nicht so, dass die Wissenschaft mehr vermag als die Natur und mehr ist als diese.» Und Buonta-

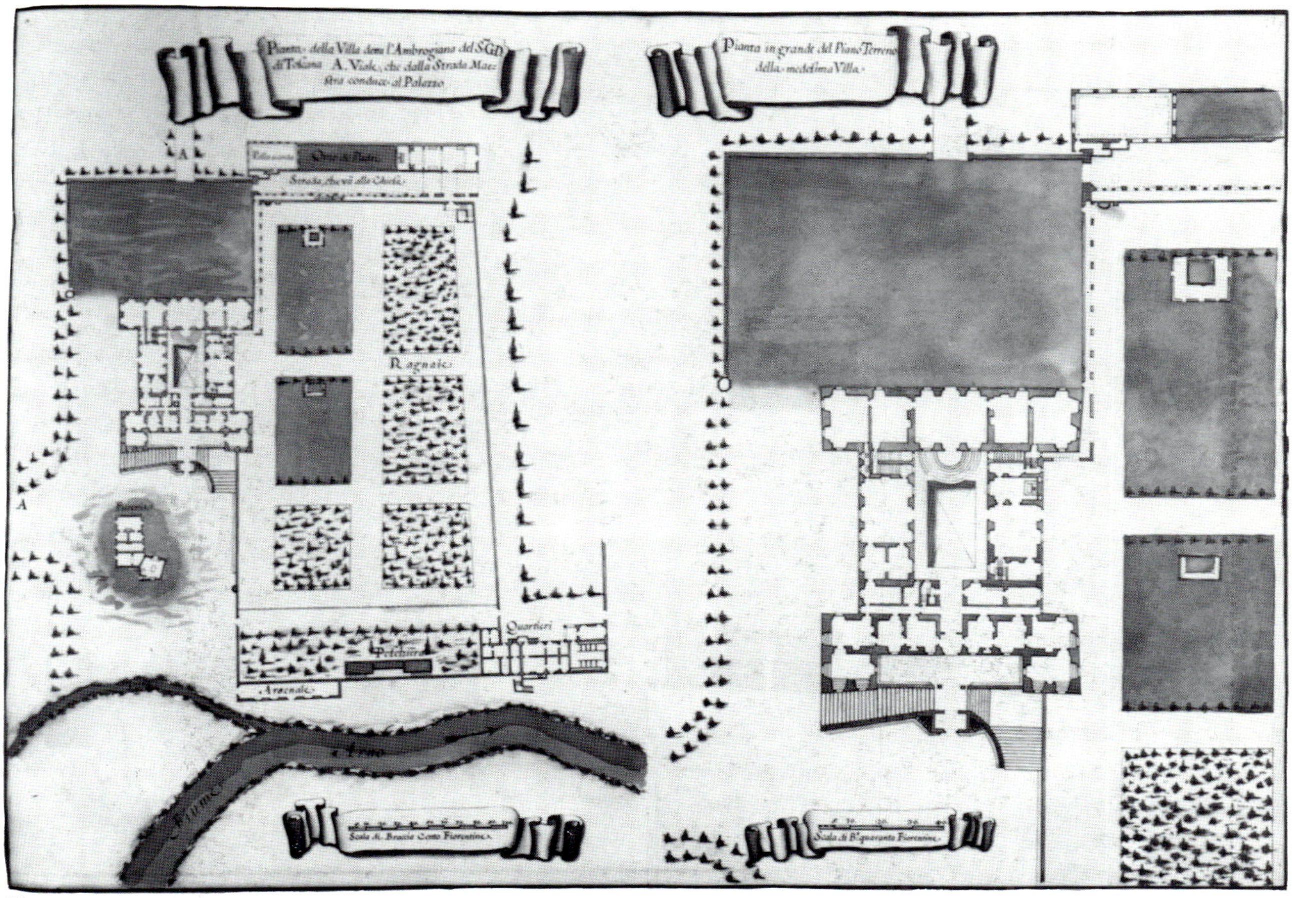
Pianta della Villa detta l'Ambrogiana del S.G.D. di Toscana A. Viale, che dalla Strada Maestra conduce al Palazzo
Pianta in grande del Piano Terreno della medesima Villa
Orto de Padri
Strada che va alla Chiesa
Ragnaie
Quartieri
Peschiera
Arenale
Arno
Scala di Braccia Cento Fiorentine
Scala di B. quaranta Fiorentine

170

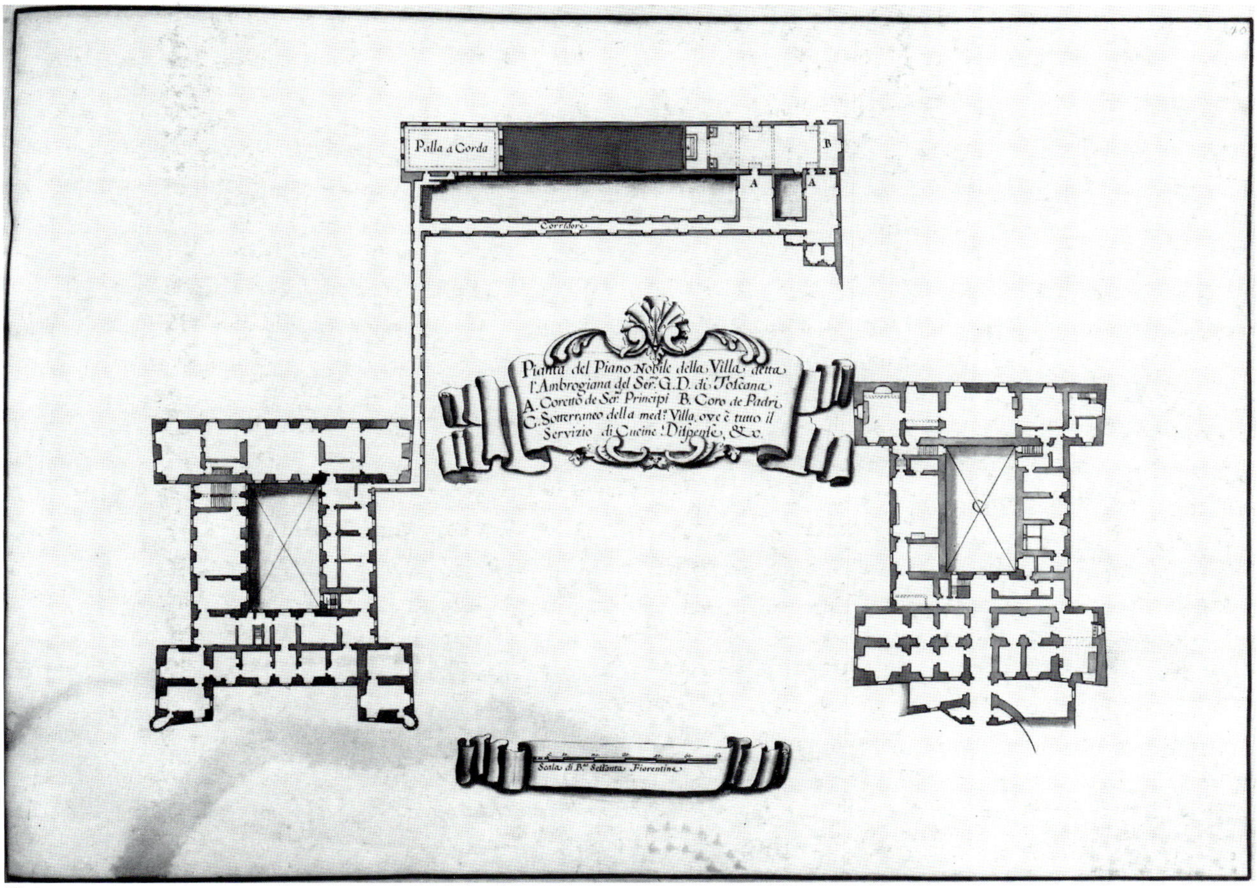
Palla a Corda
Corridore
Pianta del Piano Nobile della Villa detta l'Ambrogiana del Ser.mo G.D. di Toscana
A. Coretto de Ser.mi Principi B. Coro de Padri
C. Sotterraneo della med.a Villa, ove è tutto il Servizio di Cucine, Dispense, &c.
Scala di B.a Settanta Fiorentine

171

lenti: «DIE WISSENSCHAFT HAT DIE NATUR BESIEGT.»
Buontalentis Einstellung zu Aristoteles und zur kulturellen Tradition nimmt Galileos Denkweise vorweg.
Buontalenti dachte sich sein Instrument Ende der sechziger bzw. Anfang der siebziger Jahre aus, während er das Südportal der Villa Pratolino (Abb. 165) entwarf. Er erläuterte es zwischen 1576 und 1577, als er mit dem endgültigen Entwurf des Casino Mediceo und mit den Feierlichkeiten für die Taufe von Filippo[175] (Abb. 166, 167) beschäftigt war; im Jahre 1578 baute er es und bat um das entsprechende *privilegio.* Es handelte sich um etwas geniales, wenn auch vielleicht ein anderer Ingenieur der Republik Ragusa schon ähnliche Instrumente angeboten hatte.
Im Jahre 1583 hatte Buontalenti durch das von Vignola verfasste und von Egnazio Danti kommentierte posthume Traktat *Le due regole della prospettiva pratica* Informationen über die Bühnenbildnerei und eine Bestätigung über die Perspektiventheorie empfangen. Dieses Werk enthielt eine Darstellung der Perspektive, in welcher das System der *Entfernungspunkte* gemeinsam mit Elementen der Bühnenbildnerei genau behandelt wurde.
Im April 1587 werden die Fundamente der Villa von Coltano (Pisa)[176] in Anwesenheit des Projekteurs Buontalenti und des Bauleiters Fortini aufgezeichnet und ausgehoben: «(...) Nach der Ankunft des Architekten Eurer Hoheit, Bernardo Buontalenti, hier in Pisa (...) haben wir uns gemeinsam mit Meister Davitte nach Coltano begeben; dort sind die Seile gezogen worden, und die Villa ist dem Modell entsprechend mit allen Räumen und an dem Ort, wo die Fundamente zu legen sind, aufgezeichnet worden, bevor wir wieder abgereist sind. Insgesamt wurde eine halbe Elle tief gegraben, und der erwähnte Architekt sagte mir, ich solle Euch davon unterrichten, dass wir auf hervorragendes Gestein gestossen sind, wie es nicht besser hätte sein können, und dass wir höchstens noch zwei Ellen tiefer gehen müssen, was eine enorme Ersparnis bedeuten wird. Schon nächsten Dienstag wird ein Teil der Fundamente gelegt sein, und es sind ungefähr 320 *scandigli* Steine und Mörtel herbeigeschafft worden, und am 21. wird man mit grösstmöglicher Eile zu bauen beginnen. Ihr sollt wissen, dass die Erde dieses Ortes zur Herstellung von Zement verwendet wurde, und um sie zu verarbeiten, ist sie gekocht worden, und es ist sehr gut, dass sie in der Nähe des Platzes ist, wo gebaut werden soll und der Brennofen aufzustellen ist, und es wird für dieses grossartige Gebäude sehr nützlich sein, dass genug Holz vorhanden ist. Ausserdem hat jener Buontalenti mir gesagt, ich solle Eure Hoheit davon in Kenntnis setzen, dass er den Platz abgemessen hat und dass sein Umfang etwa neun Meilen beträgt (...)»[177].
Das Holzmodell wird von Domenico di Bartolomeo Atticciati erstellt. Die Villa hat einen Grundriss von 60 mal 25 Ellen, ausgenommen die Eckbastionen, und ist in zwei Stockwerke mit Kellergeschoss unterteilt. Die Bastionen spielen auf die Militärarchitektur an, aber sie dienen auch zur statischen Verstärkung. Bastionärpaläste und -villen sind von Antonio da Sangallo dem Jüngeren und Baldassarre Peruzzi entworfen worden[178], und es gibt eine Zeichnung von Francesco di Giorgio Martini, wo die Bastionen nachträglich hinzugefügt wurden[179].
1587 gelangt der natürliche Sohn von Francesco I., Antonio de'Medici, in den Besitz der Villa Marignolle (Abb. 169), die von Buontalenti umgebaut wurde[180]. Ein Brief, den Buontalenti im Juni 1587 aus Florenz an Francesco I. richtet, zeigt, welchen Einfluss der Grossherzog auf die Planung der Bauwerke hatte und in welchem Masse er sie überwachte. Abgesehen von den Komplimenten, die Buontalenti an Francesco I. richtet, ist aus dem Brief auch zu ersehen, dass der Grossherzog an der Entscheidung über die Treppe eines Palastes beteiligt ist, wodurch die architektonische Aufteilung gelöst wird, ohne den Innenhof zu verkleinern (Abb. 170, 171):
«Herzogliche Hoheit, ich sende Euch die Zeichnung des Palastes, indem ich die Treppe umbauen soll, und ich habe mich genau an Eure Anweisungen gehalten, denn so wie sie zuerst war, gefiel sie Euch nicht mehr, weshalb Ihr mir den Auftrag erteilt habt, die Treppe so zu planen, wie sie auf dieser neuen Zeichnung zu sehen ist,

172. Bernardo Buontalenti, Studie für die Fassade von Santa Maria del Fiore, Florenz, Gabinetto Disegni e Stampe der Uffizien.

Sache sein wird, und zwar ohne Mehrausgaben, und es ist viel Raum für den Innenhof und die Zimmer gewonnen worden[181]».

172

und sie wird viel bequemer sein, so bequem wie ich es Euch hier zeige, damit Ihr auch den Unterschied zwischen der vorherigen Zeichnung und Eurem jetzigen Wunsch genau daraus ersehen möget, und ich sage ohne Umschweife, dass kein Architekt dieser Welt es hätte besser machen können, und Meister Giovanni hat mir gesagt, dass unter all den Zeichnungen und Modellen, die Eure Hoheit erhalten haben - und Ihr habt unzählige erhalten - nie eine schönere Treppe zu sehen war als diese, und Eure Hoheit mögen mir verzeihen, wenn ich vielleicht nicht alles so gemacht habe, wie Ihr es mir befohlen und mit eigener Hand gezeichnet habt. Aber ich sage Euch, dass das Gebäude, wenn es so erstellt wird, wie Eure Hoheit es befohlen haben, eine wunderbare

Die Fassade von Santa Maria del Fiore und das Begräbnis von Francesco I.

Einen Plan für die Fassade von Santa Maria del Fiore[182] dürfte Buontalenti bereits vor 1585 entworfen haben, und diese Fassade ist auf einem vergoldeten Relief des Tempelschränkchens der Tribuna in den Uffizien dargestellt[183]. Der Wunsch, die alte Fassade zu verändern, lag seit langem im kulturellen Klima der Stadt, und in der Zeit Francescos I. verstärkte er sich. In der Kultur der achtziger Jahre des sechzehnten Jahrhunderts bringt man einerseits allem Antiken grossen Respekt entgegen, während andererseits alles Existierende mit grosser Unbefangenheit vernichtet wird, und aus diesem Klima heraus wird in Flo-

173. Bernardo Buontalenti, geometrische Zeichnung für die Vorbereitung des Modells der Fassade von Santa Maria del Fiore, Florenz, Gabinetto Disegni e Stampe der Uffizien.

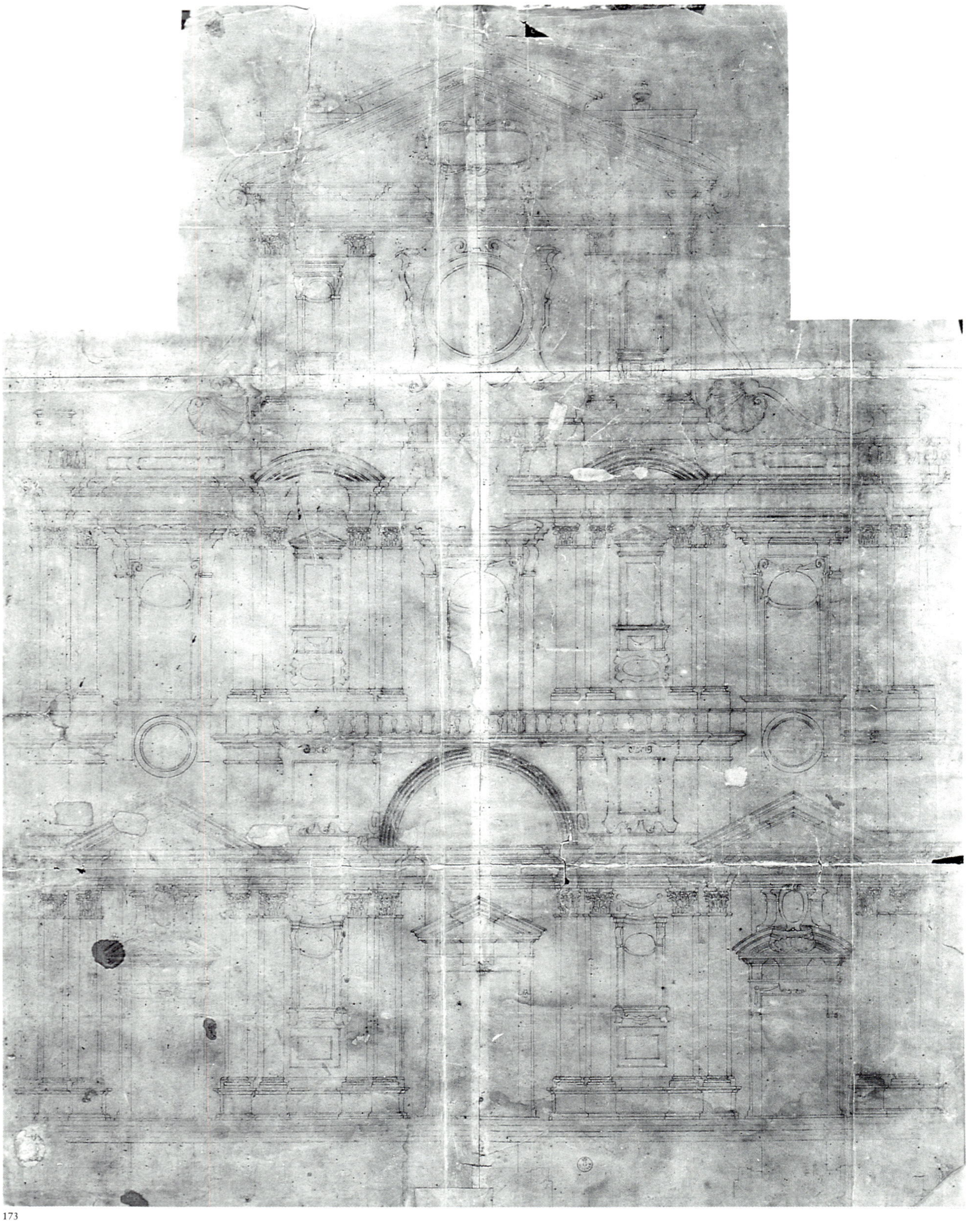

173

174. Bernardo Buontalenti, Holzmodell der Fassade von Santa Maria del Fiore, Florenz, Museo dell'Opera del Duomo.

auf den folgenden Seiten:

175-177. Villa dell'Ambrogiana, Geamtansicht und Teilansichten des Innenhofes.

174

175

176

178. Der Palazzo Vecchio in Florenz, Erweiterung aus dem sechzehnten Jahrhundert.

179. Giuseppe Ruggieri, Grundriss der buontalentischen Villa della Petraia, 1736, Florenz, Biblioteca Nazionale Centrale.

180–182. Bernardo Buontalenti, Villa della Petraia, Gesamtansicht, Innenhof, Treppe unter der Loggia.

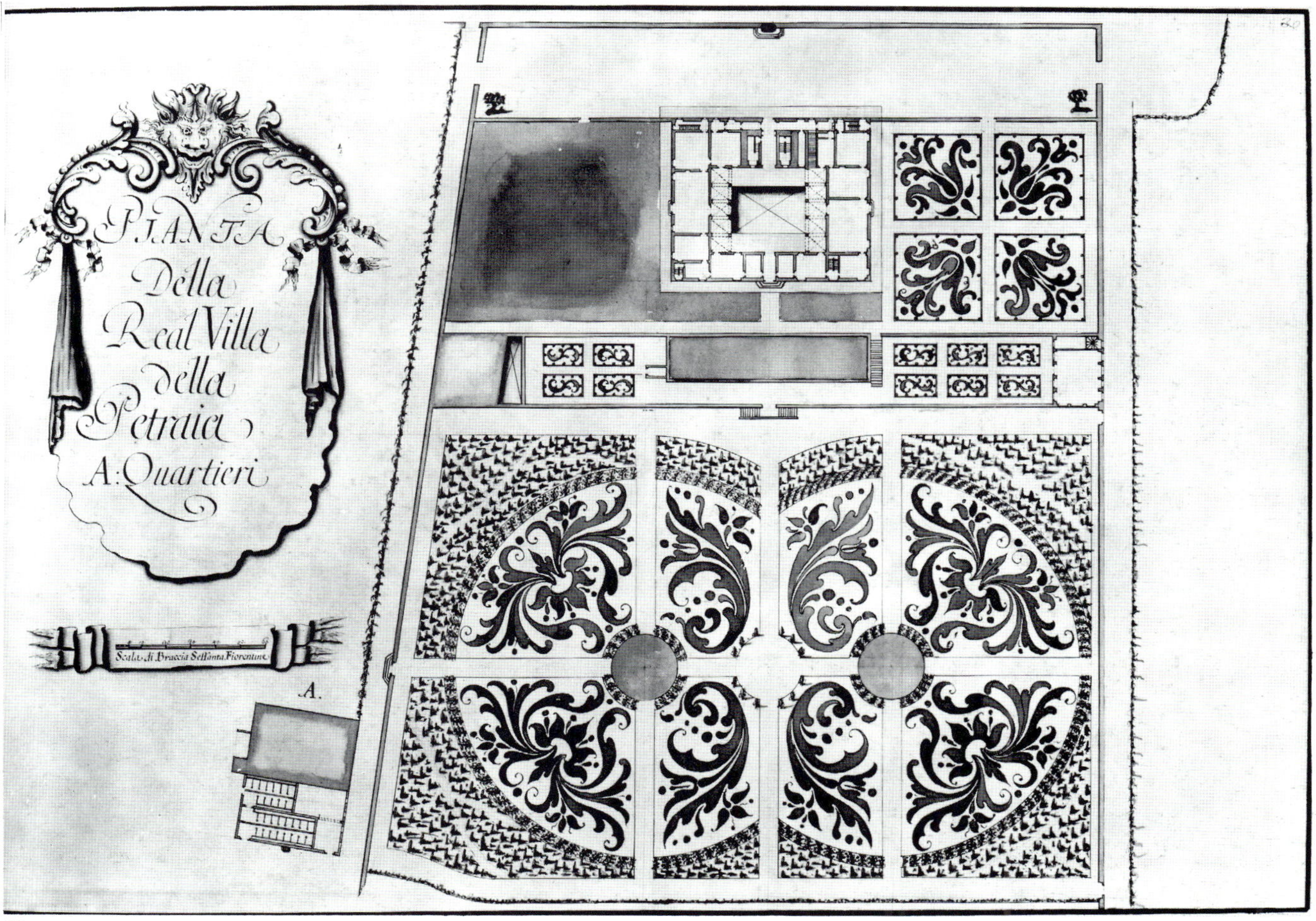

179

renz die neue Fassade des Domes und in Venedig das neue Prokuratorenamt entworfen[184].

Gegen das Jahr 1587 entwickelt Buontalenti den Entwurf für die Fassade von Santa Maria del Fiore weiter. Eine seiner Zeichnungen stellt eine erste Studie dieser Phase dar[185] (Abb. 172). Der Sarkophag oberhalb des Haupttors ist ein venezianisches Element, dessen Idee der Bruder Bianca Cappellos, Vettore, möglicherweise zwischen 1578 und 1579 nach Florenz gebracht hat[186]. Dieses horizontale, über dem Portal angeordnete Element stellt eine sekundäre Einheit dar, wie Buontalenti sie bereits in Pratolino und im Casino von San Marco entwickelt hatte. An den vertikalen Achsen der Fassade sind Elemente typisch buontalentischen Charakters angeordnet. Auch die sinusförmige Bewegung zur Gewinnung von perspektivischer Tiefe hatte Buontalenti bereits vorher angewendet. Jedoch besteht kein Zweifel daran, dass er jetzt die Elemente seines Kodexes, die klassischen Ursprungs sind, erweitert, indem er zum Beispiel das korinthische Kapitell verwendet. Man vermutet, dass Buontalenti 1578 in Bologna eine Zeichnung von Palladio in Händen gehabt hat[187]. Ohne jedoch so weit zu gehen, wäre daran zu erinnern, dass er 1578/79 aufgrund seines *privilegio* für hydraulische Instrumente mit Venedig in Kontakt gestanden hat. Einem gewissen Giudobaldo Foglietta gewährt er für zehn

180

181

183

183–184. Bernardo Buontalenti, Villa della Petraia, Treppe unter der Loggia und Verschiebung des Firsts (u.a. durch eine alte Zeichnung an der Wand der Dachkammer dokumentiert).

Herrichtung des Innenraumes greift Buontalenti nochmals auf das Begräbnis von Cosimo I. zurück[190], bei der Ausschmückung der Fassade fügt er mehr Giebelmotive, auch umgekehrte, in eine Komposition ein, die im gesamten Aufbau an die erste Studie für die Fassade des Domes anspielt[191].

184

Jahre das Recht, jene Instrumente auf venezianischem und genueser Gebiet zu bauen[188]. Venezianische Einflüsse lassen sich auch an bestimmten Fialen bzw. Pyramiden in Pratolino erkennen.

1587 umreisst Buontalenti sein Projekt für den Dom genauer und führt die Zeichnung und auch das Holzmodell aus[189] (Abb. 173, 174). Die vollkommen geometrische Zeichnung entspricht der Darstellungsart, die er normalerweise vor dem Bau des Holzmodells entwickelt. Aber durch den Tod von Francesco I. macht der Plan keine Fortschritte. Die Begräbnisfeier für den Grossherzog findet in San Lorenzo statt. Bei der Bei der Planung der Fassade des Doms von Florenz bereichert Buontalenti seinen stilistischen Kodex um architektonische Elemente klassischen Ursprungs, was sich, wenn man will, als Annäherung an Palladios Raumeffekte interpretieren lässt.

An das Verhältnis zwischen Mittel- und Seitenschiff, das auch an der Fassade sichtbar wird, hat Buontalenti 1576/77 zu denken begonnen, zu einer Zeit also, da er auch mit der zweiten und endgültigen Projektphase für das Casino Mediceo, mit den Feierlichkeiten anlässlich der Taufe des Prinzen Filippo und mit der Planung des hydraulischen Instruments, das auf dem so-

185. Bernardo Buontalenti, Skizze für die Verdoppelung der Oberfläche der Villa Castello und Bastionärprofile (Ausschnitt), Florenz, Gabinetto Disegni e Stampe der Uffizien.

Arbeiten an verschiedenen Bauplätzen

Der Bau der Villa Ambrogiana (Abb. 175–177), bei der einige Elemente nicht mit den Methoden Buontalentis auf einen Nenner zu bringen sind, wird im November 1587 nach dem Erwerb eines Hauses der Corboli

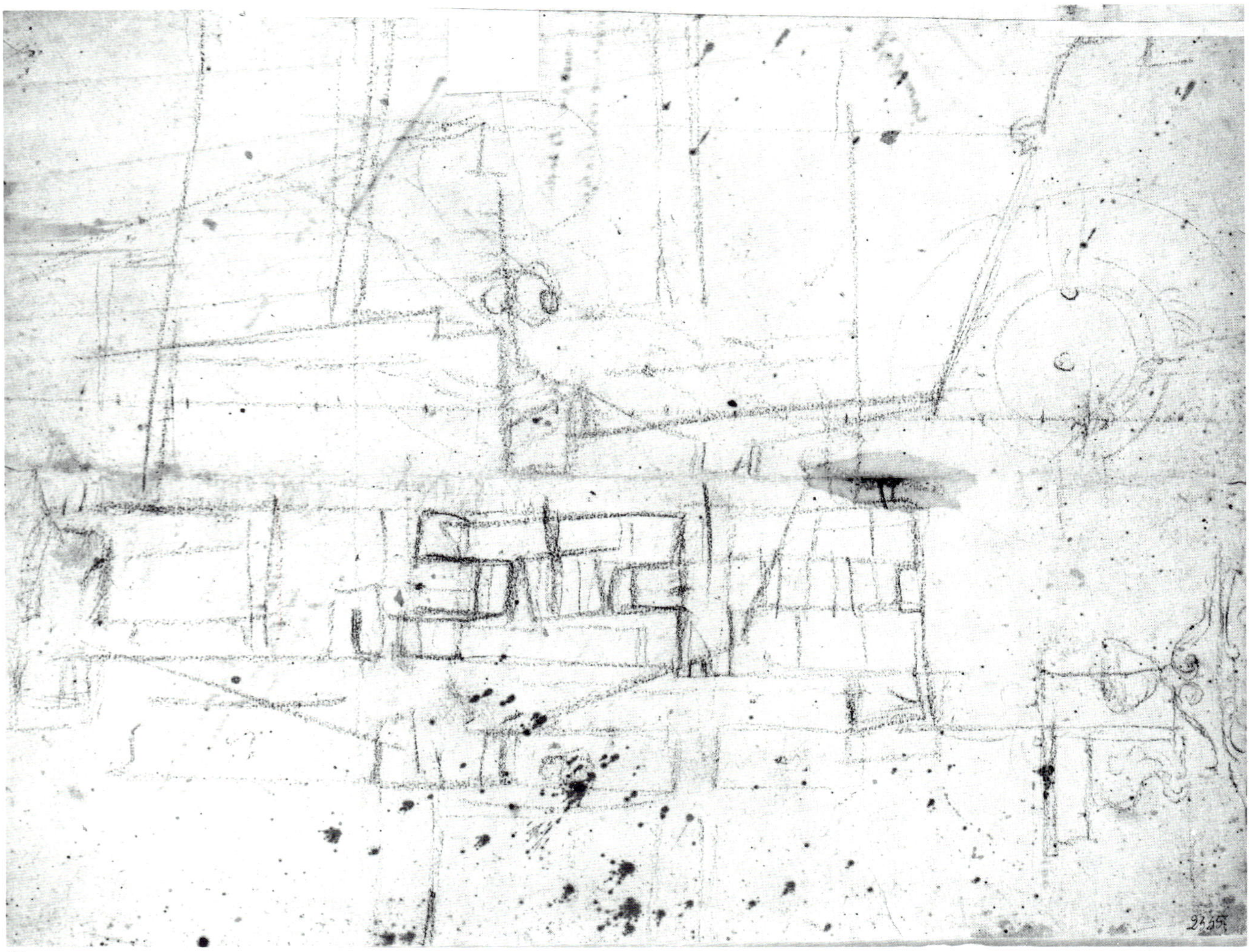

185

genannten *Perpetuum mobile* basierte, beschäftig war.

Als Ferdinando I. an die Macht kam, konnte Buontalenti seine Aufträge fortsetzen. Er blieb der erste Hofarchitekt, und es wurden ihm auch von privater Seite Aufträge für Paläste erteilt. Bei der Inszenierung von Theaterstücken wurde ihm eine endgültige Würdigung zuteil, und in der Villenarchitektur gelang ihm sein Meisterwerk, die Villa Artimino. Doch unter Ferdinando I. wird die Ausführung seiner Projekte für die Fassade des Doms von Florenz, für die Neue Festung und die Kirche von Livorno und für die Cappella dei Principi vereitelt.

begonnen, das teils in das neue Gebäude eingegliedert wird. Die Bauarbeiten, die von Raffaello di Pagno und Gherardo Mechini überwacht werden, werden zwischen 1587 und 1593 zu Ende geführt[192].

Die Lünette von Giusto Utens zeigt das ursprünglich ausgewogene Verhältnis zwischen der Villa, dem Park und dem Fluss.

1588 betragen die Gesamtausgaben für Pratolino 223 246 Scudi, 6 Lire, 1 Soldo[193]. In diesem Jahr wird die Erweiterung des Arsenals von Pisa zu Ende geführt, und etwa zur gleichen Zeit fertigt Buontalenti eine Zeichnung für das Heilige Grab von Jerusalem an[194]. An der Grossen Grotte von Pitti wer-

186. Bernardo Buontalenti, Aufriss, der die Verdoppelung der Villa Castello und eine Bastionärfront (Ausschnitt) darstellt, Florenz, Gabinetto Disegni e Stampe der Uffizien.

den die Arbeiten fortgesetzt; 1589 dekoriert Giovanni del Tadda die Nischen des dritten Raumes und modelliert die *Kristallberge*; 1592 ist die Venus-Fontäne fertig, und die Ausschmückung der Grotte wird 1593 beendet[195].

Bis Mai 1607 ist Buontalenti als Flussingenieur tätig[196], er gibt Gutachten ab und erteilt Genehmigungen, wobei ihm Raffaello di Pagno und Davide Fortini immer mehr zur Seite stehen. 1595 plant er die Verstärkung einer Brücke, indem er unter dem mittleren Brückenjoch einen Rundbogen verzahnt[197] (Abb. 226). Buontalenti scheint nicht in der Lage zu sein, seine Erfahrungen in einem Buch zusammenzufassen, vermutlich wegen seines schwierigen Umgangs mit der Sprache, den er zeitlebens gehabt hat. Im Jahre 1591 veröffentlicht Antonio Lupicini *Un Discorso sopra i ripari delle inondazioni di Firenze*.

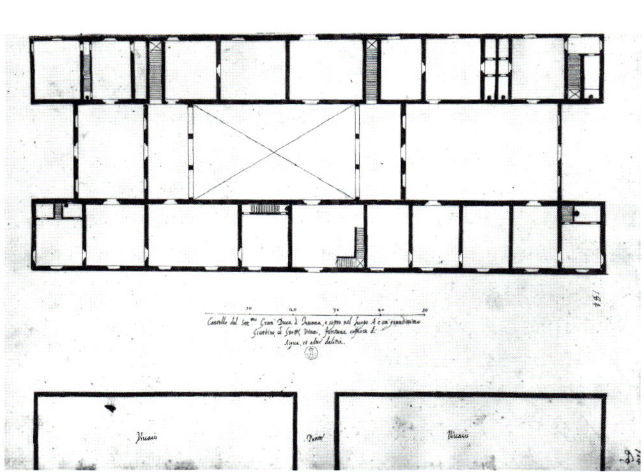

187. Giorgio Vasari der Jüngere, Grundriss der von Buontalenti umgestalteten Villa Castello, Florenz, Gabinetto Disegni e Stampe der Uffizien.

188. Giusto Utens, die von Buontalenti umgestaltete Villa Castello (der bereits bestehende Garten wurde in bezug auf die neue symmetrisch verlaufende Zentralachse umgestaltet), Florenz, Museum «Firenze com'era».

189. Unbekannter Zeichner, Grundriss der Villa Castello und ihrer Gärten von Feldern umgeben, 1736, Rom, Istituto Storico e di Cultura dell'Arma del Genio.

Der Umbau der Villa Petraia und der Villa Castello

In der ersen Regierungsphase von Ferdinando I. d.h. von 1587 bis 1590, plant Buontalenti den Umbau der Villen Petraia und Castello[203], die Belvedere-Festung in

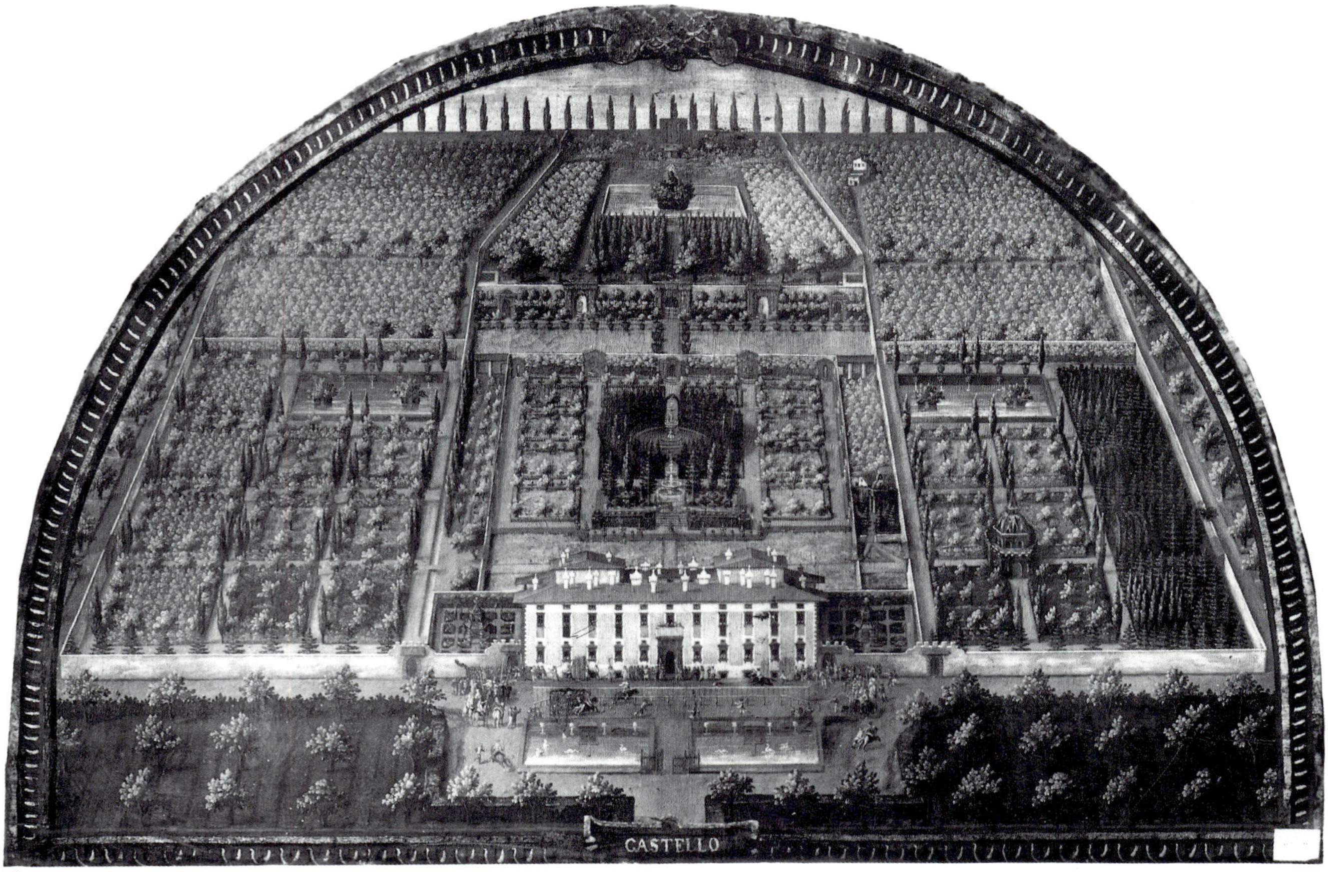

188

Florenz, die neuen Befestigungen von Livorno und inszeniert Theaterstücke. Die Bauarbeiten an den Villen finden zwischen 1588 und 1593 statt.

Raffaello di Zanobi di Pagno beaufsichtigt die Mauerarbeiten an der Villa Petraia (Abb. 179–184), und die endgültige Rechnung wird von Gherardo Mechini unterschrieben[204]. Es handelt sich um einen grundlegenden Umbau, und es wird berichtet, Buontalenti habe sich ab 1575 daran beteiligt[205]. Der bereits bestehende Turm wird von Buontalenti als kompositorischer Mittelpunkt des Umbaus eingesetzt. Der neue Innenhof entspricht dem alten, «weil 5 Bögen aus Bogenstücken harten Gesteins auf die alten Säulen in der Loggia des Innenhofs gesetzt werden; die besagten Bögen

Am 22. Januar 1588 wird mit der Erweiterung des Palazzo Vecchio begonnen[198] (Abb. 178). Am 30. April lässt Ferdinando I. fünf Fenster aus der Mauer entfernen und sie höher einsetzen und die Eisengitter erneuern[199]. Die Arbeiten werden 1596 beendet[200]. Gherardo Silvani schreibt diese Arbeiten Buontalenti zu, allerdings ist das bossierte Portal, das er Buontalenti ebenfalls zuerkennt, in Wirklichkeit von Battista del Tasso[201]. In der gedruckten Ausgabe des Tagebuchs von Lapini wird die Erweiterung Ammannati zuerkannt, aber im Manuskript steht ein anderer Name. Auf jeden Fall ist das ursprüngliche Projekt von Ammannati, wenn auch Buontalenti an den Arbeiten beteiligt ist[202].

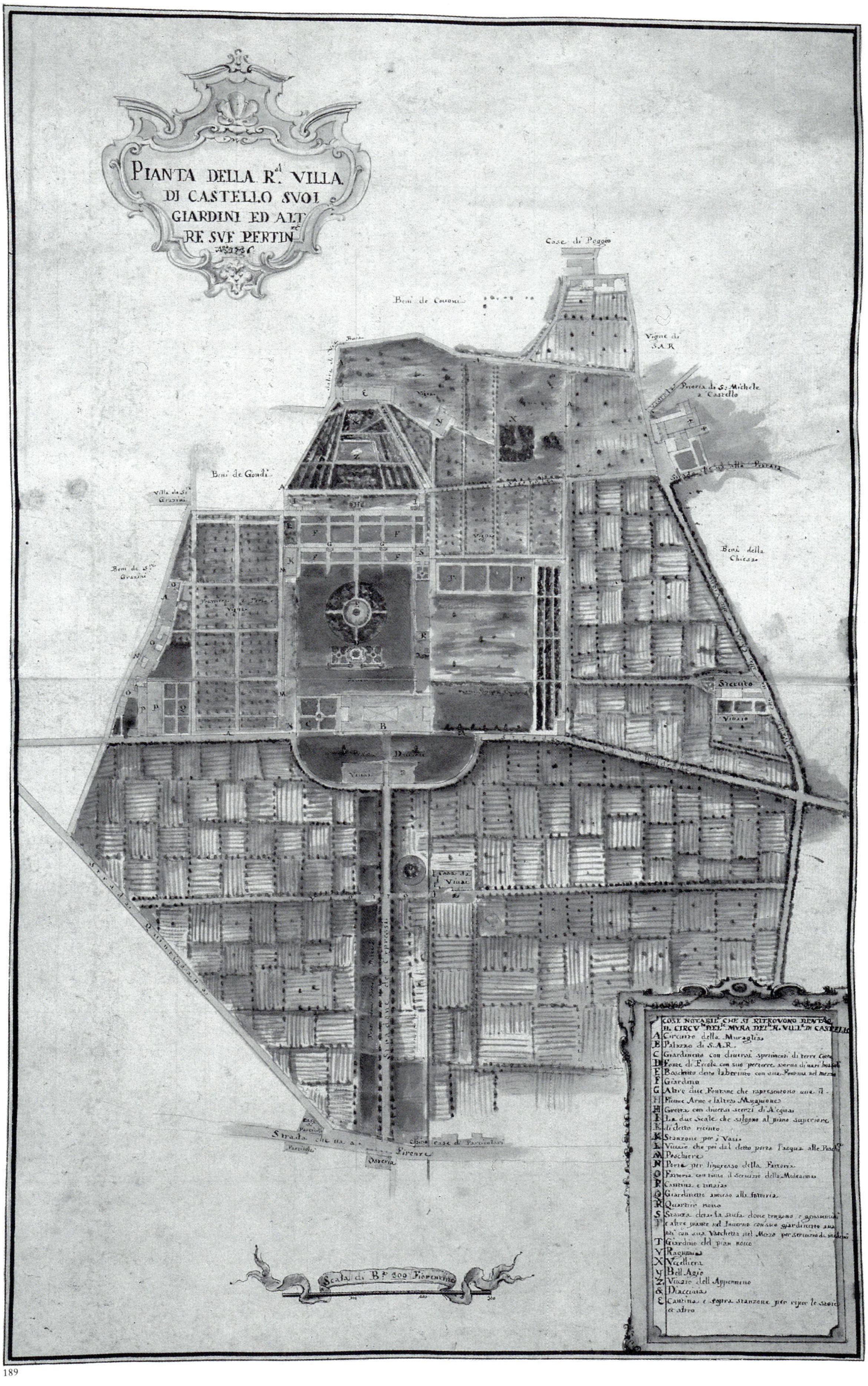

PIANTA DELLA R.al VILLA DI CASTELLO SVOI GIARDINI ED ALTRE SVE PERTINENZE
Case di Poggio
Beni de Gondi
Beni della Chiesa
Vigne di S.A.R.
Priora di S. Michele a Castello
Segreto
Vivaio
Scala di B.a 500 Fiorentine
COSE NOTABILI CHE SI RITROVONO DENTRO IL CIRCV.to DELLE MVRA DELLA R. VILLA DI CASTELLO
A Circuito della Muraglia
B Palazzo di S.A.R.
F Giardino
H Fiume Arno e l'altro Mugnone
K Stanzone per i Vasi
M Peschiere
N Porta per l'ingresso della Fattoria
P Cantina e tinaia
Q Giardinetto annesso alla fattoria
R Quartier novo
T Giardino del pian novo
X Uccelliera
Y Bell Agio
Z Vivaio dell Appennino
& Diacciaia

189

190. Bernardo Buontalenti, die umgebaute Villa Castello, Hauptansicht.

191. Bernardo Buontalenti, die umgebaute Villa Castello, die neue Loggia des Innenhofs.

190

sind von einer Säulenhälfte zur anderen $6\frac{1}{2}$ Ellen breit und eine $\frac{3}{4}$ Elle dick (...)». So kann man sich ein Bild von der neuen nach Osten gerichteten Loggia machen, und der Ansatz der Treppe unter der Loggia deutet auf ein Verteilungsmuster, das Buontalenti schon bei der Villa Lappeggi angewandt hat. «Am Anfang des Treppenaufgangs unter der neuen Loggia werden zwei Pilaster und ein Steinbogen vor dem Treppengewände aufgestellt (...)», und «oberhalb besagten Treppenarms werden über eine Gesamtlänge von insgesamt $60\frac{1}{3}$ Ellen Kreuzgewölbe gebaut (...)», und «unter den Ansatz besagter Gewölbe kommt eine Steinfassade, die in der Länge 22 Ellen und in der Höhe $\frac{1}{3}$ Elle misst (...)».

Unter den Loggien nehmen die Kreuzgewölbe Gestalt an: «Aus Backsteinen erstellte und getünchte Kreuzgewölbe über eine Länge von $238\frac{2}{5}$ Ellen oben; unten neben dem grossen Saal unter der Loggia über eine Länge von $35\frac{3}{5}$ Ellen, eine Breite von $6\frac{7}{10}$ Ellen, einen Durchmesser von $\frac{1}{4}$ Elle (...); ein ähnliches Kreuzgewölbe an besagtem Ort misst von einer Ecke zur anderen zum Hof hin gelegen $32\frac{1}{2}$ Ellen in der Länge, $5\frac{3}{8}$ Ellen in der Breite, einschliesslich $\frac{1}{4}$ Elle für jede Seite des abgestützten Ansatzes (...)».

Eine Reihe von Gewölben, die den Turm umschliessen, erreichen die Balkone der gegenüberliegenden Loggien. Auf der Brüstung der Balkone werden «zwei Säulen und zwei Pfeiler errichtet, die mit Sockeln und Kapitellen jeweils $5\frac{1}{2}$ Ellen hoch sind; und die Säulen haben einen Durchmesser von $\frac{2}{3}$ Ellen (...)», es werden ausserdem «zwei Steine unter die Säulen gesetzt, die zur Terrasse hin liegen (...) und (...) zwei weitere Steine, die unter den Pfeilern stehen und $1\frac{1}{4}$ Ellen hoch, $\frac{1}{4}$ Elle dick und $\frac{1}{3}$ Elle breit sind (...)». Der allgemeine planimetrische Verlauf folgt dem Grundriss des bereits bestehenden Gebäudes. Der alte Innenhof war mit Backsteinen gepflastert und hatte Stufen, die zu einem zentralen, tiefer gelegenen Teil führten, aber nun wird er mit behauenen Steinen gepflastert. In der

191

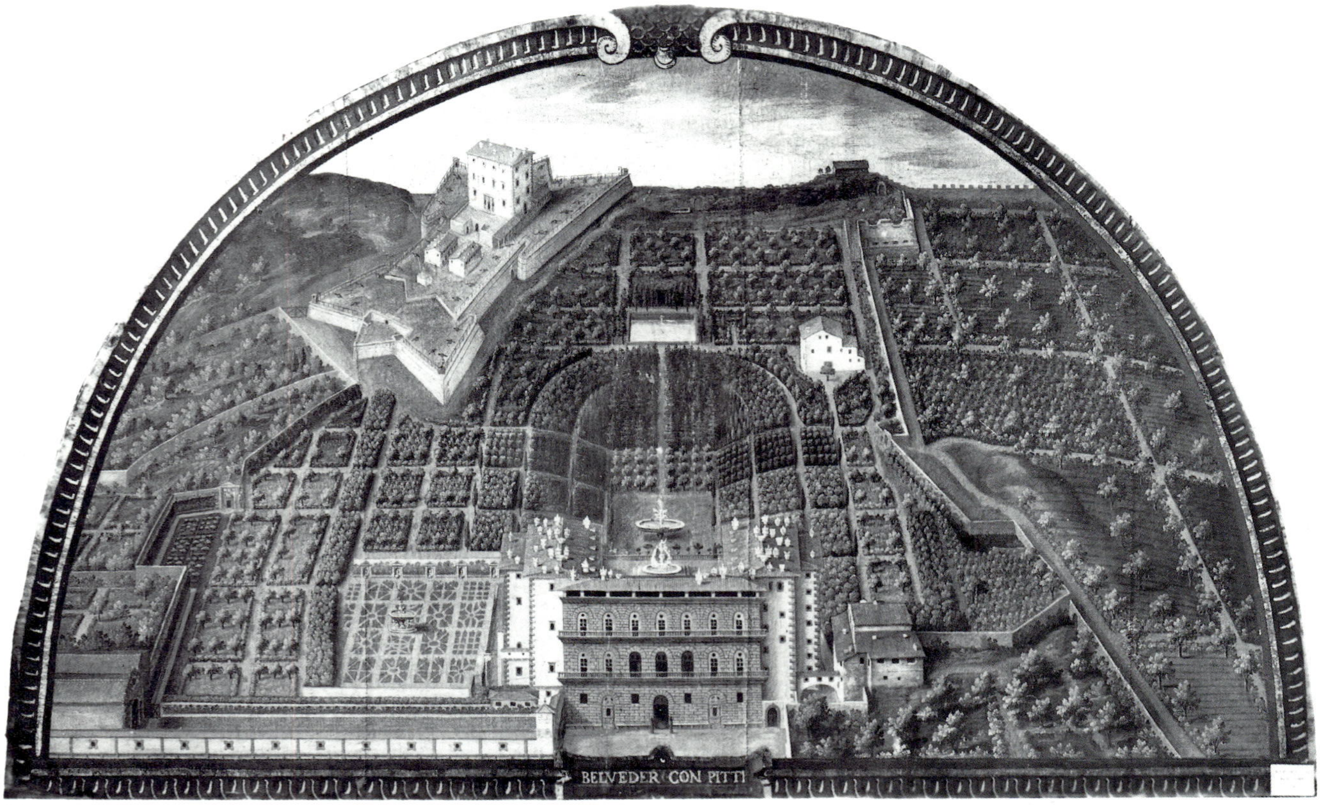
BELVEDER CON PITTI

192

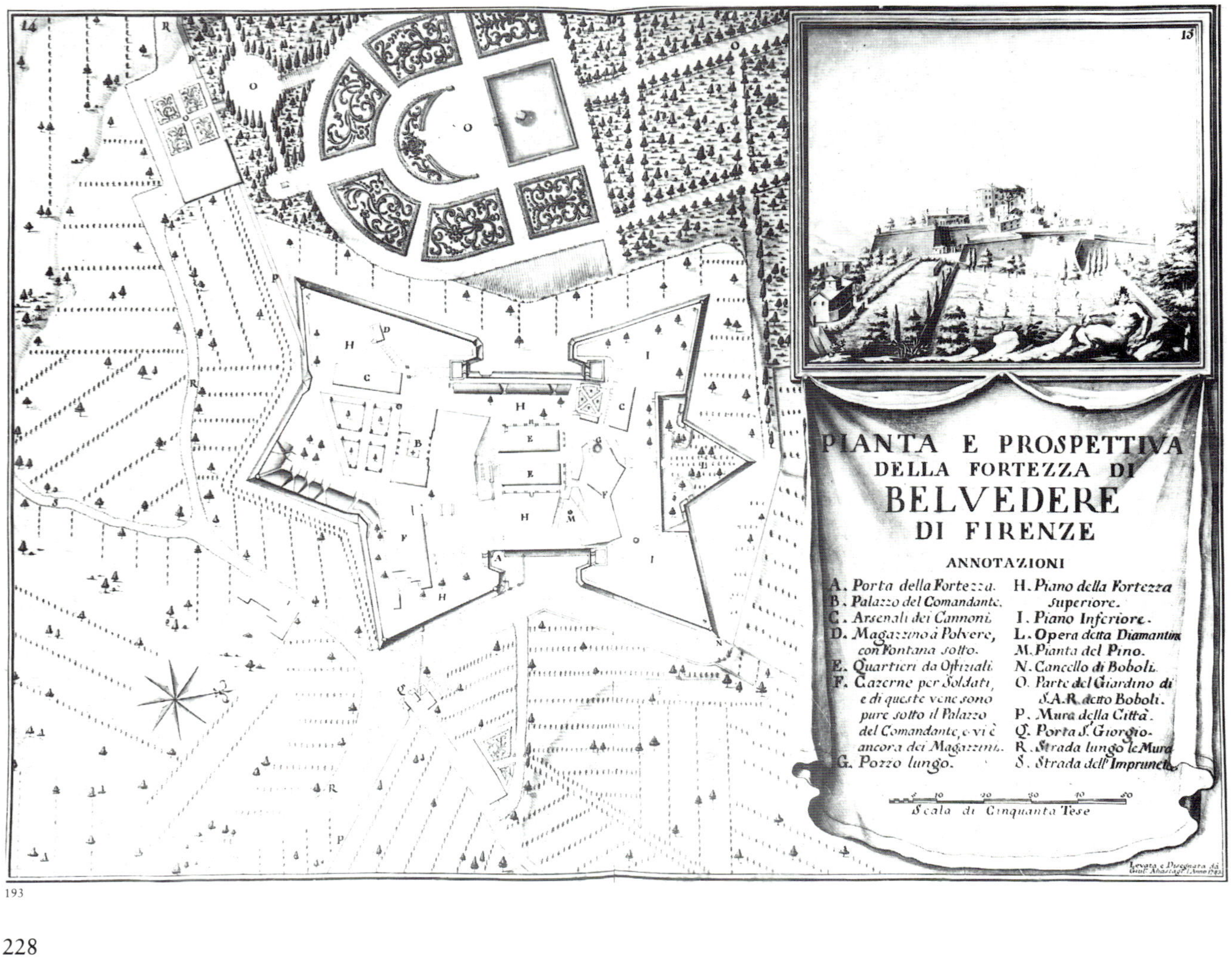
PIANTA E PROSPETTIVA
DELLA FORTEZZA DI
BELVEDERE
DI FIRENZE
ANNOTAZIONI
A. Porta della Fortezza.
B. Palazzo del Comandante.
C. Arsenali dei Cannoni.
D. Magazzino à Polvere, con Fontana sotto.
E. Quartieri da Offiziali.
F. Cazerne per Soldati, e di queste vene sono pure sotto il Palazzo del Comandante, e vi è ancora dei Magazzini.
G. Pozzo lungo.
H. Piano della Fortezza superiore.
I. Piano Inferiore.
L. Opera detta Diamantina
M. Pianta del Pino.
N. Cancello di Boboli.
O. Parte del Giardino di S.A.R. detto Boboli.
P. Mura della Città.
Q. Porta S. Giorgio.
R. Strada lungo le Mura
S. Strada dell' Imprunetta
10 20 30 40 50
Scala di Cinquanta Tese

193

192. Giusto Utens, Palazzo Pitti und Belvedere, Florenz, Museum «Firenze com'era».

193. Giulio Anastagi, die Festung Belvedere aus der Sammlung von Odoardo Warren aus dem achtzehnten Jahrhundert, Florenz, Staatsarchiv.

194–196. Bernardo Buontalenti (unter Mithilfe von Don Giovanni de' Medici und Alessandro Pieroni), die Festung Belvedere, Luftaufnahme und Teilansichten der Bastionen.

194

195

196

197. Bernardo Buontalenti (assistiert von Don Giovanni de' Medici und Alessandro Pieroni), die Festung Belvedere, Vorderwand.

198. Bernardo Buontalenti (assistiert von Don Giovanni dei Medici und Alessandro Pieroni), Kurtine in Richtung Pitti.

197

199. Bernardo Buontalenti (assistiert von Don Giovanni dei Medici und Alessandro Pieroni), Pforte.

199

200. Pietro Cataneo, planimetrische Anordnung tenaillierter Fronten (rechts) in Hügel- bzw. Berglandschaft (aus: L'Architettura, Venedig 1567).

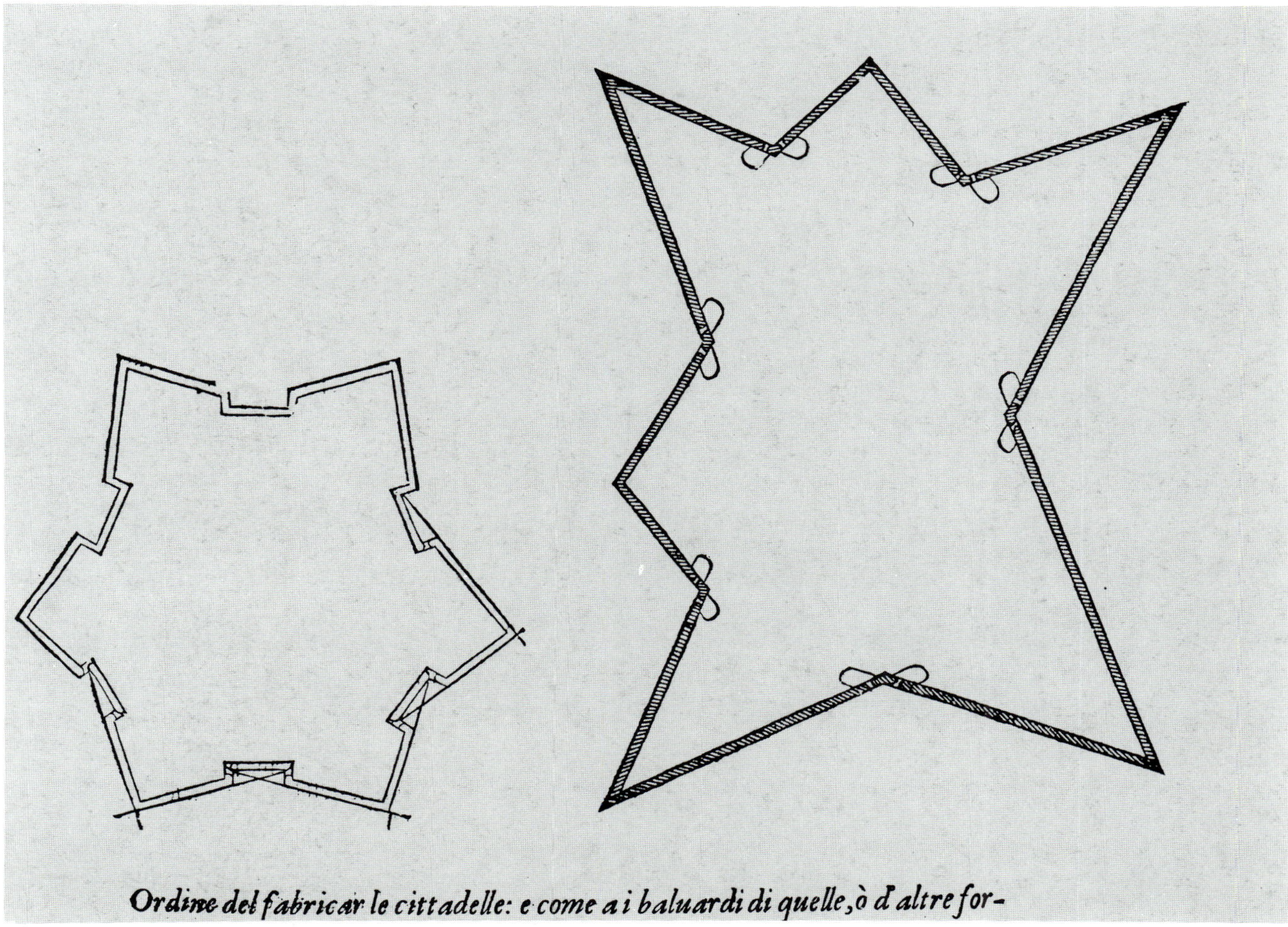

200

Gliederung des Aufrisses ragt die neue, zur östlichen Loggia hin gelegenen Kapelle hinter dem Dach hervor. Sie hat ein Holzgerüst und Flachziegel zur Abdeckung und wird durch ein Fenster beleuchtet[206]. Die Neugestaltung der Loggien und der Balkone bewirkt vor allem die Verschiebung des Dachfirstes. Dasselbe geschieht in bezug auf die Mezzanine im Norden, die in das System der Treppen und Korridore eingefügt werden, welche den Turm umgeben, und Ähnliches ergibt sich im Süden. Schliesslich geht Buontalenti den Turm selbst an, der durch die grossen Bogenfenster ein neues Aussehen bekommt[207].

Die Villa della Petraia liegt in zwei Gärten eingebettet, in einen bereits bestehenden, der seitlich der Villa und auf der Höhe des umgebenden Landes verläuft, und einen tieferliegenden von Buontalenti. Zwischen der Villa und dem neuen Garten lässt Buontalenti ein Wasserbecken anlegen, und es ist die Rede vom Bau einer «groben Mauer, die an der Vorderseite der Villa ansteigt und diese vor Wasser schützt»[208]. Von 1591 bis 1597 legt Buontalenti den Garten an, und es werden zahlreiche Einrichtungsgegenstände geliefert[209]. Es ist erwiesen, dass die Villa Petraia 1598 dreiundvierzig Räume hat, darunter zwei Gesellschaftssäle und eine Küche im Erdgeschoss[210].

Die Projektskizzen, die sich auf den Umbau der Villa Castello und auf die neue Befestigung von Livorno beziehen, überschneiden sich auf einem Blatt von Buontalenti[211] (Abb. 185, 186). Er verdoppelt den Baukörper der Villa Castello, und an der Fassade zeichnet er ein Portal und vier Fenster ein, und nicht fünf, wozu er sich am Ende entschliesst und die er baut. Auf einer anderen Zeichnung beschäftigt er sich mit der Glie-

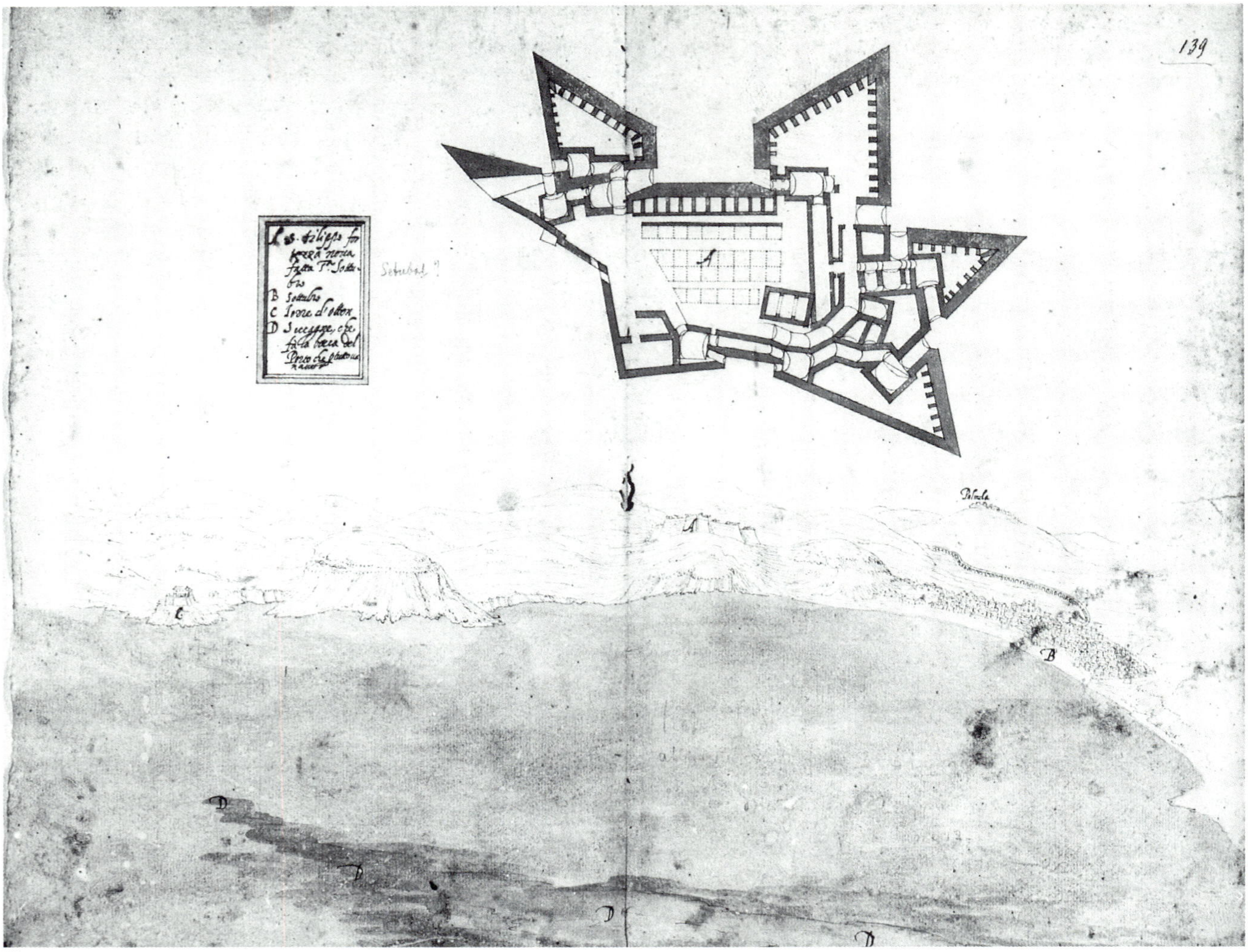

201

202

201. Unbekannter Zeichner, das von Filippo Terzi in der Bucht von Setùbal erbaute Fort San Filippo, Rom, Istituto Storico e di Cultura dell'Arma del Genio.

202. Filippo Terzi, das Fort San Filippo in der Bucht von Setùbal.

203. Unbekannter Zeichner, das von Giacomo Palearo erbaute Fort San Giovanni (an dem auch Filippo Terzi mitgewirkt hat) an der Mündung des Tago, Rom, Istituto Storico e di Cultura dell'Arma del Genio.

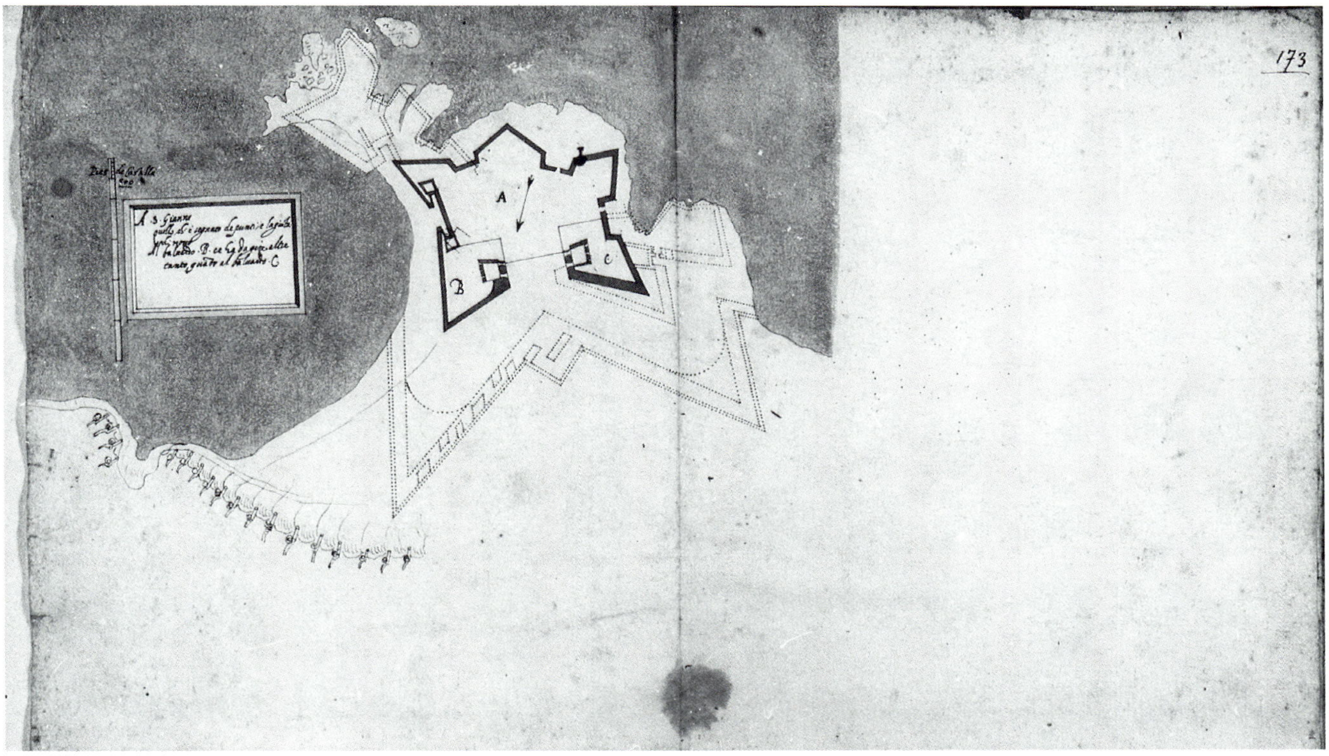

203

derung des Grundrisses und mit der Vertikalprojektion der Villa. Auf demselben Blatt entwickelt er eine befestigte Front und Profile. Diese Zeichnung ist von grosser Bedeutung, nicht nur weil sie Buontalentis Urheberschaft bezüglich des Umbaus der Villa Castello unter Beweis stellt, sondern auch weil sie zu einer sehr seltenen Skizzenart gehört, die sich als globale Vorgestaltung betrachten lässt. Sie ist auf das Jahr 1588 datierbar.

Buontalenti entwickelt seine Projekte im allgemeinen über Skizzen dieser Art. Anschliessend fertigt er eine endgültige Gesamtzeichnung und das Holzmodell an, und zum Schluss, während bereits gebaut wird, erstellt er Zeichnungen, die mit Einzelelementen wie Türen und Fenstern versehen sind und am Bauplatz verwendet werden können. Ausserdem fertigt er Zeichnungen an, die zur Vorlage dienen.

Der Entwurf einer Bastionärfront erscheint gemeinsam mit der ersten Vorgestaltung der Villa Castello auf der Rückseite eines Blattes, das sich auf die Livorneser Sant'Andrea-Bastion bezieht. Mit schwarzem Bleistift korrigiert er die Facen, Flanken und Hälse der Bastion und entwickelt so eine autonome Festung. Der schwarze Bleistift stellt auch die Kontinuität zwischen der Rück- und der Vorderseite des Blattes her, wo er sich auf die Planung einer Bastionärfront konzentriert. Anschliessend zeichnet er Profile, die die Vertikalprojektion gliedern und setzt das Umbaukonzept der Villa Castello daneben. Auf diesem grosszügig angelegten Blatt stehen Militär- und Zivilbautechnik dicht beieinander, und der Entwurf der Bastionärfront begrenzt und intervalliert den Rhythmus des in der Länge verlaufenden Aufrisses der Vorderansicht der Villa.

Wie bei der Villa Petraia wird die Aufsicht bei dem unmittelbar folgenden Umbau der Villa Castello (Abb. 187–191) zuerst von Raffaello di Zanobi di Pagno[212] und dann von Gherardo Mechini geführt, der ausserdem die Endabrechnung unterschreibt[213]. Aus den Buchhaltungsbelegen ist zu ersehen, dass Buontalenti die Villa verdoppelt hat und dass ihr ein ganz anderes Umbau-

ausgeführt; der Bogen ist 7¾ Ellen hoch und 3¾ Ellen breit; er steht auf Pfeilern und Halbpfeilern mit niedrigen Kapitellen, und über dem Bogen befindet sich ein Balkon auf einer hervorspringenden Konsole; so sieht der Haupteingang besagter Villa aus (…)»[214].

204

204. Orazio Scarabelli, Perspektive, die mit der buontalentischen Perspektive für das Schauspiel *La Pellegrina* vergleichbar ist, Gravierung, Florenz, Gabinetto Disegni e Stampe der Uffizien.

konzept zugrundeliegt als der Villa della Petraia. Von der Villa Petraia bleibt die traditionelle Art, den Innenhof zum Mittelpunkt zu machen, so dass der Raum der Loggia zur Treppe hin strebt.
Von der Villa Petraia bleibt die traditionelle Art, den Innenhof zum Mittelpunkt zu machen, so dass der Raum der Loggia zur Treppe hin strebt.
Die Verdoppelung bewirkt keine Überlagerung der Achsen der Villa und des bereits bestehenden Gartens des Tribolo (Abb. 187); sie empfängt ihre neue Gestalt durch das alte und das geplante neue Gebäude. «(…) zuerst haben sie das grosse Portal an der alten Fassade zwischen der alten und der neuen Villa aus Buckelquadern

Oberhalb des Saales, der an die Loggia angrenzt, ragt das Dach hervor: «(…) über dem Saal ist ein Zeltdach, das nach vier Seiten abfällt, und dessen Umfang 866¼ Ellen beträgt; ausserdem ist über den neuen Räumen ein Zeltdach von 1793½ Ellen errichtet worden, und es geht um drei Seiten. Es steht auf Dachstuhlsäulen und ist mit Dachplatten belegt und wie angeordnet fertiggestellt.»

Die Festung Belvedere

Die Idee, die Festung Belvedere (Abb. 192–199, Tafeln XX–XXIV) unter Einschluss der bereits bestehenden Palazzina zu bauen, geht auf das Jahr 1589 zurück, in

205. Bernardo Buontalenti, Zeichnung eines Fensters mit Balustrade, Florenz, Gabinetto Disegni e Stampe der Uffizien.

dem Buontalenti schon mit der Ausarbeitung neuer Befestigungswerke für Livorno beschäftigt ist. Das befestigte Profil auf dem Blatt, das auch die Villa Castello darstellt, ist wegen der Kontinuität von Vorder- und Rückseite mit Livorno in Verbindung zu bringen und erinnert an die Seitenansicht der Festung Belvedere, die dann auch gebaut wurde. Der endgültige Entwurf entsteht unter Mitarbeit von Don Giovanni dei Medici und Alessandro Pieroni. Die Absteckung auf dem Gelände findet im August 1590 statt[216]. Am 29. Dezember werden Don Giovanni dei Medici zwanzig Bronzemedaillen mit dem Abbild des Grossherzogs auf der Vorder- und einer Darstellung der Festung auf der Rückseite ausgehändigt, die dann in die Fundamente eingemauert werden[217].

In einem Brief vom 1. Februar 1592 an Don Giovanni dei Medici sagt Pieroni, dass «das Kellergewölbe unter dem Palast fertiggestellt ist und die Mauer der Treppe nach dem Modell von Meister Bernardo gebaut wird (...)»[218]. Buontalenti beteiligt sich am Umbau der Palazzina und macht sie für die Unterbringung des Medizäer Schatzes geeignet, indem er u.a. eine Fallgrube vor der Eingangstür zur Schatzkammer schafft[219]. Die Fallgrube ist ein integrierender Teil der neuen architektonischen Gestaltung sowie der Bedeutung, die die Palazzina gewonnen hat. Der Umbau der Palazzina wird vermutlich 1589 in Angriff genommen, woran Alfonso Parigi beteiligt ist, der am 8. Oktober 1589 stirbt.

Die Festung Belvedere liegt auf dem gleichnamigen Hügel 75 Meter über der Stadt und grenzt an die Boboli-Gärten. Sie ist planimetrisch in drei Bastionär- und zwei tenaillierte Fronten gegliedert, wie es Pietro Cataneo angesichts der ausgeprägten Höhenunterschiede vorgesehen hat (Abb. 200). Weitere, unmittelbar zuvor entstandene Befestigungsanlagen von europäischer Bedeutung, an denen tenaillierte Fronten vorkommen, sind das Fort San Filippo in der Bucht von Setùbal, das 1583 von Filippo Terzi erbaut wurde, und das Fort San Giovanni an der Mündung des Tago, das zur gleichen Zeit von Giacomo Palearo unter Mitwirkung von Terzi errichtet wurde[220] (Abb. 201–203).

205

PRIMO INTERMEDIO DELLA VEGLIA DELLA LIBERATIONE DI TIRRENO FATTA NELLA SALA DELLE COM:
DIE DEL SER.mo GRAN DVCA DI TOSCANA IL CARNOVALE DEL 1616. DOVE SI RAP.va IL MONTE D'ISCHIA CON IL GIGANTE
TIFEO SOTTO.
Iullius Parigi Inu. Iacobus Callot. F.
FIRENZE

206

206. Jacques Callot, das erste Intermezzo des Schauspiels *Veglia della Liberatione di Tirreno*, das am 16. Februar 1617 im Theater der Uffizien aufgeführt wurde, Gravierung, Florenz, Gabinetto Disegni e Stampe der Uffizien.

207. Orazio Scarabelli, *Naumachia*, im Hof von Pitti aufgeführt, Gravierung, Florenz.

fel XXV). Die fertiggestellte Festung war als zentraler Kern vorgesehen, auf dem eine grosse bastionäre und tenaillierte Befestigungsanlage Platz finden sollte. Nach diesem Plan hätte sie sich seitlich bis zu den Boboli-Gärten ausgedehnt und die erste Bastion der Bastionärfronten D'Oltrarno

207

und auf der Seite von San Miniato die halbe Face der Ginevra-Bastion miteingeschlossen. Das Befestigungssystem des Belvedere hätte auf diese Weise eine weitaus wichtigere Funktion zum Schutz der Stadt vor Angriffen von aussen übernehmen können. Eine sich auf den Stand der Bauarbeiten beziehende planimetrische Skizze, die Aleassandro Pieroni am Rand eines bereits erwähnten Briefes an Don Giovanni dei Medici anbringt, gibt noch nicht viel Klarheit über die nach Süden gerichtete Front. Sie sollte wohl ursprünglich in ein weitläufigeres System eingefügt werden, dass als Kernstück einer im Bau befindlichen Befestigung gedacht war.

Nach 1859 verliert die Festung Belvedere ihre eigentliche Bestimmung und wird dem Publikum zugänglich gemacht. Das Tor, von dem aus man Zugang zur Festung hatte, wurde geschlossen, und es wurde eine Rampe gebaut, die auf dem Erddamm der sogenannten Santo-Spirito-Bastion endet. Bei kürzlich vorgenommener Restaurierung sind zwei senkrecht an der Palazzina vorspringende Teile verlorengegangen, was auch die Lünette von Giusto Utens dokumentiert; sie stammten mit Sicherheit von Buontalenti.

Aber die Befestung des Belvedere hätte umfassender sein sollen, als sie schliesslich ausgeführt wurde, was ein Grundriss von Giorgio Vasari dem Jüngeren bestätigt (Ta-

Buontalentis Vorstellungen vom Befesti-

208–210. Bernardo Buontalenti, die Bastionen Sant'Andrea und San Francesco in Livorno, die in autonome Festungen verwandelt wurden, Florenz, Gabinetto Disegni e Stampe der Uffizien.

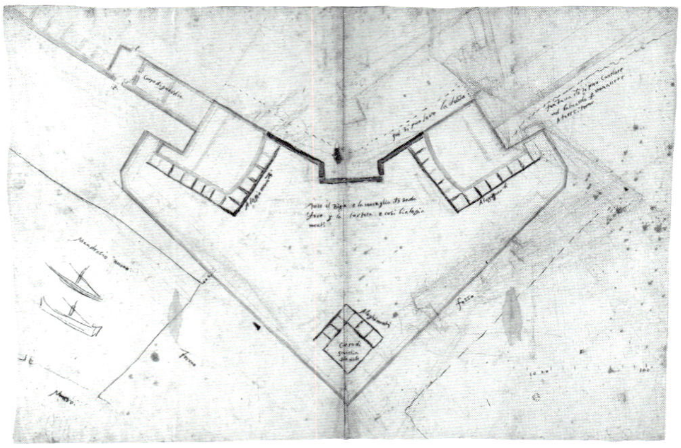

208

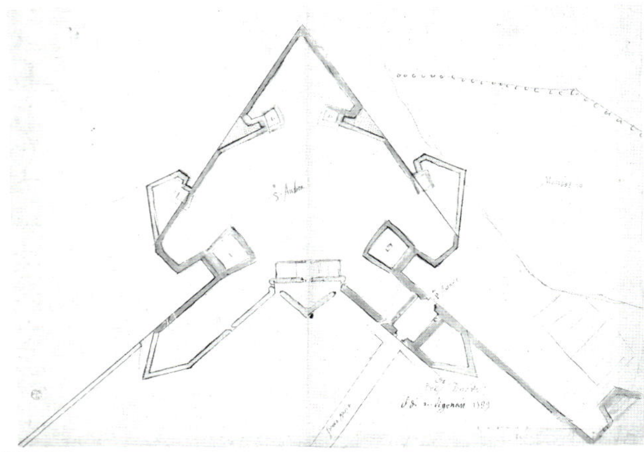

209

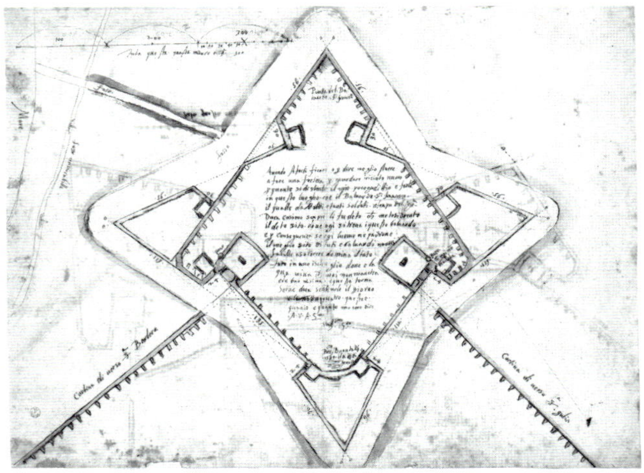

210

gungsbau sind in die beiden handgeschriebenen Bücher Vasaris über Befestigungswerke eingegangen. Dies ist weniger an dem Grundplan des Belvedere zu erkennen, als vielmehr an der Art und Weise, wie er das Studium des Befestigungsbaus in Angriff nimmt. Dabei geht er von einer Front mit Zwischenelement aus (wie auf dem erhalten gebliebenen Blatt des Traktats von Buontalenti und in den Traktaten von Maggio, Castriotto und Theti aus den sechziger Jahren) sowie von der Analyse des hexagonalen Grundmusters (das die Livorneser Fronten bildet) in seinen zahlreichen strukturellen Varianten. Die Befestigungsanlagen von Buontalenti sind auch in die Abhandlung von Galileo Galilei eingegangen, der diese gewiss über Giorgio Vasari den Jüngeren oder auf direkterem Weg über Ostilio Ricci erhalten hat, der in den achtziger Jahren das Buontalenti-Wohn- und -Schulhaus frequentiert[221].

Theaterstücke

Im Jahre 1589 inszeniert Buontalenti im Teatro Medici in den Uffizien anlässlich der Vermählung von Ferdinando I. und Cristina von Lothringen die Aufführung des Schauspiels *La Pellegrina* von Girolamo Bargagli[222]. Wie bei dem Schauspiel von 1586 ist er auch hier der Gestalter der *apparati.* Wenn wir uns auf die Beschreibung von Bastiano de'Rossi stützen, lässt sich der Schluss ziehen, dass die Perspektive des Schauspiels auf drei Fluchtpunkten aufbaut, was auch einer Gravierung von Orazio Scarabelli entspricht[223] (Abb. 204). Ausserdem sind Buontalentis Skizzen für die perspektivischen Darstellungen des ersten, zweiten, dritten, vierten und sechsten Intermezzi identifiziert worden[224]. Es handelt sich um Feder-, Bister- und Aquarellzeichnungen, die mit einigen Kostümskizzen im Zusammenhang stehen, und wo vielfach noch die Kreuzschraffur und Einfärbung verwendet werden[225]. Die obenerwähnte Gravierung von Scarabelli (nach Buontalenti) unterscheidet sich strukturell von der Skizze Baldassarre Lancis, die sich auf die erste Szene des Schauspiels *La Vedova* (1569) bezieht, und bei der alles in einem einzigen Fokalpunkt zusammenläuft. Mehr als auf seine unmittelbaren Vorgänger Lanci und Vasari scheint Buontalenti sich bei der Wahl von drei perspektivischen Flucht-

211–212. Bernardo Buontalenti, Entwürfe für die Neue Festung von Livorno, Florenz, Gabinetto Disegni e Stampe der Uffizien.

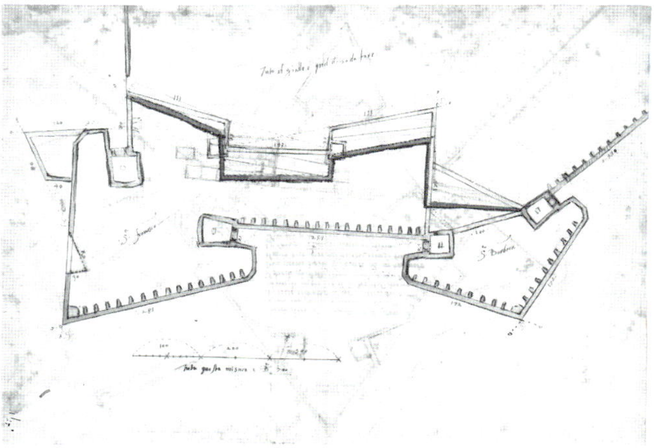

211

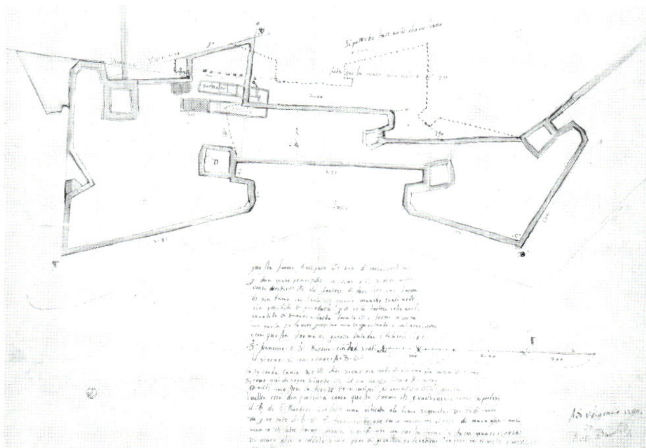

212

linien auf Bastiano da Sangallo zu stützen[226]. In seiner auf szenischem Wechsel beruhenden Bühnentechnik, in der er erstaunliche Resultate erzielt, greift er allerdings auf Lanci und Vasari zurück.

Bei den perspektivischen Darstellungen für die Schauspiele und die Intermezzi verwendet Buontalenti die doppelte perspektivische Gliederung, die er sich bereits bei den *apparati* anlässlich der Taufe des Prinzen Filippo zunutze machte. Hier werden die Sehpyramiden umgekehrt und vervielfältigt, und es wird eine Art Verschiebungsspannung geschaffen. Aber zwischen Bühnenhintergründen, die Buontalenti für die Schauspiele bzw. für die Intermezzi wählt, bestehen wesentliche Unterschiede. Die Perspektive des Schauspiels umgibt die szenischen Handlungen in vorgetäuschter Tiefe und gewinnt perspektivische Fernen zurück, und schon bei der Aufführung des Theaterstücks *L'Amico Fido* ist die Handlung auf den Hintergrund fokalisiert: «Nachdem die grosse Leinwand aufgespannt war, erschien die erhabene Perspektive, wo man von vielen Seiten und verschiedenen Blickpunkten die herrlichsten Ansichten, die einzigartigsten Gebäude und Plätze unserer Stadt dargestellt sah und wo man vor dem fernen Hintergrund das ununterbrochene Hin und Her vieler Menschen, die einen zu Pferd, die anderen zu Fuss, die dritten in einer zwei- oder vierrädrigen Kutsche, beobachten konnte»[227]; während die Perspektive des Intermezzos (welches ein Schauspiel innerhalb des Schauspiels ist) im wesentlichen die Aufgabe hat, das Ausströmen der Schauspieler im Saal zu unterstützen.

Die perspektivischen Schnittpunkte der Entwürfe zu den Intermezzi sind weniger tief als die perspektivischen Entwürfe zu den Theaterstücken, sie konzentrieren sich auf einen zentralen und nicht fernen Erzeugerpol, der die perspektivische Progression umkehrt nach dem Muster jenes «halben runden Balles, der als leerer Kelch verwendet wird», wie Vasari jenes brunelleschische *ingegno* von San Felice in Piazza beschreibt. Und es gibt viele Beispiele. Da ist die Wolke der Bedrängnis mit der Spindel der Welt in der Hand, der Hügel der Amadriadi-Nymphen, der Drachen von «unvorstellbarer Grösse», der höllische Globus, die zentrale Wolke, die im ersten, zweiten, dritten, vierten, sechsten Intermezzo der *Pellegrina* auf zitternde Dämpfe niedergeht, der Adler im ersten Intermezzo des *Amico Fido* (auch wenn er der Beschreibung von Bastiano de'Rossi nicht entspricht) (Abb. 168), das zentrale Becken auf den Zeichnungen von Piazza Pizzi (Abb. 147), das Taufbecken des *apparato* von San Giovanni für die Taufe des Prinzen Filippo (Abb. 141, 142).

Von der Perspektive Buontalentis für das Intermezzo soll eine Bewegung ausgehen, die den ganzen Theaterraum erfasst und auf eine Handlung verweist, die sich im Saal zwischen den Sitzreihen vollzieht und von den Anwesenden in dreidimensionaler

213-214. Bernardo Buontalenti, Entwürfe für die Neue Festung von Livorno, Florenz, Gabinetto Disegni e Stampe der Uffizien.

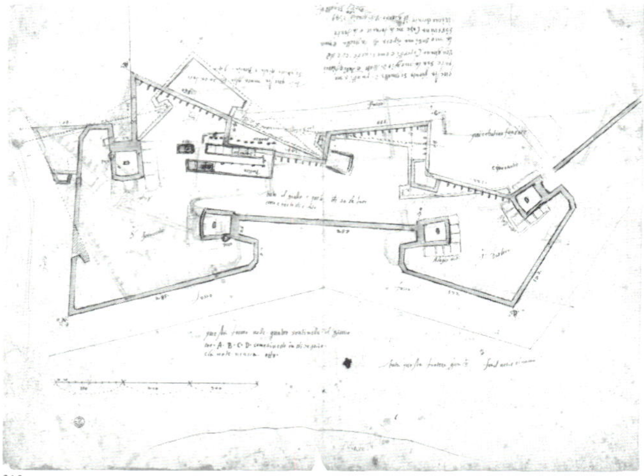

213

Realität wahrgenommen wird und die das Leitprinzipg der drei Einheiten deutlich macht.

Bei der Aufführung des *Commodo* (1539) liess Bastiano da Sangallo das erste und vierte Intermezzo auf der Bühne und das zweite und dritte auf dem, was Serlio den «Theaterplatz» nannte[229], darstellen, aber zur Zeit Buontalentis ist der Raum für das Intermezzo ausschliesslich auf die seitlichen Sitzreihen des Saales beschränkt, dessen Aufteilung das Überleben des alten Blickfeldes erkennen lässt, wo der Blick – wie bei Brunelleschis *ingegno* in der Annunziata[230] – auf den Raum zwischen der Tribüne und der Ikonostase gerichtet war.

In den Beschreibungen der Aufführung von 1589 treten im Vergleich zu 1586 einige Varianten in der Architektur des Theaterraumes auf. Die Seitenwände des Saales waren zuvor von Myrtenhecken begrenzt, während man nun zu acht grossen Holzarkaden übergeht, die die «leichte Rötung der Luft» und die Sonne durchschimmern lassen. An den Gewänden der Bögen sind bemalte Statuen aufgestellt, und an den Pfeilern, die die Bögen ablösen, stehen in den sechs Ellen hohen Nischen ebenfalls Statuen. Über den Nischen befinden sich Fenster mit Balustraden. Die Decke ist in fünfundvierzig Felder von jeweils sieben Ellen Seitenlänge aufgeteilt. Die Fackelhalter für die Beleuchtung ersetzen die Pyramiden, die 1586 eine ähnliche Funktion hatten. Eine Zeichnung von Buontalenti könnte eine Studie für jene Fenster mit Balustraden darstellen[231] (Abb. 205).

Sowohl 1586 wie auch 1589 steht die per-

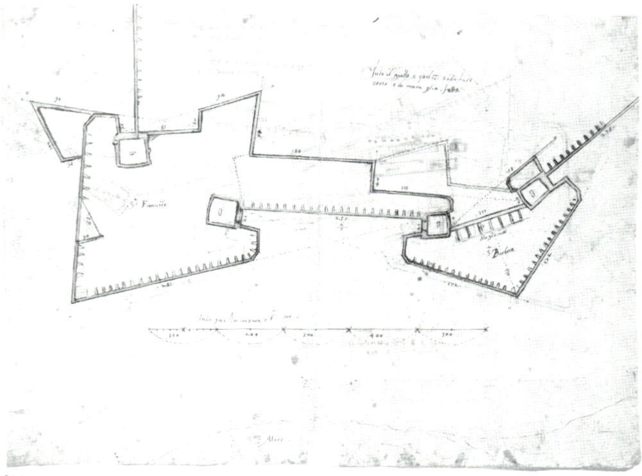

214

spektivische Darstellung mit dem architektonischen Dekor im Zusammenhang; «die Perspektive, die wir vor uns haben (...), verbindet sich mit dem *apparato*, und hierin erfüllt das Amphitheater seinen Zweck (...)»[232]. Nun ist die Einheit von Zeichnung, architektonischen Elementen und Theaterraum erreicht, und der grundlegende ikonographische Bezugspunkt für das Theater der Uffizien – auch wenn er der Beschreibung der Aufführung von 1589 nicht genau entspricht – ist in einer Gravierung zu sehen, die Jacques Callot 1617 mitsamt der vorbereitenden Zeichnung angefertigt hat[233] (Abb. 206).

Die dem Intermezzo eigene Perspektive lässt sich durch das Zusammentreffen der perspektivischen Diagonalen und dem Einschieben eines szenischen Elements festlegen. Nun kann man das Intermezzo *Torneo della Sbarra e Naumachia*, das im Mai 1589 im Hof des Palazzo Pitti aufgeführt worden ist, durch eine Reihe von Schauspielen, die zur Hochzeit von Ferdinando und Cristina aufgeführt wurden, ergänzen[234]. Die Inszenierung ist wiederum von Buontalenti, dem Alfonso Parigi der Ältere assistiert[235]. Eine Gravierung von Orazio Scarabelli stellt die *Naumachia* dar[236] (Abb. 207). Der Bühnenhintergrund in Richtung Boboli ist unterteilt durch die Fortführung der Gurtgesimse

215. Bernardo Buontalenti und Gherardo Silvani, Palazzo Corsini al Prato in Florenz (Photographie: Alinari).

215

des ersten und zweiten Stockwerks im Hof von Ammannati. Er hat zwei seitliche bogenförmige Öffnungen im unteren Teil und einen kleinen Tempel mit einer hohen Kuppel, der den perspektivischen Mittelpunkt des Bühnenhintergrundes darstellt. In der Mitte des Hofes befindet sich eine Barriere, um die herum mit Lanzen und Stossdegen gekämpft wird. Die nun folgende Seeschlacht wird durch die Errichtung einer wasserundurchlässigen Seitenwand ermöglicht; und die Zuschauer halten sich unter den Bogengängen des Erdgeschosses auf. Der Hof ist von einer perspektivisch in Felder unterteilten Zeltplane überdacht. Um sich Zutritt zur Vorstellung zu verschaffen, muss man ein «Erkennungszeichen aus Porzellan» vorweisen, das zuvor als Einladung verteilt wurde (um für das medizäer Porzellan zu werben); «aber für die französischen und florentinischen Edelfrauen und auch für die französischen Edelmänner ist der Eintritt frei».

1590 weilt Torquato Tasso auf Einladung des Grossherzogs in Florenz, um einer Aufführung beizuwohnen. Silvani und Baldinucci berichten von einer Begegnung Buontalentis mit dem Dichter vor seinem eigenen Haus in der Via Maggio, und das zeigt, welchen Ruhm Buontalenti aufgrund der Theateraufführungen erworben hat[237].

Die neue Festung von Livorno

Während Buontalenti mit dem Umbau von grossherzoglichen Villen und mit seinen

216. Bernardo Buontalenti, Studie für die Fassade der Kirche Santa Trinità, Florenz, Gabinetto Disegni e Stampe der Uffizien.

Francesco I. konzipierten Befestigungsanlagen, doch ist gleich hinzuzufügen, dass der wichtigste Mann der neuen Projektphase, die von 1588 bis 1590 geht, wiederum Bernardo Buontalenti ist. Auf der Rückseite eines Blattes (Abb. 208, Tafel XXVI), auf dessen Vorderseite der Aufriss der Villa Ca-

216

Theaterinszenierungen beschäftigt ist, treten urbanistische und fortifikatorische Probleme bei der Entwicklung von Livorno auf. In einem Brief, den Buonaiuto Lorini 1588 von Venedig an den Grossherzog richtet, ist die Rede von der Notwendigkeit, die Stadt zu Verteidigungszwecken zu bevölkern[238]. 1590 werden Massnahmen zugunsten derer getroffen, die bereit sind, in der neuen Stadt zu wohnen. Diese Massnahmen sind grundlegend für die demographische Entwicklung, die nach 1591 einsetzt[239]. Allerdings überprüft und kritisiert Ferdinando I. die von Buontalenti und von stello zu sehen ist, schlägt Buontalenti die Schliessung der Halsfront der bereits erbauten Bastion Sant'Andrea vor, um sie in eine kleine Festung zu verwandeln («es müssen noch eine Mauer für die Festung und die Wohnungen geschaffen werden»).

Dann überdenkt er (mit schwarzem Bleistift) das Thema der Festung noch einmal und entwirft, vermutlich im Jahre 1588, ein System mit Bastionärflanken, während er gleichzeitig die Villa Castello studiert.

Auf einem anderen Blatt vom 2. Januar 1590 wird die Verwandlung der Sant'Andrea-Bastion in eine Festung genau sicht-

217. Bernardo Buontalenti, die Fassade der Kirche Santa Trinità in Florenz.

reicht»). Auf der Rückseite des erwähnten Blattes nimmt die Neue Festung zwischen den bereits bestehenden Bastionen San Francesco und Santa Barbara Gestalt an[243] (Abb. 211, Tafel XXIX); den Abschluss zur Stadt hin löst Buontalenti durch zwei Halbbastionen, und er behandelt eine Face der

217

bar gemacht[241] (Abb. 209, Tafel XXVII), und hier wird auch die Erfahrung deutlich, die er bei der landeinwärts gelegenen Front von Portoferraio gewonnen hat.

Auf einer am folgenden Tage entstandenen Zeichnung wird die Absicht erkennbar, auch die San Francesco-Bastion in eine autonome Festung zu verwandeln[242] (Abb. 210, Tafel XXVIII), indem er nach derselben fortifikatorischen Bautechnik den Hals schliesst und die Seiten mit Bastionen versieht, wenngleich er nicht ganz davon überzeugt ist («soweit meine geringe Urteilsfähigkeit in bezug auf den Bau aus-

San Francesco-Bastion wie auf der Vorderseite, während er in einer Überarbeitung die zur Stadt gelegene Front weiter zurücksetzt.

Wenige Tage später, am 5. Januar, ändert er die interne Front weiter ab[244] (Abb. 212, Tafel XXX). Dies geschieht aus ökonomischen Gründen, um den Flankenschuss auf ein Maximum von 250 Ellen zu reduzieren und um nach einem eventuellen Verlust der Santa Barbara-Bastion die Verteidigung auf der San Francesco-Bastion zu verlängern.

Schliesslich findet Buontalenti zwei weitere

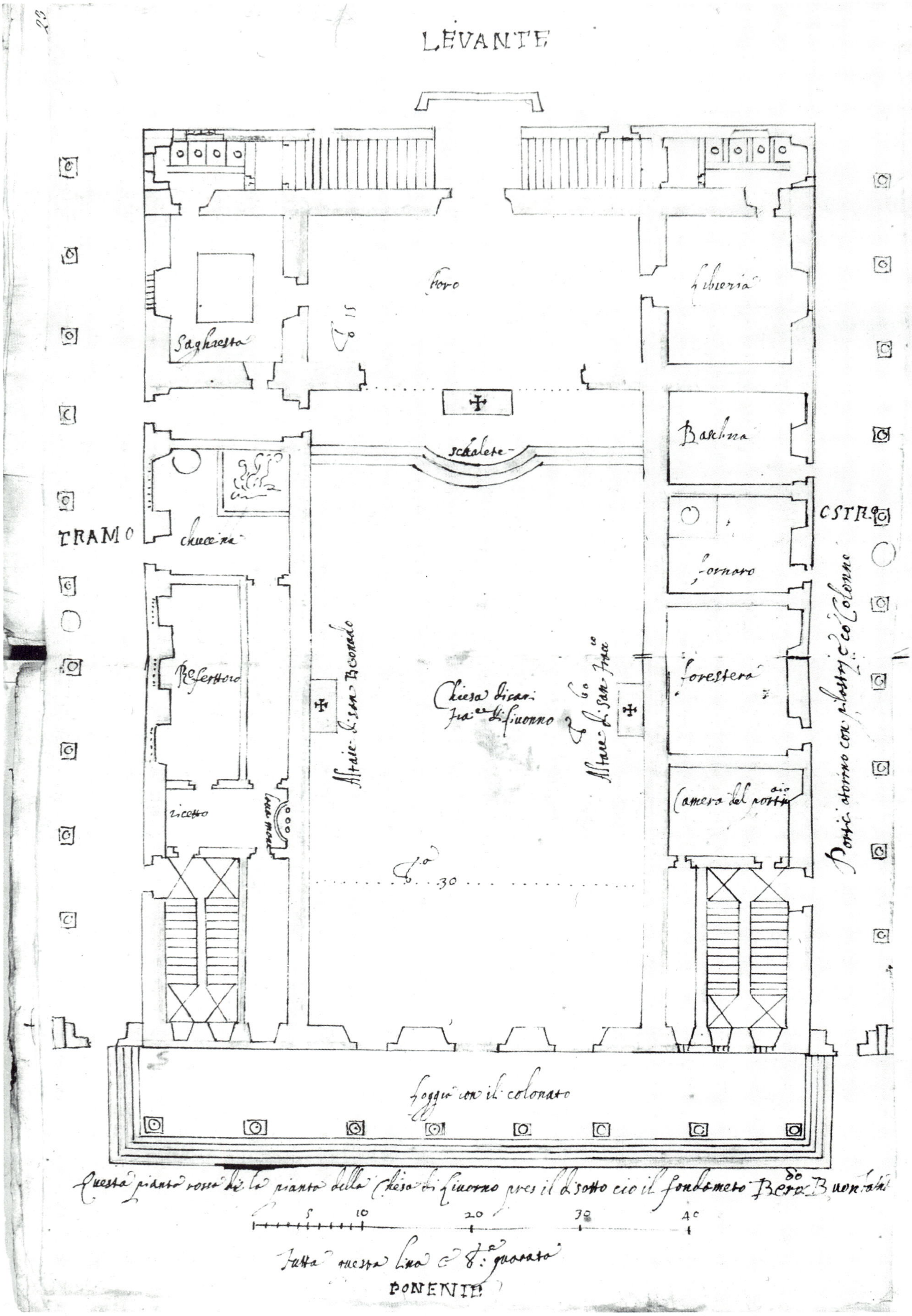

LEVANTE
coro
Saghrestia
Libreria
Barbina
schalere
TRAMO
chuccina
fornoro
Refettoro
forestero
ricetto
Camera del portinaio
Chiesa di cari Fra di Livorno
Altare di san Bernardo
Altare di san Frco
Portici attorno con pilastri e colonne
loggia con il colonato
Questa pianta rossa è la pianta della Chiesa di Livorno pres il di sotto cio il fondamento Berdo Buontalenti
5
10
20
30
40
tutta questa linea è 8 quarato
PONENTE

218. Grundriss (nach Buontalenti) der Kirche von Livorno, Florenz, Staatsarchiv.

219. Unbekannter Zeichner, Plan von Livorno, 1736, Rom, Istituto Storico e di Cultura dell'Arma del Genio.

Das endgültige Projekt der neuen Festung geht auf Don Giovanni dei Medici zurück, aber sein Einwirken ist keinesfalls bestimmend, es erweist sich höchstens als geringfügige Abänderung des Plans von Buontalenti. Don Giovanni dei Medici wird von Ferdinando I. unterstützt, und als er 1589

219

Lösungen[245] (Abb. 213, 214, Tafeln XXXI, XXXII), von denen eine sich im wesentlichen an den Entwurf von Giorgio Vasari dem Jüngeren und an die zwischen 1590 und 1594 gebaute Festung hält[246].

Buontalentis Wirken vor 1590 ist heute an verschiedenen nacheinander gebauten und später überdachten Räumen zu erkennen, z.B. an einem Festungsausgang, an einem Konterminengang, an der zurückspringenden Flanke der San Francesco-Bastion, die zur Santa Giulia-Bastion hingelegen ist, an der Bastionsvorderwand, an dem Konterminengang und den zurückgebogenen Flanken der San Francesco-Bastion, die zur Santa Barbara-Bastion hinliegt sowie an der Kurtine zwischen den beiden Bastionen[247].

aus Flandern zurückkehrt, wird er als Rivale von Buontalenti vorgestellt. Von ihm stammt mit Sicherheit nur eine architektonische Zeichnung[248], die ausserdem technische Mängel aufweist. Don Giovanni dei Medici, der auf militärischem Gebiet kompetent ist, gewiss aber kein Francesco Maria della Rovere ist, kann ohne die Mitarbeit eines Architekten nicht auskommen und wählt dazu Alessandro Pieroni.

Bei der Planung der Neuen Festung von Livorno verwendet Buontalenti senkrecht zu den Verteidigungslinien verlaufende Flanken, wie er es bei der landeinwärts gelegenen Front von Portoferraio bereits getan hatte. Seine Festung stellt den Höhepunkt der italienischen Militärarchitektur des sechzehnten Jahrhunderts dar. Nach ihm

220. Alessandro Pieroni, die Kirche von Livorno.

den Bastionen, kasemattierte Galerien, überdachte Gänge senkrecht zu den Verteidigungslinien verlaufende Flanken, aber er führt auch Veränderungen ein wie Flanken mit dreifachem Beschusssystem, Verkleidungsmauern, die den Verteidiger in Sichtdeckung bringen (dadurch dass sie nicht

220

wird die europäische Militärarchitektur nicht mehr von Italien bestimmt. 1589 wird in Strassburg die Abhandlung von Daniel Specklin, dem grössten deutschen Militärbaumeister nach Dürer, veröffentlicht. Auf seiner eigenen Erfahrungsgrundlage (er nimmt an verschiedenen Belagerungen teil) kodifiziert er die bereits von den Italienern und besonders von Buontalenti formulierten Ausführungen, wie z. B. die Verwendung einer immer grösseren Seitenzahl für das zu befestigende Polygon, den Einsatz grosser Bastionen mit ausspringenden rechten Winkeln, Kavaliere nicht nur auf dem Mittelstück der Kurtinen, sondern auch auf

über die Höhe des Glacisrandes hinausgehen und dass der Rest mit Erdmasse aufgefüllt wird), die inneren Eskarpen der Verteidigungswälle ohne Verkleidung, um das Feuergefecht in die Gegenrichtung zu erleichtern.

Paläste und Kirchen

Zwischen 1592 und 1594 befasst sich Buontalenti mit der Planung und Ausführung zahlreicher Profanbauten und Kirchen. Der Palazzo Corsini al Prato in Florenz wird von ihm entworfen[249]. Alessandro Acciaioli erwirbt 1591 ein Stück Land mit einigen

221. Bernardo Buontalenti, Studie für die Fassade des Palazzo Nonfinito an der Via del Proconsolo, Florenz, Gabinetto Disegni e Stampe der Uffizien.

222. Bernardo Buontalenti, Palazzo Nonfinito in Florenz, aus der Via del Proconsolo betrachtet.

223. Bernardo Buontalenti, Palazzo Nonfinito in Florenz vom Borgo degli Albizi betrachtet.

221

Häusern am Prato d'Ognissanti und erteilt Buontalenti den Auftrag, ihm dort einen Palazzo zu errichten[250]. Der Bau ist bereits weit fortgeschritten, als der Auftraggeber im Jahre 1594 in den Konkurs der Banco dei Ricci verwickelt wird. Der Palazzo bleibt folglich unvollendet und wird erst später mit einem Garten von Gherardo Silvani zu Ende gebaut (Abb. 215). Bei einem Umbau im neunzehnten Jahrhundert wird das Dach erhöht und im Inneren eine neue Treppe gebaut.
Von Silvani erfahren wir, dass Buontalenti 1592 in Siena an dem späteren Palazzo Reale mitgearbeitet haben soll[251], wenn auch die bekanntgewordenen Archivunterlagen dies nicht bestätigen[252].
Adolfo Venturi schreibt Buontalenti ausserdem den Bau eines Oratoriums in Figline Valdarno zu[253]. Es besitzt Ähnlichkeit mit der Kapelle in Seravezza, die etwa auf das Jahr 1592 datierbar ist[254].
In der Zeit von 1592 bis 1594 überschneiden sich Buontalentis Pläne für die Fassade von Santa Trinita, die Kirche von Livorno und den Palazzo Nonfinito. Er entwirft die Fassade von Santa Trinita im Jahre 1592; ausgeführt wird sie dann von 1593 bis 1594[255] (Abb. 217). Auf einer seiner Zeichnungen[256] (Abb. 216), die 1592 entstanden ist, taucht das bereits 1587 an der Fassade von Santa Maria del Fiore behandelte Thema wieder auf, wobei er sich jedoch mehr der Vergangenheit zuwendet, und dies zeigt sich besonders deutlich bei einem Vergleich mit den vorweggenommenen barocken Ele-

224. Bernardo Buontalenti, Zeichnung von Fenstern für einen Palazzo, Florenz, Gabinetto Disegni e Stampe der Uffizien.

225. Bernardo Buontalenti, die Fenster des Palazzo Gerini in der Via Ricasoli, 40, in Florenz.

sprünglichen Stadtplans wurde beschlossen, den zum Hauptplatz gehörenden Raum, entsprechend einer Tradition, zu vergrössern, die von der militärischen und urbanistischen Kultur geprägt und in einem Traktat von Pietro Cataneo aus dem Jahre 1554 kodifiziert war. Der Platz soll den Ver-

224

menten von Santa Susanna in Rom[256]. Aber Buontalenti nimmt andererseits in einer Skizze für die Kapitelle auch einiges vorweg[257]: vor Borromini verwendet er schnekkenförmig eingerollte Voluten, wodurch er den Verlauf, den sie im klassischen Kodex hatten, umkehrte. Dieser Rückgriff auf die Vergangenheit wird möglicherweise durch einen Kurswechsel ausgelöst, der nach Francescos Tod von Ferdinando I. bestimmt wurde. Es ist allerdings auch möglich – diese Hypothese lässt sich jedoch nicht durch Dokumente erhärten – dass die ursprüngliche Planung von Santa Trinita der von Santa Maria del Fiore vorausgeht, was die Annahme zulässt, dass Buontalenti Anfang der siebziger Jahre mit dem Entwurf begonnen hat, während er den Chor umbaute.

Buontalenti konzipiert eine weitere Kirche für das neue Livorno. Hinsichtlich des urteidigern gestatten, sich im Verteidigungszusand an den neuralgischen Punkten der befestigten Stadt zu versammeln und zu verteilen, aber er begünstigt auch die Abwicklung von weltlichen und geistlichen Veranstaltungen, und die Kirche soll dort ihren Platz finden. Für die Kirche ist folgender Brief, den Buontalenti am 18. März 1594 aus Pisa an den Grossherzog schreibt, von grundlegender Bedeutung.

«(...) Cavaliere Serguidi hat mich im Auftrag Eurer Hoheit um den Plan der Kirche von Livorno gebeten, den ich ihm übergeben habe, und ich bin bemüht, sie mit allen erdenklichen Ersparnissen zu erbauen; aus dem Entwurf können Eure Hoheit alles entnehmen und darüber entscheiden, was Euch am besten gefällt. Ich bediene mich der bestehenden Mauer für zwei Dinge; einmal um Mauern zu sparen und zum anderen um die Kirchenmauer vor Meereswin-

FI 61
3627

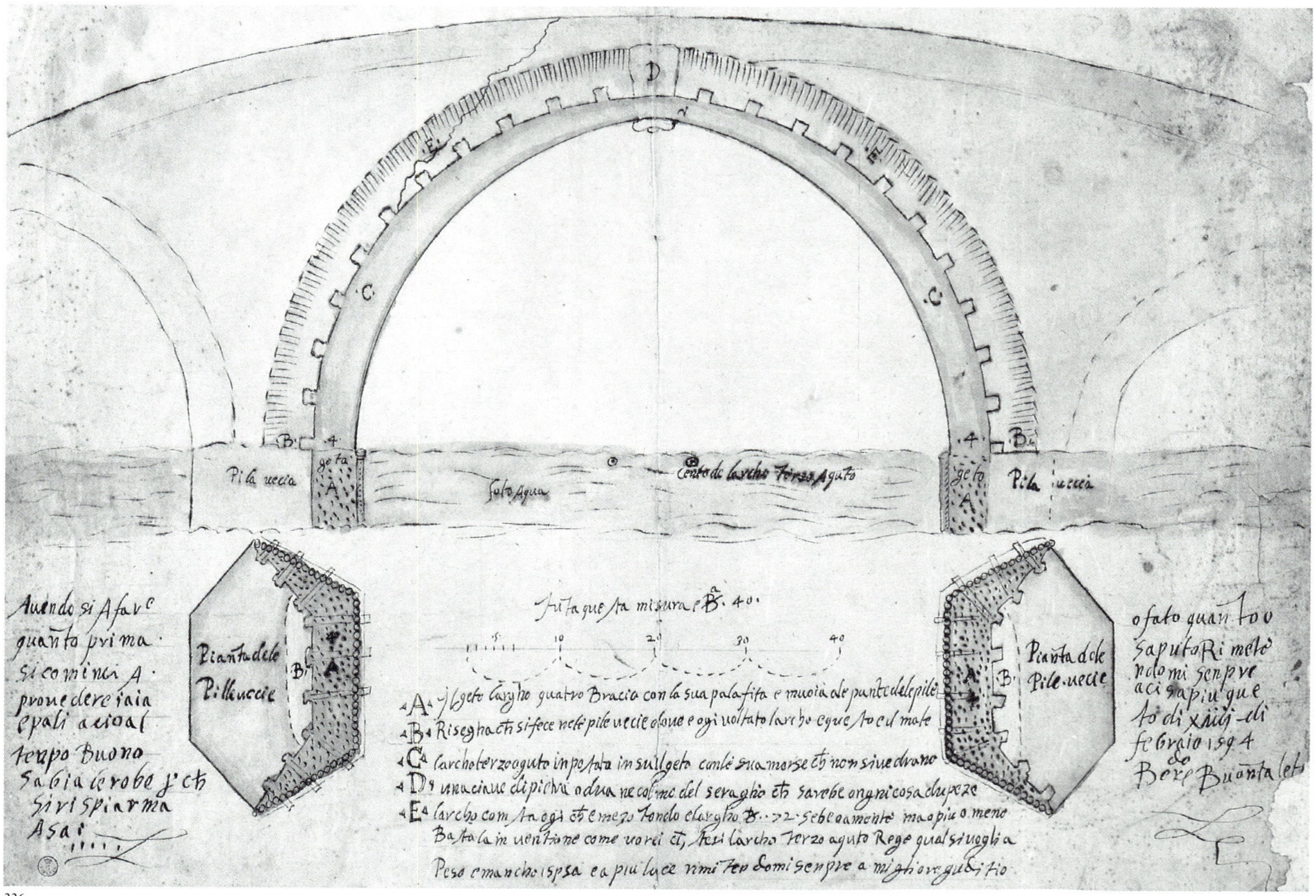

226

226. Bernardo Buontalenti, Verstärkung einer Brücke durch die Verzahnung eines Rundbogens unter dem zentralen Brückenjoch, Florenz, Gabinetto Disegni e Stampe der Uffizien.

den und Regenfällen zu schützen, und das ist sehr wichtig für das Gebäude. Es sind sechs Zellen für jede der Kirchen vorgesehen, und darunter habe ich Diensträume geschaffen, d.h. ein Refektorium und andere für ein Kloster erforderliche Einrichtungen; und ich glaube, dass trotz geringer Kosten viel gebaut werden kann, und wenn ich Eurer Hoheit begegne, werde ich Euch alles genauestens erklären (...)»[258].

Auf einer Zeichnung (nach Buontalenti) ist die Aufteilung der Wirtschaftsräume zu sehen[259] (Abb. 218). In den ersten Monaten des Jahres 1594 legt Buontalenti das Fundament und leitet den Bau der Grundmauern[260], aber er macht noch keine Angaben über den Aufriss, weil er weiss, dass der Grossherzog Don Giovanni dei Medici für die Ausführung des endgültigen Projekts vorgesehen hat. Vielleicht erinnert Buontalenti sich daran, dass das Projekt des Medizäers für die Neue Festung nur geringfügig von seinem eigenen Projekt abwich. Den endgültigen Plan für die Kirche und den Platz unterzeichnet allerdings höchstwahrscheinlich Alessandro Pieroni[261] (Abb. 219, 220). Nach der Erbauung des Palazzo Acciaioli (später Palazzo Corsini) kommt es durch einen privaten Auftraggeber nochmals zu einem bedeutenden Einsatz Buontalentis in Florenz. Bei der Errichtung des Palazzo Nonfinito steht ihm Matteo Nigetti zur Seite[262]. Der Palazzo hat zwei Fassaden, eine geht auf die Via Proconsole und die andere auf den Borgo degli Albizi; die Bauarbeiten werden nach vorherigem Erwerb von drei Häusern im Jahre 1593 aufgenommen[263]. Das ursprüngliche Modell sieht zwei Etagen ausser dem Erdgeschoss vor[264]. Eine Zeichnung Buontalentis, die sich auf die zur Via Proconsole gehende Fassade bezieht[265] (Abb. 221), stellt eine erste, auf das Jahr 1592 datierbare Studie dar, die ein Ge-

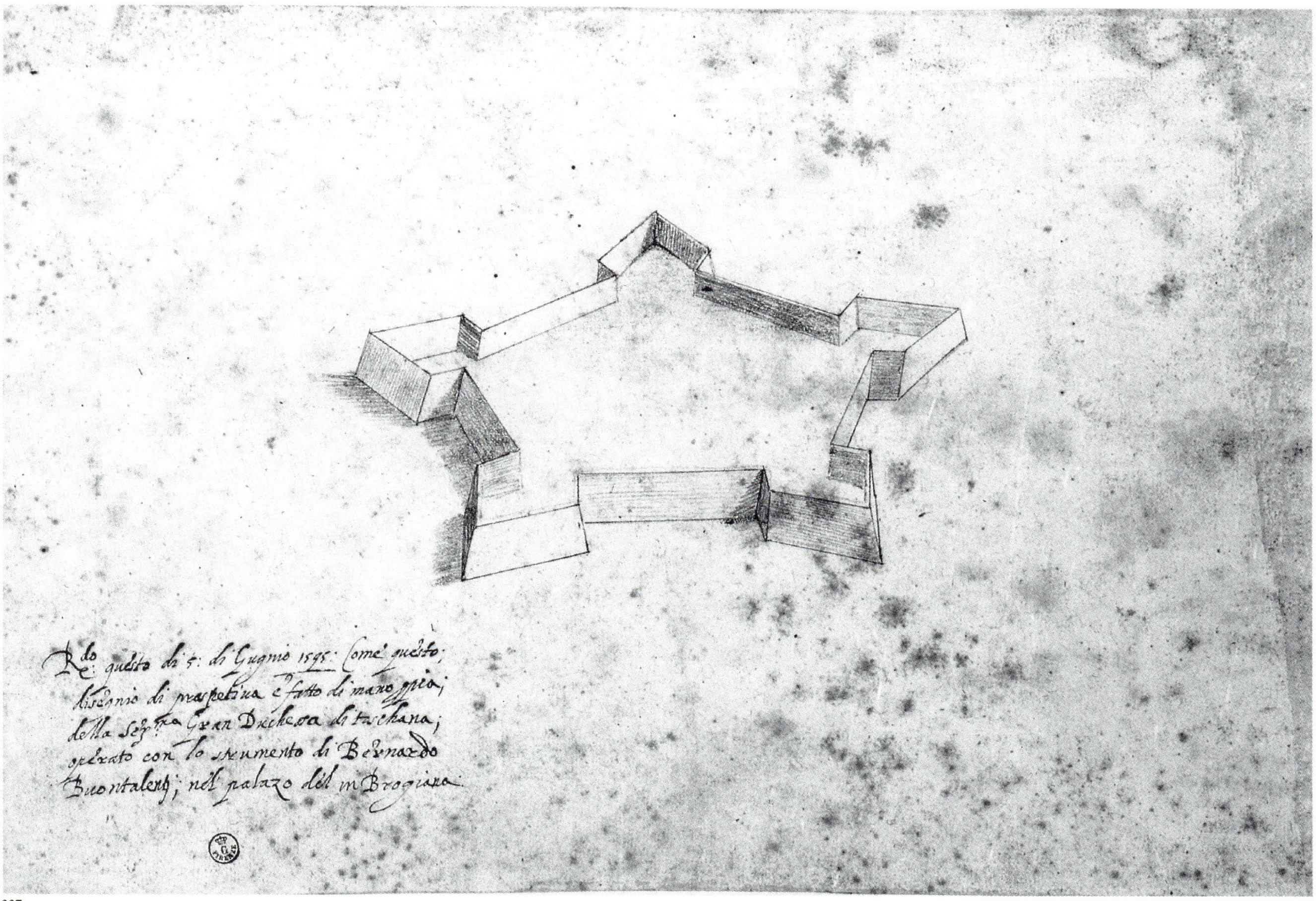

227

227. Cristina di Lorena-Medici, Bastionsfünfeck, das mit dem von Buontalenti entworfenen Instrument gezeichnet wurde, Florenz, Gabinetto Disegni e Stampe der Uffizien.

samtbild abgibt. Die hohen Piedestale des Portals begünstigen die horizontale Verbindung zu den Fenstern. Das fertiggestellte Portal, an dem als Baujahr das Jahr 1614 eingraviert ist, unterscheidet sich von der Zeichnung durch eine verstärkte Vertikalentwicklung (Abb. 222). Ein weiteres Blatt, auf dem Buontalenti den Teil oberhalb des Portals ausarbeitet[266], ist nicht viel später entstanden – auch wenn sich auf der Rückseite eine Skizze für das Tabernakel der Fürstenkapelle befindet[267] – denn es ist bekannt, dass sein Modell im Jahre 1596 über den Haupteingängen Balkons vorsieht[268]. Eine endgültige, zur Vorlage bestimmte Zeichnung des Fensters mit abgerundetem Tympanon im Erdgeschoss[269] wird während der Errichtung des Gebäudes ausgeführt, das 1596 das Gurtsims erreicht. Das Bossenwerk bewirkt ein stärkeres Hervorspringen der einzelnen Elemente, und die umhüllenden Spiralen der Tympanons über den Fenstern sind die Fortsetzung der Zeichnung der Bossage. Das zusammengerollte Tympanon der Fenster hat seinen Ursprung im Südportal von Pratolino. Der Kopf der Fledermaus verkörpert den Inversionspunkt der Spiralbewegung der Volute, die durch die entfalteten Flügel des Tieres von einer zentripetalen zu einer zentrifugalen Bewegung übergeht. Die krönende Muschel stellt eine horizontale Verbindung zu dem dreieckigen Tympanon des Nebenfensters her. Die Fledermaus hat eine gewisse Verwandtschaft mit den Ungeheuern von Michelangelo an der Aussenseite von San Pietro.

Bei einem Vergleich der Fensterkörbe des Palazzo Nonfinito mit denen des Casino Mediceo hat sich einiges verändert. So erweitert sich das Fenstergitter an der Basis nicht mehr, und die Muschel unter der Konsole[270] wird durch ein Becken ersetzt,

das einem später in Artimino gebauten ähnlich ist. Diese Veränderungen entsprechen einer veränderten architektonischen Einheit, die nicht mehr auf horizontaler Ausdehnung beruht.
Aus der Zeichnung einer Konsole ist zu erkennen, dass «Buontalenti in seinen späteren Jahren dahin tendiert, die Helldunkelmalerei zu beschränken und zu einer abgestufteren Lichtschattentechnik überzugehen»[271]. Dies ist eine in den achtziger Jahren auf dem Bühnenhintergrund der Intermezzi zu beobachtende Tendenz, denn dieser durfte keine perspektivische Tiefe besitzen, weil die Zuschauer sich auf die Handlung des Intermezzos konzentrieren sollten, das sich im Theatersaal abspielte. Die Abschwächung der Kontraste von Licht und Schatten ist auch als Anpassung der Zeichnung an die Raumvorstellung zu verstehen, die im Falle von Pratolino die perspektivische Ferne zurückholte. Ganz ohne Zweifel entwickelt und verfeinert sich jetzt die graphische Handschrift des Zeichners gegenüber den architektonischen und bühnenbildernischen Inhalten. An dem zum Borgo degli Albizi gelegenen Portal (Abb. 223) wird das Anhaften des Bossenwerks an die Oberfläche des Gebäudes wegen der verringerten Entfernung zwischen der perspektivischen Ebene und dem durch die schmale Fahrstrasse des Borgo festgelegten Beobachtungspunkt besonders betont. Ein sich auf dieses Portal beziehende Blatt[272] stellt eine mit Massen versehene und am Bauplatz verwendete Zeichnung dar (die allerdings nicht von Buontalentis Hand ist). Diese Zeichnung ist folglich in einer fortgeschrittenen Bauphase entstanden.
Was die oberen Etagen betrifft, so existiert eine Zeichnung von Buontalenti, die sich auf den *piano nobile* oder auf die zweite, nie gebaute Etage bezieht[273] (Abb. 224). Auf der erwähnten Zeichnung, doch auch auf einer anderen[274], sind die Fenster in einer ähnlichen Weise gebaut wie die Fenster der ersten Etage des Palazzo Serguidi (später Palazzo Gerini) in der Via del Cocomero (Via Ricasoli 40)[275] (Abb. 225), wenngleich ich über diesen Palazzo, dessen Fassade im Erdgeschoss und dessen Inneres später von Giuseppe Poggi restauriert wurden, bisher keine Unterlagen besitze.

Die Erbauung des Palazzo Nonfinito überschneidet sich bis zum Jahr 1600 mit der Erbauung des Palazzo Artimino und der Planung der Fürstenkapelle.
Im Jahre 1600 verlässt Buontalenti den Bauplatz, weil es Auseinandersetzungen mit dem Auftraggeber gibt, und er wird von Vincenzo Scamozzi und anschliessend von Caccini abgelöst[276]. In dem Werk *Idea dell'Architettura Universale* stellt Scamozzi seinen Plan für den Palazzo vor[277], der sich von Buontalentis Projekt und von dem fertiggestellten Gebäude stark unterscheidet. Das auf die Via Proconsole gehende Portal ist Caccini zuzuschreiben[278].

Ein Instrument, um Festungen zu zeichnen

Die Grossherzogin der Toskana (Cristina di Lorena-Medici) hat «im Palazzo dell'Ambrogiana[279] mit dem Instrument von Bernardo Buontalenti eine perspektivische Zeichnung erstellt», die auf das Jahr 1595 zu datieren ist und ein Bastionsfünfeck darstellt (Abb. 227). Die Grossherzogin muss es mit einer Art beweglichem Winkeldreieck mit einem eingebauten Zahlenverzeichnis zur Messung der Winkel gezeichnet haben.
Es gibt eine umfangreiche Sammlung von Traktaten über Mess- und Zeicheninstrumente, die in der Astronomie, in der Artillerie und im Befestigungsbau verwendet wurden. Diese Traktate sind auf der euklidischen Geometrie begründet und ergänzen die Abhandlungen über die Perspektive. Die Operationen, die mit den jeweiligen Instrumenten vorgenommen wurden, dienten Johann Stoeffler in der Astronomie; Nicolò Tartaglia setzte sie im Bereich der Ballistik ein, in der Mathematik, in der Astronomie und zu militärischen Zwecken ist das Thema der Mess- und Zeicheninstrumente von Autoren wie Oronce Fine, Cosimo Bartoli, Abel Foullon, Silvio Belli, Egnazio Danti, Antonio Lupicini, Latino Orsini, Ostilio Ricci, Fabrizio e Gasparo Mordente, Cristoforo Clavio, Antonio Santucci, Bartolomeo Romano, Francesco Pifferi behandelt worden. Später, zwischen dem Jahr 1595 und den ersten Jahren des siebzehnten Jahrhunderts widmen sich diesem Thema Giovanni Paolo Galucci, Thomas Hood,

Giovanni Scala, Giulio Parigi, Giorgio Vasari der Jüngere, Giovanni Francesco Fiammelli, Galileo Galilei[280].
1595 werden die Untersuchungen von Silvio Belli, Francesco Pifferi und Bartolomeo Romano veröffentlicht. Letzterer beschreibt in *Proteo militare* ein Instrument, mit dem man die üblichen astronomischen Berechnungen anstellen kann, d.h. man kann Entfernungen und Höhen bestimmen, aber auch «Perspektiven aufnehmen» und zeichnen, und zwar nach einer Methode, die auf Albrecht Dürer und fernere Zeiten zurückgeht.
Galileo veröffentlicht im Jahre 1606 sein Werk *Compasso geometrico et militare*, aber er sagt, er habe das Instrument schon 1592 konstruiert[281]. Es beruht auf dem Prinzip der Ähnlichkeit der Dreiecke. Man kann verschiedene Operationen damit ausführen, z.B. die proportionale Aufteilung eines Segments, die Reduktion einer geometrischen Figur, die Seitenbestimmung eines regelmässigen Polygons, das grösser oder kleiner ist als ein anderes festliegendes Polygon mit derselben Seitenzahl. Diese Operation ist die wichtigste beim Zeichnen einer regelmässigen Festung, da durch sie die Innenseite des zu befestigenden Polygons bestimmt wird. Der Zirkel von Galileo, in Verbindung mit einem Quadranten, kann als astronomisches Instrument zur Bestimmung von Höhe, Entfernung und Tiefe, als Winkeldreieck für die Schiessscharten und bei der Vermessung der Eskarpe der Befestigungsmauern verwendet werden. Dem galileischen Zirkel gehen jedoch ähnliche Instrumente voraus, die von Federico Commandino und Guidobaldo del Monte und von anderen europäischen Mathematikern erfunden wurden[282].
In der von Giovanni Pomodoro verfassten und von Giovanni Scala kommentierten *Geometria prattica* (1598) wird beschrieben, was für eine Zeichnung erforderlich ist:
«(...) In ein Reisszeugetui gehören verschiedene Arten von Zirkeln, Lineale, Bleilote, Linierstifte, Bleistifthalter, Federmesser, Bleistiftspitzer, ein Pfriem oder Stilett, welches dazu dient, ohne Tinte weisse Linien zu ziehen, mit einer kleinen, scharfen Klinge an einem Ende, die dazu dient, die Federn zu spitzen Linien zu ziehen und die Spitzen der Zirkel zu reparieren. Ausserdem gehören noch zwei bequeme Zirkel für die Geschützscharten dazu, einer, um die Geschützscharte auszumessen, und der andere, um das Kaliber der Kanonenkugeln zu bestimmen, und als letztes wird noch ein Winkelmesser gebraucht, der, da er beweglich ist, einen rechten Winkel bildet, und in den Winkel kann man ein Zahlenregister einsetzen, das dazu dient, wenn es nötig ist, die äusseren und inneren Winkel der Städte aufs Papier zu bringen, denn es kommt häufig vor, dass man einen Plan von den Städten braucht. Dazu gehört auch noch ein Winkelmass für die Geländevermessung und ein geometrisches Winkelmass, mit dem man bequem Entfernungen, Höhen, Tiefen und Längen messen kann. Wenn diese Gegenstände eine angemessene Grösse haben, passen sie alle in ein Futteral, eine Dose oder ein Etui, wie ich schon gesagt habe»[283].

Villa Artimino

Was Buontalenti nach dem Jahr 1594 plant, hat scheinbar nichts mit der Militärarchitektur zu tun, doch sind seine Projekte ganz klar von der Entwicklung der Perspektive beeinflusst, und Villa Artimino erinnert an die Festungsbautechnik. Der erste Bauplan für Artimino lässt sich auf das Jahr 1594[284] festlegen, aber diese Datierung könnte zu früh liegen, denn die Bauarbeiten beginnen erst gegen 1596[285].
In einem Brief, den Buontalenti am 9. Juni 1597 aus Florenz an den Sekretär des Grossherzogs Lorenzo Usimbardi schreibt, erklärt er folgendes:
«(...) Ich habe Euren hochgeschätzten Brief erhalten und antworte Euch, dass ich vernommen habe, Euer Durchlaucht habe sich den Palazzo von Artimino angesehen, von dem ein Teil bis zum ersten Stock gebaut ist; in den Wänden sind aber einige Lücken für den Luftabzug, die Wasserrohre und andere notwendige Dinge geblieben; und für die Kamine, Türen und Fenster erwarten Euer Durchlaucht von mir Lösungen und Zeichnungen, aber dazu muss ich Euch sagen, dass, solange ich nicht die entsprechenden Masse habe, ich nichts machen kann; sofern Euer Durchlaucht die Gefäl-

228. Giorgio Vasari der Jüngere, Grundriss der Villa Artimino mit Aussentreppe von Buontalenti, Florenz, Gabinetto Disegni e Stampe der Uffizien.

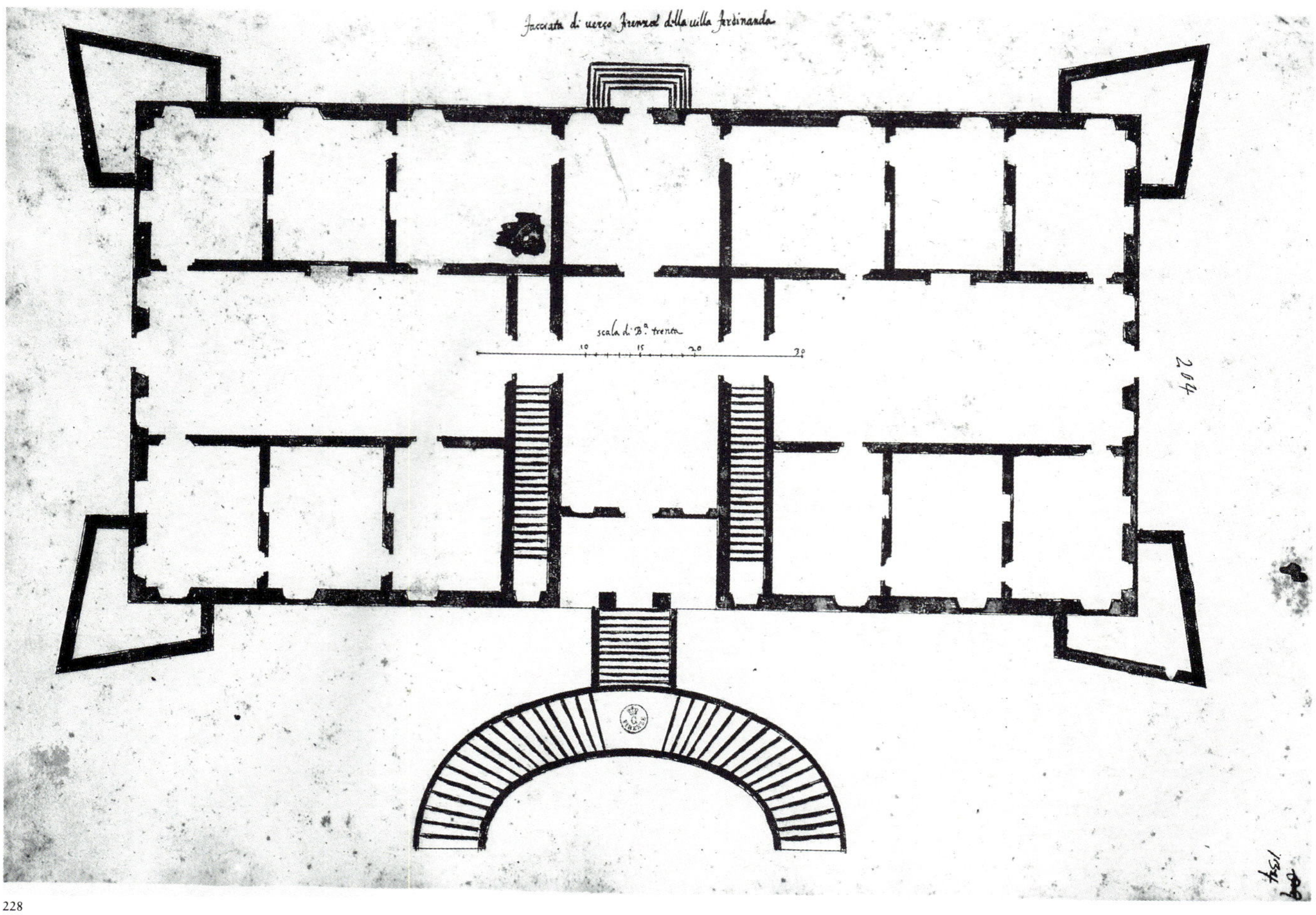

228

ligkeit hat, sie mir schicken zu lassen und Herr Maiano mit dem Meissel kommt, werde ich alles schleunigst erledigen, und darüber hinaus erwarte ich eine Antwort, wann ich die Arbeiten ausführen soll, und an Herrn Maiano schreibe ich, was ich ausserdem noch benötige (...)»[286].

Am selben Tag schreibt Buontalenti an den Bauleiter Santi Maiani, der in Arimino arbeitet:

«Ich habe erfahren, dass Seine Durchlaucht bei Euch gewesen ist und gesehen hat, welche Fortschritte das Gebäude gemacht hat, und darüber bin ich sehr froh; und Herr Lorenzo Usimbardi hat mir geschrieben, dass Seine Durchlaucht einige Lücken in der Mauer gesehen hat, die für die Kamine, Türen und Fenster vorgesehen sind, und dass er wissen möchte, was damit geschehen soll. Ich habe an Herrn Lorenzo geschrieben, er möge Seiner Durchlaucht sagen, er solle Euch mit dem Meissel zu mir schicken, so dass, wenn Ihr beauftragt werdet, zu mir zu kommen, Ihr auch die Masse der Türen, Fenster und Kamine, d.h. alles, was Ihr braucht, bei Euch habt, so dass ich die Arbeiten sofort veranlassen kann (...) (aus der Hand von Buontalenti:) in einer Stunde fertige ich Euch von allem Zeichnungen an, Bernardo Buontalenti»[287].

In diesen Briefen wird die buontalentische Gewohnheit bestätigt, die mit Massangaben versehenen Zeichnungen der Elemente, ohne die die Baumeister die Bauarbeiten nicht fortsetzen können, erst während der Bauausführung zu liefern. Am 2. Februar 1598 schreibt Gherardo Mechini, der als Techniker die Bauarbeiten und die Baukosten überwacht, einen Brief aus Florenz an Lorenzo Usimbardi in Pisa:

«(...) Ich möchte Euer Hochwohlgeboren davon in Kenntnis setzen, dass der Teil des Gebäudes von Artimino, den Seine Durch-

229. Bernardo Buontalenti, Zeichnung der Aussentreppe der Villa Artimino, Florenz, Gabinetto Disegni e Stampe der Uffizien.

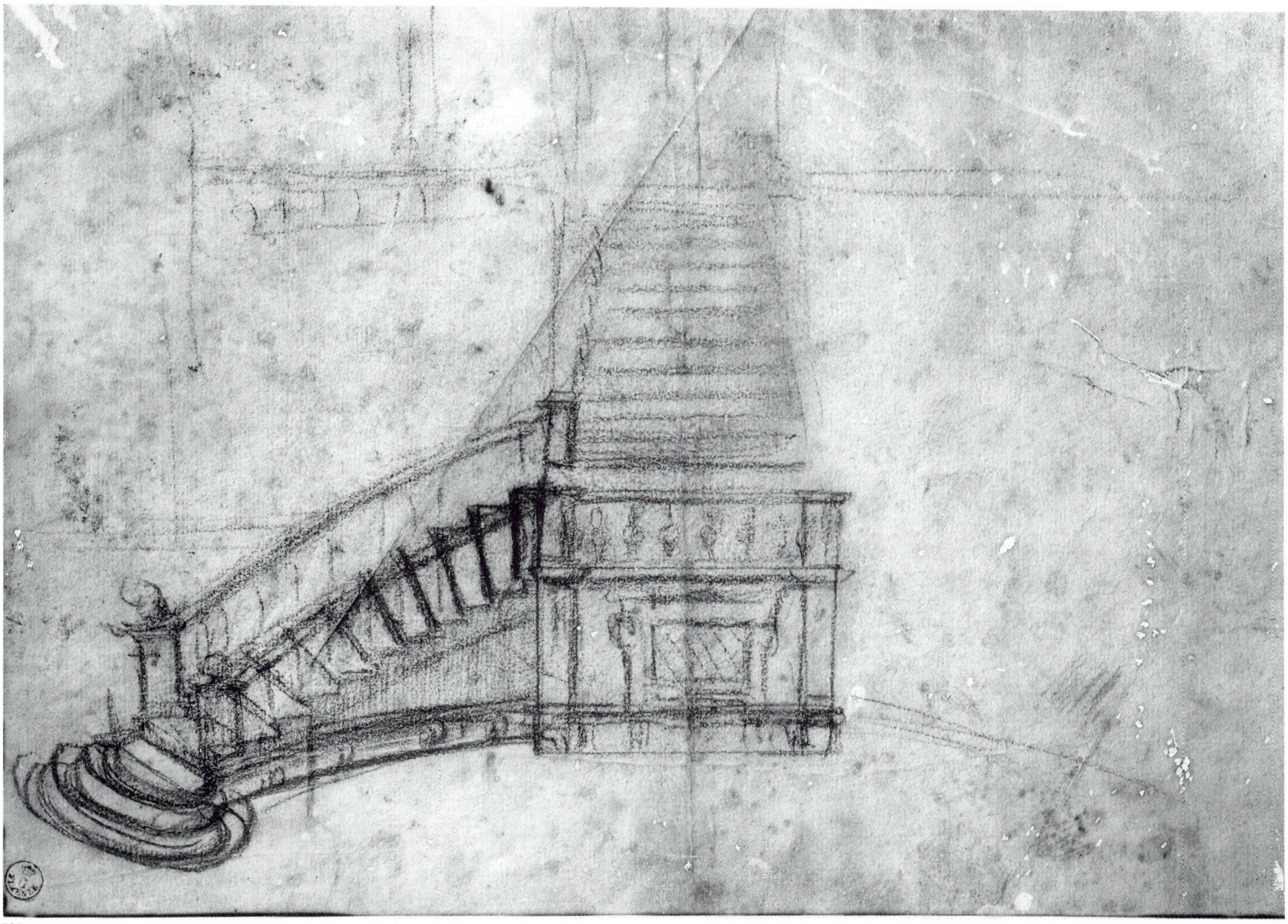
229

laucht in Auftrag gab, schon ganz überdacht ist, und jetzt werden die Räume verputzt, damit sie genug Zeit zum Trocknen haben. Ein Teil der Männer ist damit beschäftigt, die Loggia und den Saal neben der Loggia zu bauen, und das Gewölbe des danebenliegenden Raumes ist schon fertiggestellt worden, wie es Seiner Durchlaucht bestätigt wurde, und auch die Gewölbe des grossen Saales und der Loggia sollen ohne Gebrauch von Ketten gebaut und bemalt werden, und alles macht gute Fortschritte, und es wird fleissig gearbeitet.

Ich bin auch bemüht, den Brunnen in der Bastion besagten Palastes sobald wie möglich fertigzustellen; er sollte als Zisterne dienen, und er ist schon 20½ Ellen tief, was für eine Zisterne mehr als tief genug ist; jetzt sieht man das Wasser vom Grund hervorquellen, und jeden Morgen ziehen wir 4 bis 5 Fässer Wasser hoch, so dass man mit der Arbeit beginnen und den ganzen Tag graben kann, und nach Meinung des Steinmetzes genügt es, noch ungefähr 4 Ellen tiefer zu graben, um genug Wasser zu finden. Wenn es Euer Hochwohlgeboren beliebt, lass ich die Arbeit fortsetzen, um zu sehen, ob sich dort tatsächlich eine Wasserquelle befindet. Das bisher gefundene Wasser ist ausgezeichnet und leichter als das von Artimino, und wenn wirklich genug Quellwasser vorhanden ist, wird es vorzüglich sein, aber ich möchte wissen, wie sich Euer Hochwohlgeboren entscheidet (...)»[288].

Für den Stand der Bauarbeiten im Jahre 1598 sind zwei weitere Briefe von Bedeutung, die Dionigi Marmi am 30. Juli von Artimino an Usimbardi richtet:

«(...) die Fassaden des Palastes sind mit zwei Mörtelschichten verputzt worden und sehen sehr gut aus. Die Räume auf der er-

230–231. Bernardo Buontalenti, Zeichnungen der ersten Projektphase für die Fürstenkapelle in San Lorenzo, Florenz, Gabinetto Disegni e Stampe der Uffizien.

fen, das Gewölbe ist inzwischen abgerüstet und wird gerade verputzt, und alle obengenannten Gemächer Seiner Durchlaucht werden mit aller Sorgfalt und auftragsgemäss beworfen und verputzt.
Die Räume, die an das Dach grenzen, sind alle beworfen und verputzt, und nächste

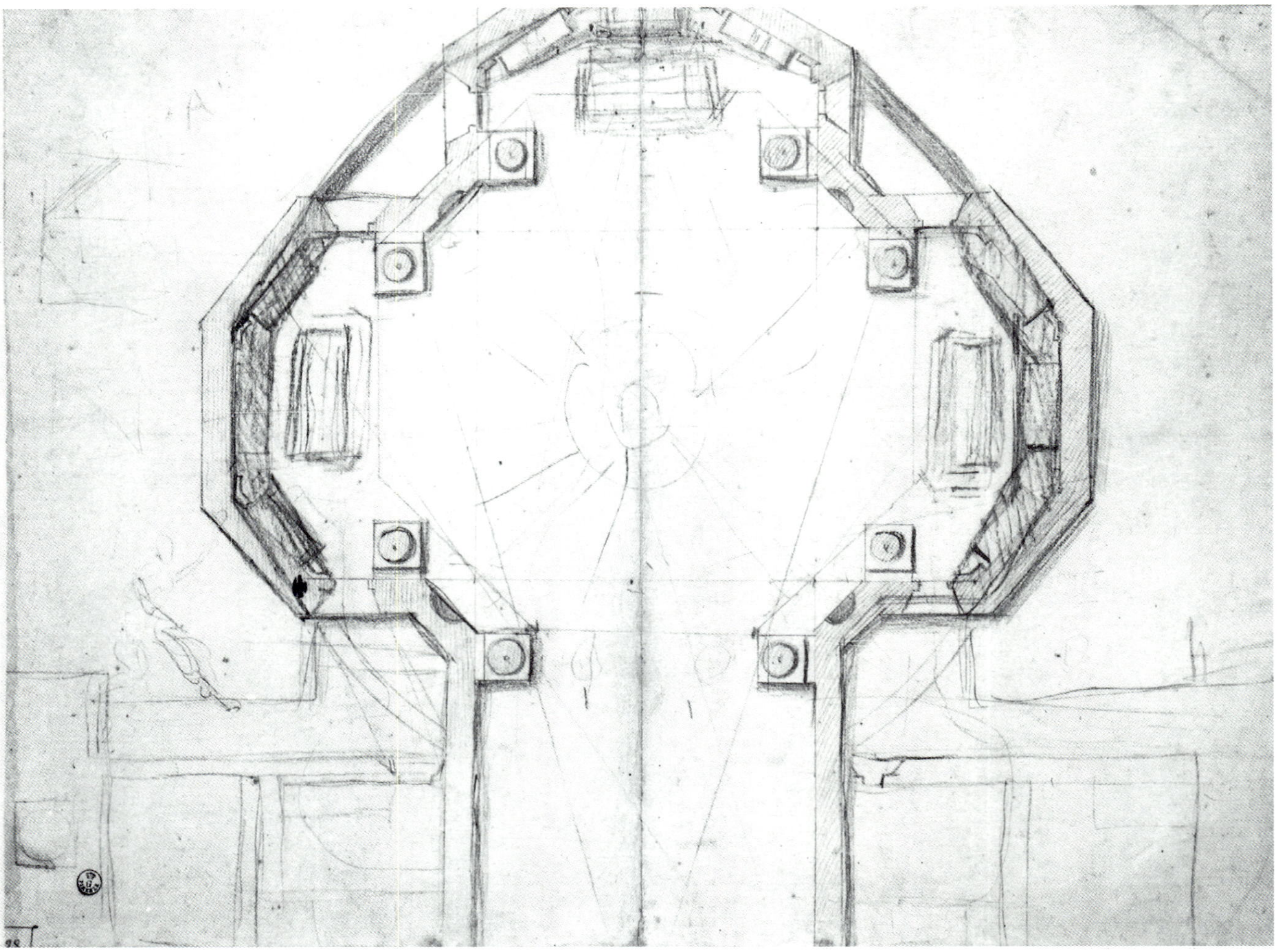

230

sten Etage sind von der Markierung abwärts beworfen und von dort aufwärts verputzt und weissgestrichen, und an den Fenstern besagter Räume sind die Stufen zum grössten Teil gesetzt, und alles macht sich sehr gut.
Die beiden Bastionen sind von innen noch nicht verputzt und getüncht, und in der Zisterne befindet sich ½ Elle Wasser, was für die Handwerker ausreicht, es wird weder mehr noch weniger, und augenblicklich hat es einen etwas üblen Geruch.
Die Gemächer Seiner Durchlaucht, wie auch Seiner Gemahlin wurden mit zwei Mörtelschichten beworfen, und der grosse Saal wurde ebenfalls wie befohlen beworfen, das Gewölbe ... Woche wird mit der Verlegung der Backsteine in den Räumen der Gemahlin Seiner Durchlaucht begonnen, und Montagmorgen werden wie befohlen die Gerüste im Mezzanin aufgestellt, und Ende August wird alles fertig sein.
Die neue Zisterne ist ungefähr 5 Ellen tief und aus Sandstein, sie wird den Anweisungen Seiner Durchlaucht entsprechend gebaut.
Der um den Palast führende Graben wird von Tag zu Tag weiter ausgehoben, und er wird bald fertig sein.
Es ist Seiner Durchlaucht mitgeteilt worden, dass die Handwerker Tag und Nacht Spiele treiben.

231

Ich bin jeden Tag ständig am Bauplatz, und es ist möglich, dass sie nachts und an Feiertagen spielen, was ich verstehe, aber wenn sie ihren Aufgaben nicht nachkommen, lasse ich sie strafen, und deshalb werden sie ihre Arbeit tun, wozu sie verpflichtet sind, und ich werde darauf achten, dass sie sich an die Regeln halten; Euer Hochwohlgeboren mögen mir den Gefallen tun, Seine Durchlaucht davon in Kenntnis zu setzen.
Das Haus von Herrn Biagio ist Gott sei Dank fertiggestellt, es ist weiss und sauber und sieht sehr gut aus, auch die Terrasse ist schön geworden; jetzt wird der Keller ausgehoben, und er wird bald fertig sein (...)»[289].
Und am 8. August schreibt er:
«(...) Der Grosse Saal Seiner Durchlaucht (...) ist wie verordnet ganz verputzt worden. Es ist damit begonnen worden, die Räume, die oben ans Dach grenzen, mit Backsteinen auszulegen, und es sind gerade die letzten Quadersteine, die noch fehlten, verlegt worden. Die Räume des unteren Teils sollen jetzt mit der zweiten Mörtelschicht beworfen werden, d.h. jene Räume, die unter den Gemächern Seiner Durchlaucht in Richtung Florenz gelegen sind. In verschiedenen Gemächern werden noch fehlende Quadersteine nach und nach verlegt. Die Zimmerdecken im Dachgeschoss werden nach venezianischer Art erstellt.
Ich habe zwei Masse weisser Tünche und frischen Mörtel von Pisa gekauft (...), was sich sehr gelohnt hat; mit diesem Mörtel aus Pisa kann man viel Geld sparen, es ist nicht der weisse Mörtel aus Settimello, der mehr kostet und weniger gute Ergebnisse bringt als der aus Pisa, und die Mauern werden sehr schön einheitlich weiss getüncht sein. Deshalb habe ich mit dieser Tünche aus Pisa eine Probe machen lassen, die ich Euch schicken werde, damit Seine Durchlaucht sie ansehen und sagen kann, ob sie ihm gefällt, und wenn er es wünscht, kann ich mehr davon kommen lassen (...)»[290].
Der Humanist Augusto Titio besucht Artimino im Jahre 1599, und von seiner Villa in der Nähe von Neapel schreibt er dem Grossherzog einen Brief, indem er sich für die Gastfreundschaft bedankt und sich dessen erinnert, was er gesehen hat:
«(...) Der Architekt zeigte mir ganz genau, was bisher fertiggestellt worden war und was noch fertigzustellen ist. Ich sah die Gemächer Eurer Durchlaucht bis zum Notausgang und auch die Gemächer Eurer Gnädigen Gemahlin und die noch unfertige Hauskapelle; ich sah die Gemächer der gnädigen Prinzessinnen und der Hofdamen bis zum Zimmer des Arztes. Dann zeigte man mir unten den Teil, wo die Waffen, die Lanzenträger und die Deutschen untergebracht werden sollen, und in der Nähe des Palastes die Zimmer der Dienerschaft mit einem unterirdischen Gang (...). Ganz früh am nächsten Morgen war ich wieder am Palazzo, weil ich den schönen Anblick noch einmal geniessen wollte (...). Dann ging ich mit dem Verwalter zu Fuss bis zum Arno, und während ich um mich schaute und Fragen stellte, bewunderte ich den grossen und den kleinen Palazzo von Herrn Biagio mehr als alles andere (...)»[291].
Am 10. Februar 1601 erteilt Gherardo Mechini Usimbardi die Nachricht, dass der Bau von Artimino dem Ende zugeht. Was den architektonischen Aufbau betrifft, so ist im Vergleich zur Villa Coltano die Treppe verdoppelt und der längs verlaufende Korridor in zwei Säle aufgeteilt worden (Abb. 228). Die Bastionen haben u.a. eine statische Funktion, doch stellen sie auch eine Anspielung auf die Militärarchitektur dar. Auf dem Skizzenblatt der Villa Castello kommt klar zum Durchschein, dass Buontalenti seine Villenbaukunst jetzt in einen festungsähnlichen Grundplan integriert (Abb. 185, 186). Seine Zivilarchitektur enthält Elemente, die eindeutig von der Militärarchitektur herkommen. In Artimino ist ausserdem zu berücksichtigen, dass man sich die Bastionen durch einen Graben ergänzt vorzustellen hat.
In Artimino lassen sich die allgemeinen räumlichen Eigenschaften der buontalentischen Architektur erkennen; Eigenschaften, die sowohl den militärischen als auch den zivilen Bauwerken zugrunde liegen. Sie manifestieren sich in der horizontalen Entwicklung der Baukörper, die durch das Gesims unterstrichen wird, in den Proportionen der Grundmauern, in der Verringerung der Ornamentik und nicht zuletzt im Vorherrschen einer Struktur, die den Blick in zwingender Weise auf sich zieht. Die

232. Bernardo Buontalenti, Studie für den Hochaltar in Santo Spirito, Florenz, Gabinetto Disegni e Stampe der Uffizien.

232

233–234 Bernardo Buontalenti, Zeichnungen der zweiten Projektphase für die Fürstenkapelle in San Lorenzo, Florenz, Gabinetto Disegni e Stampe der Uffizien.

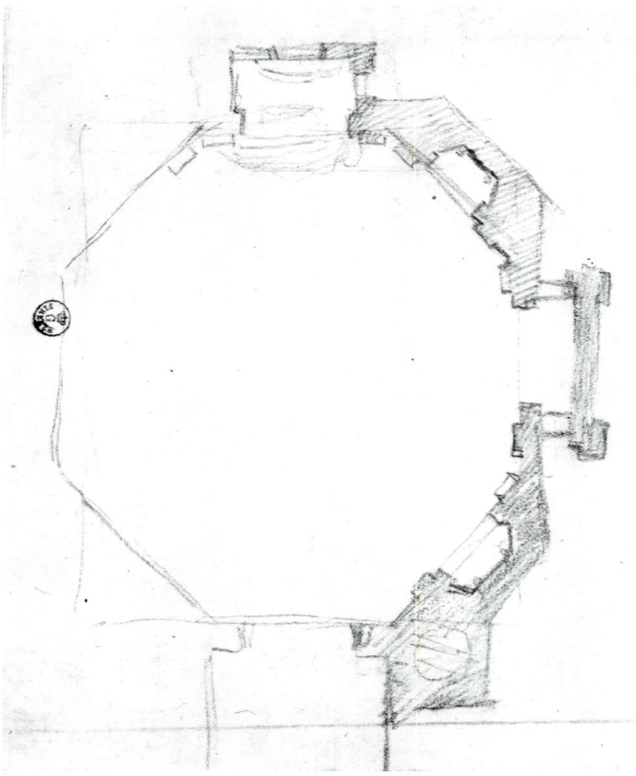

233

Grundmuster der Militärarchitektur *alla moderna* sind durch die flankierenden Visierlinien bestimmt, während die Raumstruktur der Villa von Ferdinando I. in erster Linie durch die – wenn auch ausschliesslich auf die Fassade gerichteten – Gesichtslinien festgelegt ist, wodurch sie mit dem bestehenden Ortskern in Verbindung tritt, und das geht so weit, dass an den Seiten des Gebäudes eine auffällige Kontraktion entsteht. Auf einer um das Jahr 1595 entstandenen Zeichnung von Buontalenti[294] (Abb. 229) stellt die äussere Treppe das vermittelnde Element zwischen der Villa und dem äusseren Raum her.

Die perspektivische Resonanz zwischen der Villa und dem Stadtkern (Tafel XXXVIII) ist von entgegengesetzten perspektivischen Strömungen getragen, d.h. von der doppelten Gliederung, die wir von Pratolino und von den Theaterinszenierungen her kennen. Der äussere Raum wird zum inneren Raum wie in einem Theatersaal. Aber in dem Baustil der Villa fehlt die Bereicherung der stilistischen Mittel, wie sie sich in dem Entwurf der Fassade von Santa Maria del Fiore gezeigt hat. Die Ornamentik ist wie bei der Militärarchitektur sehr sparsam. Die Elemente, in die sich die anderen Baukörper der Villa Artimino horizontal gliedern (Tafeln XXXIX, XL) – das Haus des Herrn Biagio und das sogenannte Pagenhaus, das aus Baukörpern für die Dienerschaft hervorgegangen ist, die jetzt verschwunden sind, und die beide unterhalb und perpendikulär zur Palazzina Belvedere stehen – fügen sich in eine einheitliche spannungsvolle Strömung ein und verändern ihre Form wie die nach innen gewölbten Brüstungen des Casino Mediceo. Die Bögen strecken sich einem Entwurf mit drei zentralen Punkten wie bei der Brücke von Santa Trinità, so als nähmen sie den abgeflachten borrominischen Bogen vorweg. Aufgrund der untersuchten Dokumente, die sich auf die Villa Artimino beziehen, lässt sich feststellen, dass die Planung und Ausführung der buontalentischen Bauwerke hierarchisch organisiert waren. Buontalenti händigt seine Ausführungszeichnungen erst am Bauplatz aus, wo er sich nur in besonderen Momenten aufhält. Mit den Ausführungsarbeiten werden der Bauleiter und die Maurermeister betraut. Andere Fachleute üben von aussen her eine verwaltende Kontrolle bei der Ausführung der Bauarbeiten aus. Der Bauplatz von Artimino wird Baumeister Santi Maiani unterstellt. Das beweist nicht nur ein Brief von Buontalenti, sondern auch ein zweiter, den der Oberinspektor der grossherzoglichen Bauwerke, Donato dell'Antella, an Lorenzo Usimbardi sendet, und in dem er ihm mitteilt, dass der Bau trotz der Krankheit Maianis gute Fortschritte macht[295]. Inspektor Gherardo Mechini scheint in Artimino ein höheres Amt zu übernehmen, als das, was er bei den Villen Petraia und Castello innehatte. Ausser den genannten Briefen bestätigen es die etwa zwanzig Besuche, die Mecchini zwischen 1598 und 1599 am Bauplatz abgestattet hat und die von Dionigi Marmi im *Libro B di azzienda per la fabbrica della villa d'Artimino* verzeichnet sind[296]. Hierin wird Mechini als Bauleiter bezeich-

234

235. Bernardo Buontalenti, Zeichnung der zweiten Projektphase für die Fürstenkapelle in San Lorenzo, Florenz, Gabinetto Disegni e Stampe der Uffizien.

mit Pfeilern, aber vereinfachend hergestellte Modell» zu sein, das in dem vor dem Tod zusammengestellten Inventar des buontalentischen Besitzes aufgeführt wurde[301]. Aber die Masse finden hier keine Entsprechung[302], und es sind keine Zeichnungen gefunden worden, die sich auf dieses Mo-

235

net[297] und einmal sogar als Architekt des Bauplatzes[298]. Seine Besuche haben den Zweck, Messungen vorzunehmen, aber auch Arbeiten auszuführen und zu koordinieren[299]. Doch nirgends ist zu lesen, dass die buontalentischen Pläne durch seinen Eingriff wesentlich verändert worden wären.

Die Fürstenkapelle, die Fassade des Doms, der Chor von Santo Spirito und die Innenseite der Fassade von Santa Maria Maggiore

In den Jahren 1595/96 arbeitet Buontalenti noch an dem Projekt der Fassade von Santa Maria del Fiore. Ein auf das Jahr 1596[300] datiertes Modell scheint «das kleine (...)

dell beziehen. Zwei in Betracht kommende Zeichnungen[303] weisen vom Inhalt her auf das erste buontalentische Projekt für die Fassade zurück, auch wenn sie, graphisch betrachtet, später entstanden sein könnten[304]. Eine weitere Zeichnung[305] hat mit dem mutmasslichen Modell von 1596 auch nicht mehr gemein. Solange Francesco I. lebte, war Buontalenti ein gutes Stück weiter gekommen, unter Ferdinando I. gerät er ins Stocken. Die Fassade des Doms stellt seine erste grosse Niederlage dar. Das florentiner Milieu erträgt keine Neuerungen, die von fremden Einflüssen ausgehen. Die Florentiner hätten auch Pratolino und die kühnen *apparati* nicht akzeptiert, wenn Francesco I. nicht dagewesen wäre. Im Jahre 1596 ist Buontalenti mit der Planung der

236–237. Bernardo Buontalenti, Zeichnung der dritten Projektphase für die Fürstenkapelle in San Lorenzo (Einzelaspekte), Florenz, Gabinetto Disegni e Stampe der Uffizien.

Fürstenkapelle in San Lorenzo (deren erster Entwurf von Vasari stammt und auf die Zeit Cosimos zurückgeht, der aber später verloren gegangen ist) und mit dem Chor und dem Hochaltar von Santo Spirito beschäftigt. Für die Kapelle wird ein Wettbewerb ausgeschrieben[306], und Buontalenti muss eine ziemlich klare Vorstellung davon gehabt haben, was gewünscht wurde, denn zwischen 1592 und 1596 hatten sich bereits verschiedene Künstler mit dem Thema befasst[307]. Die beiden Rivalen dieses Wettbewerbs sind Buontalenti und Don Giovanni dei Medici, denen Matteo Nigetti bzw. Alessandro Pieroni zur Seite stehen. Die Planung der Kapelle wird bis 1602 und darüber hinaus bearbeitet und diskutiert. 1602 wird der zweite Wettbewerb ausgeschrieben, den Don Giovanni dei Medici, Pieroni und Nigetti mit ihrem Modell gewinnen. Nigetti ist in der Zwischenzeit zu Don Giovanni übergetreten, und Gherardo Silvani steht Buontalenti zur Seite.

Die Bereicherung der architektonischen Stilmittel ist das Bindeglied zwischen Buontalentis Entwürfen für die Fassade von Santa Maria del Fiore und für die Fürstenkapelle. Der Weg zur Füstenkapelle führt über die Weiterentwicklung profaner und sakraler Gebäude mit zentralem Grundriss und über die perspektivische Wahrnehmung nach Sektoren. Buontalentis Planung der Fürstenkapelle entwickelt sich, wenn man seinen Zeichnungen folgt, hauptsächlich in drei Projektphasen. In der ersten, auf das Jahr 1596 datierbaren Phase, in der es zahlreiche Bezugspunkte zu Brunelleschi gibt, verwandelt sich der regelmässige, zentralisierte Grundriss der Zeichnungen, die vermutlich Alessandro Pieroni zwischen 1592 und 1594 angefertigt hat[308], zur Unregelmässigkeit[309]. Die Zeichnung geht von den Gesichtslinien aus, unter denen man beim Durchschreiten des Hauptschiffes von San Lorenzo (Abb. 230) die neue Kapelle wahrnimmt. Zwischen Kirche und Kapelle entsteht eine perspektivische Wechselwirkung, und die Überschneidungen der Sehpyramiden mehren sich, während man der Kapelle näher kommt. Sie vereinigen sich und stellen sich denen entgegen, die den verschiedenen perspektivischen Sektoren entsprechen, in die sich die

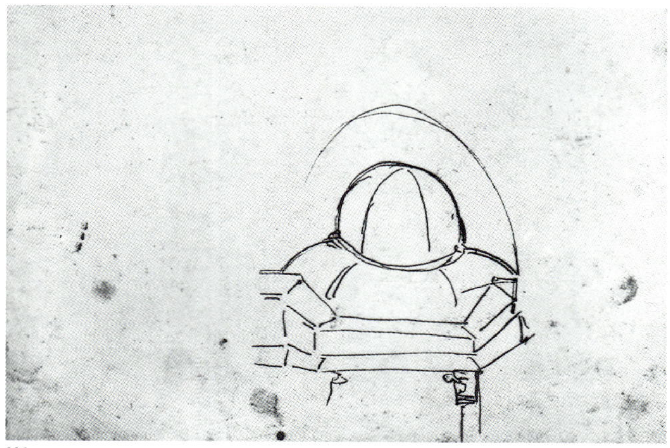

236

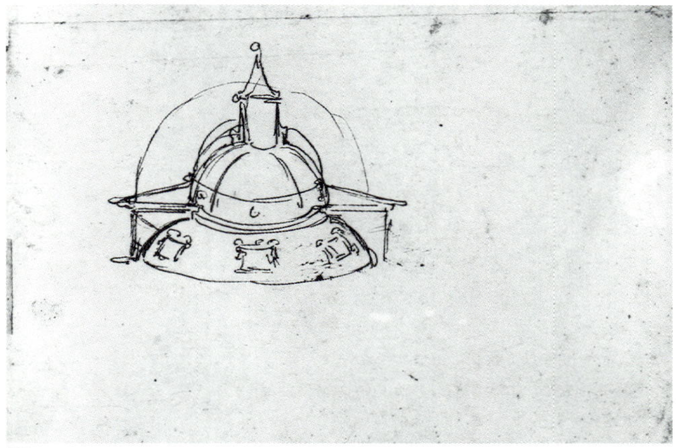

237

Kapelle gliedert. Buontalenti skizziert den Entwurf mit Rötelstift, während er zur Verdeutlichung und Abänderung einen schwarzen Bleistift benutzt. Die nachträgliche Verstärkung der Aussenmauern erfolgt aufgrund von statischen Erfordernissen. Die schwarzen Bleistiftzeichen in der Mitte dienen der allgemeinen Flächenvermessung und Flächenverteilung.

Bei der Gliederung des Aufrisses[310] (Abb. 231) ist der Einfluss Brunelleschis in der Entwicklung der Kuppel sichtbar. Der Raum weitet sich im Gegensatz zu dem der Kapelle von Pratolino, aber die Zeichnung enthält eine gewisse Starrheit, wodurch die angekündigten planimetrischen Spannungen blockiert werden und die Zeichnung gegenüber der architektonischen Idee do-

238

238. Bernardo Buontalenti, Zeichnung der dritten Projektphase für die Fürstenkapelle in San Lorenzo, Florenz, Gabinetto Disegni e Stampe der Uffizien.

239. Bacio del Bianco (nach Buontalenti) Zeichnung, die sich auf die dritte Projektphase für die Fürstenkapelle bezieht, Florenz, Biblioteca Nazionale Centrale.

240. Bernardo Buontalenti, Zeichnung der dritten Projektphase für die Fürstenkapelle in San Lorenzo, Gabinetto Disegni e Stampe der Uffizien.

241. Bernardo Buontalenti, Zeichnung, die sich auf die dritte Projektphase für die Fürstenkapelle in San Lorenzo bezieht, Florenz, Biblioteca Nazionale Centrale.

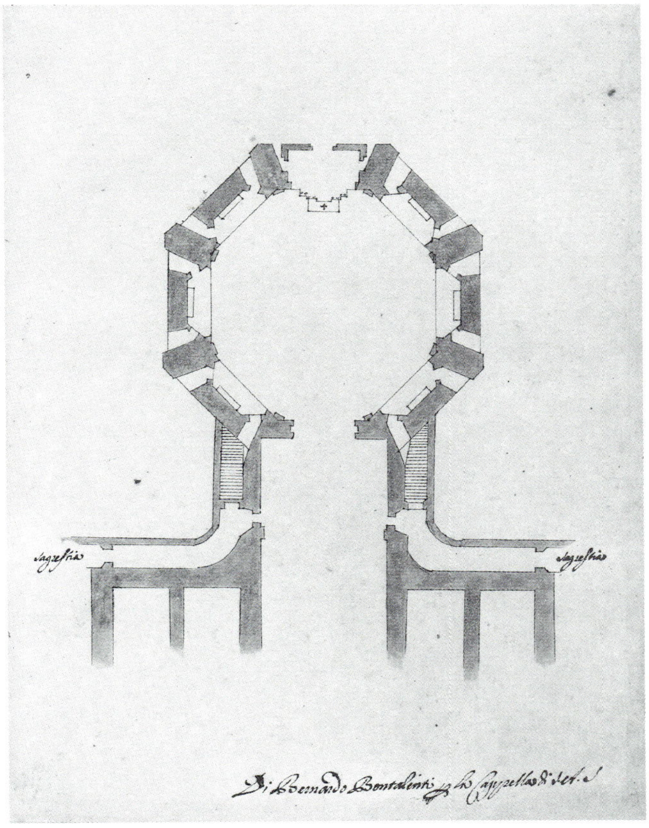

239

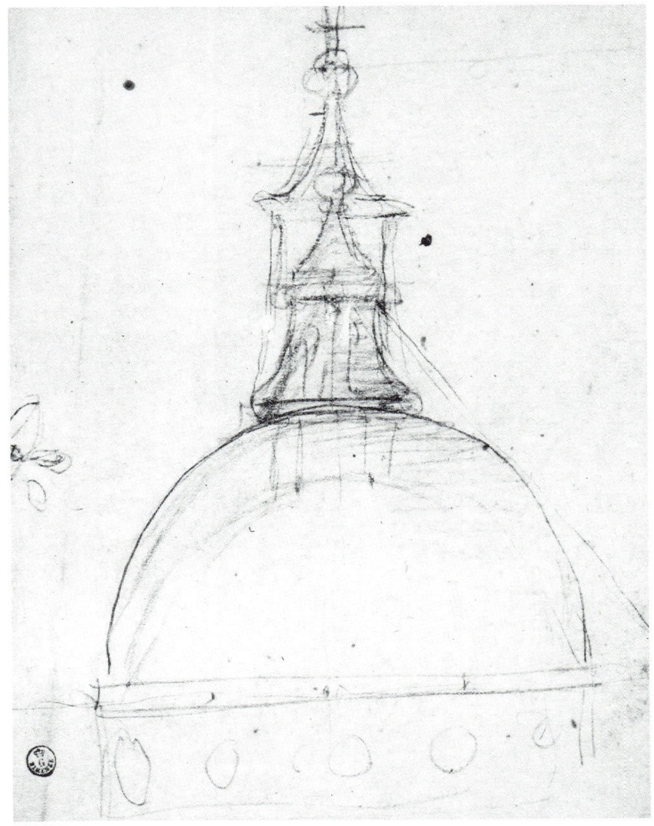

240

241

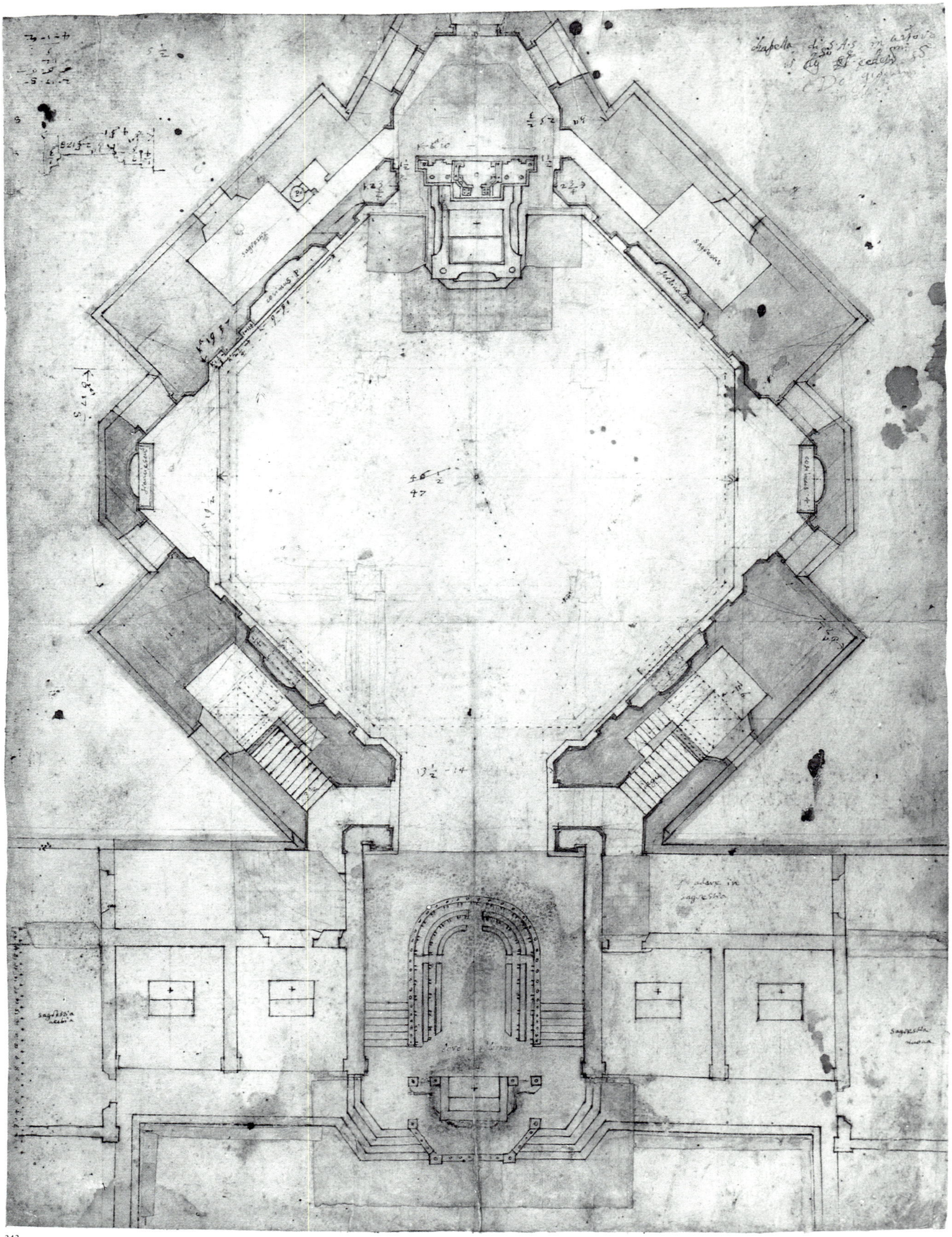

242

FERDINANDVS MEDICES MAGNIVS DVX ETRVRIÆ III
COSIMVS M M DVX
FERDINADVS M M DVX
FRANCESCVS M M DVX
A D MDCIII
243

244

auf den vorhergehenden Seiten:

242–243. Don Giovanni dei Medici und Matteo Nigetti, Grundriss und Schnitt des Gewinnerprojektes für die Fürstenkapelle in San Lorenzo, Florenz, Biblioteca Nazionale Centrale.

244. Bernardo Buontalenti, (bei der Ausführung von Gherardo Silvani assistiert), die Kanzel von Santa Maria in Settignano.

245. Bernardo Buontalenti (?) die Loggia de' Banchi in Pisa.

245

miniert. Die innere Ausschmückung der Kuppel erinnert an die Kirche Dell'Umiltà von Vasari in Pistoia und an die Kassettendecke im Innenhof der Villa Magia. Buontalenti versucht in San Lorenzo, die Idee eines architektonischen Ablaufs zu verwirklichen, in den sich Ruhezonen einschalten. Die Kapelle ist einem Ereignis innerhalb einer Abfolge vergleichbar, so ähnlich wie die Tribuna auf der Achse der Uffizien oder die Kapelle von Pratolino auf den Wegen des Gartens, und sie selbst ist wiederum in Ruhezonen und perspektivische Sektoren unterteilt. Das Tabernakel in der Kapelle ist gleichzeitig Behälter und Inhalt, und damit kehrt Buontalenti zu einem Verhältnis zurück[311], welches er zuvor für das Tempelschränkchen in bezug auf die Tribuna der Uffizien verwendete.

Beim Aufriss benutzt er den Rötelstift zum Nuancieren und Ausfüllen des mit der Feder gezeichneten Gesamtentwurfs, während die Technik der Durchlöcherung für Studien von grossen architektonischen Anlagen geeignet ist, die von Symmetrieachsen skandiert sind. Er skizziert die Zeichnung auf einer Seite des Blattes, das er anschliessend symmetrisch faltet, um dann mit einer Spitze dicht beieinanderliegende Löcher zu bohren, die den Zeichenlinien entsprechen Dies ist eine zeitsparende Technik, weil die Zeichnung auf diese Wei-

246

246. Bernardo Buontalenti, Don Giovanni dei Medici und Matteo Nigetti, endgültiges Projekt für die Fürstenkapelle in San Lorenzo, Gravierung, Florenz, Biblioteca Nazionale Centrale.

247. Bernardo Buontalenti, Studie für die interne Ausschmükkung der Kuppel der Fürstenkapelle in San Lorenzo, Überarbeitung des endgültigen Projekts, Florenz, Gabinetto Disegni e Stampe der Uffizien.

se schneller zu erstellen ist und eine Spiegelreproduktion erzeugt wird; darüber hinaus gestattet sie eine prompte Beurteilung der Komposition, um bei einem Vergleich verschiedener Lösungen zu entscheiden, ob der schöpferische Prozess fortgesetzt, verändert oder abgebrochen werden soll. Hierauf folgt manchmal die *Durchstäubung*, eine Technik, bei der Kohlenstaub auf ein anderes Blatt gebracht wird, wodurch sich der Entwurf reproduzieren lässt. Die Technik der Durchstäubung, die Buontalenti bereits für den Entwurf der Fassade von Santa Maria del Fiore verwendet hat und die er wahrscheinlich von Malern wie Piero della Francesco und von den Kartographen übernimmt[312] (die sie allerdings ausschliesslich für Reproduktionen benutzten), ersetzt die Klecks- bzw. Einfärbungstechnik, die keine Verbesserungen zulässt. Es ist auf jeden Fall eine häufig von Architekten verwendete Technik, und sie steht in engem Zusammenhang mit der Längsstrukturierung, die Buontalenti in bezug auf die vertikale Zentralachse verwendet. Für den Grundriss einer regelmässigen Festung ist die Methode, das Blatt zu falten und zu durchlöchern, völlig überflüssig, denn, ganz abgesehen von der dekorativen Strenge der Militärachitektur, wird der Entwurf einer Befestigungsanlage durch das Netz der Ziel- und Schusslinien bestimmt.

Zwischen den Entwürfen der Fassade von Santa Maria del Fiore und der Fürstenkapelle erreicht die buontalentische Zeichnung ihren Höhepunkt. Die Skizzierung des Grundmusters (welches durch die Durchlöcherung umrissen ist), wie auch die folgenden, aus lockerer Hand entstandenen Verdeutlichungen sind statisch und dynamisch zugleich. Diesen Doppelaspekt findet man auch auf einigen seiner Blätter, auf denen er seine Konzeption vom Festungsbau in Vorbereitung auf das grosse Livorneser Thema ausarbeitete und mit denen er an die florentinischen Befestigungswerke von Michelangelo anschloss. So ist die Integration der verschiedenen Techniken – Feder, Rötelstift und schwarzer Bleistift – voll und ganz gerechtfertigt.

Die erste Projektphase der Fürstenkapelle steht im Zusammenhang mit der Planung des Chores und des Hochaltars von Santo

247

Spirito. Auf der Rückseite eines der ersten Blätter ist der Grundriss des zentralen Elements ein Achteck, das sich in ein Viereck einfügt[313]; der Aufriss[314] zeigt Einflüsse von Brunelleschi, Palladio und Vasari, und bei der Überarbeitung wird er niedriger[315]. Auf der Vorderseite streckt sich das Ganze, um die tragenden zentralen Elemente von Santo Spirito in einen zentralisierten Grundriss einzuschliessen[316]. Eine weitere Zeichnung[317] (Abb. 232) lässt an den Grundriss der venezianischen Festung Sant'Andrea denken, und die Komposition lässt sich wie bei der Tribuna der Uffizien und der Fürstenkapelle über einen perspektivischen dreieckigen Sektor wahrnehmen.

248

248. Bernardo Buontalenti, Studie für die interne Ausschmückung der Kuppel der Fürstenkapelle in San Lorenzo, Überarbeitung des endgültigen Projekts, Florenz, Gabinetto Disegni e Stampe der Uffizien.

249. Bernardo Buontalenti «(...) ein Gedanke von Ketten in Steinbögen», Florenz, Gabinetto Disegni e Stampe der Uffizien.

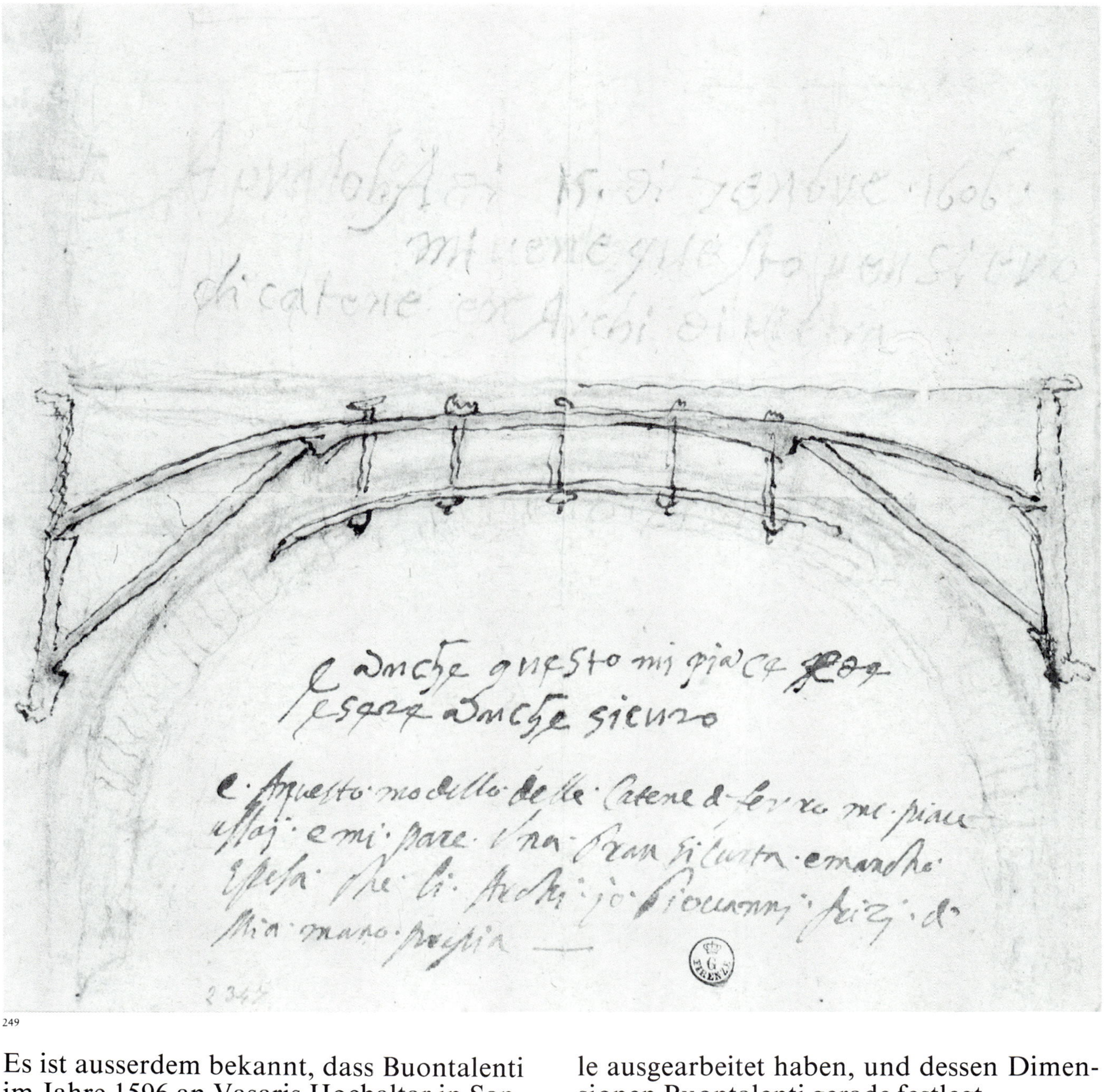

249

Es ist ausserdem bekannt, dass Buontalenti im Jahre 1596 an Vasaris Hochaltar in Santa Croce mitwirkt[318]; im Anschluss daran baut er die beiden Altäre links und rechts des Portals auf der Innenseite von Santa Maria Maggiore[319], wo die Jahreszahl 1596 eingraviert ist.

Buontalenti versetzt das Grundmuster einer Aussenansicht ins Innere der alten Kirche Santa Maria Maggiore, was auf eine perspektivische Umkehrung hinausläuft. Diese Arbeit steht im Zusammenhang mit den Modellen, die andere Architekten für den zweiten Wettbewerb für die Fassade von Santa Maria del Fiore und das Portal des Palazzo Nonfinito in der Via del Proconsole ausgearbeitet haben, und dessen Dimensionen Buontalenti gerade festlegt.

Bei Buontalentis Sakralbauten sind sowohl das Thema der Fassaden (die von aussen ausgehen und sich in eine Innenansicht umkehren lassen) als auch das Thema der Strukturierung mit zentralem Grundriss, von der Tribuna der Uffizien bis zur Fürstenkapelle (die in einem Innenraum entsteht, um sich nach aussen zu erweitern) von perspektivischen Sektoren und Umkehrungen dominiert.

Die Fürstenkapelle, die Kapellen in Santo Spirito und die Feierlichkeiten anlässlich der Vermählung von Heinrich IV. und Maria dei Medici

Buontalentis zweite Projektphase für die Fürstenkapelle ist auf das Jahr 1597 festzulegen. Sie basiert auf der Überarbeitung des achteckigen Grundrisses (Abb. 233); die halbrunden Apsiden verwandeln sich in rechteckige, der Tambour gewinnt mehr Konsistenz, die Komposition findet ihr Gleichgewicht im Aufriss und schliesst halbkreisförmig in der Kuppel ab[320] (Abb. 234). In der neuen Gestalt der Kuppel lassen sich wieder Einflüsse von Michelangelo erkennen. Die Seiten des Oktagons sind auf der ersten Reihe durch die Nebeneinanderstellung einer Säule und eines Pilasters[321] bzw. durch das Zusammentreten von zwei Säulen[322] skandiert (Abb. 235), während bei dem gleichzeitigen Medici-Pieroni-Projekt die Pilaster die Stützen darstellen, auf denen sich das Oktagon nach oben hin schliesst[323]. Im Juni 1597 verfolgt Buontalenti die Erbauung der Villa Artimino und schreibt dem Sekretär des Grossherzogs Usimbardi wie folgt:
«(...) Richtet Eurer Durchlaucht aus, dass ich an dem Modell für San Lorenzo arbeite und dass er es bei seiner Rückkehr fertig vorfinden wird; es wird ein sehr kostbares und schönes Gebäude werden (...). (Und von seiner Hand:) Das Modell von San Lorenzo kann man sich grossartiger gar nicht vorstellen, und ich arbeite Tag und Nacht eigenhändig daran, so dass es mich fast umbringt»[324].
Im selben Jahr, d.h. 1597, beteiligt er sich an der Herstellung eines Instruments zum Steinesägen[325]. 1598 schickt der Grossherzog eine Kiste nach Transylvanien, die buontalentische Modelle und anderes enthält, u.a. «das fliegende Fass» (Geschoss) und «das Abschreckungsmittel gegen Überfälle»[326]. Im Jahre 1599 wird mit der Herstellung eines Ziboriums nach einer Zeichnung von Buontalenti begonnen[327]. Zwischen 1599 und 1601 ist er mit zwei Kapellen in Santo Spirito beschäftigt[328]. Anfang des Jahres 1600 sind Arbeiten für die Kruzifix-Kapelle in Gang, die 1601 beendet werden. Eine Studie ist auf das Jahr 1599 datierbar[329], eine andere geht ihr unmittelbar voraus[330], aber die Ausführung unterscheidet sich von den Zeichnungen.
Im Oktober 1600 finden die Feierlichkeiten anlässslich der Vermählung von Heinrich IV. von Frankreich und Maria dei Medici, der Tochter von Francesco I. und Johanna von Österreich, statt. Im Saal der Fünfhundert im Palazzo Vecchio wird das Hochzeitsbankett abgehalten[331]. Ausserdem wird das Theaterstück *Euridice* von Ottavio Rinuccini mit der Musik von Iacopo Peri im Palazzo Pitti aufgeführt[332], und wenige Tage nach der Abreise der Brautleute wird im Theater der Uffizien *Il Rapimento di Cefalo* gezeigt, bei dessen Inszenierung Alessandro Pieroni Buontalenti zur Seite steht[333]. Zu Marias Hochzeit sorgt Buontalenti auch für die Ausschmückung von Santa Maria del Fiore, die sich auf das Innere und auf die Fassade erstreckt und die erst etwa fünfzig Jahre später entfernt wird[334].
Die Verbindung von Bühnenbildnerei und Perspektive, die dem Bühnenhintergrund und den seitlichen Strukturen dient, die Buontalenti für seine Inszenierungen hergestellt hat, findet im Jahre 1600 in der Abhandlung über die Perspektive des grossen Mathematikers Guidobaldo del Monte seine theoretische Kodifizierung.

Die Fürstenkapelle u.a.

Buontalentis dritte Projektphase für die Fürstenkapelle, die in das Modell von 1602 einmündet, baut sowohl auf einer Abänderung des planimetrischen Oktagons von Pieroni[335] als auch auf ausschlaggebende dynamische Einflüsse von Michelangelo auf. Das strukturelle Grundmuster lässt eine Beziehung zu dem Tempelschränkchen im Mittelpunkt der Tribuna der Uffizien herstellen, aber nun erscheint eine Kuppel, die das darunterliegende Element einer Rundung unterwirft[336] (Abb. 236, 237). Später bekommt Pietro Berrettini, auch Cortona genannt, das buontalentische Modell zu Gesicht, das ihn sehr beeindruckt, und er äussert darüber, Buontalenti habe «eine Vorliebe, zahlreiche Elemente, eines neben dem anderen und eines über dem anderen eng zusammenzudrängen und das in einer Raumaufteilung, die in der Fülle der Kontraste wiederum typisch für Buontalenti ist».[337] Die Laterne behält nach einigen Schwankungen die Gestalt, die sie schon vorher hatte[338] (Abb. 238, 240). In dem Modell des Jahres 1602 «lässt Herr Buontalenti seine Statuen auf echte oder vorgetäuschte Konsolen in eine Landschaft stellen, so dass es aussieht, als spazierten sie in einem Garten oder als träten sie aus einem flandrischen Wandteppich hervor»[339], und es kommen die Themen von Pratolino und des Theaters wieder zum Vorschein. Die *sfondati** des ersten Abschnitts mit den von Pieroni kritisierten Inschrifttafeln sind von Trägerelementen eingefasst, deren Achsen die planimetrische Richtungsänderung skandieren[340]. Aus einer Kopie von Baccio del Bianco[341] (Abb. 239) sowie aus einer späteren eigenhändigen Zeichnung der Laterne[342] (Abb. 241) lassen sich Angaben über das buontalentische Projekt entnehmen.

Auf einem auf Pratolino hinweisenden Blatt[343] taucht die Landschaft in der schwachen, lichterfüllten Zeichnung eines Baumes aus einer Arkade hervor. Hierin ist vom Konzept her eine Übereinstimmung sowohl mit der Rückgewinnung der Entfernung, wovon bei Pratolino die Rede war (1569), als auch mit dem Vordringen der Landschaft durch die seitlichen Arkaden zu sehen, wie dies von der Inszenierung des Schauspiels *La Pellegrina* (1589) und von dem Modell für die Fürstenkapelle (1602) bekannt ist. Es handelt sich um eine Zeichnung, die die Beibehaltung der Raumthematik von Pratolino bis zur Fürstenkapelle ausdrückt. Doch tritt hier auch die Durchlöcherungstechnik auf, die Buontalenti wahrscheinlich erst nach Pratolino verwendet, sowie die Abschwächung der Kontraste von Licht und Schatten.

Von den achtziger Jahren an ergänzen sich schwarzer und roter Zeichenstift in den buontalentischen Zeichnungen, aber vorerst entstehen Studien in schwarzem Bleistift. Der rote Stift wird für die Abgrenzung dekorativer Elemente und für das geometrische Grundmuster benutzt, Michelangelo benutzte ihn für das Schusslinienetz in einigen späten Zeichnungen. Der schwarze Stift dient in erster Linie den Zeichenstudien, er wird aber manchmal durch die Feder ersetzt.

Buontalenti beendet das Holzmodell der Kapelle im August 1602, und er erstellt andere Modelle für das Ziborium und das Antependium[344], aber beim Wettbewerb gewinnt das Modell von Don Giovanni dei Medici und Nigetti, was eine Rückkehr zu einem traditionellen Muster mit schräg abfallendem Dach über der Kuppel bedeutet[345] (Abb. 242, 243).

Vermutlich kann man das mit ziemlicher Sicherheit von Buontalenti stammende Projekt für die Loggia von Santa Maria Nuova, an der Giulio Parigi[346] 1612 arbeitet, mit der dritten Projektphase für die Fürstenkapelle in Verbindung bringen. 1602 entwirft Buontalenti die Kanzel von Santa Maria in Settignano (Abb. 244), während er das Modell und den Bau von Gherardo Silvani[347] ausführen lässt. Möglicherweise konzipiert er gegen 1603 die Loggia de'Banchi in Pisa[348] (Abb. 245), die auf die Kreuzgänge von Vignola zurückweisen, und man findet darin die sauberen geometrischen Formen der Kanzel von Settignano wieder. Die Doppelkonsolen unter den Kapitellen, die «geglättet und wie in die harte Oberfläche eingeschnitten» sind, skandieren den binären Rhythmus, von dem die ganze Konstruktion getragen ist, und sie entsprechen den paarweise aufgestellten Pilastern.

Abänderungen des Gewinnerprojektes für die Fürstenkapelle und die erste Ausführung

Das Modell, das bei dem Wettbewerb um den Bau der Fürstenkapelle im Jahre 1602 den Sieg davonträgt, erfährt vor Aufnahme der Bauarbeiten einige Änderungen. Wie das endgültige Projekt aussah, ist durch eine Gravierung[350] bekannt (Abb. 246). Bei gleichbleibendem Ansatz des Entwurfs wird die Form der Kuppel, der Laterne und des Unterbaus verändert; auch die Innendekoration der Kuppel weist Veränderungen auf. Buontalenti scheint an der Festlegung dieser Varianten beteiligt zu sein. Die neue Entwicklung der Kuppel ist buontalentischen Charakters, wie seine zuvor ent-

* Vortäuschung eines Raumes jenseits der Wand durch perspektivische Malerei.

standenen Zeichnungen zeigen, und die doppelte Kalotte erscheint bereits in seinem Projekt von 1597[351] (Abb. 234). Das Motiv der Rundfenster oberhalb des Kämpfers ist typisch für seine letzte Projektphase der Kapelle (Abb. 236-241). Die in einer Zeichnung[352] neu durchdachte Laterne empfängt Einflüsse von Brunelleschi und Michelangelo, und sie wird über einen kreativen Prozess verwirklicht, der in der Kapelle von Pratolino seinen Ursprung hat. Was die in grossen Zügen angelegte Gesamtzeichnung des Gebäudes und die Ausführung des Erdgeschosses betrifft, weisen die Quellen auf Buontalenti zurück[353].
Einige seiner Zeichnungen bestätigen seine Teilnahme an der Entscheidung über die Innenausschmückung der Kuppel[354] (Abb. 247, 248), die an den Schmuck des Gewölbes des *Studio delle Antichità* im Palazzo Grimani in Venedig erinnert. Diese Studien von Buontalenti, die in bezug auf die Ausschmückung des 1602 preisgekrönten Projekts kaum Unterschiede aufweisen, stehen in engerer Verbindung zu der auf der Gravierung des endgültigen Projekts dargestellten Dekoration als zu der einer vorbereitenden Zeichnung[355]. Im übrigen bleibt Buontalentis Einfluss auf die architektonische Kultur von Florenz über einen langen Zeitraum hinweg spürbar. Es wird anerkannt, dass er «den Geschmack verfeinert und verbreitet»[356].

Ein bautechnischer Gedanke, die Büste von Cosimo und Dokumente über Befestigungen

Im Jahre 1606 richtet Buontalenti diese traurige Bitte an den Grossherzog:
«(...) ich bin alt und krank und durch jenen Sturz in der Galerie bin ich behindert und kann nicht aufrecht stehen. Ich habe 15 Münder zu stopfen, u.a. sieben Enkelkinder, vier Mädchen und drei Jungen, und mir fehlen dieses Jahr 2 Scheffel Getreide, um leben zu können. Deshalb flehe ich Euch an und bitte im Namen Gottes und seiner Mutter Maria, dass Ihr mir zu Hilfe kommen möget (...) Bernardo Buontalenti, neunundfünfzig Jahre Dienstbarkeit (d.h. seit 1547)»[357].
Am 15. September kommt ihm ein «Gedanke von Ketten und Bögen aus Stein»[358] (Abb. 247), der eine der ersten Zusammenführungen eines statischen Systems aus Eisen mit einer Bogenkonstruktion aus Mauerwerk darstellt. Es ist die letzte von ihm bekannte Zeichnung, wo durch die unsichere Hand des alten Buontalenti eine zittrige Linienführung zustande kommt, was auch auf dem Blatt zu beobachten ist, auf dem er die Laterne der Fürstenkapelle des preisgekrönten Projekts noch einmal überdenkt (Abb. 240). Aber diese Linienführung hat ihre Berechtigung, weil durch sie die Tendenz zur Helligkeit betont wird, die seine letzte Zeichenperiode charakterisiert, ausserdem wird die dreidimensionale Wirkung hervorgehoben, die zu Anfang vor allem durch den Helldunkelkontrast erreicht wurde.
Im Jahre 1607 und bis März 1608 arbeitet er an einer Büste des Grossherzogs Cosimo für die Fürstenkapelle[359].
Am 28. Mai, neun Tage vor seinem Tod, wird in Gegenwart seiner Tochter Eufemia, des Schwiegersohns Giuliano Salvetti und von Matteo Nigetti ein Verzeichnis seines Besitzes zusammengestellt, und die Dokumente über Festungsanlagen nehmen darin einen bedeutenden Platz ein. Er bewahrte Baupläne von Städten und Festungen wie Siena, Köln, Poggio Imperiale (Poggibonsi), Civitavecchia, Parma, Bologna, Milano, Pisa, Volterra, Modena, Cortona, Lucca, Arezzo, Piombino, Giavarino, Piacenza, Perugia, Fano, Imola, Ancona, Castel Sant'Angelo in Rom, Civita Castellana, die Rocca von Ostia, Korfu, Malta, Legnago sowie einige Kapitel aus dem Traktat von Francesco de'Marchi[360].

1. Als Ingenieur der Magistratur für die Kontrolle der Flüsse leitete er zwischen 1568 und 1574 die Restaurierung der Mauer beim Armenkloster und die Arbeiten an den Brücken von Florenz, Rignano, Incisa und Castelfiorentino sowie die Flusskorrekturen allgemein (G. CASALI e E. DIANA, *Bernardo Buontalenti e la burocrazia tecnica nella Toscana medicea*, Florenz 1983, S. 55-58). Buontalenti wird auch der schiffbare Kanal 1573 zwischen Livorno und Pisa zugeschrieben (G. SILVANI, *Vita del Signor Bernardo Buontalenti scritta da me Gherardo Silvani, per parte, senza suo pregiudizio*, in F. BALDINUCCI, *Notizie dei Professori del Disegno da Cimabue in qua*, appendice per cura di. P. BAROCCHI, VII, Florenz 1975, S. 14; G. VIVOLI, *Annali di Livorno dalla sua origine all'anno di Gesù Cristo 1840*, III, ristampa anastatica, Livorno 1976, S. 44-45. In einer am 7. April 1570 datierten Zeichnung Buontalentis der Brücken in Florenz zwischen den Fischwehren sind die Schäden an den Deichen zur Reparatur vermerkt (G. Fanelli, *Firenze: architettura e città,* Florenz 1973, atlante Nr. 610). In der perspektivischen Ansicht der Florentiner Brükken kann die Technik des Entwurfs und der Arbeit mit Tinte wahrgenommen werden. Ein bis heute unpubliziertes Dokument zur Brücke von Rignano ist ein Brief des Luca Fabbroni; am 21. August 1570 an den Fürsten von Florenz gesandt: «(...) Dovendosi (come sa Vostra Altezza) finire quest'anno il Ponte a Rignano, quale sicondo se intende da questi ministri è ridotto a' buon termine, et per quanto ne riferisce Magistro Bernardo Buontalenti, a' volergli quest'anno dare la debita perfectione, mancheranno anchora scudi 700 quali doverebbe pagare il vicariato di S. Giovanni come ha fatto gl'altri, senza quali no'si potrebbe finire, et poi, il Magistrato dei Fiumi mi ha commesso lo facci intendere a Vostra Altezza per intendere la sua optima mente alla quale humilmente bascio le mani ed Idio la conservi Felicissima [...]» (ASF. *Capitani di Parte,* schwarze Nummern, 725, Bittschriften, Nr. 125).

2. G.E. Saltini, *Bianca Cappello e Francesco I de'Medici,* Florenz 1898, S. 317 und Anm. 2: «Il Casino di San Marco [...] fu del pari edificato sul disegno del Buontalenti, incorporandovi due belle case, una che era di messer Bernardetto de' Medici, e l'altra di suo fratello l'arcivescovo Alessandro; la prima delle quali il granduca acquistò nel 1567 e l'altra nel 1576. La nuova fabbrica fu incominciata poco dopo il primo acquisto, ma compiuta intieramente solo dopo il secondo [...]. Ci basti di porre in sodo un fatto, l'ingnoranza del quale ha generato sempre confusione tra gli eruditi; le case cioè e gli orti di Bernardetto e d'Alessandro de' Medici non aver nulla che fare col famoso orto dove Lorenzo il Magnifico teneva le raccolte anticaglie in custodia di Bertoldo scultore. Quest'orto con la casetta annessavi e la loggia interna, posto sul canto della via degli Arazzieri, che allora pigliava il nome dal prossimo convento di Santa Caterina, si stendeva in larghezza, dal lato di Piazza San Marco, fino alla casa che venne poi in messer Bernardetto de' Medici, e in lunghezza per tutta la via suddetta, fino alla chiesa della congrega de' Preti rispondente in via San Gallo»; cit. in A. Morrogh, *Disegni di architetti fiorentini 1540–1640,* Ausstellungskatalog, Florenz. 1985 (GDSU, LXIII), S. 133.

3. P.F. Covoni, *Il Casino di San Marco construito dal Buontalenti ai tempi medicei,* Florenz 1892, S. 9; doch lässt Covoni, auf S. 9 bei einer Serie von Exemplaren derselben Auflage ein Durcheinander machend, das Datum ungenau; dies betont A. Morrogh, *op. cit.* in Anm. 2, S. 133.

4. GDSU, 2321A; A. Morrogh, *op. cit.* in Anm. 2, Nr. 67. Dieses Blatt wird in Verbindung gebracht mit 2373A.

5. G. Silvani, *op. cit.* in Anm. 1, S. 14; W. Limburger, *Die Gebäude von Florenz,* Leipzig 1910, Nr. 146; V. Giovannozzi, *La vita di Bernardo Buontalenti scritta da Gherardo Silvani,* «Rivista d'Arte», s. II, a. IV, 1932, S. 512, Anm. 6; A. Venturi, *Storia dell'arte italiana, XI. 2ª parte, Mailand 1939, S. 458;* L. Ginori Lisci, *I palazzi di Firenze nella storia e nell'arte,* II, Florenz 1972, S. 725. Das Haus der Bianca liegt an der via Maggio 26.

6. A. Venturi, *op. cit.* in Anm. 5, S. 458. Siehe, für die gebogenen Fenster, G.K. Koenig, *Finestre fiorentine della seconda metà del Cinquecento,* «Quaderno 2/3 dell'Istituto di Elementi di Architettura e Rilievo dei Monumenti», Florenz 1963, S. 32–38.

7. A. Lapini, *Diario fiorentino,* betreut von G.O. Corazzini, Florenz 1900, S. 162; N. Bemporad, *Il forte Belvedere e il suo restauro,* «Bollettino d'Arte», a. XLII, s. IV, Nr. II, 1957, S. 122–134.

8. G. Soderini, *I due trattati dell'agricoltura e della coltivazione delle viti di Giovanvettorio Soderini con il Compendium de agrorum corporumque dimensione di Pietro Maria Calandri,* a cura di A. Bacchi Della Lega, I, Bologna 1902, S. 270; A. Morrogh, *op. cit.* in Anm. 2, S. 69.

9. G. Soderini, *op. cit.* in Anm. 8, S. 139–140, 142. Ein der Palazzina des Belvedere ähnlicher Typ findet sich in Buch V des Traktates von Pietro Calaneo, das in zweiter Auflage 1567 erschien. Die Zuschreibung an Ammanati durch L. Berti – gemässigt durch die Hypothese der Mitarbeiter Buontalentis – wurde kürzlich zurückgewiesen mittels einer dokumentarischen Basis von S.B. Butters, *Il Belvedere di Palazzo Pitti,* Konferenz vom Februar 1987 in der Accademia delle Arti del Disegno in Florenz. Publikation in Vorbereitung.

10. V. Giovannozzi, *Ricerche su Bernardo Buontalenti* «Rivista d'Arte», XV, 1933, S. 300, Anm. 2.

11. GDSU, 2375Ar, 2322A; I.M. Botto, *Mostra di disegni di Bernardo Buontalenti,* Florenz 1968 (GDSU, XXVIII), Nr. 3, 4.

12. ASF, *Capitani di Parte,* schwarze Nummern, 1464, c. 49; V. Giovannozzi, *op. cit.* in Anm. 5, S. 508, Anm. 4; W. Smith, *Pratolino,* «Journal of the Society of Architectural Historians», Band XX, Nr. 4, 1961, S. 159, Anm. 25.

13. ASF, *Capitani di Parte,* schwarze Nummern, 1469, c. 53.

14. ASF, *Capitani di Parte,* schwarze Nummern, 1464, c. 83.

15. ASF, *Capitani di Parte,* schwarze Nummern, 1464, Nr. 190.

16. G. Gaye, *Carteggio inedito d'artisti dei secoli XIV, XV, XVI, III,* Florenz 1840, S. 278. In einer Dokumentation von 1585 fand ich die Kosten für «muro che si è fatto nel giardino di Boboli a canto all'orto di Bernardo Buontalenti» (ASF, *Fabbriche medicee,* 43, c. 5*v*). Auch Silvani bezeugte: «fece lo spartimento del giardino di Boboli buonissima parte nel suo tempo» (G. Silvani, *op. cit.* in Anm. 1, S. 13).

17. ASF, *Magistrato dei Nove,* 3696 u. 3697; F. Baldinucci, *Notizie dei Professori del Disegno da Cimabue in qua.* II, Florenz 1846, S. 502–503; G. Carocci, *Il Ghetto di Firenze e i suoi ricordi. Illustrazione storica,* Florenz 1886, S. 7, 8, 28.

18. G. Silvani, *op. cit.* in Anm. 1, S. 14; F. Baldinucci, *op. cit.* in Anm. 17, S. 507. Für die bereits existierenden, auf die Buontalenti Rücksicht nehmen musste, siehe M. d'Ayala, *Giovanni Camerini celebre ingegnere militare del sec.* XVI, «Archivio Storico Italiano», S. 3, XIV, 1871; C. Promis, *Biografie di ingegneri militari italiani dal secolo XIV alla metà del XVIII,* «Miscellanea di Storia Italiana», XIV, 1874, S. 199, 342–351; R. Manetti, *Portoferraio e le sue antiche fortificazioni,* Florenz 1966; G.M. Battaglini, *Cosmopolis Portoferraio medicea. Storia urbana 1548–1737,* Rom 1978; L. Zangheri, *L'architettura militare in Toscana tra Medici e Lorena da Alessandro a Pietro Leopoldo (1531–1790),* in AA. VV., *Città ville e fortezze della Toscana nel XVIII secolo,* Florenz 1978, S. 43–44; R. Manetti, *Portoferraio. Bastioni verso terra,* Pisa 1979; AA. VV., *Cosmopolis Portoferraio medicea secoli XVI–XVII,* Pisa 1981.

19. GDSU, 2341A (416 × 297, schwarzer Stift, Stilo und Feder auf weissem Papier). Der bereits existierende Entwurf mit Feder.

20. GDSU, 2340A (470 × 600, Maximalmasse, Feder, schwarzer Stift und Wasserfarben auf weissem Papier). Rot die existierende Vorzeichnung, gelb und mit schwarzem Stift was zu tun ist; Handschrift.

21. ASF, *Miscellanea medicea,* 93, c. 303.

22. V. Anm. 182 des zweiten Kapitels.

23. Man sieht die Pläne aus dem 16. Jh. des ISCAG (*Biblioteca,* 36.B.51) *und der* BAV (AA.VV., *I castelli. Architettura e difesa del territorio tra Medioevo e Rinascimento,* Novara 1978, S. 266, Abb. 92).

24. Museo Civico di Livorno, Gemälde von G.M. Terreni, G. Mazzanti, *Di alcuni dipinti raffiguranti le fortificazioni di Portoferraio,* Livorno 1939; G.M. Battaglini, *op. cit.* in Anm. 18, Abb. 36–39.

25. R. Borghini, *Il Riposo,* Florenz 1584, S. 612; F. Baldinucci, *op. cit.* in Anm. 17, S. 507; G. Silvani, *op. cit.* in Anm. 1, S. 14; L. Zangheri, *op. cit.* in Anm. 18, S. 42; AA. VV., *op. cit.* in Anm. 23, S. 266–276; D. Lamberini, *Le mura e i bastioni di Pistoia: una fortificazione reale del '500,* «Postoia-Programma», Nr. 7, Januar-Februar 1980.

26. BNCF, II. I. 280, c. 5; D. Lamberini, *Funzione di disegni e rilievi delle fortificazioni nel Cinquecento,* atti del convegno *L'architettura militare veneta del Cinquecento,* Vicenza 1984, in Vorbereitung.

27. GDSU, 2334A (765 × 948, schwarzer Stift, Feder und Wasserfarben auf weissem, aus mehreren Stücken zusammengesetztem Papier, Skala 17,5 cm = 500 Ellen). Die Vorzeichnung rot, das Projekt gelb und später mit schwarzem Stift.

28. GDSU, 2333A*r* (380 × 474, Stilo, schwarzer Stift und Feder auf weissem Papier, Skala 12,5 cm = 100 Ellen, Front = 260 Ellen, zurückgesetzte Seite = 27 Ellen, Schulter = 34 Ellen, Höhe bis zum Gürtel = 10 Ellen, Breite der gedeckten Strasse = 10 Ellen, Breite des Grabens mit Querrinne = 50 Ellen).

29. Die Zeichnungen Buontalentis lassen sich vergleichen mit folgenden Plänen des 18. Jhs.: ISCAG, FT, XXII, 1652 (AA. VV., *Città ville e fortezze della Toscana nel XVIII secolo,* Florenz 1978, Abb. XCII); ASF, *Segreteria di Gabinetto,* 695, Sammlung Warren, cc. 16, 17.

30. M. Salvi, *Delle historie di Pistoia e fazioni d'Italia*, III, Venedig 1662, S. 200.

31. M. Gualandi, *Nuova raccolta di lettere sulla pittura, scultura ed architettura scritte dai più celebri personaggi dai secoli XV a XVI*, III, Bologna 1856, S. 57.

32. *Ibid*, S. 58.

33. Siehe: G. Baccini, *Le ville medicee di Cafaggiolo e di Trebbio in Mugello*, Florenz 1897, S. 156; M. Fossi (betreut von), *Il taccuino dei Parigi*, Florenz 1975, S. 35, Anm. 157; L. Zangheri, *op. cit.* in Anm. 18, S. 45-46; AA. VV., *op. cit.* in Anm. 23, S. 280-283; D. Lamberini, *op. cit.* in Anm. 26, wo die Hypothese aufgestellt wird, die erste Idee ginge auf G.B. Bellucci zurück (doch gelingt es mir nicht, dies zu erkennen, abgesehen von der Festung - die keine Beziehung hat zu der von Lanci projektierten -, das topographische *emplacement* von San Martino).

34. Ein Plan von Korfu findet sich im vor seinem Tode aufgestellten Inventar Buontalentis; P. Sanpaolesi, *Notizie documentarie sul Buontalenti*, «Palladio», I, 1951, S. 46.

35. AA. VV., *op. cit.* in Anm. 23, S. 246. Betreffend Lanci und Grosseto siehe C. Promis, *op. cit.* in Anm. 18, S. 319-323.

36. Betreffend Terra del Sole siehe: C. Promis, *op. cit.* in Anm. 18, S. 323, 350-355; G. Mini, *Illustrazione storica dell'antico castello di Castrocaro collegata ai principali avvenimenti delle città e castelli d'Italia*, Modigliana 1889, S. 305-322; G. Mini, *La Romagna toscana*, Castrocaro 1901; E. Rocchi, *Le fonti storiche dell'architettura militare*, Rom 1908, S. 320; M. Morini, *Terra del Sole e l'opera di Bernardo Buontalenti*, in *Atti del V Convegno Nazionale di Storia dell'Architettura* (Perugia 1948), Florenz 1957, S. 327-330; E. Donatini, *Terra del Sole, esempio di fortificazione urbanistica*, in *Atti dell'Accademia degli Incamminati*, Modigliana 1966-67; AA. VV., *Terra del Sole città fortezza rinascimentale*, Florenz 1974; L. Zangheri, *op. cit.* in Anm. 18, S. 47; AA.VV., *op. cit.* in Anm. 23, S. 277-279; E. Donatini, *La città ideale*, Ravenna 1979.

37. ASF, *Capitani di Parte*, schwarze Nummern, 1464, c. 163.

38. ASF, *Capitani di Parte*, schwarze Nummern, 1464, c. 177; V. Giovannozzi, *op. cit.* in Anm. 5, S. 515, Anm. 1.

39. Sowohl Silvani als auch Baldinucci schreiben die Bastionen von Prato Buontalenti zu, doch vielleicht handelt es sich nur um Instandhaltungsarbeiten; F. Baldinucci, *op. cit.* in Anm. 17, S. 507, G. Silvani, *op. cit.* in Anm. 1, S. 14.

40. ASF, *Capitani di Parte*, schwarze Nummern, 1464, c. 149.

41. V. Giovannozzi, *op. cit.* in Anm. 5, S. 510, Anm. 5.

42. W. Limburger, *op. cit.* in Anm. 5, Nr. 667; A. Venturi, *op. cit.* in Anm. 5, S. 467.

43. V. Giovannozzi, *op. cit.* in Anm. 10, S. 314; H. Tintelnot, *Barocktheater und Barocke Kunst*, Berlin 1939, S. 57; E. Borsook, *Art and Politics at the Medici Court I: The Funeral of Cosimo I de' Medici*, «Mitteilungen des Kunsthistorischen Institutes in Florenz», XII, 1965, S. 31 und sgg.; L. Berti, *Il principe dello Studiolo*, Florenz 1967, S. 191-193.

44. GDSU, 2354A*r u. v*; 2355A; 2356A.

45. MNF, *Medagliere mediceo*, Nrn. 447, 448; A. Forti, *L'opera di Giorgio Vasari nella fabbrica degli Uffizi*, Auszug «Bollettino degli ingegneri» (Nrn. 11, 12 von 1971 u. Nr. 2/3 von 1972), S. 5, Abb. 1.

46. ASF, *Magistrato dei Nove Conservatori*, 3710, c. 178; U. Dorini, *Come sorse la fabbrica degli Uffizi*, «Rivista Storica degli Archivi Italiani», a. V, Nr. 1-2, 1933, S. 36.

47. L. u. H.W. Frey, *Il carteggio di Giorgio Vasari*, München 1930, lettera CMX; P. Roselli, *I teatri dei Medici*, «Bollettino degli ingegneri», Nr. 7, 1974, S. 4.

48. A. Forti, *op. cit.* in Anm. 45, S. 25.

49. M. Fossi (betreut von), *op. cit.* in Anm. 33, S. 38. Betreffend der Datierung des unteren Stockwerks bezieht sich Parigi vielleicht auf Abschlussarbeiten. N. Bemporad, *Una soluzione parziale per il riordinamento degli Uffizi: la scala 4*, «Bollettino d'Arte», XLIX, II, 1964, S. 174-180.

50. G. Casali e E. Diana, *op. cit.* in Anm. 1, S. 58-61.

51. ASF, *Pratica Segreta*, 188, S. 96, c. 76*r u. v*, *Bernardi Buontalenti donatio predii;* ASF, *Mediceo del Principato*, 688, c. 33.

52. W. Limburger, *op. cit.* in Anm. 5, Nr. 432; G. Pampaloni, *Lo spedale di S. Maria Nuova*, Florenz 1961, S. 22.

53. *Ibid.*, S. 23.

54. *Ibid.*, S. 24.

55. *Ibid.*, S. 26.

56. *Ibid.*, S. 23.

57. *Ibid.*, S. 27.

58. Siehe Stefano Bonsignoris Planvon Florenz 1584.

59. ASF, *Archivio di Santa Maria Nuova*, 5899, c. 247*r*.

60. ASF, *Archivio di Santa Maria Nuova*, 47.

61. ASF, *Archivio di Santa Maria Nuova*, 5108. c. 291*v*.

62. ASF, *Archivio di Santa Maria Nuova*, 47, c. 67*v*.

63. ASF, *Archivio di Santa Maria Nuova*, 47, c. 93.

64. GDSU, 2320A*r* (283 × 422, Feder auf weissem Papier); N. Ferri, *Indice geografico-analitico dei disegni di architettura civile e militare esistenti nella R. Galleria degli Uffizi in Firenze*, Roma 1885.

65. BNCF, *Sez. Palatina*, 853, c. 27*r;* V. Giovannozzi, *op. cit.* in Anm. 5, S. 522.

66. G. Micheli, *Cerreto Guidi tra cronaca e storia*, Pisa 1985, S. 45.

67. GDSU, 2369A*r u. v*; 2367A; 2387A; I.M. Botto, *op. cit.* in Anm. 11, Nrn. 6, 7; A. Morrogh, *op. cit.* in Anm. 2, Nr. 68. I suddetti disegni sono collegati ai seguenti: BMF, E 113 (*Disegni e incisioni della raccolta Marucelli sec. XV-XVIII*, Ausstellungskatalog betreut von G. Brunetti, M. Chiarini, M. Sframeli, 1984, Nr. 20; A. Morrogh, *op. cit.* in Anm. 2, S. 135); GDSU, 2319A (I.M. Botto, *op. cit.* in Anm. 11, Nr. 36; A. Morrogh, *op. cit.* in Anm. 2, S. 135).

68. 1576 war im Casino bereits das Arsenal untergebracht, wo Francesco «in diverse stanze ha diversi maestri che lavorano di diverse cose», bezeugt vom venezianischen Botschafter Andrea Gussoni; D. Heikamp, *Studien zur mediceischen Glaskunst. Archivalien, Entwurfszeichnungen, Gläser und Scherben*, Florenz 1986, S. 68.

69. GDSU 2387 A*r*; 2380A: 2319A*r*. La Botto hingegen setzte 2380A in Beziehung zur porta delle Suppliche und bezog 2319A später zu derselben porta (*op. cit.* in Anm. 11, Nr. 24, 36).

70. A. Morrogh, *op. cit.* in Anm. 2, S. 133.

71. BNP, *Ms. Ital.* 1292, c. 83.

72. G. Silvani, *op. cit.* in Anm. 1, S. 12. Siehe auch: F. Milizia, *Memorie degli architetti antichi e moderni*, II, Bassano 1785, S. 64; F. Baldinucci, *op. cit.* in Anm. 17, S. 497; W. Limburger, *op. cit.* in Anm. 5, Nr. 405; V. Giovannozzi, *op. cit.* in Anm. 5, S. 509, Anm. 1; A. Venturi, *op. cit.* in Anm. 5, S. 468-475; F. Borsi, *Firenze del Cinquecento*, Rom 1974.

73. A. Venturi, *op. cit.* in Anm. 5, S. 472. Eine präzise Arbeit über die geknickten Fenster, ohne das architektonische Ganze, entwickelte G.K. Koenig, *op. cit.* in Anm. 6, S. 42-47.

74. Publiziert in P.F. Covoni, *Don Antonio de' Medici al Casino di San Marco*, Florenz 1892. Für die 1938 und 1940 durchgeführten Arbeiten (Lifteinbau, Toiletten, Duschen, Dächer, Verputz) siehe ASF, *Genio Civile*, 324.

75. GDSU, 2328A*r u. v*; 2327A*r;* P. Sanpaolesi, *op. cit.* in Anm. 34, S. 45.

76. G. Alghisi da Carpi, *Delle fortificazioni*, 1570, S. 43.

77. *Ibid.*, S. 43-47, 103-107. Die Präsentation Buontalentis von Blatt 2328A*v* ist weniger phantasievoll, wenn man annimmt, das im Traktat von Daniel Speakle etwas ähnliches zu sehen ist (*Architectura Von Vestungen*, Strassburg 1589). Die Fratze, die zu sehen ist, brachte er in Verbindung zum Brunnen zwischen borgo Sant'Iacopo und via dello Sprone in Florenz (A. Fara, *Buontalenti: architettura e teatro*, Florenz 1979, S. 25, Anm. 27), aber der Brunnen ist wahrscheinlich 1608 datiert (C. Cresti, *Le fontane di Firenze*, Florenz 1982, S. 90). In der Zeichnung GDSU, 2327A*r* vereint Buontalenti zwei Bollwerke einer Front und drei weitere Überbleibsel eines fünfeckigen Baus zu einem umfassenden fünfeckigen Bau.

78. ASF, *Mediceo del Principato*, 669, c. 1; Brief des Benedetto Strozzi (Verwalter) an den Granduca von Livorno: «[...] Bernardo Buontalenti m'ha fatto intendere per Parola di maestro Giovanni Antonio Bombardiere in questa Forteza, Ch'io gli mandi certe misure per fare il disegno di nuova Fortificazione, Non ho voluto mancare di mandarle, Ma ben 'mi è parso, indirizzarle, Com'io fo', a V. Altezza Serenissima [...]».

79. *Raccolta delle più belle vedute della Città e Porto di Livorno con alcune osservazioni sopra le medesime,* Livorno, Tommaso Masi e. C. 1796. Eine Kopie von Buontalentis Projekt machte 1801 Filippo Löwe (Livorno, Museo Civico G. Fattori).

80. In Francesco di Giorgio für das strahlenförmig angeordnete Stadtnetz in achteckigem Umgang oder in Spiralen zu den Verteidigungsanlagen: BRT, *Saluzziano* 148, 7*r u. v*; für das ortogonale Stadtnetz in achteckigem verlängertem Umgang: BRT, *Saluzziano* 148, 8*r*; für das ortogonale Stadtnetz, übergehend in einen gezahnten Umgang: BRT, *Saluzziano* 148, 7*v*. Für das radiale Schema des Baldassarre Peruzzi: GDSU, 557A.

81. E. Concina, *«Res militaris» e «res aedificatoria»: Francesco Maria della Rovere, Michele Sanmicheli e la fortificazione di Verona,* atti del convegno *L'architettura militare veneta del Cinquecento,* (Vicenza 1984), in Vorbereitung.

82. Ch. van den Heuvel, *Un'escussione di testimoni ad Anversa (1542). L'introduzione dell'urbanistica e dell'architettura militare italiana nei Paesi Bassi,* atti del convegno *Architettura militare nell'Europa del XVI secolo* (Florenz 1986), in Vorbereitung. Eine Teilinterpretation der befestigten Stadt der Renaissance ist die von P. Marconi, *Una chiave per l'interpretazione dell'urbanistica rinascimentale. La cittadella come microcosmo,* «Quaderni dell'Istituto di Storia dell'Architettura», s. XV, fascic. 85-90, Rom 1968, S. 53-94.

83. H. de la Croix, *Palmanova: a study in sixteenth century urbanism,* «Saggi e memorie di storia dell'arte», 5, 1966, S. 23-41.

84. *Ibid.*

85. GDSU, 2339A; G. Severini, *Le fortificazioni,* in AA. VV., *Livorno: progetto e storia di una città tra il 1500 e il 1600,* Ausstellungskatalog, 1980, Nr. IV.1.

86. ASF, *Miscellanea medicea,* 93, c. 268, *Ordini che tiene il signor Lelio Spannocchi per disegniare un Baluardo* (243 × 165).

87. G.B. Dei beteuert in Besitz zu sein von «un disegno acquerellato di mano del medesimo Bernardo Buontalenti [...] della pianta del vecchio Livorno, col suo nuovo accrescimento e fortificazioni, nel quale di mano di esso Bernardo vi son queste parole: Bernardo Buontalenti. Tutto il giallo è la pianta di Livorno che s'à da fare, che così ha risoluto Francesco de' Medici Serenissimo Gran Duca di Toscana l'anno 1576, 31 ottobre» (G. Pampaloni, *op. cit.* in Anm. 52, S. 81, Anm. 15). Für das Zeremoniell der Grundsteinlegung siehe auch: R. Galluzzi, *Istoria del Granducato di Toscana,* II, Florenz 1781, S. 291-292; V. Giovannozzi, *Per la storia del Duomo di Livorno,* «Liburni Civitas», a. V, fascicolo 1, 1932, S. 47, Anm. 1; G. Nudi, *Storia urbanistica di Livorno,* Venedig 1959, S. 100-103.

88. GDSU, 2377A; 2327A*r*; 2382A; GDSU, 2360A (229 × 304, Feder auf weissem Papier).

89. G. Silvani, *op. cit.* in Anm. 1, S. 13.

90. 1577 arbeitete Bandini an der für über das Portal bestimmten Büste Francescos; L. Berti, *op. cit.* in Anm. 43, S. 39.

91. A. Venturi, *op. cit.* in Anm. 5, S. 481-483.

92. GDSU, 2383A*r;* GDSU, 2384A; A. Morrogh, *op. cit.* in Anm. 2, S. 69.

93. E. Borsook, *op. cit.* in Anm. 43.

94. GDSU, 2319A*r* u. *v* (siehe Anm. 69). Das Kruzifix von Santa Maria Maddalena dei Pazzi wurde ca. 1546 datiert. (I.M. Botto, *Buontalenti,* in *Dizionario biografico degli italiani,* Rom 1972). Ich schlage vor, im Hinblick auf das gezeichnete Kruzifix die Datierung um ca. 30 Jahre vorzuziehen.

95. ASF, *Repertorio Strozziano di Memorie Ecclesiastiche,* inv. 335, S. 275. Si veda: [V. Borghini], *La Descrizione Dell'apparato Fatto in Firenze, nel Bettesimo del Serenissimo Principe di Toscana,* Firenze 1577; G. Richa, *Notizie Istoriche delle Chiese Fiorentine divise nei suoi Quartieri,* V, Florenz 1757, S. XXVI; AA. VV., *Il luogo teatrale a Firenze,* Ausstellungskatalog, 1975, Nr. 7.20.

96. GDSU, 2483A.

97. GDSU, 2318A.

98. GDSU, 2455A; V. Giovannozzi, *op. cit.* in Anm. 10, S. 315; A. Venturi *op. cit.* in Anm. 5, S. 466.

99. GDSU, 2315A*r* u. *v;* 2314A*r* u. *v;* V. Giovannozzi, *op. cit.* in Anm. 10, S. 303; I.M. Botto, *op. cit.* in Anm. 11, Nrn. 45, 46; A. Morrogh, *op. cit.* in Anm. 2, Nr. 72. Das fragliche Blatt wurde in Bezug gesetzt: von Giovannozzi zur Piazza Pitti, von Morrogh der Aufführung der Komödie *Il Baratto,* aufgeführt im Salon der Fünfhundert im Palazzo Vecchio. Letzterer hob die stilistische Nähe zu Blatt 2455A mit der Taufe hervor.

100. G.G. Bottari e S. Ticozzi, *Raccolta di lettere sulla pittura, scultura, ed architettura scritte da'più celebri personaggi dei secoli XV, XVI, e XVII,* I, Mailand 1822, S. 165.

101. E. Borsook, *Art and Politics at the Medici Court II: The Baptism of Filippo de' Medici in 1577,* «Mitteilungen des Kunsthistorischen Institutes in Florenz», XIII, 1967, S. 103, Abb. 5.

102. G.B. Cini, *Il Baratto,* a cura di M.L. Doglio, Turin 1972; AA. VV., *op. cit.* in Anm. 95, Nrn. 7.19, 7.20.

103. GDSU, 2306A*r;* A. Morrogh, *op. cit.* in Anm. 2, S. 141.

104. S. Serlio, *Tutte l'Opere d'Architettura di Sebastiano Serlio bolognese,* Venedig 1584, libro secondo, cc. 49*v*-50*v*.

105. GDSU, 2305A; 2303A; 2309A; 2311A; 2304A; 2312A; 2308A; 2310A; A. Morrogh, *op. cit.* in Anm. 2, Nrn. 70, 71.

106. GDSU, 8 P.

107. *La prospettiva di Euclide, nella quale si tratta di quelle cose, che per raggi diritti si veggono: et di quelle, che con raggi reflessi nelli Specchi appariscono,* traduz. e note di E. Danti, zusammen mit *La prospettiva di Eliodoro Larisseo,* Florenz 1573, Proemio. Erste gedruckte und italienische Ausgabe der Optik Euklids mit Anmerkungen und einem Diskurs zum Lob der Perspektive Dantes; das zweite Werk ist die *editio princeps* des Textes des Heliodor mit italienischer Version. Verschiedene griechische Exemplare Euklids fanden sich in der Bibliothek der Medici.

108. *Ibid.,* S. 81-83.

109. ASF, *Capitani di Parte,* schwarze Nummern, 1464, cc. 159, 194; V. Giovannozzi, *op. cit.* in Anm. 5, S. 508, Anm. 4; W. Smith, *op. cit.* in Anm. 12, S. 159, 161, Anm. 23, 29.

110. GDSU, 2323A; I.M. Botto, *op. cit.* in Anm. 11. Nr. 1. Im Plan von Vasari d.J. finden sich die mittelalterlichen Rampen nicht.

111. ASF, *Capitani di Parte,* schwarze Nummern, 1464, c. 228; 1466, cc. 248, 279; W. Smith, *op. cit.* in Anm. 12, S. 161, 162, Anm. 29, 30, 31.

112. Betreffend Verwaltergebäude siehe *Spoglio del libro generale della fabbrica segnato D,* wo Kosten registriert sind für die «casa del fattore a colombaia» (ASF, *Miscellanea medicea,* 264, inserto 38). 1577 sind auch im Bau: die Grotten des Pan und der Fama, jene des Cupido, der Parnass (L. Zangheri, *Pratolino il giardino delle meraviglie,* Florenz 1979, S. 124, 163, 158).

113. ASF, *Capitani di Parte,* schwarze Nummern, 1465, c. 281; W. Smith, *op. cit.* in Anm. 12, S. 162, Anm. 33.

114. ASF, *Capitani di Parte,* schwarze Nummern, 1468, c. ohne Nummer; W. Smith, *op. cit.* in Anm. 12, S. 162. Anm. 33.

115. ASF, *Capitani di Parte,* schwarze Nummern, 1466, c. 16; W. Smith, *op. cit.* in Anm. 12. S. 163, Anm. 34. 1578 gab es bereits die nördliche zentrale Achse zwischen Stadt und Appenin und gegen 1580 die Linie zwischen Appenin und dem achteckigen Feld. 1579 entstand ein Modell für eine Wasserleitung. (L. Zangheri, *op. cit.* in Anm. 112, S. 140).

116. F. Borsi, *op. cit.* in Anm. 72, S. 215.

117. ASF, *Diplomatico cartaceo,* Carte Buontalenti, 1578-79; A. Neri, *Un privilegio a Bernardo Buontalenti,* «Giornale Ligustico di Archeologia, Storia e Letteratura», a. XIII, fasc. III-IV-V, 1886, S. 164-167; A. De Rubertis, *Varietà storiche e letterarie,* Pisa 1935, S. 20-32; K. Prijateli, *Una proposta di Bernardo Buontalenti a Ragusa (Dubrovnik),* «Rivista d'Arte», vol. XXXIII, 1958, S. 39-41.

118. ASV, *Senato terra,* registro 52, 1577-79, c. 96*v*; Buontalenti wurden 6 Monate zugebilligt für diese drei Instrumente; am 3. April 1579 wurden weitere 6 Monate bewilligt; A. De Rubertis, *op. cit.* in Anm. 117, S. 25.

119. G. Casali e E. Diana, *op. cit.* in Anm. 1, S. 61-69.

120. ASF, *Mediceo del Principato,* 712, c. 265*r* u. *v;* Brief vom 11. Juni 1578 von Alessandro Puccini, Verwalter, an den Granduca von Livorno: «[...] qui abiamo fondato la Casermetta del baluardo di Santo Andrea sulla marina, e braccia 50 di faccia di detto baluardo alla fondeza di braccia 4½ e largho braccia 9 posandoci sul sasso [...]».

121. D. Matteoni, *Livorno,* Rom-Bari 1985, S. 20.

122. ASF, *Capitani di Parte,* schwarze Nummern, 1468, c. 58.

123. D. Matteoni, *op. cit.* in Anm. 121, S. 21.

124. G. SEVERINI, *op. cit.* in Anm. 85, S. 88 und Anm. 17.

125. GDSU, 2463A; I.M. BOTTO, *op. cit.* in Anm. 11, Nr. 64, wo hingegen die Zeichnung der Lunette von Santo Spirito zugeschrieben wird.

126. A. MORROGH, *op. cit.* in Anm. 2, S. 145.

127. ASF, *Magistrato dei Nove Conservatori,* 3701, c. 98*v*.

128. ASF, *Capitani di Parte,* schwarze Nummern, 1466, Nr. 155.

129. ISCAG, FT, XXII, 1586; AA. VV., *op. cit.* in Anm. 29, Abb. XXVI.

130. ASF, *Capitani di Parte,* schwarze Nummern, 1466, c. ohne Nummer.

131. L. ZANGHERI, *op. cit.* in Anm. 112, S. 131, 153.

132. ASF, *Capitani di Parte,* schwarze Nummern, 1468, c. 445: «Sua Altezza vuole che si facci pilastri et non colonne».

133. A. LAPINI, *op. cit.* in Anm. 7, S. 207.

134. G. SILVANI, *op. cit.* in Anm. 1, S. 11; für einen Teil der Tribuna: M. FOSSI (betreut von), *op. cit.* in Anm. 33, S. 53.

135. ASF, *Mediceo del Principato,* 748, cc. 161*r* u. *v*, 162*r* u. *v*.

136. D. HEIKAMP, *Zur Geschichte der Uffizien – Tribuna und der Kunstschränke in Florenz und Deutschland,* «Zeitschrift für Kunstgeschichte», XXVI, 3/4, 1963, S. 193 sgg.; Id., *La Tribuna degli Uffizi come era nel Cinquecento,* «Antichità viva», III, Nr. 3, 1964, S. 12–18.

137. *Ibid.*, S. 29.

138. A. MORROGH, *op. cit.* in Anm. 2, S. 147. 1583 zeichnete Buontalenti und baute das Modell für eine «Cassetta die gioie» für den Grossherzog (*Ibid.*, Nr. 77).

139. GDSU, 6880A*v*; A. MORROGH, *op. cit.* in Anm. 2, Nr. 76.

140. ASF, *Guardaroba medicea,* 110, c. 66*r* (Bezahlung am 26. Januar 1585 für den Transport eines «Studiolo di gioie» und eines Ebenholztisches für König Philipp II. von Spanien). Betreffend Schrank in Santa Maria Novella siehe: G. RICHA, *op. cit.* in Anm. 95, III, Florenz 1755, S. 45.

141. GDSU, 7999A; AA. VV., Disegni di fabbriche brunelleschiane, Ausstellungskatalog, Florenz 1977 (GDSU, XLVII), Nr. 10.

142. Über die Beziehung der Tribuna zur Fürstenkapelle cfr. L. BERTI, *op. cit.* in Anm. 43, S. 137 sgg.; C. PRZYBOROWSKI, *Die Ausstattung der Fürstenkapelle an der Basilika von San Lorenzo in Florenz,* Berlin 1982, S. 92; A. MORROGH, *op. cit.* in Anm. 2, Nr. 76.

143. GDSU, 326 Orn.; A. MORROGH, *op. cit.* in Anm. 2, Nr. 75.

144. L. WACHLER, *Giovannantonio Dosio, ein Architekt des späten Cinquecento,* «Römisches Jahrbuch für Kunstgeschichte», IV, 1940, Abb. 82; cit. in A. MORROGH, *op. cit.* in Anm. 2, Nr. 75.

145. GDSU, 694 Orn; I.M. BOTTO, *op. cit.* in Anm. 11, Nr. 30; Museo degli Argenti di palazzo Pitti, inv. 1921, Nr. 802.

146. GDSU, 690 Orn; I.M. BOTTO, *op. cit.* in Anm. 11, Nr. 17; L. BERTI, *op. cit.* in Anm. 43, Abb. 151.

147. G. MORAZZONI, *Le porcellane italiane,* Rom–Mailand 1935, S. 20.

148. F. BALDINUCCI, *op. cit.* in Anm. 18, S. 500; L. DAMI, *Il giardino italiano,* Mailand 1924, S. 39; V. GIOVANNOZZI, *op. cit.* in Anm. 5, S. 510, Anm. 2; L. BERTI, *op. cit.* in Anm. 43, S. 135.

149. ASF, *Guardaroba medicea,* CX, cc. 30*r*, 60*r*.

150. D. HEIKAMP, *La Grotta Grande nel giardino di Boboli,* «Antichità viva», IV, Nr. 4, 1965, S. 30.

151. ASF, *Fabbriche medicee,* 31, c. 75; ASF, *Capitani di Parte,* schwarze Nummern, 1469, c. 549; ASF, *Fabbriche medicee, 42:* il 16 gennaio 1584 Lorenzo del Nerone, scalpellino, creditore per «4 pilastri di pietra bigia quadri di braccia 1 per ogni verso alti braccia 4½ co'basa e Cimasa [...] et per una nichia di pietra bigia di vano braccia 2⅗ alta braccia 5¼ [...] per servitio della grotta [...]» (c. 37*r*); il 25 maggio 1584 Piero di Tommaso Matti, scultore, creditore perché dal 22 agosto 1583 al 5 maggio 1584 è stato «a far fi[g]ure e maschere di terra e di Spugnie et d'altro per detta grotta [...]» (c. 39*v*); il 22 giugno 1584 Giovannozzo di Michelangelo, scalpellino, creditore per braccia 349 di «lastrico subiato per la grotta [...]» (c. 40*r*); il 23 novembre 1584 Giovanni di Michelagnolo, scalpellino, creditore per «più scaglioni uscio porta finestra e lastrico fatto alla grotta e suo corridoio [...]» (c. 42*r*); il 23 novembre 1584 Lorenzo del Nerone, scalpellino, creditore per «2 pezzi di scalini a bastone murati alla grotta [...]» (c. 42*v*); il 24 aprile 1585 spese per «Calcina mezzane campigiane [...] e ferramenti aguti legnami sassi e altro e opere di huomini e di buoi che hanno lavorato a detta grotta da dì 29 d'Agosto 1583 che cominciò detta grotta [...]» (c. 43*r*); il 30 aprile 1585 Giovanni di Domenico, fabbro, creditore per «di più sorte ferri dati per servitio di detta Grotta da dì 27 di settembre 1582 al dì 25 d'Aprile 1585, che furono numero 1872 splanghette di ⅓ e di ¼ di braccio [...] servite per il cielo della volta di detta grotta et numero 8 Catene acentinate co' li occhi doppi et paletti di ⅓ di braccio [...] et 3 catene ordinarie con lor paletti e biette [...]» (c. 47*v*); ASF, *Fabbriche medicee,* 43: in luglio 1585 spese per la grotta (cc. 1*v*, 2*r*); il 18 settembre 1585 spese per «braccia 20 quadre di volta ita nel vano dello aovato nel mezo della volta a Tana della grotta in testa al cortile [...]» e per «braccia 20 di lastricho picchiato ito sopra alla detta volta [...]» (c. 3*v*); il 18. settembre 1585 spese per «la grotta in testa al cortile, la grotta in testa alla viottola [...]» (c. 4*v*); il 14 dicembre 1585 spese «per le mura di boboli et del giardino [...] da dì 20 di luglio 1585 addì 31 d'ottobre 1585 al muro che si è fatto in boboli [...] et al muro che si è fatto nel giardino a canto all'orto di Bernardo Buontalenti [...]» (c. 5*v*); l'11 gennaio 1586 spese per la grotta (cc. 5*v*, 6*r e v*); il 12 aprile 1586 spese per la «grotta del giardino acanto al corridore [...]» (c. 8*v*); tra aprile e maggio 1586 spese per la grotta (cc. 9*r*, 11*r*, 12*r*); il 20 giugno 1586 spese «per le mura fatte in boboli e per il muro fatto acanto all'orto di Bernardo Buontalenti [...]» (c. 13*r*); da giugno a novembre ancora spese per la grotta relative anche a condotti e cose per arredarle quali vasi di terracotta (cc. 14*r e v*, 15*r e v*, 16*v*, 17*r*, 24*r*); ASF, *Fabbriche medicee,* 44: spese per la grotta da maggio ad agosto 1587 (cc. 1*v*, 2*r e v*, 3*r*, 4*v*); il 20 novembre 1587 spese per far fare a maestro Giovanni di Domenico fabbro «un cancello dinanzi alla grotta del giardino de pitti [...]» (c. 5*v*); e l'8 dicembre 1587 ancora spese per il cancello (c. 6*r*).

152. L. DAMI, *op. cit.* in Anm. 148, S. 43; ASF, *Fabbriche medicee,* 43, c. 4*v*.

153. F. MILIZIA, *op. cit.* in Anm. 72, S. 64; G. ANGUILLESI, *Notizie storiche dei palazzi e ville appartenenti alla I. e R. Corona di Toscana,* Pisa 1815, S. 138–190; F. BALDINUCCI, *op. cit.* in Anm. 17, S. 501; A. NICCOLAI, *Palazzi, ville e scene medicee in Pisa e dintorni,* Pisa 1914, S. 44; D. SIMONI, *Medaglioni storici pisani,* Pisa 1932, S. 103–105; V. GIOVANNOZZI, *op. cit.* in Anm. 5, S. 519, Anm. 1; A. VENTURI, *op. cit.* in Anm. 5, S. 456; G. SILVANI, *op. cit.* in Anm. 1, S. 18; L. TONGIORGI, *Le case dei Gaetani nel XVI secolo,* «Antichità pisane», a. II, 1975, S. 28–34; E. TOLAINI, *Forma Pisarum,* 2ª ed., Pisa 1979, S. 164; A. FARA, *op. cit.* in Anm. 77, S. 27–28, Anm. 31; M.T. LAZZARINI e R. LORENZI, *La sede della corte,* in AA. VV., *Livorno e Pisa: due città e un territorio nella politica dei Medici,* Ausstellungskatalog, Pisa 1980, S. 276–287. Der Palazzo Ducale bildete keine Erweiterung von jenem des Bandinelli, der in einem anderen Stadtteil lag (*Ibid.*, S. 284–285).

154. ASF, *Mediceo del Principato,* 760, c. 581, Brief von Buontalenti an den Grossherzog vom 4. April 1583.

155. ASF, *Fabbriche medicee,* 144, c. 145*v*.

156. ASF, *Fabbriche medicee,* 143; 144; 146; 147; A. FARA, *op. cit.* in Anm. 77, S. 27–28, Anm. 31; M.T. LAZZARINI e R. LORENZI, *op. cit.* in Anm. 153, S. 276–287.

157. Die Mauerdicke im Erdgeschoss betrug 2 Ellen. Der Piano nobile und das Obergeschoss waren 15 resp. 6 Ellen hoch und 1½ resp. 1 Elle dick. Das Portal mit dem Balkon darüber war 4 Ellen breit und 8⅓ Ellen hoch. Aus dem Dach ragten 25 Kamine. Die Fenster des Piano nobile waren 5 Ellen hoch und 2,5 Ellen breit; diejenigen des Obergeschosses 3 hoch und 2,5 breit. Die geknickten Fenster im Erdgeschoss waren 3 Ellen hoch und 2,5 breit. Buontalentis Palast entlarvte die entstellende Arbeit des Bombicci. Man berücksichtige auch die Schäden des Zweiten Weltkrieges.

158. ASF, *Magistrato dei Nove Conservatori,* 3709. Zahlungsheft für Arbeit und Material zwischen 1580 und 1585 betreffend den Bauplatz Lappeggi.

159. ASF, *Capitani di Parte,* schwarze Nummern, 1466, Nr. 58.

160. ASF, *Capitani di Parte,* schwarze Nummern, 1468, c. 495; A. FARA, *Le ville di Bernardo Buontalenti nel tardo Rinascimento toscano,* «Storia dell'Arte», Nr. 29, 1977, S. 37.

161. F. BALDINUCCI, *op. cit.* in Anm. 17, S. 501; J. DEL BADIA, *Memorie fiorentine scritte da Baccio di Ser Gianmaria di Ser Baccio Cecchi,* «Miscellanea fiorentina di erudizione e storia», I, 1902, S. 42 sgg.; V. GIOVANNOZZI, *op. cit.* in Anm. 5, S. 512, Anm. 2; G. SILVANI, *op. cit.* in Anm. 1, S. 13. Im Kloster Santa Trinita wurden die Arbeiten von Alfonso Parigi dem Älteren geleitet.

162. A. Da Morrona, *Pisa illustrata nelle Arti del Disegno*, III, Pisa 1787, S. 353; F. Baldinucci, *op. cit.* in Anm. 17, S. 507; P. Mazzoni, *Le strutture architettoniche dell'arsenale*, in AA. VV., *op. cit.* in Anm. 153, S. 191-197.

163. ASF, *Capitani di Parte*, schwarze Nummern, 1468, c. 499. Brief des Verwalters Benedetto Uguccioni an den Grossherzog.

164. ASF, *Capitani di Parte*, schwarze Nummern, 1469, c. 63.

165. ASF, *Capitani di Parte*, schwarze Nummern, 1469, c. 95.

166. ASF, *Capitani di Parte*, schwarze Nummern, 1469, c. 122

167. [B. De' Rossi], *Descrizione del Magnificentiss. Apparato, e de' maravigliosi Intermedii fatti per la Commedia rappresentata in Firenze nelle felcissime Nozze degl'Illustrissimi, ed Eccellentissimi Signori il Signor Don Cesare d'Este, e la Signora Donna Virginia Medici*, Florenz 1585; F. Baldinucci, *op. cit.* in Anm. 17, S. 509 sgg.; A. Warburg, *I costumi teatrali per gli Intermezzi del 1589*, «Atti dell'Istituto Musicale di Firenze», 1895; A. Lapini, *op. cit.* in Anm. 7, S. 250; P. Turchetti, voce *Buontalenti*, in *Enciclopedia dello spettacolo*, II, 1954; D. Heikamp, *Il Teatro Mediceo degli Uffizi*, «Bollettino del Centro Internazionale di Studi di Architettura Andrea Palladio», XVI, 1974, S. 323-332; P. Roselli, *I teatri dei Medici*, «Bollettino degli ingegneri», Nr. 7, 1974, S. 3-12; AA. VV. *op. cit.* in Anm. 95, S. 105-106 u. Nr. 8.4-8.5; L. Zorzi, *Il teatro e la città. Saggi sulla scena italiana*, Turin 1977, S. 109-111.

168. GDSU, 2374A; I.M. Botto, *op. cit.* in Anm. 11. Nr. 33.

169. ASF, fondo *Mannelli*, c. 18.

170. GDSU, 7059 F; AA. VV., *op. cit.* in Anm. 95, Nr. 8.5.

171. Erone, *Spiritali*, trad. it. di O. Vannocci, Manuskript, BCS, L. VI. 44; *Id.*, *Del Vuoto*, trad. it. di B. Davanzati, manoscritto, BNCF, B.R. 223; AA. VV., *La corte il mare i mercanti. La rinascita della Scienza. Editoria e Società. Astrologia, magia e alchimia*, catalogo mostra, Florenz 1980, Nr. 4.48, 4.49.

172. R. Borghini, *op. cit.* in Anm. 25, S. 613.

173. G. Silvani, *op. cit.* in Anm. 1, S. 19; F. Baldinucci, *op. cit.* in Anm. 17, S. 529-530.

174. BNCF, Palat., Serie Targioni 86; AA. VV., *op. cit.* in Anm. 171, Nr. 4.55.

175. GDSU 2375A*v* (erster Entwurf des Instruments, *recto* eine Zeichnung für das mittelalterliche Portal von Pratolino); 2387A*v* (wo auch die Fassade einer Kirche schematisch sichtbar wird, von der Buontalenti ausging für Santa Maria del Fiore und Santa Trìnita); 2305A*v*.

176. D. Simoni, *Coltano e la sua storia*, Pisa 1911; M. Giachetti, M.T. Lazzarini, R. Lorenzi, *La villa pisana: contributo alla individuazione di tipi formali e ideologici*, in AA. VV., *op. cit.* in Anm. 153, S. 97-99.

177. ASF, *Mediceo del Principato*, 786, c. 398. Brief des Amaddio Federighi vom 18. April 1587 an den Grossherzog.

178. GDSU, 1341A; 731A; 616A.

179. GDSU, 336A*v*; P.C. Marani, *Disegni di fortificazioni da Leonardo a Michelangelo*, Ausstellungskatalog, Florenz 1984, Nr. 21.

180. F. Baldinucci, *op. cit.* in Anm. 17, S. 501; G. Carocci, *I dintorni di Firenze*, I, Florenz 1906, S. 372; G. Lensi Orlandi Cardini, *Le ville di Firenze di là d'Arno*, Florenz 1954, S. 146.

181. ASF, *Mediceo del Principato*, 787, c. 830.

182. W. Limburger, *op. cit.* in Anm. 5, Nr. 234; W. und E. Paatz. *Die Kirchen von Florenz*, III, Frankfurt am Main 1952, S. 335-336, 469.

183. Museo degli Argenti di palazzo Pitti, inv. 822; D. Heidkamp, *op. cit.* in Anm. 136, S. 246 und Abb. 34; A. Morrogh, *op. cit.* in Anm. 2, Nr. 73.

184. M. Tafuri, *Venezia e il Rinascimento*, Turin 1985, S. 257-259.

185. GDSU, 2447A; A. Morrogh, *op. cit.* in Anm. 2, Nr. 73. Un disegno del MM (inv. 66510; M.L. Myers, *A Presentation Drawing for the Facade of Santa Maria del Fiore, Florence*, «Master Drawings», IX, 1971, plate 37) Morrogh schrieb die Zeichnung Buontalenti statt Cigoli zu.

186. *Ibid.*, S. 143. Die Kirche Santa Maria Formosa in Venedig zeigt einen Sarkophag auf der Fassade.

187. *Ibid.*, S. 144.

188. A. De Rubertis, *op. cit.* in Anm. 177, S. 25.

189. GDSU, 2500 A; MODF, Modell Nr. 132. Die Zeichnung bezieht sich direkt auf das Modell.

190. GDSU, 2357A (561×411, Feder und Spuren von Stilo auf weissem Papier).

191. GDSU, 3893A (nicht von Buontalenti).

192. G. Targioni Tozzetti, *Relazioni di alcuni viaggi fatti in diverse parti della Toscana*, I, Florenz 1768, S. 52; F. Fontani, A. Terreni, J. Terreni, *Viaggio pittorico della Toscana*, II, Florenz 1802, S. 131-132; E. Repetti, *Dizionario geografico fisico storico della Toscana*, I, Florenz 1833, S. 80; A. Zuccagni Orlandini, *Indicatore topografico della Toscana Granducale*, Florenz 1856, S. 17; G. Carocci, *Illustratore foirentino*, Florenz 1905, S. 66; M. Fossi, *Note documentarie sul gruppo di Ercole e Anteo dell'Ammannati e sulla villa Ambrogiana*, in AA. VV., *Architettura e politica da Cosimo I a Ferdinando I*, betreut von G. Spini, Florenz 1976, S. 467-479.

193. ASF, *Miscellanea medicea*, 264, inserto 38. 1595 stiegen die Spesen auf «320566 scudi, 2 lire, 8 soldi, 6 denari».

194. GDSU, 2352A; A. Morrogh, *op. cit.* in Anm. 2, Nr. 78.

195. ASF, *Fabbriche medicee*, 44: il 30 gennaio 1588 spese per «libbre 14670 di spugne di Valdimarina levate dalla cava et poste ne pitti [...] serve per la facciata della grotta [...]» (c. 7*r*); il 27 aprile 1590 spese per «piastre di cristallo [...] per fare 2 finestre a detta grotta [...]» (c. 24*v*); il 17 maggio 1590 spese per *invetriate* (c. 25*v*); il 9 gennaio 1591 spese per lavori di rame e piombo (c. 30*r*); il 22 ottobre 1591 Alessandro Bronzino Allori pittore è creditore «per braccia 1005 quadre di pittura di sgraffio [...]» eseguita nel *corridore* vicino alla grotta di Pitti (c. 32*v*); il 10 luglio 1593 Iacopo di Antonio Morani lustratore è creditore «per aver segato et lustrato li scalini per la fonte della grotta [...]» (c. 35*v*); poi ancora spese per lavori di rame e piombo e «per lavori di bronzo in una canna e chiave [...] per la fonte de la grotta di Pitti [...]« (c. 37*r*).

196. G. Casali e E. Diana, *op. cit.* in Anm. 1, S. 69-77. Gichtanfälle 1589 und später (ASF, *Capitani di Parte*, schwarze Nummern, 1471, c. 21).

197. GSDU, 2446A (400×578, Feder und Wasserfarben auf weissem Papier).

198. A. Lapini, *op. cit.* in Anm. 7, S. 264.

199. *Ibid.*, S. 265-266.

200. A. Gotti, *Storia del Palazzo Vecchio in Firenze*, Florenz 1889, S. 259-260; E. Allegri e A. Cecchi, *Palazzo Vecchio e i Medici. Guida storica*, Florenz 1980, S. 355-371.

201. V. Giovannozzi, *op. cit.* in Anm. 5, S. 509, Anm. 2.

202. Betreffend Erweiterung des Palazzo Vecchio siehe auch: A. Lensi, *Palazzo Vecchio*, Mailand-Rom 1929, S. 251-252: G. Lensi Orlandi, *Il Palazzo di Firenze*, Florenz 1977, S. 187-194.

203. F. Baldinucci, *op. cit.* in Anm. 17, S. 501; G. Carocci, *op. cit.* in Anm. 178, S. 282; G. Silvani, *op. cit.* in Anm. 1, S. 18. Betreffend das Vorherbestehende: ASF, *Possessioni*, 4113, *Libro di inventario della fattoria di Trebbio, Cafaggiolo, Cascina di Panna, Castello, Petraia, Fiesole, Careggi, Poggio a Caiano, Cascine del Poggio, Stabbia Valdinievone, Monte Paldi, Ciane d'Arezzo e San Menzano dell'Illmo et Ext.^{mo} S.^{e} Cosimo de' Medici Duca di Fiorenza et Siena fatto questi anno 1566 per Veri die Nicola de' Medici Governatore di dette Possessioni:* «Un podere posto in luogho detto alla Petraia con casa da Signore et da lavoratore con più pezi di terra lavoratia, olivata et vignata di staiora trecentotrenta [...]»; «Una fornace da calcina et lavoro grosso con dua fornelli da calcina et uno da embrici con casa per il fornaciaio posta in luogo detto a pie della Petraia [...]».

204. ASF, *Sindaci*, 44, 46, 47. «Adi 3 di dicembre 1591. Misura e stima delli lavori di muro fatti da maestro Iachopo d'Agniolo da Castello e maestro Giovani di Bartolomeo compagnii muratori all palazzo di Sua Altezza Serenissima alla Petraia fatto a manifatura solla, misuratto da maestro Simone da Gagliano chappo maestro della Parte per ordine di messer Vieri de' Medici proveditore a dete fabriche, misurato alla presenza delli deti maestri e di maestro Giulio ministro a deta fabrica e per comesione del Serenissimo Granduca e per uno suo benigno rescrito che io Raffaello di Zanobi di Pagnio deva dar fine a deti conti delli sotto scritti lavori come qui sotto si vedde a cossa per cossa e prima invocando ill nome de Dio» (c. 1*r*); Gherardo Mechini sottoscrive, alla presenza del ministro Giulio Monduzzi, il conto finale che ammonta a 1446 scudi, 3 lire, 3 soldi, 8 denari (cc. 25*r*, 27*v*); lavori per 5730 lire e 2 soldi risulanto condotti secondo il cottimo, lavori per 4395 lire, 3 soldi e 8 denari fuori del cottimo (si tenga presente che 1 fiorino o scudo equivale a 7 lire, 1 lira a 20 soldi, 1 soldo a 12 denari); per avere un'idea dell'entità dei lavori secondo il cottimo si consideri che la misurazione dei lavori di muro grosso 1 braccio è di 15044 braccia quadre (c. 3*v*), per i muri di ¾ di braccio 954¼ braccia quardre (c. 4*r*), per i muri di ¼ di braccio 1617⅓ braccia quadre (c. 5*r*), per i muri di ½ braccio 458⅞ braccia quadre (c. 5*v*), per le intonacature 8964 braccia quadre (c. 8*v*), per gli ammattonati 2924⅓ braccia quadre (c. 11*r*), per gli arricciati 4797 braccia quadre (c. 11*v*).

205. A. Venturi, *op. cit.* in Anm. 5, S. 500.

206. ASF, *Sindaci, 29,* Nr. 44, cc. 13*r* u. *v*, 17*r*, 19 *v*: «[...] braccia 176¹⁄₁₀ quadre di matonato disfatto in detto chortile nella parte che risalta verso mezzo g[i]orno [...]» (c. 19*v*); «[...] braccia 291⅛ quadre di lastricho pichiato murato in detto luogo lungho braccia 31⅓ largo braccia 6¹⁄₁₀ [...]» (19*v*); «[...] braccia 287 quadre di lastricho simile murato rinchontro al suddetto di verso la torre [...]» (c. 20*r*); «[...] braccia 576 quadre di lastricho simile murato nel mezzo del chortile dentro alli schalini [...]» (c. 20*r*); «[...] per avere tiratto su li legniami della armadura della capela [...] e per avere confitto li enbrici e tegolini di fuora della deta capella e messo una finestra che da lume a deta capella [...]» (c. 13*r*).

207. ASF, *Sindaci,* 29, Nr. 44, cc. 18*r*, 4*v*, 6*v*. P. Sanpaolesi erinnert sich auf der Basis einer Intervention Buontalentis an der torre della Petraia, hingegen das «sarebbero suoi [di Brunelleschi] il piano alto con le bifore quadrate e le archeggiature soprastanti, cioè tutto il coronamento, comprendendovi l'imbeccatellato» (in *Enciclopedia Universale dell'Arte,* II, 1971, S. 812). Eine Zeichnung von 1583 gibt uns eine Ansicht der Petraia vor dem Umbau durch Buontalenti (ASF, *Capitani di Parte,* Piante di popoli e strade, 121, II, c. 375), wo die obengenannte Architekturen nicht zum Vorschein kommen.

208. ASF, *Sindaci,* 29, Nr. 44, c. 1*v*. Ein von Vasari d.J. ausgeführter Stadtplan (GDSU, 4900A).

209. ASF, *Possessioni,* 179 u. *Guardaroba medicea,* 125. Es sind Spesen aufgeführt für «più coltivaziona» und für «il giardino nuovo che si fa a piè al palazzo della pietraia».

210. ASF, *Guardaroba medicea,* 198.

211. GDSU, 2335A*v* (714×477, schwarzer Stift).

212. ASF, *Sindaci,* 29, Nr. 45, c. 1*r*: «Adì 26 di dicembre 1592. Misura e stima delli lavori di muro che à fati maestro Iacopo d'Agniollo da Castello e maestro Giovani di Bartolomeo Silvestrini compagni muratori, fatti all palazzo di Castelo per Sua Altezza Serenissima, misuratti per maestro Simone da Gagliano cappo maestro della Parte, tuto per ordine di messere Vieri de' Medici proveditore a deta fabricha e tutto è a manifatura solla e queste misure sono riviste da me Raffaello di Zanobi di Pagnio per ordine di Sua Altezza Serenissima comme comanda per un suo benignio rescrito».

213. ASF, *Sindaci,* 29, Nr. 45, c. 15*v*: Die am 9. Februar 1598 in Anwesenheit des Ministers für Bauten Giulio Monduzzi von Mechini unterschriebene Schlussabrechnung beträgt «1205 scudi, 4 lire, 18 soldi».

214. ASF, *Sindaci,* 29, Nr. 45, c. 8*v*.

215. ASF, *Sindaci,* 29, Nr. 45, c. 13*r*. Um sich einen Begriff von der Bedeutung dieses Umbaus zu machen: 7499⅛ Quadratellen Mauerwerk 1 Elle dick, 1706⅗ von ¼ Elle Dicke, 206 von ⅔ und ¾ Dicke; 14667⅛ Quadratellen Verputz; 549⅓ Quadratellen Gewölbe; 5089⅓ Quadratellen Backstein; 2688 Quadratellen Dach (c. 15*v*).

216. A. Lapini, *op. cit.* in Anm. 7, S. 304.

217. ASF. *Guardaroba medicea,* 122, c. 38*r*.

218. N. Bemporad, *Il forte Belvedere e il suo restauro,* «Bollettino d'Arte», a. XLII, s. IV, Nr. 2, 1957, S. 130.

219. F. Baldinucci, *op. cit.* in Anm. 17, S. 500.

220. Zwei Pläne aus dem 16. Jahrhundert der Festungen San Filippo und San Giovanni finden sich in ISCAG, *Biblioteca,* 36.B.51.

221. Für Vasari d.J. siehe: BNCF, II.I.529, *Libro di fortificatione raccolto da più scritti antichi dal cavaliere Giorgio Vasari l'anno MDLXX[XX] e Libro secondo di diverse piante di fortificationi fatte dal cavaliere Giorgio Vasari l'anno MDLXX[XXVI].* Das vollständige Projekt für die Festung Belvedere findet sich unter ac. 36 im zweiten Buch. Ein Buch über Festungsbau von Ostilio Ricci sah Promis, wo quasi mit denselben Worten geschrieben wird wie in Kapitel XV des Traktats für Festungsbau von Galileo (C. Promis, *Gl'ingegneri militari della Marca d'Ancona che operarono e scrissero dall'anno MDL all'anno MDCL,* Turin 1865, S. 108).

222. G. Bargagli, *La Pellegrina Commedia di M. Girolamo Bargagli materiale intronato: Rappresentata nelle felicissime Nozze del Sereniss. Don Ferdinando de' Medici Granduca di Toscana, e della Sereniss. Madame Cristiana di Loreno sua Consorte,* Siena 1589; [B. de' Rossi], *Descrizione dell'apparato e degl'intermedi, fatti per la commedia rappresentata in Firenze, Nelle nozze de' Serenissimi Don Ferdinando Medici, e Madama Cristina di Loreno, Gran Duchi di Toscana,* Firenze 1589; G. Seriacopi, *Memoriale et Ricordi,* 1588–89 (ASF, *Magistrato dei Nove Conservatori,* 3679; a c. 40*r* uno schizzo planimetrico di Buontalenti per il palco granducale); G. Pavoni, *Diario descritto da Guiseppe Pavoni Delle feste celebrate nelle solenissime Nozze delli Serenissimi Sposi, il Sig. Don Ferdinando Medici, e la Sig. Donna Christina di Loreno Gran Duchi di Toscana. Nel quale con brevità si esplica il Torneo, la Battaglia navale, la Comedia con gli Intermedi, et altre feste occorse di giorno in giorno per tutto il dì 15 di Maggio MDLXXXIX, Bologna 1589;* S. Cavallino, *Raccolta di tutte le solennissime feste nel Sponsalitio della Serenissima Gran Duchessa di Toscana Fatte in Fiorenza il Mese di Maggio 1589,* Rom 1589; A. Warburg, *op. cit.* in Anm. 167; AA.VV., *op. cit.* in Anm. 95, Nr. 8.6–8.20.

223. GDSU, 13292 st. sc.; AA. VV., *op. cit.* in Anm. 95, Nr. 8.9.

224. VAM, Nrn. E1186–1931, E1187–1931, E1188–1931, E1189–1931; AA.VV., *op. cit.* in Anm. 95, Nrn. 8.10, 8.12, 8.14, 8.20; CDL, Nr. 867; AA. VV., *op. cit.* in Anm. 95, Nr. 8.16.

225. BNCF, C.B. III. 53.

226. L. Zorzi, *op. cit.* in Anm. 167, Nr. 56.

227. F. Baldinucci, *op. cit.* in Anm. 17, S. 511.

228. Dem brunelleschianischen Geist von San Felice in Piazza, weitherum berühmt in der zweiten Hälfte des 16. Jahrhunderts, verhiess Vincenzo Borghini die Wiederauferstehung.

229. E. Povoledo, *Origini e aspetti della scenografia in Italia,* in B. Pirrotta, *Li due Orfei,* Turin 1975, S. 412.

230. AA. VV., *op. cit.* in Anm. 95, S. 55–66.

231. GDSU, 2391A (352×155, schwarzer Stift und Röteln mit der Schere abgeschnitten).

232. B. de' Rossi, *op. cit.* in Anm. 222, S. 16.

233. KB, *KZ* 425; AA. VV., *op. cit.* in Anm. 95, Nr. 8.42.

234. AA. VV., *op. cit.* in Anm. 95, Nrn. 9.20–9.35.

235. *Ibid.*, S. 136.

236. GDSU, 95990 st. sc. Für die Festlichkeiten von Pitti erhielt Buontalenti vom Holzlieferanten Domenico eine bemerkenswerte Qualität Tannenbretter (ASF, *Capitani di Parte,* schwarze Nummern, 1467, c. 334).

237. F. Baldinucci, *op. cit.* in Anm. 17, S. 523; G. Silvani, *op. cit.* in Anm. 1, S. 17.

238. M. Gualandi, *Memorie originali italiane riguardanti le belle arti,* III, Bologna 1842, S. 114–117.

239. G. Guarnieri, *Livorno medicea nel quadro delle sue attrezzature portuali e della funzione economico-marittima, Livorno 1970, S. 257–268;* E. Fasano Guarini, *Esenzioni e immigrazione a Livorno e il Mediterraneo nell'età medicea,* S. 56–76; Id., *La popolazione, in* AA. VV., *op. cit.* in Anm. 85, S. 199–215; M.L. Conforto e L. Frattarelli Fischer, *Dalla Livorno dei granduchi alla Livorno dei mercanti. Città e proprietà immobiliare fra '500 e '600,* «Bollettino Storico Pisano», LIII, 1984, S. 211–234; E. Karwacka Codini, *Il progetto dell'isolato dei Cavalieri di S. Stefano nella Livorno medicea,* «Bollettino Storico Pisano», LIII, 1984, S. 235–241.

240. GDSU, 2335A*r*.

241. GDSU, 2336A.

242. GDSU, 2338A*r*.

243. GDSU, 2338A*v*.

244. GDSU, 2332A.

245. GDSU, 2337A*r* u. *v*.

246. Vergleiche mit dem Plan Giorgio Vasaris d.J. (BNCF, II.I.529, c. 40).

247. G. Severini, *op. cit.* in Anm. 85, Nrn. IV.11–IV.16.

248. A. Morrogh, *op. cit.* in Anm. 2, Nr. 89.

249. F. Baldinucci, *op. cit.* in Anm. 17, S. 501; W. Limburger, *op. cit.* in Anm. 5, Nr. 210; V. Giovannozzi, *op. cit.* in Anm. 5, S. 512, Anm. 3; A. Venturi, *op. cit.* in Anm. 5, S. 516; *Palazzo Corsini sul Prato,* Turin 1954.

250. L. Ginori Lisci, *op. cit.* in Anm. 5, I, Florenz 1972, S. 293-299.

251. F. Milizia, *op. cit.* in Anm. 72, S. 64; M. Ferri [da E. Romagnoli], *Nuova guida della città di Siena*, Siena 1822, S. 45; E. Romagnoli, *Cenni storico-artistici di Siena e de' suoi suburbi*, Siena 1836, S. 22; F. Baldinucci, *op. cit.* in Anm. 17, S. 501; E. Romagnoli, *Guida per la città di Siena e suoi suburbii*, Siena 1861, S. 36; G. Silvani, *op. cit.* in Anm. 1, S. 18; L. Bortolotti, *Siena*, Rom-Bari 1982, S. 117.

252. M. Morviducci, *Note storiche sul palazzo Reale di Siena*, in AA.VV., *I Medici e lo Stato Senese 1555-1609. Storia e territorio*, Ausstellungskatalog, Rom 1980, S. 165-170. Es ist anzufügen, dass von 1592 bis 1597 Restaurierungsarbeiten vermerkt sind (ASF, *Sindaci*, 29, Nr. 5).

253. A. Venturi, *op. cit.* in Anm. 5, S. 525.

254. F. Buselli, *Palazzo mediceo a Seravezza*, Empoli 1965, S. 60.

255. G. Richa, *op. cit.* in Anm. 95, III, Florenz 1755, S. 152-153; L. Biadi, *Notizie sulle antiche fabbriche di Firenze*, Florenz 1824, S. 143; F. Baldinucci, *op. cit.* in Anm. 17, S. 500; J. Del Badia, *op. cit.* in Anm. 161, S. 37; W. Limburger, *op. cit.* in Anm. 5, Nr. 694; V. Giovannozzi, *op. cit.* in Anm. 5, S. 512, Anm. 1; A. Venturi, *op. cit.* in Anm. 5, S. 505; W. u. E. Paatz, *op. cit.* in Anm. 182, V, Frankfurt am Main 1953, S. 272; G. Silvani, *op. cit.* Anm. 1, S. 13; R.N. Vasaturo, *Appunti d'archivio sulla costruzione e trasformazioni dell'edificio*, in AA. VV., *La chiesa di Santa Trinita a Firenze*, Florenz 1987, S. 17.

256. GDSU, 2446A; I.M. Botto, *op. cit.* in Anm. 11, Nr. 47; C. Brandi, *Disegno dell'architettura italiana*, Turin 1985, S. 155.

257. GDSU, 2445A.

258. ASF, *Mediceo del Principato*, 855, c. 186 (handgeschrieben); V. Giovannozzi, *op. cit.* in Anm. 87, S. 45-47.

259. ASF, *Carte Strozziane*, serie I, 361, c. 22; V. Giovannozzi, *op. cit.* in Anm. 87 (wo der Plan der ASF erstmals publiziert ist).

260. *Ibid.*, S. 47, Anm. 6.

261. Siehe V. Daddi Giovannozzi, *Untersuchungen über Don Giovanni de' Medici und Alessandro Pieroni*, «Mitteilungen des Kunsthistorischen Institutes in Florenz», V, 1937, S. 58-75.

262. F. Baldinucci, *op. cit.* in Anm. 17, S. 501; J. Del Badia, *op. cit.* in Anm. 161, S. 38, Anm. 1; W. Limburger, *op. cit.* in Anm. 5, Nr. 511; V. Giovannozzi, *op. cit.* in Anm. 5, S. 512, Anm. 4; A. Venturi, *op. cit.* in Anm. 5, S. 508-512; G. Silvani, *op. cit.* in Anm. 1, S. 13; L. Ginori Lisci, *op. cit.* in Anm. 5, I, Florenz 1972, S. 480 sgg; I. Bigazzi, *Il palazzo Nonfinito*, Bologna 1977.

263. *Ibid.*, S. 84-85.

264. *Ibid.*, S. 93-94.

265. GDSU, 2361A; I.M. Botto, *op. cit.* in Anm. 11, Nr. 48; A. Morrogh, *op. cit.* in Anm. 2, Nr. 79.

266. GDSU, 2365A*r*.

267. A. Morrogh, *op. cit.* in Anm. 2, S. 153.

268. I. Bigazzi, *op. cit.* in Anm. 262, S. 93-94.

269. GDSU, 2499A; A. Morrogh, *op. cit.* in Anm. 2, Nr. 80. Vorgänger der obengenannten Zeichnung: GDSU, 2404A, 2406A, 2407A, 2408A.

270. G.K. Koenig, *op. cit.* in Anm. 6, S. 50-56.

271. GDSU, 6777A*r*; A. Morrogh, *op. cit.* in Anm. 2. Nr. 81.

272. GDSU, 2696A.

273. GDSU, 2393A; I.M. Botto, *op. cit.* in Anm. 11, Nr. 54; I. Bigazzi, *op. cit.* in Anm. 262, S. 93; A. Morrogh, *op. cit.* in Anm. 2. Nr. 82.

274. GDSU, 2399A.

275. Betreffend Palazzo Serguidi siehe: W. Limburger, *op. cit.* in Anm. 5, Nr. 281; F. Borsi, *La capitale a Firenze e l'opera di G. Poggi*, Rom 1970, S. 40; M. Bucci, *Palazzi di Firenze*, Quartiere della SS. Annunziata, Florenz 1973, S. 63-74; G. Silvani, *op. cit.* in Anm. 1, S. 14.

276. F. Baldinucci, *op. cit.* in Anm. 17, III, Florenz 1846, S. 296.

277. V. Scamozzi, *L'idea della architettura universale*, I, Vernetiis 1615, parte prima, libro terzo, cap. VII, S. 249.

278. A. Morrogh, *op. cit.* in Anm. 2, Nr. 86.

279. GDSU, 2326A (250×386, Bleistift, Öffnungen, verursacht durch Metallspitzen an den äussersten Enden des Fünfecks).

280. Siehe die Bibliographie am Ende.

281. G. Galilei, *Le operazioni del compasso geometrico, et militare*, Padova 1606, im Vorwort an den Leser.

282. M. Oddi, *Fabrica et uso del compasso polimetro*, Mailand 1633.

283. *Geometria prattica tratta Dagl'Elementi d'Euclide et altri Auttori Da Giovanni Pomo doro Venetiano Mathematico ecellentissimo descritta et Dichiarata da Giovanni Scala Mathmatico*, Rom 1599, Erste Tafel.

284. E. Repetti, *op. cit.* in Anm. 187, S. 149; betreffend Artimino, siehe auch: F. Baldinucci, *op. cit.* in Anm. 17, S. 505-506; G. Silvani, *op. cit.* in Anm. 1, S. 18; A.Venturi, *op. cit.* in Anm. 5, S. 517.

285. Si veda G. Fanelli, *op. cit.* in Anm. 1, S. 311; und die These von S. Brown, deponiert in der Villa Schifanoia (Florenz).

286. ASF, *Mediceo del Principato*, 1255, c. ohne Nummer.

287. ASF, *Mediceo del Principato*, 1255, c. ohne Nummer.

288. ASF, *Mediceo del Principato*, 1265, c. 582.

289. ASF, *Mediceo del Principato*, 1259, c. ohne Nummer.

290. ASF, *Mediceo del Principato*, 1266, c. ohne Nummer.

291. ASF, *Mediceo del Principato*, 892, c. 203.

292. ASF, *Mediceo del Principato*, 1281, c. ohne Nummer.

293. Siehe Anmerkung 211.

294. GDSU, 2307A; I.M. Botto, *op. cit.* in Anm. 11, Nr. 56. Die im Plan des Giorgio Vasari d.J. eingezeichnete Treppe wurde 1930 nach Buotalentis Zeichnung gebaut.

295. ASF, *Mediceo del Principato*, 1258, c. ohne Nummer.

296. ASF, *Possessioni*, 4437.

297. ASF, *Possessioni*, 4437, cc. 5*v*, 52*v*, 69*v*.

298. ASF, *Possessioni*, 4437, c. 14*v*.

299. ASF, *Possessioni*, 4437, c. 25*v*.

300. MODF, modello Nr. 130.

301. L. Berti, *Catalogo della mostra del Cigoli*, 1959, S. 170-171.

302. A. Matteoli, *I modelli lignei del '500 e del '600 per la facciata del duomo di Firenze*, «Commentari», XXV, 1974, S. 81.

303. GDSU, 2443A; 2444A*r* u. *v*; I.M. Botto, *op. cit.* in Anm. 11, Nr. 59, 60.

304. A. Morrogh, *op. cit.* in Anm. 2, Nr. 74.

305. GDSU, 2441A: zu seiner Zeit als Studie für die Fassade des Doms angesehen (V. Giovannozzi, *op. cit.* in Anm. 10, S. 318) und später dem Modell Nr. 130 zugeschrieben des MODF (I.M. Botto, *op. cit.* in Anm. 11, Nr. 57).

306. W. Limburger, *op. cit.* in Anm. 5, Nr. 380; W. e E. Paatz, *op. cit.* in Anm. 182, II, Frankfurt am Main 1941, S. 469-470.

307. L. Berti, *op. cit.* in Anm. 43, S. 205; I.M. Botto, *op. cit.* in Anm. 11, S. 91; A. Morrogh, *op. cit.* in Anm. 2, S. 130,152.

308. Alcuni fogli del GDSU u. BNCF, 3.B.1.7. (G.F.184), cc. 2-17.

309. GDSU, 2496 A; I.M. Botto, *op. cit.* in Anm. 11, Nr. 69; GDSU, 2497A (395×540), Stilo, Rötel und Spuren von schwarzem Stift auf weissem Papier).

310. GDSU, 2498A; I.M. Botto, *op. cit.* in Anm. 11, Nr. 70.

311. GDSU, 2365A*v*; A. Morrogh, *op. cit.* in Anm. 2, S. 149, 153.

312. A. Morrogh, *op. cit.* in Anm. 2, S. 150.

313. GDSU, 2353A*v*; A. Morrogh, *op. cit.* in Anm. 2, Nr. 84.

314. GDSU, 2456A; I.M. Botto, *op. cit.* in Anm. 11, Nr. 61.

315. D. Heikamp meint, Blatt 2353A*v* stelle die Tribuna in den Uffizien dar; A. Morrogh bringt das Blatt mit Santo Spirito in Verbindung, doch nicht mit 2456A im Verhältnis von Plan und Aufriss. Auf 2353A*v* gibt es eine Skizze der inneren Decke zwischen zwei Säulen.

316. GDSU, 2353A*r*; A. Morrogh, *op. cit.* in Anm. 2, Nr. 84.

317. GDSU, 2457A*r* u. *v*; I.M. Botto, *op. cit.* in Anm. 11, Nr. 62. Buontalenti führte ein Modell des Chors von Santo Spirito aus (G. Silvani, *op. cit.* in Anm. 1, S. 16; G. Richa, *op. cit.* in Anm. 95, XI, Florenz 1761, S. 32), wo sich Änderungen zur obengenannten Zeichnung ergeben. Vielleicht erarbeitete Buontalenti vor dem

Chor von Santo Spirito einen Schrank für Santa Maria Novella (G. RICHA, *op. cit.* in Anm. 95, III, Firenze 1755, S. 45).

318. F. MOISÈ, *Santa Croce di Firenze. Illustrazione strorico-artistica,* Florenz 1845, S. 173-174: «Davanti all'abside, sopra ampia scalinata, sorge l'altar maggiore in legno dorato e color noce; e sull'altare il ciborio, che col disegno del Vasari fu intagliato da Dionisio Nigetti. Le due porte che mettono nel coro, in legno di noce tocco a oro, furono lavorate nel 1596 sul disegno e modello approvato da Bernardo Buontalenti. Nel 1606 si crebbero a ribocco gli ornati attorno l'altare e al ciborio, e nel 1609 s'intagliarono i due Angioli che posano sopra due mensolini, ai lati, e una sant'Elena e Costantino che furono posti in due nicchie; queste due ultime figure però sono sparite, e a loro vece vi si veggono un san Francesco e un san Domenico di più moderno lavoro, dipinti e rintagliati a modo di statue».

319. G. SILVANI, *op. cit.* in Anm. 1, S. 15 («Al Signor Giovanni Cerretani fece la facciata de drento sì bene cavata in luogo tanto angusto, ne cavò dua altari, la porta, l'organo [...]»). Siehe auch: G. RICHA, *op. cit.* in Anm. 95, III, Florenz 1755, S. 281; F. BALDINUCCI, *op. cit.* in Anm. 18, S. 501; W. LIMBURGER, *op. cit.* in Anm. 5, Nr. 427.

320. GDSU, 2499A; I.M. BOTTO, *op. cit.* in Anm. 11, Nr. 76; GDSU, 2499A (152×183, schwarzer Stift auf weissem Papier). Auf einem anderen Blatt (GDSU, 2495A) ist die leichte Linierung mit schwarzem Stift und dann Rötel für den Plan sichtbar auf dem regelmässigen Achteck. Auch eine mutmassliche Studie der Kuppel von San Pietro (GDSU, 2464A*r*; I.M. BOTTO, *op. cit.* in Anm. 11, Nr. 55) gehört wohl zur zweiten Arbeitshälfte der Projektierung Buontalentis für die Fürstenkapelle.

321. GDSU, 2499A u. 2484A.

322. GDSU, 2482A.

323. BNCF, 3.B.1.7 (G.F. 184), c. 37.

324. ASF, *Mediceo del Principato,* 1255, c. ohne Nummer.

325. V. GIOVANNOZZI, *op. cit.* in Anm. 5, S. 515, Anm. 5.

326. ASF, *Magistrato dei Nove Conservatori,* 3680, c. 43*v*.

327. L. BERTI, *op. cit.* in Anm. 43, S. 206. 1602 abgeändert nach Angaben von Giovanni dei' Medici.

328. F. BALDINUCCI, *op. cit.* in Anm. 17, S. 501; G. SILVANI, *op. cit.* in Anm. 1, S. 16 («[...] fece la cappella di destra, cappella del Croce, e similmente la cappella a lato della Madonna del socorso [...]»).

329. GDSU, 2452A; A. MORROGH, *op. cit.* in Anm. 2, Nr. 85.

330. GDSU, 2451A.

331. MICHELANGELO BUONARROTI IL GIOVANE, *Descrizione delle felicissime Nozze Della Cristianissima Maestà di Madama Maria Medici Regina di Francia e di Navarra,* Florenz 1600; AA.VV., *op. cit.* in Anm. 95, Nrn. 7.21-7.23.

332. Die Veranstaltung wird von C. MOLINARI dem Cigoli zugeschrieben (*L'attività teatrale di Ludovico Cigoli,* «Critica d'Arte», a. VIII, Nr. 47, 1961, S. 62-67; Nr. 48, S. 62-69) e a Buontalenti da A.M. NAGLER (*Theatre festivals of the Medici 1539-1637,* New Haven and London 1964, S. 93-100); AA. VV., *op. cit.* in Anm. 95, Nr. 10.2.

333. AA. VV., *op. cit.* in Anm. 95, Nrn. 8.24, 8.25.

334. ASF, *Carte Strozziane,* serie I, XI, Nr. 10, *Memorie diverse attenenti per lo più ad huomini di qualche nome de suoi tempi, et in specie della Città di Firenze, o a fabbriche della medesima scritte da Andrea Cavalcanti:* «Adì 26 Agosto 1647 si cominciò a levare i quadri grandi e altre pitture che adornavano il Duomo, et era stato ornato con disegno di Bernardo Buontalenti, alias delle Girandole e dette pitture erano di Goro Pagani, Domenico Passignano, Lodovico Cigoli, Bernardo Poccetti, Santi di Tito e Iacopo da Empoli, e furono levate per consiglio di Pietro Berrettini da Cortona che allora dipigneva le stanze del Palazzo de Pitti».

335. BNCF, 3.B.1.7 (G.F. 184), c. 2; wo Zeichen mit schwarzem Stift zu sehen sind, die die statische Struktur vorzeichne.

336. GDSU, 2486A, 2487A, 2488A; I.M. BOTTO, *op. cit.* in Anm. 11, Nrn. 85, 86.

337. C. BRANDI, *Struttura e architettura,* 2ª ed., Turin 1971, S. 104.

338. GDSU, 2462A; I.M. BOTTO, *op. cit.* in Anm. 11, Nr. 63 (wo das fragliche Blatt mit Santospirito in Bezug gebracht wird).

339. G. Vasari il Giovane, in D. MORENI, *Descrizione della Gran Cappella delle Pietre Dure e della Sagrestia Vechia ... nel l'Imp. Basilica di S. Lorenzo in Firenze,* Florenz 1813, S. 116.

340. GDSU, 2469A; 2485A*r* u. *v*.

341. BNCF, 3.B.1.7 (G.F. 184), c. 19; L. BERTI, *op. cit.* in Anm. 43, Abb. 219.

342. BNCF, 3.B.1.7 (G.F. 184), c. 49.

343. GDSU, 2325A; I.M. BOTTO, *op. cit.* in Anm. 11, Nr. 2.

344. V. GIOVANNOZZI, *op. cit.* in Anm. 5, S. 521, Anm. 3.

345. BNCF, 3.B.1.7 (G.F. 184), cc. 34, 35, 36.

346. Die Konstruktion der Loggia in Santa Maria Novella wurde zu verschiedenen Malen nach Buontalentis Tod durchgeführt. Die sechs Bogen auf der Längsseite rechts 1612-16; die übrigen Bogen 1661-63; die kurze Seite rechts 1707-10 und jene links 1960. Kein Dokument bezeugt die Urheberschaft Buontalentis; F. BOCCHI e G. CINELLI, *Le bellezze della città di Firenze,* Florenz 1667, S. 399; F.L. DEL MIGLIORE, *Firenze città nobilissima,* Florenz 1684, S. 346-347; G. RICHA *op. cit.* in Anm. 95, VIII, Florenz 1759, S. 200; G. PAMPALONI, *op. cit.* in Anm. 52, S. 45.

347. D. MORENI, *Notizie istoriche dei contorni di Firenze,* VI, Florenz 1791, S. 109 sgg.; V. GIOVANNOZZI, *op. cit.* in Anm. 5, S. 516, Anm. 2; G. SILVANI, *op. cit.* in Anm. 1, S. 16 («[...] fece un pulpito adosso a una colonnina d'una machina di pietre sì grave e con sì bello artifizio, la machina del pulpito regge la colonna e la colonna regge il pulpito, che di questo mene fece fare a me il modello e costiduire l'opera a me [...]»). Für die Skizzierung der Oberfläche ging Nigetti vom Portal der Kirche San Domenico in Fiesole aus.

348. A. DA MORRONA, *op. cit.* in Anm. 162, S. 342; R. FIASCHI, *Le magistrature pisane delle acque,* Pisa 1938; E. TOLAINI, *op. cit.* in Anm. 156, S. 160; G. PINI, *Le logge dei mercanti,* in AA. VV., *op. cit.* in Anm. 156, S. 257-259.

349. A. VENTURI, *op. cit.* in Anm. 5, S. 542.

350. BNCF, 3.B.1.7 (G.F. 184), c. 1.

351. GDSU, 2499A. Das Vorbild dieser doppelten Kalotte in dieser Zeichnung Buontalentis scheint C. Cresti entgangen zu sein, wenn er versichert «il motivo strutturale della doppa calotta non si trova neppure accennato negli schizzi buontalentiani per la cappella» (C. CRESTI e G. OREFICE, *Un episodio del Seicento fiorentino. L'architetto Matteo Nigetti e la cappella Colloreda,* Ausstellungskatalog, Florenz 1981, S. 33).

352. Siehe die Anmerkung 342.

353. F. BALDINUCCI, *op. cit.* in Anm. 17, S. 501; G. SILVANI, *op. cit.* in Anm. 1, S. 19; M. PINELLI, *Zibaldone,* 1604, cit in A. PARRONCHI, *Nel Sepolcreto del Buontalenti,* «La Nazione», 5. Januar 1987: «A dì 6 d'Agosto 1604 in venerdì da mattina il serenissimo Ferdinando Medici gran duca di Toscana insieme con Don Cosimo suo primogenito, e gran comitiva di Gentilhuomini fiorentini si trasferì alla Cattedrale di San Lorenzo, dietro al cora della quale messer Bernardo Buontalenti, altrimenti dalle girandole, aveva disegnato che stesse bene fabbricar la Cappella, che detto gran duca voleva far superbissima. Ora essendo quivi radunata gran moltitudine di popolo il Gran Duca impose al figliolo, che cavasse la prima terra de' fondamenti. Il figliolo, presa la zappa, smossa la terra, e postala con la pala in un corbello, se lo messe in spalla, e portolla di quivi poco lontano. Seguì appresso gran quantità di lavoranti a cavare e fondamenti disegnati, cosa di diletto per chi vi si trovò presente. Io che parlai all'architetto di sopra nominato in casa sua, e veddi tutto il modello della cappella, intesi che ella sarebbe fabbrica ricchissima, e maravigliosa, ma che non la vedrebbero finita i figliuoli de' figliuoli del Gran Duca Ferdinando vivente. Veramente il modello era cosa di stupore e convenevole al principe che l'aveva fatto fare e vedevasi, chi i marmi di più colori che vi andaranno, erano la più vile materia dell'edificio». Die Tatsache, dass Buontalenti, wie bei der Kirche von Livorno, die Arbeit an den Fundamenten leitete, bezeugt die Anerkennung seiner Fähigkeiten. Es ist vorstellbar, dass Ferdinando bei der Fürstenkapelle an die Kirche vom Heiligen Grab in Jerusalem dachte. Buontalenti fertigte ja eine Zeichnung für das Heilige Grab an.

354. GDSU, 2489A (470×307, schwarzer Stift auf weissem Papier, mit der Schere beschnitten); 2490A*r* u. *v* (545×280 Maximalmasse, Feder und schwarzer Stift auf weissem Papier, punktiert zum Durchstäuben, mit der Schere beschnitten); 2491A.

355. BNCF, 3.B.1.7 (G.F. 184), c. 39; C. CRESTI e G. OREFICE, *op. cit.* in Anm. 351, S. 55; in dieser Arbeit geschieht das Studium des

Matteo Nigetti auch mittels einer bedeutenden Wiederzuschreibung einzelner Manuskriptseiten BNCF, 3.B.1.7 (G.F. 184) modificando la precedente impostazione di L. BERTI (*Matteo Nigetti*, «Rivista d'Arte», vol. XXVI, serie terza, 1950, S. 172 sgg.).

356. G.C. ARGAN, *Storia dell'arte italiana,* III, Florenz 1968, S. 238.

357. G. GAYE, *op. cit.* in Anm. 16, S. 536.

358. GDSU 2347 A. Von dieser Zeichnung stammen noch weitere (GDSU, 2348A, 2349A, 2350A) mit begleitenden Texten eines Baumeisters.

359. V. GIOVANNOZZI, *op. cit.* in Anm. 5, S. 522, Anm. 2; P. SANPAOLESI, *Una scultura di Bernardo Buontalenti,* «Bollettino d'Arte», a. XXXVI, s. IV, Nr. 4, 1951, S. 279-280.

360. Carlo PROMIS hebt hervor, dass Francesco de Marchi sich als mit berühmten Ingenieuren des 16. Jh. in Kontakt stehend zeigte; «ma chi ricercasse nelle memorie de' tempi e nelle scritture degli architetti militari dal Marchi laudati, mai non s'incontrerebbe in alcuna menzione di lui; nulla ne dice il Vasari, il quale è da credere lo abbia conosciuto in Roma, mentre di parecchi altri ingegneri fece onorato ricordo; nulla ne' loro trattati l'Alghisi, il Montemellino, il Castrioto dal Marchi nominatamente mentovati siccome presenti a quelle dispute ed i quali negli scritti loro discorrono degl'intervenuti capitani, signori ed architetti, ma del Marchi sempre si tacciono» (*Gl'ingegneri e gli scrittori militari bolognesi del XV e XVI secolo,* «Miscellanea di Storia Italiana», IV, 1863). Dass Buontalenti bei sich aufbewahrte: «cinque libri de' Capitoli che si contengono nel primo libro del Capitano Francesco de Marchi da Bologna e cittadino Romano in foglio reali scritti in penna scielti» - wie im Inventar seiner Sachen steht -, beweist andererseits, wie sehr er sie schätzte.

Anhang 1

Charakteristiken der italienischen Artillerie des XIV., XV. und XVI. Jahrhunderts

Maximale Schussweiten der verschiedenen Geschütze beim Schuss auf den *Punkt in Weiss* nach Alessandro Capo Bianco (*Corona e Palma Militare di Arteglieria*, Venedig 1598)

Tipo della bocca da fuoco	Distanza massima di tiro in passi veneziani
Moschetto da giuoco da uno	120
Falconetto da 3	150
Falcon da 6	220
Passavolante da 9	260
Sacro da 12	250
Aspido da 12	180
Colobrina da 14	290
Colobrina da 20	300
Colobrina da 30	320
Colobrina da 40	330
Colobrina da 50	350
Colobrina da 60	370
Colobrina da 90	400
Colobrina da 100	420
Colobrina da 120	450

Tipo della bocca da fuoco	Distanza massima di tiro in passi veneziani
Canon da 16	200
Cannon da 20	250
Cannon da 30	260
Canon da 40	270
Cannon da 50	280
Canon da 60	300
Cannon da 90	350
Cannon da 100	360
Cannon da 120	380
Cannon petriero Camerato da 200	180
Petriera Camerata da 200	150
Petriera a braga da 14	100
Petriera a braga da 12	80
Moschetto a braga da uno	60

Maximale Schussweiten der verschiedenen Geschütze beim Hochschuss laut Alessandro Capo Bianco (*Corona e Palma Militare di Arteglieria,* Venedig 1598)

Tipo della bocca da fuoco	Distanza massima di tiro in passi veneziani					
	Punto 1	Punto 2	Punto 3	Punto 4	Punto 5	Punto 6*
Moschetto da giuoco da uno	600	1020	1200	1368	1416	1440
Falconetto da 3	750	1275	1590	1710	1785	1800
Falcon da 6	1100	1870	2332	2508	2618	2640
Passavolante da 9	1300	2210	2756	2964	3094	3120
Sacro da 12	1250	2125	2650	2850	2975	3000
Aspido da 12	900	1530	1908	2052	2142	2160
Colobrina da 14	1450	2465	3074	3306	3451	3480
Colobrina da 20	1500	2550	3180	3420	3570	3600
Colobrina da 30	1600	3720	3392	3680	3808	3840
Colobrina da 40	1650	2805	3492	3762	3927	3960
Colobrina da 50	1750	2975	3710	3990	4165	4200
Colobrina da 60	1850	3145	3922	4218	4403	4440
Colobrina da 90	2000	3400	4240	4560	4760	4800
Colobrina da 100	2100	3570	4452	4788	4998	5040
Colobrina da 120	2250	3825	4770	5130	5355	5400
Canon da 16	1000	1700	2120	2280	2380	2400
Cannon da 20	1250	2125	2650	2850	2975	3000
Cannon da 30	1300	2210	2756	2964	3094	3120
Canon da 40	1350	2295	2862	2978	3213	3240
Cannon da 50	1400	2380	2968	3192	3332	3360
Canon da 60	1500	2550	3180	3420	3570	3600
Cannon da 90	1750	2975	3710	3990	4165	4200
Cannon da 100	1800	3060	3816	4104	4284	4320
Cannon da 120	1900	3230	4028	4332	4522	4560
Cannon petriero Camerato da 200	900	1530	1908	2052	2142	2160
Petriera Camerata da 200	750	1275	1590	1710	1785	1800
Petriera a braga da 12	400	680	848	912	950	960
Petriera a braga da 14	500	850	1000	1140	1180	1200
Moschetto a braga da uno	300	510	600	684	708	720

* Considerando una squadra il cui angolo retto sia suddiviso in dodici parti o punti, la si può impiegare nel tiro in elevazione disponendola sulla bocca da fuoco e tirando con un alzo che corrisponda al primo, secondo, terzo, quarto, quinto, o sesto punto della squadra stessa. Secondo l'esperienza del Capo Bianco il tiro corrispondente al primo punto della squadra consegue una distanza che è pari a 5 volte quella del tiro di *punto in bianco*; il tiro corrispondente a due punti della squadra consegue una distanza che è pari a 8 volte quella del tiro di *punto in bianco*; il tiro corrispondente a tre punti della squadra consegue una distanza che è pari a 10 volte e $^{3}/_{5}$ quella del tiro di *punto in bianco*; il tiro corrispondente a quattro punti della squadra consegue una distanza che è pari a 11 volte e $^{2}/_{5}$ quella del tiro di *punto in bianco*; il tiro corrispondente a cinque punti della squadra consegue una distanza che è pari a 11 volte e 4,$^{5}/_{5}$ quella del tiro di *punto in bianco*; il tiro corrispondente a sei punti della squadra consegue una distanza che è pari a 12 volte quella del tiro di *punto in bianco*.

Spiegel der italienischen Artillerie des 14. und 15.[a] Jahrhunderts, nach drei Merkmalen unterschieden

Dichte des Steins = 2,516; des Bleis = 11,575.

INDICAZIONE		SPECIE DELLA BOCCA DA FUOCO e sua qualità	DIAMETRI					LUNGHEZZE				
			della canna o tromba		del cannone		del proietto	della canna o tromba		del cannone		Totale esteriore
del Genere	della Tavola		superiore	inferiore	superiore	inferiore						
			Mill.	Mill.	Mill.	Mill.	Mill.	Mill.	Bocche	Mill.	Diamet.	Mill.
1°	II	Colubrina a crocco F.b. *(c)* (di Castellarquato)	*(d)*27	—	—	—	25,7	*(d)*1638	60,2/3	—	—	1670
	Id.	Spingarda F.b. (di Como, dei Rusca)	30	—	—	—	28,6	1170	39	—	—	1237
	I	Id. F.b. con suo cannone (di Jesi)	38	44	38	—	38	1315	34,2/3	320	8	1680
	—	Id. F.b. (di Vercelli), inceppata	41,5	—	—	—	39,6	1245	30	—	—	1360
	—	Id. F.b. (di Como, dei Rusca)	43	—	—	—	41	1125	26,1/6	—	—	1230
	I	Id. F.b. a braga seguita (di Novara) senza cannone	68	—	*(e)*50?	—	64,8	2150	31,2/3	450?	9	2700
	II	Cannone da Spingarda F.b. (di Morro presso Jesi)	—	—	43	—	41?	—	—	302	7,1/4	322
2°	Id.	Bombardella da nave F.b. (di Marsala) senza cannone	46	—	40?	—	42	680	13,7/8	144?	3,3/5	1350
	Id.	Cannone-Bombarda F.b. (degli Sforza) di un solo pezzo	135	132	72	—	126	635	4,4/5	349	4,6/7	1050
	Id.	Tromba di bombarda F.b. (degli Sforza) dell'anno 1405	162	157	—	—	149	1095	6,4/5	—	—	1095
	—	Id. F.b. (di Santa Vittoria)	169	142	—	—	138	642	4	—	—	680
	I	Id. F.b. (di Santa Vittoria)	220	198	—	—	191	820	4	—	—	840
	—	Bombarda F.b. esistente a Rignano (Stato Pontificio)	360?	—	120	96	343	2220	7	1040	8,2/3	3260
	II	Cannone da bombarda F.b. (di Castelnovo in Val di Cecina)	—	—	108	84	—	—	—	691	6,2/5	725
3°	I	Bombarda F.b. (di Morro presso Jesi)	186	150	68	50	158	158	6/7	387	5,2/3	580
	—	Id. F.b. (di Zavattarello, del conte Dal Verme)	220	180	87	81	189	335	1,1/2	510	5,5/6	910
	I	Id. F.c. *(g)* (dei Montefeltro)	338	300	162	94	300	375	1,1/10	525	3,1/4	1075
	Id.	Id. F.c. cerchiato di F.b. (di Parma)	350	320	140	100	319	400	1,1/8	430	3,1/14	1020
	—	Id. F.c. (dei Montefeltro)	520	452	150	120	460	500	25/26	838	5,4/7	1430
	II	Id. F.c. (di Perugia)	595	530	165	133	537	527	15/17	817	5	1607
	—	Tromba da bombarda F.b. (di Ancona)	480	420	—	—	420	540	1,1/8	—	—	580
	—	Cannone da bombarda (del Reame di Napoli)	—	—	92	—	—	—	—	560	6,1/12	650

ANNOTAZIONI: *(a)* Meno la Bombarda di Rignano tutte le altre bocche da fuoco sono conservate nel Museo nazionale d'artiglieria.

(b) Siccome la polvere, nei secoli in discorso, ordinariamente era in polvere, così ho preso la densità gravimetrica della nostra *polvere da caccia finissima*.

(c) Ferro battuto.

(d) S'intendano il diametro e la lunghezza dell'anima.

(e) I numeri seguiti da interrogativo sono misure supposte nelle parti delle bombarde mancanti.

(f) Se la bocca da fuoco non è compiuta, il peso si riferisce alla parte nominata.

(g) Ferro colato.

Dimensionen, Eigengewicht und Gewicht der Kugeln und der entsprechenden Ladung*.

Gravimetrische Dichte des Pulvers = 0,800[(b)]

PESI					CAPACITÀ					POLVERE			
del proietto	della bocca da fuoco		della carica		del cannone			per la carica		contenuta		in parti aliquote della palla	
			di 1/3	di 1/2	Totale	dei 3/5	dei 4/5	di 1/3	di 1/2	nei 3/5	nei 4/5	pei 3/5	pei 4/5
Chilogr.	Chilogr.	Palle	Chilogr.	Chilogr.	Dec. cubi	Dec. cubi	Dec. cubi	Dec. cubi	Dec. cubi	Chilogr.	Chilogr.	Num.°	Num.°
Piombo													
0,102	13,800	135,3/10	0,034	0,051	—	—	—	—	—	—	—	—	—
0,141	21,000	149	0,047	0,070	—	—	—	—	—	—	—	—	—
0,332	72,40	224	0,110	0,166	0,362	0,217	0,290	0,138	0,207	0,173	0,232	1/2	2/3
0,376	31,60	84	0,125	0,188	—	—	—	—	—	—	—	—	—
0,417	24,500	58,3/4	0,139	0,208	—	—	—	—	—	—	—	—	—
1,649	(f)130,000	78,4/5	0,549	0,824	0,883	0,529	0,706	0,686	1,005	0,423	0,564	1/4	1/3
0,417	11,000	—	0,139	0,208	0,438	0,263	0,350	0,173	0,260	0,210	0,280	1/2	2/3
0,460	32,000	51,4/5	0,153	0,230	0,256	0,153	0,204	0,191	0,287	0,122	0,163	1/4	1/3
Pietra			1/9	1/5				1/9	1/5				
2,634	65,000	24,3/5	0,292	0,527	1,420	0,832	1,136	0,365	0,659	0,681	0,908	1/4	1/3
4,257	125,000	—	0,473	0,851	—	—	—	0,581	1,637	—	—	—	—
3,462	94,000	—	0,384	0,692	—	—	—	0,425	0,865	—	—	—	—
9,178	167,000	—	1,019	1,835	—	—	—	1,273	2,293	—	—	—	—
53,162	—	—	5,901	10,632	9,563	5,736	7,648	7,377	13,290	4,588	6,118	2/23	1/9
—	127,300	—	—	—	—	—	—	—	—	—	—	—	—
5,182	41,000	7,9/10	0,575	1,036	1,066	0,639	0,853	0,718	1,295	0,511	0,682	1/10	1/8
8,892	110,000	12,3/10	0,988	1,778	2,827	1,696	2,261	1,325	2,226	1,356	1,808	2/13	1/5
35,551	335,000	9,1/5	3,950	7,110	6,914	4,148	5,531	4,937	8,887	3,318	4,428	3/32	1/8
42,762	635,000	14,4/5	4,751	8,552	4,908	2,944	3,926	5,939	10,690	2,355	3,141	1/18	2/27
128,061	1085,000	8,4/5	14,229	25,612	12,042	7,225	9,634	17,786	32,015	5,780	7,707	1/23	3/50
230,997	1190,000	5,4/5	22,666	40,799	14,301	8,580	11,441	28,332	50,998	6,864	9,152	1/30	2/45
97,469	415,000	—	10,229	19,494	—	—	—	13,536	24,367	—	—	—	—
—	—	—	—	—	3,721	2,233	2,977	—	—	—	—	—	—

* Da A. Angelucci, *Documenti inediti per la storia delle armi da fuoco italiane*, I, Torino 1869. Al 1° genere appartengono le «Bombarde *minute ad anima lunga*, cioè *Spingarde, Cerbottane, Bombardelle, Passavolanti, Cannoni, Serpentine, Colubrine, Schioppi, Archibusoni*»; al 2° genere le «Bombarde *ad anima lunga grosse e mezzane, Cortaldi* e *Bronzine*»; al 3° genere le «Bombarde propriamente dette *di varie portate ad anima corta*, cioè *Mortai* o *Trabocchi*».

Tav. a - (Da A. Angelucci, Tav. I).
Tav. b - (Da A. Angelucci, Tav. II).
Tav. c - (Da A. Angelucci, Tav. IX).

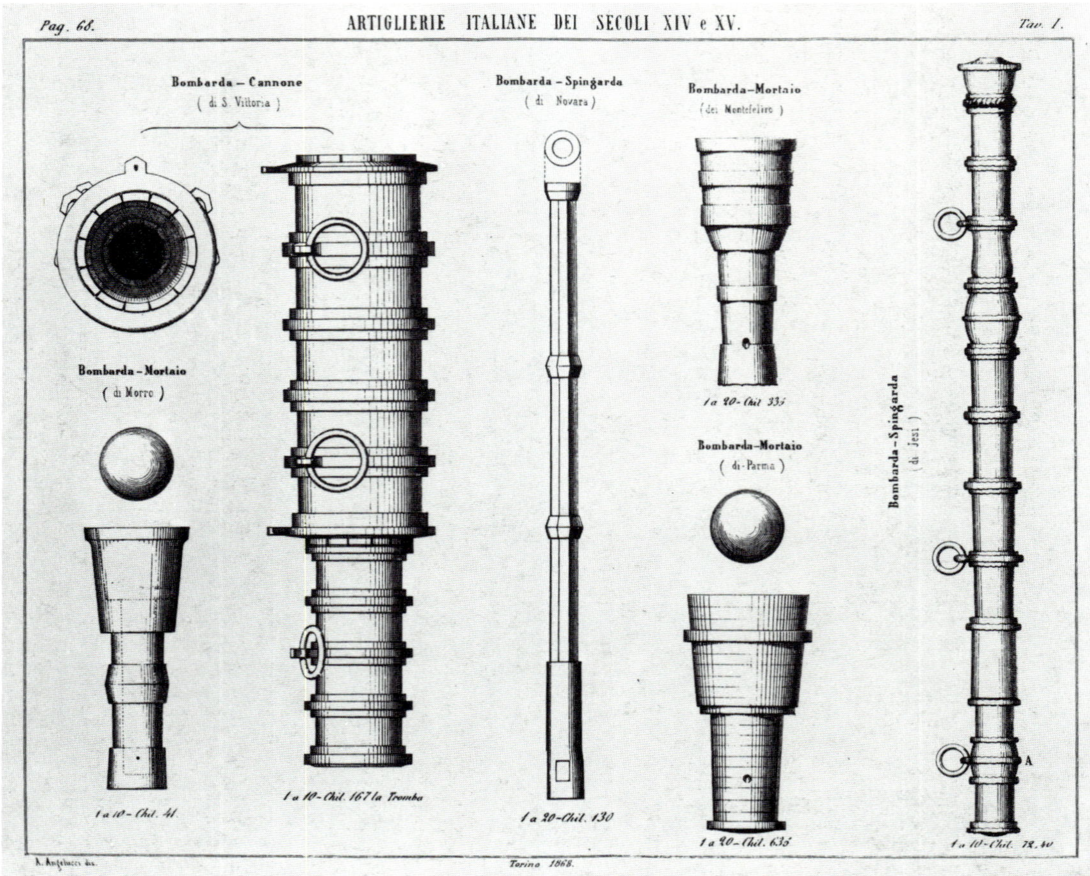

a

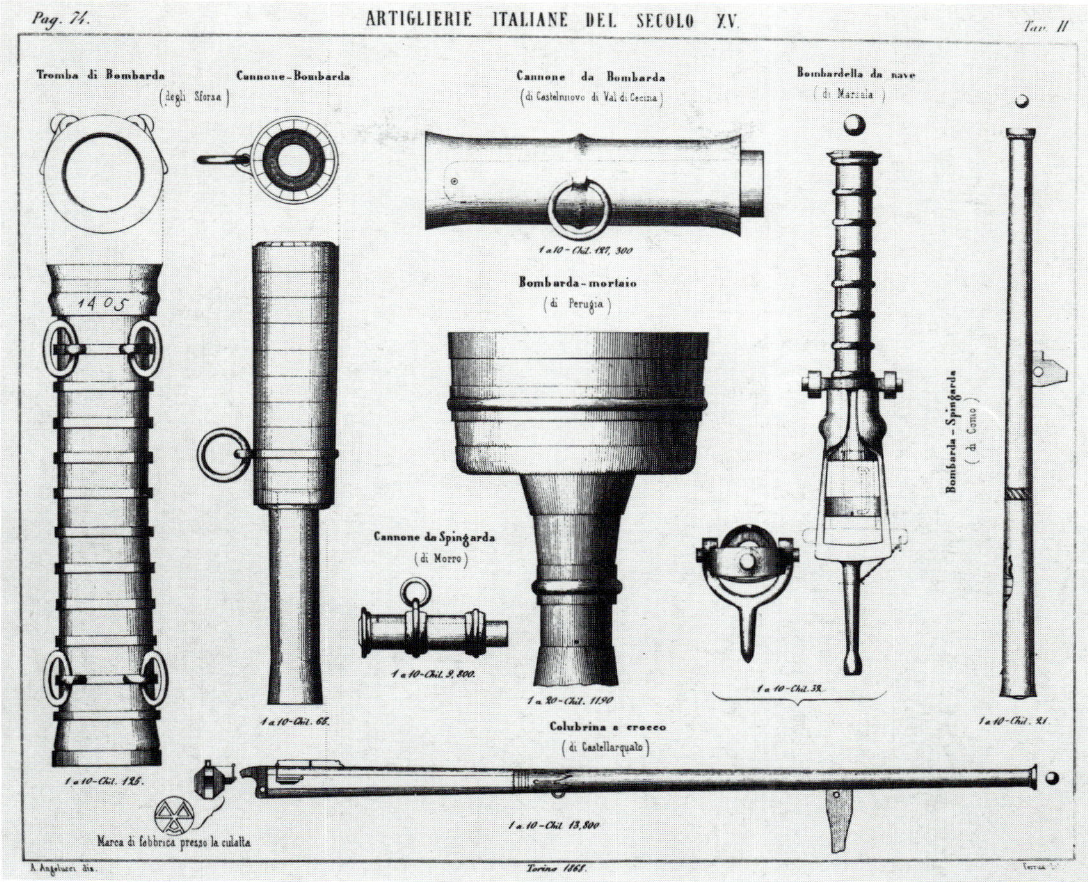
Pag. 74.
ARTIGLIERIE ITALIANE DEL SECOLO XV.
Tav. II
Tromba di Bombarda
(degli Sforza)
Cannone-Bombarda
Cannone da Bombarda
(di Castelnuovo di Val di Cecina)
Bombardella da nave
(di Marsala)
1405
1 a 10 - Chil. 187, 300
Bombarda-mortaio
(di Perugia)
Bombarda - Spingarda
(di Como)
Cannone da Spingarda
(di Morro)
1 a 10 - Chil. 9, 800.
1 a 20 - Chil. 1190
1 a 10 - Chil. 38.
1 a 10 - Chil. 68.
Colubrina a crocco
(di Castellarquato)
1 a 10 - Chil. 21.
1 a 10 - Chil. 125.
1 a 10 - Chil. 13,800
Marca di fabbrica presso la culatta
A. Angelucci dis.
Torino 1868.
b

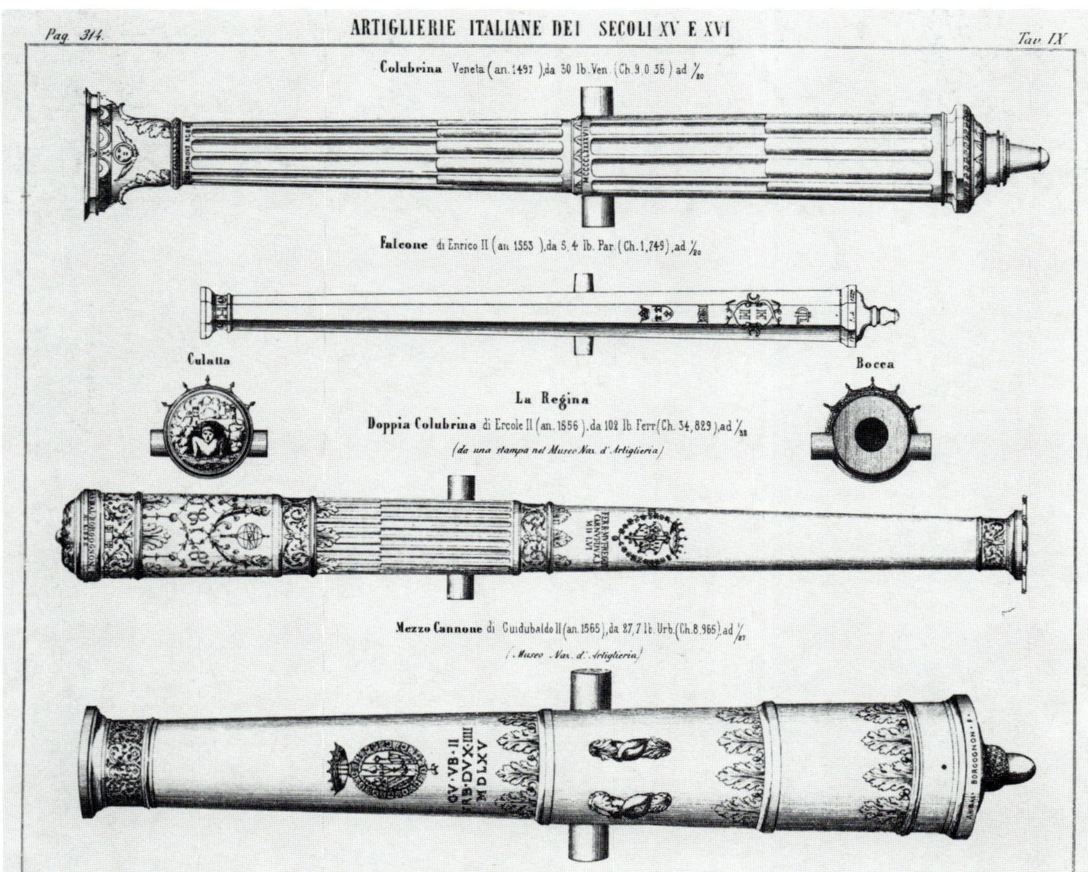
Pag. 314.
ARTIGLIERIE ITALIANE DEI SECOLI XV E XVI
Tav. IX
Colubrina Veneta (an. 1497), da 30 lb. Ven (Ch. 9.0 36) ad 1/20
Falcone di Enrico II (an. 1553), da 5, 4 lb. Par (Ch. 1,749), ad 1/20
Culatta
Bocca
La Regina
Doppia Colubrina di Ercole II (an. 1556), da 102 lb. Ferr (Ch. 34, 829), ad 1/38
(da una stampa nel Museo Naz. d' Artiglieria)
Mezzo Cannone di Guidubaldo II (an. 1565), da 27,7 lb. Urb. (Ch. 8, 965), ad 1/27
(Museo Naz. d' Artiglieria)
GV·VB·II
VRB·DVX·IIII
MDLXV
Torino, 1869
c

Anhang 2

Graphische Chronologie zu Buontalenti

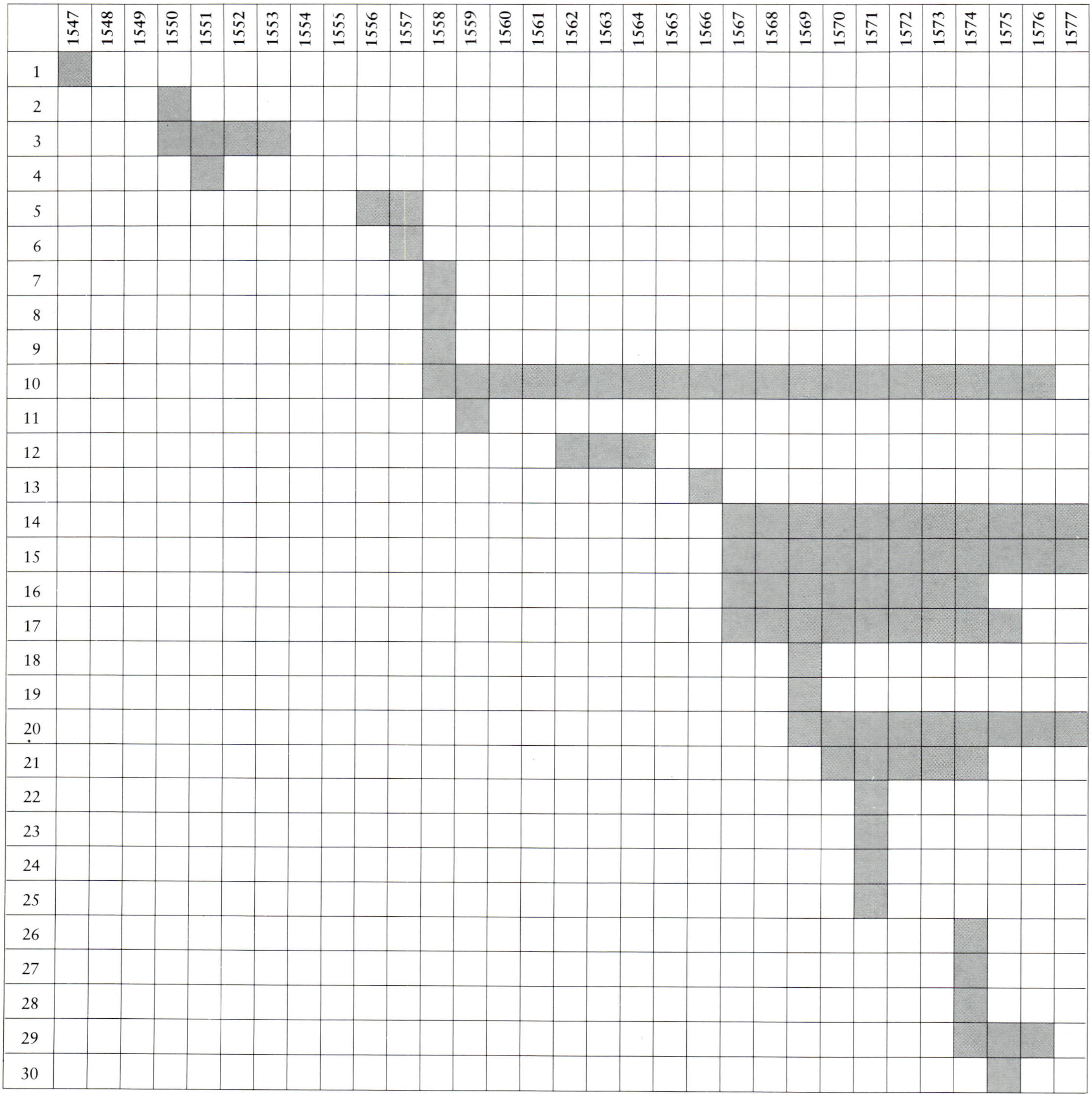

1 Ausführung des Fresko Christus auf dem Wege nach Emmaus, Florenz, San Miniato al Monte.

2 Konstruiert in einer Krippe eine kleine Hütte mit einem Feuerrad für den Fürsten Francesco.

3 Arbeit mit Bellucci an den Bastionärfronten von Oltrarno in Florenz (?).

4 Fertigt eine Holzskulptur, den Kopf der heiligen Monica darstellend.

5 Leitet die Befestigungsarbeiten von Gatteo, Marradi und Castrocaro in der toskanischen Romagna.

6 Baut in Ostia eine Schiffsbrücke über den Tiber und ein Fort. Provisorische Befestigungsanlagen in Civitella del Tronto.

7 Arbeitet in Lucca mit Lanci an einem *apparato.*

8 Stellt in einer Zeichnung die Befestigungsanlagen von Port'Ercole und Capalbio vor.

9 Projekt einer viereckigen Bastionär-Festung.

10 Beginn der Arbeit an einem Traktat über Befestigungen (?), die sich bis ca. 1576 hinzieht.

11 Projekt des Umbaus der Stadtmauern von Sansepolcro.

12 Spanienreise im Gefolge des Fürsten Francesco.

13 Ist in Florenz mit Untersuchungen an Kristallen beschäftigt.

14 Tritt in die Magistratura dei Capitani di Parte ein und arbeitet bis 1607 an Brücken, Dämmen, gibt Gutachten und Bewilligungen.

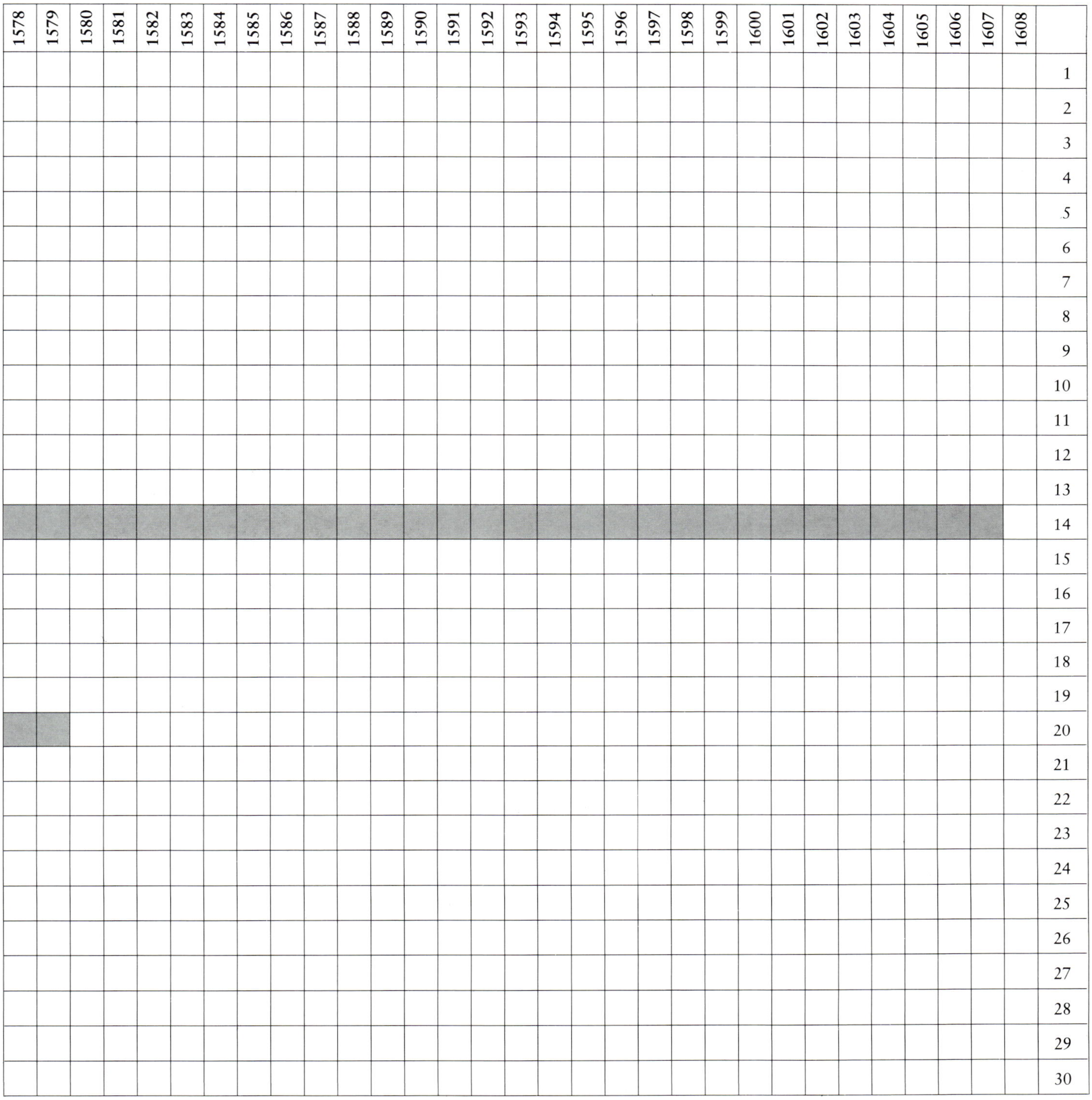

15 Projektiert und baut das Casino Mediceo in Florenz.

16 Umbau des Hauses Bianca Cappello in der via Maggio, Florenz.

17 Projektiert und baut den Hauptteil der Villa Pratolino in der Umgebung von Florenz.

18 Ist mit Arbeiten in den Boboli-Gärten beschäftigt.

19 Fertigt eine Skizze des Prinzen Francesco an (nicht identifiziert).

20 Projektiert drei hydraulische Instrumente und erhält darauf das Patent für die meisten europäischen Staaten.

21 Konzipiert und leitet die Ausführung der Befestigungen von Portoferraio auf Elba.

22 Umbau der Befestigung von Pistoia.

23 Teilnahme an den Arbeiten für die Befestigung von San Martino im Mugello (?).

24 Teilnahme an den Arbeiten der Befestigung von Grosseto (?).

25 Umbau des Ghetto in der Nähe des Mercato Vecchio in Florenz (?).

26 Projekt und Ausführung des neuen Chor von S. Trìnita in Florenz.

27 Studiert die Einrichtung des Salons der Fünfhundert im Palazzo Vecchio in Florenz für die Leichenfeier Cosimo I.

28 Arbeit an den Befestigungen von Prato.

29 Leitet die Aufstockung der Uffizien in Florenz.

30 Projekt und Ausführung der Rampen in der Villa Cerreto Guidi.

	1547	1548	1549	1550	1551	1552	1553	1554	1555	1556	1557	1558	1559	1560	1561	1562	1563	1564	1565	1566	1567	1568	1569	1570	1571	1572	1573	1574	1575	1576	1577
31																													■	■	
32																													■	■	■
33																														■	■
34																														■	■
35																															■
36																															
37																															
38																															
39																															
40																															
41																															
42																															
43																															
44																															
45																															
46																															
47																															
48																															
49																															
50																															
51																															
52																															
53																															
54																															
55																															
56																															
57																															
58																															
59																															
60																															

31 Ausbau des Männerspitals von S. Maria Nuova in Florenz.
32 Projekt und Ausführung der Arbeiten für die neue Befestigung von Livorno.
33 Planung und Ausführung der Porta delle Suppliche in den Uffizien zu Florenz.
34 Baut in der Villa Pratolino: das Haus des Verwalters, Fischteiche, die Cupidusgrotte, den Parnasshügel, das Bassin der Lavandaia.
35 Konzipiert das Zeremoniell für die Taufe des Prinzen Filippo unter Einbezug der Stadt Florenz.
36 Konstruiert die Ställe in Pratolino.
37 Konstruiert die Kapelle in Pratolino.
38 Konstruiert die Voliere und die Mühle in Pratolino.
39 Umbau der Villa Lampeggi in der Umgebung von Florenz.
40 Konstruiert die Tribuna in den Uffizien und zwei Tempelschränkchen.
41 Entwirft eine Vase, die von Jacques Bilivert besetzt wird.
42 Richtet den hängenden Garten auf der Loggia der Signoria ein.
43 Baut den Herzogspalast von Pisa.
44 Konstruiert die grosse Grotte im Boboli-Garten in Florenz und eine kleinere dazu.
45 Umbau der Villa Magia in Tizzana in der Nähe von Florenz.

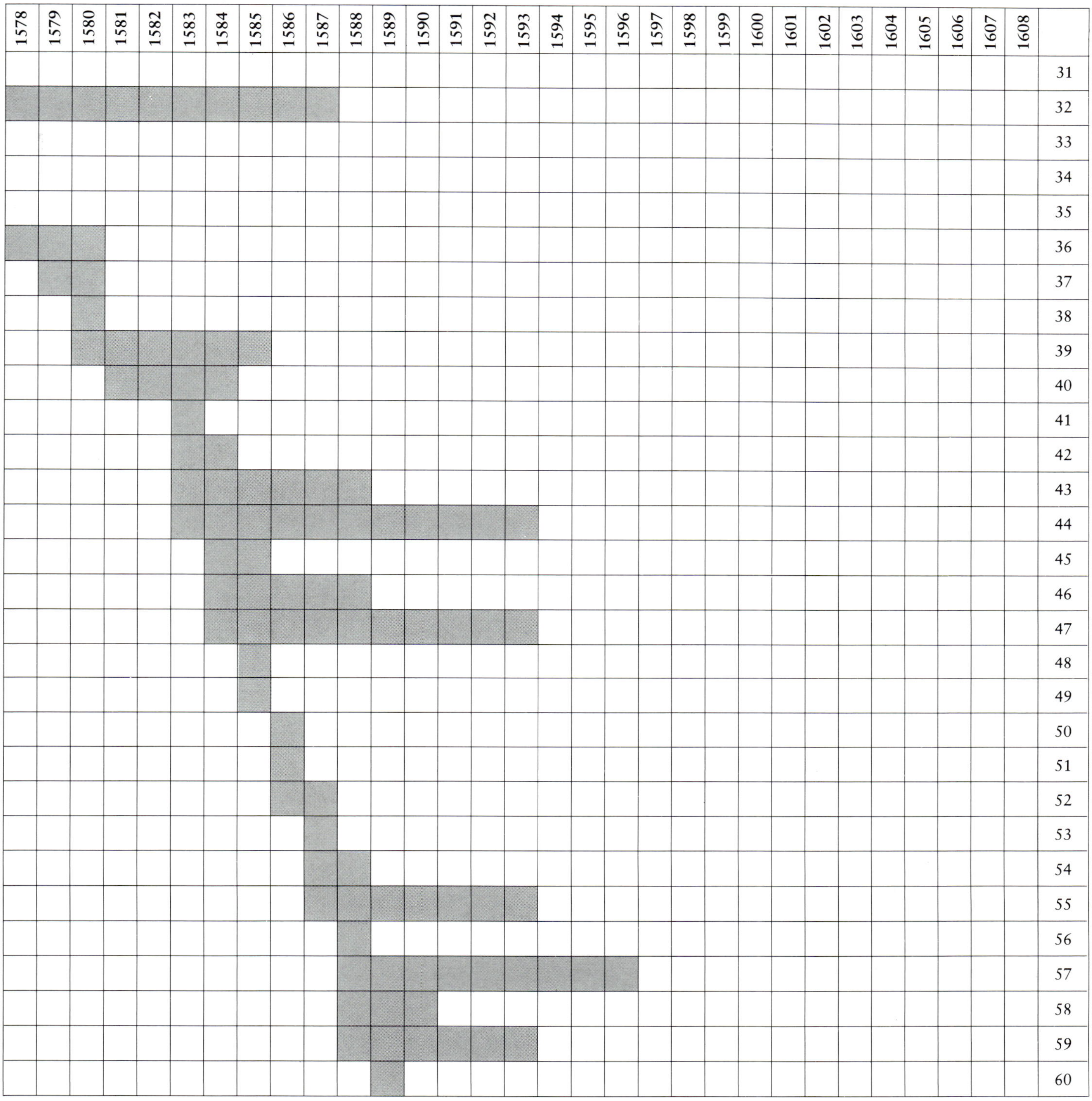

46 Erweiterung des Arsenals von Pisa.

47 Umbau des Konvents von S. Trìnita in Florenz.

48 Plan für die Fassade von S. Maria del Fiore in Florenz.

49 Arbeit am Medizäer-Theater in den Uffizien, Florenz.

50 Abschliessende Arbeit am Projekt für die Fassade von S. Maria del Fiore.

51 Einrichtung des Schauspiels *L'Amico Fido* im Medizäischen Theater in den Uffizien.

52 Umbau der Villa Marignolle bei Florenz (?).

53 Umreisst sein Projekt der Fassade von S. Maria del Fiore.

54 Projektiert und baut die Villa Coltano (Pisa).

55 Erarbeitet die Pläne für den Umbau der Villa Petraia in der Nähe von Florenz.

56 Zeichnet eine Lösung für das Heilige Grab in Jerusalem.

57 Mitarbeit an den Umbauarbeiten am Palazzo Vecchio in Florenz.

58 Projekt neuer Befestigungen in Livorno.

59 Projekt und Ausführung des Umbaus der Villa di Castello in der Nähe von Florenz.

60 Einrichtung des Schauspiels *La Pellegrina* im Medizäischen Theater in den Uffizien.

	1547	1548	1549	1550	1551	1552	1553	1554	1555	1556	1557	1558	1559	1560	1561	1562	1563	1564	1565	1566	1567	1568	1569	1570	1571	1572	1573	1574	1575	1576	1577
61																															
62																															
63																															
64																															
65																															
66																															
67																															
68																															
69																															
70																															
71																															
72																															
73																															
74																															
75																															
76																															
77																															
78																															
79																															
80																															
81																															
82																															

61 Im Hof des Palazzo Pitti Einrichtung der Vorführung von *Torneo della Sbarra* und der *Naumachia.*

62 Projektierung und Ausführung der Festung Belvedere in Florenz unter Einbezug der bestehenden Palazzina.

63 Entwurf und Ausführung eines guten Teils des Palazzo Acciaioli (später Corsini) al Prato in Florenz.

64 Projekt und Ausführung der Fassade der Kirche S. Trìnita in Florenz.

65 Entwurf und Ausführung (eines Teils) des Palazzo Nonfinito in Florenz.

66 Projekt der Kirche von Livorno und Ausführung des Fundaments.

67 Projekt für die Verstärkung einer Brücke.

68 Nochmalige Arbeit am Projekt der Fassade von S. Maria del Fiore.

69 Projekt und Ausführung der Villa des Artiminio in der Nähe von Florenz.

70 Projekt für die Fürstenkapelle in S. Lorenzo in Florenz.

71 Projekt für Chor und Hochaltar für S. Spirito in Florenz.

72 Intervention am Hauptaltar von S. Croce in Florenz.

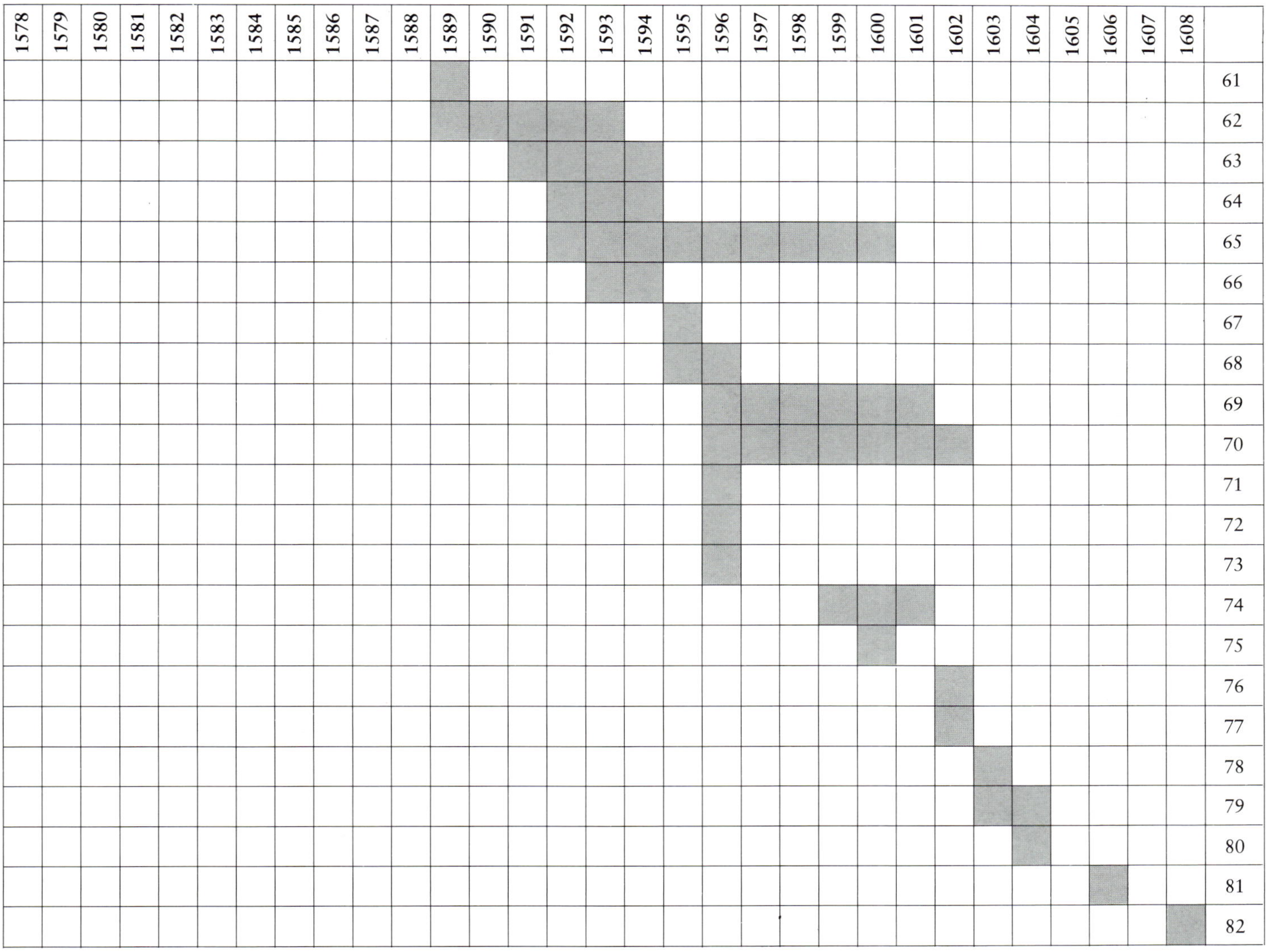

73 Ausführung der Innenseite der Fassade von S. Maria Maggiore in Florenz.

74 Ausführung von zwei Kapellen in S. Spirito in Florenz.

75 Einrichtung des Banketts, der Schauspiele und der Kirche S. Maria del Fiore für die Hochzeit der Maria di Medici mit Heinrich IV. von Frankreich.

76 Projekt für die Kanzel in der Kirche S. Maria in Settignano.

77 Projekt für die Loggia von S. Maria Nuova in Florenz (?).

78 Projekt für die Loggia de'Banchi in Pisa (?).

79 Teilnahme an den Änderungen am Modell Medici-Nigetti-Pieroni (Gewinner) für die Fürstenkapelle in S. Lorenzo zu Florenz.

80 Leitet die Ausführung der Fundamente und des Erdgeschosses der Fürstenkapelle in S. Lorenzo zu Florenz.

81 Konzept für eine Bogenkonstruktion aus Stein mit einem statischen System aus Eisen.

82 Arbeit an einer Büste des Grossherzogs Cosimo I.

Bibliographie

unter Mitarbeit von Giuseppe Ferrini und Antonio Fara

Die Bibliographie unterteilt sich wie folgt in A und B:

A. Militärkultur und befestigte Architektur *alla moderna*. Herkunft und Entwicklung bis 1608

- A_1 Perspektive
- A_{2a} Alte Schriften zur Befestigungsarchitektur
- A_{2m} Moderne Schriften zur Befestigungsarchitektur
- A_3 Messen von Längen und Höhen und die Kunst (Wissenschaft), die Bomben zu werfen
- A_4 Minen und Kriegsmaschinen, Angriff und Belagerung, militärische Listen und Vorrechte, Feldordnung, Tugend des Soldaten und Nutzen der Befestigung.

Alphabetischer Index der Autoren

B. Buontalentiana

Da die Bibliographie im Original belassen wurde, führen wir die dazugehörigen Bemerkungen hier ebenfalls in der Originalsprache an.

La sezione A costituisce un ampio quadro di riferimento disposto cronologicamente fino al 1608, che è l'anno della morte del Buontalenti, ma che può rappresentare la chiusura della temperie culturale in cui si è generata l'architettura fortificata cinquecentesca. (Nel 1608 sono già stati pubblicati due libri riassuntivi e conclusivi quali il *Della architettura militare* di Gabriello Busca e *Il Soldato* di Giovanni Altoni).
L'interna articolazione della sezione A prende corpo nella considerazione dell'affinità strutturale tra la fortificazione moderna e le scienze nuove della prospettiva e della balistica. Per cui si classificano le opere relative alla prospettiva (A_1) e ai trattati di architettura militare suddivisi in *antichi* (A_{2a}) e *moderni* (A_{2m}). Anche le opere sulla misura delle distanze e altezze e sull'artiglieria (A_3) sono di grande interesse perché quella misurazione, indispensabile per il tiro, interagisce con la visione prospettica e con l'architettura per via geometrica. E questo avviene persino per le ordinanze e la castrametazione, le cui trattazioni si localizzano nel gruppo apparentemente più eterogeneo (A_4), ma che ugualmente fornisce utili riferimenti per l'architettura.
Oltre alle opere a stampa vengono considerati alcuni testi manoscritti (ms.) che hanno avuto importanza nella trasmissione di cultura specifica. Nella registrazione delle varie edizioni e repliche di una determinata opera, si rimanda sempre alla prima citazione (manoscritto o *editio princeps* che sia) e, in alcuni casi, anche a successivi ampliamenti. L'indice alfabetico degli autori riassume il quadro relativo ad ogni autore. In questo indice le date tra parentesi sono corrispondenti a edizioni di alcune opere in cui il curatore assume notevole importanza nello sviluppo della cultura prospettico-architettonica o addirittura diviene co-autore (Daniele Barbaro, Egnazio Danti, Nicolò Tartaglia) oppure a edizioni di altre opere nelle quali l'autore considerato (Pomponio Gaurico e Jean Pélerin detto Viator) è stato inserito o plagiato.
Nella stesura della sezione bibliografica A sono stati una guida sicura i lavori fondamentali di Luigi Marini, Mariano d'Ayala e Carlo Promis e quelli recenti di Pietro Manzi (*Architetti e ingegneri militari italiani dal secolo XVI al secolo XVIII. Saggio bio-bibliografico*, Roma 1976) e Luigi Vagnetti (*De naturali et artificiali perspectiva*, Firenze 1979).
Nella sezione B sono elencate quelle opere che trattano espressamente del Buontalenti e quelle che hanno influito sull'interpretazione storica secondo un canale non specificamente *militare*.

A. Militärkultur und befestigte Architektur *alla moderna*. Herkunft und Entwicklung bis 1608

sec. XII — Claudio Tolomeo (100?-178?), *Optikè*, ms. latino di Eugenio condotto su una traduzione araba dal greco [A_1].

Abu Yusuf Ya'qub ibn Ishaq Al-Kindi (800-873?), *De visu, seu de aspectibus*, ms. latino di D. Gundissalino [A_1].

Abu alì Mohammed Alhazen Ibn Al Haitham (965-1039), *Ottica*, ms. latino di Gherardo da Cremona del 1165 circa [A_1].

1220 (circa) — Leonardo Fibonacci, *Practica Geometriae*, ms. [A_1].

1230 (circa) — Robert Grosseteste (1168-1253), *De iride*, ms. [A_1].

1262-1278 — Witelo, *Perspectiva Libri X*, ms. [A_1].

1266-1267 — Roger Bacon, *De Scientia Perspectiva*, ms. [A_1].

1269-1277 — Johannes Peckham (1240-1292), *Tractatus de perspectiva*, ms. [A_1].

1277-1279 — Johannes Peckham, *Perspectiva Communis Libri tres*, ms. [A_1].

1285 (circa) — Egidio Colonna, *De regimine principum*, ms. [A_{2a}].

1321 — Marin Sanuto Torsello, *Liber secretorum fidelium Crucis super Terrae Sanctae recuperatione et conservatione*, ms. [A_{2a}].

1335 — Guido Da Vigevano, *Thesaurus Regis Franciae acquisitionis Terrae Sanctae de ultra mare, nec non sanitatis corporis eius et vitae ipsius prolungationis, ac etiam cum custodia propter venenum*, ms. [A_{2a}].

1340 — Bartolomeo Carusi, *Tractatus de re bellica spirituali per comparationem ad temporalem, editus a fratre Bartholomeo de Urbino, ordinis fratrum heremitarum sancti Augustini*, ms. [A_{2a}].

sec. XIV (seconda metà) — Domenico Da Chivasso, *Quaestiones super perspectiva*, ms. [A_1].

1365 (circa) — Paolo Dell'Abaco (1281-1366), *Perspectivae Libri*, ms. [A_1].

1390 (circa) — Biagio Pelacani, *Quaestiones Perspectivae*, ms. [A_1].

sec. XV — Euclide (IV-III sec. a.C.), *Elementi*, ms. [A_1].

1405-1410 — Claudio Tolomeo, *Geographia*, ms. latino di Manuel Chrisolara e Jacopo d'Agnolo da Scarperia sulla base di una copia greca portata a Firenze [A_1].

1410 — Cristina Da Pizzano (nata nel 1364), *Le Livre des faits d'armes et de chevalerie*, ms. [A_{2a}].

1425 — Paolo Dal Pozzo Toscanelli (?), *Della prospettiva*, ms. [A_1].

1435 — Leon Battista Alberti (1404-1472), *De pictura*, ms. [A_1].

1436 — Leon Battista Alberti, *Della pittura* (versione in volgare, non letterale, del *De pictura*), ms. [A_1].

Leon Battista Alberti, *Elementa picturae* e *Elementi di Pittura* (versione), mss. [A_1].

1446-1452 — Leon Battista Alberti, *De re aedificatoria*, ms. [A_1, A_{2a}, A_3, A_4].

1448-1454 — Lorenzo Ghiberti (1378-1455), *Commentarii*, ms. [A_1].

1449 — Mariano Di Jacopo detto il Taccola, *Mariani Jacobi cognomento Taccolae, necnon et cognomento Archimedis, senensis, de machinis libri X, quos scripsit anno 1449. Eos Paulus Santinus addita praefatione Bart.° Colleono dicavit*, ms. [A_{2a}, A_4].

1450 (circa) — Paolo Santini, ampliamento del codice del Taccola, ms. [A_{2a}, A_4].

1454-1455 — Lampo Birago, *Ad Nicolaum quintum Pontificem maximum Lampi Biragi Strategicon adversus Turcos*, ms. [A_3].

1458-1464 — Antonio Averlino detto il Filarete (1400-1469), *Trattato di Architettura*, ms. [A_1, A_{2m}, A_3].

1464 — Claudio Tolomeo, *op. cit.* 1405-10, Vicenza [A_1].

1470 — Tito Lucrezio Caro (prima metà del I sec. a.C.), *De rerum natura*, a cura di Ferando, Brescia, libro IV, vv. 426-431 [A_1].

1472 — Roberto Valturio, *De re militari*, Verona, Joannes Nicolai [A_4].

1472-1475 — Piero Della Francesca (1418?-1492), *De prospectiva pingendi*, ms. [A_1].

1472-1483 — Bonaccorso Ghiberti (morto nel 1516), *Zibaldone*, ms. [A_{2m}, A_3, A_4].

1473 — Egidio Colonna, *op. cit.* 1285, [Augsburg, Günther Zainer] [A_{2a}].

1474-1477 — Claudio Tolomeo, *op. cit.* 1405-10, Bologna [A_1].

1477 — Orso Orsino, *Trattato del Governo e exercitio della Militia per Ursus de Ursinis, Dux Ascoli, Noleque Comes ...*, ms. [A_4].

1478 — Claudio Tolomeo, *op. cit.* 1405-10, Roma, A. Buckinck [A_1].

1480 — Egidio Colonna, *op. cit.* 1285, in linguaggio *limosino*, Barcellona [A_{2a}].

Claudio Tolomeo, *op. cit.* 1405-10, rifacimento poetico di N. Berlinghieri [A_1].

1482 — Egidio Colonna, *op. cit.* 1285, Roma, Stephan Plannek [A_{2a}].

Johannes Peckham, *op. cit.* 1277-79, a cura di F. Cardano e P. da Corneiano, Milano [A_1].

Claudio Tolomeo, *op. cit.* 1405-10, Ulma [A_1].

1482-1518 — Leonardo da Vinci (1452-1519), mss. e codici [A_1, A_{2m}, A_3, A_4].

1483 — Roberto Valturio, *op. cit.* 1472, Verona, Boninus de Boninis; e traduz. ital. di Paolo Ramusio, Verona, Bonin de Boninis da Ragusia [A_4].

1483-1485 — Francesco Di Giorgio Martini (1439-1501), *trattato* nei codici Laurenziano Ashburnamiano 361 e Saluzziano 148 [A_1, A_{2m}, A_3, A_4].

1485 — Leon Battista Alberti, *op. cit.* 1452, a cura di Bernardo Alberti, Firenze, Nicolò di Lorenzo Alemanno [A_1, A_{2a}, A_3, A_4].

1486 — Marco Vitruvio Pollione (seconda metà del I sec. a.C.), ...*De Architectura*..., a cura di G. Sulpicio, Roma, Herolt [A_1, A_{2a}].

1487 — Robert Grosseteste, *op. cit.* 1230, in *Posteriorum Aristotelis analeticarum librum Commentaria*, a cura di O. Papiense [A_1].

1488 — Cristina da Pizzano, *op. cit.* 1410 [A_{2a}].

1489 — Cristina Da Pizzano, *op. cit.* 1410, in inglese [A_{2a}].

1490 — Claudio Tolomeo, *op. cit.* 1405-10, Roma, P. de Turre [A_1].

1493 — Egidio Colonna, *op. cit.* 1285, Venezia [A_{2a}].

Antonio Cornazzano (1429-1484), *Cornazzano de re militaria*, Venezia [A_4].

1494 Egidio Colonna, *op. cit.* 1285, in spagnolo, Siviglia [A_2a].

Luca Pacioli (1445-1514), *Summa de Arithmetica, Geometria, Proportioni et Proportionalità*, Venezia, Paganino de Paganini [A_1].

1495 Marco Vitruvio Pollione, *op. cit.* 1486, Firenze, De Aligi [A_1, A_2a].

1497 Egidio Colonna, *op. cit.* 1285, in francese [A_2a].

Luca Pacioli, *Divina proportione*, ms. [A_1].

Marco Vitruvio Pollione, *op. cit.* 1486, a cura di V. Pisano e G. Valla, Venezia, Bevilacqua [A_1, A_2a].

1498 Egidio Colonna, *op. cit.* 1285, Venezia, Simon Bevilacqua; e Barcellona, Johann Luschner, Frank Ferber [A_2a].

1502 Egidio Colonna, *op. cit.* 1285, Venezia [A_2a].

1503 Henricus Hembeuche de Hassia (1325-1397), *Quaestiones super perspectivam*, in *Praeclarissimum mathematicarum opus ...*, Valencia [A_1].

Johannes Peckham, *op. cit.* 1277-79, Valencia [A_1].

1504 Pomponio Gaurico (1481/82-1530), *De sculptura ...*, Firenze [A_1].

Johannes Peckham, *op. cit.* 1277-79, a cura di L. Gaurico, Venezia, J.B. Sessa; e anche Lipsia [A_1].

1505 Euclide, *op. cit.* sec. XV, *Euclidis Megarensis ... Elementorum Libri XII*, a cura di B. Zamberti, Venezia, Jo. Tacuino [A_1].

Jean Pélerin detto Viator (1435/40-1524), *De artificiali perspectiva*, Toul, P. Jacob [A_1].

1507 Antonio Cornazzano, *op. cit.* 1493, Pesaro, Hieronymo Soncino [A_4].

Claudio Tolomeo, *op. cit.* 1405-10, a cura di M. Beneventano, Roma [A_1].

1508 Gregor Reisch, *Margarita Philosophica*, Strasburgo, Grüninger; in cui è ripubblicato senza citare l'autore e a cura di Oronce Fine il *De artificiali perspectiva* di Jean Pélerin (*op. cit.* 1505) [A_1].

1509 Bartolomeo D'Alviano (1455-1515), *Ordine et modo per la fortificatione de Roveredo* [A_2m].

Euclide, *op. cit.* sec. XV, Venezia.

Jörg Glockendon si appropria, traducendolo in tedesco e stampandolo a Norimberga, del *De artificiali perspectiva* di J. Pélerin (*op. cit.* 1505).

Luca Pacioli, *op. cit.* 1497, *Divina proportione Opera a tutti gl'ingegni perspicaci e curiosi necessaria Ove ciascun studioso di philosophia: prospectiva pictura sculptura: Architectura: Musica: e altre Methematice: suavissima: sottile: e admirabile doctrina consequira: e delectarassi: con varie questione de secretissima scientia*, Venezia, A. Paganino de Paganini [A_1].

Jean Pélerin detto Viator, *op. cit.* 1505, Toul, P. Jacob [A_1].

1510 Euclide, *op. cit.* sec. XV, Venezia, Jo. Tacuino [A_1].

Johannes Peckham, *op. cit.* 1277-79, Parigi [A_1].

1511 Claudio Tolomeo, *op. cit.* 1405-10, Venezia, J. Pentium [A_1].

Marco Vitruvio Pollione, *op. cit.* 1486, a cura di Fra' Giovanni Giocondo, Venezia, G. De Tridino [A_1, A_2a].

1512 Leon Battista Alberti, *op. cit.* 1452, a cura di Geoffroy Tory, Parigi, Berthold Rembolt [A_1, A_2a, A_3, A_4].

Gregor Reisch, *op. cit.* 1508, Strasburgo, in cui continua la pubblicazione arbitraria del *De artificiali perspectiva* di Jean Pélerin (*op. cit.* 1505) [A_1].

1513 Caio Giulio Cesare, *Commentarii*, a cura di Fra' Giovanni Giocondo, in Aedibus Aldi, et Andreae Soceri [A_4].

Euclide, *op. cit.* sec. XV, Venezia, Jo. Tacuino [A_1].

Marco Vitruvio Pollione, *op. cit.* 1486, a cura di Fra' Giovanni Giocondo, Firenze, Giunta [A_1, A_2a].

1515 Antonio Cornazzano, *op. cit.* 1493, Venezia, Alexandro di Bindoni [A_4].

Gregor Reisch, *op. cit.* 1508, Strasburgo, in cui continua la pubblicazione arbitraria del *De artificiali perspectiva* di Jean Pélerin (*op. cit.* 1505) [A_1].

1516 Euclide, *op. cit.* sec. XV, Parigi [A_1].

1517 Egidio Colonna, *op. cit.* 1285, in francese [A_2a].

Euclide, *op. cit.* sec. XV, Venezia, [A_1].

1518 Antonio Cornazzano, *op. cit.* 1493, Orthona ad mare, Hieronimo Soncino [A_4].

Francesco Patricio (1413-1494), *De institutione reipublicae ...*, Parigi, opera Petri Vidoue (opera scritta, secondo Carlo Promis, intorno al 1470) [A_2a, A_4].

1519 Francesco Patricio, *De regno et regis institutione ...*, Parigi, opera Petri Vidoue (opera scritta, secondo Carlo Promis, intorno al 1482) [A_2a, A_3, A_4].

1520 Antonio Cornazzano, *op. cit.* 1493, Firenze, heredi di Philippo di Giunta [A_4].

Francesco Patricio, *op. cit.* 1518, in francese, Parigi, par Pierre Vidoue pour Galliot Du Pre Marchand libraire [A_2a, A_4].

1521 Antonio Cornazzano, *op. cit.* 1493, Venezia, Benedetto di Bindoni [A_4].

Giovanni Battista Della Valle (1470-1550), *Vallo Libro continente appartenentie ad Capitanij: retenere e fortificare una Cita con bastioni: artificij de fuoco: polvere: & de expugnare una Cita co ponti: scale: argani: trombe: trinciere: artegliarie: cave: dare avisamēti senza misso alo ami co: fare ordinanze: battaglioni: Et: puncti de diffida con lo spingere: opera molto utile con la experientia de larte militare*, Napoli, per Antonium de Frizis Corinalden [A_4].

Euclide, *op. cit.* sec. XV, Parigi, S. Colinaeum [A_1].

Niccolò Machiavelli (1469-1527), *Libro della arte della guerra di Niccolo Machiavegli cittadino et segretario fiorentino*, Firenze, Heredi di Philippo di Giunta [A_2m, A_4].

Francesco Maurolico (1494-1575), *Photismi de lumine et umbra ad perspectivam et radiorum incidentiam facientes*, ms. [A_1].

Jean Pélerin detto Viator, *op. cit.* 1505, Toul, P. Jacob [A_1].

Marco Vitruvio Pollione, *op. cit.* 1486, in italiano, a cura di C. Cesariano-M. Bono-B. Giovio, Como, G. Da Ponte [A_1, A_2a].

1522 Marco Vitruvio Pollione, *op. cit.* 1486, a cura di Fra' Giovanni Giocondo, Firenze, Giunta [A_1, A_2a].

1523 Marco Vitruvio Pollione, *op. cit.* 1486, a cura di Fra' Giovanni Giocondo, Lione, Huyon [A_1, A_2a].

1524 Giovanni Battista Della Valle, *op. cit.* 1521, Venezia, Piero de Ravani [A_4].

Johann Stoeffler, *Elucidatio fabricae ususque astrolabii, Ioanne Stoflerino IV stingensi viro Germano, atque totius sphericae doctissimo autore: iam denuo ab eodem vix aestimandis sudoribus recognita diligenter locupletataque: & tandem non minore diligentia Coebelianis typis excusa. Ad Lectorem P.G. Quicquid Atlas Afris, quicquid Thracensibus Orpheus: Quicquid apud Thebas creditur esse Linus: Aegypto quicquid Vulcanus: quicquid ubique Aut Chaldaeorum sunt monumenta virum: Quicquid apud Gallos Druisdes: quicquid Zoroastes: Quicquid Persarum Gymnosophista fuit: Omnia (crede) Stofler Germanus, origine Svevus, Hic habet: exacto quae premit aere Coebel*, Oppenheim, Jacobi Cobelii [A_3].

Marco Vitruvio Pollione, *op. cit.* 1486, in italiano, a cura di F. Lutio Durantino, Venezia, Da Sabio [A_1, A_{2a}].

1525 Giovanni Battista Della Valle, *op. cit.* 1521, Venezia, Melchiorre Sessa [A_4].

Albrecht Dürer (1471-1528), *Underweysung der Messung mit dem Zyrkel und Richtscheyt, in Linien, Ebenen, und ganzen Corporen, durch. A.D. zusammen getzogen und zu nutz allen Kunstliebhabenden mit zu gehörigen Figuren in truck gebracht im Jar MDXXV*, Norimberga, H. Formschneyder [A_1].

Claudio Tolomeo, *op. cit.* 1405-10, a cura di B. Pirckeym, Strasburgo, Koberger [A_1].

1526 Antonio Cornazzano, *op. cit.* 1493, Venezia, Melchiorre Sessa [A_4].

Giovanni battista Della Valle, *op. cit.* 1521, Venezia, Piero de Ravani [A_4].

1527 Jacobo Di Porcia, *Iacobi Comitis Purliliarum, De Re Militari Libri II ...*, Argentorati [A_4].

Albrecht Dürer, *Etliche underricht zu befestigung der Stett, Schloß, und flecken*, Norimberga, Gepurt Christi [A_1, A_{2m}, A_3].

1528 Caio Giulio Cesare, *op. cit.* 1513, a cura di Fra' Giovanni Giocondo, Parigi, Petrus Vidouaeus [A_4].

Giovanni Battista Della Valle, *op. cit.* 1521, Venezia, Piero de Ravani [A_4].

Pomponio Gaurico, *op. cit.* 1504, Anversa, J. Grafeo [A_1].

1529 Giovanni Battista Della Valle, *op. cit.* 1521, Venezia, Nicolò d'Aristotile detto Zoppino; e anche traduz. francese, Lyon, Jacques Moderne de Pinguento [A_4].

Niccolò Machiavelli, *op. cit.* 1521, Firenze, Heredi di Philippo di Giunta [A_{2m}, A_4].

1530 Jacobo Di Porcia, *op. cit.* 1527, Venezia, Joannis Tacuini de Tridino [A_4].

1531 Giovanni Battista Della Valle, *op. cit.* 1521, Venezia, Vettor q. Pietro Ravano della Serena et Compagni [A_4].

Ulrich Kern, *Eyn new kunstliches wolgegründt Visierbuch, gar gwiss und behend auss rechter Art der Geometria, Rechnung und Circkelmessen ...*, Strasburgo, P. Schäffer [A_1].

Niccolò Machiavelli, *Discorsi di Niccolo Machiavelli cittadino, et secretario fiorentino sopra la prima deca di Tito Livio a' Zanobi Buondelmonti, et a' Cosimo Rucellai*, Firenze, Bernardo di Giunta [A_4].

Francesco Patricio, *op. cit.* 1518, Parigi, Apud Galliotum Pratensem [A_{2a}, A_4].

Francesco Patricio, *op. cit.* 1519, Parigi, Petrus Vidouaeus [A_{2a}, A_3, A_4].

Hieronimus Rodler e Johann II von Bavaria, *Perspectiva ...*, Simmern auf dem Hausbruch, Hofdruckerei [A_1].

1532 Albrecht Dürer, *op. cit.* 1525, ed. latina, Basilea; e Parigi, C. Wechel [A_1].

Niccolò Machiavelli, *op. cit.* 1531, Venezia, C.A. da Sabbio [A_4].

Roberto Valturio, *op. cit.* 1472, in latino, Parigi, Christianum Wechelum [A_4].

1533 Pietro Cataneo, *Taccuino*, ms. [A_{2m}, A_3, A_4].

Euclide, *op. cit.* sec. XV, 1ª ed. greca, Basilea [A_1].

Claudio Tolomeo, *op. cit.* 1405-10, Basilea, Froben [A_1].

1534 Albrecht Dürer, *op. cit.* 1525, Parigi, C. Wecheli [A_1].

Francesco Patricio, *op. cit.* 1518, Parigi, par P. Vidoue, pour Galiot du Prè et Jean Petit [A_{2a}, A_4].

Roberto Valturio, *op. cit.* 1472, Parigi, apud Christianum Wechelum [A_4].

1535 Giovanni Battista Della Valle, *op. cit.* 1521, Venezia, heredi di Pietro Ravano [A_4].

Albrecht Dürer, *op. cit.* 1525, C. Wechel [A_1].

Albrecht Dürer, *op. cit.* 1527, in latino, Parigi, Christiani Wecheli [A_1, A_{2m}, A_3].

Gregor Reisch, *op. cit.* 1508, in cui continua la pubblicazione arbitraria del *De artificiali perspectiva* di Jean Pélerin (*op. cit.* 1505) [A_1].

Claudio Tolomeo, *op. cit.* 1405-10, a cura di M. Villanovano, Lione, M. e G. Trechsel [A_1].

Marco Vitruvio Pollione, *op. cit.* 1486, in italiano, a cura di F. Lutio Durantino, Venezia, N. Zoppino [A_1, A_{2a}].

Witelo, *op. cit.* 1262-78 [A_1].

1536 Antonio Cornazzano, *op. cit.* 1493, Venezia, Pietro di Nicolini da Sabbio [A_4].

Marco Vitruvio Pollione, *op. cit.* 1486, in italiano, a cura di G.B. Caporali, Perugia, Bigazzini [A_1, A_{2a}].

1537 Francesco Maria I Della Rovere (1490-1538), *Discorsi militari*, ms. circa il 1537 [A_{2m}, A_3, A_4].

Jacobo Di Porcia, *op. cit.* 1527, Basilea, Ductus et Platterus [A_4].

Euclide, *op. cit.* sec. XV, di F. Melantone, Basilea, J. Hervagium [A_1].

Sesto Giulio Frontino, *Astutie militari ...*, a cura di F. Lutio Durantino, Venezia, G.A. Nicolini da Sabio [A_4].

Niccolò Machiavelli, *op. cit.* 1521, Venezia [A_{2m}, A_4].

Niccolò Machiavelli, *op. cit.* 1531, Venezia, B. de Zanetti da Caster Zago [A_4].

Nicolò Tartaglia (1499-1557), *Nova Scientia inventa da Nicolo Tartaglia. b. Disciplinae Mathematicae loquuntur. Qui cupitis Rerum varias cognoscere causas Discite nos: Cinctis haec patet una via*, Venezia, Stephano da Sabio, ad istantia di Nicolo Tartalea [A_3].

1538 Albrecht Dürer, *op. cit.* 1525, Norimberga, H. Formschneyder [A_1].

1539 Giovanni Battista Della Valle, *op. cit.* 1521, Venezia, Vettor q. Piero Ravano della Serena et Compagni [A_4].

Euclide, *op. cit.* sec. XV, in *Euclidis opera omnia, graece cum scholiis graecis*, a cura di S. Gryneo, Basilea [A_1].

1540 Vannoccio Biringuccio (1480-circa 1539), *De la pirotechnia. Libri. X. dove ampiamente si tratta non solo di ogni sorte & diversita di Miniere, ma anchora quanto si ricerca intorno à la prattica di quelle cose di quel che si appartiene a l'arte de la fusione over gitto de metalli come d'ogni altra cosa simile à questa. Composti per il.S. Vanoccio Biringuccio Sennese*, Venezia, Venturino Roffinello ad instantia di Curtio Navò & Fratelli [A_3].

Jörg Glockendon, *op. cit.* 1509, in cui si appropria del *De artificiali perspectiva*, di Jean Pélerin (*op. cit.* 1505) [A_1].

Niccolò Machiavelli, *op. cit.* 1521, Venezia, Figliuoli di Aldo [A_{2m}, A_4].

Niccolò Machiavelli, *op. cit.* 1531, Venezia, Figliuoli d'Aldo; e anche Venezia, C. de Trino [A_4].

1541 Leon Battista Alberti, *op. cit.* 1452, Strasburgo, Giacomo Commerlander [A_1, A_{2a}, A_3, A_4].

Niccolò Machiavelli, *op. cit.* 1521, Venezia, Comin da Trino [A_{2m}, A_4].

1541-1545 Claudio Galeno (129-201), *De usu partium*, Venezia [A_1].

1542 Pomponio Gaurico, *op. cit.* 1504, J. Petreio [A_1].

Johannes Peckham, *op. cit.* 1577-79, a cura di G. Hartmann, Norimberga [A_1].

1543 Giovanni Battista Della Valle, *op. cit.* 1521, Venezia, heredi di P. Ravano e Compagni (per errore questa edizione è stata confusa con una ipotetica del 1545 non esistente) [A_4].

Euclide, *op. cit.* sec. XV, *Euclide ...*, a cura di Nicolò Tartaglia, Venezia, Venturino Ruffinelli [A_1].

Sesto Giulio Frontino, *op. cit.* 1537, Venezia, Alvise del Tortis [A_4].

Augustin Hirschvogel (1503-1553), *Ein Aigentliche und grundtliche anweisung in die Geometria, sonderlich aber, wie alle regulierte und unregulierte Corpora in den grundt gelegt und in das Perspechtiff gebracht, auch mit jren Linien suffzogen sollen werden*, Norimberga [A_1].

Niccolò Machiavelli, *op. cit.* 1531, Venezia, V. Ruffinelli [A_4].

Archimede, *Opera Archimedis Syracusani philosophi et mathematici ingeniosissimi ...*, a cura di Nicolò Tartaglia, Venezia, Venturino Ruffinelli [A_4].

Marco Vitruvio Pollione, *op. cit.* 1486, a cura di W. Ryff, Strasburgo, Knobloch [A_1, A_{2a}].

1544 Giovan Battista Bellucci (1506-1554), *Tratato dele fortificationi di terra*, ms. [A_{2m}].

1545 Jacopo Barozzi detto il Vignola (1507-1573), *Le due regole della prospettiva pratica*, ms. probabilmente terminato [A_1].

Francesco De Marchi (1504-1576), *Della architettura militare*, ms. probabilmente terminato [A_{2m}, A_3].

Euclide, *op. cit.* sec. XV, Roma [A_1].

Francesco Patricio, *op. cit.* 1518, traduz. italiana di G. Fabrini, Venezia, figlioli di Aldo [A_{2a}, A_4].

Sebastiano Serlio (1475-1554), *Libro Secondo, di Prospettiva*, in francese, a cura di Jean Martin, Parigi, J. Barbé [A_1].

Claudio Tolomeo, *op. cit.* 1405-10, a cura di B. Pirckeym e S. Münster, Basilea, Henricipetri [A_1].

1546 Leon Battista Alberti, *op. cit.* 1452, traduz. ital. di Pietro Lauro, Venezia, Vincenzo Valgrisi [A_1, A_{2a}, A_3, A_4].

Scipione Ammirato, *Discorsi sopra Cornelio Tacito*, Firenze, Filippo Giunti [A_4].

Euclide, *op. cit.* sec. XV, Basilea, apud J. Hervagium [A_1].

Niccolò Machiavelli, *op. cit.* 1521, Venezia, Aldus [A_{2m}, A_4].

Hieronimus Rodler e Johann II von Bavaria, *op. cit.* 1531, Francoforte, C. Jacob [A_1].

Nicolò Tartaglia, *Quesiti et inventioni diverse ...*, Venezia, Venturino Ruffinelli [A_{2m}, A_3, A_4].

Claudio Tolomeo, *op. cit.* 1405-10, Parigi, C. Wechel [A_1].

1547 Francesco Patricio, *op. cit.* 1519, traduz. italiana di G. Fabrini, Venezia [A_{2a}, A_3, A_4].

Walter Hermann Ryff, *Der furnembsten, notwendigsten der gantzen Architectur augehörigen Mathematischen und Mechanischen Kunst, eygentlicher Bericht, und vast Klare, verstendliche unterrichtung, zu rechtem verstand der lehr Vitruvij in drey furnem Bücher abgehheilet*, Norimberga, J. Petreio; vi è inserito il *De sculptura* di Pomponio Gaurico (*op. cit.* 1504) [A_1].

Nicolò Tartaglia, *op. cit.* 1537-1546, traduz. tedesca di W.H. Ryff, Norimberga [A_{2m}, A_3, A_4].

Marco Vitruvio Pollione, *op. cit.* 1486, in francese, a cura di J. Martin, Parigi, vedova Barbè [A_1, A_{2a}].

1548 Angelo Assinito, *Opera nova et alli huomini di guerra importantissima ...*, Torino, Martino Cravoto [A_4].

Francesco Galigai, *Pratica d'arithmetica*, Firenze, Bernardo Giunti [A_3].

Claudio Tolomeo, *op. cit.* 1405-10, Venezia, G.B. Pedrezano [A_1].

Marco Vitruvio Pollione, *op. cit.* 1486, in tedesco, a cura di W. Ryff, Norimberga, Jo. Petreius [A_1, A_{2a}].

1549 Euclide, *op. cit.* sec. XV e 1543, a cura di Nicolò Tartaglia, Venezia, Venturino Ruffinelli [A_1].

1550 Leon Battista Alberti, *op. cit.* 1452, traduz. italiana di Cosimo Bartoli, 1ª ed. illustrata, Firenze, Lorenzo Torrentino [A_1, A_{2a}, A_3, A_4].

Guglielmo Bellai (Signore di Langé), *Della disciplina militare ...*, traduz. italiana di M. Roseo, Venezia, Tramezzino [A_4].

Giovan Battista Bellucci, *Della fortificatione*, ms. probabilmente terminato [A_{2m}, A_3].

Vannoccio Biringuccio, *op. cit.* 1540, Venezia, Giovan Padoano [A_3].

Giovanni Battista Della Valle, *op. cit.* 1521, Venezia, heredi di P. Ravano e Compagni [A_4].

Juan De Rojas Sarmiento, *Commentariorum in astrolabium quod plamsphaerium vocant libri sex*, Parigi, Vascosan [A_3].

Niccolò Machiavelli, *op. cit.* 1521, Venezia, G. Giolitto et fratelli [A_{2m}, A_4].

NICCOLÒ MACHIAVELLI, *op. cit.* 1531, Venezia, G. Giolito & F.li [A_4].

NICOLÒ TARTAGLIA, *op. cit.* 1537, con una aggiunta al terzo libro, Venezia, Nicolo de Bascarini [A_3].

GIORGIO VASARI (1511-1574), *Le Vite de' più eccellenti Architetti, Pittori e Scultori, da Cimabue insino a' tempi nostri, descritte in lingua toscana da Giorgio Vasari pittore aretino, con una sua utile e necessaria introduzione a le loro arti*, Firenze, Lorenzo Torrentino [A_1].

MARCO VITRUVIO POLLIONE, *op. cit.* 1486, a cura di W. Ryff, Strasburgo, Knobloch [A_1, A_{2}a].

1551 ELIANO, *Del modo di mettere in ordinanza*, traduz. italiana di F. Ferrosi, Venezia, Gabriel Giolito de' Ferrari [A_4].

LUCA GAURICO, *Aristoteli Physiognomia ...*, Bologna, in cui è inserito un capitolo del *De sculptura* di POMPONIO GAURICO (*op. cit.* 1504) [A_1].

GIROLAMO MAGGI, *Ingegni e invenzioni militari*, ms. [A_2m, A_3, A_4].

SEBASTIANO SERLIO, *op. cit.* 1545, insieme al libro primo, Venezia, C. de Nicolini da Sabbio [A_1].

NICOLÒ TARTAGLIA, *op. cit.* 1537-1550, Venezia, Curtio Trojano de i Navò [A_3].

NICOLÒ TARTAGLIA, *Regola generale da solevare con ragione e misura nō solamēte ogni affondata Nave: ma una Torre Solida di Mettallo Trovata da Nicolo Tartaglia, delle discipline Mathematice amatore intitolata la Travagliata Inventione. Insieme cō un artificioso modo di poter andare, & stare p lōgo tēpo sotto acqua, a ricercare le materie affondate, & in loco profundo. Giontovi anchor un trattato, di segni delle mutationi dell'Asia, over di tēpi, materia nō men utile, che necessaria, a Naviganti & altri*, Venezia, presso l'autore [A_4].

NICOLÒ TARTAGLIA, *Ragionamenti de Nicolo Tartaglia sopra la sua travagliata inventione ...*, Venezia, Nicolo Bascarini, a instantia e spese dell'autore [A_4].

FLAVIO VEGEZIO, *Dell'arte della guerra*, traduz. italiana di F. Ferrosi, Venezia, Gabriel Giolito de' Ferrari [A_{2}a].

NICCOLÒ MACHIAVELLI, *op. cit.* 1521, Venezia, Aldo [A_2m, A_4].

POLIBIO, *Del modo dell'accampare*, traduz. italiana a cura di F. Strozzi, Firenze, Torrentino [A_4].

MARCO VITRUVIO POLLIONE, *op. cit.* 1486, a cura di G. Philander, Lione, De Tornaes [A_1, A_{2}a].

1553 CAMILLO AGRIPPA, *Trattato di Scientia d'Arme con un Dialogo di Filosofia ...*, Roma, Antonio Blado [A_4].

LEON BATTISTA ALBERTI, *op. cit.* 1452, traduz. francese di Ian Martin, con illustrazioni dai legni della ed. 1550 e da Vitruvio, Parigi, Jacques Kerver [A_1, A_{2}a, A_3, A_4].

GIOVAN GIACOMO LEONARDI, *Libro delle fortificazioni dei nostri tempi*, ms. circa 1553 [A_2m].

FRANCESCO PATRICIO, *op. cit.* 1519, traduz. italiana di G. Fabrini, Venezia, figlioli di Aldo [A_{2}a, A_3, A_4].

SEBASTIANO SERLIO, *op. cit.* 1545, in fiammingo, Anversa, vedova P. Mayken [A_1].

MARC'ANTONIO PAGANO, *Le tre giornate d'intorno la disciplina dell'arme*, Napoli [A_4].

1554 PIETRO CATANEO, *I quattro primi libri di architettura di Pietro Cataneo senese: nel primo de' quali si dimostrano le buone qualità de' siti, per l'edificationi delle città & castella, sotto diversi disegni: nel secondo, quanto si aspetta alla materia per la fabrica: nel terzo si veggono varie maniere di tempii, & di che forma si convenga fare il principale delle città: & dalle loro piante, come ancora dalle piante delle città & castella, ne sono tirati gli alzati per ordine di Prospettiva: nel quarto si dimostrano per diverse piante l'ordine di più palazzi & casamenti, venendo dal palazzo regale & signorile, come di honorato gentilhuomo, fino alle case di persone private*, Venezia, figliuoli di Aldo [A_1, A_2m].

GIOVANNI BATTISTA DELLA VALLE, *op. cit.* 1521, in francese, Lyon, Moderne [A_4].

GIOVANNI BATTISTA DE ZANCHI (1515-1586), *Del modo di fortificar le Città. Trattato di M. Giovambattista de' Zanchi da Pesaro ...*, Venezia, Plinio Pietrasanta [A_2m].

NICCOLÒ MACHIAVELLI, *op. cit.* 1521, Venezia, D. Giglio [A_2m, A_4].

NICCOLÒ MACHIAVELLI, *op. cit.* 1531, Venezia. D. Giglio [A_4].

NICOLÒ TARTAGLIA, *op. cit.* 1546, *Quesiti et inventioni diverse de Nicolo Tartaglia, di novo restampati con una gionta al sesto libro, nella quale si mostra duoi modi di redur una Città inespugnabile ...*, Venezia, appresso de l'autore [A_2m, A_3, A_4].

1555 CAIO GIULIO CESARE, *op. cit.* 1513, a cura di Fra' Giovanni Giocondo, Lugduni, apud Seb. Gryfium [A_4].

GUILLAUME DU CHOUL, *Discorso sopra la castrametatione et disciplina militare de Romani, Composto per il S. Guglielmo Choul, Gentilhomo Lionese, Consigliero del Re, et Presidente delle Montagne del Delfinato, Con i Bagni, et essercitij antichi de Greci, et Romani, Et tradotto in lingua Toscana per M. Gabriel Symeoni*, Lione, Guglielmo Rovillio; e anche in francese [A_4].

ROBERTO VALTURIO, *op. cit.* 1472, traduz. francese di Luigi Meigret, Parigi [A_4].

LAURO GORGIERI, *Trattato della guerra, del soldato, del castellano, et come ha da essere uno generale di esercito*, Pesaro [A_4].

1556 VANNOCCIO BIRINGUCCIO, *op. cit.* 1540, traduz. francese, Parigi, Claude Fremy [A_3].

GUILLAUME DU CHOUL, *op. cit.* 1555, Lione, Guglielmo Rovillio [A_4].

GIOVANNI BATTISTA DE ZANCHI, *op. cit.* 1554, Venezia [A_2m].

ALESSANDRO FARRA, *Dall'ufficio del capitano*, Venezia [A_4].

GIROLAMO GARIMBERTO (1506-1575), *Il capitano generale ...*, Venezia, G. Ziletti [A_4].

JOHANNES PECKHAM, *op. cit.* 1277-79, a cura di P. Duhamel, Parigi [A_1].

MARCO VITRUVIO POLLIONE, *op. cit.* 1486, in italiano, a cura di DANIELE BARBARO, Venezia, Francesco Maralini; in latino, Apud Franciscum Franciscium Senensem & Ioan. Crugher Germanum [A_1, A_{2}a, A_2m].

1557 GUILLAUME DU CHOUL, *op. cit.* 1555, Venezia, Innocentio Olmo [A_4].

ALBRECHT DÜRER, *op. cit.* 1525, ed. latina, Parigi [A_1].

Euclide, *op. cit.* sec. XV, Basilea, apud J. Hervagium; e ancora: a cura di C. Dasypodius, Parigi; e in greco e latino, a cura di J. Penam, Parigi, Wechel [A_1].

Giacomo lanteri, *Due dialoghi di M. Iacomo de' Lanteri da Paratico, bresciano; ne i quali s'introduce messer Girolamo Catanio Novarese, e messer Francesco Trevisi ingegnero Veronese, con un Giovene Bresciano, à ragionare del modo di disegnare le piante delle fortezze secondo Euclide; et del modo di comporre i modelli, e torre in disegno le piante delle Città*, Venezia, Vincenzo Valgrisi e Baldassar Costantini [A_1, A_2m, A_3].

1558 Vannoccio Biringuccio, *op. cit.* 1540, Venezia, Comin de Trino [A_3].

Federico Commandino (1509-1575), *Ptolomaei Planisphaerium, Jordani Planisphaerium, Federici Commandini urbinatis in Planisphaerium commentarius, in quo universa Scenografices ratio quam brevissime traditur, ac demonstrationibus confirmatur*, Venezia, Aldo Manunzio [A_1].

Ascanio Degli Ortensi detto Centorio (segretario di Giambattista Castaldo, del quale il Centorio esprime il pensiero), *Il primo discorso di messer Ascanio Centorio, sopra l'ufficio d'un capitano generale di essercito. Al Signor Marchese di Peschara*, Venezia, Gabriel Giolito de Ferrari; *Il secondo discorso di guerra, di M. Ascanio Centorio. Al S. Duca di Savoia*, Venezia, Gabriel Giolito de Ferrari; *Il terzo discorso di guerra di M. Ascanio Centorio, nel quale si tratta della qualità, ufficio, et autorità d'un mastro di campo generale. Al S. Duca di Parma et di Piacenza*, Venezia, Gabriel Giolito de' Ferrari [A_4].

Giovanni Battista Della Porta (1535-1615), *Magiae naturalis Libri IV*, Napoli [A_1, A_3].

Giovanni Battista Della Valle, *op. cit.* 1521, Venezia, Giovanni Guarisco e Compagni [A_4].

Guillaume Du Choul, *op. cit.* 1555, Padova, Marc'Antonio Olmo [A_4].

Euclide, *op. cit.* sec. XV, Basilea, apud J. Hervagium; e anche a Lutetia [A_1].

Bernardo Puccini, *Trattato di fortificazioni*, ms. [A_2m].

Walther Hermann Ryff, *op. cit.* 1547, Norimberga, G. Heyn [A_1].

Nicolò Tartaglia, *op. cit.* 1537-1550, Venezia, Nicolò de Bascarini [A_3].

Claudio Tolomeo, *op. cit.* 1405-10, Venezia, G.B. Pedrezano [A_1].

1559 Vannoccio Biringuccio, *op. cit.* 1540, Venezia, Comin de Trino [A_3].

Pietro Cataneo, *Le pratiche delle due prime matematiche di Pietro Cataneo con la aggionta, libro d'abbaco e geometria con il pratico e vero modo di misurar la Terra, non piu mostro da altri*, Venezia, Giovanni Griffio [A_3].

Robert Coneweyle, *The Maner of Fortificacion of Cities, Townes, Castelles and other places*, ms. (De Zanchi attraverso De La Treille) [A_2m].

Ascanio Degli Ortensi detto Centorio (esprime il pensiero di Giambattista Castaldo), *Il quarto discorso di guerra, di M. Ascanio Centorio: nel quale si tratta del modo, che deve tenere una Città, che aspetta l'assedio intorno, e dell'ufficio di quel Generale, che ne havrà la cura. All'Illust. et Reverendiss. Monsignor Alessandro Cardinal Farnese*, Venezia, Gabriel Giolito de' Ferrari [A_2m, A_4].

Guillaume Du Choul, *op. cit.* 1555, Padova, Marc'Antonio Olmo; e Lione, G. Rovillio [A_4].

Giacomo Lanteri, *Duo libri di M. Giacomo Lanteri di Paratico da Brescia. Del modo di fare le fortificationi di terra intorno alle Città, & alle Castella per fortificarle. Et di fare cosi i Forti in campagna per gli Alloggiamenti de gli esserciti; come anco per andar sotto ad una Terra, di fare i Ripari nelle batterie*, Venezia, Bolognino Zaltieri [A_2m, A_4].

1560 Jean Cousin il Vecchio (1490-1560), *Livre de perspective*, Parigi, J. le Royer [A_1].

Ascanio Degli Ortensi detto Centorio (esprime il pensiero di Giambattista Castaldo), *Il quinto discorso* ... [A_4].

Giovanni Battista De Zanchi, *op. cit.* 1554, Venezia, Domenico e Cornelio de' Nicolini da Sabio (alterazione dell'edizione del 1556) [A_2m].

Sebastiano Serlio, *op. cit.* 1545, insieme agli altri libri del trattato, Venezia, Sessa [A_1].

Hans Vredeman De Vries (1527-1604), *Scenographiae sive Perspectivae*, Anversa [A_1].

1561 Giovanni Battista Della Porta, *op. cit.* 1558, Anversa, [A_1, A_3].

Claudio Tolomeo, *op. cit.* 1405-10, Venezia, V. Valgrisio [A_1].

1562 Federico Commandino, *op. cit.* 1558, Roma [A_1].

Jean Pélerin detto Viator, *op. cit.* 1505, Parigi [A_1].

Nicolò Tartaglia, *op. cit.* 1537-1550, Venezia, Curtio Trojano de i Navò [A_3].

Nicolò Tartaglia, *op. cit.* 1546-1554, Venezia, C. Castelli, senza il libro IX [A_2m, A_3, A_4].

Claudio Tolomeo, *op. cit.* 1405-10, Venezia, V. Valgrisio [A_1].

Peter Whitehorne, *Certain Waies for the orderying of Souldiers in battelray, & settyng of battailes, after divers fashions, with their maner of marchyng: And also Fygures of certaine new plattes for fortificacion of Townes: And more over, howe to make Saltpeter, Gunpoulder, and divers sortes of Fireworkes or wilde Fyre, with other thynges apertaining to the warres. Gathered and set foorthe by Peter Whitehorne*, Londra, Ihon Kingston for Nicholas Englande [A_2m, A_4].

1563 Giorgio Agricola, *Dell'arte de' metalli* ..., a cura di Michelangelo Florio, Basilea [A_3, A_4].

Pierino Belli (1505-1575), *Petrini Belli, Albensis, Iureconsulti Incliti et Serenissimi Emanuelis Philiberti, Sabaudiae Ducis Conciliarii, De re militari et bello tractatus divisus in partes XI* ..., Venezia; excudebat Franciscus de Portonarijs [A_4].

Francois De la Treille, *Discours des villes, chasteaux et forteresses, batues, assaillies et prises par la force de l'artillerie durant les règnes des ... roys Henry second et Charles IX, estant grand maistre et capitaine général d'icelle le Seigneur Destrées* ..., Parigi, G. Buon [A_2m, A_4].

Giacomo Lanteri, *op. cit.* 1559, traduz. latina, Venezia, apud Vincentium Valgrisium [A_2m, A_4].

Hans Vredeman De Vries, *op. cit.* 1560, Anversa [A_1].

1564 COSIMO BARTOLI (1503-1572), *Del modo di misurare le distantie, le superficie, i corpi, le piante, le provincie, le prospettive e tutte le altre cose terrene, che possono occorrere à gli huomini, secondo le vere regole d'Euclide, e de gli altri più lodati scrittori*, Venezia, Francesco de Franceschi (il manoscritto autografo è datato 1559) [A_3].

GIROLAMO CATANEO, *Opera nuova di fortificare, offendere, et difendere, et fare gli alloggiamenti campali secondo l'uso di guerra. Aggiontovi nel fine un Trattato degli essamini de' Bombardieri, et di far fuochi arteficiati*, Brescia, Thomaso Bozzola [A_{2m}, A_3, A_4].

GIACOMO CASTRIOTTO (1510-1563) e GIROLAMO MAGGI (1523 circa-1572), *Della Fortificatione delle Città, di M. Girolamo Maggi, e del capitan Iacomo Castriotto, Ingegniero del Christianiss. Re di Francia, Libri III. Ne' quali, oltra le molte inventioni di questi Autori, si contiene tutto quello di più importanza, che fino ad hora è stato scritto di questa materia; con infinite cose, che da molti Signori, Capitani, e Ingegneri dell'età nostra si sono havute. Discorso del medesimo Maggi sopra la Fortificatione degli alloggiamenti degli esserciti. Discorso del Capitan Francesco Montemellino sopra la fortificatione del Borgo di Roma. Trattato dell'Ordinanze, ò vero Battaglie del Capitan Giovacchino da Coniano. Ragionamento del sudetto Castriotto sopra le fortezze della Francia*, Venezia, Rutilio Borgominiero [A_{2m}, A_4].

GIOVANNI BATTISTA DELLA PORTA, *op. cit.* 1558, Francoforte, F. Plantino [A_1, A_3].

GIOVANNI BATTISTA DELLA VALLE, *op. cit.* 1521, Venezia, Francesco di levo [A_4].

EUCLIDE, *op. cit.* sec. XV, Colonia; e anche Basilea [A_1].

ABEL FOULLON, *Descrittione et Uso dell'Holometro. Per saper misurare tutte le cose, che si possono veder coll'occhio cosi in lunghezza, & larghezza, come in altezza, & profondità*, Venezia, Giordano Ziletti [A_3].

HEINRICH LAUTENSACK (1522-1568), *Des Cirkeles und Richtscheyts, auch der Perspectiva und Proportion der Menschen und Rosse, Kurtze, doch gründtliche Underweisung des rechten Gebrauchs ...*, Francoforte, G. Raben [A_1].

ALESSANDRO FARRA, *op. cit.* 1556, *Tre discorsi de' miracoli d'amore, della divinità dell'uomo, dell'ufficio del capitano* [A_4].

1565 LEON BATTISTA ALBERTI, *op. cit.* 1452, traduz. italiana di Cosimo Bartoli, insieme a *La pittura*, Monte Regale, Lionardo Torrentino; e anche Venezia, Francesco Franceschi (ristampa della ed. 1550) [A_1, A_{2a}, A_3, A_4].

SILVIO BELLI, *Libro del misurar con la vista. Nel quale s'insegna, senza travagliar con numeri, à misurar facilissimamente le distanze, l'altezze, e le profondità con il Quadrato Geometrico, e con altri stromenti, de' quali in ogni luogo quasi in un subito si può provvedere*, Venezia, D. de' Nicolini [A_3].

GIACOMO CASTRIOTTO e GIROLAMO MAGGI, *op. cit.* 1564, Venezia, Camillo e Rutilio Borgominiero (in fine 1564) [A_{2m}, A_4].

EUCLIDE, *op. cit.* sec. XV, Basilea, apud J. Hervagium [A_1].

EUCLIDE, *op. cit.* sec. XV e 1543, a cura di NICOLÒ TARTAGLIA, Venezia, Curtio Troiano [A_1].

1566 SILVIO BELLI, *op. cit.* 1565, Venezia, G. Ziletti [A_3].

ASCANIO DEGLI ORTENSI detto CENTORIO (esprime il pensiero di GIAMBATTISTA CASTALDO), *op. cit.* 1558-1559-1560, *Discorsi di guerra del Signor Ascanio Centorio divisi in cinque libri ...*, Venezia, Gabriel Giolito de' Ferrari [A_{2m}, A_4].

EUCLIDE, *op. cit.* sec. XV, Parigi [A_1].

GIROLAMO GARIMBERTO, *op. cit.* 1556 [A_4].

BERNARDINO ROCCA (1515-1587), *Imprese, stratagemmi, et errori militari di M. Bernardin Rocca piacentino, detto il Gamberello, divise in tre libri: ne' quali discorrendosi con essempi, tratti dall'historie de' Greci, & de' Romani, s'ha piena cognitione de' termini che si possono usar nelle guerre, cosi di terra, come di mare. Con due Tavole: l'una de' Capitoli, & l'altra delle cose più notabili. È questa, secondo l'ordine da noi posto, la Quarta Gioia, congiunta all'Anella della nostra Collana Historica*, Venezia, Gabriel Giolito de' Ferrari [A_4].

SEBASTIANO SERLIO, *op. cit.* 1545, insieme agli altri libri del trattato, Venezia, F. Sanese e Z. Krugher [A_1].

CLAUDIO TOLOMEO, *op. cit.* 1405-10, a cura di G. Ruscelli, Venezia, G. Ziletti [A_1].

1567 GIROLAMO CATANEO, *op. cit.* 1564, ampliamento, Brescia, Thomaso Bozzola (ai due libri corrispondenti alla ed. 1564 — cioè il *Libro nuovo di fortificare, offendere, et diffendere. Con il modo di fare gli alloggiamenti campali* e quello degli *Avertimenti et essamini intorno a quelle cose che richiede a un bombardiero, così circa all'Artigliaria, come anco a fuochi arteficiati* — vengono aggiunte le *Tavole brevissime per sapere con prestezza quante file vanno a formare una giustissima battaglia. Con li suoi armati corsaletti, da cento fin'à ventimilia huomini. Et appresso un facilissimo, et approvato modo di armarla di archibugieri, e di ale di cavalleria secondo l'uso Moderno*) [A_{2m}, A_3, A_4].

PIETRO CATANEO, *op. cit.* 1554, ampliamento (ma per la parte relativa all'architettura militare aggiunge una sola figura), *L'Architettura di Pietro Cataneo Senese. Alla quale oltre all'essere stati dall'istesso Autore rivisti, meglio ordinati, e di diversi disegni, e discorsi arricchiti i primi quattro libri per l'adietro stampati, Sono aggiunti di piu il Quinto, Sesto, Settimo, e Ottavo libro; Nel quinto si tratta di quel che s'aspetta all'ornato per le fabbriche. Nel sesto si mostrano le buone qualità dell'acque per l'uso del vivere: e cosi similmente dell'acque de i bagni, con alcuni loro disegni. Nel settimo s'adducono quelle cose di Geometria, & de gli elementi suoi, che piu all'Architetto faccino di bisogno: con un nuovo, & facil modo di pigliare in propria forma qualunche fabbrica, sito, o luogo. Nell'ottavo s'insegna a operar praticamente nelle cose di Prospettiva, cominciando da i primi principii, & elementi di quella*, Venezia, Aldus [A_1, A_{2m}].

GIOVAN MATTEO CICOGNA, *Il primo libro del trattato militare ...*, Venezia, G. Bariletto [A_4].

GUILLAUME DU CHOUL, *op. cit.* 1555, in franmcese, Lione, G. Rouille [A_4].

HANS LENCKER il VECCHIO, *Perspectiva literaria ...*, Norimberga [A_1].

DOMENICO MORA (1539-1598), *Tre quesiti in dialogo sopra il fare batterie, fortificare una città, et ordinar battaglie quadrate. Con una disputa di precedenza tra l'arme & le lettere ...*, Venezia, Giovanni Varisco & Compagni [A_{2m}, A_3, A_4].

Francesco Patricio, *op. cit.* 1519, Parigi, Apud Aegidium Gorbinum; e anche ex officina I. Charronii [A_{2a}, A_3, A_4].

Girolamo Ruscelli (a cura di), *Precetti della militia moderna, tanto per mare, quanto per terra, Trattati da diversi nobilissimi ingegni, e raccolti con molta diligenza dal Signor Girolamo Ruscelli. Ne' quali si contiene tutta l'arte del Bombardiero, e ci mostra l'ordine che ha da tenere il maestro di campo, quando vuole accampare il suo essercito. Opera non meno dilettevole, che utile, molto necessaria à Principi, & a tutti coloro, che desiderano di apprendere compitamente la disciplina militare*, Venezia, Heredi di Marchiò Sessa [A_3, A_4].

Lorenz Stoer, *Geometria et Perspectiva ...*, Augusta, H.R. Formschneider [A_1].

Marco Vitruvio Pollione, *op. cit.* 1486, in italiano, a cura di Daniele Barbaro, Venezia, F. De Franceschi e G. Chrieger; e anche in latino [A_1, A_{2a}, A_{2m}].

1568 Camillo Agrippa, *op. cit.* 1553, Venezia, Pinargetto [A_4].

Leon Battista Alberti, *Opuscoli morali di Leon Battista Alberti*, a cura di Cosimo Bartoli, Venezia [A_1, A_3].

Daniele Barbaro (1513-1570), *La pratica della prospettiva di Monsignor Daniel Barbaro eletto Patriarca d'Aquileia, opera molto utile a Pittori, a Scultori, et Architetti*, Venezia, Camillo e Rutilio Borgominieri [A_1].

Ascanio degli Ortensi detto Centorio (esprime il pensiero di Giambattista Castaldo), *op. cit.* 1558 e 1559 [A_{2m}, A_4].

Francois De la Treille, *op. cit.* 1563, Parigi, G. Buon [A_{2m}, A_4].

Francesco Ferretti (1523-1600), *Della osservanza militare del capitan Francesco Ferretti d'Ancona, Cavalliere di S. Stefano, Libri due ...*, Venezia, Camillo e Rutilio Borgomineri [A_4].

Wenzel Jamnitzer (1508-1585), *Perspectiva corporum regularium ...*, Norimberga [A_1].

Girolamo Ruscelli, *op. cit.* 1567, Venezia, Heredi di Marchiò Sessa [A_3, A_4].

Giorgio Vasari, *op. cit.* 1550, ampliamento, Firenze, i Giunti [A_1].

Hans Vredeman De Vries, *Artis Perspectivae plurium, genenerum elegantissimae formulae ...*, Anversa [A_1].

1569 Giulio Ballino, *De' disegni Delle piu illustri città, & fortezze del mondo parte I; la quale ne contiene cinquanta: Con una breve historia delle origini, et accidenti loro, secondo l'ordine de' tempi, raccolta Da M. Giulio Ballino ...*, Venezia, Bolognino Zaltieri [A_{2m}, A_4].

Daniele Barbaro, *op. cit.* 1568, Venezia, Camillo e Rutilio Borgominieri [A_1].

Egnazio Danti, *Trattato dell'uso et della Fabbrica dell'Astrolabio, con l'aggiunta del Planisferio del Roias*, Firenze, Giunti [A_3].

Guillame Du Choul, *op. cit.* 1555, in italiano, Lione, G. Rovillio [A_4].

Euclide, *op. cit.* sec. XV e 1543, a cura di Nicolò Tartaglia, Venezia [A_1].

Domenico Mora, *Il Soldato ... nel quale si tratta di tutto quello, che ad un vero Soldato e nobil Cavalliere si conviene sapere, e essercitare nel mestiere dell'arme*, Venezia, Gio. Grifio [A_{2m}, A_3, A_4].

Francesco Patricio, *op. cit.* 1518, Parigi, Apud Aegidium Gorbinum [A_{2a}, A_4].

Francesco Patricio, *op. cit.* 1519, traduz. italiana di G. Fabrini, Venezia [A_{2a}, A_3, A_4].

Sebastiano Serlio, *op. cit.* 1545, insieme agli altri libri del trattato, in latino, Venezia, F. Sanese e G. Chregher [A_1].

Carlo Theti (1539-1589), *Discorsi di Fortificationi, del Sig. Carlo Theti napolitano ...*, Roma, Giulio Accolto [A_{2m}].

1570 Galasso Alghisi da Carpi (1523-1573), *Delle Fortificationi di M. Galasso Alghisi da Carpi architetto dell'Eccellentiss. Signor Duca di Ferrara. Libri tre ...*, (Venezia) [A_{2m}].

Silvio Belli, *op. cit.* 1565, Venezia, G. Ziletti (in fine 1569) [A_1, A_3].

Domenico Mora, *op. cit.* 1569, Venezia, Gabriel Giolito di Ferrarii [A_{2m}, A_3, A_4].

Bernardino Rocca, *La seconda parte del governo della militia di M. Bernardino Rocca piacentino: nella qual si tratta con discorsi e con essempi de' più eccellenti Historici, come s'ha da procedere ne' fatti d'arme, ne gli assalti delle fortezze, ne' ripari di tutti i pericoli di guerra, e nella conservatione de gli Stati ...*, Venezia, Gabriel Giolito de' Ferrari [A_4].

Bernardino Rocca, *La terza parte del governo della militia di M. Bernardino Rocca piacentino: nella qual si tratta del modo di vincere tutte le giornate & tutte le città; et di superar tutti i pericoli e gli accidenti improvisi che possono occorrere contra i nemici, per difesa e per conservation dello Stato suo*, Venezia, Gabriel Giolito di Ferrarii [A_4].

Gherardo Spini, *Annotazioni intorno al Trattato dell'Astrolabio et del Planisferio Universale del R.P. Ignatio Danti Cosmografo del Duca di Fiorenza & di Siena*, Firenze, Barthol. Sermentelli [A_3].

1571 Guglielmo Bellai (Signor di Langé), *op. cit.* 1550, Venezia, eredi di Gio. Maria Bonelli [A_4].

Girolamo Cataneo, *op. cit.* 1564 e 1567, *Dell'arte militare libri tre, ne' quali si tratta il modo di fortificare, offendere, diffendere, e fare gli Allogiamenti Campali; con l'Essamini de' Bombardieri, e formare le Battaglie*, Brescia, Tomaso Bozzola [A_{2m}, A_3, A_4].

Girolamo Cataneo, *Modo di formare con prestezza le moderne battaglie di picche, archibugieri, et cavalleria; con tre avisi del modo del marchiare; in modo di dialogo. Di nuovo dato in luce per Girolamo Caraneo Novarese*, Brescai, Francesco et Pietro Maria de' Marchetti, Vincenzo Sabbo [A_4].

Girolamo Cataneo, *Nuovo ragionamento del fabricare le fortezze; si per prattica, come per theorica ove diffusamente si mostra tutto quello, ch'a tal scientia si appartiene ...*, Brescia, Gio. Francesco et Pietro Maria de' Marchetti [A_{2m}].

Jean Cousin il Giovane (1520 circa-1594 circa), *Livre de portraicture*, Parigi [A_1].

Thomas e Leonard Digges, *A Geometrical Practise, named Pantometria, divided into three Bookes, Longimetra, Planimetra and Stereometria, containing Rules manifalde for mensuration of all lines, Superficies and Solides: with sundry straunge conclusions both by instrument and without, and also by Perspective glasse to set forth the true description or exact plat of on whole Region: framed by Leonard Digges Gentleman, lately finished by Thomas Digges his sonne. Who hath also thereunto adioyned a Mathematicall treatise*, London, Henrie Bynneman [A_1, A_3].

Guillaume Du Choul, *op. cit.* 1555, in italiano, Lione, G. Rouillio [A_4].

Euclide, *op. cit.* sec. XV, Parigi [A_1].

Hans Lencker il Vecchio, *Perspectiva hierinnen auffs kürtste beschreiben, mit exempeln eröffnet und an tag gegeben wird, ein newer besonder kurtzer, doch gerechter unnd sehr leichter weg, wie allerley ding, es seyen Corpora, Gebew, oder was möglich zu erdencken und in grund zu legen ist, verrucht oder unverrukt, ferner in die Perspectyf gebracht werden mag, on einige vergebliche linie riss und puncten, re dergleichen weg bishero noch nit bekant gewesen*, Norimberga, G. Gerlatz [A_1].

Nestore Martinengo, *L'assedio, et presa di Famagosta; dove s'intende minutissimamente tutte le scaramuccie, batterie, mine, & assalti dati ad essa fortezza ... Li nomi dei capitani, & numero delle genti morte, cosi de Cristiani, come de Turchi; & medesimamente di quelli che sono restati prigioni*, Brescia [A_4].

1572 Abu Alì Muhammed Alhazen Ibn Al Haitham, *op. cit.* sec. XII, *Opticae Thesaurus Alhazeni Arabi Libri VII*, a cura di F. Risner, insieme a Witelo, *op. cit.* 1262-78, Basilea [A_1].

Martino Bassi (1542-1591), *Dispareri in materia d'architettura, e prospettiva, di Martino Bassi architetto milanese, con pareri di eccellenti et famosi architetti che li risolvono*, Brescia, Francesco e Pietro Maria Marchetti [A_1].

Vannoccio Biringuccio, *op. cit.* 1540, traduz. francese, Parigi, Claude Fremy [A_3].

Girolamo Cataneo, *Opera del misurare*, Brescia, Francesco et Pie. Maria di Marchetti [A_3].

Euclide, *op. cit.* sec. XV, Parigi [A_1].

Nestore Martinengo, *op. cit.* 1571, Venezia; e anche: traduz. inglese, a cura di William Malim, London, John Daye; traduz. francese, Paris, André Wechel [A_4].

Girolamo Ruscelli, *op. cit.* 1567, Venezia, Heredi di Marchiò Sessa [A_3, A_4].

Girolamo Ruscelli, *Le imprese illustri...*, a cura di Francesco Patritio, Venezia, Comin de Trino di Monferrato [A_4].

Marco Vitruvio Pollione, *op. cit.* 1486, in francese, a cura di J. Martin, Parigi, H. De Marnef e G. Cavellat [A_1, A_{2a}].

Leonardo Fioravanti, *Molte nuove inventioni massime appartenenti alla militia*, Venezia [A_4].

1573 Euclide, *op. cit.* sec. XV, Venezia [A_1].

Euclide, *La prospettiva di Euclide, Nella quale si tratta di quelle cose, che per raggi diritti si veggono: ed di quelle, che con raggi reflessi nelli Specchi appariscono*, a cura di Egnazio Danti, insieme con *La Prospettiva* di Eliodoro Larisseo, Firenze, Giunti [A_1].

Peter Whitehorne, *op. cit.* 1562, Londra, W. Williamson for Jhon Wight [A_{2m}, A_4].

1574 Girolamo Cataneo, *op. cit.* 1564-1567-1571, traduz. francese del primo libro, Lione, Jean de Tournes [A_{2m}, A_3].

Pompeo Floriani (1545-1600), *Discorso della Goletta e del forte di Tunisi ...*, Macerata, Sebastiano Martellini [A_{2m}, A_4].

Sesto Giulio Frontino, *Stratagemmi militari ...*, a cura di M.A. Gandino, Venezia, Zaltieri [A_4].

1575 Giulio Cesare Brancaccio (1515 circa-1586), *Della nuova disciplina & vera arte militare del Brancatio libri VIII. Ne' quali oltre la piena informatione di tal arte, con breve regole, per commodità de' soldati secondo i precetti di Cesare; chiaramente si dimostra, con quanta facilità, & poca spesa, possa ogni Prencipe difendersi, combattendo in campagna con le sole sue forze da qual si voglia potenissimo essercito. Con la maniera facile d'assalire, e vincere con le proprie militie tutte le nationi ...*, Venezia, Aldo [A_3].

Caio Giulio Cesare, *op. cit.* 1513, a cura di Andrea Palladio, Venezia, P. de' Franceschi [A_4].

Euclide, *op. cit.* sec. XV, a cura di Federico Commandino, Urbino, Domenico Frisolino [A_1].

Giulio Ferretti (1487-1547), *Julii Ferretti Ravennatis I.V.D. Aequitis, Comitisque Lateranensis Palatii, de Re et Disciplina Militari, Aureus Tractatus ...*, Venezia, Apud Bologninum Zalterium [A_4].

Vincenzo Locatelli, *Invito generale del cap. Vincentio Locatelli da Cremona ... Alli professori del reparare, fortificare, & edificare luoghi, & a quelli che dopoi construtti detti luoghi accettano carico di defenderli contra la tremenda offesa hoggidi usate da Maumetani, cioè, de canoni, colubrine, basilichi, zappa, & pala ...*, Bologna, Alessandro Benacci 1575; insieme a *Diligenza fatta dal capitano Vincentio Loccatelli ... per porre in esecutione quanto ha proposto nel suo Invito generale ... pubblicato il dì 12 febraio 1575*, 20 luglio 1575 [A_{2m}, A_3].

Francesco Patricio, *op. cit.* 1518, Parigi, Apud Aegidium Gorbinum [A_{2a}, A_4].

Sebastiano Serlio, *op. cit.* 1545, insieme agli altri libri del trattato, in italiano e in latino, Francoforte, A. Vechel [A_1].

Carlo Theti, *op. cit.* 1569, cambia la struttura della ed. 1569, *Discorsi delle Fortificationi, Del Sig. Carlo Tetti. Ove diffusamente si dimostra, quali debbano essere i siti delle Fortezze, le forme, i recinti, fossi, baloardi, castelli, & altre cose à loro appartenenti, con le figure di esse. Hora di nuovo da lui medesimo ricorretti, e ampliati del Secondo libro ...*, Venezia, Bolognino Zaltiero [A_{2m}, A_3].

Marco Vitruvio Pollione, *op. cit.* 1486, in tedesco, a cura di W. Ryff, Basilea, S. Henricipetri [A_1, A_{2a}].

Gregorio Zuccolo, *I discorsi di M. Gregorio Zuccolo nobil favent. All'Illust. et Eccellen. Signore il Sig. Giacomo Buoncompagno. Ne i quali si tratta della Nobiltà, Honore, Amore, Fortificationi, et Anticaglie. E con opinioni per lo piu da tutti gli altri, che n'han scritto fin qui per aventura diverse ...*, Venezia, Gio. Bariletto [A_{2m}, A_4].

1576 Jacques Androuet Du Cerçeau, *Leçons de perspective positive*, Parigi, M. Patisson [A_1].

Caio Giulio Cesare, *op. cit.* 1513, a cura di Fra' Giovanni Giocondo, Lugduni, apud Antonium de Harsy [A_4].

Francesco Ferretti, *op. cit.* 1568, rivista e ampliata, Venezia, Camillo e Rutilio Borgominerij [A_4].

Pompeo Floriani, *Discorso. Intorno all'Isola di Malta, e di ciò che potrà succedere tentando il Turco tal Impresa...*, Macerata, Sebastiano Martellini [A_{2m}, A_4].

Domenico Mora, *Riacquisto di Camereto, e Bauma, e come si deve fare una batteria, e guardare le piccole Ville del Contado d'Avignone*, Avignone [A_4].

1577 Egnazio Danti, *Le scienze matematiche ridotte in tavole*, Bologna, La Compagnia della Stampa [A_1, A_3].

Francesco Ferretti, *op. cit.* 1568, Venezia, Camillo e Rutilio Borgominerij [A_4].

1578 Egnazio Danti, *op. cit.* 1569, *Primo volume dell'uso et fabbrica dell'astrolabio*, Firenze, Giunti [A_3].

Euclide, *op. cit.* sec. XV, Lutetia [A_1].

Francesco Patricio, *op. cit.* 1518, Parigi, Apud Joannem de Bordeaux [A_2a, A_4].

Claudio Tolomeo, *op. cit.* 1405-10, a cura di Mercator, Colonia, Kempens [A_1].

1579 Aurelio Del Pasino (morto nel 1584), *Discours Sur plusieurs poincts de l'architecture de guerre, Concernants les fortifications tant anciennes que modernes. Ensemble le moyen de bastir & fortifier une place de laquelle les murailles ne pourront aucunement estre endommagées de l'artillerie*, Anvers, Christofle Plantin [A_2m].

Thomas Digges, *An Arithmeticall Militare Treatise, named Stratioticos: Compendiously teaching the Science of Nūbers, as well in Fractions as Integers, and so much of the Rules and Aequations Algebraicall and Arte of Numbers Cossicall, as are requisite for the Profession of a Soldiour. Together with the Moderne Militare Discipline, offices, Lawes and Dueties in every wel governed Campe and Armie to be observed; Long since attēpted by Leonard Digges Gentleman, Augmented, digested, and lately finished, by Thomas Digges, his Sonne. Whereto he hath also adioyned certaine Questions of great Ordinaunce, resolved in his other Treatize of Pyrotechny and great Artillerie here after to bee published...*, London, Henrie Bynneman [A_1, A_3].

Guillaume Du Choul, *op. cit.* 1555, in spagnolo, Lione, G. Rouillio [A_4].

Giulio Ferretti, *Julii Ferretti Ravennatis. I.V.D. Equitis, et Comitis Lateranensis Palatii. De iure, et re navali. Et de ipsius rei navalis, et belli aquatici praeceptis legitimis liber* ..., Venezia, Apud Franciscum de Franciscis [A_4].

Gemino (prima metà del I sec. a.C.), *Optiké*, traduz. latina di C. Dasypodius (come opera di Erone), Strasburgo [A_1].

Giovanni Battista Isacchi, *Inventioni di Gio. Battista Isacchi da Reggio, Nelle quali si manifestano varij Secreti, & utili avisi a persone di guerra, e per i tempi di piacere* ..., Seth Viotto [A_3, A_4].

Giacomo Marzari, *Scelti documenti in dialogo a' scholari bombardieri* ..., Vicenza, Perin [A_3].

1580 Giovan Battista Benedetti (1530-1590), *De rationibus operationum perspectivae*, in *Diversarum speculationum mathematicarum et philosophicarum liber*, Torino, eredi N. Bevilaqua, seconda parte [A_1].

Girolamo Cataneo, *op. cit.* 1564-1567-1571, solo il libro dei bombardieri, Venezia, Altobello Salicato [A_3].

Guillaume Du Choul, *op. cit.* 1555, in francese, Lione, G. Rouille [A_4].

Francesco Ferretti, *Diporti notturni. Dialloghi familliari del cap.° Franc.° Ferretti cav.ro dell'Ordine di Sa.to Stefano. Con la dimostratione figurale intagliata da Michel'Angelo Marrelli anconitano*, Ancona, Francesco Salvioni (sul frontespizio la data 1579) [A_4].

Galvano Galvani, *Il Castellano Avvertimenti. Et Ordini, che convengono ad un Castellano in una Fortezza semplice con quel, che far devono i Soldati di quella, et cura de' Prigioni, che in essa sarāno* ..., Urbino, Olivo Cesano [A_4].

Johannes Peckham, *op. cit.* 1277-79, Colonia, Birckmann [A_1].

Cristoforo Sorte (1510-1595), *Osservazioni sulla pittura*, Venezia, G. Zenaro [A_1].

Hans Van Schille, *Form und weis zu bauven, Zimmern, machen und auff zu richten, mit Blochheusern, Graben und wallen und auch sonsten zu stercken allerley wehrliche vestung Schlosser Burgen und Stedt ... Maniere, de bien bastir, edifier, fortifier & munir Chasteaux, forteresses, villes, & autres Places, etc.*, Antuerpiae, Gerardum de Jode [A_2m].

1581 Giacinto Barozzi (figlio di Jacopo), *Offerta di un nuovo modo di difendere qualsivoglia fortezza per debole che sia reputata da qualsivoglia numeroso esercito con poca gente*, Roma, heredi di Antonio Blado [A_2m].

Giacinto Barozzi, *Seconda proposta in materia di una nuova difesa, per debito christiano messa in chiaro con quell'ordine che si può vedere & fino a quel segno che per hora convenientemente può bastare*, Perugia, Andrea Bresciano [A_2m].

Guidobaldo Del Monte (1545-1607), *Le mechaniche* ..., traduz. in volgare di Filippo Pigafetta, Venezia, Francesco de' Franceschi [A_4].

Francesco De Vieri, *Compendio della civile e regale potestà, con alcune notizie dell'arte militare*, Firenze, Marescotti [A_4].

Guillaume Du Choul, *op. cit.* 1555, in francese, Lione, G. Rouille [A_4].

Nicolò Tartaglia, *op. cit.* 1537-1546-1550-1554, Venezia [A_2m, A_3, A_4].

1582 Leon Battista Alberti, *op. cit.* 1452, traduz. spagnola, Madrid, Alonso Gomez [A_1, A_2a, A_3, A_4].

Giulio Cesare Brancaccio, *op. cit.* 1575, ma cambia un po' il titolo, Venezia, Vittorio Baldini [A_4].

Girolamo Cataneo, *op. cit.* 1564-1567-1571, *Avvertimenti, et essamini intorno a quelle cose, che richiedono a un perfetto bombardiero, Cosi circa all'artiglieria, come anco a' fuochi arteficiati, di Girolamo Cataneo novarese. Da lui in molti, et diversi luoghi ampliati, et di nuove figure illustrati. Di nuovo ristampati, & con somma diligenza corretti*, Venezia, Altobello Salicato [A_3].

Guillaume Du Choul, *op. cit.* 1555, Venezia, Altobello Salicato [A_4].

Antonio Lupicini (1530-1598), *Architettura militare con altri avvertimenti appartenenti alla Guerra, di Antonio Lupicini, Al Sereniss. Don Francesco Medici Gran Duca di Toscana*, Firenze, Giorgio Marescotti [A_2m].

Antonio Lupicini, *Discorso sopra la fabrica, e uso delle nuove Verghe Astronomiche di Antonio Lupicini* ..., Firenze, Giorgio Marescotti [A_3].

Francesco Patricio, *op. cit.* 1519, Parigi, Apud Aegidium Gorbinum [A_2a, A_3, A_4].

Bernardino Rocca, *De' discorsi di guerra, Del Sign. Bernardino Rocca Piacentino. Libri quattro. Dove s'insegna à Capitani, e Soldati il modo di condurre esserciti, di far fatti d'arme, espugnare, e difender Città, e altre cose: con gran copia d'essempij antichi, e moderni appartenenti all'arte militare. Con una tavola copiosa di tutte le cose più notabili*, Venezia, Damiano Zenaro (1ª ed. Bologna 1573) [A_4].

GIROLAMO RUSCELLI, *op. cit.* 1567, Venezia, Heredi di Marchiò Sessa [A_3, A_4].

WALTHER HERMANN RYFF, *op. cit.* 1547, Basilea, Henricpetri [A_1].

MARCO VITRUVIO POLLIONE, *op. cit.* 1486, in spagnolo, a cura di M. de Urrea, Alcalà de Henares, J. Graziano [A_1, A_{2a}].

1583 GIACOMO ACCONCIO, *Arte di munire le città*, Ginevra [A_{2m}].

AMBROISE BACHOT, *Le Timon du capitaine Æ Bachot le quel conduira le lecteur parmi le guerrieres mathematiques. Sur les reductions des unes aux aultres figures geometriques et instrumentz de mesurer toutes distances et representer tous corps en perspective. Joinct un traicte fort utille des fortifications machines de guerre et aultre particullarites inventés par l'auteur*, Parigi, au faubours Sainct Germain des Pres rue de Seine a la Crois Blanche s.d. (ma due tavole sono datate 1583) [A_1, A_{2m}, A_3, A_4].

JACOPO BAROZZI detto il VIGNOLA, *op. cit.* 1545, a cura di EGNAZIO DANTI, Roma, F. Zanetti [A_1].

GIOVAN MATTEO CICOGNA, *op. cit.* 1567, Venezia, C. Castelli [A_4].

FRANCESCO MARIA I DELLA ROVERE, *op. cit.* 1537, *Discorsi militari dell'Eccellentiss. Sig. Francesco Maria I. Dalla Rovere Duca d'Urbino. Ne i quali si discorrono molti avantaggi, & disvantaggi, della guerra, utilissimi ad ogni Soldato*, Ferrara, Domenico Mammarelli [A_{2m}, A_3, A_4].

BERNARDINO ESCALANTE, *Diálogos de arte militar*, Sevilla [A_4].

DIEGO GARCIA DE PALACIO, *Diálogos militares*, México [A_3, A_4].

LATINO ORSINI, *Trattato del Radio Latino. Instrumento giustissimo & facile piu d'ogn'altro per prendere qual si voglia misura, & positione di luogo tanto in Cielo, come in Terra. Il quale oltre alle operationi Proprie sue fa anco tutte quelle della Gran Regola di C. Tolomeo, et dell'antico Radio Astronomico. Inventato dall'Ill.mo et Eccell.mo Signor Latino Orsini*, a cura di EGNAZIO DANTI, Roma, Vincentio Accolti [A_3].

FRANCESCO PATRIZI (1529-1597), *La Militia Romana di Polibio, di Tito Livio, e di Dionigi Alicarnaseo ...*, Ferrara, Domenico Mamarelli [A_4].

GREGOR REISCH, *op. cit.* 1508, Basilea, in cui continua la pubblicazione arbitraria del *De artificiali perspectiva* di JEAN PÉLERIN (*op. cit.* 1505) [A_1].

GIROLAMO RUSCELLI, *op. cit.* 1567, Venezia, Heredi di Marchiò Sessa [A_3, A_4].

GIROLAMO e VINCENZO RUSCELLI, *op. cit.* 1572^2, Venezia [A_4].

NICOLÒ TARTAGLIA, *op. cit.* 1537-1546-1550-1554, Venezia, Camillo Castelli [A_{2m}, A_3, A_4].

1584 GABRIELLO BUSCA (1540 circa-1601 circa), *Instruttione de' bombardieri ...*, Carmagnola, Marco Antonio Bellone [A_3].

GIROLAMO CATANEO, *op. cit.* 1564-1567-1571, *Dell'arte militare libri cinque, ne' quali si tratta il modo di fortificare, offendere, et difendere una fortezza: Et l'Ordine come si debbano fare gli Alloggiamenti Campali; et formare le Battaglie; Et nell'ultimo l'essamine de' Bombardieri, et di far fuochi arteficiati*, Brescia, Pietro Maria Marchetti [A_{2m}, A_3, A_4].

GIROLAMO CATANEO, *op. cit.* 1572, ma con altro titolo, Brescia, Pietro Maria Marchetti [A_3].

GIACOMO CASTRIOTTO e GIROLAMO MAGGI, *op. cit.* 1564, Camillo Borgominiero [A_{2m}, A_4].

JEAN ERRARD DE BAR-LE-DUC (1554-1610), [Le premier livre des] *instruments mathematiques mechaniques*, Nancy, Jan Janson [A_3].

ABEL FOULLON, *op. cit.* 1564, Venezia, Giordano Ziletti [A_3].

GIOVANNI PAOLO LOMAZZO (1538-1600), *Trattato dell'arte della pittura, scultura, ed architettura*, Milano, P.G. Ponzio [A_1].

SEBASTIANO SERLIO, *op. cit.* 1545, insieme agli altri libri del trattato, Venezia, F. de Franceschi [A_1].

MARCO VITRUVIO POLLIONE, *op. cit.* 1486, in italiano, a cura di DANIELE BARBARO, Venezia, F. De Franceschi [A_1, A_{2a}, A_{2m}].

1585 GIACOMO ACCONCIO, *op. cit.* 1583, in latino, Ginevra [A_{2m}].

CAMILLO AGRIPPA, *Dialogo di Camillo Agrippa milanese del modo di mettere in battaglia presto e con facilità il popolo di qual si voglia luogo con ordinanze e battaglie diverse*, Roma, Bartholomeo Bonfadino [A_4].

GIOVAN BATTISTA BENEDETTI, *op. cit.* 1580, Torino, eredi Bevilacqua [A_1].

GABRIELLO BUSCA, *Della espugnatione et difesa delle fortezze di Gabriello Busca milanese*, Libri due, Torino, erede di Nicolò Bevilacqua [A_3, A_4].

GIACOMO CASTRIOTTO e GIROLAMO MAGGI, *op. cit.* 1564, Venezia, Camillo et Rutilio Borgominiero [A_{2m}, A_4].

EUCLIDE, *op. cit.* sec. XV, in spagnolo, a cura di P.A. Onderiz, Madrid, vedova di A. Gomez [A_1].

GIOVANNI PAOLO LOMAZZO, *op. cit.* 1584, Milano, P.G. Pontio [A_1].

FRANCESCO PATRICIO, *op. cit.* 1518, Parigi, Apud Aegidium Gorbinum [A_{2a}, A_4].

TOMMASO GARZONI, *La piazza universale di tutte le professioni*, Venezia [A_4].

1586 LUYS COLLADO, *Pratica manuale di Arteglieria; nella quale si tratta della inventione di essa, dell'ordine di condurla et piantarla sotto a qualunque fortezza, fabricar mine da far volar in alto le fortezze, Spianar le montagne, divertir l'acque offensive ai Regni et provincie, tirar co i pezzi in molti e diversi modi, far fuochi artificiali, con altri bellissimi secreti all'essercitio dell'arteglieria appartenenti*, Venezia [A_3, A_4].

CESARE D'EVOLI (1532-1598), *Delle ordinanze et battaglie ...*, Roma, Tito e Paulo Diani fratelli [A_4].

EUCLIDE, *op. cit.* sec. XV e 1543, a cura di NICOLÒ TARTAGLIA, Venezia [A_1].

LATINO ORSINI, *op. cit.* 1583, a cura di EGNAZIO DANTI, Roma, Marc'Antonio Moretti e Iacomo Brianzi [A_3].

ALESSANDRO SARDO, *Discorso della qualità del generale ...*, Venezia, Giolito [A_4].

FILIPPO PIGAFETTA (1533-1604), *Trattato brieve dello schierare in ordinanza gli eserciti et nell'apparecchia-*

mento della guerra ..., Venezia, Francesco de' Franceschi [A_4].

MARCO VITRUVIO POLLIONE, *op. cit.* 1486, a cura di G. Philander, Lione, De Tornaes [A_1, A_2a].

1587 ORONCE FINE, *Opere*, traduz. italiana di Cosimo Bartoli, Venezia, Francesco de Franceschi [A_3].

ANTONIO LUPICINI, *Discorsi militari d'Antonio Lupicini, Sopra l'espugnatione d'alcuni siti*, Firenze, Bartolomeo Sermantelli [A_4].

NICCOLÒ MACHIAVELLI, *op. cit.* 1521, Palermo, Antonello degli Antonelli [A_2m, A_4].

SEBASTIANO SERLIO, *op. cit.* 1545, in italiano e in francese, Parigi, B. Macé [A_1].

MARCO VITRUVIO POLLIONE, *op. cit.* 1486, in spagnolo, a cura di M. de Urrea, Alcalà de Henares, J. Graziano [A_1, A_2a].

1588 VANNOCCIO BIRINGUCCIO, *op. cit.* 1540 [A_3].

AGOSTINO RAMELLI (nato nel 1531), *Le diverse et artificiose machine del capitano Agostino Ramelli dal Ponte della Tresia Ingegniero del Christianissimo Re di Francia et di Pollonia. Nella quali si contengono varij et industriosi Monimenti, degni di grandissima Speculatione, per cavarne beneficio infinito in ogni sorte d'operatione; Composte in lingua Italiana et Francese*, Parigi, in casa dell'autore [A_4].

NICOLÒ TARTAGLIA, *op. cit.* 1546-1554, traduz. inglese a cura di Cyprion Lucas Ghent, Londra, John Marrison [A_2m, A_3, A_4].

CARLO THETI, *op. cit.* 1569 e 1575, ampliamento della ed. 1575, *Discorsi delle Fortificationi di Carlo Theti. Divisi in Libri Quattro. Al Serenissimo Ferdinando Medici Cardinale, Gran Duca di Toscana*, Venezia, Nicolò Moretti [A_2m, A_3].

PETER WHITEHORNE, *op. cit.* 1562, Londra, Thomas East for Ihon Wight [A_2m, A_4].

1589 COSIMO BARTOLI, *op. cit.* 1564, Venezia, F. de Franceschi [A_3].

GIOVANNI BOTERO (1543/44-1617), *Della Ragion di Stato Libri Dieci, Con Tre Libri delle Cause della Grandezza, e Magnificenza delle Città* ..., Venezia, i Gioliti; e anche Ferrara, Vittorio Baldini [A_2m, A_4].

GIOVANNI BATTISTA DELLA PORTA, *op. cit.* 1558, con emendamenti, Napoli [A_1, A_3].

EUCLIDE, *op. cit.* sec. XV, Roma [A_1].

PAUL IVE, *The Practise of Fortification: wherein is shewed the manner of fortifying in all sorts of scituations, with the considerations to be used in delining, and making of royal Frontiers, Skonces, and renforcing of ould wolled Townes*, London, Thomas Orwin for Thomas Man and Toby Cooke [A_2m].

DOMENICO MORA, *Il cavaliere* ..., Vilna, Danielle Lanciense [A_4].

DANIEL SPECKLIN (1536-1589), *Architectura Von Vestungen* ..., Strasburgo, Bernhard Jobin [A_1, A_2m, A_3].

CARLO THETI, *op. cit.* 1569-1575-1588, ampliamento della ed. 1588, *Discorsi delle Fortificationi, Espugnationi, & Difese delle Città, & d'altri luoghi. Di Carlo Theti. Divisi in Libri Otto. Ove diffusamente si dimostra, quali debbano essere i siti delle Fortezze, le forme, i recinti, fossi, baloardi, castelli, e altre cose à loro appartenenti, con le figure di esse. Hora di nuovo da lui medesimo ricorretti, & ampliati* ..., Venezia, Francesco de Franceschi [A_2m, A_3].

1590 GIOVANNI BOTERO, *op. cit.* 1589, Ferrara, Vittorio Baldini [A_2m, A_4].

DIEGO DE ALABA Y VIAMONT, *El perfeto capitan, instruido En la disciplina Militar, y nueva ciencia de la Artilleria* ..., Madrid, Pedro Madrigal [A_3, A_4].

THOMAS DIGGES, *op. cit.* 1579, Londra, Richard Field [A_1, A_3].

ALBERICO GENTILE, *De jure belli*, Anversa [A_4].

GIOVANNI PAOLO LOMAZZO, *Idea del Tempio della Pittura*, Milano, P.G. Pontio [A_1].

OSTILIO RICCI, *Problemi geometrici*, ms. circa il 1590 [A_3].

OSTILIO RICCI, *L'uso dell'archimetro*, ms. [A_3].

1591 THOMAS e LEONARD DIGGES, *op. cit.* 1571, ampliamento, Londra Abell Feffes [A_1, A_3, A_4].

EUCLIDE, *op. cit.* sec. XV, Colonia [A_1].

FABRIZIO e GASPARO MORDENTE, *La quadratura del cerchio, la scienza dei residui, il compasso et riga*, Parigi, Galle [A_3].

FRANCESCO PATRICIO, *op. cit.* 1519, traduz. spagnola, Madrid, Luis Sanchez [A_2a, A_3, A_4].

1592 LUYS COLLADO, *op. cit.* 1586, in spagnolo, Milano, Pablo Gotardo Poncio [A_3, A_4].

JEAN ERRARD DE BAR-LE-DUC, *La geometrie et practique d'icelle*, Parigi [A_3].

EUCLIDE, *op. cit.* sec. XV, in arabo, Roma [A_1].

EUGENIO GENTILINI (nato nel 1529), *Instruttione de' bombardieri, di Eugenio Gentilini da Este. Ove si contiene l'essamina usata dallo Strenuo Zaccharia Schiavina. L'aggiunta, che copiosamente dichiara, quanto nell'Esamina si comprende: Et un Discorso intorno alle fortezze, fatto tra l'Autore e suo fratello, il capitan Marin Ingegnero della Serenissima Republica di Venetia. Dalle quali ogni Bombardiero e Capi Maestri vengono à pieno instrutti di ciò, ch'alla lor professione appartiene; e per maggior lor eccellenza anco vi sono giovevoli communemente a Bombardieri, & a Ingegneri di fortezze. Vi son anco le figure per maggior intelligenza. Con privilegio*, Venezia, Francesco de' Franceschi [A_2m, A_3].

JOHANNES PECKHAM, *op. cit.* 1277-79, a cura di A. Milio, Colonia, Birckmann [A_1].

1592-1593 GALILEO GALILEI (1564-1642), *Breve Trattato del Signor Galileo Galilei, lettor di Matematica nello studio di Padova, dove per via di compendio insegna il modo di fortificar le città e d'espugnarle, diviso in due parti*, ms. [A_2m, A_3].

GALILEO GALILEI, *Trattato di fortificazione*, ms. [A_2m, A_3].

1593 GIROLAMO CATANEO, *op. cit.* 1564-1567-1571-1584, traduz. francese del primo libro, Lione, J. Roussin [A_2m, A_3].

CRISTOFORO CLAVIO, *Astrolabium*, Roma, ex Tipografia Gabiana [A_3].

GIOVANNI BATTISTA DELLA PORTA, *De refractione optices parte libri novem*, Napoli [A_1].

EUGENIO GENTILINI, *op. cit.* 1592, Venezia, Francesco de' Franceschi [A_2m, A_3].

JOHANNES PECKHAM, *op. cit.* 1277-79, in italiano, a cura di G.P. Gallucci Salodiano, Venezia, eredi G. Varisco [A_1].

Giorgio Vasari il Giovane, *Prospettiva del Cavaliere Giorgio Vasari*, ms. [A_1].

Giorgio Vasari il Giovane, *Prospettiva*, ms. [A_1].

1594 Jean Errard de Bar-le-Duc, *op. cit.* 1592, Parigi, David le Clerc [A_3].

Euclide, *op. cit.* sec. XV, in arabo, Roma [A_1].

Giacomo Marzari, *op. cit.* 1579, Vicenza, Perin [A_3].

Francesco Patricio, *op. cit.* 1518, Argentinae, L. Zetzneri [A_2a, A_4].

Francesco Patricio, *op. cit.* 1519, Argentinae, L. Zetzneri [A_2a, A_3, A_4].

Francesco Patrizi, *Paralleli militari di Francesco Patrizi. Ne' quali si fa paragone delle Milizie antiche, in tutte le parti loro, con le moderne. All'Eccell.mo et Illustriss.mo S. Giacomo Buoncompagno Duca di Sora, et d'Arce, Signor d'Arpino, Marchese di Vignola, e Capitano Generale de gl'huomini d'arme del Re Catolico, nello Stato di Milano*, Roma, Luigi Zannetti [A_4].

Jaques Perret, *Des fortifications et artifices architecture et perspective de Jaques Perret gentilhomme. savoysien*, Parigi [A_1, A_2m].

[Antonio Santucci], *Trattato di diversi Istrumenti Matematici*, ms. compilato verso il 1594 [A_3].

Cristoforo Sorte, *op. cit.* 1580, Venezia, G.A. Rampazetto [A_1].

Simon Stevin (1548 circa-1620), *De Sterctenbovwing, Beschreuen door Simon Stevin van Brugghe*, Leyden, Françoys van Ravelenghien [A_2m].

1595 Silvio Belli, *Quattro libri geometrici ... Il primo del misurare con la vista ... Gli altri tre sono della proportione & proportionalità communi passioni del quanto* ..., Venezia, R. Megietti [A_3].

Lucas Brunn, *Praxis perspectivae. Das ist: von Verzeichnungen ein aussführlicher Bericht darinnen das jenige was die Scenographi erfordet begrieffen und in welchen allerley dinge auff allerley Stände in einen Perspectivischen auffzug zu bringen gelehret wird*, Lipsia, L. Kober [A_1].

Cesare Campana (1540 circa-1606), *Assedio e racquisto d'Anversa ...*, Vicenza, Giorgio Greco, ad instantia di Gio. Battista Ciotti [A_4].

Jean Cousin il Giovane, *op. cit.* 1571, Parigi [A_1].

Bernardino De Mendoça, *Theorica y pratica de guerra, escrita al Principe don Felipe nuestro señor ...*, Madrid, Por la viuda de P. Madrigal [A_2m, A_3, A_4].

Domenico Mora, *Judicium, sit necne Turcae bellum inferendum, deque ejus belli gerendi ratione*, Vilna [A_4].

Francesco Patrizi, *op. cit.* 1594, continuazione, *De paralleli militari di Francesco Patrizi. Parte II. Della militia riformata. Nella quale s'aprono, I modi, e l'ordinanze varie degli Antichi. Accomodate a nostri fuochi Per potere secondo la vera arte di guerra, con pochi vincere in battaglia la gran moltitudine de Turchi e di varie figure militari adorna*, Roma, Guglielmo Facciotto [A_4].

Francesco Pifferi, *Monicometro instromento da misurar con la vista stando fermo*, Siena, Luca Bonetti [A_3].

Bartolomeo Romano, *Proteo militare di Bartolomeo Romano. Diviso in tre Libri. Nel primo si descrive la fabrica di detto Proteo, et in esso nuovo Istrumento, tutti gli altri Istrumenti, di Matematica che imaginar si possano. Nel secondo, e terzo si tratta dell'uso di detto Instrumento, nel quale si formano tutte le figure di Geometria, & gl'Istrumenti di Prospettiva, Pittura, Scoltura, e d'Architettura. S'insegna ancora l'arte del navigare, e quella del guerreggiare con nuovo, e facilissimo modo, come più distintamente nella Tavola si potrà vedere*, Napoli, Gio. Iacomo Carlino e Antonio Pace [A_1, A_3, A_4].

Girolamo Ruscelli, *op. cit.* 1567, Venezia, Heredi di Marchiò Sessa [A_3, A_4].

1596 Giovanni Botero, *op. cit.* 1589, Torino, Gio. D. Tarino; e anche Milano, Pietro Martire, Pacifico Pontio [A_2m, A_4].

Bernardino De Mendoça, *op. cit.* 1595, traduz. italiana di Salustio Gratii, Venezia, Gio. Battista Ciotti [A_2m, A_3, A_4].

Hans Lencker il Vecchio, *op. cit.* 1567, Norimberga, P. Kauffmann [A_1].

Bonaiuto Lorini (~ 1540-~ 1611), *Delle fortificationi di Bonaiuto Lorini, nobile fiorentino, Libri Cinque ne' quali si mostra con le piu facili regole la Scienza con la Pratica, di Fortificare le Città, & altri luoghi sopra diversi siti. Con tutti gli avvertimenti, che per intelligenza di tal materia possono occorrere. Et il particolar soggetto di ciascun Libro si dimostra nel rovescio di questa Carta. Nuovamente dati in luce. Con privilegio*, Venezia, Gio. Antonio Rampazzetto [A_2m, A_3, A_4].

Giacomo Marzari, *op. cit.* 1579, Vicenza, Perin [A_3].

Giovanni Scala, *Delle fortificationi di Giovañi Scala mathematico Libro Primo al Christianissimo Re di Francia e di Navarra Henrico IIII*, Roma [A_1, A_2m].

Lorenzo Sirigatti, *La pratica di prospettiva del Cavaliere Lorenzo Sirigatti, al Serenissimo Ferdinando Medici Granduca di Toscana*, Venezia, G. Franceschi [A_1].

Nicolò Tartaglia, *op. cit.* 1546-1554, Venezia, Venturino Ruffinelli [A_2m, A_3, A_4].

Claudio Tolomeo, *op. cit.* 1405-10, Venezia, eredi Galignani de Karera [A_1].

1597 Claud Flamand, *La guide des fortifications et conduitte militaire, ou sont contenus sept livres de Mathematique, & Geometrie, contenant ce qu'est le plus necessaire, pour l'utilite de la vie humaine*, Montbeliard, Jaques Foillet [A_2m, A_3].

Bonaiuto Lorini, *op. cit.* 1596, Venezia, Gio. Antonio Rampazzetto [A_2m, A_3, A_4].

Vespasiano Romani, *Trattato et modo da difendere la fantaria dalla cavallaria, et Discorso sopra la Fortificatione della Fossa. Di Vespasiano Romani*, Napoli, Gio. Iacomo Carlino e Antonio Pace [A_2m, A_4].

Claudio Tolomeo, *op. cit.* 1405-10, a cura di G. Magini, Colonia, P. Keschedt [A_1].

1598 Ambroise Bachot, *op. cit.* 1583, ma con il titolo *Le Gouvernail* ..., Melun, soubz l'auteur [A_1, A_2m, A_3, A_4].

Giovan Battista Belici (Bellucci) (e Antonio Melloni?), *Nuova inventione di fabricar fortezze, di varie forme, in qualunque sito di piano, di monte, in acqua, con diversi disegni, et un trattato del modo che si hà da osservare in esse, con le misure et ordine di levar le piante, tanto in fortezze reali, quanto non reali. Di Giovan Battista Belici. Con un discorso infine in-*

torno al presidiar, e guardar esse fortezze, e quanto fa di bisogno per il loro mantenimento ..., Venezia, Tomaso Baglioni [A_2m, A_3, A_4].

GIOVANNI BOTERO, *op. cit.* 1589, Milano, P.M. Locarno, P. Pontion; e anche Venezia, Gioliti [A_2m, A_4].

GIOVANNI BOTERO, *Aggiunte di Giovanni Botero alla sua Ragion di Stato* ..., Venezia, Gio. Battista Ciotti; e anche Pavia, Andrea Viani; e Roma [A_2m, A_4].

GABRIELLO BUSCA, *op. cit.* 1584, Torino, G.D. Tarino [A_3].

GABRIELLO BUSCA, *op. cit.* 1585, Torino, G.D. Tari--no [A_3, A_4].

ALESSANDRO CAPOBIANCO (morto a Roma nel 1610), *Corona e Palma Militare di Arteglieria. Nella quale si tratta dell'Inventione di essa, e dell'operare delle fattioni di Terra, e Mare, fuochi artificiati da Giuoco, e Guerra; et d'un Nuovo Instrumento per misurare distanze. Con una giunta della fortificatione Moderna, e delli errori scoperti nelle fortezze antiche, tutto a proposito per detto essercitio del'Artiglieria, con disegni apparenti, et assai intendenti. Nuovamente composta, e data in luce. Dallo strenuo Capitano Alessandro Capo Bianco Vicentino delli Bombardieri della Città di Crema. Dalla figura si dimostra la Corona sopra la forteza venendo inferire, che Edificationi, Fortificationi, e Riparationi, chiara cosa è, che privatose il soldato poco può le forze sue. E medesimamente la Palma dell'Arteglieria, per laquale tanto abbonda al Soldato animo, e speranza di vittoria*, Venezia, Gio. Antonio Rampazetto; e anche Venezia, Francesco Bariletti [A_2m, A_3].

EGIDIO COLONNA, *op. cit.* 1285, Venezia [A_2a].

CRISTOFORO DE ROJAS (1555 circa-1614), *Teorica y Pratica de fortificacion, conforme las medidas y defensas destos tiempos*, Madrid, Luis Sanchez [A_2m, A_3].

POMPEO FLORIANI, *op. cit.* 1574, Siena [A_2m, A_3].

GIOVANNI PAOLO GALLUCCI, *Della fabrica et uso di diversi strumenti di astronomia e cosmografia*, Venezia, Roberto Meietti [A_3].

EUGENIO GENTILINI, *op. cit.* 1592, ma con il termine bombardiere sostituito con quello di *artigliere* nel titolo, Venezia, Francesco de Franceschi [A_2m, A_3].

THOMAS HOOD, *The making and use of the gnomonicall instrument called a sector*, Londra [A_3].

FRANCESCO PATRICIO, *op. cit.* 1518, Strasburgo [A_2a, A_4].

ACHILLE TARDUCCI (1550-1601), *Il turco vincibile in Ungharia* ..., Ferrara, Vittorio Baldini [A_4].

1599 GIOVANNI BOTERO, *op. cit.* 1589, traduz. francese, Parigi, Guillaume Chaudiere [A_2m, A_4].

FRANCESCO DE MARCHI, *op. cit.* 1545, *Della architettura militare, del capitano Francesco de' Marchi bolognese gentil'huomo romano, libri tre. Nelli quali si descrivono li veri modi, del fortificare, che si usa a' tempi moderni. Con un breve, et utile trattato, Nel quale si dimostrano li modi del fabricar l'Artigliaria, e la prattica di adoperarla, da quelli che hanno carico di essa. Opera novamente data in luce*, Brescia, Comino Presegni, ad istanza di Gasparo dall'Oglio [A_2m, A_3].

EUCLIDE, *op. cit.* sec. XV, Parigi, D. Duval; e anche a cura di J. Penam, Amsterdam [A_1].

GIROLAMO FRACHETTA (1560 circa-1620), *Il prencipe* ..., Venezia, Combi [A_4].

DIEGO GONZÁLEZ DE MEDINA BARBA, *Examen de fortificación*, Madrid, Varez de Castro [A_2m].

PAOLO PARUTA, *Discorsi politici* ..., Venezia, Domenico Nicolini [A_4].

PAUL PFINTZING von HENFENFELD (1544-1599), *Ein schöner kurtzer Extract der Geometriae und Perspectivae, wie die Perspectiva ohne Geometria nicht sein kan, hernacher wie die Pesperctiva in ihren Wercken auff drey Weg zunerstehen*, Norimberga, V. Fuhrmann [A_1].

GIOVANNI POMODORO e GIOVANNI SCALA, *Geometria prattica. Tratta Dagl'Elementi d'Euclide et altri Auttori Da Giovanni Pomo doro Venetiano Mathematico eccellentissimo descritta et Dichiarata da Giovanni Scala Mathematico. Nella quale si vede in 50. Tavole di Rame scolpito tutto quello che ad un buon Giometra s'appartiene di sapere et porre in uso. Opera non meno Uttile che necessaria, a' Misuratori di terreni, di fabriche, et altri simmili, ma' in'oltre ancora a, Geografi, Cosmografi, Architetti Civili, et Milittari, a' Bombardieri, Soldati privati, a' Capitani, Mastri di Campi, et a' qual si Voglia altra persona Virtuosa*, Roma, Stefano de Paulini [A_3].

MARIO SAVORGNANO (1513-1574), *Arte Militare Terrestre, e Maritima; secondo la ragione, e l'uso de piu volorosi capitani antichi, e moderni. Già descritta, e divisa in quattro Libri all'Illustrissimo Signor Mario Savorgnano Conte di Belgrado; Per istruttione de Sig.ri suoi Nepoti li Conti Gieronimo, Mario, Germanico, Marcantonio, et Hettore. Et hora ridotta alla sua integrità, & politezza da Cesare Campana, da esso data in luce. E dedicata all'Illustrissimo, et Eccellentiss.mo il Signor Camillo Caracciolo Prencipe di Avellino. Con un essatissimo Trattato à parte dell'Artiglierie, Con una tavola delle cose più notabili, con privilegio*, Venezia, heredi di Francesco de Franceschi [A_2m, A_3, A_4].

DANIEL SPECKLIN, *op. cit.* 1589, Strasburgo, Lazarus Zetzner [A_1, A_2m, A_3].

CLAUDIO TOLOMEO, *op. cit.* 1405-10, a cura di G. Ruscelli, Venezia, eredi Sessa [A_1].

1600 GIOVANNI BOTERO, *op. cit.* 1598, Venezia, G.B. Ciotti [A_2m, A_4].

GIROLAMO CATANEO, *op. cit.* 1564-1567-1571-1584, *Hier. Cataneus De arte bellica* ..., traduz. latina del primo libro [A_2m, A_3].

GUIDOBALDO DEL MONTE, *Guidi Ubaldi e Marchionibus Montis Perspectivae Libri sex*, Pesaro, H. Concordia [A_1].

JEAN ERRARD DE BAR-LE-DUC, *La fortification réduite en art et démonstrée*, Parigi [A_2m].

GIULIO PARIGI, *Strumenti e macchine*, ms. compilato poco dopo il 1600 e già attribuito al Buontalenti [A_2m, A_3, A_4].

SEBASTIANO SERLIO, *op. cit.* 1545, insieme agli altri libri del trattato, Venezia, eredi di F. de Franceschi [A_1].

GIORGIO VASARI il GIOVANE, *Raccolto di varii instrumenti per misurare con la vista*, ms. [A_3].

1601 GIOVANNI BOTERO, *op. cit.* 1589, Venezia [A_2m, A_4].

GIOVANNI BOTERO, *op. cit.* 1598, Torino [A_2m, A_4].

GABRIELLO BUSCA, *Della Architettura Militare di Gabriello Busca Milanese. Primo Libro*, Milano, Girolamo Bordone e Pietro Martire Locarni [A_2m].

PIER MARIA CONTARINI, *Corso di guerra et partiti di guerreggiare e combattere* ..., Venezia, Gratioso Perchacino [A_4].

Placido Filingerio, *Il soldato fedele usato alla guerra*, Milano [A_4].

Giacomo Lanteri, Antonio Lupicini, Giovanni Battista De Zanchi, *op. cit.* 1554-1557-1559-1582-1587, *Delle offese et diffese delle citta, et fortezze Di Giacomo Lanteri Bresciano. Gieronimo Zanco da Pesaro. Con due discorsi d'Architettura Militare d'Antonio Lupicini Fiorentino. Ove si vede con bellissimo modo, et ordine quanto a questa professione si appartiene. All'Illust. et Generosiss. Sig. il Sig. Hanricho Christoforo Thonradl in Ioanstain L. Barone in Ternberg: & Rechperg: Sacra Maesta Cesarea Consiliario, & Sereniss. Arciduca Mattias Trinciante*, Venezia, Tomaso Baglioni [A_1, A_{2m}, A_3, A_4].

Jaques Perret, *op. cit.* 1594, Parigi [A_1, A_{2m}].

Achille Tarducci, *Delle macchine, ordinanze, et quartieri antichi, et moderni* ..., Venezia, Gio. Battista Ciotti [A_4].

1602 Jacopo Barozzi detto il Vignola, *op. cit.* 1583, a cura di Egnazio Danti, Roma, G. Orlandi [A_1].

Alessandro Capobianco, *op. cit.* 1598, Venezia, Francesco Bariletti [A_{2m}, A_3].

Bernardino De Mendoça, *op. cit.* 1595, traduz. italiana di Salustio Gratii, Venezia, Gio Battista Ciotti [A_{2m}, A_3, A_4].

Jean Errard de Bar-le-Duc, *op. cit.* 1592, Parigi, G. Auvray [A_3].

Giovanni Francesco Fiammelli, *Il Principe Cristiano Guerriero* ..., Roma, Luigi Zannetti [A_4].

Jaques Perret, *op. cit.* 1594, Francoforte, par la vefve et les deux fils de Theodore de Bry; e anche in tedesco [A_1, A_{2m}].

Marco Vitruvio Pollione, *op. cit.* 1486, in spagnolo, a cura di M. de Urrea, Alcalà de Henares, J. Graziano [A_1, A_{2a}].

Manlio Orlandi, *Breve compendio delle istruzioni de' bombardieri*, Roma [A_3].

1603 Albrecht Dürer, *op. cit.* 1525, Arnhem, J. Jansson [A_1].

Giovanni Francesco Fiammelli, *Modo di ben mettere in ordinanza gli eserciti* ..., Roma, Luigi Zannetti [A_4].

Pomponio Gaurico, *op. cit.* 1504, insieme alle *Introductiones apotelemesticae* di Joannes ab Indagine, Ober Ursel [A_1].

Gemino, *op. cit.* 1579, Amsterdam, Lochner e Hoffmann [A_1].

Johann Kepler (1571-1630), *Appendix hiperaspistis 19*, ms. [A_1].

Giovanni Pomodoro e Giovanni Scala, *op. cit.* 1599, Roma, Giovanni Martinelli [A_3].

1604 Camillo Agrippa, *op. cit.* 1553, Venezia, R. Meietti [A_4].

Giovanni Altoni, *Il Soldato di Giovanni Altoni fiorentino Della scienza, et arte della guerra*, Firenze, Volcmar Timan German [A_{2m}, A_3, A_4].

Imperiale Cinuzzi, *La vera militar disciplina antica e moderna* ..., Siena, Salvestro Marchetti [A_3, A_4].

Guidobaldo Del Monte, *op. cit.* 1600, Pesaro, H. Concordia [A_1].

Jean Errard de Bar-le-Duc, *op. cit.* 1600, Francfort sur le Mein, in francese e in tedesco, la vefve et les deux fils de T. de Bry [A_{2m}].

Euclide, *op. cit.* sec. XV, Parigi, D. Duval [A_1].

Francesco Ferretti, *op. cit.* 1580, ma col titolo *Dialoghi notturni* ..., Venezia, G.B. Ciotti [A_3].

Giovanni Francesco Fiammelli, *Il Principe Difeso. Di Gio. Francesco Fiammelli fiorentino matematico. Nel quale si tratta di Fortificazione, Oppugnazione, Espugnazione, e Propugnazione, ò Difesa* ..., Roma, Luigi Zannetti [A_{2m}, A_4].

Johann Kepler, *Ad Vitellionem paralipomena, quibus astronomiae pars optica traditur*, Francoforte [A_1].

1605 Albrecht Dürer, *op. cit.* 1525, in latino, Arnhem, J. Jansson [A_1].

Euclide, *op. cit.* sec. XV, traduz. francese e commento dei primi nove libri di J. Errard de Bar-le-Duc [A_1].

Giovanni Francesco Fiammelli, *La riga matematica*, Roma, Carlo Vullietti [A_3].

Marc'Antonio Missaglia, *Vita del valorosissimo e invittissimo capitan generale dell'artiglieria di Carlo V, Gian Giacomo de' Medici*, Milano, Bordoni [A_3, A_4].

1606 Giorgio Basta (1550-1612), *Il Maestro di Campo Generale* ..., Venezia, Gio. Battista Ciotti [A_4].

Giorgio Basta, *Del governo dell'artiglieria*, Venezia [A_3].

Giovanni Botero, *op. cit.* 1589, Venezia; e anche in francese a cura di Pierre Deimier, Parigi [A_{2m}, A_4].

Giovanni Botero, *op. cit.* 1598, Venezia, Nicolò Misserini [A_{2m}, A_4].

Luys Collado, *op. cit.* 1586, in italiano, Milano, G. Bordoni [A_3, A_4].

Albrecht Dürer, *op. cit.* 1525, Arnhem, J. Jansson [A_1].

Girolamo Eugeni, *Memoriale di guerra* ..., Venezia G.B. Ciotti [A_4].

Giovanni Francesco Fiammelli, *I quesiti militari di Gio. Francesco Fiammelli fiorentino matematico. Fattigli in diversi tempi da diversi Principi, e gran personaggi, e da lui risoluti con esempi, e con l'esperienza fatta insù la guerra, e con cose da esso ritrovate per mettersi in esecutione, e a comune beneficio con diligenza serbati, e ora messi in luce. Con due tavole una de quesiti e l'altra delle cose notabili*, Roma, Carlo Vullietti [A_4].

Galileo Galilei, *Le operazioni del compasso geometrico et militare*, Padova, in casa dell'autore per Pietro Marinelli [A_3].

Eugenio Gentilini, *op. cit.* 1592, con lievi modifiche nel titolo, Venezia, Gio. Antonio e Giacomo de' Franceschi [A_{2m}, A_3].

Bartolomeo Pellicciari, *Avvertimenti* ..., Modena, G.M. Verdi [A_4].

Sebastiano Serlio, *op. cit.* 1545, insieme agli altri libri del trattato, Amsterdam, J. Jansson [A_1].

Nicolò Tartaglia, *op. cit.* 1537-1546-1550-1554, Venezia, al segno del Lione [A_{2m}, A_3, A_4].

1607 Giovanni Botero, *I capitani* ..., Torino, Gio. Domenico Tarino [A_4].

Baldassarre Capra, *Usus et fabrica circini cujusdam proportionis*, Padova, Pietro Paolo Tozzi [A_3].

Egidio Colonna, *op. cit.* 1285, Roma [A_{2a}].

Cristoforo De Rojas, *Cinco discursos militares. En el primero se trata de las prevenciones que se deven hazer en cosas de guerra. En el 2 de los pocas victorias q̃ en nuestros tiempos alcancamos. En el 3 lo que se pevria hazer para esperar victorias ciertas. El 4 el orden que se deve tener qũado se aya perdido algun sitio repentinamente. En el 5 el modo de conservar un reyno en paz*, Madrid [A_4].

Euclide, *op. cit.* sec. XV, Lipsia [A_1].

Bonaiuto Lorini, *op. cit.* 1596, traduz. tedesca di D. Wormser, Frankfurt am Mayn, T. de Bry söhe, M. Berkern [A_{2m}, A_3, A_4].

1608 Diomede Carafa (1406 circa-1487), *Gli ammaestramenti militari* ..., Napoli, Tarquinio Longo [A_4].

Girolamo Cataneo, *op. cit.* 1564-1567-1571-1584, Brescia, Pietro Maria Marchetti [A_{2m}, A_3, A_4].

Girolamo Cataneo, *op. cit.* 1572, Brescia, Pietro Maria Marchetti [A_3].

Giovan Battista Colombina, *Origine, eccellenza e necessità dell'arte militare* ..., Treviso, Marco de Antonio [A_3, A_4].

Giovanni Battista Della Porta, *Joan. Baptistae Portae Neapolitani De munitione Libri III*, Napoli, Apud Jo. Jacobum Carlinum & Constantinum Vitalem [A_{2m}, A_3].

Francesco Ferretti, *op. cit.* 1580, cambia il titolo, *Arte militare Del Capitano Francesco Ferretti Cavaglier di S. Stefano. Dove si ragiona Di ordinanze, et dal marciar Esserciti, et del modo sicuro di alloggiarli, et conoscere i buoni, et i cattivi siti, co i dissegni di molte Isole, et Fortezze, intagliati in Rame. Opera molto necessaria ad ogni sorte di Capitano, & Soldato* ..., Ancona, Francesco Manolesso (rispetto all'ed. 1580 cambia il frontespizio, la dedica e l'ultima carta) [A_4].

Domenico Mora, *op. cit.* 1567, Venezia [A_{2m}, A_3, A_4].

Francesco Patricio, *op. cit.* 1518, Argentorati, L. Zetzneri [A_{2a}, A_4].

Francesco Patricio, *op. cit.* 1519, Argentorati, L. Zetzneri [A_{2a}, A_3, A_4].

Antonio Pinelli, *Breve esamina a scolari bombardieri*, Venezia, Marco Pinelli [A_3].

Sebastiano Serlio, *op. cit.* 1545, insieme agli altri libri del trattato, in tedesco, Basilea, L. König [A_1].

Daniel Specklin, *op. cit.* 1589, Strasburgo, Lazarus Zetzner [A_1, A_{2m}, A_3].

Alphabetischer Index der Autoren des bibliographischen Teils A

B. Buontalentiana

1522 J. Barozzi detto il Vignola, *Regola delli cinque ordini d'architettura* ..., (altre edizioni nel 1563 e 1602).

1568 G. Vasari, *Le vite de' più eccellenti Pittori, Scultori, et Architettori, Scritte, et di nuovo Ampliate da M. Giorgio Vasari Pit. et Archit. Aretino*, secondo volume della terza parte, Firenze.

1577 [V. Borghini], *La Descrizione Dell'apparato Fatto in Firenze, nel Battesimo del Serenissimo Principe di Toscana*, Firenze.

1579 R. Gualterotti, *Vaghezze sopra Pratolino*, Firenze.

R. Gualterotti, *Feste nelle Nozze Del Serenissimo Don Francesco Medici Gran Duca di Toscana; Et della Sereniss. sua Consorte la sig. Bianca Cappello*, Firenze.

1583 G. Adriani, *Istoria de' suoi tempi*, Firenze.

1584 R. Borghini, *Il Riposo*, Firenze (ristampa anastatica Milano 1967).

S. Serlio, *Tutte l'Opere d'Architettura di Sebastiano Serlio* ..., Venezia (ristampa anastatica Bologna 1978).

1584-85 V. Borghini, *Discorsi*, Firenze.

1585 [B. De' Rossi], *Descrizione del Magnificentiss. Apparato, e de' maravigliosi Intermedii fatti per la Commedia rappresentata in Firenze nelle felicissime Nozze degl'Illustrissimi, ed Eccellentissimi Signori il Signor Don Cesare d'Este, e la Signora Donna Virginia Medici*, Firenze.

1586 G. Manenti, *Li Pratolini*, Venezia.

F. De Vieri, *Delle maravigliose opere di Pratolino, e d'Amore*, Firenze (e anche 1587).

1587 P. Angeli Da Barga, *Orazion funerale recitata latina in Firenze nell'essequie del Sereniss.mo Don Francesco Medici Gran Duca di Toscana*, Firenze.

G.B. Strozzi, *Essequie del Serenissimo Don Francesco Medici Gran Duca di Toscana*, Firenze.

1589 G. Bargagli, *La Pellegrina Commedia di M. Girolamo Bargagli materiale intronato: Rappresentata nelle felicissime Nozze del Sereniss: Don Ferdinando de' Medici Granduca di Toscana e della Sereniss. Madama Cristiana di Loreno sua Consorte*, Siena.

S. Cavallino, *Raccolta di tutte le solennissime feste nel Sponsalitio della Serenissima Gran Duchessa di Toscana Fatte in Fiorenza il Mese di Maggio 1589*, Roma.

[B. De' Rossi], *Descrizione dell'apparato e degl'intermedi, fatti per la commedia rappresentata in Firenze, Nelle nozze de' Serenissimi Don Ferdinando Medici, e Madama Cristina di Loreno, Gran Duchi di Toscana*, Firenze.

G. Pavoni, *Diario descritto da Giuseppe Pavoni Delle feste celebrate nelle solenissime Nozze delli Serenissimi Sposi, il Sig. Don Ferdinando Medici, e la Sig. Donna Christina di Loreno Gran Duchi di Toscana. Nel quale con brevità si esplica il Torneo, la Battaglia navale, la Comedia con gli Intermedi, et altre feste occorse di giorno in giorno per tutto il dì 15 di Maggio MDLXXXIX*, Bologna.

1591 F. Bocchi, *Le Bellezze della Città di Fiorenza* ..., Firenze.

1600 Michelangelo Buonarroti il Giovane, *Descrizione delle felicissime Nozze Della Cristianissima Maestà di Madama Maria Medici Regina di Francia e di Navarra*, Firenze.

1633 C. Bracci, *Della cappella de' ser.mi granduchi di Toscana nella chiesa di San Lorenzo in Firenze* ..., Arezzo.

1662 M. Salvi, *Delle historie di Pistoia e fazioni d'Italia*, III, Venezia.

1677 F. Bocchi e G. Cinelli, *Le bellezze della città di Firenze dove a pieno di pittura di scultura di sacri templi, di palazzi, i più notabili artifizi, e più preziosi si contengono. Scritte già da m. F.B. ed ora da m. Giovanni Cinelli ampliate, ed accresciute*, Firenze.

1684 F.L. Del Migliore, *Firenze città nobilissima illustrata* ..., Firenze.

1688 F. Baldinucci, *Notizie de' Professori del disegno da Cimabue in qua* ..., parte seconda del secolo quarto, Firenze.

1698 A.F. Marmi, *Ristretto delle cose più notabili della città di Firenze*, 2ª impressione, Firenze.

1704 P.A. Orlandi, *Abecedario pittorico nel quale compendiosamente sono descritte le patrie, i maestri ed i tempi, ne' quali fiorirono circa quattromila professori di pittura, di scultura e d'architettura* ..., Bologna (altre edizioni: 1719, 1733, 1753, 1763).

1742 B.S. Sgrilli, *Descrizione della Regia Villa, Fontane e Fabbriche di Pratolino*, Firenze.

1744 G. Zocchi, *Scelta di XXIV Vedute delle principali Piazze Contrade, Chiese e Palazzi della Città di Firenze* ..., Firenze.

G. Zocchi, *Vedute delle ville e d'altri luoghi della Toscana*, Firenze.

1749 O. Warren, *Raccolta di piante delle principali Città e Fortezze del Gran Ducato di Toscana levate d'ordine di Sua Maestà Imperiale sotto la direzione del S.re Odoardo Warren colonnello del battaglione d'artiglieria e direttor generale delle fortificazioni di Toscana MDCCXLIX*, manoscritto, ASF, *Segreteria di Gabinetto*, 695 (ristampa anastatica Firenze 1979).

1754 G. Bottari, *Dialoghi* ..., Lucca.

1754-1762 G. Richa, *Notizie Istoriche delle Chiese Fiorentine divise nei suoi Quartieri*, Firenze.

1755 F. Ruggieri, *Scelta di architetture antiche e moderne della città di Firenze*, Firenze (altra edizione Firenze 1722-1728 con il titolo *Studio d'Architettura Civile* ...).

1768 F. Milizia, *Le vite de' più celebri architetti d'ogni nazione e d'ogni tempo precedute da un saggio sopra l'architettura*, Roma.

1768-1779 G. Targioni Tozzetti, *Relazioni d'alcuni viaggi fatti in diverse parti della Toscana per osservare le produzioni naturali, e gli antichi monumenti di essa*, Firenze (ristampa anastatica Bologna 1971-1972).

1770 F. Baldinucci, *Delle notizie de' Professori del disegno da Cimabue in qua* ..., a cura di Domenico Maria Manni, VIII, Firenze.

1773 F. Milizia, *Serie degli uomini i più illustri* ..., VII, Firenze.

1781 R. Galluzzi, *Istoria del Granducato di Toscana sotto il governo della casa Medici*, Firenze (altra edizione nel 1751).

1785 F. Milizia, *Memorie degli architetti antichi e moderni*, II, Bassano (altra edizione nel 1781).

1787 A. Da Morrona, *Pisa illustrata nelle Arti del disegno* ..., III, Pisa (altra edizione Livorno 1812).

1789 F.M. Soldini, *Il Reale Giardino di Boboli*, Firenze.

1791-1795 D. Moreni, *Notizie istoriche dei contorni di Firenze*, Firenze.

1795 L. Lanzi, *Storia pittorica della Italia ...*, I, Bassano (altre edizioni: Bassano 1809, Pisa 1815, Firenze 1822, Milano 1824-1825).

1796 *Raccolta delle più belle vedute della Città e Porto di Livorno con alcune osservazioni sopra le medesime*, per Tommaso Masi e C.

1801-1803 F. Fontani, *Viaggio pittorico della Toscana*, Firenze (ristampa anastatica Firenze 1968).

1813 D. Moreni, *Descrizione della Gran Cappella delle Pietre Dure ...*, Firenze.

1815 G. Anguillesi, *Notizie storiche dei palazzi e ville appartenenti alla I. e R. Corona di Toscana*, Pisa.

1822 G.G. Bottari e S. Ticozzi, *Raccolta di lettere sulla pittura, scultura, ed architettura scritte da' più celebri personaggi dei secoli XV, XVI e XVII*, I, Milano.

1824 L. Biadi, *Notizie sulle antiche fabbriche di Firenze ...*, Firenze.

1832 A. Zuccagni Orlandini, *Atlante geografico fisico e storico del Granducato di Toscana*, Firenze.

1833-1846 E. Repetti, *Dizionario geografico fisico storico della Toscana*, Firenze.

1834 F. Inghirami, *Monumenti per l'intelligenza della storia della Toscana*, Fiesole.

Guide de la ville de Florence, Firenze.

1838 M. Valery, *Voyages en Italie*, Parigi.

1840 G. Gaye, *Carteggio inedito d'artisti dei secoli XIV, XV, XVI*, III, Firenze.

1841 A. Zobi, *Notizie storiche riguardanti l'Imperiale e Reale stabilimento dei lavori di commesso in pietre dure di Firenze*, Firenze (altra edizione Firenze 1853).

1842 F. Fantozzi, *Nuova guida ovvero descrizione storico-artistico-critica della città e contorni di Firenze*, Firenze.

A.C. Quatremère De Quincy, *Dizionario storico di Architettura*, I, Mantova (edizione francese Parigi 1832).

1842-1846 G. Vivoli, *Annali di Livorno dalla sua origine sino all'anno di Gesù Cristo 1840*, Livorno (ristampa anastatica Livorno 1974-77).

1844-1845 M. Gualandi, *Nuova raccolta di lettere sulla pittura, scultura ed architettura scritte dai più celebri personaggi dei secoli XV al XVI*, Bologna (altra edizione Bologna 1856).

1845 F. Moisè, *Santa Croce di Firenze. Illustrazione storico-artistica*, Firenze.

1846 F. Baldinucci, *Notizie dei Professori del Disegno da Cimabue in qua*, a cura di F. Ranalli, II, Firenze (ristampa anastica Firenze 1974).

1849 E. Repetti, *Compendio storico della città di Firenze*, Firenze.

1853 G. François, *Nuova guida della città di Firenze*, Firenze.

1859 *Descrizione di Firenze nell'anno 1598 di Lodovico Principe di Anhalt*, a cura di A. Reumont, «Archivio Storico Italiano».

1860 J. Burckhardt, *Die Kultur der Renaissance in Italien*, Basel.

1863 G.E. Saltini, *Della morte di Francesco I de' Medici e di Bianca Cappello*, «Archivio Storico Italiano».

1871 M. D'Ayala, *Giovanni Camerini celebre ingegnere militare del sec. XVI*, «Archivio Storico Italiano».

G. Sugana, *Palazzi principeschi d'Italia*, Firenze.

1873 L. Puliti, *Cenni storici della vita del Gran Principe Ferdinando*, Firenze.

1874 C. Promis, *Bernardo Buontalenti*, in *Biografie di ingegneri militari italiani dal secolo XIV alla metà del XVIII*, «Miscellanea di Storia Italiana», XIV.

1876 R. Mazzanti, E. Mazzanti, T. Del Lungo, *Raccolta delle migliori fabbriche antiche e moderne*, Firenze.

1880 G. Guasti, *I quadri della Galleria del Comune di Prato*, Prato.

P. Usimbardi, *Istoria del Gran Duca Ferdinando I*, a cura di G.E. Saltini, «Archivio Storico Italiano».

1881 G. Carocci, *I dintorni di Firenze. Nuova guida illustrazione storico-artistica*, Firenze.

1883 G. Noel, *Les collections du château de Pratolino*, «L'Art Revue Illustrée».

1885 G. Baccini, *Pratolino, capitolo d'anonimo*, Firenze.

P.N. Ferri, *Indice geografico-analitico dei disegni di architettura civile e militare, esistenti nella R. Galleria degli Uffizi in Firenze*, Roma.

1885-1908 C. von Stegman e H. von Geymüller, *Die Architektur der Renaissance in Toscana*, München.

1886 G. Carocci, *Il Ghetto di Firenze e i suoi ricordi. Illustrazione storica*, Firenze.

C. Da Prato, *Firenze ai Demidoff, Pratolino e S. Donato*, Firenze.

P. Minucci Del Rosso, *Una lettera inedita di Bernardo Buontalenti*, «Arte e Storia».

A. Neri, *Un privilegio a Bernardo Buontalenti*, «Giornale Ligustico di Archeologia, Storia e Letteratura».

R. Redtenbacher, *Die Architektur der italiänischen Renaissance*, Frankfurt.

1886-1902 «Miscellanea fiorentina di erudizione e storia», diretta da J. Del Badia.

1887 C. Gurlitt, *Geschichte des Barockstiles in Italien*, Stuttgart.

1889 A. Gotti, *Storia del Palazzo Vecchio*, Firenze.

1890 P.N. Ferri, *Catalogo riassuntivo della raccolta dei disegni antichi e moderni, posseduti dalla R. Galleria degli Uffizi di Firenze*, Roma.

1892 P.F. Covoni, *Il Casino di San Marco costruito dal Buontalenti ai tempi medicei*, Firenze.

P.F. Covoni, *Don Antonio de' Medici al Casino di San Marco*, Firenze.

1895 A. Warburg, *I costumi teatrali per gli Intermezzi del 1589*, «Atti dell'Istituto Musicale di Firenze».

1896 R. Davidsohn, *Geschichte von Florenz*, Berlin (traduzione italiana nel 1956).

1897 G. Baccini, *Le ville medicee di Cafaggiolo e di Trebbio in Mugello oggi proprietà Borghese di Roma: cenni storici*, Firenze.

1898 G.E. Saltini, *Bianca Cappello e Francesco I de' Medici*, Firenze.

1900 A. Lapini, *Diario fiorentino*, a cura di G.O. Corazzini, Firenze.

1901 J. Ross, *Florentine villas*, Londra.

1902 G. GUASTI, *Di Cafaggiolo e d'altre fabbriche di ceramiche in Toscana secondo studi e documenti in parte raccolti dal Comm. Gaetano Milanesi*, Firenze (ristampa anastatica Bologna 1980).

G.V. SODERINI, *I due trattati dell'agricoltura e della coltivazione delle viti*, a cura di A. Bacchi della Lega, Bologna.

1906 G. CAROCCI, *Il Valdarno da Firenze al mare*, Bergamo.

E. MÜNTZ, *Florence et la Toscana*, Parigi (altra edizione nel 1897).

G. VASARI, *Le vite de' più eccellenti pittori scultori ed architettori scritte da Giorgio Vasari pittore aretino*, a cura di Gaetano Milanesi, VI, Firenze.

1906-1907 G. CAROCCI, *I dintorni di Firenze*, Firenze (ristampa anastatica Roma 1968).

1908 E. ROCCHI, *Le fonti storiche dell'architettura militare*, Roma.

1909 G. CAROCCI, in «L'Illustratore Fiorentino».

1910 W. ARNTZ, *Italienische Renaissance Gärten*, «Die Gartenkunst».

W. LIMBURGER, *Die Gebäude von Florenz*, Leipzig.

G. POGGI, *L'antico altare del Battistero fiorentino*, «Rivista d'Arte».

1911 M. DE BENEDETTI, *Palazzi e Ville Reali d'Italia*, Firenze.

W. LIMBURGER, *Buontalenti*, in U. THIEME e F. BECKER, *Allegemeines Lexikon der Bildenden Künstler*, V, Leipzig.

D. SIMONI, *Coltano e la sua storia*, Pisa.

1912 A. LE BLOND, *The Old Gardens of Italy*, London.

1912-1913 B. PATZAK, *Die Renaissance und Barockvilla in Italien*, Leipzig.

1912-1915 G. CAROCCI, *Il giardino di Boboli*, «L'Illustratore Fiorentino».

1914 A. NICCOLAI, *Palazzi ville e scene medicee in Pisa e dintorni: saggio di ricerche e di studi di storia pisana*, Pisa.

1920 G. POGGI, *Un vaso di lapislazzuli nel gabinetto delle gemme agli Uffizi*, «Dedalo».

1922 B. CROCE, *La Spagna nella vita italiana durante la Rinascenza*, Bari.

DONALDSON EBERLEIN, *Villas of Florence and Tuscany*, Philadelphia-London.

1924 L. DAMI, *Il giardino italiano*, Milano.

1924-1925 G. PIERACCINI, *La Stirpe de' Medici di Cafaggiolo*, Firenze.

1926 A. MORI e G. BOFFITO, *Firenze nelle vedute e piante*, Firenze.

1928 M. TINTI, *Il Teatro Mediceo e il suo architetto coreografo*, «Comoedia».

1929 A. LENSI, *Palazzo Vecchio*, Milano-Roma.

1930 A. DE RUBERTIS, *Bernardo Buontalenti inventore di strumenti per mulini*, «Rivista d'Arte».

1931 *Mostra del giardino italiano*, catalogo, Firenze.

V. GIOVANNOZZI, *Un disegno del salone dei Cinquecento*, «Rivista d'Arte».

1932 A.G. BRAGAGLIA, *Un grande scenografo fiorentino*, «L'illustrazione toscana», novembre.

V. GIOVANNOZZI, *La vita di Bernardo Buontalenti scritta da Gherardo Silvani*, «Rivista d'Arte».

V. GIOVANNOZZI, *Per la storia del Duomo di Livorno*, «Liburni Civitas».

D. SIMONI, *Medaglioni storici pisani*, Pisa.

1933 A. COLASANTI, *Una miniatura di Bernardo Buontalenti*, in AA.VV., *Miscellanea di storia dell'arte in onore di F.B. Supino*, Firenze.

U. DORINI, *Come sorse la fabbrica degli Uffizi*, «Rivista Storica degli Archivi Toscani».

V. GIOVANNOZZI, *Ricerche su Bernardo Buontalenti*, «Rivista d'Arte».

1935 A. DE RUBERTIS, *Varietà storiche e letterarie*, Pisa.

G. GIOVANNONI, *Architettura del Rinascimento*, 2ª ed., Milano.

G. MORAZZONI, *Le porcellane italiane*, Milano-Roma.

1936 V. DADDI GIOVANNOZZI, *I modelli dei secoli XVI e XVII per la facciata di S. Maria del Fiore*, «L'Arte».

P. GINORI CONTI, *L'apparato per le nozze di Francesco de' Medici e di Giovanna d'Austria*, Firenze.

1937 V. DADDI GIOVANNOZZI, *Untersuchungen über Don Giovanni de' Medici und Alessandro Pieroni*, «Mitteilungen des Kunsthistorischen Institutes in Florenz».

I. RICCI, *L'architetto delle mura di Sansepolcro: Bernardo Buontalenti*, «L'Alta Valle del Tevere».

1938 A. LENSI, *Poggiofrancoli*, Firenze.

A. JAHN RUSCONI, *Le ville medicee*, Roma.

1939 G. MAZZANTI, *Di alcuni dipinti raffiguranti le fortificazioni di Portoferraio*, Livorno.

H. TINTELNOT, *Barocktheater und barocke Kunst*, Berlin.

A. VENTURI, *Bernardo Buontalenti*, in *Storia dell'arte italiana*, XI, 2ª parte, Milano.

1940 *Mostra del Cinquecento toscano*, catalogo, Firenze.

V. DADDI GIOVANNOZZI, *Di alcune incisioni dell'apparato per le nozze di Ferdinando de' Medici e Cristina di Lorena*, «Rivista d'Arte».

R. NUTI, *Un ritratto di Francesco de' Medici dipinto da Bernardo Buontalenti*, «Rivista d'Arte».

1940-1954 W. e E. PAATZ, *Die Kirchen von Florenz*, Frankfurt am Main.

1947 I. GAMBERINI, *Per un rilievo integrale di Palazzo Pitti*, Firenze.

1949 A. MORI, *Seravezza*, in *Enciclopedia Italiana di Scienze, Lettere ed Arti* (Treccani), XXXI, Roma.

L.M. TOSI, *Buontalenti*, in *Enciclopedia Italiana di Scienze, Lettere ed Arti* (Treccani), VIII, Roma.

1950 L. BERTI, *Matteo Nigetti*, «Rivista d'Arte».

G. SINIBALDI, *Il Palazzo Vecchio di Firenze*, Roma.

1951 L. BERTI, *A proposito di un documento buontalentiano*, «Palladio».

L. MARCUCCI, *Mostra di disegni d'arte decorativa*, Firenze.

P. SANPAOLESI, *Notizie documentarie sul Buontalenti*, «Palladio».

P. SANPAOLESI, *Una scultura di Bernardo Buontalenti*, «Bollettino d'Arte».

1953 V. FASOLO, *Un pittore architetto: il Cigoli*, «Quaderni dell'Istituto di Storia dell'Architettura».

1954 *Palazzo Corsini sul Prato*, Torino.

G. Lensi Orlandi Cardini, *Le ville di Firenze*, Firenze.

P. Turchetti, *Buontalenti*, in *Enciclopedia dello Spettacolo*, II, Roma.

1956 C. Brandi, *Eliante o dell'architettura*, Torino.

H. Keutner, *Der Giardino Pensile der Loggia dei Lanzi, und seine Fontäne*, in *Kunstgeschichtliche Studien für Hans Kauffmann*, Berlin.

I. Ricci, *Storia di (Borgo) Sansepolcro*, Sansepolcro.

1956-1957 P. Barocchi, *Il Vasari architetto*, «Atti dell'Accademia Pontaniana».

1957 N. Bemporad, *Il forte Belvedere e il suo restauro*, «Bollettino d'Arte».

M. Morini, *Terra del Sole e l'opera di Bernardo Buontalenti*, in *Atti del V Convegno Nazionale di Storia dell'Architettura*, Firenze.

1958 *Mostra documentaria e iconografica della fabbrica degli uffizi*, Firenze.

K. Prijateli, *Una proposta di Bernardo Buontalenti a Ragusa (Dubrovnik)*, «Rivista d'Arte».

1958-1975 AA.VV., *Les fêtes de la Renaissance*, Parigi.

1959 R. Bacou e J. Bean, *Disegni fiorentini del Museo del Louvre dalla collezione di Filippo Baldinucci*, Roma.

L. Berti, *Architettura del Cigoli*, in *Mostra del Cigoli e del suo ambiente*, catalogo, San Miniato.

P.H. Hamberg, *The villa of Lorenzo il Magnifico at Poggio a Caiano and the origin of Palladianism*, «Figura».

G. Nudi, *Storia urbanistica di Livorno*, Venezia.

E. Povoledo, *Intermezzo*, in *Enciclopedia dello Spettacolo*, VI, Roma.

1960 *Mostra documentaria e iconografica di Palazzo Pitti e Giardino di Boboli*, Firenze.

G. Marchini, *Il forte del Belvedere*, «Valbona».

1960-1961 P. Cordazzo, L. Fornararo, G. Viti, *Il Palazzo non-finito a Firenze*, «L'Architettura».

1961 L. Gori Montanelli, *Giudizio sul Buontalenti architetto*, «Quaderni dell'Istituto di Storia dell'Architettura».

G.K. Koenig, *Paggeria della villa di Artimino di Bernardo Buontalenti*, «Architetti d'oggi».

G. Masson, *Italian gardens*, London.

G. Pampaloni, *Lo spedale di S. Maria Nuova*, Firenze.

W. Smith, *Pratolino*, «Journal of the Society of Architectural Historians».

1962 E. Battisti, *L'antirinascimento*, Milano.

A. Forlani, *I disegni italiani del Cinquecento*, Venezia.

B. Lowry, *Renaissance Architecture*, New York.

1963 *Mostra di disegni dei Fondatori dell'Accademia delle Arti del Disegno*, catalogo, Firenze.

J.S. Ackerman, *Sources of the Renaissance villa*, in *Acts of the XXth International Congress of History of Art*, II, Princeton.

I. Belli Barsali, *Il palazzo mediceo di Seravezza*, «Palladio».

I.M. Botto, *Alcuni aspetti dell'architettura fiorentina della seconda metà del Cinquecento*, «Proporzioni».

D. Heikamp, *Zur Geschichte der Uffizien-Tribuna und der Kunstschränke in Florenz und Deutschland*, «Zeitschrift für Kunstgeschichte».

G.K. Koenig, Finestre inginocchiate della seconda met‹ del Cinquecento, «Quaderno 2/3 dell'Istituto di Elementi di Architettura e Rilievo dei Monumenti».

A. Morassi, *Il tesoro dei Medici*, Milano.

P. Murray, *The architecture of the Italian Renaissance*, London-New York.

M. Winner, *Volterranos Fresken in der Villa della Petraia*, «Mitteilungen des Kunsthistorischen Institutes in Florenz».

1964 AA.VV., *Tutto su Firenze rinascimentale*, Firenze.

P. Barocchi, *Mostra di disegni del Vasari e della sua cerchia*, Firenze.

N. Bemporad, *Una soluzione parziale per il riordinamento degli Uffizi: la scala 4*, «Bollettino d'Arte».

L. Gori Montanelli, *Architettura rurale in Toscana*, Firenze.

D. Heikamp, *La Tribuna degli Uffizi come era nel Cinquecento*, «Antichità viva».

Le lieu théâtral à la Renaissance, a cura di J. Jacquot, Parigi.

A.M. Nagler, *Theatre festivals of the Medici 1539-1637*, New Haven and London.

R. Wittkower, *Principi architettonici nell'età dell'Umanesimo*, Torino (altre edizioni London 1949 e 1962).

1965 E. Borsook, *Art and Politics at the Medici Court I: The Funeral of Cosimo I de' Medici*, «Mitteilungen des Kunsthistorischen Institutes in Florenz».

F. Buselli, *Palazzo mediceo a Seravezza*, Empoli.

P. Cannon Brookes, *Three Notes on Maso da San Friano*, «The Burlington Magazine».

A. Chastel, *I centri del Rinascimento*, Milano.

E. Garin, *Scienza e vita civile nel Rinascimento italiano*, Bari.

D. Heikamp, *La Grotta Grande nel giardino di Boboli*, «Antichità viva».

1966 *Mostra di alcune opere dei primi artefici dell'Opificio*, Firenze.

P. Aranguren e L. Berti, *Palazzo Vecchio*, Firenze.

E.H. Gombrich, *Norms and Form. Studies in the art of the Renaissance*, London.

A. Petrioli, *Mostra di disegni vasariani. Carri trionfali e costumi per la Genealogia degli Dei (1565)*, Firenze.

H. Saalman, *The Church of Santa Trinita in Florence*, New York.

M. Tafuri, *L'architettura del manierismo nel Cinquecento europeo*, Roma.

1967 L. Berti, *Il principe dello Studiolo. Francesco I dei Medici e la fine del Rinascimento fiorentino*, Firenze.

L. Berti, *L'architettura manieristica a Firenze e in Toscana*, «Bollettino del Centro Internazionale di Studi d'Architettura Andrea Palladio».

E. Borsook, *Art and Politics at the Medici Court II: The Baptism of Filippo de' Medici in 1577*, «Mitteilungen des Kunsthistorischen Institutes in Florenz».

C. Brandi, *Struttura e architettura*, Torino (2ª edizione 1971).

M. Fossi, *Bartolomeo Ammannati architetto*, Cava dei Tirreni.

E. Garin, *La cultura del Rinascimento*, Bari.

D. Heikamp, *La villa de Castello*, «L'Oeil».

J. Hess, *Kunstgeschichtliche Studien zu Renaissance und Barock*, Roma.

C. Piacenti Aschengreen, *Il Museo degli Argenti a Firenze*, Firenze.

E. Pillsbury, *Drawings by Vasari and Vincenzo Borghini for the "Apparato" in Florence in 1565*, «Master Drawings».

C.E. Rava, *Scenografia tra manierismo e barocco*, «Antichità viva».

G. Simoncini, *Gli architetti nella cultura del Rinascimento*, Bologna.

1968 AA.VV., *Florentine Studies. Politics and Society in Renaissance Florence*, a cura di N. Rubinstein, London.

N. Bemporad, *Gli Uffizi e la scala buontalentiana*, «L'Architettura».

L. Benevolo, *Storia dell'architettura del Rinascimento*, Bari (altra edizione nel 1973).

I.M. Botto, *Mostra di disegni di Bernardo Buontalenti*, catalgo, Firenze.

A. Chastel, *La crise de la Renaissance 1520-1600*, Genève.

Y. Hackenbroch, *Some Florentine jewels. B. and the dragon theme*, «The Connoisseur».

C. Molinari, *Le nozze degli Dei*, Roma.

1969 G.C. Argan, *The Renaissance city*, New York.

H. Biermann, *Lo sviluppo della villa toscana sotto l'influenza umanistica di Lorenzo il Magnifico*, «Bollettino del Centro Internazionale di Studi d'Architettura Andrea Palladio».

G.A. Brucker, *Renaissance Florence*, New York.

M. Dezzi Bardeschi, *Una fonte dell'Ammannati per Cosimo I*, «Bollettino degli Ingegneri».

G. Gaeta Bertelà e A. Petrioli Tofani, *Feste e apparati medicei da Cosimo I a Cosimo II. Mostra di disegni e incisioni*, catalogo, Firenze.

D. Heikamp, *Les merveilles de Pratolino*, «L'Oeil».

D. Heikamp, *Pratolino nei suoi giorni splendidi*, «Antichità viva».

D. Heikamp, *The Buontalenti Exhibition at the Uffizi*, «Master Drawings».

L.H. Heydenreich, *La villa: genesi e sviluppi fino al Palladio*, «Bollettino del Centro Internazionale di Studi di Architettura Andrea Palladio».

J. Paul, *Palazzo Vecchio in Florenz. Ursprung und Bedeutung seiner Form*, Firenze.

A. Scotti, *Giardini fiorentini e torinesi tra '500 e '600. Loro struttura e significato*, «L'Arte».

M. Tafuri, *L'architettura dell'Umanesimo*, Bari.

1970 B. Arditi, *Diario di Firenze e di altre parti della Cristianità (1574-1579)*, a cura di R. Cantagalli, Firenze.

G.C. Argan, *Storia dell'arte italiana*, III, Firenze.

S. Brown, *The Medici Villa at Artimino*, tesi inedita depositata a villa Schifanoia (Firenze), Graduate School of Fine Arts.

L. Olivato, *Profilo di Giorgio Vasari il Giovane*, «Rivista dell'Istituto Nazionale d'Archeologia e Storia dell'Arte».

F. Poggi, *Artimino. La villa dei cento camini e la guerra*, «Bollettino degli Ingegneri».

G. Vasari il Giovane, *La città ideale: piante di chiese (palazzi e ville) di Toscana e d'Italia*, a cura di V. Stefanelli, Roma.

1971 L. Gori Montanelli, *La tradizione architettonica toscana*, Firenze.

G. Lensi Orlandi, *Restaurato il cortile del Buontalenti*, «Firenze, notiziario del Comune».

C. Monbeig Goguel, *Il manierismo fiorentino*, Milano.

M.L. Myers, *A Presentation Drawing for the Facade of Santa Maria del Fiore, Florence*, «Master Drawings».

1971-1973 M. Bucci, *Palazzi di Firenze*, Firenze.

1972 I.M. Botto, *Buontalenti*, in *Dizionario Biografico degli Italiani*, Roma.

F. Chiostri, *La Petraja. Villa e giardino. Settecento anni di storia*, Firenze.

A. Forti, *L'opera di Giorgio Vasari nella fabbrica degli Uffizi*, estratto da «Bollettino degli Ingegneri».

L. Ginori Lisci, *I palazzi di Firenze nella storia e nell'arte*, Firenze.

C. Monbeig Goguel, *Dessins Italiens de Musée du Louvre. Vasari et son temps*, Parigi.

A. Nicoll, *Lo spazio scenico*, Roma.

1973 H. Acton, *Ville toscane*, Firenze.

G. Fanelli, *Firenze: architettura e città*, Firenze.

A. Gambuti, *Lodovico Cigoli architetto*, «Studi e documenti di architettura».

P. Marconi, F.P. Fiore, L. Muratore, *La città come forma simbolica. Studi sulla teoria dell'architettura nel Rinascimento*, Roma.

L. Puppi, *Andrea Palladio*, Milano.

1974 F. Borsi, *Firenze del Cinquecento*, Roma.

C. Brandi, *Teoria generale della critica*, Torino.

D. Heikamp, *Il Teatro Mediceo degli Uffizi*, «Bollettino del Centro Internazionale di Studi d'Architettura Andrea Palladio».

L.H. Heydenreich e W. Lotz, *Architecture in Italy 1400-1500*, Harmondsworth.

A. Matteoli, *I modelli lignei del '500 e del '600 per la facciata del duomo di Firenze*, «Commentari».

P. Roselli, *I teatri dei Medici*, «Bollettino degli Ingegneri».

H. Rosenau, *The Ideal City: its architectural evolution*, New York (altra edizione London 1959).

S. Simoncini, *Città e società nel Rinascimento*, Torino.

1975 AA.VV., *Il luogo teatrale a Firenze*, catalogo, Milano.

F. Baldinucci, *Notizie dei Professori del Disegno da Cimabue in qua*, riproduzione anastatica, appendici a cura di P. Barocchi e indice a cura di A. Boschetto, Firenze; contiene G. Silvani, *Vita del Signor Bernardo Buontalenti scritta da me Gherardo Silvani, per parte senza suo pregiudizio*.

M. Fossi (a cura di), *Il Taccuino dei Parigi*, Firenze.

S.M. Newton, *Reinaissance Theatre Costume and the Sens of the historie Past*, London.

D. Oenslager, *Stage Design, Four Centuries of Scenic Invention*, New York.

B. Pirrotta, *Li due Orfei*, Torino.

E. Povoledo, *Origini e aspetti della scenografia in Italia*, in B. Pirrotta, *Li due Orfei*, Torino.

L. Tongiorgi, *Le case dei Gaetani nel XVI secolo*, «Antichità pisane».

1976 G. Cataldi, *La fabbrica degli Uffizi e il Corridoio vasariano*, «Studi e Documenti di Architettura».

M. Fossi, *Note documentarie sul gruppo di Ercole e Anteo dell'Ammannati e sulla villa Ambrogiana*, in AA.VV., *Architettura e Politica da Cosimo I a Ferdinando I*, a cura di G. Spini, Firenze.

W.B. Parson, *Engineers and engineering in the Renaissance*, Cambridge Mass.

M. Tafuri e L. Squarzina, *Teatri e scenografie*, Milano.

1977 AA.VV., *Disegni di fabbriche brunelleschiane*, catalogo, Firenze.

I. Bigazzi, *Il Palazzo Nonfinito*, Bologna.

A. Fara, *Le ville di Bernardo Buontalenti nel tardo Rinascimento toscano*, «Storia dell'Arte».

G. Lensi Orlandi, *Il Palazzo Vecchio di Firenze*, Firenze.

L. Zangheri, *Per una lettura iconologica di Pratolino*, «Antichità viva».

L. Zorzi, *Il teatro e la città. Saggi sulla scena italiana*, Torino.

1978 AA.VV., *I castelli. Architettura e difesa del territorio tra Medioevo e Rinascimento*, Novara.

C. Avery, A. Radcliffe e altri, *Giambologna 1529-1608 Sculptor to the Medici*, catalogo, Londra.

G.M. Battaglini, *Cosmopolis Portoferraio medicea. Storia urbana 1548-1737*, Roma.

C. Conforti, A. Fara, L. Zangheri, *Città, ville e fortezze della Toscana nel XVIII secolo*, Firenze.

A. Fara, *Notizie documentarie su ville buontalentiane*, «Bollettino degli Ingegneri».

1979 U. Baldini e altri, *La Cappella dei Principi e le pietre dure a Firenze*, Milano.

A. Del Riccio, *Istoria delle pietre*, a cura P. Barocchi, Firenze.

A. Fara, *Buontalenti: architettura e teatro*, Firenze.

C. Monbeig Goguel e F. Viatte, *Roman Drawings of the Sixteenth Century from the Musée du Louvre, Paris*, catalogo, Chicago.

L. Satkowski, *Studies on Vasari's Architecture*, New York-London.

J. Schlosser Magnino, *La letteratura artistica*, Firenze (ristampa).

E. Tolaini, *Forma Pisarum*, 2ª ed., Pisa.

L. Zangheri, *Pratolino il giardino delle meraviglie*, Firenze (2ª ed. 1987).

B. Zevi, *Architettura in nuce*, Firenze (altre edizioni nel 1960 e 1972).

L. Zorzi, *Figurazione pittorica e figurazione teatrale*, in AA.VV., *Storia dell'arte italiana*, 1, Torino.

1980 AA.VV., *I Medici e lo Stato Senese 1555-1609. Storia e Territorio*, catalogo, Roma.

AA.VV., *Il potere e lo spazio. La scena del Principe*, catalogo, Firenze.

AA.VV., *Il primato del disegno*, Firenze.

AA.VV., *La corte e i mercanti. La rinascita della Scienza. Editoria e Società. Astrologia magia e alchimia*, Firenze.

AA.VV., *Palazzo Vecchio: committenza e collezionismo medicei*, Firenze.

AA.VV., *Livorno e Pisa: due città e un territorio nella politica dei Medici*, catalogo, Pisa.

AA.VV., *Livorno: progetto e storia di una città tra il 1500 e il 1600*, catalogo, Pisa.

AA.VV., *Pistoia: una città nello Stato mediceo*, catalogo, Pistoia.

E. Allegri e A. Cecchi, *Palazzo Vecchio e i Medici. Guida storica*, Firenze.

F. Borsi, *L'architettura del Principe*, Firenze.

M. Fagiolo, *La città effimera e l'universo artificiale del giardino*, Roma.

G. Fanelli, *Firenze*, Roma-Bari.

A. Fara, *Sulla formazione e prima attività del Buontalenti nell'architettura delle fortificazioni*, «Bollettino degli Ingegneri».

R.A. Goldthwaite, *The Building of Renaissance Florence*, Baltimore-London.

F. Gurrieri, *La Grotta del Buontalenti nel giardino di Boboli. Nota breve sull'architettura e sul restauro*, Firenze.

A. Matteoli, *Lodovico Cardi-Cigoli pittore e architetto*, Pisa.

D. Mignani, *Le ville medicee di Giusto Utens*, Firenze.

1981 C. Cresti, *Matteo Nigetti e il nuovo corso dell'architettura fiorentina nella prima metà del Seicento*, in C. Cresti e G. Orefice, *Un episodio del Seicento fiorentino. L'architetto Matteo Nigetti e la cappella Colloreda*, Firenze.

M. Fagiolo, *Natura e artificio*, Roma.

A. Pinelli, *La maniera: definizione di campo e modelli di lettura*, in AA.VV., *Storia dell'arte italiana*, 6*, Torino.

1982 C. Cresti, *Le fontane di Firenze*, Firenze.

M. Fagiolo Dell'Arco, *Le forme dell'effimero*, in AA.VV., *Storia dell'arte italiana*, 11, Torino.

A. Gonzalez Palacios, *Mosaici e pietre dure: Firenze-paesi germanici-Madrid*, «I quaderni dell'Antiquariato».

C. Przyborowski, *Die Ausstattung der Fürstenkapelle an der Basilika von San Lorenzo in Florenz*, Berlino.

1983 G. Casali e E. Diana, *Bernardo Buontalenti e la burocrazia tecnica nella Toscana medicea*, Firenze.

A. Conti, *I dintorni di Firenze*, Firenze.

G. Salvagnini, *Gherardo Mechini architetto di Sua Altezza*, Firenze.

G. Spini, *I Medici e l'organizzazione del territorio*, in AA.VV., *Storia dell'arte italiana*, 12, Torino.

C. Thoenes, *Vignola's "Regola delli cinque ordini"*, «Römisches Jahrbuch für Kunstgeschichte».

1984 M. Azzi Visentini, *L'Orto Botanico di Padova e il giardino del Rinascimento*, Milano.

Disegni e incisioni della raccolta Marucelli (secc. XV-XVIII), catalogo, a cura di G. BRUNETTI, M. CHIARINI, M. SFRAMELI, Firenze.

L'edificio a pianta centrale: lo sviluppo del disegno architettonico nel Rinascimento, catalogo, a cura di M. LICHT, Firenze.

1985 AA.VV., *Il ritorno di Pan, Ricerche e Progetti per il futuro di Pratolino*, catalogo, a cura di A. VEZZOSI, Firenze.

AA.VV., *La fonte delle fonti, iconologia degli artifizi d'acqua*, catalogo, a cura di A. VEZZOSI, Firenze.

C. BRANDI, *Disegno dell'architettura italiana*, Torino.

D. MATTEONI, *Livorno*, Roma-Bari.

A. MORROGH, *Disegni di architetti fiorentini 1540-1640*, catalogo, Firenze.

M. TAFURI, *Venezia e il Rinascimento*, Torino.

1986 AA.VV., *Il concerto di statue*, catalogo, a cura di A. VEZZOSI, Firenze.

AA.VV., *Il giardino d'Europa. Pratolino come modello nella cultura europea*, catalogo, a cura di A. VEZZOSI, Milano.

AA.VV., *Il giardino romantico*, catalogo, a cura di A. VEZZOSI, Firenze.

D. HEIKAMP, *Studien zur mediceischen Glaskunst. Archivalien, Entwurfszeichnungen, Gläser und Scherben*, Firenze.

1987 AA.VV., *La chiesa di Santa Trìnita a Firenze*, Firenze.

Index

Ortsregister

Personenregister

Inhaltsverzeichnis